FRONTERAS

TEACHER'S ANNOTATED EDITION

TAE

FRONTERAS

Spanish 3

Nancy Levy-Konesky

Karen Daggett

HOLT, RINEHART AND WINSTON

AUSTIN NEW YORK SAN DIEGO CHICAGO TORONTO MONTREAL

Copyright © 1989 by Holt, Rinehart and Winston, Inc.

All rights reserved. No part of this publication may be reproduced or transmitted in any form or by any means, electronic or mechanical, including photocopy, recording, or any information storage and retrieval system, without permission in writing from the publisher.

Requests for permission to make copies of any part of the work should be mailed to: Permissions, Holt, Rinehart and Winston, Inc., 1627 Woodland Avenue, Austin, Texas 78741.

Printed in the United States of America

ISBN 0-03-021413-0

90123 040 987654

Contents

Scope and Sequence *T6*
Sounds of the Spanish Alphabet *T8*
Teacher's Preface *T9*
    Organization of the Pupil's Edition *T9*
    Other Components of *Fronteras*
        1. Teacher's Edition *T10*
        2. Writing Activities *T11*
        3. Testing Program *T11*
        4. Tape Program *T11*
        5. Transparencies *T11*
        6. Copying Masters *T11*
    Testing and Evaluation *T12*
    Evaluating Speaking *T12*
    General Scoring Suggestions *T12*
    Guidelines for Correcting Errors *T13*
    Fronteras Leads to Proficiency *T13*
Teacher's Guide *T14*
    Preliminary Unit *T14*
    Unit 1 *T16*
    Unit 2 *T22*
    Unit 3 *T26*
    Unit 4 *T31*
    Unit 5 *T35*
    Unit 6 *T37*
    Unit 7 *T41*
    Unit 8 *T44*
Abbreviated Tapescripts *T46*
Photo and Realia Identifications *T59*
Acknowledgments ii
Pupil's Edition Contents iii
Maps vii
Appendices 474
Spanish-English Vocabulary 490
Grammar Index 498
Art Credits 500
Photo Credits 500

SCOPE AND SEQUENCE

UN.	FUNCTION	STRUCTURE	VOCABULARY	CULTURE
0	Making a class schedule Greeting and introducing people	Personal pronouns Present indicative Nouns and their plural forms	Classroom expressions Review of **hablar, comprender,** and **escribir**	New school year Hispanic students' greetings A classroom of U.S. Hispanics
1	Talking on the telephone Describing people, things, and animals Using words that change meaning	Stem-changing verbs Irregular verbs in the present tense **ser** and **estar** **acabar de, ir a,** and **volver a** Use of **hay** **hacer** and **llevar** Adjective agreement The personal **a**	Fashion Music Sports Amusements School The Arts Science Public service Business Professions	Making friends First day of classes Today's fashion **Quinceañera:** a special party
2	Talking about family, house, and home Expressing emotions Talking about animals and nature	The preterite and imperfect tenses **hacer, llevar,** and **acabar de** in the imperfect tense Past progressive Possessive adjectives and pronouns	Family members Family life The house and its contents Outdoor activities Nature Emotions	Family and home Expressing emotions Camping Animals and nature Conservation in Latin America
3	Expressing time Asking questions Expressing lack of understanding Expressing indifference, surprise, and doubt	Time expressions Interrogatives Demonstrative adjectives and pronouns Object pronouns: direct and indirect Double object pronouns **gustar** **por** and **para** **tener** Impersonal **se** Conjunctions **e** and **u**	Buildings On the street Food and drink Recreation Expressions with **tener**	The 24-hour clock Eating customs in Spain Foods Life in Spain Study in Latin America by U.S. students

UN.	FUNCTION	STRUCTURE	VOCABULARY	CULTURE
4	Talking about travel, tourist services, hotels, and shopping	Present subjunctive Impersonal expressions Reflexive verbs and pronouns **se** for the unexpected **saber** vs. **conocer** Imperative: commands and pronoun placement with commands	Tourism Travel Clothing Shopping	Travel Shopping Meals Football and soccer Bullfighting
5	Talking about the weather, sports, the news, and journalism Expressing disappointment, disgust, good news, and surprise	Subjunctive in noun clauses Relative pronouns Future tense Conditional tense Negative and affirmative words and phrases Subjunctive in adjectival clauses	Time expressions Weather Natural phenomena Sports Mass media	Sports News and news media Newspapers Spanish language differences
6	Discussing politics and government Expressing doubt and uncertainty Saying farewell	Perfect tenses Tense sequence Verbs followed by prepositions More prepositions Pronouns as objects of prepositions Subjunctive in adjectival and conditional *if* clauses	Immigration Government Citizenship	Hispanic legacy Immigration and migration Mexican Americans and Chicanos Cubans and Cuban Americans Puerto Ricans Other Latin Americans
7	Talking about men, women, feelings, love, and social relationships Expressing affection and disdain Writing letter salutations and closings	The (in)definite article Adverbs **Pero, sino,** and **sino que** Past participles as adjectives: with gerund Comparatives and superlatives Diminutives and augmentatives Subjunctive (review I)	Beauty Personal appearance Love Feelings Domestic affairs	Love, conflict The new Hispanic woman Friendship and correspondence Ballet Inca ruins
8	Talking about customs Talking about celebrations Using proverbs Expressing congratulations and condolences	Passive voice: true form and substitutes for *To become* Infinitives Gerunds Reciprocal constructions Subjunctive (review II) Verbs of obligation	Religion Ceremonies Funerals Festivals Holidays Fairs Parties	Hispanic traditions Religious and civic holidays Weddings Toasts Gypsies in Spain Music in Latin America

SOUNDS OF THE SPANISH ALPHABET

SPELLING	SOUND	SPANISH EXAMPLE	NEAREST ENGLISH EQUIVALENT
a	/a/	casa	father
b	/b/	banco	bank
c (ca, co, cu)	/k/	casa	case
*c (ce, ci)	/s/	cinco	cent
ch	/ch/	chico	cheek
d	/d/	donde	door
e	/e/	este	best
f	/f/	familia	family
g (ge, gi)	/h/	gente	hen
g (ga, go, gu)	/g/	gato, gustar	gone, goose
gu (gua)	/gw/	Guatemala	Guam
gu (gue, gui)	/g/	guerra, guineo	guess, guilt
h	-	hablar	honor
i	/i/	si	machine
j	/h/	ojo	Idaho
k	/k/	kilo	keep
l	/l/	leche	late
*ll	/y/	llamo	yard
m	/m/	mamá	mama
n	/n/	no	no
ñ	/ñ/	año	canyon
o	/o/	bonito	hope
p	/p/	papá	spot
qu (que, qui)	/k/	que	skate
r	/r/, /rr/	para, rosa	potter, (trilled r)
rr	/rr/	carro	(trilled r)
s	/s/	si	seat
t	/t/	tu	stoop
u	/u/	uno	rule
v	/b/	ver	bear
x	/gs/, /h/	examen, México	examine, ahead
y	/i/, /y/	y, yo	easy, yoke
*z	/s/	zapato	sob

*Exceptions for central Spain

c (ce, ci)	/th/	cero, cine	theft, thing
ll	/ly/	llamar	million
z	/th/	zapato	thought

Teacher's Preface

This text is the third level in the Holt Spanish Series, which consists of *¿Y tú?* (Level 1), *Entre todos* (Level 2), and *Fronteras* (Level 3).

The goal of *Fronteras* is to help students acquire language proficiency while reviewing and broadening their grammar foundation. The Pupil's Edition offers a complete and in-depth presentation of Spanish grammar, as well as cultural readings and literary works by well-known Hispanic authors. These readings are theme related and reflect the grammar taught. The grammar presentations and readings are accompanied by an abundance of exercises and conversation-stimulating activities.

Since *Fronteras* offers so many activities in so many different formats—from the more directed to the very open-ended—teachers have the freedom and flexibility to choose those that most motivate and challenge their students and that are most compatible with their own methodology.

Drawings, maps, and realia are used actively as a means to reinforce grammar points and cultural themes while providing opportunities for the students to personalize the material and to express their opinions in an enjoyable way.

Organization of the Pupil's Edition

Fronteras is divided into eight numbered units. There is also a brief **Unidad preliminar,** which provides students with a short review and introduces them to the new text. Each of the units 1 through 8 is divided into two parts.

Part 1. The first part of each unit consists of three lessons that are organized in the following manner.

Para comenzar. Each lesson begins with **Para comenzar,** a series of warmup questions focused on the unit theme. The questions are designed to involve the student immediately in lively conversation.

Reading. Each lesson contains a short, provocative cultural reading, interview, or dialogue that includes chapter vocabulary and grammar points, and that relates to the unit theme. The reading leads naturally to discussions and related activities. It is followed by (1) **Preguntas acerca de la lectura,** which checks comprehension of the reading, (2) **En tu opinión,** open-ended questions that help students assimilate the material and personalize the themes, and (3) **Expansión de vocabulario,** which contains extensive lists of high-frequency vocabulary words followed by varied exercises that stimulate acquisition. The vocabulary words appear throughout the unit in activities and grammar models.

Exploración. Each lesson ends with two to five explorations of major grammar points. These sections teach new grammar while reviewing previously learned structures, thus strengthening the student's grammar foundation and in-depth comprehension. While the emphasis is on Spanish language acquisition for oral proficiency, students also practice their listening, reading, and writing skills. The subjunctive is presented relatively early in the text, and is reviewed and reinforced throughout the text. Clear, concise grammar presentations are followed by numerous class-tested activities. The activities are graded according to difficulty and are contextualized to give meaning to the practice, to reinforce the vocabulary, and to emphasize Spanish as a means of real communication rather than as an isolated textbook exercise.

Casos especiales. To close Part 1, frequently misused or confusing words are clarified, and practical, situation-based activities are provided.

Part 2. The second part of each unit, **Cultura e idioma,** is organized in the following manner.

Así se dice and *Situaciones.* Spanish expressions, idioms, and colloquialisms are presented that enable students to respond authentically to a variety of everyday situations. Students learn practical information such as how to sign a letter, how to use terms of endearment, and how to express frustration. From this practical learning, they develop cross-cultural awareness and appreciation.

Lectura. Fronteras contains eight authentic literary selections—one per unit. These readings are proven selections of varied genres and reflect the diversity of the Hispanic world while encouraging an awareness and appreciation of the rich cultural legacy of the Hispanic peoples. The readings range in tone from the satirical to the dramatic to the humorous. They are introduced according to level of difficulty and are thematically related to the units. Each selection is followed by two sets of questions: **Según la lectura,** questions designed to assure that students have understood the content of the reading and **En tu opinión,** which asks provocative questions related to the readings and allows the students to interpret and personalize the readings.

Composición. These writing activities target grammatical structures and vocabulary introduced in the unit. Here students have the opportunity to hone their writing skills on topics related to unit themes.

Y en resumen. Review activities (oral, written, individual, and group) offer opportunities for students to apply their theoretical knowledge of Spanish structures while reviewing newly acquired vocabulary and grammar points. Students practice and assimilate material presented throughout the unit.

Contextos culturales. In this section, students examine contemporary Hispanic cultures throughout the world through cross-cultural impressions in the form of a scrapbook.

Other Sections of the Pupil's Edition

Maps. Geoeconomic maps of Spain and Hispanic America add greatly to the activities in the text. Specifically the maps can be used to guide students (1) to realize the importance of the Spanish language and some of the places where it is spoken, (2) to know where the action takes place in the readings and activities, (3) to learn geographic vocabulary about Spain and Hispanic America, (4) to discuss items of interest based on the information given in the maps, and (5) to learn about oceans, gulfs, peninsulas, rivers, mountains, borders, cities, and also about the mineral, vegetable, and animal products of Spain and Hispanic America. Other maps in this series are also available on transparencies.

Gacetas. A **Gaceta** is located after every second unit. These colorful magazine-like sections offer students an opportunity to improve their reading skills and perceive Hispanic culture from the perspective of Spanish speakers themselves. The readings have been selected for their authenticity and their appeal to teenagers.

Reference Material. Extensive appendices provide comprehensive summaries of basic grammatical structures and rules: stress and capitalization, agreement in number of collective nouns, fractions, expressing *to like* and *to love*, basic grammar terms in Spanish, verbs with stem and spelling changes, and verb tense charts. In addition, a comprehensive end-of-book vocabulary provides the student with access to all of the vocabulary contained in the 25 **Expansión de vocabulario** sections.

Other Components of *Fronteras*

In addition to the Pupil's Edition, the following teacher aids complement the *Fronteras* program.

1. **Teacher's Edition.** This text provides the complete Pupil's Edition and adds to it the following aids. (1) **Sounds of the Spanish Alphabet.** This chart shows Spanish examples and nearest English equivalents of the sounds of the Spanish alphabet. (2) **Answers to activities.** Answers to student activities are conveniently placed on the pages of the Pupil's Edition where the activities occur in contrasting blue type for easy teacher access. (3) **Scope and Sequence.** A convenient summary of the functions, structures,

vocabulary, and cultural content is provided for each unit. (4) **Teacher's Guide.** A variety of classroom-tested methods for expanding on activities and grammar explanations in the Pupil's Edition is located at the front of the Teacher's Edition in an easy-to-use instructional guide. This guide offers an abundance of teaching strategies designed to increase the effectiveness of activities in the Pupil's Edition. Reinforcement and reteaching suggestions are provided as well as special guidance for native speakers, advanced students, and less advanced students. (5) **Tapescripts.** An abbreviated running script of all tapes correlated with the Pupil's Edition is provided at the front of the book, together with answers, so that these activities can be conducted with all the necessary materials in one place. (6) **Photo and Realia Identifications.** Notes are provided on the photographs and realia of cultural and historical interest appearing in the Pupil's Edition.

2. **Writing Activities.** These contextualized activities are coordinated with grammar presentations in the textbook and give students additional opportunities for written communication. The activities range from simple to complex, so that material tailored to the different needs of each class can be assigned. Answers are found in the Teacher's Edition of the Writing Activities.

3. **Testing Program.** The Testing Program offers three levels of testing—short Quizzes, unit Achievement Tests, and a Final Exam. There are five short, written quizzes per unit—one for each of the three lessons, one for everyday cultural expressions taught in the **Así se dice** section, and one for the long, literary selection. The lesson quizzes check the students' mastery of basic concepts and skills. The quizzes are highly structured, grammar-oriented, and comprehensive. They discriminate strengths and weaknesses to be diagnosed before the end-of-unit Achievement Test is administered. A separate quiz tests students' knowledge of Spanish idioms used in everyday situations. The literary quiz tests comprehension both of reading content and of new vocabulary, idioms, and style. The **Así se dice** sections and literary selections are tested separately from the lessons to provide greater flexibility in testing.

   Each of the eight units has an end-of-unit Achievement Test that tests listening, reading, and writing in a more integrated and communicative manner.

   A final, comprehensive exam tests the students over the material covered in Units 1 through 8.

   The tests provide a variety of evaluative formats, which may be used as presented or which may be modified to accomodate available class time and student abilities. The Teacher's Edition of the Testing Program contains the answers to all tests and an abbreviated tapescript of the listening sections.

4. **Tape Program.** The Tape Program is available on cassettes. The program accompanies the listening activities in the Pupil's Edition and the listening sections in the Testing Program. Taped passages and activities in the Pupil's Edition are easily identified by a cassette symbol in the left margin. Abbreviated scripts and answers for all taped exercises in the Pupil's Edition have been placed at the front of the Teacher's Edition. Answers to the listening sections of tests are in the Teacher's Edition of the Testing Program. There are two sets of tapes, one for the Pupil's Edition and one for the Testing Program, for greater ease in locating the desired activity.

5. **Transparencies.** The colorful Map Transparencies with multiple overlays are useful when presenting information on the political divisions and geographical features of Spanish-speaking regions of the world.

6. **Copying Masters.** Blank schedules, answer charts for listening activities, and other useful formats for selected activities in the Pupil's Edition are available on Copying Masters.

Testing and Evaluation

The emphasis on communication in today's language classroom has led to increased interest in evaluating this skill. Based on recent communicative research, we have used the following guidelines in the preparation of tests.

1. **Communicative tests evaluate the student's ability to bring together various elements of a given chapter as well as the material in preceding chapters.** This ability is tested by parts of the Achievement Tests that require the student to show understanding of several learning objectives. Whereas the short Quizzes examine for specific grammar points or learning objectives, the unit Achievement Tests assess the student's ability to integrate these particular points and objectives into a usable language.

2. **Formats that allow students to express themselves creatively are an integral part of communicative testing.** These formats are more time-consuming to evaluate than multiple-choice items, but they are essential for directing students towards viewing communication as a primary goal.

3. **Each Achievement Test contains sections that deal with the student's ability to read, write, and understand the spoken language.** Time constraints often preclude frequent testing of oral skills. The following section offers suggestions for evaluating speaking skills within the framework of the *Fronteras* program.

Evaluating Speaking

Oral expression in Spanish is an important classroom goal that can be tested formally or informally. You may give students a daily or weekly oral communication grade based on the amount of communication, quality of speech, and improvement shown throughout the period. Although this type of grade is subjective, it does provide a regular means of evaluating a student's oral performance.

General Scoring Suggestions

Testing for communication is more subjective than testing for factual information. Grading is simple when students fill in a blank because the answers are predictable. When students communicate a personal message, the answers are not predictable, and evaluation is less clear-cut. Because the number of possible correct answers in this situation is enormous, another grading system is needed. The following suggestions may help you determine the type of scoring best-suited to each type of testing.

1. When students fill in the blanks of an incomplete sentence or paragraph, one point may be given for choosing the correct word and another for providing its correct form. Giving partial credit allows the students to receive points and reinforcement for what they do know and be penalized only for what they do not know.

2. In communicative testing, students may be given half credit for responding in a comprehensible manner and half credit for accuracy in grammar and vocabulary. This rewards students for conveying an adequate message while reminding them that the correct use of grammar and vocabulary is important.

3. The scale below can be used to evaluate a response or question on a speaking test. Do not hesitate to assign scores such as 2½ or 1½ if you require more differentiation in the scale.

4 points	**Excellent.**	The student's response or question is appropriate and grammatically correct, and demonstrates acceptable pronunciation and fluency.
3 points	**Good.**	The student's response or question is appropriate and comprehensible but contains minor errors in either pronunciation or grammar or both.
2 points	**Fair.**	The student's response or question contains more extensive grammatical errors and poor pronunciation but is comprehensible.

1 point   **Poor.** The student's response is incomprehensible or inappropriate.
0 points **Failing.** No response is given.

Guidelines for Correcting Errors

Personal teaching experience, intuition, and knowledge of the students in the class play an important role when deciding how to correct students' errors. There is little valid research on correcting errors in the classroom. However, many educators believe that if a native speaker would understand, then students generally do not need to be corrected. Others are fairly consistent in correcting errors of form. Whatever the strategy, the correction of errors should be consistent and should allow students to take risks in expressing their own ideas while maintaining standards that enable them to develop their language skills to the fullest.

Errors can be corrected in subtle ways. If a student says, **Soy frío,** respond in a conversational manner with the correct statement, **Ah, tienes frío,** or with a variation of the statement, **Yo también tengo frío.** Point out a frequently recurring mistake to the class rather than to an individual. Encourage students to expect and not to be embarrassed to make mistakes. Also, the learning aspects of making errors can be emphasized. Students can make lists or flash cards of their errors, correct written errors themselves that you have marked, and correct each other's errors. Whatever the approach, the classroom environment should reduce the fear of taking risks, and encourage students to try to express ideas that they feel are important.

Fronteras Leads to Proficiency

Developing proficiency, or the capacity to use language in a meaningful and functional way, is the aim of *Fronteras*. Implementing a proficiency-oriented classroom requires thoughtful planning and execution. Perhaps the most important ingredient is the textbook that is adopted. *Fronteras* is ideally suited for use with the proficiency guidelines developed by professional organizations such as The American Council on the Teaching of Foreign Languages. (The ACTFL Provisional Proficiency Guidelines are an adaptation of the United States Foreign Service Institute's evaluation.) Many school systems have also developed their own criteria for evaluating proficiency. Such guidelines may be used directly or they may inspire you to develop your own standards to suit your curriculum and students' abilities. To help evaluate each student's performance and development, the evaluation standards used can be converted into points and blended with the test procedures described in this Preface to accommodate your school's grading procedures.

Teacher's Guide

The instructional material in this Teacher's Guide contains suggestions for teaching the various components of the text. Material is provided for reinforcement, enrichment, and added practice. Special activities are given for native speakers, advanced students, and less advanced students.

Unidad preliminar

Page 2

Horario de clases. Ask students what they notice immediately, if they think it is a typical schedule, and whether they would rearrange the order of the classes. You might have students practice pronouncing the names of teachers and courses that appear here and on subsequent pages. Have students recall as many subjects as possible. You can personalize this activity by asking students if they know the names of teachers in their school with Hispanic surnames, and what subjects they teach.

Culture note: High schools. You may want to explain some differences between the U.S. educational system and that of the Hispanic world. In many cases, Hispanic students begin to specialize in high school. They may attend technological, military, commercial, or liberal arts schools. The latter prepares students for college entrance. The high school curriculum is quite rigid, and history, mathematics, and foreign languages are given special importance. In general, the high schools do not offer extracurricular activities such as sports and clubs, or special art and music lessons. Few have physical education programs, and segregation by sex is still maintained in the majority of schools. Student uniforms are still common dress. Upon graduation from high school, the student receives the title of **bachiller**.

Note: Culture notes can be written on index cards. When one is presented to the class, have a less advanced student read it.

Para comenzar. This activity can be done in pairs or small groups. When pairing students, try to put an advanced student or a native speaker with a less advanced student. This helps motivate students and builds confidence. In groups of three or more, allow advanced students and native speakers to take a leadership role.

Page 3

El primer día de clases. Students can take turns reading aloud for pronunciation practice. Try a quick, oral yes-or-no comprehension activity like the following. If the answer is *no*, have students correct it, using a complete sentence.

1. Pete es de California. (No, es de Nueva York.)
2. Kirk es amigo de Pete. (sí)
3. Kirk juega en el equipo de tenis. (No, juega en el equipo de fútbol.)
4. Nancy está en la clase de español con Pete. (sí)
5. Sandra va a dar una fiesta en su casa después de las clases. (No, va a dar una fiesta el sábado.)

Have native speakers and advanced students read the dialogue to the class.

Page 4

Preguntas acerca de la lectura. A good activity for native speakers and advanced students would be to write a summary of the reading passage, using the questions as a guide. Then have a student read the summary to the class.

En tu opinión. You may have students work in pairs for this activity. Have them add two questions that are not already on the list. Encourage students to be imaginative. Students may give a brief summary of the information they have gained about their partner.

Page 5

Expansión de vocabulario. Expand vocabulary presentation by (1) practicing pronunciation, (2) asking for synonyms, (3) asking for the names of other classroom objects, and (4) asking students to use the vocabulary words in sentences. You might have a student write the sentences on the chalkboard. For additonal practice, have a transparency ready with the words, and give students a quick drill.

A. Mis cursos. Review pronunciation of the names of courses before beginning this activity.

B. Tu horario personal. Have students share their ideal school schedule with the rest of the class.

Exploración: Pronombres personales. Provide a list of people, and have the students quickly give the pronoun that corresponds to each: **Sandra, Pedro y yo, Armando, los maestros, mamá y papá, tú y María, usted y el señor Soto.** Expand this activity into another fast-paced oral activity. Point to a student and say: **Tú estudias en la biblioteca.** This student will then change the sentence using the subject pronoun that corresponds to the next person or persons to whom you point: **Ellas estudian en la biblioteca.** The students will enjoy this if it moves quickly.

Page 6

B.2. *En una pregunta...* To practice positioning the pronoun in a question, ask students questions such as those that follow. Then have the students ask the same question but change the position of the pronoun. Elicit responses to simple exercises from the less advanced students first. This will build confidence and increase motivation. For the more difficult structures, elicit responses first from native speakers and advanced students so that the less advanced will hear several examples before responding.

1. ¿*Tú* tomas tres materias? (¿Tomas *tú* tres materias?)
2. ¿*Él* habla ocho idiomas?
3. ¿*Nosotros* debemos arreglar el cuarto?

Page 7

Exploración: El presente del indicativo. Using regular -ar, -er, and -ir verbs, ask students simple questions such as those that follow. Have students respond quickly in complete sentences. Question students individually and chorally. Emphasize the importance of correct pronunciation of the verb endings.

1. ¿Trabajas después de las clases?
2. ¿Comprenden ustedes esta lección?
3. ¿Siempre comes bien antes de las clases?
4. ¿Estudian ellos por la noche?
5. ¿Tomas tú seis asignaturas este semestre?

Culture note: Libraries. The library system in most Hispanic libraries is different from that in the United States. To borrow a book from a Hispanic library, the student must first fill out a book request form. The librarian then will locate the book for the student. This often requires a long wait.

Page 8

A. Ocasiones. Encourage students to be creative in their responses. In exercises where students create their own sentences, ask students to restate what has been said by their classmates. This provides practice in listening and speaking, and keeps students attentive and on task.

B. Lugares y actividades. This activity can be done in pairs. As a follow-up to this activity, have students name two things they would *never* do in each of these places. Another possibility is to have students think of unusual places (**un túnel, la luna,...**) and say what they would and would not do there.

Page 10

Exploración: El sustantivo. Compose a list of common nouns in Spanish or use the nouns in the **Expansión de vocabulario** on page 5. Say each noun, and ask students to repeat the noun with the correct definite article. Have students give the feminine equivalents of the following nouns. Point out the change in written accents on **alemán–alemana** and **francés–francesa**.

el profesor	el español	el pianista
el modelo	el doctor	el francés
el alemán	el estudiante	el trabajador

Page 11

D. *Los adjetivos pueden...* List several adjectives such as **pobres, amarilla, nuevo**. Have students use them as nouns in sentences.

E. *El pronombre* lo... To practice this structure, begin a sentence **Lo malo (bueno, ridículo) es...**

Have students complete the sentence creatively. You may make this competitive. The group that finishes the most sentences correctly wins. Then try the reverse. Give students the second part of the sentence, **...que no hay clases mañana,** and have students supply the first part, **Lo bueno es...**

Page 12

A. Plurales. Do this activity with books open. Repeat it with books closed. Expand this activity by including more noun-adjective pairs from words that have been used in this unit (see pages 5, 10, 11).

Page 13

Así se dice: Saludos y presentaciones. Orient students to this section by explaining that they will learn real-life ways of greeting each other. You may want to try out these expressions with the students. Encourage them to use these expressions with you and with each other, both in and out of class.

Culture note: Greetings. For a Hispanic, greetings tend to be intimate, affectionate, and expressive. Hispanics shake hands upon greeting one another, and very often they hug one another. Close friends often will kiss each other on one or both cheeks when greeting and when parting.

Page 14

C. *Las respuestas a...* You may describe some situations in which these expressions are appropriate. Be creative.

A. Saludos. This activity can be done in pairs, then acted out for the class.

Page 15

C. Minidrama. Be sure to limit the time that the students spend in their small groups. Pass from group to group, helping with grammar and making suggestions. Students should use grammar and vocabulary that they already know. This type of exercise is very good for the native speaker and the advanced student who can be asked to memorize their lines. A less advanced student in each group can be responsible for writing the minidrama. Doing so will help this student improve spelling, accents, and vocabulary.

Page 16

Llegan estudiantes... This newspaper article presents an opportunity to talk to the students about international student-exchange programs. Have them cite advantages—personal, community, global—of such programs.

Unidad 1

Page 20

Para comenzar. This activity can be done in pairs, and can be used to grade oral proficiency.

Page 21

Confidencias. Students can take turns reading aloud for pronunciation practice. Stop the reading intermittently to personalize it by asking questions: **¿Te sientes nervioso(a) al empezar el nuevo año escolar? Explica. ¿Por qué será difícil concentrar tu atención a las 11:30 de la mañana? ¿Escribes tú en un diario? ¿Por qué (no)? En tu opinión, ¿cuál es la mejor manera de hacer nuevas amistades en la escuela?** For intensive oral work, assign each student a paragraph for homework. The next class period have native speakers and advanced students read in class. Ask less advanced students to write the glossed words on the chalkboard.

Preguntas acerca de la lectura. This is a good activity for grading oral or written work. You can provide students with the "Guidelines for Correcting Errors" provided in the Teacher's Resource Binder.

Page 22

En tu opinión. You may put students in pairs for this activity. This activity may be used for either oral or written work. Ask students to exchange papers and, using the "Guidelines for Correcting Errors" in the Teacher's Resource Binder, have them mark mistakes.

Expansión de vocabulario. Expand vocabulary presentation by (1) practicing pronunciation, (2) asking for synonyms, and (3) asking for the names of other sports, music, or fashion terms. Have native speakers and advanced students model four vocabulary words each. Ask others to repeat after them in chorus. Then have less advanced students model the vocabulary words. This will prevent those students from getting bored.

Culture note: Chaperones. Point out that very often a family member (an older brother or an aunt) will accompany a young unmarried couple on their outings. It is the young man's responsibility to pay for the chaperone's meals, tickets, and other expenses. In large cosmopolitan cities, however, this custom is not as strictly enforced as it was in the past.

Page 23

A. ¿Qué palabra no pertenece? For reinforcement and enrichment, have the students work in small groups or pairs to add words to each group or to create new word groupings. Less advanced students can write the new word groupings on the chalkboard.

B. Descripciones. As a follow-up to this activity, assume an extraterrestrial has just arrived at the school and asked for definitions of these words: **cita, cinta, minifalda, estrella de cine, fútbol**. Students working in small groups or pairs can have fun creating definitions. An advanced student or native speaker can play the part of the extraterrestrial and ask the groups for the definitions.

A. *En las primeras*... Encourage students to keep lists of the various classes of stem-changing verbs as they learn. Since the list of first-class verbs is extensive, help students recall them with a quick oral activity. As you ask a question, indicate the verb you are eliciting by pointing to the infinitive on the chalkboard. Cue students to respond either affirmatively or negatively. **¿La puerta?** (Sí, cierro la puerta.) **¿En el invierno? ¿El número de teléfono? ¿Al mediodía?** To conduct this exercise in a quick tempo, and to include all students, ask the boys to answer affirmatively in chorus and the girls negatively. At the beginning of the class or during the last five minutes of the period, have less advanced students write five verbs from their lists on the chalkboard. Quickly review the words.

Page 24

A. La inquisición. This activity can be graded by preparing in advance a transparency with the correct answers and having students grade each other's papers, or grade their own paper. See the General Scoring Suggestions section in the Teacher's Preface for suggestions on grading.

B. Una profesora ideal. If the sentence is false, have students correct it. You may wish to have a native speaker or an advanced student give a summary of the answers. Ask less advanced students for a summary or translation. The cassette symbol in the margin indicates that the activity is a part of the Tape Program. Answers and an abbreviated tapescript are provided for all listening comprehension activities in the Pupil's Edition. They are located at the front of the Teacher's Edition.

Culture note: Teachers. Teachers and professors in Hispanic high schools and universities generally receive very low salaries. It is not uncommon for them to have a job other than their teaching position. This is known as **pluriempleo**. Teachers, however, are very highly respected in the Hispanic world. You may ask students to compare the status of teachers in Hispanic countries and their own country.

Page 25

Exploración: Verbos irregulares en el presente. Practice quickly and orally verbs that are irregular in the first-person singular. **¿Ves televisión?** (Sí, veo televisión.) **¿Mereces una A en español? ¿Traes los libros a la clase?, ¿Obedeces a tus padres? ¿Siempre haces la tarea?...** For the sake of time and tempo, have students answer either only affirmatively or only negatively. This is not meant to be a communicative activity but a simple structure reinforcement and practice.

Page 26

A. Para conocerte mejor... With their interview partner, have students form more questions using irregular verbs from the previous list.

B. Horarios. Students may read this dialogue aloud in pairs. Ask native speakers and advanced students to memorize the dialogue and present it to the class.

Culture note: University students. Hispanic university students are often actively involved in the politics of their country—much more so than typical university students in the United States. They frequently participate in strikes and demonstrations of various kinds.

Page 27

A. *Las expresiones* **acabar de...** Prepare in advance a series of cards with various responses written on them. Ask the question, **¿Qué acabas de comer?** Then hold up the card **pizza.** The student will respond with a complete sentence, **Acabo de comer pizza.** Do this activity quickly. Do it individually, then chorally. Some questions you might ask: **¿Qué acaba de ver Juan? ¿Qué acaban de hacer los futbolistas?** To help an activity progress smoothly when there is a question based on a picture, have a less advanced student hold the picture. You can then walk around the room, asking questions.

B. *La expresión* **ir a...** To further reinforce **acabar de** + infinitive and to practice the **ir a** + infinitive, do the following activity orally. Prepare a series of short questions using **ir a** + infinitive. The students will answer with the appropriate forms of **acabar de** + infinitive. For example, **¿Vas a leer la novela?**

Page 28

A. ¿Otra vez? Do this activity with books open. Repeat it with books closed.

Culture note: Liceos. Students who attend a **liceo** are usually 15 to 18 years old. They study a variety of liberal arts subjects, generally with the intention of applying to a university.

Realia: **Diploma.** From the Liceo de la Salle, Bogotá. This well respected school educates boys from first grade through high school. Students may question why there is no accent on the word **república** in the diploma. Remind students that the accenting of capital letters is often considered optional in Spanish.

Page 30

Compartiendo experiencias. Students can take turns reading aloud for pronunciation practice. Reading aloud, however, interferes with comprehension, so balance this activity with silent reading for meaning.

Culture note: Dating. In general, young people in Hispanic countries begin dating later than most people in the United States. At about age 14 or 15, young people begin to socialize in groups. They may go to parties, movies, and sports activities, but they do not date until about 18 or 19. The concept of boy friend and girl friend is very different. If one has a **novio** or a **novia,** this indicates a serious relationship intended for marriage.

Page 31

En tu opinión. You may have students work in pairs for this activity.

Expansión de vocabulario. Also encourage students to expand their vocabulary by creating word families: **sobresalir → sobresaliente, trabajar → trabajador.**

Culture note: Universities. Many universities in Hispanic countries are free of charge, but there is stiff competition for admittance. Entrance exams are difficult, and many universities have long waiting lists. The subjects are difficult, and there are few elective courses. Students rarely communicate with their professors in a personal way.

Page 32

A. ¿Qué palabra no pertenece? In small groups or pairs, students can expand this activity by adding more words to the groups or by creating more word groupings. Appoint two less advanced students to be the secretary-recorders of each group. Have these students collect and record the new word groups. At the end of the unit, you can present the complete list to the class for review and reinforcement.

Page 35

Exploración: Ser y estar. Reinforce these important grammar rules by immediate oral practice using the following activities.

A. *para expresar la hora...* Have students give the dates of holidays and other occasions: **Navidad, Día de Acción de Gracias, Día de la Independencia, cumpleaños, último día de clases.**

B. *para expresar lugar...* Ask students about various places of origin: **¿De dónde eres tú? ¿Y el rey Don Carlos? ¿Y tu mejor amigo(a)?**

Page 36

C. *para indicar posesión...* Ask short questions about possession: **¿De quién es el cuaderno? ¿De quién son los lápices?**

D. *con un predicado...* Ask students to indicate the professions of well-known individuals such as Don Johnson (**Don Johnson es actor.**), Akeem Olajuwon, Juan Pablo II, and Van Halen.

E. *para expresar nacionalidad...* Have students indicate nationality, religion, political affiliation: **Karl Marx, la mayoría de los hispanos, Edward Kennedy.**

F. *para describir el material...* Ask short questions about materials: **¿De qué es la mesa? ¿De qué es esta blusa?**

G. *con ciertas expresiones...* Elicit answers containing **ser** in impersonal expressions: **¿Qué es necesario para sacar una A en esta clase?**

H. *con adjetivos...* Ask questions about intrinsic characteristics: **¿Cómo es tu hermano? ¿Tu madre? ¿Tu novio?**

I. *para decir dónde...* Elicit answers about the location of events: **¿Dónde es la fiesta (conferencia, cena,...)?**

Estar se usa... See teaching suggestions for **Ser** on pages 35 and 36. They can be adapted to reinforce the presentation of the verb **estar**. For this practice not to take up too much class time, have your questions well prepared. Keep them short, and maintain a quick tempo in the class.

Page 37

C. *con los adjetivos...* Explain that **estar** is used with food to denote personal reaction, taste, or appearance. It is used to describe the food one is eating: **Este pollo frito está bueno.** In contrast, **ser** is used to describe more intrinsic or unvarying characteristics: **El pollo es bueno en este restaurante.**

A. **¿Quién es?** Like most listening comprehension exercises, this listening activity is good for grading. It reinforces the structures learned and tests students' comprehension.

Culture note: Universities. You may want to expand your discussion of the Hispanic university system. Unlike universities in the United States, class attendance is not required in many Hispanic universities. Some students go to class only occasionally. They prefer to study at home, in the library, or with small groups of friends. In some disciplines the exams are oral. Students who do not pass are often required to repeat the course.

Page 38

B. **Para comprar un coche.** This paragraph can be used as an oral narration. Read it to the class with natural intonation and tempo, then ask the questions below. The purpose of this activity is not communication but practice of newly presented grammar points. More personalized or open-ended questions may be asked at the end of the activity. You may wish to grade this activity to check and reinforce the use of **ser** and **estar**.

1. ¿Qué hora es?
2. ¿Es el fin de las vacaciones?
3. ¿Cuál es el primer día de vacaciones?
4. ¿Está Tomás de vacaciones este verano?
5. ¿De dónde es el padre de Tomás?
6. ¿Qué cree su padre?

C. **Y dime...** Students may answer these questions about themselves, then interview another student. Have students present a short summary of the information about their interview partner to the class. Set a time limit for this activity. Grading this activity is a good way to check students' mastery of **ser** and **estar**.

Page 39

A. **¿Ser o estar?** Do this activity with books open. Repeat it with books closed. Try the following activity for more oral practice. Form question fragments: **¿Ellos? ¿Republicanos?...** Have students answer in complete sentences using **ser** or **estar**. Maintain a quick tempo for this part of the activity. You may repeat the activity chorally. Have students later explain their choice of verb.

Page 40

D. Descripciones. This listening comprehension activity is a good exercise to grade. It checks and develops students' listening skills.

Page 42

Correspondencias. Students can take turns reading aloud for pronunciation practice using these reading strategies. (1) Alternate having boys, then girls, read the sentences. (2) Divide the class into two groups. Again, alternate the reading of the sentences. (3) To keep the reading lively, call on all the different groups—girls, then boys, then everyone.

Page 43

En tu opinión. You may have students work in pairs for this activity. As a writing assignment, have students compose a reply from Claudia's grandparents.

Expansión de vocabulario. Expand vocabulary presentation by (1) practicing pronunciation, (2) asking for synonyms, and (3) asking for the names of other occupational titles. Or give the students five minutes to study the list. If there is ample chalkboard space, send several students to the board. Ask them to write as many words as they can remember, writing the English first, then the Spanish. Other students can work at their desks. This list has many cognates and will lend itself to this strategy.

Culture note: Professions. The most popular professions in Hispanic America are medicine, engineering, architecture, and law. Ask students what they think the most prestigious professions in the United States are and why.

Page 44

B. Profesiones. Try expanding this activity in class. Ask students in small groups to compose five more definitions describing the professions and jobs. Students will then guess the professions that the definitions correspond to. You may want to move from group to group helping students with grammar structures. Encourage students to use structures and vocabulary they already know. Another approach is to have each group turn in their definitions. The next day use the definitions for a quick review and reinforcement.

Exploración: El uso de hay. Quickly reinforce this point by asking: **¿Qué hay en esta sala de clase? ¿En un dormitorio? ¿En una iglesia?**

A. Una carta de Puerto Rico. As an in-class writing assignment, have students change the perspective of the letter. Luisa's curious friends ask her about the content of the letter. Have students restate the letter in simple narrative form: **Susana dice que su sobrino está grande en la foto.** Have students work in pairs and give them a time limit. Each person in the pair receives the same grade.

Page 45

C. ¿Qué hay...? This is a good homework assignment for grading. Use it to check on the student's knowledge and use of **hay, ser,** and **estar**.

Page 46

Exploración: *Hacer* y *llevar* **con expresiones de tiempo.** The **hace** + time expression structure is often problematic for students. You may quickly reinforce it by composing a list of incorrect **hace** + time expressions that the students may then correct: **Hace ocho años que estudiamos español. (No es verdad. Hace tres años...).** Or you may wish to write several sentences using the **hacer** and **llevar** expressions of time on slips of paper. Cut them up so that individual words or short phrases are on each piece of paper, and put the pieces in envelopes. Have students in small groups compete to see who can unscramble the sentences first. The sentences should be fairly long and difficult.

Page 47

A. ¿Cuánto tiempo...? First have the students answer with books open. Repeat the activity with books closed. After oral and written practice, dictate new questions to the students. Collect the written answers for grading.

Page 51

C. *Algunos adjetivos...* Based on the descriptions below, have students create sentences using the adjectives in the box.

1. El señor Ramos da grandes cantidades de dinero a los pobres. (Es un gran hombre.)
2. Roberto no tiene hermanos. (Roberto es el único hijo.)
3. El aire no está contaminado. (Es aire puro.)
4. Doña Margarita está gravemente enferma. (Es una pobre mujer.)
5. Susana tiene tres coches. Acaba de comprar otro. (Tiene un nuevo carro.)
6. Luis mide seis pies, cinco pulgadas y pesa 250 libras. (Es un hombre grande.)
7. Hace quinientos años que la gente asiste a misa en esa catedral. (Es una catedral antigua.)
8. Este reloj no tiene equivalente. (Es un reloj único.)
9. El viejo no tiene nada de dinero. (Es un hombre pobre.)

D. A veces dos... Compose a list of sentences that contain adjectives connected by **y**. Students will match a person (past, present, or fictitious) with the description: **Es altísimo y muy ágil.** (**Akeem Olajuwon**) Then do the reverse. Say the names of persons or things, and have students describe them.

Page 53

B. El mal jefe. To reinforce the material, have students turn this paragraph into a positive statement about the boss and the job. They may choose their own adjectives and add or delete sentences as needed. This is a good activity to grade.

Culture note: Networking. Networking to get a job after college graduation occurs in the Hispanic world just as it does in this country. Family connections often help a young person get started in a profession. You may have students comment on this in relation to this country. There is more about the family in **Unidad 2**.

Exploración: La "a" personal. To ensure student comprehension of the personal **a,** you may have to clarify the meaning and usage of the direct object. Write several sentences in English on the chalkboard, and have students identify the direct object. Do the same in Spanish.

Page 54

3. *con* quién... Practice this point orally by asking the following series of questions. Maintain a quick tempo. These questions can be used for a class listening comprehension activity to be turned in for a grade. Have students write their answers in complete sentences.

1. ¿A quiénes ves en la cafetería?
2. ¿A quiénes invitas a tu fiesta?
3. ¿A quiénes llevas en tu coche?
4. ¿A quién llamas por teléfono hoy?
5. ¿A quién escuchas en la clase de español?
6. ¿A quién vas a buscar después de la clase?

B. Descripciones. Have other class members guess the person or thing being described.

Page 55

Casos especiales. To practice the problematic words, try a competition. Call out one word at a time. Students in small groups will compete to use the words correctly in original sentences. Indicate the time limit for each word by, for example, ringing a bell.

Page 56

A. Selecciones. This is a good activity to grade.

Page 57

Así se dice. Hablando por teléfono. You may want to present these expressions by briefly acting them out with your students.

Culture note: Telephone. A common building in Hispanic cities is the **telefónica,** where people who do not own telephones can go to place long-distance calls. In Spain, for instance, it takes up to a year to get a telephone installed in one's home, so people often do not have a telephone at home. Most middle-class and upper-middle-class homes, however, have phones.

Page 59

A. Circunstancias. As a follow-up, have students in pairs create minidialogues representing these situations. Limit the group time, and encourage them to be creative. Encourage them to work from brief notes rather than writing out sentences and reading them word-for-word.

D. Conversación telefónica. Grading this activity is a good way to check listening comprehension and writing skills.

E. Escribiendo un diálogo. Whether done in or out of class, this activity can be done in pairs. The conversations can be acted out in class. You may use this activity to check students' mastery of the material.

Page 60

A. Larga distancia. Students can memorize the dialogue and act it out in class. To grade this activity, prepare a point scale for various categories. Tell the students that they will be graded on several factors such as creativity, presentation, voice and intonation, grammar, and props.

Page 61

Para comenzar. Ask students each to contribute a sentence that, in their opinion, describes the first day of class. Write the sentences on the board, correcting errors as necessary.

Try a collective summary of the reading ¡Qué día! On the chalkboard, write several key words from the essay. Ask students to summarize the reading in sentences that relate directly to the text.

Or pair students for friendly debate. Possible debate topics: **(1) Una escuela privada es mejor que una escuela pública. (2) No debe haber asignaturas obligatorias en la escuela.** This would be a good writing assignment.

Page 65

B. Un seminario. Have students read the selection aloud for pronunciation practice.

Page 66

Culture note: Fifteenth birthday. For a Hispanic girl, her family, and friends, the fifteenth birthday is very important, as it symbolizes the beginning of womanhood. There are likely to be parties and dinners, the degree of extravagance depending upon the economic status of the family. Students may question the inclusion of the religious aspect in this celebration, thus offering an opportunity to talk about the role of the Roman Catholic Church in Hispanic life. Other questions may arise regarding Hispanic family life and dating customs. Remind students again of the differences in greetings between the Hispanic culture and those of the United States. Emphasize that Hispanics tend to display their warmth and affection in a physical manner, much more so than English-speaking people.

Page 67

Contextos culturales. Have students convert the letters into a dialogue. Encourage them to use the grammar structures they have studied in this unit. You may want to list these structures on the chalkboard. Limit their group time.

Unidad 2

Page 70

Para comenzar. Ask native speakers and advanced students to write a summary of the picture using the questions as a guide. Ask them to read their summaries to the class.

Page 71

Padres y parientes. Students can take turns reading aloud for pronunciation practice. At intermittent periods, stop the reading to hold a discussion: **¿Cómo describirías una "familia unida"? Compara las ventajas y desventajas de una familia nuclear pequeña con las de una familia grande. ¿Qué quiere decir "travieso"? Describe a un (una) niño(a) travieso(a). ¿Cómo eras de niño(a)?** You may group students for this activity. Have native speakers and advanced students listen to the others read. Do this during the last five minutes of the class.

En tu opinión. Pair students for this activity. Have them give the class a brief oral summary of the childhood of their conversation partner. Ask students to bring photos of family members or friends and to talk about them in class. The other students can guess whether the accounts are factual or fictitious. Encourage students to be creative.

Culture note: Family. Ask the students: What constitutes a family in our culture? Explain that in the United States a distinction is usually made between family and relatives. In Hispanic countries, the family comprises not only the nuclear group—the father, mother, and children—but also relatives and godparents. Often several generations of family members live in the same house. Students may enjoy listing advantages and disadvantages of the coexistence of generations.

Page 73

B. Parientes. Students may create additional sentences by using the names of other relatives listed in the **Expansión de vocabulario**. Read the descriptions to the class, and have students guess the relative in each description.

Page 74

A. *Los verbos*... Remind students that the **-ar** and **-ir** verbs in the preterite have the same **nosotros** forms in the present indicative tense.

Page 75

C.3. *Otros verbos*... Point out the absence of accent marks on the irregular forms.

Page 76

D. *El pretérito*... Further practice these model sentences by asking questions based on them: **¿Llegó tarde tu familia? ¿Diana le dio un beso a su novio? ¿Cuántas veces visitaste a tu primo?**

Page 77

C. Ayer todo fue diferente. Expand this activity by adding more personal statements. For more oral practice, continue the activity by reversing the pattern: **Ayer traje un sándwich de queso, pero hoy...**

A. Hace + *duración*... Practice this structure by modeling the first part of a sentence containing it: **Hace dos días...** Then ask students to complete the sentence in a way that relates to their school or personal experiences: **...que ganamos el partido de fútbol**.

Page 80

Para comenzar. Call out the letters of the alphabet, one at a time, asking students to supply the words in the pictures that have the letters you called.

Page 83

B. La tarea doméstica. Have students create original sentences by matching the verbs and nouns in each column.

C. Cuartos. Have students name three things they never do in each room.

Exploración: El imperfecto. On the chalkboard, write a sentence illustrating each use of the imperfect tense. Have students name the rule.

Page 85

G. Más memorias. Brief narrations read to the class are helpful in practicing the imperfect tense. Narrations are also useful for reinforcing newly learned vocabulary and other grammar structures. They may also be used for aural comprehension practice. After a reading, ask closely worded questions to elicit the structures used in the narration. Personal or open-ended questions may then be asked as a follow-up. **Cuando yo era joven siempre ayudaba a mis padres con las tareas domésticas. Todos los sábados limpiaba mi cuarto y pasaba la aspiradora. Mi hermano mayor barría el suelo y lavaba la ropa.**

1. ¿A quién(es) ayudaba yo cuando era joven?
2. ¿Qué hacía yo todos los sábados?
3. ¿Qué hacía mi hermano mayor?

Page 86

Exploración: *Hace* **y** *llevar* **en el imperfecto.** The constructions in **A** and **B** are interchangeable. These constructions are similar to the use of **hacer** in present tense time constructions. (**Hace dos años que no voy a España.**)

A. Hacía + *duración*... Practice this structure orally in a personalized manner. Model the first part of the sentence: **Hacía quince minutos que yo enseñaba cuando...** Students complete the sentence in a way that relates to their school or personal experience: (**...sonó la alarma.**).

Page 87

A. Hacía una hora... If this activity is assigned for homework, have students read the answers they have prepared. Repeat the activity without using the homework. Write the correct answers on a transparency, and have students correct their own papers. Then repeat the activity without providing any help.

ANSWERS

1. Hacía veinte minutos que el abuelo contaba un cuento cuando sonó el teléfono.
   El abuelo contaba un cuento desde hacía veinte minutos cuando sonó el teléfono.
   El abuelo llevaba veinte minutos contando un cuento cuando sonó el teléfono.

2. Hacía media hora que la vecina cortaba el césped cuando sonó el teléfono.
   La vecina cortaba el césped desde hacía media hora cuando sonó el teléfono.
   La vecina llevaba media hora cortando el césped cuando sonó el teléfono.

3. Hacía diez minutos que la niñera vestía a los niños cuando sonó el teléfono.
   La niñera vestía a los niños desde hacía diez minutos cuando sonó el teléfono.
   La niñera llevaba diez minutos vistiendo a los niños cuando sonó el teléfono.

4. Hacía dos horas que el pintor pintaba el comedor cuando sonó el teléfono.
   El pintor pintaba el comedor desde hacía dos horas cuando sonó el teléfono.
   El pintor llevaba dos horas pintando el comedor cuando sonó el teléfono.

5. Hacía una hora y media que Josefa barría su dormitorio cuando sonó el teléfono.
   Josefa barría su dormitorio desde hacía una hora y media cuando sonó el teléfono.
   Josefa llevaba una hora y media barriendo su dormitorio cuando sonó el teléfono.

6. Hacía dos horas y cuarto que el plomero arreglaba el baño cuando sonó el teléfono.
   El plomero arreglaba el baño desde hacía dos horas y cuarto cuando sonó el teléfono.
   El plomero llevaba dos horas y cuarto arreglando el baño cuando sonó el teléfono.

Page 89

Para comenzar. Ask students to name some of the items in the drawing. Have one student write the words on the chalkboard.

Culture note: Camping. Camping is also a popular activity in Spain, where there are more than 500 registered campsites. Most of these are in beach areas and are equipped with pools, sports centers, restaurants, stores, and other services.

Page 90

Cuando yo era pequeño. Students can take turns reading aloud to practice pronunciation. As an in-class writing assignment, have students begin a brief composition with the phrase, **El recuerdo más claro que viene de mi infancia...** Set specific time and length limits to this assignment. Collect and redistribute the finished papers, and have the students read each other's paragraphs.

Page 93

Exploración: El uso del pretérito e imperfecto. The oral narration/question technique is an ideal technique for practicing the preterite versus the imperfect.

Page 94

D. *Algunos verbos*... On the chalkboard write sentences using each verb in the preterite and the imperfect. Have students give the English equivalent and any further explanation necessary.

Page 95

B. *Selecciona*. Mention that this selection is a portion of the short story, *El vaso de leche*, which they will be reading at the end of the unit.

Page 96

C. *La lectura*. You may also use this paragraph as a narration. Read it to the students, then ask these questions:

1. ¿Qué empecé a leer cuando apenas sabía leer?
2. ¿Qué me compré?
3. ¿Qué más leía?
4. ¿Cuántos años tenía cuando estaba entusiasmado por la aviación?
5. ¿Qué libro me gustó (gustaba) mucho?
6. ¿Lo aprendí de memoria?

D. *¿Qué tal fue el día?* As an oral follow-up to this activity, compose several fragments, **Yo caminaba por la calle...** Have the students complete the sentences, **...cuando vi a María en su bicicleta.** Make a game out of it by dividing the students into groups. The first group to complete the most sentences wins.

Page 97

G. *Y tú, ¿qué hacías?* Repeat this activity until the students can maintain a quick tempo.

H. *En el rancho*. You may use this paragraph as a narration. Read it to the students. Then ask these questions:

1. ¿Adónde íbamos mi hermano y yo cada verano?
2. ¿Qué hacíamos cada mañana?
3. ¿Qué encontrábamos?
4. ¿Cómo era el rancho?
5. ¿Qué decidimos hacer un día?
6. ¿A qué hora salimos?
7. ¿A qué hora volvimos?
8. ¿Por qué regresamos a casa?

Page 99

Exploración: El pasado progresivo. You may want to review the irregular gerund form.

Page 100

B. *En inglés para saber*... Reinforce this point immediately. Walk around the room indicating different objects and asking: **¿De quién es...? ¿Es este libro de...?** Students will answer, **Es de..., No, es de..., Sí, es de...**

Page 101

C. *Los adjetivos*... Maintaining a quick tempo, ask students questions that elicit the use of possessive pronouns: **¿Son simpáticos tus amigos? ¿Es interesante esta clase?...**

Page 102

A. *Necesidades*. Personalize this activity even more by having students make sentences relating to classmates, etc.

B. *El desván*. Expand this activity by walking around the room and asking similar questions. **¿Es de...el cuaderno? Sí, es suyo,** etc.

C. *¿Y el tuyo?* You may add more questions which you will ask the students orally. **Mi familia es grande. ¿Y la tuya?**

Page 106

Así se dice: ¡De ninguna manera! Pique students' interests by telling them that there are as many ways to say *yes* and *no* in Spanish as there are in English.

Page 108

B. Lógica. Have students work in small groups to create original statements using **Dicen que...** Appoint a less advanced student to be the secretary-recorder for each group. After the groups finish, have each secretary-recorder read the sentences to the class.

Page 109

A. Favores. Have students add several favors commonly asked among themselves to the list.

Page 110

B. Cuento. As a variation of this exercise, students, in pairs or groups, could write a very brief fairytale or children's story. Each group presents the beginning half of the story. Other groups complete the story and compare their endings with the original.

Page 111

Para comenzar. As a prereading warmup ask students to talk about situations in which they have felt very ashamed or embarrassed. Then ask if these feelings have kept them from asking for much-needed help. Ask students how their lives would be if they left home. How would they survive? How would they protect themselves? Ask what they would do if they were away from home, had no money, and were very hungry. Before reading the story, present some of the nautical terms that appear in the story: **marinero, mar, barco, muelles, puerto, vapor, capitán, desembarcar.**

Page 113

Culture note: Lechería. In the context of the story, *Un vaso de leche*, a **lechería** is a dairy bar. You may point out that it also means a milk and dairy products store in Hispanic countries. Although Hispanic countries have large department stores, huge shopping complexes, elegant boutiques and complete supermarkets (primarily in large cities), just as in the United States, small stores that specialize in specific products and services are abundant and much more common than in this country. Ask students what they would buy in the following: **¿en una panadería? ¿en una carnicería? ¿en una librería? ¿en una papelería? ¿en una camisería?** Ask them what services are provided at a: **peluquería,** a **lavandería,** and a **barbería.** Point out that one buys mainly prescription medicines in a Hispanic pharmacy. It is fun to compare the Hispanic pharmacy to one in the United States. What can one buy in a typical United States drug store?

Page 116

B. Transformaciones. Have students give the noun equivalents of the following verbs: **progresar, centrar, trabajar, cantar, gritar, regresar, bañar.**

Page 117

E. Un invierno memorable. Students can share their accounts with the class. You may also ask for an account of **un verano memorable**.

Page 118

Culture Note: Houses. The classical Hispanic house is square with a roofless patio in the center. All of the rooms surround the patio. This style is known as colonial and was brought to Hispanic America by the Spaniards. The patio, which is the focal point of the house, is of Roman origin. The flowering gardens and colorful tiles and fountains that often decorate the patios are but two beautiful contributions of the Arabs, who inhabited Spain for over 700 years.

Unidad 3

Page 132

Culture note: Street sign. In Spain in addition to (or in lieu of) street signs, you may see a ceramic plaque with the name of the street built into the corner of a building.

Page 133

B. Edificios. Have students arrange these buildings by how frequently they visit them. Have students find pictures of the places. Use them when asking the questions.

Exploración: Formas de decir la hora. Explain the difference between the use of **por** and **de** with time.

Por la mañana, tengo clases.
In the morning, I have classes.

Por is used to indicate general time.

A las 10:00 de la mañana tengo una cita con el dentista.
At 10:00 in the morning I have an appointment with the dentist.

De is used when a specific hour is mentioned.

Page 136

Exploración: Los interrogativos. Have students compare the following sentences. ¿Cuál de los libros quieres leer? / ¿Qué libro leíste?

Qué can be used in a broader sense. The **cuál** construction generally would refer to a choice of those books that were offered.

Page 137

H. ¿Cuánto(a, os, as)? Note that ¿**cuánto?** when used alone to mean how much something costs is always masculine singular since it refers to **dinero,** which is masculine singular.

Page 138

D. ¿Cuál fue la pregunta? Do this activity again in a nondirected manner. Students should come up with as many questions as possible for each answer. For the first answer, they might ask the following: ¿Quién fue a Puerto Rico? ¿En qué viaje fue Colón a Puerto Rico? ¿Qué hizo Colón en su segundo viaje? This activity may be assigned as homework.

Page 139

Exploración: Los adjetivos demostrativos. To demonstrate the distinction between these words, talk to a nearby student about objects in different locations. Point to your book (**éste**), to his or her book (**ése**), and then to the book of a student in the back row (**aquél**). Have students try the same thing with objects in various parts of the room: **el lápiz, los bolígrafos, las zapatillas, la mano.**

Page 141

D. Esto, eso *y* aquello *son*... Ask students why these forms do not use a written accent. Hint by asking them why **este libro** has no accent, but **éste** does (the former is an adjective and the latter a pronoun). Then ask them why there are no neuter adjectives. Finally, to ensure that they understand the concept of abstract ideas, have them think of examples of *this* and *that* used abstractly.

Page 145

En tu opinión. Ask students what snacks or appetizers they like. Which of the **tapas** appeals to them most and why? Which is most unlike anything they eat, and which is most similar? Point out the difference between **tortilla** in Spain and **tortilla** in Mexico. Have students think of words in English that have different meanings in the United States and other English-speaking countries, such as flat–apartment and barrister–lawyer.

Culture note: Paella. Though **paella** is eaten in many variations all over Spain, it is a regional dish. The most authentic **paella** is from Valencia, a region rich in seafoods and the production of rice. **Paella** gets its name from the **paellera,** the typical pan used to make this delicious dish.

Page 146

Expansión de vocabulario. *Pescados y mariscos.* Stress that in Spain, **atún** is the fish, while **tuna** is the chorale associated with each school within a university. The members of the **tuna** wear medieval costumes and sing at various events. Occasionally, at night, they serenade a girl beneath her balcony, and are then invited up for refreshments. *Otras palabras y frases.* Another way of saying ¡Buen provecho! is ¡Que aproveche(s)!

Culture note. Table manners. In Spain, as in many other European countries, it is considered impolite to rest your hand in your lap while eating. Normally, the fork is held in the left hand and the knife in the right hand simultaneously. Food is cut and then transported into the mouth with the fork still in the left hand. Europeans often consider the American custom of eating with only one hand at a time rather awkward and clumsy.

Culture note: Mineral water. In general, Latin Americans, like Spaniards, drink little water compared to people from the United States. The preferred drink is a soft drink, mineral water, or **gaseosa,** a type of carbonated mineral water.

Page 150

D. *Un día en la vida.* Explain that **Feroz** (ferocious) and **Necia** (troublesome) are dog's names, and that dogs are not usually given names of people in Spanish-speaking countries.

Page 151

B. *En español, el pronombre...* Underscore the importance of adding the indirect object pronoun even when the indirect object noun is expressed. Give more examples on the chalkboard. *Le escribimos a José todos los días. ¿Quieres darles la dirección a sus abuelos?*

Page 155

A. Gustar *se...* Emphasize the lack of an exact Spanish equivalent for the English verb *to like.* Students have a tendency to misuse **amar** and **querer.** Querer can mean *to love* when referring to a person, or *to want* when referring to a person or thing. **Amar** is used commonly to express romantic love, or love of family, country, God, or an abstract ideal. Students can use **gustar mucho,** or **encantar,** to say that they love doing something. (See also Appendix D)

Have students bring pictures from magazines and make collages illustrating their likes and dislikes: **Me gusta comer. Me disgusta viajar en avión.** Display the works and have the students guess who created each one.

Page 158

Para comenzar. Expand this activity by comparing night life possibilities for a high school student, a university student, a young professional, and parents of very young children.

Page 159

¿Qué hacemos esta noche? Students can take turns reading aloud for pronunciation practice. You may try using the reading selection as a fill-in activity. Students will complete the paragraph according to what they think the night life customs are in this country. Encourage them to use their imaginations. This makes a good in-class activity, but can also be assigned as homework.

Desgraciadamente, ahora en los Estados Unidos _____ porque _____ y hay que _____. _____ abren a la(s) _____ y vuelve(n) a cerrar _____. Se vuelve a casa o _____. En el verano _____. De noche es muy divertido porque _____. Lo importante es _____.

Culture note: Movies. An average of eight Hispanic movies per month are shown in various theaters around the United States. These movies are more widely accepted in Los Angeles and New York City. You might ask students if they have seen Hispanic movies and what they thought of them. Compare them to U.S. films with regard to technique, theme, and scope. Students at this level would enjoy seeing some of the excellent Hispanic films that are on video-tape; these films are easily available to high school language classes.

Page 160

Expansión de vocabulario. Help students expand

their vocabularies by creating word families, such as **contar–cuento,** from the vocabulary list. Some other words to add are **volar, apostar, consolar, almorzar,** and **encontrar.**

B. Definiciones. Students can do the reverse of this activity. Have them write definitions based on the vocabulary list. Assign each word to a group of two or three students, who must prepare a good definition within three minutes. Have them read the definitions aloud. The other students must guess the word that corresponds to the definition. Have the less advanced students do the writing and reading of the definitions.

Page 161

Exploración: Los usos de *por* y *para*. On the chalkboard, write sentences with the preposition **por**. Students will explain the use of the preposition in each sentence.

Give students a sentence fragment. In groups, students must correctly complete the sentence using **por** or **para**. There are several possibilities. Each group must be able to complete its sentence. The group with the most correct sentences wins.

1. Papá fue al mercado...
2. Mi tía me regaló dinero...
3. Ella habla muy bien el español...
4. Anoche caminábamos...
5. Fui al almacén. Quise cambiar los pantalones...
6. Ellos se casaron...
7. ¡Apúrense! El autobús está...
8. Compré estas entradas...
9. Esta pluma es...
10. Sólo pagamos diez dólares...

A.1. *duración*... Tell students that you will use **por** with a length of time in the sense of **durante,** or *during.*

A.2. *tiempo indeterminado*... Again, compare the use of **por** and **de: por la mañana**—no time specified; **a las 10:00 de la mañana**—a specific time mentioned.

Page 162

7. *modo de comunicarse*... Have students think of more means of communication and transportation: **por correo, por vía aérea, por avión, por vapor.**

10. *a través de*... Por can mean *along, by,* and *through.*

Page 163

15. *expresiones comunes*... In small groups, students will create sentences with the **por** expressions as you say them. Give them a strict time limit. This is meant to be fast-moving and competitive.

B. Para *se usa para*... On the chalkboard, write sentences with the preposition **para**. Students will explain the use of the preposition in each sentence.

Page 164

2. *límite de tiempo*... Remind students that you generally use this structure when assigning them homework: **para la próxima clase, para el lunes, para mañana.**

5. *una acción que se*... Have students compare these two structures:

La clase está *para* empezar.	*The class is about to begin.*
El edificio está *por* construirse.	*The building has yet to be built.*

Page 165

B. Distracciones. Students can explain why they chose **por** or **para** for each space. Explain that uses of **por** and **para** sometimes differ among Spanish speakers. For the third space, some people will use **por**.

C. La fiesta ruidosa. Have a student justify the use of **por** or **para** to complete the sentence. Then have another student complete the sentence using the alternate preposition and, if possible, also justifying the selection. This activity may be assigned as homework.

Page 167

C. ¿Qué se hace? Expand this activity with the following phrases. Give no clues or help.

1. En España...
2. En una emergencia...
3. En la luna...
4. En una tempestad...
5. En general, en el mundo hispánico...
6. En un ascensor...

You may expand this list and add small-group competition.

Page 168

Exploración: Expresiones con el verbo *tener*. Do a quick ¿Cómo-se-dice-en-español? check with the **tener** expressions.

1. You're not right.
2. We have nothing to do.
3. What does that have to do with love?
4. Do you have a cold? You have a fever, too?
5. I have the right to leave.
6. He is so successful.
7. I'm very jealous.
8. 'Bye. I have to go now.
9. How old are you?
10. Dad has confidence in his children.

Page 169

A. Reacciones. Have the students add four original situations to this activity.

Culture note: Spanish television. Watching television is a very popular nighttime diversion in Spain. Approximately 90 percent of all Spaniards watch TV on a regular basis. Owning a television set in Spain crosses all economic levels. There are only two channels on TVE, (**Televisión Española**) and there is no morning programming. Spaniards also watch soap operas. However, the most popular soap operas are those from Mexico, Argentina, and Venezuela.

Page 170

Exploración: Las conjunciones *e* y *u*. Note that **y** does not change to **e** before the diphthong **ie** or before **y**: **plomo y hierro, tú y yo.**

Page 171

Casos especiales. For each grouping of problematic words, compose sentences for the students to complete orally.
Following are a few possibilities:

1. La cena es a las nueve. Vamos, no quiero...
2. ¿Mi novio? Yo lo...
3. No me gusta el azul marino. Voy a comprarme una blusa de azul...
4. En el verano llevo ropa...
5. Quiero ver las noticias. ¿Dónde está...
6. No pagamos nada. Las bebidas son...

Page 174

Así se dice. As a warmup to this section, mumble something, making certain the class cannot understand what you are saying. Based on their responses, give an explanation of this section. *Do* emphasize that **¿Qué?** is not a courteous way to express lack of comprehension.

Page 175

E. *Para aclarar o...* Try practicing these clarifying phrases. Make a statement of any kind. A student will make the same statement but in a different way (with the same basic content but different wording). He or she will begin the restatement with **es decir, o sea,** or **en otras palabras: Por estar muy enferma, María debe guardar cama, o sea, María está tan enferma que no puede hacer nada.**

Page 176

A. ¿Sabes qué? Students may add more situations to this activity. Have them act out these dialogues in class.

Page 179

E. En la fiesta. Have students act out these dialogues in class.

Page 180

Para comenzar. As an introduction to the story *Yo y el ladrón*, you might ask: **Describe los varios tipos de ladrones. ¿Cuándo suele aumentar el número de robos (en el verano, en el invierno, etc.)? ¿Qué se puede hacer para protegerse contra los ladrones?** Explain the meaning of **echar un ojo**.

2. *Cada estudiante...* Divide the class into groups. Give each group a cue to create a sentence. Set a time limit of five to seven minutes, and ask the groups to present their sentences to the class. Have the less advanced students do the writing and presentations.

Page 185

B. Normas del perfecto invitado. Ask students to list what, in their opinion, are **las normas del perfecto invitado** in the culture of the United States.

Unidad 4

Page 190

Para comenzar. You may also ask more travel-related questions: **¿Qué sistemas de transporte se usan más en los Estados Unidos? ¿A qué lugares te gustaría ir por tren? ¿Por qué? ¿Cuáles son las ventajas y desventajas de viajar con frecuencia?** Ask students for verbs that may be used to describe the pictures—for example, **comprar, viajar**. Have a less advanced student write the verbs on the chalkboard.

Culture note: The railroad in Spain. The railroad system in Spain is called **RENFE (Red Nacional de Ferrocarriles Españoles)**. The types of trains are the **tranvía**, the **semi-directo**, the **rápido**, and the **Talgo**. Traveling on the **Talgo** is very pleasurable, as it has air conditioning and reclining seats. It is quite inexpensive to travel by train in Spain, even on the **Talgo**.

Page 191

Mi itinerario. Students can take turns reading aloud to practice pronunciation. Ask students to talk about the benefits of keeping a travel diary. You may show slides, photographs, or a video-tape of Colombia at this point. Indicate on a map the various places mentioned in the reading. This is a good time to briefly review the geography of Hispanic America as well as other physical and cultural aspects of South America.

A good exercise is to have students either write or call out the verbs in the story that are in the first-person present tense.

Page 193

A. ¿Qué hago primero? As a warmup to this activity, talk about travel in general. You may write on the chalkboard as students list things that need to be done at home before leaving on a trip. Students will then arrange them in chronological order: **Vaciar la nevera; apagar las luces; hacer la maleta**.

C. De viaje. An enjoyable activity is to have students say what each person would *not* do. **El piloto no les sirve bebidas a los pasajeros**. Ask students to bring pictures illustrating **un chofer**, for example. Have them indicate what they would like the chauffeur to do: **Quiero que el chofer maneje más rápido**.

A. *El presente del subjuntivo...* Give students a quick review of the present-tense **yo** forms of several verbs, especially the irregular and stem-changing verbs. Practice verbs like **poner, hacer, venir, decir, oír, salir, tener**.

Page 194

C.1. *En el subjuntivo...* Write more examples on the chalkboard: **cerrar, empezar, mover, entender**.

C.2. *Los verbos que...* Write more examples on the chalkboard: **morir, preferir, divertirse, mentir.**

C.3. *Los verbos que...* Write more examples on the chalkboard: **servir, seguir, vestir(se), competir.**

D. Dar. Point out that the first and third person singular of **dar (dé)** have a written accent mark to distinguish them from the preposition **de.**

Page 195

F. *Para usar el...* Point out that the conjugated verb in the principal clause is in the indicative, and that the word **que** links the principal clause to the subordinate clause.

Culture note: Vacation in Spain. Point out that in Spain most people vacation during the month of August. It is often difficult to carry on business transactions at this time of the year, and some businesses close down during the month of August. Since it is very hot in Madrid in August, a favorite vacation spot for **madrileños** is the cool mountain region of northern Spain.

Page 197

C. *Las siguientes son...* For oral practice, make several statements using impersonal expressions that require the indicative, such as **Es evidente que el examen es muy fácil.** Have students negate the sentences: **No es evidente...** You may then do the reverse: **No es verdad que el (la) profesor(a) llegue tarde.** Ask the students to make the sentences affirmative.

Page 199

D. El primer viaje. As a follow-up to this activity, ask personal questions, and have students respond orally, using impersonal expressions, both affirmative and negative. **¿Todos los alumnos sacan "A" en el examen? Es imposible que...** You may also use this as an in-class writing activity.

An enjoyable activity is to talk about different types of airplane passengers. Help students suggest a few: **el pasajero misterioso, el pasajero molesto, el pasajero temeroso.** In groups or pairs, have students create sentences that describe these passengers. You may write these sentences on the chalkboard—for example, **El pasajero misterioso lleva gafas oscuras.**

Page 200

Culture note: Hotels in Spain. The Spanish government rates hotels according to a star system. The highest category of hotels has five stars. The following is a description of various kinds of lodging the traveler to Spain can expect to find.

First-class hotels. These are luxury hotels like those found in most large European and American cities. They are equipped with the most up-to-date attractions such as casinos, sports facilities, and excellent restaurants.

Pensiones, hostales, residencias. These are guest houses similar to hotels with regard to basic comfort and cleanliness. The prices are moderate to very low. **Pensiones** are the lowest-priced, and guests are required to pay **pensión completa,** or full room and board. In many **pensiones,** however, there is a **demi-pensión** plan which obligates the guest to only one meal other than breakfast. **Hostales** and **residencias** generally only serve a light breakfast of coffee and toast, as they have no restaurants. One cannot expect private baths in all rooms in a **pensión, hostal,** or **residencia.**

Paradores nacionales. There are approximately 85 **paradores** throughout Spain; many are restored castles, palaces, monasteries, and convents. These government-controlled lodgings offer the conveniences and luxuries of first-class hotels in an intimate and personal atmosphere, and at reasonable prices. All are decorated according to the style of the region, and most are located in picturesque areas of natural beauty. The restaurants serve the culinary specialties of the region.

Albergues. On highways and in areas where hotels and guest houses are scarce, the traveler is likely to find **albergues.** These are modern structures similar to U.S. motels. They are clean, comfortable, and moderately priced. Guests are not expected to make reservations, and are allowed to stay a maximum of 48 hours.

Page 201

En tu opinión. You may also ask these questions:

1. ¿Hay sitios en los Estados Unidos donde uno se tiene que acostumbrar a la altura? ¿Cuáles? Explica.
2. ¿Por qué a Luisa le pidieron los documentos en el hotel? ¿Se hace esto en los hoteles norteamericanos?
3. ¿Qué opinas del típico desayuno colombiano?

Culture note: Chocolate. The word **chocolate** comes from the Nahuatl language. When the Spaniards arrived in Mexico in the sixteenth century, they were amazed at the importance of chocolate in the Aztec culture. It was a very common drink in Moctezuma's court, and the cacao beans were used as monetary units. As a result of this discovery, **chocolate caliente** became a popular drink in Spain and Hispanic America.

Page 204

B. *El pronombre reflexivo*... Emphasize that, in a sentence with a conjugated verb and an infinitive (**necesita levantarse**) or a conjugated verb and a gerund (**está levantándose**), the reflexive pronoun may precede the verb or be attached to the infinitive or gerund.

Page 205

F. *Algunos verbos tienen*... Ask the students, **¿Qué estoy haciendo?** Then act out the following: sitting down, seating someone, standing up, raising a window, putting on a hat, taking off shoes, getting dressed, dressing a baby.

ir / irse. Point out the difference between **ir** (to go) and **irse** (to go away).

Page 208

***Esta construcción se*...** Give more examples of the construction **se para sucesos inesperados** using these verbs: **ir, escapar, acabar, caer**.

Page 209

A. Saber *se*... You may want to give more examples of the three categories of uses for **saber**:

1. Yo sé que Raúl está enfermo. (factual information)
2. Ana sabe tocar bien el piano. (how to do something)
3. Sabemos los sonetos de Shakespeare. (by heart or completely)

Compare the third sentence with **Conozco los sonetos de Shakespeare** (to be acquainted with).

You may reinforce the differences between **saber** and **conocer** with an oral activity. Try to maintain a quick tempo. You can ask:

1. ¿Conoces al señor Padilla? ¿Sabes que él está en Bolivia?
2. ¿Conoces los violines de Stradivarius? ¿Sabes tocar el violín?
3. ¿Conoces Madrid? ¿Sabes dónde está el Museo del Prado en Madrid?

Page 210

A. ¿Saber o conocer? Have students give the English equivalent of their answers in this activity.

Page 211

B. ¿Sabes algo de...? Students may add their original selections to this activity.

Page 213

De compras. Have students take turns reading aloud for pronunciation practice.

You may try using the reading selection as a fill-in activity. Students may complete the paragraphs based on a trip they have taken, or simply by using their imaginations.

—Si llegas ___, —me aconsejó una amiga que conoce bien ___ —cómprate ___. Y no dejes de ir ___ un ___, para conseguir ___. Es verdad que aquí en ___ se ve(n) ___. Y ___ es ___, con ___.

Pero confieso que prefiero ___, en ___. Me compré ___. —Llévese otro(a), —me dijo. Pero se me estaba acabando el dinero.

El(la) ___ me llamó la atención... (Termina de una manera original.)

Culture note: Souvenirs. Begin by asking students what souvenirs or regional artifacts they might expect to buy in different parts of the Hispanic world. *Mexico* is known for its fine leather goods. Each state also has its regional wares. In *Taxco* one finds silver and tin articles, and *Guadalajara* is known for its delicate hand-blown glass figurines and other crystal articles. *Guatemala* offers lovely hand-woven linen and clothing, and *Puerto Rico* is a good place to buy white cotton articles of clothing. Shopping in *Spain*, as in México, is regional. One can purchase beautiful Cordovan leather articles, ceramics and porcelain, miscellaneous Damascene articles, and perfumes that are good and much less expensive than in France. Point out that in the **mercados al aire libre,** people buy fresh local meats and produce, as well as local artifacts.

Page 214

B. ¿Qué me pongo? As a follow-up to this activity, it is fun to have students ask **¿Qué no me pongo?** for each selection.

Page 215

Exploración: El imperativo: los mandatos. Quick oral activities are important for practicing the command forms. You may prepare these in advance: (**No**) **quiero comer.** Students will respond: **Pues, (no) coma,** or **Pues, (no) comas.** Indicate whether you are practicing formal or familiar commands. Similar formats can be used for the **nosotros** commands and for the **mandato indirecto.** You might, however, write cues on the chalkboard when practicing the indirect commands: **No quiero lavar la ropa. (Miguel)** Students will respond: **Que Miguel la lave.**

Page 218

F. Más consejos. As a follow-up to Activity B, students may suggest things to do and places to go in their own country, city, or town.

Page 220

C. Los mandamientos. Encourage students to be creative.

F. De prisa. Have students answer individually. Repeat activity chorally.

Page 226

Así se dice: ¿Dónde queda...? Point out that **quedar** is often used as an alternate form of **estar** in this context when referring to large, immovable things such as streets or buildings. Have students complete these sentence fragments. Others in the class may use responses from page 227 to answer the questions.

Page 228

C. Direcciones. Students can practice directing "tourists" to places that are local or familiar.

ANSWERS

1. Sigan derecho hasta llegar a la esquina de la carrera séptima. Allí doblen a la izquierda. Caminen hasta llegar a la Avenida Jiménez. Luego caminen cinco cuadras más. La catedral está a su izquierda.

2. De aquí, caminen cuatro cuadras hasta llegar a la Avenida Jiménez de Quesada. Allí, doblen a la izquierda y caminen dos cuadras hasta llegar a la carrera séptima. En la esquina doblen a la derecha y sigan caminando hasta la calle 19. Caminen hasta la calle 26. Caminen dos cuadras más y allí está el Museo.

3. Sigan derecho hasta llegar a la calle 26. Allí, doblen a la izquierda hasta llegar a la carrera 10. Sigan derecho hasta la carrera séptima. En la esquina doblen a la derecha. Y caminen hasta la calle 19. Caminen tres cuadras más. En la es-

quina doblen a la izquierda y caminen una cuadra. El Museo de Oro está a su derecha.

Page 231

B. ¿Regatear o no regatear? Rather than explaining **regatear** and **regateo,** why not demonstrate the procedure with another student for the class? Remember that when bargaining for a lower price, a shopper will be more successful if he gives *reasons* why the article should be marked down: **Mira la calidad de este material—su tejido no es muy cerrado, es muy flojo. ¡No vale su precio!**

Page 232

Para comenzar. *Before* reading the story, have students try to guess the story's content by using the words in original sentences. You might also discuss whether there is such a thing as too much traveling? If so, how does this affect one's personal / social life? Health? Family relationships? Friendships?

Page 235

B. *Escribe unas notas breves...* Remind students that what you would write your friends from a beach resort, such as Benidorm in Spain, is likely to be very different from a postcard written to your parents. Encourage students to use their imagination!

Culture note: Tourism. Tourism is Spain's major industry. This is especially evident on the southern and southeastern coasts where the weather is consistently warm and sunny and the beaches are beautiful. In some areas, like Benidorm, foreign tourists abound to such degrees that there seem to be more Germans and Scandinavians than Spaniards. It is not uncommon to see signs in shop windows that say **Aquí se habla español.**

Unidad 5

Page 250

Para comenzar. Ask students what type of weather they associate with Spain (sunny, hot). Discuss Spain's varied climate—great skiing in the north, cool and sometimes cold in Madrid in the winter.

Page 251

¡Llueve a cántaros! This **lectura** lends itself beautifully to special reading. Try to have the readers sound like broadcasters. This is a rapid-reading exercise, which should be challenging to native speakers and advanced students.

Preguntas acerca de la lectura. This may be assigned as a group or pair composition. Assign each group or pair one question. Set a time limit of four or five minutes. Have the less advanced students read the group's composition to the class. Discuss the difference between Celsius and Fahrenheit (0°C = 32°F).

Page 253

B. Estaciones y sentimientos. Have students bring pictures illustrating the months of the year. Ask them to describe the pictures, using weather expressions and mentioning popular seasonal sports. This can be an in-class oral or writing activity. Native speakers and advanced students can memorize their paragraphs to present to the class. Expand this activity by having students include the clothing they can wear in the different seasons and even perhaps the food they can eat.

C. El pronóstico es... Invert the activity to say **¿En que país o ciudad hace calor en julio? ¿En qué país o ciudad hace calor en enero? ¿En qué país o ciudad llueve mucho en marzo?**

Page 255

E. *Las expresiones* **quizá(s)...** To complement the grammatical explanation of the use of the subjunctive or indicative with **quizás,** have students think of sentences that reflect the use of *maybe* with doubt and with certainty. Ask students to bring a picture from a magazine, and illustrate the use of the subjunctive: for a picture of a young man and woman, they might say, **Ella quiere que él la llame por teléfono.**

Page 256

B. Cambios de tiempo. Choose one or two sentences from the list, and ask students to come up with a few more endings—for example, **Raquel nos dice...(que nos pongamos el abrigo cuando hace frío, que no hace sol en Inglaterra...)** Make sure to practice the use of **decir** with the subjunctive as well as with the indicative. Students' answers may vary from those given. Point out that the decision to use the subjunctive is often a subjective one.

Page 258

B. Que *es el*... Make sure that students understand that **que** is the most commonly used conjunction. It is the one they should always try to use first. Students tend to think that the more complicated they can make a structure, the better, so they frequently use **el que** (**cual**) or **quien** when **que** is the most appropriate.

C. 2. Quien(es) se usa... Make sure that students know that these two forms are interchangeable in this context. **Quien come, engorda. El que come, engorda.**

Page 259

2. El que *y* el cual... This rule holds true for single prepositions, not compound prepositions such as **dentro de** and **antes de**.

Page 260

A. Aclaraciones. You may ask students to translate these sentences to ensure their understanding of the various structures. Ask what the various forms of **cuyo** modify or refer to. As a variation, change the subjects of the sentences from singular to plural. This is a good student-to-student oral practice exercise.

Page 262

Para comenzar. Ask students to name various Hispanic baseball players, such as Tany Pérez (they may say Tony Perez, but his name is Tany, from Atanasio), Fernando Valenzuela, Orlando Cepeda, and more. Ask if they can think of sports that began in foreign countries and that we have imported (soccer, karate, polo, rugby).

Page 263

Medias Rojas 2; Tigres 0. If Spanish television is available, tape part of a soccer game. Show the tape at the beginning of this lesson as an introduction. Students can listen for sports terminology.

Page 265

B. ¿Quién lo hace? Have students name sports activities that require no equipment (**la natación, el correr**). Simple matching exercises should be directed to the less advanced students.

C. Mi deporte favorito. This activity may be assigned for homework. Ask students to bring a picture from a magazine such as *Sports Illustrated* that illustrates their favorite sport.

A. *En el tiempo futuro*... When introducing the future tense, you may want to have students repeat the verb forms. Make sure to point out the written accents, stressing the last syllable for all forms except **nosotros**. Show them the consequences of mispronunciation: **hablará**—*he will speak* (future); **hablara**—*he, she, I spoke* (imperfect subjunctive).

Page 266

E. *También se usa*... Explain that there are alternate ways of expressing probability, but that they are more complicated and less common in Spanish. Compare: **Es probable que Marta esté en el estadio. Probablemente Marta está en el estadio. Marta estará en el estadio.**

Page 267

A. Mañana todo será diferente. Ask students to think of two things that they did not do yesterday but will do tomorrow.

C. El partido. You may want to ask students to translate the second column as they match the two columns, to ensure that they understand the use of probability.

D. Todos quieren saber... Ask students to list three things they will do in the month of June. As a variation, have students ask each other if they will do the activities they suggest.

Page 268

B. *Los verbos irregulares*... Write on the chalkboard: **Juan quería ir** (imperfect). **Juan querría ir** (conditional). Ask students to explain the difference. Have them close their eyes while you pronounce the two verbs. Tell them to raise their hands when they hear the *rr*. Point out the importance of distinguishing between the two.

Page 273

Expansión de vocabulario. *En los titulares*. Explain that to put someone in jail is **meterle a uno en la cárcel**, and not **poner**. **Meter** is used to express "to put into." An alternate form would be **encarcelar**.

Pages 275

***Otras expresiones negativas*.** Have the class repeat these expressions; students tend to confuse them. They also frequently invert them to correspond to English syntax.

Page 276

C. *Las palabras negativas múltiples*... Write on the chalkboard: **Nunca voy con ninguno de ellos ni a bailar ni a ver una película tampoco.** Have students try to translate this sentence literally to show how English is different from Spanish in this respect.

H. *Se pueden usar*... Have students practice **tampoco** since it is so common and important. Repeat sentences such as: **Yo nunca como gusanos. ¿Y tú? Yo nunca salgo en traje de baño cuando nieva. ¿Y tú?** Students can help to make up original silly sentences to try on each other.

Page 280

B. !Qué va! Have students make up some exaggerated statements. Others will react accordingly.

Page 292

Para comenzar. Before you begin to read the **lectura**, point out what the title means. **Jaque mate** (*Checkmate*) **en dos jugadas** (*in two plays*). Students should bear in mind that authors choose the words in their works very carefully, and for specific reasons. The title will have significance and they should look for this as they read. You may want to give a little background on the origin of the word **ajedrez** (*chess*). Of Persian (Iranian) origin, the game was brought to Spain by the Moors who occupied Spain for almost eight centuries (711–1492). **Jaque** in Spanish means *Shah* and **mate** is the command form of *to kill*. **Jaque mate** (from which derived the English word *checkmate*) means *kill the shah* (*king*).

Have students pay attention to the author's style. A detective story will be tense and suspenseful. Will the author create this mood with long, wordy descriptions or short sentences? Have students pay particular attention to the first sentence—the confession. Is it perhaps a red herring?

Unidad 6

Page 304

Para comenzar. Talk about the Frito Bandido, Speedy González, the movie Scarface and the image of the Hispanic on "Miami Vice." Compare most of the Hispanics on "Miami Vice" to Eddie Olmos' positive role as the police lieutenant.

Page 305

Herederos de la Raza. Before reading a selection

aloud or silently, it is very helpful to hear the selection read by native speakers or advanced students. Choose paragraphs which lend themselves to more dramatic reading.

Culture note: The Mayans and the wheel. An interesting note on the Mayans. Although they were so advanced in the fields of astronomy, agriculture, science, mathematics and writing, they used the wheel solely for decorative purposes.

Page 306

En tu opinión. Have students take home a copy of the following questions. Ask them to interview their parents and share their findings the next day in class. Pair them and have them interview each other.

1. When did your ancestors come to the United States?
2. What languages did they speak?
3. What languages are spoken in your home now?
4. What traditions did your ancestors bring with them?
5. Which traditions are still observed in your home?

Expansión de vocabulario. *Verbos.* To indicate that one belongs to a club, **ser socio** should be used rather than **pertenecer**. *Adjetivos y expresiones.* **Hispanoparlante** is used interchangeably with **de habla hispana**.

Page 307

A. Definiciones. To practice listening comprehension, ask students to close their books. Write the six words in the left-hand column on the chalkboard. Read a definition from the right-hand column and ask students which word matches the definition. Do this at least three times. Then, with books open, do the exercise one more time.

Page 308

A. *Las formas de* haber... You may want to point out that the future endings come directly from this verb, minus the letter h: (h)e, (h)as, (h)a, (h)emos, (h)abéis, (h)an.

Literally one says: **Cantar -he** (I have yet to sing). Thus, the future tense: **Cantaré** (I will sing).

C. *Algunos verbos comunes*... Provide the preterite of these verbs and have students respond with the present perfect: **Abriste.** (Has abierto.) **Hizo.** (Ha hecho.)

Page 309

F. *Los pronombres objetivos*... Stress the fact that you must *never* put pronouns between the conjugated form of **haber** and the past participle. You do, however, attach them to the infinitive form of **haber** when it is appropriate.

No **lo** he visto.	*I have not seen him.*
Siento no haber**lo** visto.	*I'm sorry I haven't seen him.*

Page 310

A. Un hermanito muy activo. Have a less advanced student write the infinitives in a column on the chalkboard. Have others provide the past participles orally. After the students have practiced orally a few times, have another less advanced student write the past participles on the chalkboard beside the infinitives.

B. El pasado y el futuro. Call on a student to form a question: **¿Has visto una corrida de toros alguna vez?** Call on another student to answer it. Have students think of three more activities and then pose the questions to the class.

C. Los recién llegados. After intensive drilling, have native speakers and advanced students provide the questions one at a time and have all students write the answers. Ask students to exchange and grade each other's papers.

Page 311

E. ¿Todavía? Try a follow-up activity using the conditional perfect with the preterite tense. First student: **Yo visité las pirámides mayas.** Second student: **Yo las habría visitado pero...**

As a writing activity, ask questions and have students write the answers, alternating boys and girls. Have native speakers and advanced students write their answers on the chalkboard, while other students correct their own papers.

Page 313

A. *Para formar el imperfecto*... Again, stress the importance of proper pronunciation. Write on the chalkboard:

El comprará   El comprara

Pronounce both forms and have the students repeat them. Ask them to explain the difference between the two. Do the same with other **-ar** verbs. Ask students if this problem will occur with **-er** or **-ir** verbs. Why not?

C. *No hay excepciones*... Practice orally with students using the following irregular verbs in the preterite. Have students go through the steps of finding the third-person-plural preterite and then forming the imperfect subjunctive.

saber	dormir	traer
poner	pedir	poder
hacer	servir	dar
sentir	repetir	estar
seguir	venir	...

You can write the verbs on a transparency and do oral drills first. Then ask students to write the exercise.

A. Quizás. Translate the model so that the doubt factor is clear: "Perhaps they were listening to the music." Have them translate their answers, stressing the doubt involved. You might add a comment such as: "I am really not sure." As a variation, ask the students to furnish new phrases.

Page 314

B. Ojalá. Explain the difference between the present tense with **Ojalá** (I hope), and the past tense with **Ojalá** (I wish).

Ojalá sepa la respuesta.	I hope I know the answer.
Ojalá supiera la respuesta.	I wish I knew the answer.

Change the subjects and use students' names. As a special challenge to the native speakers and advanced students, send them to the chalkboard and ask them to provide the verbs.

Exploración: La correlación de tiempos. This activity also works well orally. Write on the chalkboard: **Él llegue a tiempo. Él llegará a tiempo. Él llega a tiempo.** Go around the room giving possible main clauses. (**Espero que..., Era necesario que..., Marta sabe que..., Es importante que...**). Each student will choose one answer from the chalkboard and form a complete sentence.

Page 316

B. La metamorfosis. Ask students to list the verbs that are in the preterite and those that are in the imperfect subjunctive.

Page 317

C. Un sabor nuevo. Tell students that **haya** is correct in number seven because the singular is always used when it has the meaning of "there is" or "there are."

This activity can be assigned for homework preparation. You may list the answers on a transparency or have a student write the correct answers on the chalkboard. Have students check their own papers. Ask native speakers and advanced students to provide the reasons for the choices.

Page 319

Para comenzar. Compare the ethnic makeup of Cubans and Mexicans. Cubans are of African and Spanish descent, while Mexicans are of Indian and Spanish descent.

Page 320

De donde crece la palma. You might prepare

copies of the lyrics to the song **Guantanamera.** Native speakers and advanced students can be given the lyrics the day before to translate and present to the class. Music can be provided.

Page 323

B. Sistemas políticos. Have students work in groups. Set a time limit of ten minutes. One group presents ideas, while others try to guess the topic.

C. El golpe de estado. Explain the difference between **golpe de estado** and **revolución,** the latter being a drastic, radical change in the ideology of a government. Ask students to name the revolutions they have heard about: the American Revolution, the French Revolution, the Bolivian Revolution, the Mexican Revolution. Ask them why they think a revolution occurs.

Page 327

Actividades. As a warmup before beginning these activities, have students choose three to five prepositions and give a brief demonstration of their use: **Mi libro está encima de (debajo de, arriba de) la mesa.**

Page 328

B. *Se usan los...* **Excepto** and **como** also require **yo** and **tú** instead of **mí** and **ti.**

Page 329

A. Lo hice todo por ti. This is a good oral reading challenge since it is highly dramatic. Choose several students to read and perform. Native speakers may help the other students.

D. Ensimismado. As a variation, change the subjects. This will provide more practice and manipulation of grammar structure (for example: **¿Para quién hace *ella* la torta?**).

Page 331

Isla del encanto. Puerto Ricans, being United States citizens, are free to travel or move from state to state and to enjoy the rights of all citizens (with the exception of voting for the U.S. president). Ask students when their ancestors first came to the United States. It is likely that Puerto Ricans have been U.S. citizens longer (since 1917) than most of the other students' families.

Page 334

Exploración: El uso del subjuntivo en cláusulas adverbiales. Write the following on the chalkboard: **Cuando Juan me llame, saldré con él.** Ask students if John has called yet. (No) Ask if you have gone out yet. The answer to both should be no. Now write: **Cuando Juan me llamó, salí con él.** Ask the same two questions. The answer to both should be yes. This may help to demonstrate future action yet to occur, and past completed action.

Page 336

D. Por rico que sea el postre, no puedo comer más. Explain that when you use this expression you are referring to an immeasurable quantity; thus you use the subjunctive.

Page 337

D. Padres e hijos. Have native speakers and advanced students make a new list of instructions. Present it to the class and practice accordingly.

Page 338

B. *Se usa el imperfecto...* Explain that these uses express something hypothetical or contrary to fact. **Si fuera presidente...** presents a hypothetical situation—"if I were president." **Si hubiera sido presidente...** is contrary to fact—"if I had been president" (but I wasn't).

Page 348

Cajas de cartón. Ask students to imagine what the title might mean and how it might apply to a migrant family. How many uses can they think of for **unas cajas de cartón**? What do they think this family uses them for? Why? Point out that **carcanchita** comes from the word for junk car or rattletrap. This story has short, very sensitive, and beautiful paragraphs. Have students pick and choose one for memorization. After each student's presentation, ask other students simple questions for a listening comprehension practice. Not all students can perform in one day. Throughout a week, use this activity as a warmup. Schedule each student's presentation. For a follow-up reading on the theme of the Chicano migrant worker, look for the poetry of Tino Villanueva in the book, *Que hay otra voz.*

Page 364

Rincón del amor. You may want to explain to your students that the word **negro**(a) is used as a term of endearment in most Latin American countries with a connotation of sweetheart.

Unidad 7

Page 369

Preguntas acerca de la lectura. Students can create a lively skit using number three. Have them work up a dialogue and present it to the class. Let them use their imagination—the skit does not have to be serious. This would be a good activity for native speakers and advanced students.

Cultural note: Dating. Dating in Hispanic countries is very different from dating in the United States. After the age of 14, Hispanic teenagers begin to go out in groups to the movies or to parties. Although the traditional chaperone is becoming much less common, especially in large cities, a girl usually does not go out on a date by herself until she is 18 years old. The word **novio** is generally reserved for a serious relationship. An engagement can last for several years in Hispanic countries since young people usually do not marry until they complete their schooling or are financially stable.

Page 370

Expansión de vocabulario. Explain that **aplicar** is used in the sense of applying cream or applying pressure. To express the idea of applying for a job or for admission into a program, the word **solicitar** is used. One fills out a **solicitud**.

Page 371

Cultural note: Engagement bracelet. In the United States, a man customarily gives a woman a diamond ring when they become engaged. In Spain, a **novio** presents his **novia** with a gold bangle bracelet.

B. La pareja perfecta. Now have the students describe the worst possible couple. How do they react in various situations? You might ask students to bring in magazine and newspaper articles on mismatched couples. Work up a vocabulary list to describe three such couples, then discuss them.

D. Cartas. Students may use fictitious names for the letter if they like. You might distribute construction paper hearts (in red and pink) for students to write on.

Page 372

A.2. *con el nombre de algunos países...* The use of the definite article with these countries is becoming less frequent. Although it is always correct and proper to use them, it is also acceptable to omit them.

Page 375

E. *No se usa el artículo indefinido...* Emphasize the importance of omitting the indefinite article with these words. Explain their meaning to the students:

medio   *a half*
cien   *a hundred*
otro   *another*
tal   *such a*

Page 376

Actividades A, B, D. Have students explain their choices to ensure that they understand the use.

After each activity, use the exercise for listening comprehension practice. You can ask simple questions to elicit the use of articles.

Page 377

E. Busco novia. Have students write a short composition using the questions as a guide. Ask them to provide as many uses as possible of the definite and indefinite articles.

Exploración: Los adverbios. For a quick warmup, go around the room asking students to (1) give the feminine form of the following adjectives, and to (2) give the adverbial form of each.

inteligente	suave	feliz
perfecto	dulce	lento
claro	tranquilo	loco
fácil	profundo	sutil
eficaz	elocuente	bello
rápido	difícil	brusco

Ask students to bring magazine pictures to class. Have the students mount the pictures and write on the back of each picture an adverb that clearly describes the picture. Then divide the class into two groups, and have each group compete to guess the adverbs written on the back of the pictures. The group that correctly names the most adverbs wins.

Page 379

D. Encuesta amorosa. In personalized activities, allow students to talk about imaginary people and events.

Exploración: Los usos de *pero, sino* y *sino que*. Divide students into groups of four. Give them five minutes to come up with five sentences that use **pero** and **sino**. The rest of the class is to guess whether **pero** or **sino** should be used in each sentence. The group that stumps the most people wins.

Page 385

Culture note: Domestic help. It is relatively inexpensive to employ maids and students to do domestic work in Hispanic America. Middle and upper class Hispanics have traditionally held manual labor in low esteem. Maids are responsible for most household chores as well as for the care of the children. This is in exchange for room, board, salary, and some free time.

Page 386

A. Los trabajos de la casa. Ask the students for more **quehaceres de casa** to add to the list. Write new questions on the chalkboard, and elicit responses from the students.

B. No vale la pena. For further practice, change the nouns in the sentences from singular to plural: **Perdieron las listas de recados. (Ahora las listas están perdidas.)**

Page 389

B. Las comparaciones de igualdad... To practice comparisons of equality, ask students to make sentences using the following adjectives.

fuerte	guapo	ridículo
cómico	interesante	simpático

Page 390

2. *El superlativo absoluto...* For a quick check, go around the room asking students to supply the absolute superlatives of these words:

alto	bueno	ancho
gordo	loco	blando
cansado	delgado	fuerte
flaco	fácil	simpático
duro	caro	barato
malo	contento	claro

Then ask students to name three things that can be described by each of these words:

carísimas	monísimas	altísimas
sabrosísimas	graciosísimas	elegantísimas

Page 391

E. ¿Cómo es tu familia? You may also wish to have

students compare famous people (**Woody Allen es menos guapo que Mel Gibson**). Or have students cut out and bring in magazine pictures. These pictures will represent members of the family. Students can then compare the pictures: **Este chico es más alto que este otro.** This is also a good activity to assign as homework.

Page 392

F. Descríbelos. You may personalize this activity by using the names of your students. Ask which of two students is **menos alto, más alegre, más organizado**.

G. Tres amigas y una fiesta. For additional practice, make copies of questions and distribute to the class (see copymasters in Teacher's Resource Binder), or write questions on the chalkboard. Students can write the answers on their paper.

Page 393

Culture note: The first female president. The first female president in the Western Hemisphere was Isabel Perón of Argentina. Upon her husband's death in 1974, she occupied the presidency for two years.

Page 394

La mujer hispana. To stimulate interest, write **¿De qué se trata?** on the chalkboard. Then ask leading questions about the letter without giving away its content. Choose two or three sentences from the reading for pronounciation practice. Model each sentence for group imitation, and then call on individual students. These sentences can be dictated later for writing practice.

Page 395

Expansión de vocabulario. These words lend themselves to a general discussion of the class, the school, and the community: **¿Cómo podemos mejorar nuestra clase? Son dinámicos los profesores de nuestra escuela? ¿Es fácil subornar los testigos en nuestras cortes?**

Page 396

Exploración: Los diminutivos y los aumentativos. Prepare in advance a list of words for students to change to the diminutive. Divide the class into groups of two or three. Set a time limit. The group that completes the most words in the time assigned wins the competition.

This **Exploración** also provides a good opportunity for writing-dictation practice. Send two students to the chalkboard at a time. Say two words to each student. Ask them to write the words plus the diminutive and the augmentative of each. Let the other students write the same words on paper. Continue until most of the students have had a chance to go to the chalkboard.

Page 398

C. Gemelas. This activity is suitable for reading or dictation practice.

Exploración: Repaso del subjuntivo. Use pictures that students have brought for past activities in reviewing the subjunctive. Have them, for example, express doubt when answering your questions: **¿Está saliendo del cuarto este hombre?** (*No es cierto* que esté saliendo.) **¿Son amigas estas mujeres?** (*Es improbable* que sean amigas.)

Page 400

A. Consejos. Ask students to provide advice to the lovelorn, to a new student in their school, or to the owner of a new car.

Page 401

D. Recomendaciones. Ask students in groups of two or three to write true-or-false statements based on this activity. Then have them exchange papers and indicate whether the other students' statements are true or false. Set time limits.

F. El mundo nunca cambia. Have students turn in papers. Read some of them to the class. Select papers with as much variety as possible: a creative one, a serious one, a typical one, and so on.

Unidad 8

Page 421

Preguntas acerca de la lectura. As a special project, break the class into four groups and assign each group one of the four questions. Designate a leader for each group. Each group is to create an activity that the whole class can participate in. For example, the group assigned to number one might prepare a map with the regions of Spain drawn in. They could pass out copies, and ask the rest of the class to write in the names of the regions as they discuss them. Other activities that might be developed are crossword puzzles, charts, true-and-false statements, matching statements, and simple comprehension questions accompanied by a narrative. Devote half of the period to planning and discussing the project. Then give students two or three days to prepare the activities. Preparation may be done in class or assigned as homework.

Page 422

Expansión de vocabulario. For pronunciation practice, take three words at a time. First say one word and have the class repeat it, then two words, then three words. Then do another group of three words.

Page 423

B. ¿Qué es...? As a variation, ask students to write their definitions of the words. Collect their papers and read the definitions to the class in random order. Students will write the word that best matches each definition.

A. *En la voz activa*... Give students the following sentences, and ask students if they are in the active or passive voice. Have them explain why.

1. El perro mordió al cartero.
2. El cartero fue mordido por el perro.
3. José pinta su casa.
4. Marta echa las cartas.
5. La puerta fue cerrada por la abuela.

B. *Se puede usar*... Have students practice identifying verb tenses and plugging in **ser** in the same tense. You can do this orally or write it on the chalkboard. **José escribe (escribió, escribirá, escribía, escribiría, ha escrito) la carta. (La carta es [fue, será, era, sería, ha sido] escrita por José.)**

Page 424

B. *En español el sustituto*... It is understood that since a *thing* cannot do the action of the verb itself, someone unknown or unimportant is doing it. For example, although we say **se venden camisas**, we know shirts cannot *sell themselves*. The Spanish translates into English as *shirts are sold*.

B. El bautismo. Go back and redo the activity, but this time put the active sentences in the present tense: **¿Quién hace la torta? (La torta *es* hecha por la tía.)** To get more mileage out of this activity, repeat with the verbs in the future: **¿Quién hará la torta? (La torta *será* hecha por la tía.)** You may also ask one student to put the active sentences in the various tenses and another student to then make them passive.

Page 425

D. Edificios religiosos. Remind students to pay close attention to the verb tenses. You can recycle this activity by having students change the subject to singular or plural. Have them complete the passive sentences and then change them to the active voice.

Page 427

D. Sus planes y acciones. Now have each student name one thing they would like to become using the four verbs. **Nombra una cosa que te gustaría...**

1. llegar a ser.
2. hacerte.
3. ponerte.
4. volverte.

Page 431

A. *Se usa el infinitivo*... Remind students that in English we frequently use the gerund as a noun: "*Exercising* is important." It is also correct to say: "*To exercise* is important." In Spanish, however, only the infinitive is used. Note also that the definite article is optional, but when used is always masculine singular.

B. *También se usa el infinitivo...* Once again, in English the gerund is commonly used: "Before *going...*," "Upon *leaving...*," "After *reading....*"

C. *Asimismo, se usa el infinitivo...* In English, the gerund is the appropriate form in these structures also. Spanish, however, requires the infinitive.

D. *Se usa el infinitivo...* Have students practice converting sentences with the subjunctive to one-clause sentences with the infinitive. You can do these orally or on the chalkboard.

1. Es importante que nosotros estudiemos.
2. José deja que yo juegue con su pelota.
3. El policía no permite que tú manejes rápido.
4. Es necesario que ellos lleguen a tiempo.
5. Ella manda que nos callemos.
6. Tú prohibes que él fume.

Page 432

H. *También se usa...* Again, signs to the general public in English are usually expressed with the gerund: "No parking," "No loitering."

I. *Se usa el infinitivo...* This form can also be used instead of the **nosotros** command. Thus there are three options: **Comamos. Vamos a comer. A comer.** Now practice these forms. Give the **nosotros** command. Ask one student to give the **vamos a** + infinitive form. Ask another to give the **a** + infinitive form. You may want a third student to translate.

1. Estudiemos.   4. Bebamos.   7. Leamos.
2. Cantemos.   5. Bailemos.   8. Escribamos.
3. Cenemos.   6. Juguemos.

Page 434

A. *Se usa el gerundio...* Remind students of the placement of pronouns with gerunds.

Está estudiándolos.   Los está estudiando.
Sigue estudiándolos. Los sigue estudiando.

You may want to practice these forms orally.

Page 440

Culture note: La Nochebuena. Many of the pastry shops in Spain make a type of candy in the shape of coal. Children who find "coal" in their shoes often discover, to their surprise, that it is candy. Also popular during the Nativity season is **turrón**, a candy made with almonds. It is white and hard, and commonly made in Valencia where almonds are grown.

Page 441

Culture note: El Día del Santo. The Roman Catholic Church has dedicated each day of the calendar to a particular saint. Very often children are named according to the saint's day on which they were born. For example, June 24th is the **Santo** of a person named Juan. For some Hispanics, their saint's day is more important than their birthday. Birthdays are also special days. In Mexico, on your birthday, you will probably awaken to hear the whole family singing **Las Mañanitas**, a traditional birthday song. Generally, there are parties, dinners, gifts, and much special attention on this day.

Page 442

A. *El subjuntivo se usa...* You may want to do a quick review of the forms of the present and imperfect subjunctive.

Page 449

Así se dice: Los sabios dicen... Tell students that using **refranes** in conversation is common among the older people in Spain as well as in the United States. Students would more likely hear their grandparents using proverbs than their parents. People who live outside of large cities, in more remote areas, are more likely to incorporate these charming proverbs into their speech, since they have less contact with the current popular expressions. Sancho Panza used these proverbs frequently in *Don Quijote*.

Page 465

Culture note: Bullring. Tell students that the bullring is not found in all Hispanic countries. Spain and Mexico, Colombia, Venezuela, and Perú practice bullfighting.

Abbreviated Tapescripts

Unidad 1

ST 1: B. Una profesora ideal. (p. 24)

La profesora Domínguez se sienta en el escritorio. ¡Qué buena profesora! Siempre corrige las composiciones de los estudiantes tan pronto como las recibe. Se las devuelve al día siguiente. Nunca miente a los estudiantes en cuanto a los exámenes o en cuanto al contenido del curso. No pierde tiempo en la clase y por eso no nos aburre. Parece que el tiempo vuela cuando estoy en su clase. Insiste en que los estudiantes hablen en español, cuando hablan. Sólo habla español en clase, pero repite las cosas que no entienden. Piensa que cada uno de sus estudiantes es importante y por eso la profesora Domínguez es una de las mejores profesoras de la escuela.

ANSWERS

1. v **2.** v **3.** f **4.** f **5.** f **6.** f

ST 2: C. La competencia. (p. 27)
 EJEMPLO (Yo) voy a Dallas cada año.

Cada año voy a Dallas para competir en la competencia gimnástica. Mi madre me acompaña a Dallas y cada año que visitamos Dallas, parece más grande. Siempre escogemos un hotel que está cerca de la competencia. Conseguimos un cuarto con dos camas grandes y con un televisor. Al llegar a la competencia oímos música y vemos a los otros jóvenes practicar sus rutinas. Estoy nerviosa al verlos. Y cuando me dicen que voy a ser la primera, casi me muero. Pero es una experiencia inolvidable y me gusta mucho.

ST 3: B. Excusas. (p. 28)
 EJEMPLO Saca la basura.
  (mañana) **Voy a sacarla mañana.**

  Limpia las ventanas.
  Acabo de limpiarlas.

1. Lava el coche.
2. Friega el suelo.
3. Lava los platos.
4. Haz la tarea.
5. Limpia tu cuarto.
6. Ve a la tienda.

ANSWERS
1. Voy a lavarlo mañana.
2. Acabo de fregarlo.
3. Acabo de lavarlos.
4. Voy a hacerla mañana.
5. Voy a limpiarlo mañana.
6. Acabo de ir.

ST 4: D. "¿Qué soy?" (p. 35)
 EJEMPLO Está escribiendo en la pizarra. Les está explicando a los estudiantes la teoría de Einstein. **Es profesor(a).**

1. Está cantando y está tocando la guitarra a la vez. Las muchachas están gritando.
2. Está arrestando a un ladrón.
3. Está cuidando a una persona que tiene fiebre y que está muy enferma.
4. Está corriendo y está pateando una pelota de vez en cuando.
5. Está escuchando los problemas de un hombre que está sentado en el sofá. Está mirando el reloj. Sólo les quedan diez minutos.
6. Está preparando una comida muy elegante en la cocina de un restaurante famoso.

ANSWERS
1. músico 3. médico 5. psiquiatra
2. policía 4. futbolista 6. cocinero(a)

ST 5: A. ¿Quién es? (p. 37)
 EJEMPLO Está en la biblioteca. Es alta y delgada. Está buscando un libro.
  Es la señorita Álvarez.

1. Es joven y bonita. Está en el almacén. Está comprando una blusa.
2. Es maestro. Les está enseñando la geografía del mundo a los estudiantes. Es gordo.

3. Es alta y tiene el pelo largo. Está buscando un libro. Está en la biblioteca.
4. Están en la joyería. Están mirando los anillos.
5. Están nadando. Son jóvenes. Están en la piscina.
6. Está en un restaurante. Lleva gafas y un traje. Está bebiendo café.

ANSWERS

1. Teresa
2. El señor Fuentes
3. La señorita Álvarez
4. El señor Gómez y la señorita Garza
5. Jorge y Laura
6. El señor Machado

ST 6: D. Descripciones. (p. 40)

EJEMPLO Nunca dice nada interesante. **Es aburrido.**

Write the following list on the board, or have students write it down on their own paper.

1. _____ ricos.
2. _____ cansados.
3. _____ alegres.
4. _____ lista.
5. _____ enfermo.
6. _____ vivo.

Then give these descriptions aloud.

1. Tienen mucho dinero y tienen una casa grande que está en la colina.
2. Acaban de caminar cinco millas.
3. Estamos en una fiesta. Hay música y gente que baila. Todos sonreímos.
4. Siempre saca buenas notas en sus clases. Aprende cosas rápidamente.
5. Tiene catarro hoy y un poco de fiebre.
6. No murió en el incendio.

ANSWERS

1. Son
2. Están
3. Estamos
4. Es
5. Está
6. Está

ST 7: C. ¿Lógico o ridículo? (p. 52)

EJEMPLO Veo la televisión todo el tiempo. También toco el piano veinte horas por día. **ridículo**

Have students listen to the following statements and respond, orally or on paper, with either **l (lógico)** or **r (ridículo)**.

1. Mi tío tiene una mansión en el polo norte. Le gusta el clima caliente.
2. La nueva jefa es muy joven. Ha trabajado por noventa años.
3. Es mi única falda. No tengo otras.
4. Es un gran presidente. Sirve hamburguesas en un restaurante.
5. Lo hizo él mismo. Por eso no tuvo que pagarle a nadie por el trabajo.
6. Mi casa es muy pequeña. Sólo tiene cinco pisos.

ANSWERS

1. r 2. r 3. l 4. r 5. l 6. r

ST 8: D. Conversación telefónica. (p. 59)

—¿Bueno?
—¿Está Isabel?
—Isabel no está. ¿Quién habla?
—Soy Pablo Crucero. Un amigo de Isabel.
—No, Isabel fue con unas amigas. Fueron de compras. ¿Quiere dejar un recado?
—Sí, dígale que vuelvo a llamar más tarde, por favor. Tengo que hablar con ella sobre el concierto de Phil Collins. Gracias, señora.
—De nada, Pablo. Adiós.
—Adiós, señora.

ANSWERS

1. Isabel
2. amigo de Isabel
3. no
4. sobre el concierto de Phil Collins
5. sí

ST 9: B. Un hermano ideal. (p. 65)

Mi hermano, Juan, tiene muchos intereses. Primero, juega al fútbol americano en el colegio que asiste. Los martes toma clases de música. Toca el piano. Muchas veces lo toca en las fiestas que tienen. Le gusta estudiar y saca buenas notas en sus clases. Pero lo bueno es que a pesar de todo eso, todavía tiene tiempo para hablar conmigo sobre lo que me está pasando en la vida. Es un hermano ideal.

ANSWERS

1. v 2. f 3. f 4. v 5. v 6. v 7. v

ST 10: C. ¿Cómo eres tú? (p. 65)

1. Tienes miedo cuando miras las películas de horror. Por eso te gustan pero no quieres mirarlas cuando estás solito.
2. Siempre dices la verdad.

T47

3. Prefieres los coches extranjeros.
4. Conoces a mucha gente, pero tienes sólo uno o dos amigos muy buenos.
5. Cuando oyes tu música favorita, quieres bailar.
6. Estás enfermo.

Unidad 2

ST 11: F. El tiempo vuela. (p. 79)

EJEMPLO ¿Cuánto tiempo hace que Jaime se mudó a esta casa?
Jaime se mudó a esta casa hace cinco años.

1. ¿Cuánto tiempo hace que sus abuelos llegaron de visita?
2. ¿Cuánto tiempo hace que su hermano se fue para la universidad?
3. ¿Cuánto tiempo hace que Jaime aprendió a jugar fútbol?
4. ¿Cuánto tiempo hace que Jaime conoció a María?
5. ¿Cuánto tiempo hace que Jaime empezó a salir con María?

ANSWERS

1. b 2. d 3. f 4. e 5. a

ST 12: D. Descripción. (p. 85)

EJEMPLO El monstruo entró en la sala de Maruja, se comió el televisor y salió por la ventana.
Maruja tenía miedo y lloraba.

1. Ana se casó. Fue una boda hermosa.
2. Tomás se graduó del colegio.
3. A Anita se le perdió el perro.
4. Isabel estudió toda la noche. No durmió ni una hora.
5. Eduardo corrió veinte millas en la carrera.
6. A Roberto se le acabó la gasolina de su coche.

ANSWERS
Suggested adjectives:

estaba
1. feliz
2. orgulloso
3. triste
4. cansada
5. cansado
6. enojado

ST 13: F. Escucha. (p. 97)

El verano pasado viajé por México. Conocí a muchas personas interesantes y muy amables. Visité las ciudades de Monterrey, Tampico, Guadalajara y Acapulco. Pero mi ciudad favorita fue Uruapan. Un día en Uruapan, cuando un amigo y yo pasábamos por el río, vimos a un hombre. Este hombre era muy viejo y tenía la cara de un ángel. Les contaba cuentitos mágicos a los niñitos que estaban allí. Los ojos del hombre brillaban y reían cuando hablaba. Y los niños también reían y reían con cada cuento. Era una escena muy bonita que nunca voy a olvidar.

ANSWERS

1. viajó por México
2. Monterrey, Tampico, Guadalajara, Acapulco, Uruapan
3. Uruapan
4. un hombre
5. viejo, cara de ángel
6. contaba cuentitos

ST 14: I. Interrupciones. (p. 98)

EJEMPLO ¿Qué hacía la mujer cuando salió el sol?
La mujer cocinaba cuando salió el sol.

1. ¿Qué hacían los chicos cuando sonó el teléfono?
2. ¿Qué hacía María cuando gritaron?
3. ¿Qué hacía el hombre cuando llamó su hija?
4. ¿Qué hacía el joven cuando entraron a la casa?
5. ¿Qué hacía Lorenzo cuando se cayó?
6. ¿Qué hacían los niños cuando empezó a llover?

ANSWERS

1. barrían
2. planchaba
3. leía
4. pasaba la aspiradora
5. se duchaba
6. bañaban al perro

ST 15: B. Mi familia. (p. 105)

EJEMPLO Voy a tener otro hermanito en mayo. Mi madre está _____.
Mi madre está embarazada.

1. Tengo un hermano que es más joven que yo. Es mi hermano ══.
2. Este hermano tiene una imaginación muy vívida. Le gusta ══.

3. Pero mi hermano no tiene conciencia. Cuando hace algo malo, nunca se siente ====.
4. Tengo una hermanita también. Ella tiene sólo seis años. Es muy ====.
5. Tenemos un perro que se llama Feroz. Este perro sólo pesa tres kilos. Es un perro muy ====.
6. Feroz tiene un temperamento muy bueno. Le gusta ====.

ANSWERS
1. menor   3. avergonzado   5. pequeño
2. fingir   4. joven   6. jugar

ST 16: C. Hacer el papel. (p. 109)
    EJEMPLO   Mamá, ¿puedo ir a Europa con Jaime este verano?
                  ¡Ni soñarlo!

1. Papá, ¿me prestas las llaves del coche?
2. Mamá, ¿me dejas invitar a Eva a mi fiesta de cumpleaños?
3. Mamá, ¿puedo comprar el perro? Sólo pesa noventa libras y ladra muy poco por la noche.
4. Papá, ¿me permites estudiar una hora más?
5. Mamá, ¿puedo lavar los platos esta noche también?
6. Papá, ¿puedo usar el teléfono a las tres de la mañana?

ANSWERS
Answers will vary.
1. ¡Ni hablar!
2. ¡Por supuesto!
3. ¡Ni loco(a)! / ¡Claro que no!
4. Como quieras.
5. ¡Claro que sí!
6. ¡De ninguna manera!

Unidad 3

ST 17: B. ¿A qué hora? (p. 134)
    EJEMPLO   Tenía cita con el dentista a las cinco.
                 ¿A qué hora llegó?
                 Llegó a las cinco y cuarto.

1. Su primera clase empezó a las ocho y media. ¿A qué hora llegó?
2. Tenía que trabajar a la una. ¿A qué hora llegó?
3. Tenía cita con su novia, Marisela, para ir de compras a las tres y cuarto. ¿A qué hora llegó?
4. Iba a cenar con sus padres a las siete menos cuarto. ¿A qué hora llegó?
5. Iba a estudiar con su amigo, Pablo, a las siete. ¿A qué hora llegó?

ANSWERS
1. a las nueve menos cuarto
2. a la una y cuarto
3. a las tres y media
4. a las siete
5. a las siete y cuarto

ST 18: C. ¿Tarde, temprano o a tiempo? (p. 134)

Me llamo Mariano y tuve muchas cosas que hacer ayer. Por la mañana tuve cita con el dentista y llegué a las diez. A las doce llegué a un restaurante muy elegante con una amiga. A las tres llegué al ayuntamiento para conseguir unos papeles legales que necesito. Luego, a las seis, mi esposa y yo cenamos. Después de eso, a las ocho, fuimos a visitar a unos amigos. A las diez fuimos al cine todos juntos. A las doce me acosté y a las doce y media estaba durmiendo. Y esta mañana salí a trabajar a las ocho.

ANSWERS
1. f   2. f   3. v   4. f   5. f   6. v   7. f

ST 19: F. El asesinato. (p. 139)

El asesinato ocurrió a las ocho y media de la noche anoche. Encontramos el cadáver en el parque. Parece que más de una persona estaba presente cuando el asesino lo mató. Encontramos un sombrero y unos cigarrillos de la marca "Clásicos". Otra cosa—el asesino lo mató con un instrumento que usan los dentistas. Curioso, ¿no?

ST 20: G. José, el indiscreto. (p. 139)
    EJEMPLO   ¿Adónde vas?
                   Le pregunta adónde va.

1. ¿Cuándo sales para el baile?
2. ¿Con quién vas?
3. ¿A qué hora pasa por ti?
4. ¿Por qué no vas con David?
5. ¿Adónde van después del baile?

ANSWERS

Le pregunta
1. cuándo sale…
2. con quién va.
3. a qué hora pasa…
4. por qué no va…
5. adónde van…

ST 21: D. ¿Cuál prefieres? (p. 143)

EJEMPLO   Este libro es sobre la historia de España.
Ese libro es de ciencia-ficción.
¿Cuál prefieres?
Prefiero ése porque me gusta la ciencia-ficción.

1. Ese coche es muy bonito y es muy cómodo. Aquel coche no usa mucha gasolina y cuesta mucho menos, pero no tiene aire acondicionado. ¿Cuál prefieres?
2. Es muy fácil sacar una "A" en la clase de este profesor. Pero en la clase de ese profesor se aprende mucho. ¿Cuál prefieres?
3. Este programa de televisión contiene mucha aventura y acción. Ese programa contiene muchas escenas de amor y es muy dramático. ¿Cuál prefieres?
4. Esas gafas de sol son rosadas. Aquellas gafas de sol son negras. ¿Cuáles prefieres?
5. Esta entrada es para un concierto de rock. Esa entrada es para el ballet. ¿Cuál prefieres?

ANSWERS

1. ése *or* aquél
2. éste *or* ése
3. éste *or* ése
4. ésas *or* aquéllas
5. ésta *or* ésa

ST 22: D. Un día en la vida. (p. 150)

Después de levantarme, saqué la basura. Entonces decidí lavar los platos porque mi madre estaba enferma. Preparé su desayuno a las nueve. Antes de prepararlo busqué a mi perro Feroz para darle comida. Lo busqué en la casa y en la calle, pero no lo pude encontrar. Cuando lavaba el coche vi a Feroz. Andaba con Necia, la perrita de mi vecino. ¡Qué Feroz!

ANSWERS
1. La sacó después de levantarse.
2. Los lavó porque su madre estaba enferma.
3. Lo preparó a las nueve.
4. Buscó a Feroz antes de preparar el desayuno.
5. Lo buscó para darle comida.
6. Lo buscó en la casa y en la calle.

Unidad 4

ST 23 B. De Vacaciones. (p. 195)

1. Dudo que ellos ===== a los Andes solos.
2. Espero que ustedes ===== bien en el hotel porque están tan cansados.
3. Dudo que esa línea aérea ===== tan buena como ésta.
4. Prefiero que ellos me ===== más dinero para el viaje.
5. Ojalá ella ===== cómo conseguir su pasaporte para el viaje.

ANSWERS
1. vayan
2. duerman
3. sea
4. den
5. sepa

ST 24 D. La mentirosita. (p. 196)

1. Viajo a Europa tres veces por año.
2. Mi padre trabaja para una compañía muy grande.
3. Mi hermano gana el Premio Nobel cada año.
4. Mi hermana canta con Michael Jackson en sus conciertos.
5. Compro mi ropa en Inglaterra.
6. Voy a otra escuela el próximo año.

ANSWERS
1. viajes
2. trabaje
3. gane
4. cante
5. compres
6. vayas

ST 25 D. Los compañeros. (p. 207)

EJEMPLO   María no pudo dormir en el tren. Cuando llegue al hotel, ella va a **dormirse**.

1. Pablo está en la iglesia listo para la boda. Espera a Sonia porque va a...
2. Ellos tienen que llegar a casa antes de las doce. Ahora van a...
3. Nosotros no debemos de hablar en la clase cuando habla el profesor. Cuando hable él vamos a...
4. ¿Por qué no compré el boleto para el vuelo a Acapulco? ¡Estaba tan barato que voy a...!
5. Pilar le dijo a su amigo que no quería ir a la playa con él; y va a...
6. Felipe se siente mal. Va a...!
7. A Elisa no le gusta dormir tarde. Ahora son las seis de la mañana y va a...

ANSWERS
1. casarse
2. irse
3. callarnos
4. arrepentirme
5. negarse
6. quejarse
7. despertarse

ST 26 A. ¿Por qué me pasan a mí? (p. 208)
EJEMPLO GABRIELA ¿No puedes encontrar las llaves de la casa?
ANA ¡No, se me perdieron!

1. ¿No hay más leche?
2. ¿Tu libro no está contigo?
3. ¿No puedes encontrar los perritos?
4. ¿Tienes el vaso de cristal?
5. ¿Tu pájaro no está vivo?
6. ¿No tienes gasolina en el carro?

ANSWERS
Answers will vary.
1. se me acabó
2. se me perdió
3. se me perdieron
4. se me rompió
5. se me murió
6. se me acabó

ST 27 D. Oye bien. (p. 211)
EJEMPLO Yo sé
a. **bailar muy bien.**
b. al piloto.
c. los tíos.

1. Conozco a...
2. ¿Conoces...?
3. Supimos...
4. Ella dice que conoce...
5. ¿Es verdad que sabes...?
6. Sabes...

ANSWERS
1. c 2. a 3. a 4. c 5. a 6. a

ST 28 A. El niño mimado. (p. 217)
EJEMPLO TU MADRE Haz las camas
TÚ **Que las haga Juanita.**

1. Friega el suelo.
2. Sacude el polvo.
3. Limpia las ventanas.
4. Barre el suelo.
5. Baña al perro.
6. Saca la basura.
7. Riega el jardín.

ANSWERS
1. Que lo friegue...
2. Que lo sacuda...
3. Que las limpie...
4. Que lo barra...
5. Que lo bañe...
6. Que la saque...
7. Qué lo riegue...

ST 29 B. Turistas. (p. 217)
EJEMPLOS Queremos nadar y bañarnos en el mar.
¡Vamos a la playa!
No queremos bailar ni escuchar música.
¡No vayamos a la discoteca!

1. Queremos comprar unas cerámicas y unas frutas.
2. No queremos ver edificios altos ni ver mucho tráfico.
3. Queremos comer una comida típica de la región.
4. No queremos ver la televisión.
5. Queremos hablar con la gente indígena que vive en el pueblo.
6. Queremos comprar unos objetos de oro y de plata.

ANSWERS
Answers may vary.
1. ¡Vamos al mercado!
2. ¡No vayamos al centro!
3. ¡Vamos a un restaurante!
4. ¡No vayamos al hotel!
5. ¡Vamos al mercado!
6. ¡Vamos a una joyería!

ST 30 E. ¡Qué energía! (p. 220)

EJEMPLO LUIS Tengo que comprarle un libro a Lupe.
PEDRO **Comprémoselo.**

1. Debo escribirle una carta a Joaquín.
2. Tengo que traerle el pasaporte a Marta.
3. Tengo que conseguirles unos boletos a Jorge y a Estela.
4. Debo prestarles mi llave a los Martínez.
5. Debo arreglarle el cuarto a mamá.
6. Tengo que regarle las flores a papá.

ANSWERS

1. Escribámosela.   4. Prestémosela.
2. Traigámoselo.   5. Arreglémoselo.
3. Consigámoselos. 6. Reguémoselas.

ST 31 B. ¿Cuál es la palabra? (p. 224)

1. Se ve ropa bonita por éste en los almacenes. Es de vidrio.
2. Aquí se compran los boletos.
3. Una persona que viene de otra ciudad en el mismo país.
4. Sinónimo de "raro."
5. Un escritor usa esto cuando se expresa de cierta manera para que el texto tenga cierto efecto en el lector.
6. Sinónimo de "regresar."

ANSWERS

1. escaparate   3. forastero   5. lenguaje
2. ventanilla   4. extraño   6. volver

ST 32 C. A veces te equivocas. (p. 225)

EJEMPLO CHARLES Está envolviendo el regalo.
RAÚL **Sí, es cierto. No, ella lo devuelve.**

1. Es un escaparate.
2. Está tratando un pedazo de torta.
3. Está probándose el vestido.
4. Está devolviendo el libro.
5. Está comprando los boletos en el escaparate.
6. El francés es su lenguaje.

ANSWERS

1. no, una ventana   4. sí
2. no, está probando   5. no, la ventanilla
3. sí   6. no, su idioma (lengua)

ST 33 A. Me he perdido. (p. 236)

EJEMPLO Estás en la calle Belén mirando hacia el oeste. Camina tres cuadras y dobla a la izquierda. Camina una cuadra y estás en la esquina.
Mapa b

1. Estás en la calle Israel mirando hacia el oeste. Camina una cuadra y dobla a la izquierda. Camina dos cuadras y estás allí.
2. Estás en la calle Gerónimo mirando hacia el norte. Camina una cuadra. Dobla a la derecha. Camina tres cuadras y dobla a la derecha. Camina media cuadra y estás allí.
3. Estás en la calle Azteca mirando hacia el oeste. Camina una cuadra y media y dobla a la derecha. Camina una cuadra y estás allí.
4. Estás en la calle Azteca mirando hacia el este. Camina dos cuadras y dobla a la izquierda. Camina dos cuadras y estás en la esquina.
5. Estás en la calle Gerónimo mirando hacia el este. Camina tres cuadras y estás en la esquina.

ANSWERS

1. d   2. c   3. e   4. f   5. a

ST 34 B. ¡Qué ciudad más grande! (p. 236)

PACO Discúlpeme, señor. ¿Hay un buen hotel en este barrio?
EL SEÑOR ¿Quiere usted una piscina y una buena vista?
PACO Claro que sí con tal que no sea muy caro.
EL SEÑOR Pues el hotel Chapultepec no está muy lejos.
PACO ¿Y podría usted indicarme dónde queda este hotel? Me he perdido.
EL SEÑOR Mire usted... Doble a la derecha en aquella esquina y siga derecho una cuadra hasta llegar a una farmacia. No se puede perder.
PACO Muchísimas gracias, señor.
EL SEÑOR De nada. Que le vaya bien.

ANSWERS

1. buen hotel
2. piscina y buena vista
3. no

4. no
5. no
6. no

Unidad 5

ST 36 B. Autora talentosa. (p. 261)

1. Mi hermano, cuya esposa tiene el pelo rubio, le dio los boletos a su cuñado.
2. Lo que necesita mi prima es más dinero.
3. El novio de mi hermana boxea, lo cual le pone nerviosa.
4. Mi primo Juan, el cual lleva gafas, ganó un millón de pesos el mes pasado.
5. Mi madre siempre dice: El que estudia saca una "A".
6. Tengo varias tías, pero la que vive en California es mi favorita.

ANSWERS

1. c 2. d 3. f 4. a 5. b 6. e

ST 37 D. Todos quieren saber... (p. 267)

EJEMPLO   ¿A qué ciudades de España piensa ir?
Iré a Valencia, a Barcelona y, por supuesto, a Madrid.

1. ¿Cuándo va usted a tener otro concierto?
2. ¿En qué ciudad va a ser el próximo concierto?
3. ¿Cuándo va usted a regresar a su casa en Perú?
4. ¿Cuándo podemos ver su película nueva, "El amor que nunca terminará"?
5. ¿Cuándo va usted a estar de vacaciones este año?
6. ¿Adónde va usted de vacaciones?

ANSWERS

1. Tendré otro concierto el 23 de diciembre.
2. Será en Bogotá.
3. Regresaré el 24 de diciembre.
4. Podrán verla el 15 de diciembre.
5. Estaré de vacaciones el 2 de diciembre.
6. Iré a Puerto Rico.

ST 38 E. ¿Qué harías? (p. 270)

EJEMPLO   No saldría sin abrigo.
            f

1. Les enseñaría mucho.
2. Llamaría a la policía.
3. Le daría una botella.
4. Limpiaría el cuarto.
5. Gritaría.
6. Contestaría el teléfono.

ANSWERS

1. e 2. a 3. g 4. d 5. c 6. b

ST 39 B. ¿Tienes ganas de...? (p. 277)

EJEMPLO   Voy a hacerme piloto de prueba...
          ...algún día.

1. Quiero ser astronauta...
2. No seré comentarista...
3. No le ganaré a John McEnroe...
4. Voy a hacerme médico...
5. Quiero explorar el espacio...
6. Manejo automóviles...
7. No voy a arrestar criminales..

ANSWERS

1. algún día
2. nunca, de ninguna manera
3. de ninguna manera
4. de alguna manera, algún día
5. de alguna manera, algún día
6. siempre
7. nunca, de ninguna manera

ST 40 C. El lorito. (p. 277)

EJEMPLOS   JAIME   Voy a ver la pelea esta noche.
           PEDRO   **Voy a verla yo también.**
           JAIME   No necesito ninguna planta.
           PEDRO   **No necesito ninguna planta tampoco.**

1. No creo que haya chubasco hoy.
2. Tengo ganas de ver el Torneo.
3. Quiero ser camarógrafo algún día.
4. No quiero visitar a nadie mañana.
5. Tengo un montón de tarea.
6. Conozco al hijo del comisario de policía.

ANSWERS

1. No creo que haya chubasco hoy tampoco.
2. Yo tengo ganas de ver el Torneo también.
3. Quiero ser camarógrafo algún día también.
4. No quiero visitar a nadie mañana tampoco.
5. Tengo un montón de tarea también.
6. Conozco al hijo del comisario de policía también.

ST 41 B. Equivocado. (p. 284)
EJEMPLO   HENRY   La atmósfera de esta fiesta es muy bonita.
FERNANDO **el ambiente**

1. Fui a una partida de fútbol la semana pasada.
2. Juan está muy entusiasmado con su trabajo.
3. Alicia me preguntó tres dólares.
4. La celebración fue muy excitada.
5. La pobre niña estaba a solas.
6. Manuel compró sólo dos de las medicinas que necesita.

ANSWERS

1. un partido 3. pidió 4. emocionante

ST 42 A. ¿Apropiado o no? (p. 287)
EJEMPLO Escuchas: Se me quebró la pierna.
Lees: ¡Me las vas a pagar!
No es apropiado.

1. No hay ni luz ni agua en mi casa.
2. El perro se murió por falta de agua.
3. Cuando llegué a la tienda, estaba cerrada.
4. Saqué una "C" en el examen. Tengo que estudiar más.
5. Y ayer me dijo que no podía pagarme el dinero que me debía.
6. Se le perdieron las llaves.

ANSWERS

1. sí 2. sí 3. no 4. no 5. sí 6. sí

ST 43 A. ¿Lógico o ridículo? (p. 289)
EJEMPLO ¡Qué sorpresa!
lógico

1. ¡Qué hamburguesa más rica!
2. ¡Qué alivio!
3. ¡Es precioso!
4. ¡Mira lo que es esto!
5. ¡Cuánto me alegro!
6. ¡Qué guapo!

ANSWERS

1. l 2. r 3. l 4. l 5. l 6. r

ST 44 D. Anita, la amable. (p. 290)
EJEMPLO Alicia y Jorge van a casarse en junio.
¡Qué alegría!

1. Es mi hija, Carolina. Tiene seis meses.
2. Tomás me mandó unas flores ayer.
3. Quiero darte este regalito.
4. El médico me dijo que no necesito la operación.
5. Acabo de comprar este perrito.

ANSWERS

1. ¡Qué mona!
2. ¡Mira tú!
3. ¡No puede ser! ¿Para mí?
4. ¡Qué alivio!
5. ¡Qué perrito más lindo!

ST 45 A. Las olimpíadas. (p. 298)
EJEMPLO JORGE Busco un locutor que sepa hablar español.
TÚ **No sabe.**

1. Necesito hablar con unos chicos que conozcan el formato.
2. Quiero un micrófono que funcione.
3. Necesito entrevistar a los boxeadores que son invictos.
4. Busco a los boxeadores que pelean esta noche.
5. Quiero una banda que toque todas estas canciones.
6. Busco unos camarógrafos que tengan experiencia.

ANSWERS
1. No sabe.   4. Sabe.
2. No sabe.   5. No sabe.
3. Sabe.   6. No sabe.

ST 46 B. La montaña rusa de emociones. (p. 298)

EJEMPLO Mi hermano tiene gripe.
¡Qué pena!

1. Martín me regaló un anillo.
2. Se me olvidaron todos los libros hoy.
3. Mi prima va a Europa en el otoño.
4. Ester no puede graduarse en mayo.
5. No tenemos clases el lunes que viene.
6. Mi hermana mayor compró un carro ayer.

ANSWERS
Answers may vary.
1. ¡Qué alegría!   4. ¡Qué desilusión!
2. ¡No hay más remedio!   5. ¡Qué alegría!
3. ¡Qué fenomenal!   6. ¡Qué magnífico!

Unidad 6

ST 47 H. Los preparativos. (p. 312)

EJEMPLOS ¿Ya llamó a los invitados?
Sí, ya los ha llamado.
¿Ya hizo el ponche?
No, no lo ha hecho todavía.

1. ¿Ya decoró la sala?
2. ¿Ya le compró el regalo a Rita?
3. ¿Ya le pidió unos discos a Rubén?
4. ¿Ya limpió la casa?
5. ¿Ya cubrió la mesa con el mantel?
6. ¿Ya le dijo a Lupe que trajera la guitarra?

ANSWERS
1. no la ha decorado   4. la ha limpiado
2. no se lo ha comprado   5. no la ha cubierto
3. los ha pedido   6. se lo ha dicho

ST 48 C. No me olvides. (p. 329)

EJEMPLO VICTORIA ¿Regresaron todos ayer menos tú?
         MADRE   **Sí, todos regresaron ayer menos yo.**

1. ¿Compraste unos regalos para Marisela y para mí?
2. ¿Puede ir Marisela conmigo al cine esta noche?
3. ¿Y puedo llevar el vestido que a mí me gusta más al cine?
4. ¿Podemos dividir los quehaceres entre nosotras mañana?
5. ¿Todos podemos ir a la playa cuando regreses, incluso Marisela?

ANSWERS
1. para ustedes (para ella y para ti)
2. contigo
3. a ti
4. entre ustedes
5. incluso ella

ST 49 B. ¿Y qué piensas hacer tú? (p. 336)

EJEMPLO TERESA Voy al cine.
         NINFA   también / con tal que / Eduardo llevarme
                 Voy al cine también con tal que Eduardo me lleve.

1. No voy al baile.   4. Voy a la fiesta de Diana.
2. Voy de compras.   5. Voy a lavar el coche.
3. Voy a hacer mi tarea.   6. Pienso ir de pesca.

ANSWERS
1. me vea   3. lleguen   5. me permita
2. no me dé 4. no me llame 6. llueva

ST 50 C. Un dibujo vale mil palabras. (p. 354)

EJEMPLO La estrella de cine hizo su aparición personal en el centro comercial.
         sí

1. Al señor no le gusta ahorrar dinero.
2. ¡Cuídame la bolsa mientras voy por refrescos!
3. Es posible que el veterinario pueda salvarle la vida al perro.
4. El niño salió del carro sin permiso.
5. Los chicos piensan mover el árbol para que no sea peligroso.
6. Lo pasaron muy bien en la fiesta.

ANSWERS
1. no 2. no 3. sí 4. sí 5. sí 6. sí

Unidad 7

ST 51 A. ¿De acuerdo? (p. 374)

1. El amor va a mantenerte joven.
2. El fumar no es bueno para la salud.
3. El hacer ejercicio es bueno para la salud.
4. La carne no es buena para la salud.
5. La contaminación del aire se limita a las ciudades grandes.

ST 52 C. ¡Hablemos de tu familia! (p. 376)

—Javier, ¿Cuántos televisores tiene tu familia?
—Tenemos dos. Uno está en la sala y es muy grande. El otro está en la alcoba de mis padres. Es más pequeño.
—¿Cuál el la profesión de tu padre?
—Mi padre es ingeniero.
—¿Tienes coche?
—No, no tengo coche, pero tengo una bicicleta que me gusta mucho. Es roja y rápida.
—¿Tiene tu familia estéreo?
—Sí, tenemos un estéreo. A mi madre le gusta escuchar música por la mañana cuando desayunamos todos juntos.
—¿Y tienen ustedes perro o gato?
—Tenemos dos perros. Uno es negro y muy grande. El otro es de mi hermanita y es muy chiquito. No tenemos gato.
—¿Tienes novia, Javier?
—Pues, ahora no. Pero busco novia.

ANSWERS

1. ingeniero
2. No, tiene bicicleta
3. Sí
4. No, tienen dos perros
5. Sí, tienen dos perros
6. No, pero busca novia

ST 53 E. Busco novia. (p. 377)

Busco novia. La novia que tengo ahora tiene carro y tiene un estéreo magnífico pero no tiene paciencia. El jueves salí con unos amigos y le dije que pasaría por ella a las siete. Mis amigos y yo fuimos a la escuela a jugar tenis y no terminamos hasta las siete y media. Me lavé la cara y salí para la casa de mi novia. Llegué a las ocho. Ella me miró como si fuera criminal y me dijo que buscara otra novia.

ANSWERS

1. novia
2. sí
3. el jueves
4. a la escuela
5. a jugar tenis.
6. se lavó al cara novia.
7. a las ocho.
8. que buscara otra

ST 54 A. Un día en el parque. (p. 378)

EJEMPLO ¿Cómo está cantando la muchacha?
Está cantando fuertemente.

1. ¿Cómo está bailando la muchacha?
2. ¿Cómo está tocando la guitarra el hombre?
3. ¿Cómo está pintándose los labios la mujer?
4. ¿Cómo se están mirando el hombre y la mujer?
5. ¿Cómo están corriendo los niños?

ANSWERS

1. graciosamente
2. lentamente
3. cuidadosamente
4. cariñosamente
5. rápidamente

ST 55 A. Un día el la vida de Jaime. (p. 380)

1. ¿Quiere Jaime bailar?
2. ¿Quiere Jaime a Sara?
3. ¿Le compró flores a Linda?
4. ¿Fue a la casa de Linda?
5. ¿Salió Jaime hoy?

ANSWERS

1. No, pero Sara quiere bailar.
2. No, Jaime no quiere a Sara sino a Linda.
3. No, no le compró flores sino que le escribió una carta.
4. No, no fue a su casa sino que la llamó por teléfono.
5. Sí salió, pero no quería.

ST 56 C. El amor espera. (p. 380)

Isabel quiere a Héctor. Pero Héctor no quiere a Isabel sino a Carolina. Héctor no gana mucho dinero. Es trabajador pero el dinero no le importa mucho. Trabaja cuarenta horas a la semana en un restaurante de comida rápida. No es ambicioso sino romántico. No tiene riqueza financiera sino amorosa. Carolina, en cambio, no es muy romántica, pero le gusta el dinero. Héctor sabe que Carolina no es como él, pero la quiere. Pero a Carolina le gusta el dinero. Carolina no piensa en las cualidades de sus novios sino en sus posesiones. Por eso el pobre Héctor decide no trabajar cuarenta horas a la semana sino sesenta. Y sigue esperando.

ANSWERS
1. Es trabajador pero el dinero no le importa mucho.
2. No es ambicioso sino romántico.
3. No tiene riqueza financiera sino amorosa.
4. No es romántica pero le gusta el dinero.
5. No piensa en las cualidades sino en sus posesiones.
6. Decide no trabajar cuarenta horas sino sesenta.

ST 57 B. Y cuando me despierto... (p. 387)

1. Hizo la cama y entró al baño.
2. Limpió el espejo y se vistió.
3. Comió el desayuno y salió de la casa.
4. Arrancó el carro y manejó al trabajo.
5. Estacionó el carro y entró en el edificio.
6. Escribió una carta y llamó al señor Alba por teléfono.

ANSWERS
1. Hecha   4. Arrancado
2. Limpiado   5. Estacionado
3. Comido   6. Escrita

ST 58 G. Tres amigas y una fiesta. (p. 392)

1. Alfredo es muy guapo.
2. El disco de Conchita era muy viejo.
3. Carmen preparó un plato muy rico.
4. Tomás le dio un regalo muy caro.
5. Pablo cantó una canción muy hermosa.
6. Elvira le dio una fiesta muy grande.

ANSWERS
1. el más guapo / guapísimo
2. el más viejo / viejísimo
3. el más rico / riquísimo
4. el más caro / carísimo
5. la más hermosa / hermosísima
6. la más grande / grandísima

ST 59 A. Un cuento de amor moderno. (p. 397)

1. Es una cosita que me gusta comer después de la cena. Es muy dulce.
2. Es cortito y me lo lees antes de acostarme.
3. Es grandote y tiene muchas páginas con dibujos bonitos.
4. Es el animalito de plástico que nada en el agua cuando me baño.
5. Es grande y redonda y la llevo a la playa.
6. Son las cositas que usa mi muñequita en los pies.

ANSWERS
1. pastelito   3. librote   5. pelotota
2. cuentito   4. patito   6. zapatitos

ST 60 C. La igualdad reinará. (p. 400)

ESPOSA Quiero que me ayudes más con los quehaceres de la casa.
ESPOSO Pero, después de trabajar ocho horas no tengo ganas de hacer nada más, mi amor.
ESPOSA Pues yo trabajo ocho horas también y no puedo hacerlo todo.

ST 61 F. El mundo nunca cambia. (p. 401)

HIJA   Papá, ¿podrías darme diez dólares?
PADRE   ¿Por qué, mi hija?
HIJA   Voy al concierto esta noche con Paco.
PADRE   Entonces, ¿Por qué necesitas dinero?
HIJA   Tengo que comprar la entrada.
PADRE   ¿Qué? Cuando yo era muchacho...

ST 62 A. ¿No me quieres? (p. 407)

Roberto tiene dieciocho años. Rebeca tiene diecisiete años. Roberto y Rebeca son novios, pero Roberto quiere salir con otras muchachas. Rebeca no lo entiende. Hace cuatro años que se conocen y que salen juntos. ¿Qué le dice Roberto a Rebeca y cómo le responde Rebeca?

Unidad 8

ST 63 A. Adivina qué es... (p. 424)
   EJEMPLO   Se alaba a Jehová aquí.
             la sinagoga

1. Un grupo de personas que canta en una iglesia.
2. Lugar para sentarse en la iglesia.
3. Cuando una persona hace algo malo.
4. Otra palabra que significa rezar.
5. Canciones que se cantan en una iglesia.
6. Cuando quieres decir todos tus pecados.
7. Lugar adonde se va a orar.

ANSWERS
1. coro   4. orar   7. iglesia, mesquita,
2. banco   5. himnos   capilla, sinagoga
3. pecar   6. confesar

ST 64 F. Un día de fiesta. (p. 426)
   EJEMPLO   ¿Quiénes organizaron la fiesta?
             La fiesta fue organizada por los miembros del club de español.

Los miembros del club de español organizaron una fiesta ayer. Miguel Guzmán, presidente del club, invitó a los miembros del club de francés. Elena trajo galletas y Juan hizo el ponche. Antes de la fiesta, Miguel presentó a los invitados. Todos leyeron poemas en español y francés y cantaron muchas canciones folklóricas.

ANSWERS
1. los miembros   3. Juan   5. Todos
2. Elena   4. Miguel   6. Todos

ST 65 A. La llegada del circo. (p. 432)
   EJEMPLO   PABLO   ¿Qué oíste hacer al cantante?
             EDUARDO Lo oí tocar la guitarra.

1. ¿Qué viste hacer a las bailarinas?
2. ¿Qué viste hacer a los elefantes?
3. ¿Qué viste hacer a los payasos?
4. ¿Qué viste hacer a la niña?
5. ¿Qué viste hacer al león?
6. ¿Qué viste hacer al oso?

ANSWERS
1. Las vi bailar.   4. La vi aceptar.
2. Los vi salir.   5. Lo vi saltar.
3. Los vi divertirse.   6. Lo vi jugar.

Photo and Realia Identifications

Unidad Preliminar. 1: Map of campgrounds painted on a shed wall in Toledo, Spain; **15:** Handcrafted ceramic sun from Metepec, México; **17:** Cathedral bell tower on the outskirts of Caracas, Venezuela.

Unidad 1. 18: *Top left.* Students on balcony, Bogotá, Colombia. *Top right.* Colegio La Salle, Madrid, Spain. *Bottom right*, University library, La Paz, Bolivia; **27:** Advertisement for exercise classes for girls, Laredo, México; **28:** Diploma from the Liceo de la Salle, Bogotá, Colombia. Famous in Colombia, the school educates boys from first through twelfth grades; **38:** Bank advertisement announcing various tuition financing plans, San Juan, Puerto Rico; **39:** Avenida Libertador, Caracas, Venezuela; **45:** Mural of Aztec market scene displayed in the National Museum of Archeology, México City. Based on archeological information, the museum uses these murals to illustrate daily life in various Indian cultures; **50:** Math class in adobe and brick school, Oruro, Bolivia; **54:** Inca burial doll of silver, wool, and features found near Santiago, Chile. The Incas placed their dead in the fetal position in large, round clay pots. Inca dead have been found with corn, utensils, and ceramics, and covered with a cape for warmth. The Incas believed those who lead virtuous lives went to live in the sun; those who did not spent eternity in the cold earth; **55:** Miguel de Cervantes' house, La Mancha, Spain; **61:** Ceremonial gate and temple, *El mirador*, Labná, México. The gate with its rows of bamboo like columns seems slightly oriental. The so-called *mirador*, or observatory, is actually a temple. Its enormous roof comb acts like a false front and adds great height to the structure. Post-classic Puuc.

Unidad 2. 75: Aymará Indian girls at the market in Comanche, Bolivia. The 12 nations of Aymará Indians inhabited the highlands of Bolivia by the 15th century. Although soon dominated by the Incas, they retained their cultural heritage and language. Aymará is spoken by about a quarter of the population of Bolivia even today; **81:** House in the old section of Quito, Ecuador; **84:** *Abuelitos School*, boys school, Morelia, México, cerca 1920; **96:** Mochican ceramic portrait vessel found on the coast of Perú, crafted A.D. 200–400. Noted for their naturalistic style of work, the Mochicans created lively and realistic pieces. Although these Indians lived on the Northern Coast of Perú from the first through the eighth centuries, few architectural sites remain. Much of what we know about this culture comes from pottery such as this; **103:** Decal produced for the campaigne to map the remaining native forests in Chile sponsored by CODEFF, Comité Nacional Pro Defensa de la Fauna y Flora (Chile). The tree illustrated represents the Alerce conifer known to live up to 4,000 years; **104:** Soccer game in village square, Rota, Spain; **109:** Carnival dancer dressed in "Devil of the mirrors" costume, Portobello, Panamá; **115:** Harbor, Buenos Aires; **119:** Adobe homes and church, Potosí, Bolivia.

Fine Art. 120: *La Carta*, Francisco de Goya, 1811. The *dueña* opens the parasol while the young girl reads her love letter. Considered to have been the greatest artist of his time, Goya was born in 1746. He became Court Painter in 1786 and First Court Painter in 1799. His many portraits of the royal family, nobility and the common folk have preserved much of Spanish history. He also chronicled many of the ills of that society. His style grew increasingly bitter, and he criticized the tyranny of the government. He died an exile in France in 1828.
Gaceta 1. 124: World Cup Soccer game, Puebla, México, between France and Belgium. France won.; **125:** Gloria Estéfan of the Cuban-American band, Miami Sound Machine, from Miami, Florida.

Unidad 3. 128: *Top right*, Arab market, Granada, Spain; **128:** Outdoor cafe, Madrid, Spain; **129:** Bread delivery, Ávila, Spain; **133:** Building designed by Gaudi, Barcelona, Spain. Famous for his naturalistic style, Gaudi's revolutionary architecture symbolized for many Barceloneans their independence from the Castillian culture and government and a return to the catalonian style of living. His most famous structure, the Church of the Sagrada Familia was completed after his death in 1926; **137:** Advertisement for subscription to *Siete Días*. As part of its 20th anniversary celebration, this Argentinian magazine offered to send a book to its new subscribers. The books were Spanish language classics, and a new selection was presented each week; **138:** El Prado Museum, Madrid, Spain. Commissioned by Charles III, in 1774, the building was originally designed to be a natural history and science museum. It was completed under Ferdinand VII in 1819, and over 300 paintings from the royal collection were moved in. Now with a collection of over 3,000 works, the Prado houses much of Spain's most famous art; **149:** "Inca" market, Majorca, Spain; **151:** Sign advertising *chocolate* and *mole*, Oaxaca, México; **154:** Bike repair shop, Costa Rica; **157:** Figures made from bread, Barcelona, Spain; **161:** Mosaic and brick arch at the entrance to Mercado de Colón, Valencia, Spain; **170:** Spanish copper vase, contemporary; **171:** Entrance to ceramics shop, Toledo, Spain; **173:** Ice cream vendor, Spain; **174:** Skyline, Seville, Spain; **177:** Spanish girls in costume for Pilar festival, October 12, Zaragoza, Spain; **178:** Group established by the Spanish government to promote high quality furnishings; **185:** Nazca gold ear ornament, Perú, ca. A.D. 0–700. The Nazca civilization flourished on the South Coast of Perú. They are thought to have been a religious centered culture. Their art is characterized by intricate detail; **187:** Cathedral Point, Quepos, Costa Rica.

Unidad 4. 188: *Top left*. Ruins of Machu Picchu, Perú; *Top right*. Zapotec Indian girl, Tlacolula market, México; *Bottom left*. Peruvian Indian, Cuzco, Perú; *Bottom right*. Iguazú Falls, Argentina: (*at left*) Ramírez falls, (*at right*), Bozzetti falls; **189:** Bus on ferry, Lake Titicaca; **197:** Tourist logo of Spain painted by Joan Miró; **210:** San Sebastián, Spain; **211:** Stilt house, Roatan, Honduras; **214:** Otávalo Indian, Otávalo, Ecuador; **216:** El Conde, shopping street, Santo Domingo, Dominican Republic; **222:** Poster celebrating the 450th anniversary of Cali, Colombia; **230:** Tourist Shop, Xochimilco, México.
Fine Art. 240: *El Aguador*, Velásquez, 1619. The watersellers carrying ceramic jugs wandered the streets of Seville during the dry dusty summers selling cool water sometimes sweetened with a sprig of rosemary or a fig. Velázquez, (1599–

1660) is considered by many to be Spain's greatest painter. He painted this work when he was only twenty. In 1623 he moved from Seville to Madrid where he gained prestige and became a court painter. He painted the portraits of the major historical figures of his time, but he is famous for his ability to show the inner spirit of his subjects.

Gaceta 2. 244: *Left.* Statue of Liberty, Staten Island, New York; *Center.* Golden Gate Bridge, San Francisco, California; *Right.* Grand Canyon, Arizona.

Unidad 5. 248: *Top left.* Rowing regatta, San Sebastián, Spain; *Top right.* TV crew filming Pilar festival, Zaragoza, Spain; *Bottom left.* Student radio station; *Radio Heraldo*, Zaragoza, Spain; **249:** Skiing at Portillo, Chile; **258:** Benidorm, Spain; **259:** Viña del Mar, Chile; **263:** Deportivo Cali, Colombia, winners of the 1978 Copa Libertadores de América against Boca Junior, Argentina, played in Estadio Pascual Guerrero, Cali, Colombia; **265:** Logo from baseball team sponsored by Nuevo Laredo, México and Laredo, Texas; **276:** Gaucho from the Pampas area, Argentina; **279:** Guatemalan back strap weaver. The loom is comprised of threads and horizontal sticks. One end is tied to a tree or building and the other attached to a strap belted around the weaver's back. The weaver, always a woman, leans back to acquire the amount of tension needed to weave. In many cases the thread is tie-died before being added to the loom. The traditional patterns are handed down from mother to daughter, and each village has its own characteristic; **282:** Giant chess game, Mira Flores Park, La Paz, Bolivia; **284:** Mixtec ruins of Yagul, in the Valley of Oaxaca, México. Unlike many ancient cities, only one temple appears to have been constructed here. The elaborate 30 room palace and other structures suggest the importance of the military and civil authority rather than a religious ruling class; **285:** Modeled figure of standing woman, Veracruz culture, early classical period. Thought to represent the earth mother goddess, Tlazoltectl, the identifying features are capes, skirts, necklaces and elaborate hair styles; **287:** Weaving, figure of dancer carrying baton and fan, Paracas Culture, Southern coast of Perú. Woven from wood and cotton, many of the textiles were used to adorn the dead; **288:** Basque weight lifter, Pyrenees region, Spain; **290:** Boys at matador school; **291:** Macaw, Amazon river; **296:** Chess tournament, Sabana Grande, Caracas, Venezuela; **298:** Decal to commemorate first special olympic games held in Colombia, sponsored by Banco de Occidente; **300:** Iguazú falls, Argentina; **301:** Bicycle race, Barcelona, Spain.

Unidad 6. 302: *Top left.* Working at a semiconductor plant; *Top right.* Hispanics doctors and nurses; *Bottom left.* Mission neighborhood center, San Francisco; *Bottom right.* Two Puerto Rican students; **303:** Basque folk dancing in Puerto Rico; **307:** Map, *Juntos somos la Diferencia*, representing the hundreds of hispanic businesses and organizations across the United States; **311:** Palace at the ruins of Palenque, classic period Mayan religious center, Chiapas, México; **314:** Chicano street art, San Francisco, California. Sign requests parking for restaurant patrons only; **315:** Painted bus, Colón-Portobello run, Panamá; **318:** Ceramic and brass plate, Toledo, Spain, modern period; **322:** Street painting, North Sheridan, Chicago, Illinois. "To respect the rights of your neighbors is peace." *El respeto al derecho ajeno es la paz;* **323:** Mosaic of Maximilian and Carlota by Diego Rivera, Teatro Insurgentes, México City, México. Diego Rivera (1886–

1957) was a Mexican artist famous for his revolutionary subjects. Many of his murals depicted the exploitation of the poor and the destruction of the oppressors by the peasants and workers; **324:** School girls taking study break at tobacco plantation near Madagalpa, Nicaragua; **325:** Fruit seller, San José, Costa Rica; **332:** Hispanic migration map developed for the bilingual educational series; *Águila Volante*, by the Fort Worth Independent School District under a grant from HEW, 1977–1978; **334:** Painted tiles, Spain, modern period; **337:** *The Return of Columbus to the Spanish Court*, by Raimundo de Madrago, 1841–1920; **339:** Orangeware jar, male effigy, Toluca, México. The clay that these Teotihuacán artisans used enabled them to produce especially thin yet hard objects in a brilliant orange color; **340:** Cat with fish *mola* made by Kuna Indians, San Blas Islands, Panamá. Originally designed for clothing but now sold to tourists, the *mola* are cloth hangings made by cutting material and sewing several layers one on top of another; **341:** Potosí's famous first mint dating from colonial times, Potosí, Bolivia. The largest silver mines in the western world were located outside Potosí. The ore was minted here until the decline of the mines at the end of the eighteenth century; **343:** Skyline, Houston, Texas; **352:** Student field workers, Las Villas, Cuba.

Fine Art. 358: Picasso's *Three Musicians*, (1921). Considered one of Picasso's best cubist works, the painting shows definite influence from the cut and pasted collages. The figures on the left are suggestions of the clowns, Pierrot and Harlequín. The dog under the table is difficult to discern. Pablo Picasso (1881–1973) was a painter, sculpter and graphic artist. His career spanned many styles, and his prolific work has dominated the 20th century art world.

Gaceta 3. 359: Parador Conde Gandomar. Recognizing the need to preserve buildings of artistic and historical interest, the Spanish government established a chain of hotels known as *paradores*. These first-class but relatively inexpensive hotels have become favorite accomodations for tourists; **362:** Marbella, Spain.

Unidad 7. 366: *Top left*. Working in a circuit board assembly line. *Top right*. Woman painting traditional oxcart wheel in Sarchi, Costa Rica. *Bottom right*. Professor of Chemistry at the University Rafael Urdaneta, Maracaibo, Venezuela. *Bottom right*, Hispanic bussinesswoman; **372:** Geraniums and petunias, Uiue, Spain, Basque region; **373:** Town hall, San Sebastián, Spain; **374:** Father and son playing chess, Rota, Spain; **375:** Open air cafe, Plaza del Mayor, Madrid, Spain. An established city square since 1619, it measures 100 by 120 meters and is surrounded by five story multi-balconied buildings; **377:** Girl looking in window of clothing store near Avenida de José Antonio, Madrid, Spain; **379:** Rowing in El Retiro Park, Madrid, Spain. Located behind the Prado Museum, this park has been open to the public since 1869. Along with a rowing pond, it also contains a small zoo, an observatory built in 1794, cafes, and small nightclubs; **384:** Mother and daughter cooking lunch, Oruro, Bolivia; **386:** *Tree house*, Dominican Republic; **388:** Three generations of embroiderers, Central Guatemala. The women gain status in their community by the recognition of their needlework skills; **391:** Commercial district, Buenos Aires, Argentina; **397:** Little girl carrying *rosales* flowers during Holy Week processions, Taxco, México; **398:** Girl making a *liquada* in Oruro, Bolivia; **401:** Chemistry class; **402:** Feathered Incan Cape, c.1430–1532, Perú. Elaborate capes were fashioned for the Incan nobility from llama skins, weavings and feathers. Used both for burial shrouds and daily adornment, the most beautiful are said never to have been worn but sacrificed to the gods. The Sapa Inca wore his capes only once. They were burned the following day; **404:** Painted and lacquered trousseau chest, Guerrero, México, 19th Century. Made of wood, these chests were painted with birds, flowers and town scenes. The box was then sealed with laquer which water proofed it. This particular style has disappeared and can only be found in private collections and museums; **407:** Boys looking in windows of sporting goods store, Bogotá, Colombia; **408:** *Left.* Self-portrait as a Tehuana, 1943. Oil on masonite 24¾" × 24½". *Right.* Self-portrait, oil on masonite, 24" × 17¾"; **410:** Frida in California, 1932. **412:** Frida and Diego Rivera on their wedding day, August 21, 1929; **415:** Two students from the National University of México, México City; **417:** *Top.* Machu Picchu, Perú. *Bottom.* Nazca designs on the Palpa Valley, Perú. These designs stretch for miles and may be related to astrological observations. They can be seen from an aerial view only.

Unidad 8. 418: *Top.* American boy dancing with flamenco dancer. *Center.* Catalonian Folk Dance cathedral, Barcelona, Spain. *Right.* Day of Guadalupe. Dec. 12, San Christóbal de las Casas, Chiapas, México. *Bottom left.* Fiesta of the Pineapple, Oaxaca, México. The women throw their pineapples to the crowd at the end of the dance. *Bottom right.* Plaza del Castillo, Fiestas de San Fermín, Pamplona, Spain; **424:** Painting, oil on canvas, Christopher Columbus, artist unknown; **426:** Piñata party, México City; **427:** High School chemistry class. Girls in the chemistry lab of Los Andes Medical School, Mérida, Venezuela; **430:** Guitarist, Madrid, Spain; **434:** Pineapple dancer and her mother, Oaxaca, México; **438:** Colonial style home, Argentina; **442:** Boys dressed as Roman soldiers wander the streets of Taxco during Holy Week, Taxco, México; **445:** Little boy in vendor cart. Written on the cart was *Feliz año nuevo son los buenos deseos del año,* Santiago, Chile; **446:** *Chabola de la Hechicera,* famous balancing rocks in the Pyrenees, Spain; **448:** Two policewomen in traffic, Santiago, Argentina; **449:** Carribean band, Dominican Republic; **451:** Whales. Christmas card produced by CODEFF in Chile as part of their save the whale campaign; **452:** Funeral wreath, flower market, Lima, Perú; **462:** Cathedral, Segovia, Spain.

Fine Art. 466: *The Owl,* print by Joan Miró. This modern Spanish painter is famous for his brightly colored forms connected by delicate lines painted against plain backgrounds. Born in 1893 in Barcelona, he lives in Mallorca, Spain.

Gaceta 4. 468: Dancers in celebration at Oaxaca, México; **470:** Ring from Mayan ball game, *tlachtli,* Chitzén-Itzá, Mexico.

FRONTERAS

Nancy Levy-Konesky
Karen Daggett
Lois Cecsarini

HOLT, RINEHART AND WINSTON
Austin New York San Diego Chicago Toronto Montreal

Acknowledgments

For permission to reprint copyrighted material, grateful acknowledgment is made to the following sources:

UNIDAD PRELIMINAR: p. 4; *el Mundo:* Advertisement, "¡Regreso a la Escuela!" from *el Mundo*, July 5, 1987.
UNIDAD 1: p. 27; *Olympia Gimnasio:* Adapted from advertisement, "Olympia Gimnasio . . .," in *El Diario de Nuevo Laredo*, August 17, 1987, p. 20. Copyright © 1987 by Olympia Gimnasio. **p. 38;** *Caguas Central Federal Savings Bank:* Adapted from brochure, "¡A estudiar con Caguas Central!" in *el Mundo*, San Juan, Puerto Rico, August 9, 1987, back cover. **p. 48;** *Ecuatoriana:* Adapted from advertisement, "Excelente . . .," from *el Miami Herald*, June 28, 1987. **p. 57;** *Bermúdez Associates/AT&T:* Adapted from advertisement, "AT&T: La mejor decisión." Courtesy of AT&T.
UNIDAD 2: p. 71; *J. Enrique Ojeda:* "Padres y parientes" by Dr. Enrique Arciniegas. **p. 81;** *J. Enrique Ojeda:* "Mi rinconcito" by Dr. Enrique Arciniegas. **p. 83;** *Quality Furniture:* Advertisement for "VVV Valentí" from *¡Hola!*, No. 2.201, back cover. Copyright © 1986 by Quality Furniture. Published by Hola, S.A. **p. 90;** *J. Enrique Ojeda:* "Cuando yo era pequeño" by Dr. Enrique Arciniegas. **p. 103;** *Comité Nacional Pro Defensa de la Fauna y Flora:* Advertisement, "Recuperemos nuestros bosques naturales" from *Informativo CODEFF*, May 1986, p. 3. **p. 112;** *Carmen Balcells Agencia Literaria, Representing Paz Rojas and the Heirs of Manuel Rojas:* Adapted from "El vaso de leche" from *El Delincuente* by Manuel Rojas. Copyright © 1947 by Manuel Rojas and Heirs of Manuel Rojas. **p. 116;** *Applause Licensing, a division of Applause Inc.:* "Smurf" cartoon by Wallace Berrie. Published by Applause Inc.
GACETA 1: p. 123; *Siete Días:* "Sola," from *Siete Días*, año XX, no. 1036, pp. 28–31, June 18–24, 1987. Copyright © 1987 by and published by Editorial Abril, S.A.
UNIDAD 3: p. 137; *Siete Días:* Advertisement, "Gratis, 1 Libro," from *Siete Días*, año XX, no. 1036, front cover, June 18–24, 1987. Copyright © 1987 by and published by Editorial Abril, S.A. **p. 175;** *Tele•once, Canales 11, Puerto Rico:* Advertisement, "Hacemos tu domingo." Copyright © 1987 by Tele•once, Puerto Rico. **p. 178;** *ICONO, Inc.:* Logo, "Artespaña" from advertisement in *¡Hola!*, no. 2.206, November 27, 1986, p. 17. **p. 179;** *el Miami Herald:* Adapted from "Guía Cultural" en *el Miami Herald*, domingo, March 25, 1984. **p. 180;** *Wenceslao Fernández-Flórez and Antonio Luis Fernández-Flórez:* Adapted from "Yo y el ladrón," in *Obras completas* by Wenceslao Fernández-Flórez. Copyright © 1949 by Wenceslao Fernández-Flórez. Published by Aguilar S.A. de Ediciones.
UNIDAD 4: p. 197; *National Tourist Office of Spain, New York, NY:* Logo, "España" by Joan Miró. **p. 221;** *Iberia Airlines of Spain:* Advertisement, "Camino de Oriente," from *¡Hola!*, no. 2.137, April 17, 1986, p. 155. **p. 226;** *Sistemo de Transporte Colectivo:* Map from brochure, "Líneas y Estaciones." **p. 232;** *Editorial Universitaria, S.A.:* Adapted from "Los viajeros" by Marco Denevi from *Antología precoz*. Copyright © 1973 by Marco Denevi. Published by Editorial Universitaria, S.A.
GACETA 2: p. 243; *Siete Días:* "El hombre que no ve los colores" from *Siete Días*, año XX. no. 1036, p. 26, June 18–24, 1987. Copyright © 1987 by and published by Editorial Abril, S.A.
UNIDAD 5: p. 253; *el Miami Herald:* "el tiempo" from *el Miami Herald*, June 29, 1987, p. 1. **p. 257;** *el Miami Herald:* From the index to "Clasificados GUIA" in *el Miami Herald*, June 23, 1987, p. 12. **p. 265;** *Tecolotes de los Dos Laredos:* Advertisement, "Tecolotes de los Dos Laredos," in El Diario de Nuevo Laredo, August 17, 1987. **p. 274;** *el Miami Herald;* Advertisement for *el Miami Herald*, "Otros periódicos traen las noticias del mundo . . .," from *el Miami Herald*, June 29, 1987, p. 18. **p. 293;** *Isaac Aisemberg:* Adapted from "Jaque mate en dos jugadas" by Isaac Aisemberg. **p. 298;** *Banco de Occidente, Bogotá, Colombia:* Advertisement, "Las Olimpiadas."
UNIDAD 6: p. 307; *Campbell Taggert, Inc., Makers of Rainbo and Colonial Breads:* Advertisement, Map titled "From Sea to Shining Sea," retitled "Juntos somos la diferencia." Published by *Hispanic Business*, August 1987, p. 35. Courtesy of Campbell Taggert, Inc. **p. 332;** *Fort Worth Independent School District:* Map, "Presencia Hispanoamericana en los Estados Unidos," from the *Aguila Volante Series*, Bilingual Materials Development Center. **p. 348;** *Bilingual Review/Press:* "Cajas de cartón" by Francisco Jiménez from *Bilingual Review/Revista Bilingüe*, no. 1 & 2, January–August 1977. Copyright © 1977 by *Bilingual Review/Revista Bilingüe.*
GACETA 3: pp. 361, 365; *Siete Días:* Adapted from "Los Jóvenes Machistas" by Sergio Sinay, illustrations by María Alcobre, and "¿Qué es un machista?" by Marisa Rambolá in *Siete Días*, años XX, no. 1031, pp. 34–38, May 14–20, 1987. Copyright © 1987 by and published by Editorial Abril, S.A.
UNIDAD 7: p. 409; *Martha Zamora:* Adapted from "Por qué se pintaba Frida Kahlo" in *Imagine*, v. II, no. 1, pp. 2–7. Copyright © 1985 by Imagine Publishers. **p. 414;** *United Feature Syndicate, Inc.:* "Peanuts" cartoon.
UNIDAD 8: p. 451; *Fundación Vida Silvestre Argentina:* Advertisement, "Demos una oportunidad . . ." from *Informativo CODEFF*, May 1986, p. 3. **p. 455;** *National Textbook Company:* "La Gitanilla" by Miguel de Cervantes from *Tres Novelas Españolas*, condensed and adapted by William T. Tardy. Copyright © 1969 by and published by National Textbook Company.
GACETA 4: p. 468; *Hispanic Business, Inc.:* Adaptation and Spanish translation of "Challenging the Myth of the Traditional Woman" by Jeff M. Sellers, retitled "La Nueva Mujer Hispana en los EE.UU.," in *Hispanic Business*, v. 9, no. 8, August 1987. Copyright © 1987 and published by Hispanic Business, Inc.

Copyright © 1989 by Holt, Rinehart and Winston, Inc.

All rights reserved. No part of this publication may be reproduced or transmitted in any form or by any means, electronic or mechanical, including photocopy, recording, or any information storage and retrieval system, without permission in writing from the publisher.

Requests for permission to make copies of any part of the work should be mailed to: Permissions, Holt, Rinehart and Winston, Inc., 1627 Woodland Avenue, Austin, Texas 78741.

Printed in the United States of America

ISBN 0-03-021412-2

90123 040 654

Índice de materias

UNIDAD PRELIMINAR   Repaso breve   1
LECCIÓN PRELIMINAR   2
    Lectura   El primer día de clases   3
    Exploración   Pronombres personales   5
        El presente del indicativo   7
        El uso del presente del indicativo   8
        El sustantivo   10
        Formas plurales de sustantivos   12
CULTURA E IDIOMA   13
    Así se dice   13
CONTEXTOS CULTURALES   16

UNIDAD 1   Nuevos amigos   19
LECCIÓN 1   20
    Lectura   Confidencias   21
    Exploración   Verbos que cambian de raíz   23
        Verbos irregulares en el presente   25
        Las expresiones **acabar de**, **ir a** y **volver a**   27

LECCIÓN 2   29
    Lectura   Compartiendo experiencias   30
    Exploración   La forma progresiva del presente   32
        Ser y **estar**   35
        Adjetivos que cambian de sentido con **ser** o **estar**   39
LECCIÓN 3   41
    Lectura   Correspondencias   42
    Exploración   El uso de **hay**   44
        Hacer y **llevar** con expresiones de tiempo   46
        El adjetivo   48
        Concordancia de adjetivos   52
        La **a** personal   53
CASOS ESPECIALES   55
CULTURA E IDIOMA   57
    Así se dice   57
    Lectura   ¡Qué día!   61
CONTEXTOS CULTURALES   66

UNIDAD 2   Memorias y recuerdos   69
LECCIÓN 4   70
    Lectura   Padres y parientes   71
    Exploración   El pretérito   74
        Hace con expresiones de tiempo   77
LECCIÓN 5   80
    Lectura   Mi rinconcito   81
    Exploración   El imperfecto   83
        Hacer y **llevar** en el imperfecto   86
        Acabar de en el imperfecto   88

FRONTERAS

LECCIÓN 6 89
    Lectura   Cuando yo era pequeño   90
    Exploración   El uso del pretérito e imperfecto   93
                   El pasado progresivo   99
                   Los adjetivos y pronombres posesivos   100
CASOS ESPECIALES   103
CULTURA E IDIOMA   106
    Así se dice   106
    Lectura   *El vaso de leche*   111
CONTEXTOS CULTURALES   118

Gaceta   *La Nueva Ola*, Año 3, No. 1   121

UNIDAD 3   *Así paso el día*   129

LECCIÓN 7   130
    Lectura   ¿Y a qué hora empiezas tú el día?   131
    Exploración   Formas de decir la hora   133
                   Los interrogativos   136
                   Los adjetivos demostrativos   139
                   Los pronombres demostrativos   141

LECCIÓN 8   144
    Lectura   ¡Buen provecho!   145
    Exploración   El complemento directo y el pronombre como complemento directo   147
                   El pronombre como complemento indirecto   150
                   Dos pronombres como complementos del verbo   153
                   Gustar y otros verbos similares   155

LECCIÓN 9   158
    Lectura   ¿Qué hacemos esta noche?   159
    Exploración   Los usos de **por** y **para**   161
                   El **se** impersonal   166
                   Expresiones con el verbo **tener**   168
                   Las conjunciones **e** y **u**   170
CASOS ESPECIALES   171
CULTURA E IDIOMA   174
    Así se dice   174
    Lectura   *Yo y el ladrón*   180
CONTEXTOS CULTURALES   186

UNIDAD 4   *De viaje*   189

LECCIÓN 10   190
    Lectura   Mi itinerario   191
    Exploración   El tiempo presente del subjuntivo   193
                   El uso del subjuntivo con expresiones impersonales   196

LECCIÓN 11   200
    Lectura   …y con baño privado, por favor   201
    Exploración   Verbos y pronombres reflexivos   203
                   Se para sucesos inesperados   207
                   Saber y **conocer**   209
LECCIÓN 12   212

    Lectura   De compras   213
    Exploración   El imperativo: los mandatos   215
                      Colocación de pronombres con los mandatos   218
CASOS ESPECIALES   222
CULTURA E IDIOMA   226
    Así se dice   226
    Lectura   *Los viajeros*   232
CONTEXTOS CULTURALES   238

Gaceta   *La Nueva Ola, Año 3, No. 2*   241

UNIDAD 5   *Hoy en las noticias*   249

LECCIÓN 13   250
    Lectura   ¡Llueve a cántaros!   251
    Exploración   Los usos del subjuntivo en cláusulas sustantivas   253
                      Los pronombres relativos   257

LECCIÓN 14   262
    Lectura   Medias Rojas 2; Tigres 0   263
    Exploración   El tiempo futuro   265
                      El tiempo condicional   268
LECCIÓN 15   271
    Lectura   Y, las noticias...   272
    Exploración   Palabras y expresiones negativas y algunas afirmativas   275
                      El uso del subjuntivo en cláusulas adjetivales   278
CASOS ESPECIALES   282
CULTURA E IDIOMA   285
    Así se dice   285
    Lectura   *Jaque mate en dos jugadas*   292
CONTEXTOS CULTURALES   300

UNIDAD 6   *El legado hispano en los EE.UU.*   303

LECCIÓN 16   304
    Lectura   Herederos de la Raza   305
    Exploración   Los tiempos perfectos   308
                      El imperfecto del subjuntivo   313
                      La correlación de tiempos   314

LECCIÓN 17   319
    Lectura   De donde crece la palma   320
    Exploración   Verbos con preposiciones   324
                      Más preposiciones   326
                      El pronombre como objeto de la preposición   328
LECCIÓN 18   330
    Lectura   Isla del encanto   331
    Exploración   El uso del subjuntivo en cláusulas adverbiales   334
                      El uso del subjuntivo en las cláusulas condicionales con
                          si   338
CASOS ESPECIALES   341
CULTURA E IDIOMA   343
    Así se dice   343
    Lectura   *Cajas de cartón*   347

CONTEXTOS CULTURALES   356

Gaceta   *La Nueva Ola*, Año 3, No. 3   359

UNIDAD 7   *La nueva mujer hispana*   367
LECCIÓN 19   368
    Lectura   El amor hace girar al mundo   369
    Exploración   El artículo definido   371
                         El artículo indefinido   375
                         Los adverbios   377
                         Los usos de **pero, sino** y **sino que**   379
LECCIÓN 20   381
    Lectura   ¿El que manda?   382
    Exploración   El participio pasado usado como adjetivo   385
                         El participio pasado y el gerundio   386
                         Los comparativos y los superlativos   388
LECCIÓN 21   393
    Lectura   La mujer hispana: ¿en camino o en cadenas?   394
    Exploración   Los diminutivos y los aumentativos   396
                         Repaso del subjuntivo   398
CASOS ESPECIALES   402
CULTURA E IDIOMA   404
    Así se dice   404
    Lectura   *Por qué se pintaba Frida Kahlo*   408
CONTEXTOS CULTURALES   416

UNIDAD 8   *Ferias, fiestas y ceremonias*   419
LECCIÓN 22   420
    Lectura   Como de costumbre   421
    Exploración   La verdadera voz pasiva   423
                         El concepto **to become**   426
LECCIÓN 23   428
    Lectura   Tradiciones hispanas   429
    Exploración   El uso del infinitivo   431
                         El uso del gerundio   434
                         La construcción recíproca   436
LECCIÓN 24   439
    Lectura   ¡Celebremos!   440
    Exploración   Continuación del repaso del subjuntivo   442
                         Verbos que expresan obligación   444
CASOS ESPECIALES   446
CULTURA E IDIOMA   449
    Así se dice   449
    Lectura   *La Gitanilla*   454
CONTEXTOS CULTURALES   464

Gaceta   *La Nueva Ola*, Año 3, No. 4   467

Mapas   viii
Apéndices   474
Vocabulario español-inglés   490
Índice de gramática   498
Art Credits   500
Photo Credits   500

España y Portugal

Cono Sur de América del Sur

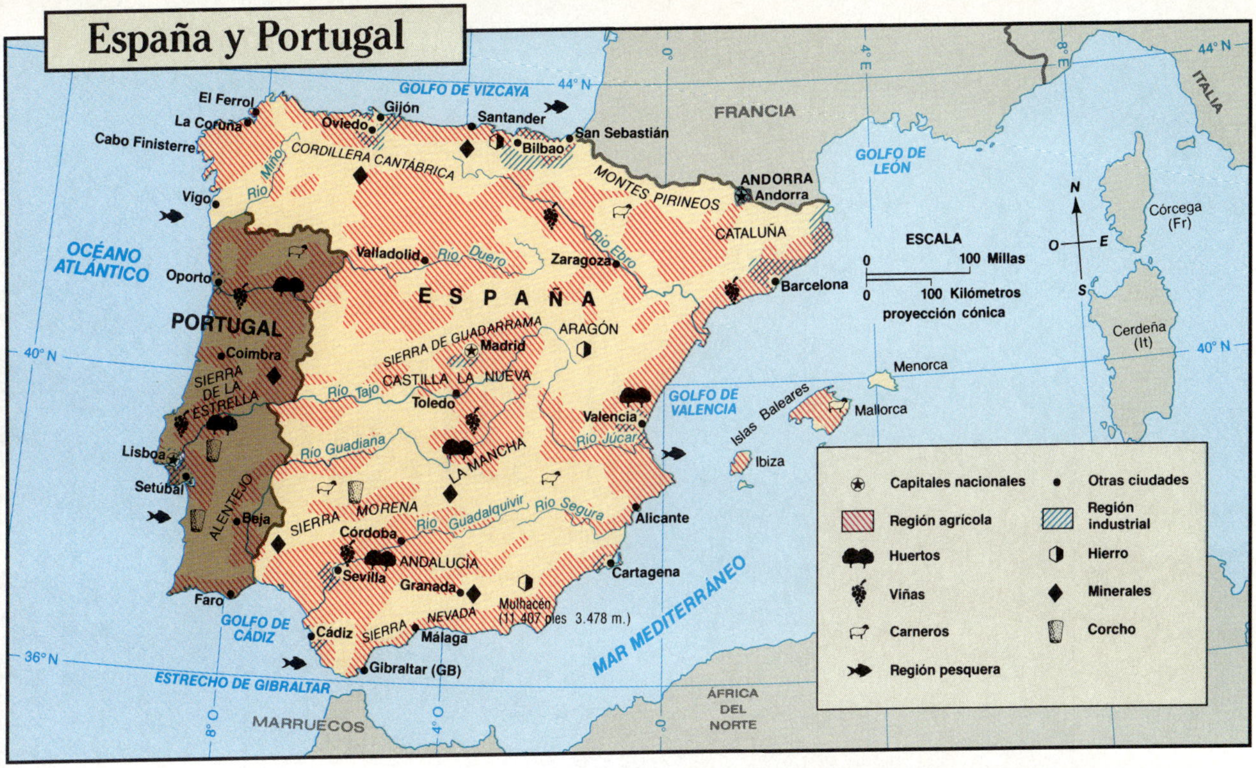

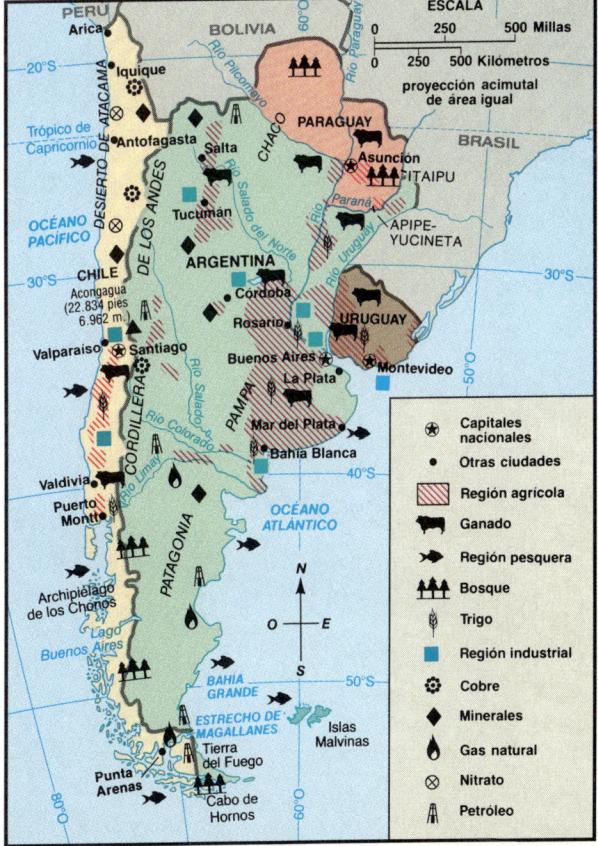

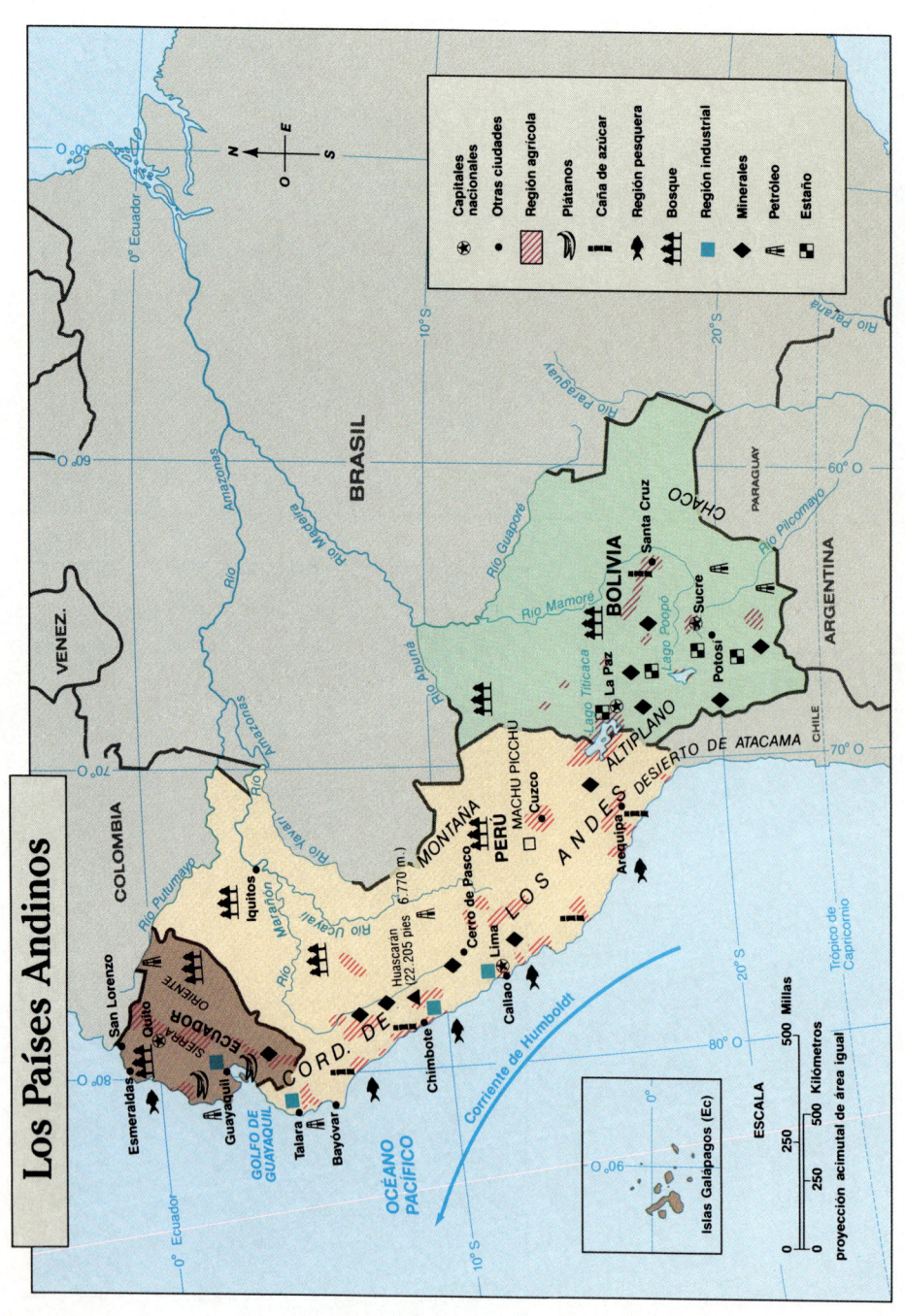

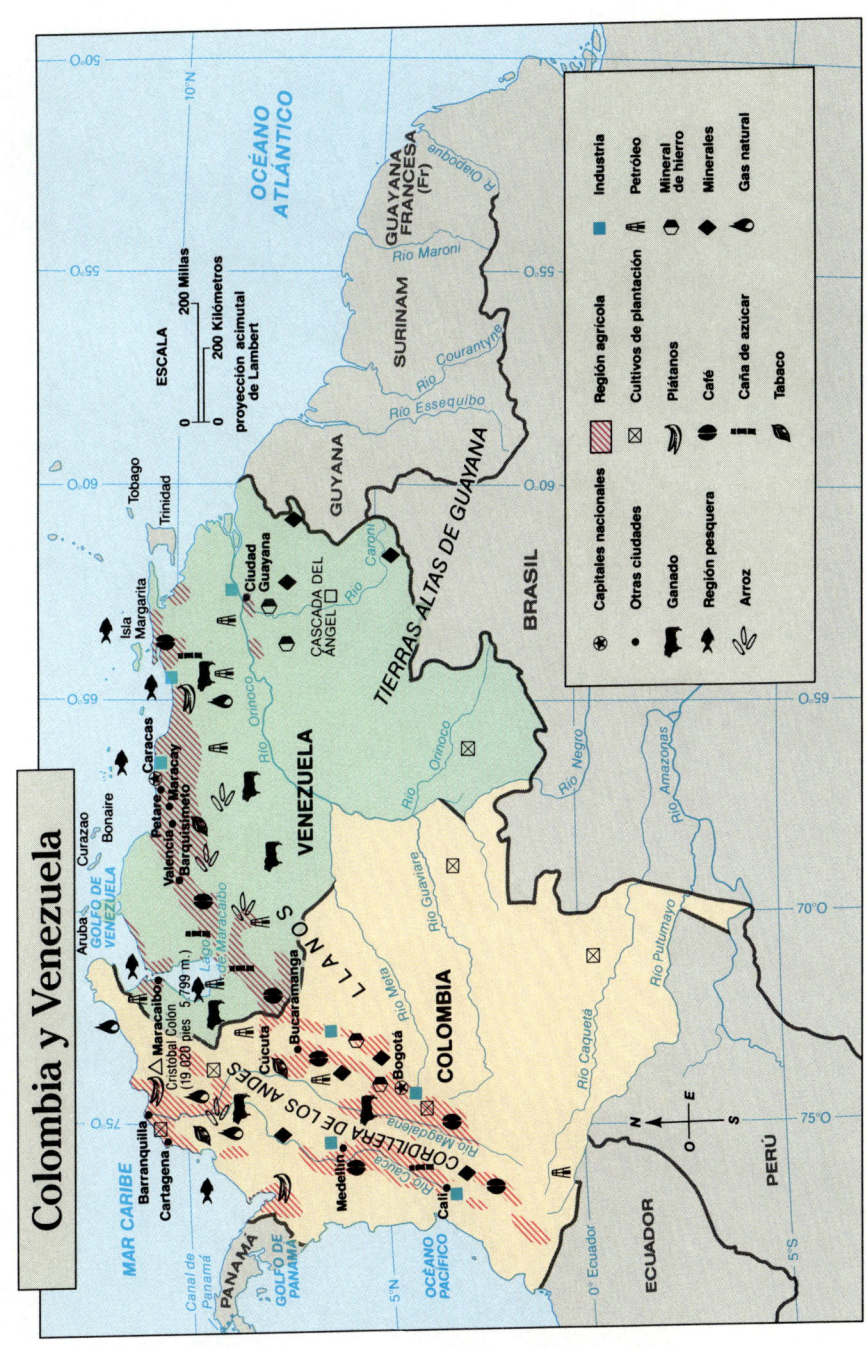

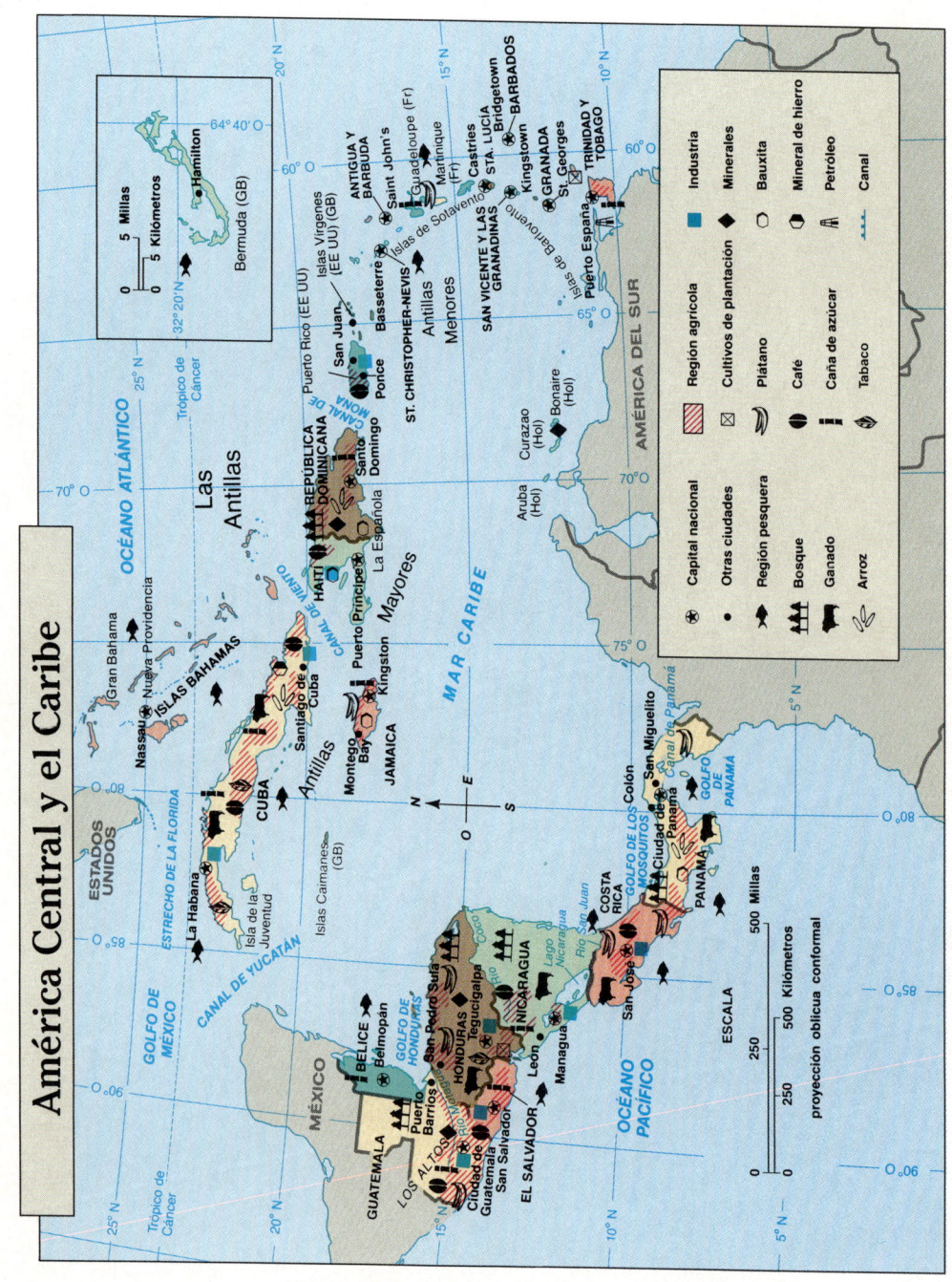

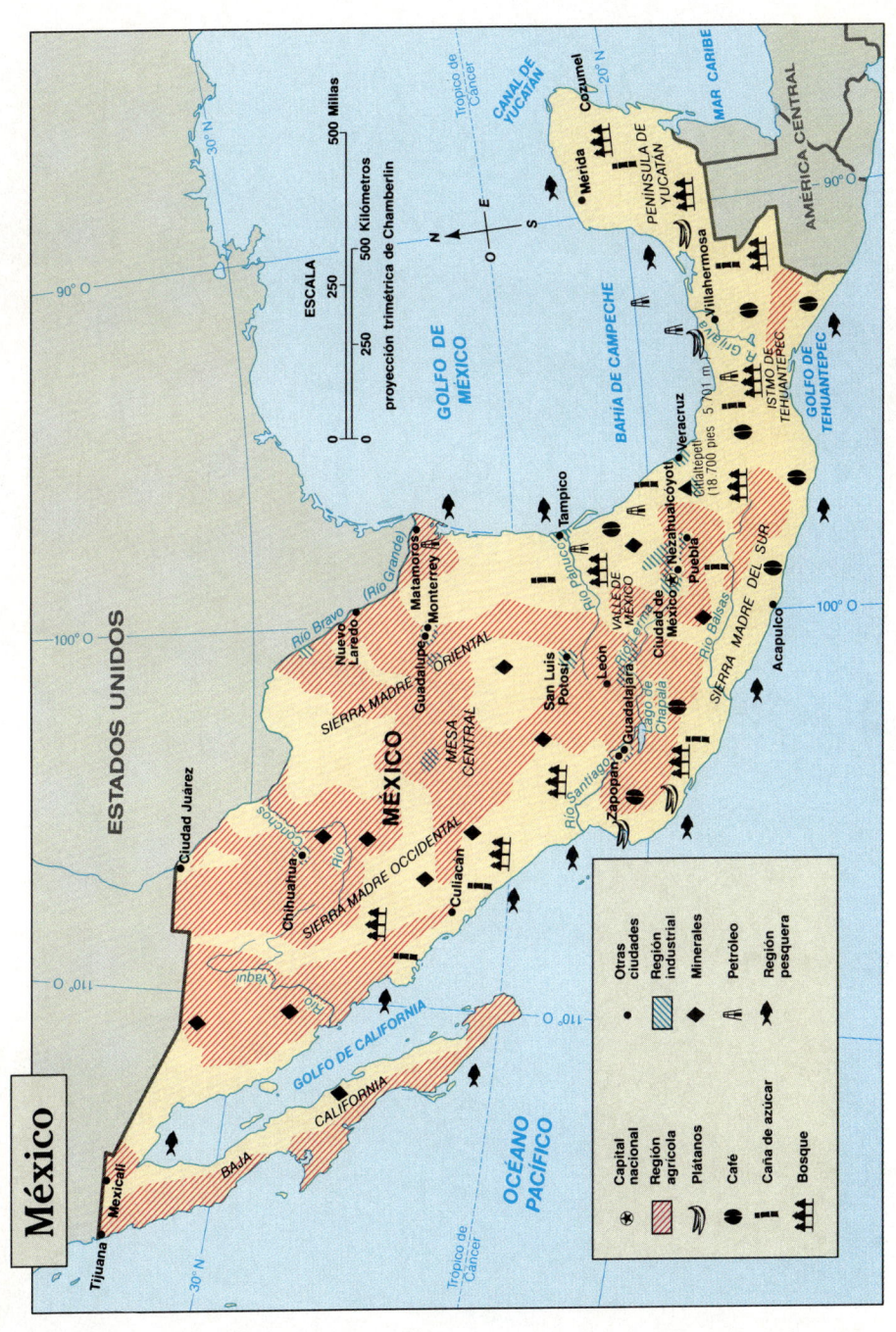

FRONTERAS

Repaso breve

Unidad preliminar

In order to track mastery of the concepts presented in **Fronteras**, you may want to refer to the objectives listed on the opening page of each chapter. The quizzes and achievement tests found in the Teacher's Resource Binder are also effective instruments for determining whether students have mastered these objectives.

En esta unidad vas a

- llenar un horario de clases
- usar formas de saludos y presentaciones
- repasar expresiones que se usan en clase
- usar vocabulario nuevo en contexto

También vas a repasar

- los verbos **hablar, comprender** y **escribir**
- el presente del indicativo
- los pronombres personales
- el género y número de artículos y sustantivos
- el pasado de algunos verbos en contextos literarios

LECCIÓN PRELIMINAR

EN CONTEXTO

See Copying Masters.

Horario de clases

Jackson, Amanda
apellido, nombre

F
sexo

090-55-277
número de identificación

1375 Loma Vista Drive
domicilio

San Carlitos
ciudad

California 98765
estado y código postal

(432) 555-1234
número de teléfono

11
grado

12 julio 1973
fecha de nacimiento

Curso	Período	Aula	Maestro(a)
Biología	1	719	Goodwin
Inglés	2	873	Munguía
Geografía	3	411	Cavazos
(Almuerzo)	4	cafetería	
Español III	5	116	Garza
Álgebra II	6	215	Hall
Educación física	7	gimnasio	Valdivia

Para comenzar

Estudia el horario de clases y contesta las siguientes preguntas.

1. ¿Cuál es el apellido del estudiante en este horario? ¿Cuál es su nombre?
2. ¿Es hombre o mujer? ¿Dónde vive?
3. ¿Cuál es su número de identificación? ¿En qué estado vive?
4. ¿Cuál es su número de teléfono? ¿Qué cursos estudia este año?
5. ¿En qué período es su clase de español? ¿Quién es su maestro de inglés?
6. ¿Cuándo nació Amanda? ¿En qué grado está?
7. ¿Por qué necesitas estudiar lenguas extranjeras? ¿Por qué estudia la gente latín?
8. ¿Qué tienes que estudiar para ser doctor(a)? ¿Y para ser maestro(a)?
9. ¿Qué quieres ser cuando termines tus estudios? ¿Por qué?

El primer día de clases

Nuevos amigos, nuevos maestros, nuevas personas en mi vida y en mi mundo. Es el primer día de clases y estoy en mi clase de español. Me matriculé en esta clase porque quiero mejorar mi español rápidamente. Mis padres me han prometido que este verano voy a visitar a mi amiga Linda en Panamá. Llegué temprano a la escuela porque, francamente, estoy un poco aburrida y quiero hacer nuevos amigos. El mejor momento es antes de empezar la clase...

Yo	¡Hola! Me llamo Carol. ¿Cómo te llamas?
PETE	¿Qué tal? Soy Pete.
Yo	¿Eres nuevo aquí?
PETE	Sí, acabo de llegar de Nueva York.
Yo	¿Y tu amigo? ¿Viene de Nueva York también?
PETE	Te presento a Kirk; él es de aquí.
KIRK	Mucho gusto.
PETE	Kirk juega en el equipo de fútbol.
NANCY	Carol, ¿por qué no me presentas a tus amigos? Estoy en la misma clase de computación con este chico. [*Indicando a Pete*] Tengo varios amigos de Puerto Rico y por su acento él parece ser de allá.
PETE	En realidad soy de origen colombiano aunque mi familia vivió en Nueva York varios años. Pero ya que nos hemos mudado quiero hacer amigos aquí.
Yo	Pues bien, Pete y Kirk, les presento a Nancy, mi amiga. Está en la banda conmigo.
PETE	¡Fantástico! Quizás podemos todos hacer algo después de las clases. ¿Quieren ir a oír música y a tomar un refresco?
Yo	Es precisamente lo que estaba pensando.
SANDRA	¿Puedo acompañarlos? Soy Sandra y me interesa platicar° con ustedes. Viví en México dos años y me gustó muchísimo. Allá la gente hace amigos pronto.
NANCY	¡Cómo no! Bueno, vamos después de las clases. Mientras más grande el grupo, mejor. Vamos adonde haya música interesante.
KIRK	¿Qué música te gusta, Nancy? ¿Cuál es tu estación favorita?
NANCY	Me fascina la música rock inglesa. Mi radio siempre está en Z-94.
TODOS	¡Qué bien! ¡Estupendo!
PETE	Sólo que a mí me gusta más la música neoyorquina. Un día de estos quiero que oigan una buena salsa°.
Yo	Creo que vamos a llevarnos bien°. Espero verlos con frecuencia.
SANDRA	Yo voy a dar una fiesta el sábado para mi cumpleaños. ¿Quieren venir? Podrán conocer a otros de mis amigos y tengo cintas° estupendas.
TODOS	¡Sí, cómo no! ¿Dónde vives? ¡RIIIIIIING!

° to chat

° Latin rhythm
llevarnos... get along

° tapes

Preguntas acerca de la lectura

1. ¿Dónde pasa la acción de este diálogo? ¿Qué hacen los chicos(as)?
2. ¿Cuándo pasa todo esto? ¿Qué le gusta jugar a Kirk? ¿Por qué?
3. ¿Quién es el nuevo estudiante? ¿De dónde es? ¿Cómo sabes?
4. ¿Qué quieren hacer los chicos(as) después de las clases?
5. ¿Qué música le gusta a Pete? ¿Y a Nancy?
6. ¿Cómo termina este diálogo?

¡REGRESO A LA ESCUELA!

Con el fin de perpetuar esta singular y señalada ocasión, y para significar la importancia y el efecto de esta época del año en todos nuestros hogares, El Mundo publicará un Suplemento Comercial, cuyo contenido estará dirigido a padres y estudiantes, a saber:

Publicación: miércoles 22 de julio comuníquese con su agencia de publicidad o llame a nuestro departamento de anuncios al Tel. 758-3000, Exts. 404, 296, 216 y 218.
Fecha de cierre: jueves 16 de julio. Entrega de material: martes 21 de julio

- Dietas adecuadas para el estudiante
- El niño genio y sus problemas
- Aprestamiento académico en la etapa pre-escolar
- Problemas de lectura y sus efectos
- El jardín de infancia
- Cómo identificar al niño que está propenso a usar drogas
- Problemas de aprendizaje
- Prácticas esenciales para asegurar una buena salud del pie
- Las causas de la deserción escolar

En tu opinión

Ahora vamos a conocernos haciendo entrevistas personales. En parejas, hazle a otro(a) estudiante las siguientes preguntas. Cuando termines, el (la) otro(a) estudiante te va a hacer las mismas preguntas.

1. ¿Cómo te llamas? ¿Tienes hermanos(as)? Explica.
2. ¿Cuál es tu apellido? ¿Tienes un sobrenombre? ¿Cómo te llaman tus amigos(as)?
3. ¿Cuál es tu número de identificación?
4. ¿Dónde vives? ¿Cuál es tu dirección completa?
5. ¿Cuál es tu número de teléfono?
6. ¿Cuál es tu fecha de nacimiento? ¿Cuántos años tienes?
7. ¿Qué clases tienes este año? ¿Cuál es tu clase favorita? Explica.
8. ¿Cuándo almuerzas? ¿A qué hora llamas a tus amigos(as) por teléfono? ¿Por qué?
9. ¿Quiénes son tus maestros(as) favoritos(as)? ¿Cómo son?
10. ¿En qué grado estás? ¿Cuándo te gradúas?

Expansión de vocabulario

EN LA ESCUELA	
el **apellido** last name	el **idioma** language
el **código postal** zip code	la **lectura** reading
la **computadora** computer	la **pizarra** chalkboard
el **domicilio** residence	el **pupitre** school desk
el **escritorio** student desk	el **semestre** semester
la **estación** station	la **tiza** chalk
el **examen** test	
la **fecha de nacimiento** birth date	**VERBOS**
el **horario** schedule	**firmar** to sign
	matricular(se) to register

Actividades

A. Mis cursos. Estudia la siguiente lista y describe los cursos que estás tomando en la escuela secundaria.

matemáticas
álgebra
geometría
trigonometría
cálculo

ciencias
biología
física
química

estudios sociales
historia universal
historia de América
geografía
antropología

idiomas (lenguas extranjeras)
francés
alemán
latín
español
ruso
japonés

miscelánea
negocios
mecanografía
banda
gimnasia

B. Tu horario personal. Prepara tu propio horario de clases, usando el modelo del principio de la unidad. Luego haz tu horario ideal.

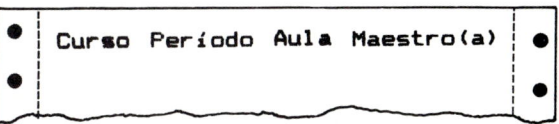

EXPLORACIÓN

Pronombres personales

singular	plural
yo	nosotros, nosotras
tú	vosotros, vosotras
usted	ustedes
él, ella	ellos, ellas

A. Hay cuatro maneras de decir *you* en español.

1. **Tú** es la forma singular familiar de *you* y se usa con miembros de la familia, con personas a las que llamamos por sus nombres, con colegas y con niños.[1]

2. **Usted** (forma abreviada **Ud.**[2]) es la forma singular formal de *you*. Se usa con personas que no conocemos, con las que conocemos superficialmente o en señal de respeto (con profesores, jefes, personas mayores, etc.).[3]

3. **Vosotros** es la forma plural familiar de *you*. No se usa mucho en Latinoamérica, pero sí se usa en muchas partes de España.

4. **Ustedes** (**Uds.**) se usa en Latinoamérica con amigos o desconocidos. Se usa en España como la forma plural de **usted**.

B. Las reglas para el uso de los pronombres personales son las siguientes.

1. Se omite normalmente el pronombre personal porque el verbo indica a la persona que hace la acción. Cuando se usa, da énfasis o aclara el sujeto de una frase.

Hablo español.	*I speak Spanish.*
¿Visita España?	*Is he (she)/Are you visiting Spain?*
Yo soy el jefe.	*I am the boss.*
Él no quiere vivir aquí, pero **ella** sí.	*He doesn't want to live here, but she does.*

2. Cuando se usa en una pregunta, el pronombre personal precede o sigue al verbo.

¿**Tú** vas a la cafetería?	*Are you going to the cafeteria?*
¿Vas **tú** a la cafetería?	

3. En español, el pronombre *it* casi nunca se expresa como sujeto.

Es necesario estudiar.	*It is necessary to study.*
Es verdad que mañana hay un examen.	*It is true that tomorrow there is a test.*
Nieva./Llueve.	*It's snowing./It's raining.*

---

[1] Se usa **vos** en vez de **tú** en algunas regiones de ciertos países latinoamericanos como Argentina, Costa Rica, Uruguay y Paraguay. **Vos** requiere una conjugación diferente y no se considera español de uso común.

[2] **Vd.** es la forma antigua de **Ud.** y se usa en algunas partes en invitaciones y en correspondencia legal.

[3] En algunas familias hispanas los hijos hablan a los padres de **usted**, y los esposos también a veces se hablan de **usted**.

Actividades

A. Contrastes. Cambia las frases modificando el verbo según el sujeto entre paréntesis y termina la frase de una forma original.

> EJEMPLO Yo estudio francés. (ella)
> **Yo estudio francés, pero ella estudia historia.**

1. Tú lees libros de psicología. (nosotros)
2. Ella asiste a clase los lunes. (ustedes)
3. Nosotros llevamos lápices a clase. (ella)
4. Ustedes viven en una residencia. (yo)
5. Ellas compran bolígrafos en la librería.[4] (ellos)

See Copying Masters.

1. leemos
2. asisten
3. lleva
4. vivo
5. compran

B. ¿Se conocen? Escoge un sujeto y un verbo y forma una frase.

> EJEMPLO **Mi mejor amiga estudia ballet.**

yo	estudiar
mi compañero(a) de cuarto	tomar
los estudiantes	vivir
mis padres	asistir
mi mejor amigo(a)	mirar
mi profesor(a)	comer
ustedes	caminar

EXPLORACIÓN

El presente del indicativo

Verbos regulares

-ar hablar	-er comprender	-ir escribir
hablo hablamos	comprendo comprendemos	escribo escribimos
hablas habláis	comprendes comprendéis	escribes escribís
habla hablan	comprende comprenden	escribe escriben

---

[4] No confundas **librería** (*bookstore*) con **biblioteca** (*library*).

Unidad preliminar

Actividades

A. Ocasiones. Lee la lista de situaciones abajo y di lo que hacen tus familiares, tus amigos o conocidos y tú en cada situación. Usa esta lista de verbos.

  EJEMPLO   los domingos (mis familiares)
  Los domingos mis familiares lavan el coche y viajan.

bailar	estudiar	comer
leer	charlar con amigos(as)	escribir una carta
aprender	gastar dinero	visitar amigos(as)
escuchar	cantar	cenar
comprender	ayudar en casa	lavar el coche
trabajar	viajar	llorar
hablar inglés	nadar	gritar
hablar español	ver televisión	limpiar la casa

1. los viernes por la noche (yo)
2. los sábados (mis amigos y yo)
3. en la escuela (los estudiantes)
4. un día de vacaciones (mi familia y yo)
5. en una gran tienda (mis amigos)

B. Lugares y actividades. Nombra tres actividades que haces en cada uno de estos lugares.

¿Qué haces en
1. el campo deportivo°?
2. el auditorio?
3. el gimnasio?
4. la biblioteca?
5. la cafetería?
6. el autobús?

sports field

EXPLORACIÓN

El uso del presente del indicativo

A. El presente del indicativo se usa para narrar una acción que está pasando, que continúa o que pasa generalmente en el presente.

Estudio en la biblioteca con Marta.   *I study (am studying, do study) in the library with Marta.*

B. El presente del indicativo con una palabra de tiempo expresa una acción que pasará en un futuro inmediato.

Mañana doy el informe.   *Tomorrow I will give the report.*
Esta tarde estoy en mi oficina.   *This afternoon I'll be in my office.*

Actividad

A. ¿Qué pasa? Mira el dibujo y usando los verbos de la lista siguiente, describe en el presente del indicativo lo que pasa en el parque. Luego usa la forma **yo** con los mismos verbos.

EJEMPLO **El señor mira al muchacho.**
Yo miro al muchacho.

mirar	caminar	correr
pasearse	pintar	tomar
subir	bajar	manejar
escribir	sentarse	hablar
recorrer	escuchar	pensar

EXPLORACIÓN

El sustantivo

A. Son de género masculino

1. casi todos los sustantivos que terminan en **-o**

    el maestro *the teacher*   el libro *the book*

    Excepciones: la mano, la foto, la moto

2. los que se refieren a varones°, sin importar la terminación   males

    el actor *the actor*   el hombre *the man*   el chico *the boy*

3. algunos sustantivos que terminan en **-ma, -pa** y **-ta**

    el idioma *the language*
    el mapa *the map*
    el planeta *the planet*

4. los días, meses y estaciones

    el lunes *Monday*
    el octubre pasado *last October*
    el verano *the summer*

    Excepción: la primavera

5. los nombres de ríos, océanos, mares y montañas

    los Andes *the Andes*
    el Amazonas *the Amazon*

B. Son femeninos

1. casi todos los sustantivos que terminan en **-a**

    la pluma *the pen*   la tinta *the ink*

    Excepción: el día

2. los que se refieren a la mujer, sin importar la terminación

    la mujer *the woman*   la abuela *the grandmother*
    la hembra *the female*   la actriz *the actress*

3. los sustantivos que terminan en **-ción, -sión, -umbre, -ud, -dad, -tad, -ie** y **-sis**

la especialización *the major field of study*	la universidad *the university*
la extensión *the extension*	la facultad *the faculty*
la lumbre *the fire*	la serie *the series*
la actitud *the attitude*	la tesis *the thesis*

   Excepciones: el paréntesis, el análisis

C. Estudia estas reglas sobre el género de los sustantivos.

   1. Los sustantivos masculinos que terminan en **-or**, en **-n** o en **-és** y que se refieren a personas se convierten en femeninos añadiéndoles una **-a**.

      el profesor–la profesora *the professor*
      el alemán–la alemana *the German man–the German woman*
      el inglés–la inglesa *the Englishman–the Englishwoman*

   2. Los sustantivos que terminan en **-e** pueden ser masculinos o femeninos.

la llave *the key*	el valle *the valley*
la gente *the people*	el baile *the dance*

   3. Algunos sustantivos no cambian; el artículo determina el género.

      el pianista–la pianista *the pianist*
      el modelo–la modelo *the model*
      el estudiante–la estudiante *the student*

   4. Algunos sustantivos tienen sólo una forma para los dos géneros.

Marta es un ángel.	*Marta is an angel.*
Pablo es una persona fascinante.	*Pablo is a facinating person.*
José es la víctima.	*José is the victim.*

D. Los adjetivos pueden usarse como sustantivos. El artículo definido determina el género.

la vieja *the old woman*	La vieja es inteligente.
el joven *the young man*	El joven no habla bien el español.

E. El pronombre **lo** con el adjetivo singular masculino expresa una idea abstracta.

Lo importante es que todos vienen.	*The important thing is that everyone is coming.*
Lo mejor es comer en un buen restaurante.	*The best part is eating in a good restaurant.*

Actividad

A. Género. Escribe diez frases originales y creativas, usando todos los sustantivos que puedas de esta lista con un artículo definido.

EJEMPLO **El mapa de la ciudad está en las manos de...**

1. mano
2. ciudad
3. sistema
4. día
5. programa
6. paraguas
7. crisis
8. modelo
9. planeta
10. Amazonas
11. mapa
12. tema
13. víctima
14. costumbre
15. artista

1. la
2. la
3. el
4. el
5. el
6. el (los)
7. la
8. el (la)
9. el
10. el
11. el
12. el
13. la
14. la
15. el (la)

EXPLORACIÓN

Formas plurales de sustantivos

A. A los sustantivos terminados en vocal se les añade **-s**.

el librero–los libreros *the bookseller–the booksellers*
la página–las páginas *the page–the pages*

Excepciones: Los que terminan en **-í** y en **-ú** añaden **-es: el rubí–los rubíes**.

B. A los terminados en consonante se les añade **-es**. Se necesita omitir o añadir el acento para mantener el sonido original.

la lección–las lecciones *the lesson–the lessons*
el árbol–los árboles *the tree–the trees*

C. Si un sustantivo termina en **-z**, cambia en **-ces**.

el lápiz–los lápices *the pencil–the pencils*

D. Los sustantivos que terminan en **-s** en una sílaba no acentuada no cambian.

el paraguas–los paraguas *the umbrella–the umbrellas*
el lunes–los lunes *Monday–Mondays*

Actividad
See Copying Masters.

A. Plurales. Forma el plural de las siguientes palabras.

EJEMPLO fiesta / divertido
unas fiestas divertidas

1. decisión / difícil
2. día / feliz
3. carro / fantástico
4. examen / oral
5. isla / tropical
6. crisis / económico
7. semestre / duro
8. lumbre / brillante
9. idioma / extranjero

1. unas decisiones difíciles
2. unos días felices
3. unos carros fantásticos
4. unos exámenes orales
5. unas islas tropicales
6. unas crisis económicas
7. unos semestres duros
8. unas lumbres brillantes
9. unos idiomas extranjeros

CULTURA E IDIOMA

ASÍ SE DICE

Saludos y presentaciones

A. Las siguientes expresiones son formas comunes de saludar en español.

¡Hola!	Hello! Hi!
Buenos días.	Good morning. Hello.
Buenas tardes. / Buenas.	Good afternoon.
¡Qué alegría verlo (la, los, las, te)!	So nice to see you!

B. Si quieres saber cómo está alguien o cómo van las cosas, puedes usar las preguntas siguientes.

¿Cómo te va? / ¿Cómo le(s) va?	How is it going?
¿Qué hay de nuevo?	What's new?
¿Cómo estás?	How are you?
¿Qué tal (estás)?	
¿Qué hay?	
¿Qué cuentas?	What's up?
¿Qué pasa?	

Unidad preliminar

C. Las respuestas a **¿Cómo está(s) usted (tú)?** varían bastante. Además de **Bien, gracias, ¿y tú (usted)?**, otras respuestas comunes son las siguientes.

Muy bien.	*Just fine.*
Regular, ¿y tú (usted)?	*All right, and you?*
Así, así.	*So-so.*
¡Fenomenal!	*Great! Fantastic!*
¡Fatal!	*Terrible!*

D. En casi todas las culturas, los saludos varían según la situación y las personas. En español, los saludos formales e informales corresponden por lo general al uso de **usted** o **tú**.

E. Para presentar a alguien, dices:

Quiero presentarte(le)(les) a un amigo.	*I want to introduce a friend (to you).*
Déjeme presentarte(le)(les) a...	*Let me introduce you to....*
Ésta es..., una amiga mía.	*This is..., a friend of mine.*
Quisiera presentarte(le)(les) a...	*I would like to introduce you to....*

F. Después de conocer a alguien, dices:

Mucho gusto.	
Mucho gusto en conocerlo(la).	*Nice to meet you.*
¡Encantado(a)!	*Delighted!*
¡Tanto gusto!	*It's a pleasure!*

Actividades

A. Saludos. Las siguientes personas se saludan. Inventa un diálogo de cuatro líneas, empleando las expresiones apropiadas para cada situación.

1. Carlitos y su maestra de escuela
2. Pilar y su compañera del año pasado
3. el presidente de los Estados Unidos y el rey de España
4. el señor Salazar y una clienta de su tienda
5. tú y el director de la escuela

B. ¿Cómo estás? Usando las expresiones para los saludos y presentaciones, contesta según la situación.

    EJEMPLO   ¿Cómo estás el primer día de clase?
                    ¡Fenomenal! Voy a conocer a muchas personas.

See Copying Masters.

¿Cómo estás cuando
1. vas al médico?
2. tienes un examen en la clase de español?
3. trabajas muchas horas?
4. escuchas una conferencia difícil?
5. recibes una "F" en un examen?
6. sales con un(a) joven guapo(a)?
7. haces la tarea?
8. tienes fiebre (temperatura)?
9. ganas un juego de béisbol?
10. ves una película de horror?

C. **Minidrama.** Forma un grupo pequeño con tus compañeros(as). Usando la imaginación, escriban un diálogo empleando expresiones apropiadas. Imagina que estás en una fiesta con tus amigos cuando entra "el (la) chico(a) de tus sueños". Recuerden que realmente quieren conocer al recién llegado(a). Después, representen el diálogo delante de la clase.

CONTEXTOS CULTURALES

El álbum de recortes del maestro de español Stuart Rosenberg de Paterson High School, Paterson, Nueva Jersey, contiene los siguientes recortes° sobre el viaje de sus estudiantes de español avanzado a Maracaibo, Venezuela, para mejorar su español.

newspaper clippings

Llegan estudiantes de intercambio

Maracaibo El sábado en la mañana llegaron a esta ciudad diez jóvenes estudiantes de Paterson, Nueva Jersey, para el intercambio estudiantil organizado por la Cámara de Comercio° de Maracaibo. Los cinco varones y las cinco jóvenes de quince a dieciocho años van a pasar tres meses en casas particulares de familias locales y asistirán a los cursos de verano del Liceo Venezolano. Los jóvenes son: Ruth Smith, Jeff Richards, Amanda Mallorga, Liz Arnold, Rommy Schmidt, John Martin, Pat Dennis, Víctor López, Steve Berman y Jesse Valenzuela. ¡Bienvenidos, muchachos!

Recorte de la sección Crónica Social de La Prensa de Maracaibo, del 8 de julio de 1990

Cámara... chamber of commerce

Nunca... Never had I shaken so many hands.
cheek
we began

> Querido maestro,
> La bienvenida que nos dio la ciudad fue algo impresionante: música, flores y fotógrafos. Nunca le había dado yo la mano a tanta gente. ¡Todo el mundo aquí se da la mano! Las mujeres se besan en la mejilla para saludar. ¡La esposa del alcalde besó a todas las chicas! Mi "familia latina" me tiene muy ocupado con paseos, comidas, visitas, etcétera. La familia va toda junta a todos lados. Son muy unidos. El lunes empezamos las clases.
>
> Saludos desde Maracaibo,
> John Martin

Mr. Stuart Rosenberg
Paterson High School
Paterson, N J
U. S. A.

Lo que aprendieron en su viaje

El idioma que más se estudia ahora en Latinoamérica es el inglés. Durante el siglo pasado el idioma extranjero más popular era el francés.

"Welcome to beautiful Venezuela, Mister!"

En el mundo hispano, Norteamérica y Sudamérica son un solo continente. Para los latinoamericanos hay seis continentes: Europa, Asia, África, América, Antártica y Oceanía.

"Mi sueño es visitar América".

Unidad preliminar

Unidad 1

Nuevos amigos

En esta unidad vas a

- hacer y contestar preguntas por teléfono
- describir cosas, personas y animales
- identificar algunas palabras clave que cambian de sentido
- repasar vocabulario conocido
- usar vocabulario nuevo en contexto

También vas a aprender

- verbos que cambian de raíz
- verbos irregulares en el presente
- el uso de **acabar de, ir a** y **volver a**
- la forma progresiva del presente
- **ser** y **estar**
- el uso de **hay**
- **hacer** y **llevar** con expresiones de tiempo
- el adjetivo, sus posiciones y concordancia
- la **a** personal

LECCIÓN 1

EN CONTEXTO

Para comenzar

Describe lo que pasa en el dibujo. Tienes que usar tu imaginación para contestar algunas preguntas.

1. ¿Cuál es la fecha en el dibujo? ¿Cuándo empiezan las clases en los Estados Unidos? ¿Es hoy el primer día de clases en tu escuela? ¿Cómo te sientes ahora—nervioso(a), tímido(a), confundido(a)°, etc.? ¿Por qué?   confused
2. Refiriéndote al dibujo, ¿qué crees que le gusta hacer a esta chica? ¿Cómo lo sabes? Explica.
3. ¿Qué te gusta hacer a ti? ¿Qué deportes te gustan? ¿Qué tipo de música te gusta? ¿Cómo es tu cuarto? Explica.

Confidencias

4 de septiembre

Querido diario:

    Es tarde, pero no puedo acostarme a dormir. Tengo muchas cosas que contarte. En la escuela nos mudamos a un edificio nuevo. Me gusta. Tiene muchas ventajas sobre nuestro viejo edificio. Hoy volvimos a juntarnos casi todas las buenas amigas del año pasado después de más de un mes de no vernos. ¡Claro!, se notaba la falta de Anabel y de Stacey. Seguramente se acuerdan de nosotras en sus nuevas escuelas en Maryland y en Toronto. Aquí, Luisa, Sharon y yo vamos a tomar dos clases juntas: inglés y geografía. La maestra de historia es muy simpática. Lo malo° de esa clase es la hora. ¿Quién puede concentrar su atención a las 11:30 de la mañana? El maestro de matemáticas parece muy serio, pero dicen que enseña muy bien.

Lo... the bad part

5 de septiembre

    Esta tarde al volver a casa hice llamadas telefónicas muy importantes. Me interesa mucho saber qué planes tienen mis amigos y amigas del año pasado y empezar a relacionarme con los nuevos. Hablé con Teresa, con Robyn y con Isabel. Recibí una llamada de María Elena—amable y servicial° como siempre. Luego, mi prima y yo fuimos a hacer ejercicio al gimnasio y jugamos un poco de tenis. No practiqué mucho durante el verano. No estoy "en buena forma". Hoy podría haberme ganado cualquier aficionado°. Al volver a casa la cena estaba lista. En la mesa con mis padres y mis hermanos hablamos de lo que hicimos durante el día. Nos arrebatábamos la palabra.° Al terminar, me encerré en mi cuarto y puse la radio. Había un festival de música de los años setenta. Es interesante observar las diferencias. Me gustaron varias melodías de los Beatles y de los Rolling Stones, pero no podría estar oyéndolos mucho rato. Cambié de estación.

    U-2, Dire Straits y el último disco de Led Zeppelin me inspiraron a escoger la mejor ropa que debo ponerme mañana. Éste va a ser un buen año. Lo siento así... Creo que será mejor que el pasado. Tendrá mayor variedad, menos repetición y más oportunidades de hacer amigos. Bueno, por hoy basta. ¡A dormir, Claudia! Mañana tienes que levantarte temprano.

helpful, obliging

amateur

Nos... We barely let each other talk, there was so much to say.

Preguntas acerca de la lectura

1. ¿Quién es Claudia? ¿Qué hace? ¿Qué escribe en su diario el 4 de septiembre?
2. ¿Cuál de los edificios en su escuela le gusta más? ¿Qué cambios hay en la escuela este año? ¿Quiénes no asisten al colegio este año?

3. ¿Qué clase le gusta más este año? ¿Por qué es bueno el maestro de matemáticas?
4. ¿Quién llama a Claudia? ¿Qué hizo Claudia durante el verano?
5. ¿De qué hablaban Claudia y su familia en la mesa?
6. ¿Qué tipo de música le gusta a Claudia?
7. ¿Tiene Claudia buenos amigos en su escuela? ¿Cómo se llaman?
8. ¿Qué tiene que hacer Claudia antes de acostarse?

En tu opinión

1. ¿Cómo te sientes después del verano? ¿Por qué?
2. ¿Crees tú que Claudia es popular? ¿Cómo lo sabes?
3. ¿Por qué te gusta tu escuela? ¿Y tus amigos(as)?
4. ¿En qué te pareces a Claudia? ¿Cómo son tus amigos(as)?
5. ¿Qué vas a hacer este fin de semana? ¿Cuál es tu conjunto de música favorito? ¿Por qué?
6. ¿Qué deporte te gusta más? ¿Por qué?

Expansión de vocabulario

LA MODA
los **accesorios**   accessories
las **alhajas**   jewelry
la **billetera**   billfold
la **cartera**   purse
las **joyas**   jewelry
la **minifalda**   miniskirt
los **niños fresa**   preppy kids
la **nueva ola**   new wave
los **pantalones vaqueros**   blue jeans

LA MÚSICA
la **cinta**   cassette tape
el (la) **contemporáneo(a)**   contemporary
el **disco**   record
el (la) **locutor(a), anunciador(a)**   disc jockey
la **música suave**   easy listening
la **pantalla**   (movie) screen
el **patrocinador**   sponsor
la **pausa**   (station) break
la **sigla de identificación**   call letters
la **transmisión**   broadcast

LOS DEPORTES
el **béisbol**   baseball
el **campo deportivo**   sports field
el **estadio**   stadium
el **fútbol**   soccer
el (la) **ganador(a)**   winner
el **gimnasio**   gymnasium
el (la) **perdedor(a)**   loser
la **pista**   track
el **tenis**   tennis
el **volibol**   volleyball

LAS DIVERSIONES
el **boleto**   ticket
el **centro comercial**   shopping mall
la **cita**   date
la **estrella de cine**   movie star

OTRAS PALABRAS Y FRASES
dar un paseo   to go for a walk (ride)
salida de dos parejas (al cine)   double date (to the movies)

Actividades

A. ¿Qué palabra no pertenece?   En cada grupo, escoge la palabra que no está relacionada con las otras y explica por qué.

1.	2.	3.	4.
cartera	disco	tenis	cine
alhajas	cinta	estadio	dar un paseo
minifalda	patrocinador	joyas	boleto
pausa	campo deportivo	ganador	cita

1. pausa
2. campo deportivo
3. joyas
4. dar un paseo

B. Descripciones.   ¿Qué palabra de la **Expansión de vocabulario** corresponde a cada una de estas frases? Para unas frases puede haber más de una respuesta.

1. chicos que visten a lo moderno
2. donde llevas tus cosas personales
3. deporte jugado en el gimnasio
4. algo necesario para entrar al cine
5. lo que haces en tu tiempo libre

1. la nueva ola
2. la cartera
3. el volibol
4. el boleto
5. answers will vary

EXPLORACIÓN

Verbos que cambian de raíz

Hay tres clases de verbos que cambian de raíz.

A. En las primeras clases, los verbos que terminan en **-ar** y **-er**, la **e** tónica° cambia en **ie** y la **o** acentuada cambia en **ue**. Las formas **nosotros** y **vosotros** no cambian.

°stressed

pensar		volver	
p**ie**nso	pensamos	v**ue**lvo	volvemos
p**ie**nsas	pensáis	v**ue**lves	volvéis
p**ie**nsa	p**ie**nsan	v**ue**lve	v**ue**lven

Nota: El verbo **jugar** (*to play*) cambia la **u** en **ue** (**juego, juegas...**).

Otros verbos en la misma categoría son los siguientes.

cerrar	to close	perder	to lose	encontrar	to find
comenzar	to begin	preferir	to prefer	llover	to rain
consentir	to consent	querer	to want	morir	to die
convertir	to convert	referir	to refer	mostrar	to show
empezar	to begin	sentir	to feel	probar	to try, to test
entender	to understand	sugerir	to suggest	recordar	to remember
herir	to wound	almorzar	to have lunch	rogar	to beg
hervir	to boil	aprobar	to pass an exam	soler	to be in the habit of
mentir	to lie	contar	to tell, to count	sonar	to ring
negar	to deny	costar	to cost	soñar	to dream
nevar	to snow	devolver	to return	volar	to fly

Unidad uno

B. La segunda clase consta solamente de verbos que terminan en **-ir**. En esta clase la **e** acentuada cambia a **i**. Las formas **nosotros** y **vosotros** no cambian.

pedir	
pido	pedimos
pides	pedís
pide	piden

Otros verbos en esta categoría son los siguientes.

competir	to compete	elegir	to elect	repetir	to repeat
conseguir	to obtain	impedir	to prevent	seguir	to follow
corregir	to correct	medir	to measure	servir	to serve

Actividades

A. La inquisición. Jaime, uno de los nuevos amigos de Claudia, se queja de sus padres. Quieren saber todo lo que pasa en su vida. Llena los espacios del párrafo para descubrir lo que dice Jaime.

Yo no (negar) __1__ que mis padres (pensar) __2__ en mi bienestar, pero a veces yo (preferir) __3__ vivir en paz. Ellos no (entender) __4__ que yo (poder) __5__ mostrarles respeto sin decirles todo lo que me pasa. Por ejemplo, cuando mis amigos y yo (volver) __6__ de un lugar, ellos (querer) __7__ saber todos los detalles. Y cuando (sonar) __8__ el teléfono, ellos (preguntarme) __9__ quién fue. Yo (soñar) __10__ con el día en que no tenga que decirles nada. Yo (pensar) __11__ que será en unos años. Pero temo que esto es un sueño.

1. niego
2. piensan
3. prefiero
4. entienden
5. puedo
6. volvemos
7. quieren
8. suena
9. me preguntan
10. sueño
11. pienso

ST 1

B. Una profesora ideal. A todos los estudiantes les parece inteligente y simpática la profesora Domínguez. Es buena profesora. Escucha e indica en tu propio papel si la oración es **verdadera (v)** o **falsa (f)**.

1. La profesora Domínguez es muy trabajadora.
2. No nos aburre porque no pierde tiempo en la clase.
3. Devuelve las composiciones el mismo día que las recibe.
4. Habla inglés cuando los estudiantes no entienden algo.
5. Piensa que los estudiantes que salen bien en los exámenes son los importantes.
6. La profesora Domínguez es simpática, pero a veces es aburrida.

1. v
2. v
3. f
4. f
5. f
6. f

EXPLORACIÓN

Verbos irregulares en el presente

A. Hay verbos con cambios ortográficos en la primera persona del singular (**yo**).

1. Los verbos que terminan en **-cer** y **-cir** cambian la **c** en **zc** en la forma **yo**.

conocer		conducir	
conozco	conocemos	conduzco	conducimos
conoces	conocéis	conduces	conducís
conoce	conocen	conduce	conducen

Éstos son otros verbos en esta categoría.

agradecer	*to thank*	obedecer	*to obey*
crecer	*to grow*	ofrecer	*to offer*
(des)aparecer	*to (dis)appear*	parecer	*to seem*
establecer	*to establish*	producir	*to produce*
merecer	*to deserve*	traducir	*to translate*

2. Los verbos que terminan en **-ger** y **-gir** cambian la **g** en **j** en la forma **yo**.

escoger		dirigir	
escojo	escogemos	dirijo	dirigimos
escoges	escogéis	diriges	dirigís
escoge	escogen	dirige	dirigen

3. Los verbos que terminan en **-guir** cambian la **gu** en **g** en la forma **yo**.

seguir	
sigo	seguimos
sigues	seguís
sigue	siguen

Otros verbos en la misma categoría son los siguientes.

conseguir *to get, to obtain*   distinguir *to distinguish*

B. Otros verbos con formas irregulares en la primera persona del singular (**yo**) son los siguientes.

caber	*quepo*	poner	*pongo*	traer	*traigo*
caer	*caigo*	saber	*sé*	valer	*valgo*
hacer	*hago*	salir	*salgo*	ver	*veo*

C. Estos verbos son irregulares en el presente.

decir	*digo, dices, dice, decimos, decís, dicen*
estar	*estoy, estás, está, estamos, estáis, están*
haber	*he, has, ha, hemos, habéis, han*
ir	*voy, vas, va, vamos, vais, van*
oír	*oigo, oyes, oye, oímos, oís, oyen*
ser	*soy, eres, es, somos, sois, son*
tener	*tengo, tienes, tiene, tenemos, tenéis, tienen*
venir	*vengo, vienes, viene, venimos, venís, vienen*

Actividades

A. Para conocerte mejor... Es buena idea conocer a tus compañeros de clase. Entrevista a un(a) compañero(a), haciéndole las siguientes preguntas. Luego, comenta tu entrevista con otros estudiantes.

1. ¿Dónde vives? ¿En una casa? ¿En un apartamento?
2. ¿Tienes hermanos? ¿Primos? ¿Cuántos?
3. ¿Cuántos años tienes? ¿Cuántos años tienen tus...?
4. ¿Quién es tu profesor(a) de inglés (de matemáticas, de educación física, de...)?
5. ¿Conoces a todos los estudiantes de la clase? ¿A quiénes conoces?
6. ¿Vienes en carro a la escuela? Si no, ¿cómo llegas a la escuela?
7. ¿A qué hora sales de casa para llegar a la escuela?
8. ¿Traes tu almuerzo o comes en algún restaurante? ¿En la cafetería?

B. Horarios. Inés y Luisa hablan de sus horarios para el semestre. Completa su conversación con la forma correcta de los verbos entre paréntesis.

INÉS Tengo un horario difícil. Una clase (seguir) __1__ a otra y todas son muy difíciles.

LUISA Eso no (ser) __2__ nada. Con las cinco clases y con mi empleo, no (hablar) __3__ con mi novio hasta que ya es casi de noche.

INÉS ¿Y (tener) __4__ tú un promedio de "A" con tanto trabajo? ¿Necesitas ganar dinero trabajando parte del tiempo?

LUISA Bueno, (creer) __5__ que sí. Mi hermano y yo casi nunca les (pedir) __6__ dinero a nuestros padres. Yo (preferir) __7__ trabajar en la biblioteca para conseguir dinero.

INÉS (almorzar) __8__ juntas como el año pasado, ¿verdad?

LUISA Sí. Tú (poder) __9__ contar conmigo. Yo (ir) __10__ a la cafetería a (comer) __11__ a la una. (Jugar) __12__ tenis con Jorge al mediodía y si no (perder) __13__ tiempo conversando, estoy allí a la una y cuarto.

INÉS Oye, ¿(recordar) __14__ cuánto (costar) __15__ los boletos para el concierto?

LUISA No, pero si (encontrar) __16__ mi recibo te lo digo.

1. sigue
2. es
3. hablo
4. tienes
5. creo
6. pedimos
7. prefiero
8. Almorzamos
9. puedes
10. voy
11. comer
12. Juego
13. perdemos
14. recuerdas
15. cuestan
16. encuentro

ST 2

C. La competencia. Linda es gimnasta. Escucha la descripción sobre su viaje a Dallas para participar en una competencia. Luego, escribe cinco frases desde el punto de vista de Linda, usando las palabras de cada columna.

EJEMPLO (Yo) voy a Dallas cada año.

(yo)	ver	más grande con cada visita
(nosotras)	escoger	en la competencia gimnástica
Dallas	participar	la música
mi madre	oír	un cuarto con dos camas
	morirse	al verlos
	parecer	un hotel cerca del gimnasio
	conseguir	a los jóvenes practicar
	ir	a Dallas cada año
		cuando me dicen que voy a ser la primera

EXPLORACIÓN

Las expresiones **acabar de, ir a** *y* **volver a**

A. La expresión **acabar de** delante del infinitivo quiere decir *to have just*.

| Acabo de comer. | *I have just eaten.* |
| Acabamos de leer la novela entera. | *We have just read the entire novel.* |

B. La expresión **ir a** delante del infinitivo se usa para expresar una acción futura.

| ¿Qué vas a hacer este verano? | *What are you going to do this summer?* |
| Vamos a leer la novela entera. | *We are going to read the entire novel.* |

C. La expresión **volver a** delante del infinitivo quiere decir *to do something again*, literalmente, *to return to it*.

| Vuelvo a comer. | *I eat again.* |
| Volvemos a leer la novela entera. | *We read the entire novel again.* |

Actividades

A. ¿Otra vez? Repite la frase, empleando la expresión **volver a** con el infinitivo.

    EJEMPLO   Practico la lección de piano otra vez.
                         Vuelvo a practicar la lección de piano.

1. Mi compañera charla con su novio otra vez.
2. Escribo la composición otra vez.
3. Consultan el horario otra vez.
4. Pierdo mi libro de español otra vez.
5. Haces la tarea otra vez.
6. Contesta la pregunta otra vez.

1. Vuelve a charlar ...
2. Vuelvo a escribir ...
3. Vuelven a consultar ...
4. Vuelvo a perder ...
5. Vuelves a hacer ...
6. Vuelve a contestar ...

ST 3

B. Excusas. Juan siempre tiene excusas. Cuando su madre quiere que haga algo, Juan le dice que acaba de hacerlo o que lo va a hacer mañana. Escucha los mandatos de la madre de Juan. ¿Cómo le responde Juan? Nota el tiempo cuando Juan lo hace en la hoja de papel de abajo.

    EJEMPLO   Saca la basura.
                         (mañana) **Voy a sacarla mañana.**

                      Limpia las ventanas.
                      Acabo de limpiarlas.

1. Voy a lavarlo ...
2. Acabo de fregarlo.
3. Acabo de lavarlos.
4. Voy a hacerla ...
5. Voy a limpiarlo ...
6. Acabo de ir.

LECCIÓN 2

EN CONTEXTO

Para comenzar

Describe lo que pasa en el dibujo. Tienes que usar tu imaginación para contestar algunas preguntas.

1. ¿Qué hacen los (las) chicos(as) en este dibujo? ¿Es conocida esta escena? ¿Puede ser tu escuela? Explica.
2. ¿Qué hora es en el dibujo? ¿De qué crees que hablan los (las) chicos(as)? ¿Cómo están vestidos? ¿Cómo se parecen a tus amigos? ¿A cuáles se parecen?
3. ¿A qué hora almuerzas en tu escuela? ¿Con quiénes te sientas en la cafetería? Explica.

Compartiendo experiencias

JOSÉ LUIS   ¿A quién se le ocurre asignar tres capítulos enteros para un repaso?

ISABEL   A tu "querida" maestra De la Fuente, ¿a quién más?°

JOSÉ LUIS   Yo nunca dije que era "querida". Es bonita y habla bien. Eso es todo.

CLAUDIA   Pues en el examen la vas a ver durante una hora entera. ¡Felicidades, chiquito!

JOSÉ LUIS   ¡Oigan! ¿Saben que Van Halen va a dar un concierto?

CLAUDIA   Sí, pero yo no pienso ir.

JOSÉ LUIS   ¡Qué cosa! ¿Se puede saber por qué?°

CLAUDIA   Voy a salir este fin de semana.

ISABEL   ¿Adónde vas?

CLAUDIA   A la playa.

JOSÉ LUIS   ¿No puedes cambiar la fecha?

CLAUDIA   No, porque somos cinco las que vamos.

ISABEL   ¿Tú, qué piensas hacer, José Luis?

JOSÉ LUIS   Yo voy al concierto. ¡Qué pregunta!

ISABEL   Date prisa a comprar el boleto... Ya están en venta.

JOSÉ LUIS   Antes tengo que hacerle un trabajo a mi papá para que me dé dinero.

ISABEL   Claudia, se ve que no te preocupa mucho perder el concierto...

CLAUDIA   Bueno... pues... ¡pues no! No me interesa.

JOSÉ LUIS   ¿Que no te interesa Van Halen? ¿Has perdido el juicio, niña°? ¡No puedo creerlo! ¿De dónde saliste, de Júpiter?

CLAUDIA   Lo que siento es no oír el nuevo grupo que va a tocar antes... Ése sí me interesa.

ISABEL   Además, vas a perder la oportunidad de conocer a gente de otras escuelas.

CLAUDIA   Sí, eso sí lo siento.

JOSÉ LUIS   ¿Qué les pasa a ustedes? ¿Están locas? ¿Para qué son los conciertos?

ISABEL   Piénsalo, Claudia. Todavía hay tiempo.

JOSÉ LUIS   ¡Claro! La playa siempre está ahí; Van Halen no.

ISABEL   ¿Qué dices? ¿Cambias tus planes?

CLAUDIA   No es tan fácil... Hay otros problemas.

JOSÉ LUIS   ¿Como cuáles?

CLAUDIA   ¡Como poder manejar el carro de mi mamá, por ejemplo! ¿Te parece poco°?

ISABEL   Supongo que sabes lo que haces, pero... si cambias de opinión, avísame.

JOSÉ LUIS   ¡No! ¡Avísame a mí! Yo te compro el boleto.

CLAUDIA   Nos vemos. Gracias de todos modos°.

ISABEL   ¡Lo que hacemos por un concierto de rock!

¿a...? Who else?

¿Se...? Dare I ask why?

¿Has...? Have you lost your mind, girl?

¿Te...? That's no small matter!

de... anyway

Preguntas acerca de la lectura

1. ¿De qué hablan Claudia y sus amigos? ¿Dónde están ellos(as)?
2. ¿Qué van a hacer los (las) chicos(as) ese fin de semana?
3. ¿Quién tiene examen en la clase de la maestra De la Fuente?
4. ¿Quién(es) va(n) a la playa? ¿Quién no quiere ir al concierto? ¿Por qué no piensa ir Claudia? ¿Le interesa Van Halen a Claudia?

En tu opinión

1. ¿Qué vas a hacer este fin de semana? ¿Adónde quieres ir?
2. ¿Te gustan los conciertos? ¿Cuáles?
3. ¿Cuál es tu conjunto de música favorito? ¿Por qué?
4. ¿Hablan así (como en el diálogo) los(las) chicos(as) en tu escuela?
5. ¿Por qué es buena idea trabajar? ¿Trabajas tú? ¿Por qué?

Expansión de vocabulario

ASIGNATURAS (subjects)
la **biología** biology
las **ciencias de computación** computer sciences
las **ciencias políticas** political sciences
las **ciencias sociales** social sciences
la **contabilidad** accounting
la **economía** economics
la **física** physics
el **idioma extranjero** foreign language
las **matemáticas** mathematics
la **psicología** psychology
la **química** chemistry
la **sociología** sociology

OTROS SUSTANTIVOS
la **asistencia** attendance
la **falta** absence
el **promedio** average
el **requisito** requirement

VERBOS
aprobar (o → ue) to pass
corregir (e → i, i) to correct
elegir (e → i, i) to elect, to choose
entregar to hand in
fallar to fail
faltar to miss
fracasar to fail
graduarse to graduate
pasar to pass
repasar to review
requerir (e → ie, i) to require
sobresalir to excel

ADJETIVOS
aplicado studious
obligatorio obligatory
perezoso lazy
sobresaliente outstanding
trabajador hardworking

OTRAS PALABRAS Y FRASES
aprender de memoria to learn by heart
cumplir con los requisitos to fulfill the requirements
sacar buenas (malas) notas to get good (bad) grades

Unidad uno

Actividades

A. ¿Qué palabra no pertenece? En cada grupo, escoge la palabra que no está relacionada con las otras y explica por qué.

1.	2.	3.	4.	5.
fracasar	química	asistir a	asistencia	perezoso
fallar	biología	aprobar	entregar	promedio
enseñar	sociología	pasar	falta	trabajador
sacar malas notas	física	sobresalir	no asistir	aplicado

1. enseñar
2. sociología
3. asistir a
4. entregar
5. promedio

B. ¿Cuál es la palabra? Llena el espacio con la palabra apropiada de la lista de vocabulario.

1. Antes de un examen es buena idea ▭ los apuntes.
2. Como yo no entiendo la materia, voy a ▭ malas notas en la clase.
3. La clase de ciencia ▭ mucho tiempo porque debo pasar seis horas en el laboratorio.
4. Si José no cumple con los requisitos, él no va a ▭ en junio.
5. Su ▭ bajó porque le fue mal en el último examen.
6. La profesora siempre me ▭ cuando yo pronuncio mal las palabras.
7. Hay muchas asignaturas obligatorias. Sólo podemos ▭ una clase.
8. Julia sacó la nota más alta de la clase. Es ▭ .

1. repasar
2. sacar
3. requiere
4. graduarse
5. promedio
6. corrige
7. elegir
8. sobresaliente / trabajadora/aplicada

EXPLORACIÓN

La forma progresiva del presente

Estar + gerundio		
hablar	**comprender**	**escribir**
habl + **ando**	comprend + **iendo**	escrib + **iendo**
estoy hablando	estoy comprendiendo	estoy escribiendo

A. Los verbos que terminan en **-ir** cambian la **e** en **i** y la **o** en **u** en la raíz.

sentir—sintiendo

dormir—durmiendo

pedir—pidiendo

B. Los verbos que tienen una vocal antes de la terminación **-er** o **-ir** cambian a **-iendo** en **-yendo**.

caer—cayendo
leer—leyendo
oír—oyendo

C. El gerundio indica que una acción está "en progreso" u ocurre ahora mismo.

Estudio para mi clase.	{ *I study (often, every day, tomorrow, now) for my class.* *I do study for my class.*
Estoy estudiando (ahora mismo) para mi clase.	*I am studying (right now) for my class.*
Estoy estudiando francés este año.	*I'm studying French this year.*

D. Otros verbos que se pueden usar con el gerundio son **continuar, andar, ir, venir** y **seguir**.

Continúa hablando.	*He (she) continues talking.*
Sigo leyendo.	*I am still reading.*
Vienen corriendo.	*They come running.*
Siempre anda cantando.	*He (she) always goes around singing.*
Va volando a todas partes.	*He (she) flies wherever he (she) goes.*

Actividades

A. Sugerencias. Adela siempre tiene sugerencias para Susana, pero Susana tiene otras ideas. Con un(a) compañero(a) de clase, representen los papeles de las dos amigas.

EJEMPLO   estudiar inglés (francés)
    ADELA   **¿Por qué no estudias inglés?**
    SUSANA   **Porque estoy estudiando francés.**

1. escuchar las cintas (la radio)
2. comprar otro cuaderno (éste)
3. escribir un poema (una carta)
4. asistir a la conferencia (clase)
5. leer el capítulo (libro)
6. hacer la tarea (el pan)
7. repasar el álgebra (latín)
8. pedir una limonada (otro refresco)

1. no escuchas / estoy escuchando
2. no compras / estoy comprando
3. no escribes / estoy escribiendo
4. no asistes / estoy asistiendo
5. no lees / estoy leyendo
6. no haces / estoy haciendo
7. no repasas / estoy repasando
8. no pides / estoy pidiendo

Unidad uno

B. Hablando por teléfono. Raúl está estudiando en la biblioteca con varios amigos y cuando llama a su amigo, Felipe, descubre que hay una fiesta en su casa. Sigue las indicaciones para representar esa conversación telefónica con un(a) amigo(a) de clase. Cada uno va a hablar de lo que está ocurriendo en ese momento en la biblioteca y en la fiesta. Al final, añaden ustedes una conclusión original a la conversación.

5. está descansando
6. están escuchando
7. está corrigiendo
8. está sirviendo
9. está leyendo
10. están bailando
11. están traduciendo

1. Hola, hombre. ¿Qué estás haciendo? — Raúl
2. Estamos celebrando una fiesta para el cumpleaños de María. ¿Qué estás haciendo tú? — Felipe
3. Estoy buscando información para un tema. ¿y Óscar?
4. Óscar/pedir pizza/Manuel — Óscar está pidiendo pizza. ¿y Manuel? — EJEMPLO
5. Manuel/descansar/Graciela y Dorothy
6. Graciela y Dorothy/escuchar discos/la profesora de español
7. la profesora de español/corregir exámenes/Claudia
8. Claudia/servir refrescos/Sandra
9. Sandra/leer/Darrold y Sherrie
10. Darrold y Sherrie/bailar/Teresa y Elena
11. Teresa y Elena/traducir/los demás
12. ?

FRONTERAS

C. En la pista de patinar°. ¿Qué están haciendo el chico y la chica en estos dibujos?

pista... skating rink

Mira el primer dibujo.

¿Qué hace esta chica? ¿Cómo está vestida? ¿Está compitiendo? ¿Crees que va a ganar un premio? ¿Por qué? ¿Sabes patinar bien? ¿Patinas en patines de ruedas o en patines para el hielo? ¿Por qué?

En el segundo dibujo hay un pequeño problema.

¿Qué pasa entre los dos chicos? ¿Crees que uno de estos chicos irá a las olimpíadas? ¿Por qué? ¿Cómo están vestidos los chicos? ¿Son patinadores profesionales? ¿Cómo sabes? ¿Por qué se ríen los niños?

ST 4

D. "¿Qué soy?" Tu mejor amiga, Gabriela, y tú van a Nueva York en autobús. Para pasar el tiempo deciden jugar "¿Qué soy?" Gabriela describe la profesión diciendo lo que hace cada persona. Tú tienes que adivinar la profesión de la persona que describe. Puedes escoger de la lista que aparece abajo. Escucha las descripciones.

EJEMPLO Está escribiendo en la pizarra. Les está explicando a los estudiantes la teoría de Einstein. **Es profesor(a).**

médico   músico   psiquiatra   estrella de cine
    policía   cocinero   futbolista

EXPLORACIÓN

Ser y estar

En inglés hay un solo verbo *to be*. En español hay dos: **ser** y **estar**.

Ser se usa

1. músico
2. policía
3. médico
4. futbolista
5. psiquiatra
6. cocinero(a)

A. para expresar la hora, el día y la fecha

Es la una. Son las tres. *It's one o'clock. It's three o'clock.*
Hoy es martes. Es el tres de marzo. *Today is Tuesday. It's March third.*

B. para expresar lugar de origen

Soy de Uruguay, pero mi amiga es de España. *I'm from Uruguay, but my friend is from Spain.*

Unidad uno 35

C. para indicar posesión

    ¿De quién es el libro? Es de Eduardo.   *Whose book is it? It's Eduardo's.*

D. con un predicado nominal[1]

    Susana es profesora.   *Susana is a professor.*
    Este señor es mi vecino.   *This gentleman is my neighbor.*

E. para expresar nacionalidad, religión o afiliación política

    Los García son católicos.   *The Garcías are Catholic.*
    El gobierno es comunista.   *The government is Communist.*

F. para describir el material de que está hecho algo

    Mi bolígrafo es de plástico.   *My pen is plastic.*

G. con ciertas expresiones impersonales

    Es necesario asistir a clase.   *It is necessary to attend class.*
    Es importante tomar apuntes.   *It is important to take notes.*

H. con adjetivos para expresar cualidades o características intrínsecas de una persona o cosa

    Eva es trabajadora y muy simpática.   *Eva is hardworking and very nice.*
    Jorge es alto, delgado y guapo.   *Jorge is tall, slim, and handsome.*

I. para decir dónde debe pasar un acontecimiento

    La conferencia (reunión, fiesta) es en casa de Juan.   *The lecture (meeting, party) is at Juan's house.*

Estar se usa

A. para expresar ubicación geográfica o física[2]

    ¿Dónde estás? Estoy en el gimnasio.   *Where are you? I'm in the gymnasium.*
    Málaga está en España y está en la costa.   *Málaga is in Spain, and it is on the coast.*

---

[1] Un predicado nominal (*predicate nominative*) es el que dice algo del sujeto mediante un sustantivo

[2] Se puede usar el verbo **quedar** en lugar de **estar**. ¿**Dónde queda la calle Caracas?** (*Where is Caracas Street?*)

B. con los gerundios

Estamos contestando las preguntas.   We're answering the questions.

C. con los adjetivos para expresar una condición o un estado temporal

Él está ausente (pálido, contento).   He is absent (pale, content).
La sopa está fría.   The soup is cold.

D. con ciertas expresiones idiomáticas

estar de acuerdo   to be in agreement
estar de buen (mal) humor   to be in a good (bad) mood
estar de pie   to be standing
estar de vacaciones   to be on vacation
estar de viaje   to be on a trip

Actividades

ST 5

A. ¿Quién es? Mira los dibujos y escucha las descripciones. ¿A quién(es) se refieren?

EJEMPLO   Está en la biblioteca. Es alta y delgada. Está buscando un libro.
Es la señorita Álvarez.

1. Teresa
2. El señor Fuentes
3. La señorita Álvarez
4. El señor Gómez y la señorita Garza
5. Jorge y Laura
6. El señor Machado

la señorita Álvarez

Teresa

el señor Gómez y la señorita Garza

el señor Machado

Jorge y Laura

el señor Fuentes

B. **Para comprar un coche.** Tomás tiene diecisiete años, quiere un coche y tiene que trabajar para pagarlo. Lee el párrafo y llena los espacios con la forma apropiada de **ser** o **estar** en el presente.

__1__ las siete. __2__ sábado y __3__ el primer día de vacaciones. Pero yo no __4__ de vacaciones este verano. __5__ un poquito nervioso pero __6__ de buen humor porque hoy empiezo un trabajo nuevo. Voy a trabajar en Burger Bucket, un restaurante que __7__ en la calle De León. Quiero un coche y mi padre quiere que trabaje para ganar el dinero que necesito para comprarlo. Mi padre __8__ de Alemania y cree que __9__ importante trabajar para tener las cosas que uno quiere. __10__ de acuerdo con mi padre. De todos modos yo __11__ alegre porque al fin del verano voy a comprarme un coche—y con el dinero que yo mismo gané.

1. Son
2. Es
3. es
4. estoy
5. Estoy
6. estoy
7. está
8. es
9. es
10. Estoy
11. estoy

C. **Y dime...** Un periodista quiere saber más de ti y de tu familia. Contesta las siguientes preguntas con frases completas.

1. ¿De dónde eres?
2. ¿Cómo es tu familia?
3. ¿Cómo es tu casa o apartamento? Explica.
4. Cuando estás de viaje con tu familia, por lo general, ¿estás de buen humor o de mal humor? ¿Por qué?
5. En cuanto a tu horario en la escuela, ¿dónde estás a las nueve de la mañana? (a las once, a las dos de la tarde)
6. ¿Estás siempre de acuerdo con tus padres? ¿Por qué sí o por qué no?
7. Cuando llegas tarde a casa, ¿cómo están tus padres? ¿Por qué?

EXPLORACIÓN

*Adjetivos que cambian de sentido con **ser** o **estar***

adjetivo	ser	estar
aburrido	*boring*	*bored*
alegre	*happy* (temperament)	*feeling happy*
bueno	*good*	*well*
cansado	*tiresome*	*tired*
enfermo	*sickly* (person)	*ill*
grande	*big*	*big for one's age*
guapo	*handsome*	*looking good*
listo	*clever*	*ready*
loco	*crazy* (person)	*foolish*
maduro	*mature*	*ripe*
malo	*bad*	*ill*
rico	*rich, prosperous*	*delicious*
seguro	*safe*	*certain*
verde	*green*	*unripe*
vivo	*lively*	*alive*

Actividades

A. ¿Ser o estar? Forma preguntas con las palabras siguientes, empleando **ser** o **estar**. Explica tu elección.

EJEMPLO   usted / cansado(a)
               ¿Está cansado(a)?

1. tú / estudiando
2. la clase / en esa aula
3. ellos / hispanos
4. papá / de mal humor
5. tus apuntes / en la mesa
6. cálculo / difícil
7. tú / de Caracas
8. el escritorio / de metal

1. ¿Estás estudiando?
2. ¿Es la clase (de español) en esa aula? /
3. ¿Son ellos hispanos?
4. ¿Está papá de mal humor?
5. ¿Están tus apuntes en la mesa?
6. ¿Es difícil el cálculo?
7. ¿Eres de Caracas?
8. ¿Es el escritorio de metal?

Unidad uno

B. Decisiones. Escoge las respuestas correctas y explica por qué son correctas. Hay más de una respuesta correcta para cada pregunta.

1. Son
   a. las diez. b. aquí. c. en casa. d. de María.
2. Están
   a. cansados. b. conmigo. c. contentos. d. de oro°.
3. ¿Cómo está
   a. la paella? b. tu casa? c. usted? d. su padre?
4. ¿Dónde es
   a. Perú? b. tu abrigo? c. la reunión? d. la clase?
5. Es
   a. en la cocina. b. necesario. c. estudiando. d. jueves.
6. Somos
   a. estudiantes. b. guapos. c. inteligentes. d. simpáticos.

1. a, d
2. a, b, c
3. a, c, d
4. a, c, d
5. b, d
6. a, b, c, d

de... made of gold

C. Diferencias importantes. Llena el espacio con la forma correcta del verbo **ser** o **estar** según el contexto y explica por qué.

1. ¿Cuándo termina esta clase? Yo __a__ aburrido(a) porque el tema de hoy __b__ aburrido.
2. Si tú __a__ listo, vamos al partido. Ya __b__ tarde y yo __c__ seguro que el gimnasio ya __d__ lleno de gente.
3. El profesor tiene que ausentarse porque __a__ enfermo.
4. Carlos __a__ un estudiante muy listo, pero no __b__ muy aplicado. Hoy, por ejemplo, __c__ durmiendo en vez de asistir a clase.
5. La comida en la cafetería __a__ horrible. Pero hoy la carne __b__ muy rica y las verduras __c__ deliciosas. No sé qué pasa, __d__ una buena sorpresa.
6. ¿Dónde __a__ Elena hoy? __b__ muy mal. __c__ una lástima porque nosotros __d__ planeando un viaje y si ella no __e__ mejor, no puede ir.

See Copying Masters.

1. estoy / es
2. estás / es / estoy / está
3. está
4. es / es / está
5. es / está / están / es
6. está / Está / Es / estamos / está

ST 6

D. Descripciones. Escucha las descripciones. Vas a ver unas palabras en la pizarra. Escribe la forma correcta de **ser** o **estar** en el presente. Usa tu propio papel.

EJEMPLO   Nunca dice nada interesante.
          Es aburrido.

1. Son
2. Están
3. Estamos
4. Es
5. Está
6. Está

E. Veinte preguntas. Piensa en un personaje famoso. Los otros estudiantes tienen que adivinar quién es por medio de veinte preguntas que se pueden contestar con **sí** o **no**.

EJEMPLO   ¿Es viejo? ¿Es actor? ¿Está vivo? ¿Está en Washington ahora?

LECCIÓN 3

EN CONTEXTO

Para comenzar

Describe lo que pasa en el dibujo. Tienes que usar tu imaginación para contestar algunas preguntas.

1. ¿Qué está haciendo Claudia ahora? ¿En qué está pensando? ¿Cómo lo sabes?
2. Refiriéndote al dibujo, describe la escena en el campo. ¿Qué hacen los (las) chicos(as)?
3. ¿De qué crees que hablan los (las) chicos(as)? ¿Qué haces tú cuando estás en el campo?

Correspondencias

Son las cinco de la tarde y Claudia está escribiendo una carta.

Queridos abuelitos:

Pienso constantemente en el verano precioso que pasé con ustedes en su casa de campo. ¡Cuánto extraño° los paseos a caballo con mis primos y las tardes en que íbamos a nadar en el río! Me imagino que cuando vuelva, en las vacaciones de primavera, el estanque° de la huerta° estará terminado y también podremos nadar ahí, ¿verdad? ¡Qué emoción!

El tercer año de secundaria es muy diferente de los dos anteriores. Las clases son distintas. Los maestros y maestras ya no nos tratan como niños. Ellos toman en cuenta° nuestras opiniones y nos dan más responsabilidades. Tenemos que leer más y hacer investigaciones individuales.

Sigo tomando clases de ballet dos veces por semana y también toco° en la banda de la escuela. No tengo suficiente tiempo para estudiar música y el maestro es muy exigente°. Estoy tomando una clase de "teoría de la computación". Es optativa°, pero es muy importante saber manejar las computadoras. ¡Hoy todo se hace con computadora! Cuando ustedes iban a la escuela todavía no existían, ¿verdad?

¿Tienen planes para pasar la Navidad con nosotros? Yo quiero verlos durante las vacaciones. Acá, en el sur, no hace tanto frío en diciembre. A ustedes les va a gustar el clima.

Aquí me despido, abuelitos. Mi mamá les manda muchos besos y yo más.

Los quiere mucho, mucho,

                  su nieta, *Claudia*

¡Cuánto... How much I miss!
pond/orchard

toman... take into account

I play

demanding
not required, elective

Preguntas acerca de la lectura

1. ¿Qué hace Claudia ahora? ¿Dónde estuvo ella en el verano?
2. ¿Cuándo tiene Claudia vacaciones otra vez? ¿Adónde va a ir Claudia?
3. ¿En qué se distinguen las clases del tercer año de secundaria?
4. ¿Qué está estudiando Claudia? ¿Por qué no está estudiando música?
5. ¿Por qué se estudia hoy computación?
6. ¿Qué les pregunta Claudia a sus abuelos?
7. ¿Cómo es el clima del sur en diciembre?

En tu opinión

1. Y tú, ¿dónde estuviste el verano pasado? ¿Por qué?
2. ¿Cuándo son tus vacaciones? ¿Por qué?
3. ¿Adónde vas a ir? ¿Por qué?
4. ¿Cómo son tus clases este año? ¿Cuáles te gustan más? ¿Por qué?
5. ¿Sabes manejar una computadora? ¿Tienes una?
6. ¿Cuándo ves tú a tus abuelos? ¿Viajan ellos o vas tú a su casa?

Expansión de vocabulario

LAS ARTES
el (la) **artista**   artist
  el **bailarín** (**la bailarina**)   dancer
el (la) **escritor(a)**   writer
el (la) **fotógrafo(a)**   photographer
el (la) **músico(a)**   musician
el (la) **pintor(a)**   painter

LAS CIENCIAS
el (la) **científico(a)**   scientist
el (la) **cirujano(a)**   surgeon
el (la) **dentista**   dentist
el (la) **enfermero(a)**   nurse
el (la) **farmacéutico(a)**   pharmacist
el (la) **médico(a)**   doctor
el (la) **psicólogo(a)**   psychologist
el (la) **psiquiatra**   psychiatrist
el (la) **químico**   chemist

LOS NEGOCIOS
el (la) **banquero(a)**   banker
el (la) **cajero(a)**   cashier
el (la) **comerciante**   merchant
el (la) **contador(a)**   accountant
el (la) **dependiente(a)**   clerk
el (la) **fabricante**   manufacturer

el (la) **gerente**   manager
el (la) **programador(a)**   programmer
el (la) **secretario(a)**   secretary
el (la) **vendedor(a)**   salesclerk

EL SERVICIO PÚBLICO
el (la) **abogado(a)**   lawyer
el (la) **bombero(a)**   fire fighter
el (la) **cartero**   letter carrier
el (la) **consejero(a)**   counselor
el (la) **juez**   judge
el (la) (**mujer**) **policía**   police officer

OTROS TRABAJOS Y PROFESIONES
el (la) **arquitecto(a)**   architect
el (la) **carpintero(a)**   carpenter
el (la) **electricista**   electrician
el (la) **ingeniero(a)**   engineer
el (la) **periodista**   journalist
el (la) **piloto**   pilot
el (la) **plomero(a)**   plumber
el (la) **redactor(a)**   editor
el (la) **trabajador(a)**   worker

Actividades

A. **¿Qué palabra no pertenece?**   En cada grupo, escoge la palabra que no está relacionada con las otras y explica por qué.

1.	2.	3.	4.	5.
farmacéutico	periodista	músico	carpintero	pintor
médico	redactor	comerciante	dentista	músico
piloto	escritor	fabricante	plomero	bailarín
enfermero	químico	vendedor	electricista	consejero

1. piloto
2. químico
3. músico
4. dentista
5. consejero

Unidad uno

B. **Profesiones.** Responde a las preguntas siguientes.

¿Quién
1. ayuda a los clientes en una tienda?
2. escribe los planes para construir un edificio?
3. opera a las personas enfermas?
4. trabaja con computadoras?
5. ayuda a las personas con sus impuestos°?

1. vendedor(a)
2. arquitecto(a)
3. cirujano(a)/médico(a)
4. programador(a)
5. contador(a)

taxes

C. **Deberes.** ¿Qué hacen las siguientes personas?

1. un juez
2. un político
3. un cajero
4. una secretaria
5. una científica
6. una psiquiatra

EXPLORACIÓN

El uso de hay

Hay es una forma irregular del verbo **haber** y quiere decir *there is* o *there are*. No se debe confundir con el verbo **estar**. Compara las siguientes frases.

Hay un niño aquí.	*There is a child here.*
Un niño está aquí.	*A child is here.*
Hay seis estudiantes en el aula.	*There are six students in the classroom.*
Seis estudiantes están en el aula.	*Six students are in the classroom.*

Actividades

A. **Una carta de Puerto Rico.** Susana está estudiando en una universidad de Puerto Rico. Le escribe una carta a su hermana que vive en Boston. Llena cada espacio con **hay** o una forma de **estar**.

Mi querida Luisa,

   Fotos de bebé, ¡ay, qué bello! ¡__1__ grande el niño! De verdad tengo un sobrino hermosísimo. Acabo de recibir una carta de mamá y ella escribe que ella y papi° __2__ bien, pero __3__ problemas en la oficina. ¡Pobrecito de papá! ¡Siempre __4__ problemas en el trabajo!

   Tú me preguntas si yo __5__ feliz. Pues, sí. En la universidad __6__ mucho que hacer: fiestas, bailes, la playa y, claro, las clases. __7__ bastantes tareas en los cursos y mis clases son muy grandes. __8__ más de cincuenta estudiantes en mi clase de sociología. En general yo __9__ muy contenta con las clases este año.

   Voy a llamarte el día de tu cumpleaños si las líneas no __10__ ocupadas. Bueno, no __11__ nada más que contar por ahora. Saludos a todos y besitos para el bebé. Con el cariño de siempre,

   Susana

daddy

1. Está
2. están
3. hay
4. hay
5. estoy
6. hay
7. Hay
8. Hay
9. estoy
10. están
11. hay

B. Los delfines°.   Carmen necesita escribir una composición para su clase de zoología. Tiene mucho interés en la fauna marina, así que decide investigar sobre los delfines. Llena los espacios con **hay** o con una forma de **ser** o **estar**.

    Los delfines __1__ animales verdaderamente especiales. Hoy día __2__ muchos científicos que __3__ interesados en la vida y el lenguaje de estos animales inteligentes. Los delfines __4__ sensibles°, tímidos y __5__ muy amigos de la humanidad. No __6__ duda de que los delfines __7__ capaces de aprender mucho. Ahora los científicos __8__ trabajando para entender mejor su lenguaje. Saben que __9__ muchas señales° que los delfines usan para comunicarse entre sí y __10__ investigando métodos para permitir la comunicación entre nosotros y ellos.

dolphins

sensitive

signals

1. son
2. hay
3. están
4. son
5. son
6. hay
7. son
8. están
9. hay
10. están

C. ¿Qué hay...?   Usando **hay** y formas de **ser** y **estar**, nombra por lo menos cinco cosas y descríbelas.

    EJEMPLO   **En mi clase *hay* veintisiete escritorios.**
                       ***Son* viejos pero no *están* sucios.**

1. en una casa grande
2. en la cartera del (de la) profesor(a)
3. en un centro estudiantil
4. en tu clase
5. en tus bolsillos°
6. en una librería

pockets

Unidad uno

EXPLORACIÓN

Hacer y *llevar* con expresiones de tiempo

Hay tres modos básicos de expresar el tiempo que ha tardado una acción.

A. | **Hace** + duración de tiempo + **que** + (**no** +) verbo en presente |

    Hace un año que estudio español.   I have been studying Spanish for one year.
    ¿Cuánto tiempo hace que trabaja aquí?   How long have you been working here?
    Hace dos años que no voy a Europa.   I haven't gone to Europe for two years.

B. | (**No** +) verbo en presente + **desde hace** + duración de tiempo |

    Estudio español desde hace un año.   I have been studying Spanish for one year.
    ¿Desde hace cuánto tiempo trabaja usted aquí?   How long have you been working here?
    No voy a Europa desde hace dos años.   I haven't gone to Europe for two years.

C. 1. | **Llevar** en presente + duración de tiempo + gerundio |

    Llevo un año estudiando español.   I have been studying Spanish for one year.
    ¿Cuánto tiempo lleva trabajando aquí?   How long have you been working here?

  2. Para expresar tiempo pasado en cierto lugar, se puede usar **llevar** sin otro verbo.

| **llevar** en presente + duración de tiempo + lugar |

    Llevo cuatro años en Barcelona.   I have been in Barcelona for four years.

  3. En una frase negativa, se necesita una construcción diferente.

| **Llevar** en presente + duración de tiempo + **sin** + infinitivo |

    Llevo dos años sin ir a Europa.   I haven't gone to Europe for two years.

Actividades

A. ¿Cuánto tiempo...? Siguiendo el ejemplo, di cuánto tiempo hace que las personas participan en las actividades siguientes.

> EJEMPLO   Victoria / jugar tenis
> **Victoria lleva tres horas jugando tenis.**
> **Hace tres horas que Victoria juega tenis.**
> **Victoria juega tenis desde hace tres horas.**

1. yo / trabajar en un restaurante
2. su hermana / vivir en los Estados Unidos
3. tú / tocar el piano
4. ustedes / salir juntas
5. ellos / comer en la cafetería
6. María / asistir al colegio

B. No lo cree. Pedro nunca cree lo que le dicen. Responde como si tú fueras Pedro, según el ejemplo.

1. lleva / durmiendo
2. llevas / esperando
3. lleva / viajando
4. lleva / contando
5. llevan / estudiando

> EJEMPLO   ENRIQUE   Hace cinco años que vivo en esa casa.
> PEDRO   **¿Llevas cinco años viviendo en esa casa? No lo creo.**

1. Hace dieciséis horas que mi compañero duerme.
2. Hace siete meses que espero el cheque.
3. Hace sólo tres días que la familia viaja en Alemania.
4. Hace diez años que Roberto cuenta la misma historia.
5. Hace seis años que estudiamos filosofía.

C. Una entrevista. Vas a entrevistar a las siguientes personas famosas para el periódico estudiantil. Con un(a) compañero(a) representen los papeles del entrevistador y de la persona famosa siguiente. Averigua cuánto tiempo lleva haciendo la actividad descrita cada persona.

> EJEMPLO   el señor Jiménez / profesor (desde el año pasado)
> **¿Cuánto tiempo lleva usted enseñando aquí?**
> **Llevo un año enseñando aquí.**
> **Hace un año que enseño aquí.**
> **Enseño aquí desde hace un año.**

1. Paloma San Basilio / cantante popular (desde 1975)
2. José Greco / bailarín (desde 1954)
3. Alicia de Larrocha / pianista (desde 1927)
4. Narciso Yepes / guitarrista (desde 1963)
5. Julio Iglesias / cantante popular (desde 1969)
6. Menudo / grupo musical (desde 1983)

Unidad uno

EXPLORACIÓN

El adjetivo

A. El género de los adjetivos tiene dos formas en español.

1. Los adjetivos que terminan en **-o** son masculinos. Para formar el femenino la **o** cambia en **a**.

   guapo–guapa   *handsome–good-looking*

2. Los adjetivos que terminan en **-án, -ín, -ón** y **-or** son masculinos. Para formar el femenino se añade **a**. Nota que los acentos desaparecen en la forma femenina.

   trabajador–trabajadora   *hardworking*
   alemán–alemana   *German*

   Excepciones: Los adjetivos **mejor, peor, mayor, menor, exterior, interior, inferior** y **superior** son invariables.

3. Casi todos los adjetivos que terminan en **-e** o en una consonante que no sea **-n** o **-r** tienen la misma forma para el masculino y el femenino.

   un hombre elegante   *an elegant man*
     –una mujer elegante   *–an elegant woman*
   un chico ágil   *an agile boy*
     –una chica ágil   *–an agile girl*
   un estudiante cortés   *a courteous student*
     –una estudiante cortés
   un león feroz   *a ferocious lion*
     –una leona feroz   *–a ferocious lioness*

   Excepciones: Esto no incluye los adjetivos de nacionalidad. **inglés–inglesa.**

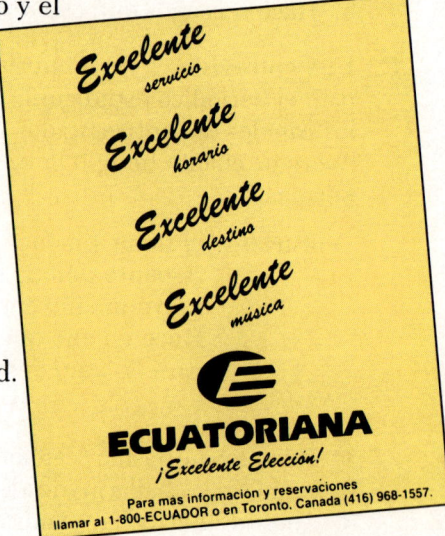

4. Los adjetivos que terminan en **-ista** mantienen la misma forma para el masculino.

   realista *realistic*   socialista *socialistic*

B. Formas plurales de los adjetivos

1. Se añade una **-s** a los adjetivos que terminan en vocal.

    agradable–agradables   *pleasant*
    aplicado–aplicados   *diligent*

2. Se añade **-es** a los adjetivos que terminan en consonante.

    azul–azules   *blue*
    irlandés–irlandeses[3]   *Irish*

3. Los adjetivos que terminan en **-z** cambian la **z** en **c** en el plural.

    capaz–capaces   *capable*
    feliz–felices   *happy*

C. Abreviación de adjetivos

1. Los siguientes adjetivos pierden la **-o** final delante de un sustantivo masculino singular: **uno, primero, tercero, bueno, malo, alguno** y **ninguno**.

    un buen maestro–un maestro bueno   *a good teacher*
    el primer examen–el examen primero   *the first exam*

    Nota: Alguno y **ninguno** requieren acentos en sus formas abreviadas **algún** y **ningún**.

2. **Grande** cambia a **gran** delante de un sustantivo singular, sea masculino o femenino.

    un gran empleo   *a great job*   una gran oportunidad   *a great opportunity*

    Generalmente **gran** delante de un sustantivo significa *great* o *wonderful*, mientras que **grande** después de un sustantivo significa *big* o *large*.

    Esta casa grande es la de una gran abuela.   *This big house belongs to a wonderful grandmother.*

---

[3] Puede ser necesario añadir o quitar un acento para crear la forma femenina de los plurales. Por ejemplo: **inglés–inglesa–inglesas; joven–jóvenes**. Ve el Apéndice X.

3. **Ciento** cambia a **cien** delante de un sustantivo, delante de mil y millón(es) o cuando se usa como sustantivo.

cientos de libros	*hundreds of books*
cien libros	*a hundred books*
cien mil personas	*a hundred thousand people*
¿Cuántos tienes? Tengo cien.	*How many books do you have? I have a hundred.*

4. **Santo** cambia a **San** delante de un nombre singular masculino, a menos que el nombre comience con **Do-** o **To-**.

San Luis	*Saint Louis*
Santo Tomás	*Saint Thomas*

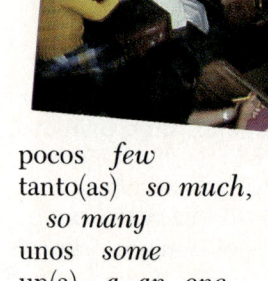

Posición de adjetivos

A. Algunos adjetivos preceden a un sustantivo.

   1. los adjetivos que designan número o cantidad

algunos	*some*	menos	*less*	pocos	*few*
cada	*each*	muchos	*many*	tanto(as)	*so much, so many*
¿cuántos?	*how many?*	mucho	*a lot of*		
		numerosos	*numerous*	unos	*some*
cuatro	*four*	poco	*little* (as in quantity)	un(a)	*a, an, one*
más	*more*			varios	*various*
demasiado	*too much*				

   2. los adjetivos demostrativos y la forma abreviada de los adjetivos posesivos

      aquellas lecciones   *those lessons*   mi trabajo   *my work*

   3. los adjetivos descriptivos que se usan para expresar una característica intrínseca o una cualidad del sustantivo generalmente conocida

      la blanca nieve   *the white snow*   los altos picos   *the high peaks*

B. Exceptuados los casos anteriores, los adjetivos generalmente siguen al sustantivo. Se usan para distinguir a una persona, lugar o cosa del resto del grupo.

   un juez justo   *a just judge*   una artista talentosa   *a talented artist*

C. Algunos adjetivos se pueden colocar delante o después del sustantivo, pero cambian su significado de acuerdo con su posición en la frase.

adjetivo	delante del sustantivo	después del sustantivo
antiguo	*former*	*ancient*
cierto	*certain, specific*	*sure, definite*
gran(de)	*great*	*big*
mismo	*same*	*himself (herself, itself)*
nuevo	*another*	*new*
pobre	*unfortunate*	*poor* (financially)
puro	*whole*	*pure*
único	*only*	*unique*

El testigo dice la pura verdad.   *The witness tells the whole truth.*

No hay agua pura en este pueblo.   *There is no pure water in this town.*

D. A veces dos adjetivos modifican al mismo sustantivo.

1. Se pueden juntar con **y** y colocarse después del sustantivo.

   Es un ejecutivo próspero y célebre.   *He is a prosperous and famous executive.*

2. El adjetivo más corto o el menos distintivo puede preceder al sustantivo.

   La joven chica italiana habla bien el inglés.   *The young Italian girl speaks English well.*

Actividades

A. **Testigo, detective, artista.** En grupos de tres personas, cada uno de ustedes va a ser un testigo, un detective o un artista. Uno de ustedes toma el papel de testigo y describe a un "ladrón", usando muchos adjetivos. El detective le describe lo que dice el testigo al artista. El artista dibuja al ladrón según la descripción que oye. El detective vuelve a leer la descripción para verificarla.

B. **Mi casa.** Con otro estudiante describe tu casa usando muchos adjetivos. ¿Cuántos cuartos tiene? ¿De qué color es la cocina, tu cuarto, la sala? ¿Cómo es en general? ¿Por qué? Explica.

ST 7

 C. ¿Lógico o ridículo?   Escucha las frases. Pon los números del 1 al 6 en tu hoja de papel y escribe **lógico** o **ridículo**, según corresponda.

    EJEMPLO   Veo la televisión todo el tiempo. También toco el piano veinte horas por día.

1. r
2. r
3. l
4. r
5. l
6. r

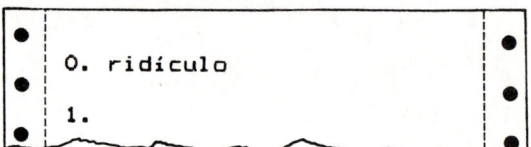

EXPLORACIÓN

Concordancia de adjetivos

A. El adjetivo concuerda en género y número con el sustantivo (**la casa blanca, el dormitorio pequeño**) con las siguientes excepciones.

  1. Cuando el adjetivo modifica a dos sustantivos de diferentes géneros, se usa la forma plural masculina si el adjetivo sigue al sustantivo.

    los lápices y plumas nuevos   *the new pencils and pens*

  2. Cuando el adjetivo precede a dos sustantivos de diferentes géneros, concuerda con el sustantivo más cercano.

    ¿Cuántos médicos y enfermeras hay?   *How many doctors and nurses are there?*
    ¿Cuántas enfermeras y médicos hay?   *How many nurses and doctors are there?*

Actividades

A. **Una visita.**   Isabel y Rita Martínez visitan a su sobrino. Le cuentan las noticias del pueblo. Rita es mucho más descriptiva que su hermana. Según el ejemplo, cambia las siguientes oraciones.

    EJEMPLO   ISABEL   Su hermana María compró un <u>coche</u>.
                           (pequeño / alemán)
               RITA   **Es decir, su hermana María compró un pequeño coche alemán.**

See Copying Masters.

1. Juan hizo su viaje a España. (tercero / estudiantil)
2. Tus amigos Juan y Susana ya son arquitectos. (viejo / universitario°)
3. El perro sufre de artritis. (pobre / viejo)
4. El profesor Ramos publicó una novela. (grande / histórico)
5. Ya hay hospitales en el pueblo. (dos / nuevo)
6. La tía Paula es la contadora de la compañía. (único / bilingüe)
7. Papá estableció el banco en la ciudad. (primero / federal)
8. Tu hermanito Raúl está saliendo con chicas. (guapo / español)

university
1. tercer viaje estudiantil
2. viejos amigos universitarios
3. pobre perro viejo
4. gran novela histórica
5. dos hospitales nuevos
6. única contadora bilingüe
7. primer banco federal
8. guapas chicas españolas

B. **El mal jefe.** El jefe de Carolina trata muy mal a todos en la oficina. Ella lo describe bastante bien en el párrafo siguiente. Escoge de la lista el adjetivo apropiado para cada espacio.

antipático(a)	ningún(a)	primer(o)	doscientos(as)
malo(a)	grande	estricto(a)	nuevo(a)
largos(as)	agresivo(a)	inhumanos(as)	pobres

Me llamo Carolina Sanvalle y soy contadora en la Oficina del Servicio de Investigaciones. Es una oficina __1__. Hay más de __2__ empleados. Acaban de emplear a un gerente __3__ y... ¡qué __4__ suerte! El señor Angulo es un jefe __5__. Yo no puedo trabajar en estas condiciones __6__. En __7__ lugar, es un hombre __8__. No tiene __9__ sentido de humor y su estilo es __10__. Este señor nos hace trabajar __11__ horas. A sus __12__ empleados no les gusta... y con razón.

1. grande
2. doscientos
3. nuevo
4. mala
5. estricto
6. inhumanas
7. primer
8. antipático
9. ningún
10. agresivo
11. largas
12. pobres

EXPLORACIÓN

La a personal

A. La **a** personal no se traduce al inglés. Se usa delante del complemento directo en los siguientes casos.

1. con personas, animales domésticos o algo personificado

Veo **a** María.
Llevo **a** mi amigo a su clase.

I see María.
I take my friend to his class.

Excepciones: Generalmente no se usa la **a** después del verbo **tener** o con un concepto indefinido.

Tengo tres hermanas.
Necesito una secretaria.

I have three sisters.
I need a secretary.

2. con los pronombres indefinidos **alguien** y **nadie** y con **alguno** y **ninguno** cuando se refieren a personas

   No conozco **a** nadie aquí. *I don't know anyone here.*
   No encuentro **a** ninguno de ellos. *I can't find any of them.*

3. con **quién** o **quiénes** cuando la respuesta esperada requiere la **a** personal

   ¿**A** quién llevas a la conferencia? *Whom are you taking to the lecture?*
   ¿**A** quiénes vas a visitar hoy? *Whom are you going to visit today?*

Actividades

A. ¿Qué? ¿A quién? Con un(a) compañero(a), formen preguntas y respuestas.

EJEMPLO esperar resultados de la operación / médico
¿Qué esperas, José?
Espero los resultados de la operación.

¿A quién esperas?
Espero al médico.

1. esperar
   a. autobús / chofer
   b. cartas / cartero
   c. cheque / banquero

2. buscar
   a. decisión / gerente
   b. coche / mecánico
   c. informe / secretario

3. mirar
   a. mesa / carpintero
   b. cuadro / pintora
   c. cámara / fotógrafa

4. escuchar
   a. música clásica / pianista
   b. conferencia / profesora
   c. cuento / cómico

1. a. el / al
   b. las / al
   c. el / al
2. a. la / al
   b. el / al
   c. el / al
3. a. la / al
   b. el / a la
   c. la / a la
4. a. la / al
   b. la / a la
   c. el / al

B. Descripciones. Describe a las personas o las cosas siguientes.

1. una clase que estás tomando ahora
2. una persona a la que respetas mucho
3. un coche que quieres comprar
4. un libro que acabas de leer
5. un(a) compañero(a) de clase
6. un día bonito de primavera o de otoño

Casos especiales

Estudia las palabras siguientes. Son palabras que los estudiantes norteamericanos de español confunden con frecuencia.

1. la conferencia   lecture
   la lectura   reading
   la reunión   meeting

   Mañana el profesor va a dar una **conferencia** sobre El Salvador.
   Esta noche deben leer la **lectura** de la página 31.
   Tengo una **reunión** con el decano.

   *Tomorrow the professor will give a **lecture** on El Salvador.*
   *Tonight you should read the **reading** on page 31.*
   *I have a **meeting** with the dean.*

2. la alcoba (o recámara) — bedroom

   Prefiero estudiar en mi **alcoba**. — *I prefer to study in my **bedroom**.*

3. la cuestión — matter, issue
   la pregunta — question

   Es **cuestión** de tiempo. — *It's **a matter** of time.*
   Quiero hacerle una **pregunta** a la maestra. — *I want to ask the teacher a **question**.*

4. el colegio — primary or secondary school
   la universidad — university

   Después del **colegio**, María va a asistir a una **universidad** en Barcelona. — *After **high school**, María is going to attend a **university** in Barcelona.*

5. la obra — artistic work, deeds
   el trabajo — work, occupation, toil, job
   la tarea — homework assignment, task

   Este semestre vamos a leer varias **obras** de Cervantes. — *This semester we are going to read various **works** by Cervantes.*
   Él espera conseguir un **trabajo** con esa compañía. — *He hopes to get a **job** with that company.*
   El profesor Rivera siempre da mucha **tarea**. — *Professor Rivera always gives a lot of **homework**.*

Actividad

A. Selecciones. Escoge la palabra apropiada según el contexto.

See Copying Masters.

1. Voy a escuchar (una lectura, una conferencia) sobre la situación política en Chile.
2. Susana tiene (una reunión, una conferencia) con su consejero a las ocho.
3. Mi (alcoba, residencia) no es grande. Sólo caben la cama y un escritorio.
4. Raúl no quiere vivir en (el hotel, la residencia). Prefiere vivir en un apartamento.
5. No es (pregunta, cuestión) de dinero. José es muy rico.
6. Mari Luz siempre le hace (cuestiones, preguntas) al maestro.
7. Quiero ir al cine, pero tengo demasiada (obra, tarea) que hacer.

1. una conferencia
2. una reunión
3. alcoba
4. la residencia
5. cuestión
6. preguntas
7. tarea

CULTURA E IDIOMA

Es motivo de orgullo para nosotros poder brindar el lazo de comunicación que une a esta gran familia, ya sea dentro de los Estados Unidos, o a más de 250 países y lugares del mundo.

ASÍ SE DICE

Hablando por teléfono

A. La palabra para *hello* cuando se presentan las personas es **hola**. Cuando se contesta el teléfono, la palabra *hello* cambia con los países o las regiones. Las palabras siguientes son más comunes.

    ¿Diga? ¿Dígame?   España
    ¿Bueno?   México
    ¿Aló? ¿A ver?   Colombia
    ¿Aló? ¿Hola?   Puerto Rico

Unidad uno

B. Las siguientes son otras preguntas y respuestas que puedes usar en conversaciones telefónicas.

¿Quién habla?	Who's calling? Who's this?
Habla Juan. (Soy Juan.)	This is Juan.
Soy yo.	It's me.
Ella habla.	This is she speaking.
¿Está Elena, por favor?	Is Elena there, please?
Un momento, por favor.	One moment (Just a moment), please.
No está en este momento.	He's (She's) not here right now.
¿De parte de quién?	Who's calling?
¿Quiere volver a llamar más tarde?	Do you want to call back later?
Vuelvo a llamar más tarde.	I'll call back later.
¿Quisiera dejar un recado?	Would you like to leave a message?
¿Podría dejar un recado?	May I leave a message?
Dígale que...	Tell him (her) that...
Está equivocado de número.	
Se equivoca de número.	You have the wrong number.
Están comunicándose.	
Hay gente hablando.	
Está ocupada la línea.	The line is busy.
Está ocupado el teléfono.	The telephone is busy.
Está ocupado ese número.	That number is busy.
¿Oiga?	Hello? (when the connection is bad or you want the operator back)

C. Los siguientes son algunos verbos y expresiones útiles acerca de la compañía telefónica.

marcar el número	to dial a number
hacer una llamada	to make a call
(de larga distancia)	(long distance)
(de cobro revertido o por cobrar)	(collect)
contestar	to answer
colgar	to hang up
aceptar los cargos	to accept the charges

Actividades

A. Circunstancias. Contesta las preguntas siguientes.

¿En qué circunstancias
1. haces una llamada de cobro revertido?
2. cuelgas el teléfono?
3. aceptas los cargos?
4. dejas un recado?

B. Te toca a ti. Con otro estudiante, lee las siguientes conversaciones telefónicas, completándolas de una manera apropiada.

1. ¿Bueno?
   ¿Está Juan Carlos?
   ¿Quién?
2. ¿Está María Elena?
   No, no está en este momento. ¿ . . . ?
3. ¿Esteban? ¿Quién habla?
4. Operadora, quiero hacer una llamada de larga distancia.

C. Unas frases útiles. Traduce las siguientes frases al español.

1. I want to make a collect call.
2. May I leave a message?
3. Who's calling?
4. Is Estela there, please?

1. Quiero hacer una llamada de cobro revertido / (por cobrar).
2. ¿Podría dejar un recado?
3. ¿Quién habla?
4. ¿Está Estela, por favor?

ST 8
 D. Conversación telefónica. Escucha la conversación y contesta las preguntas.

1. ¿A quién llama Pablo?
2. ¿Quién es Pablo?
3. ¿Habla Pablo con Isabel?
4. ¿Por qué la llama?
5. ¿Va a volver a llamar?

1. Isabel 2. amigo de Isabel 3. no
4. sobre el concierto de Phil Collins 5. sí

E. Escribiendo un diálogo. Inventa una conversación de seis a ocho líneas entre las siguientes parejas.

1. un muchacho sin dinero en Boston y su papá en Los Ángeles
2. un estudiante colombiano en Nueva York y su hermana en Bogotá
3. tú y la mamá de tu novio(a)
4. tú y un(a) agente de la compañía telefónica

F. Ayuda. Julio intenta llamar a su novia, Gabriela. Escribe la conversación.

1. Primero, él llama directo.
2. Luego llama a la operadora.

Unidad uno

Situaciones

A. **Larga distancia.** Tú y dos compañeros(as) de clase van a crear un diálogo entre tres personas: un joven que está de vacaciones en México, una operadora y una madre. El joven va a hacer una llamada de larga distancia de México a los Estados Unidos.

B. **Mi pariente° favorito.** Imagínate a tu pariente favorito. Descríbelo(la) a otro(a) estudiante. Este estudiante va a dibujar a tu pariente según tu descripción. Da muchos detalles en tu descripción y verifica su dibujo.   relative

C. **El fin de semana.** Con otro(a) estudiante, hablen de sus planes para el fin de semana que viene. ¿Qué van a hacer? Den detalles. Usen la construcción **ir a** más el **infinitivo** cuando puedan.

D. **Minidramas.** En grupos, escojan una de las siguientes situaciones y represéntenla delante de la clase. Todas las situaciones tienen lugar durante la entrevista para un trabajo.

1. La entrevistada es una mujer muy preparada, con un doctorado° en administración de empresas de la Universidad de Harvard. El hombre que hace la entrevista cree que ella no puede administrar una división importante de una compañía.   doctorate, doctor's degree
2. El entrevistado es el cuñado° del jefe y no está muy bien preparado.   brother-in-law
3. La persona que hace la entrevista tiene mucha prisa y es evidente que no quiere estar allí.
4. La persona que hace la entrevista pregunta cosas muy personales, lo cual no debe hacer.

LECTURA

Para comenzar

El primer día de clases hay mucha excitación en el ambiente. Trata de encontrar por lo menos tres cosas emocionantes que describe el autor en el ensayo siguiente y que te gustan a ti en especial. ¿Por qué son emocionantes esas cosas? Explica.

Francisco J. Perea

Francisco J. Perea, nacido en la Ciudad de México en 1929, ha escrito y traducido cientos de artículos científicos, políticos, históricos y literarios y más de setenta libros. Ha escrito también varios libros, entre ellos *Noche sin aurora* y *Al andar se hace camino*. Ha enseñado lenguas clásicas y modernas, filosofía y humanidades en los Estados Unidos y en México.

¡Qué día!

Era septiembre y el calor seguía haciendo estragos°. El verano había sido sofocante durante julio y agosto, y parecía dispuesto a calcinar° un par de meses más. Eso no impedía que la nueva secundaria fuera un hormiguero° de actividad. La juventud combatía las altas temperaturas usando ropa ligera.

Todo es excitación entre los jóvenes que llegan a su primer día de clases. El verano ha dejado una huella de pieles bronceadas° por el sol, cuerpos entrenados en el ejercicio y mentes descansadas o enriquecidas° con lecturas, viajes, visitas, experiencias, en su mayoría agradables. Pero el primer día de escuela es el gran acontecimiento° en la vida de los estudiantes. Van y vienen, corren, ríen, hablan, gritan... "¿Qué hiciste durante el verano?" "¿Adónde fuiste de viaje?" "¿Dónde compraste esa camisa?" "¡Qué falda más fabulosa! ¿Dónde la encontraste?" "Esa marca° no la conocía." "¿De dónde la trajiste?" "Es española... la compré en Madrid". "¡Me muero de envidia°! Cuenta°, cuenta..."

A unos metros de distancia, la conversación es más serena, las voces más moderadas. Es un grupo más pequeño que se ha reunido° a la entrada y no se atreve a pasar de ahí. Uno que otro se asoma° a ver qué sucede más allá, pero sin animarse° a entrar, a explorar el terreno. Ahí la agitación es menor, pero en realidad estos chicos y chicas están más excitados... ¡y también temerosos°! Son "los nuevos". Acaban de llegar de otras escuelas, de otros estados... tal vez de otros países. Es su primer año en un plantel° desconocido. Observan y escuchan a los antiguos° que van llegando. Los ven caminar confiados y seguros°, como quien pisa° suelo conquistado. ¡Son los amos°!

Llega el director. Su figura es inconfundible°: parece que no le importa el verano. No hay calor capaz de quitarle el traje y la corbata. Es la seriedad° en persona... por lo menos ese día. Avanza con pasos firmes, calculados, queriendo abarcar° con la mirada todos los detalles: las condiciones del nuevo edificio, la limpieza de los corredores°, el color de las paredes... pero sobre todo la ropa y las caras de los estudiantes.

De un auto deportivo, pequeño, rojo sangre, se baja una maestra joven. También ella es inconfundible. Mide 1.78 metros (más de 5'10") de estatura. Una espesa cabellera° negra le cae ondulante° sobre los hombros. Los ojos, también negros, de mirada penetrante, pero tierna, destacan sobre una piel castaño° claro, que no necesita del sol para broncearse. Es un tipo latino interesante, que habría podido inspirar a cualquiera de los grandes retratistas°.

---

seguía... kept on being devastating
to burn to ashes

anthill

huella... imprint of tanned skins
enriched

event

brand name, trademark

jealousy / Tell (me)

se... has gathered
se... peek
having the strength to

fearful

campus / **los...** kids that were there previously
self-assured / treads on
proprietors

unmistakable
seriousness

to encompass
halls

espesa... thick head of hair / wavy

brown

portrait artists

—Me han dicho que es la maestra de español —dice uno de los nuevos.
—¡Ojalá que no me manden a su clase! —comenta otro.
—¿Por qué? —pregunta sorprendida una chica.
—Porque no aprendería nada... ¡Me dedicaría a contemplarla!°   ¡**Me**...! I'd spend all my time looking at her!

Materias, libros, clases, maestros y maestras... son los temas de conversación que alternan con modelos de automóviles y motocicletas, marcas de ropa, grupos de rock, conciertos y espectáculos, viajes y experiencias, amistades nuevas y viejas, ilusiones, sorpresas, proyectos, planes y expectativas... ¡La vida en plenitud! Es el primer día de clases, entre amigos y conocidos. Sí... porque en poco tiempo todos serán conocidos.

¿Da tristeza° pensar que esa bella e intensa experiencia no se presente más que una vez al año, y que no dure más que unas horas? No. Porque en realidad dura mucho más. Ésa es la primera lección. Aun antes de entrar a los salones de clase. Mucho antes de abrir un texto o de escuchar la explicación de los maestros. La primera lección es que la vida es como ese gran acontecimiento: un momento fugaz° que se anticipa° con el fervor de expectativas, anhelos° y esperanzas°, y se prolonga en el recuerdo palpitante de una experiencia inolvidable°.

sadness

fleeting/ se... is anticipated
yearning/hopes
unforgettable

Según la lectura

1. ¿Qué describe la lectura? ¿Qué tiempo hace hoy? ¿Cómo sabes?
2. ¿Cómo están los estudiantes después de un verano de vacaciones?
3. ¿Cómo son "los nuevos"? ¿Por qué son distintos de los demás?
4. ¿Cómo es el director? ¿Qué hace? ¿Se parece a tu director?
5. ¿Cómo es la maestra de español? Explica.
6. ¿Cuál es la primera lección del semestre? Explica.

En tu opinión

1. ¿Qué es lo que más te interesa al principio del año en la escuela? ¿Por qué?
2. ¿Cómo son tus amigos(as)? ¿Por qué los escoges? Explica.
3. ¿Por qué es importante estar bien relacionado con tus maestros?
4. ¿Por qué escogiste las clases que tomas este semestre? Explica.
5. ¿Es tu escuela parecida a la de la lectura? ¿Por qué sí o por qué no?
6. ¿Puedes describir a tu maestro(a) favorito(a)? Explica.

COMPOSICIÓN

A. **Requisitos.** Escoge seis asignaturas y di por qué deben ser obligatorias para todos los estudiantes en una escuela secundaria.

B. Mi educación. Escribe una breve narración sobre el tema de tu educación. El siguiente párrafo te puede ayudar.

En los países hispanohablantes se dice que una persona es "bien educada" cuando tiene buenas maneras y cuando es cortés y amable con la gente. En norteamérica "bien educado" significa que uno sabe mucho o ha leído o estudiado mucho. ¿Cuál es el producto más importante de una buena educación? ¿Es mejor tener muchos conocimientos o ser una persona con muy buenas maneras sociales? Explica.

C. Recuerdos. Escribe un párrafo acerca de lo siguiente. ¿Qué recuerdas de tus años en la escuela primaria? ¿Qué te gustó? ¿Qué no te gustó? ¿Cómo eran tus amigos? ¿Y tus maestros? ¿Qué más recuerdas? Explica.

Y en resumen

ST 9

 A. Un hermano ideal. Escucha la descripción sobre Juan y pon una **v** en tu papel si lo describe bien y una **f** si no lo describe bien.

1. Es atleta.
2. Es piloto.
3. Está aburrido.
4. Es músico.
5. Es estudioso.
6. Es alegre.
7. Es un buen hermano.

1. v
2. f
3. f
4. v
5. v
6. v
7. v

B. Un seminario. Lo siguiente es un anuncio para un curso diseñado para ayudar al individuo moderno a resolver sus problemas actuales. Léelo y luego contesta las preguntas en la Actividad C.

Las computadoras, y en general la técnica moderna, ayudan mucho al individuo de varias maneras—en el trabajo, en el estudio y en sus diversiones. Pero también las mismas computadoras y esa técnica moderna con las demás máquinas, controlan a la persona cada día más. La técnica moderna les quita el trabajo a muchos. También ayuda a muchos a estudiar mejor. Otros usan la técnica como diversión. Pero a veces el resultado es que la máquina controla a la persona y no la persona a la máquina. Si eso pasa, no está seguro nuestro futuro. ¿Cómo afecta la tecnología a nuestros trabajos, estudios y tiempo libre? ¿Qué valor les damos a las máquinas? ¿Cómo controlan nuestro tiempo libre? ¿Cómo afectan a nuestros estudios? La técnica debe servir a la persona, no la persona a la técnica.

C. ¿Qué piensas? Contesta las preguntas siguientes.

1. ¿Controla la técnica a la persona, o la persona a la técnica? Explica.
2. ¿Tienes miedo al futuro? ¿Por qué? ¿Tenemos más tiempo libre gracias a la técnica? ¿Por qué? ¿Qué haces durante tu tiempo libre?
3. ¿Está la técnica reemplazando al individuo en algunos casos? Da ejemplos. En el futuro, ¿va a reemplazar por completo la técnica a ciertos profesionales? ¿A cuáles? ¿Por qué? ¿Qué tipo de trabajo no puede hacer una máquina?
4. ¿Qué impacto tiene la técnica en la cultura? Explica.
5. ¿Qué películas, programas de televisión, libros u otros medios tratan el tema de la tecnología en el futuro? Describe la visión que presentan.

ST 10

D. ¿Cómo eres tú? Escucha las descripciones. ¿Crees que se aplican a ti o no? Pon los números del 1 al 6 en una hoja de papel y escribe **sí** o **no** al lado de cada número. Puedes comparar tus respuestas con las de tu vecino(a).

Unidad uno

CONTEXTOS CULTURALES

En el contexto cultural de la unidad preliminar vimos cómo llegó a Maracaibo un grupo de estudiantes de español avanzado de Paterson, Nueva Jersey, para mejorar su español.

Recorte de la sección Crónica Social de La Prensa de Maracaibo

QUINCE AÑOS DE LUPITA MARTÍNEZ CARRERA

Maracaibo La hermosa jovencita Lupita Martínez Carrera celebró sus quince años el pasado domingo con una solemne ceremonia religiosa en la catedral de Maracaibo. El padre Ruperto Rodríguez le dirigió inspiradas palabras durante la misa. Lupita lució° un vestido rosa largo de satén° español estilo romántico y sus damas de honor vistieron lindos trajes amarillo claro y los chambelanes° fracs° color negro. El gran baile de celebración tuvo lugar en la residencia de sus orgullosos° padres, don Arnulfo Martínez de Hoyos y doña Maribel Carrera de Martínez. Lupita bailó su primer vals con su padre y el segundo con su chambelán, el apuesto° joven Martín Correa Sarmiento. La música estuvo a cargo de° la orquesta Son Caribe. Como invitados de honor asistieron los diez jóvenes norteamericanos que se encuentran en Maracaibo este verano estudiando español.

wore
satin

attendants / tuxedos

proud

handsome

La… the music was by

Nota de Lupita Martínez Carrera a su amiga Ruth Smith, escrita la noche de su fiesta de quince años

26 de julio de 1990

Querida Ruth,

Por fin, por fin. Me siento en las nubes. Me volví a enamorar. Sí, lo adivinaste, de John Martin. Me fascinan sus 18 años, su pelo rubio y sus ojos azul claro. ¡Es tan alto, fuerte y guapo! ¡Y su acento gringo es encantador. ¡Qué regalo de quince años! Gracias por el "tip". Nos divertimos mucho en la fiesta, pero no lo dejé que me besara. Eso hasta conocernos mejor. Me invitó al cine pasado mañana. Mi hermana Ana irá de chaperona. Me voy a dormir ahora. ¡Soy feliz! ¡Estoy enamorada! Gracias de nuevo.

Tu amiga,
Lupita

Nota de John Martin el día siguiente de la fiesta de Lupita

27 de julio de 1990

Querido maestro,

¡Acabo de enamorarme! Estoy escribiendo esta nota en una nube. Se llama Lupita. Es bellísima pero reservada. No quiso besarme. Aceptó ir al cine mañana conmigo. Desgraciadamente su hermana tiene que ir con nosotros de chaperona. Por suerte Jeff va con nosotros para distraerla. Me encanta Maracaibo y mi español va mejorando, ¿verdad?

Saludos,
John Martin

Lo que aprendieron en su viaje

¿Sabías que en Latinoamérica la mayoría de los jóvenes (y las jóvenes) viven en casa de sus padres mucho más tiempo que los hijos de las familias norteamericanas?

Unidad uno

Unidad

2

Memorias y recuerdos

En esta unidad vas a

- usar términos relacionados con la familia y la casa
- identificar verbos referentes a la familia y la casa
- usar palabras relacionadas con las emociones, los animales y la naturaleza

También vas a aprender

- la forma del pretérito e imperfecto
- la construcción **hace** para significar *ago* y otros usos
- **hacer** y **llevar** en el imperfecto
- **acabar de** en el imperfecto
- el uso del pretérito e imperfecto
- el progresivo pasado
- los adjetivos y pronombres posesivos

LECCIÓN 4

EN CONTEXTO

Para comenzar

Describe lo que pasa en el dibujo. Tienes que usar tu imaginación para contestar algunas preguntas.

1. ¿Dónde están todos? Explica.
2. ¿Qué comen dos de los hijos? ¿Qué come el abuelo?
3. ¿Se parecen algunas personas en el dibujo?
4. ¿Conoces a un(a) niño(a) travieso(a)? ¿Quién es? ¿Cómo se comporta?

Padres y parientes

El señor Enrique Arciniegas, maestro en una escuela secundaria, nos habla de su juventud en Quito, Ecuador.

Mi infancia fue extraordinariamente feliz y de gran serenidad, por sentirme amado por mis padres, que eran jóvenes y bien relacionados y tenían un sentido vigoroso de la vida. Mi casa en Quito siempre estaba abierta y era frecuentada a todas horas por amigos y parientes que venían a visitarnos o a comer con nosotros. Mi familia es muy unida. Mi padre tiene sólo un hermano, quien, cuando yo era niño, compró un pedazo de terreno° en las faldas° de las montañas de Quito y construyó una casa muy hermosa. Todos los domingos íbamos a pasar el día juntos en casa de mi tío, donde nos servíamos unos almuerzos exquisitos.

Yo era travieso, muy travieso. Mis padres lo sabían. Siempre estaba castigado, porque nunca volvía a tiempo de la escuela primaria a casa. Hacía bromas°, pero eran bien intencionadas, nada maliciosas ni violentas. Tenía una imaginación demasiado viva...

pedazo... lot, piece of land / slopes

Hacía... I played jokes

Preguntas acerca de la lectura

1. ¿Por qué fue tan feliz la infancia de Enrique? Describe a sus padres.
2. ¿Cómo era Enrique de niño? ¿Cómo eran sus bromas? ¿Era Enrique un joven normal? Explica.
3. ¿Quién visitaba a la familia de Enrique? ¿Por qué?
4. ¿Quién construyó una linda casa? ¿Cuándo iba Enrique allí?
5. ¿Cómo eran los almuerzos que recuerda Enrique? ¿Dónde estaba la casa donde almorzaba la familia de Enrique? ¿Cómo era su familia?

En tu opinión

1. ¿Cómo fue tu infancia? ¿Qué hacías de niño(a)? Explica.
2. ¿Tiene tu familia una casa de campo? Si la respuesta es afirmativa, ¿cuándo vas allí? ¿Se reúnen también allí tus parientes?
3. ¿Hacías bromas de niño(a)? Cuenta una broma que hiciste alguna vez. ¿Quién era la víctima?
4. ¿Eras un(a) niño(a) imaginativo(a)? Explica. Describe una fiesta familiar memorable.
5. Describe a tu familia. ¿Es grande o pequeña? ¿Son frecuentes las reuniones familiares? ¿Quién es el más travieso de tu familia? ¿Por qué?

Expansión de vocabulario

LOS FAMILIARES
el (la) **abuelo**(a) grandfather (grandmother)
el (la) **ahijado**(a) godson (goddaughter)
el (la) **antepasado**(a) ancestor
el **bebé** baby
el (la) **bisabuelo**(a) great-grandfather (great-grandmother)
el **compadre** (la **comadre**) close family friend, godfather (godmother)
el (la) **cuñado**(a) brother-(sister-)in-law
la **esposa** (**señora, mujer**) wife
el **esposo** (**marido**) husband
el (la) **hijastro**(a) stepson (stepdaughter)
el (la) **hijo**(a) **único**(a) only child
la **madrastra** stepmother
la **madrina** godmother
el (la) **nieto**(a) grandson (granddaughter)
la **nuera** daughter-in-law
el **padrastro** stepfather
el **padrino** godfather
el (la) **pariente** relative, relation
el (la) **primo**(a) cousin
el (la) **suegro**(a) father-(mother-)in-law
el (la) **tío**(a) uncle (aunt)
el **yerno** son-in-law

VERBOS
casarse con to marry
castigar to punish
confiar en to confide in, to trust
crecer to grow
criar to raise
cuidar to take care of
cumplir...años to be...years old
llevar una vida (**alegre, dura**) to lead a (happy, hard) life
morir(se) (o → ue, u) to die
nacer to be born
parecerse a to resemble
recordar (o → ue) to remember
reír (e → i, i) to laugh

ADJETIVOS
estrecho close (*distance*)
íntimo close (*intimate*)
joven young
junto together
mayor older, oldest
menor younger, youngest
mimado spoiled
viejo old
travieso mischievous

PALABRAS RELACIONADAS CON LA FAMILIA
la **adolescencia** adolescence
el (la) **anciano**(a) old person
el (la) **criado**(a) servant
el **cumpleaños** birthday
la **infancia** childhood
la **juventud** youth
la **muerte** death
el **nacimiento** birth
la **niñera** nursemaid, babysitter
la **niñez** childhood
el (la) **soltero**(a) single person
la **vejez** old age
el (la) **viudo**(a) widower (widow)

Actividades

A. ¿Qué palabra no pertenece? En cada grupo, escoge la palabra que no está relacionada con las otras y explica por qué.

1. niñera	2. nuera	3. anciano	4. adolescencia	5. nieta
madrina	suegra	niño	infancia	esposa
comadre	prima	joven	niñez	mujer
abuela	cuñada	adolescente	antepasado	señora

1. niñera
2. prima
3. anciano
4. antepasado
5. nieta

B. Parientes. Completa las frases siguientes con la palabra correcta.

1. La hermana de mi madre es mi ═══.
2. El padre de mi padre es mi ═══.
3. Yo soy el (la) ═══ de mis abuelos.
4. Los padres de mi abuela son mis ═══.
5. Yo soy el (la) ═══ de mis tíos.
6. Los hermanos de mi prima son mis ═══.
7. Yo tengo diecisiete años y mi hermano tiene doce. Él es mi hermano ═══.
8. La hija de mi tío es mi ═══.

1. tía
2. abuelo
3. nieto(a)
4. bisabuelos
5. sobrino(a)
6. primos
7. menor
8. prima

C. ¡Ayuda, por favor! Juanita quiere saber quiénes son sus parientes. Empezó un árbol genealógico y no sabe completarlo. Tú puedes ayudarla. Primero, copia este dibujo en tu propio papel. Luego, lee los siguientes datos y llena los cuadros con los nombres correctos de los parientes de Juanita.

See Copying Masters.

1. El bisabuelo de Juanita es Miguel.
2. Miguel y su esposa, Ana María, tienen dos hijos y una hija. Uno de sus hijos, Andrés, es soltero.
3. El otro hijo de Miguel y Ana María se llama Carlos. Él tiene sólo una nieta.
4. La hija de Ana María y Miguel se llama Anita. Anita tiene dos nietos.
5. Carmen tiene dos sobrinos que se llaman Pedro y Miguelito.
6. Carlos, el padre de Enrique, es el esposo de Julia, la abuela de Juanita.
7. A Carlos y a Julia les cae muy bien su nuera, Marta.
8. Roberto, el cuñado de Andrés, es también el abuelo de Miguelito y Pedro.
9. Roberto y Anita son los suegros de Pamela.
10. Pamela se casó hace diez años con Felipe, el primo de Enrique.
11. La nieta de Ana María y Miguel y la hermana de Felipe es Carmen.
12. Carmen todavía es soltera; se casa este verano.

Unidad dos

EXPLORACIÓN

El pretérito

A. Los verbos regulares tienen las siguientes terminaciones en el pretérito.

hablar		comprender	
hablé	hablamos	comprendí	comprendimos
hablaste	hablasteis	comprendiste	comprendisteis
habló	hablaron	comprendió	comprendieron

escribir	
escribí	escribimos
escribiste	escribisteis
escribió	escribieron

B. La mayoría de verbos con cambios en la raíz en el presente (**o → ue**, **e → ie**, **e → i**) no cambian su raíz en el pretérito. Por ejemplo: **pensé, pensaste, pensó, pensamos, pensasteis, pensaron**. Ciertos verbos excepcionales de la clase **-ir** tienen un cambio de vocal en el pretérito en la tercera persona del singular y del plural: **o** en **u** y **e** en **i**.

dormir		pedir	
dormí	dormimos	pedí	pedimos
dormiste	dormisteis	pediste	pedisteis
d**u**rmió	d**u**rmieron	p**i**dió	p**i**dieron

C. Los cambios en el pretérito de los verbos irregulares son los siguientes.

1. La **i** cambia en **y** en la tercera persona singular y plural de ciertos verbos que terminan en **-er** o **-ir**.

    leer: leyó, leyeron   caer: cayó, cayeron   oír: oyó, oyeron

    Otros verbos en esta categoría son **creer, construir, contribuir** y **poseer**.

2. Para conservar el sonido del infinitivo, los verbos que terminan en **-car, -gar** y **-zar** cambian en la primera persona del singular.

c → qu	**g → gu**	**z → c**
buscar – bus**qu**é	castigar – casti**gu**é	abrazar – abra**c**é
colocar – colo**qu**é	llegar – lle**gu**é	comenzar – comen**c**é
tocar – to**qu**é	pagar – pa**gu**é	empezar – empe**c**é

3. Tres verbos irregulares en el pretérito son **ir**, **ser** y **dar**. Nota que **ir** y **ser** tienen las mismas formas.

ir, ser		dar	
fui	fuimos	di	dimos
fuiste	fuisteis	diste	disteis
fue	fueron	dio	dieron

4. Otros verbos irregulares en el pretérito son los siguientes.

Verbo	Raíz	Terminación	Verbo	Raíz	Terminación
andar	anduv-				
caber	cup-				-e
estar	estuv-	-e	conducir	conduj-	-iste
haber	hub-	-iste	decir	dij-	-o
hacer	hic-	-o	producir	produj-	-imos
poder	pud-	-imos	traducir	traduj-	-isteis
poner	pus-	-isteis	traer	traj-	-eron [1]
querer	quis-	-ieron			
saber	sup-				
tener	tuv-				
venir	vin-				

Nota el cambio de **c** en **z** de la tercera persona del singular de **hacer**: hice, hiciste, hizo, hicimos, hicisteis, hicieron.

[1] Nota la ausencia de **i** entre **j** y **-eron**.

Unidad dos

D. El pretérito se usa para describir o relatar una acción terminada o una serie de acciones terminadas en el pasado.

Mi familia llegó a tiempo.
Diana abrazó a su abuela y le dio un beso.

My family arrived on time.
Diana hugged her grandmother and gave her a kiss.

E. Se usa el pretérito cuando una acción pasada ocurre un número específico de veces.

Yo visité a mi prima tres veces.

I visited my cousin three times.

F. Se usa el pretérito para indicar un cambio físico, emocional o mental en un momento específico en el pasado.

Después de haber llorado tanto, el niño se sintió mejor.

After having cried so much, the child felt better.

G. También se usa el pretérito para indicar el principio o el fin de una acción.

Empezó a llover a la una y cesó a las dos.

It began to rain at one, and it stopped at two.

Actividades

A. Cuentos. Antes de acostarse, Paquito y su abuelo pasan un rato juntos. Esta noche, el abuelito habla de su juventud y cuenta los sucesos mundiales de esa época. Completa las siguientes frases con la forma correcta del verbo en el pretérito.

1. Lindbergh (cruzar) ═══ el Atlántico en avión.
2. La abuelita y yo (conseguir) ═══ el primer televisor del pueblo.
3. Babe Ruth (batear) ═══ sesenta jonrones en un año.
4. Nosotros (ir) ═══ a muchas películas de Clark Gable.
5. La Segunda Guerra Mundial (empezar) ═══ cuando Alemania (invadir) ═══ a Polonia en 1939.
6. El señor Truman (llegar) ═══ a ser presidente en 1945.
7. Yo (ir) ═══ a las Filipinas y allí (luchar) ═══ durante dos años.
8. El presidente Roosevelt (morir) ═══ antes de acabarse la guerra.
9. Frank Sinatra (hacer) ═══ popular la canción "Three Coins in the Fountain".
10. Pero el suceso más importante (ser) ═══ el nacimiento de mis hijos.

1. cruzó
2. conseguimos
3. bateó
4. fuimos
5. empezó / invadió
6. llegó
7. fui / luché
8. murió
9. hizo
10. fue

B. **En el pasado.** Contesta las siguientes preguntas con frases completas.

1. ¿Dónde estuviste esta mañana a las seis?
2. ¿Adónde fueron tú y tus amigos el sábado?
3. ¿Oíste lo que dijo el presidente anoche?
4. ¿Vinieron tus parientes a verte la semana pasada?
5. ¿Qué trajiste a clase hoy? ¿Llegaste tarde a clase?
6. ¿Leyeron ustedes el periódico el domingo?

1. estuve
2. fuimos
3. oí
4. vinieron
5. traje / llegué
6. leímos

C. **Ayer todo fue diferente.** Completa cada frase de una manera original usando el pretérito.

   EJEMPLO   Hoy voy de compras, pero ayer **fui a clase**.

1. Mañana voy al cine, pero ayer...
2. El martes vamos a una fiesta, pero ayer...
3. Hoy llueve mucho, pero ayer...
4. La semana que viene Jorge cena conmigo, pero ayer...
5. Esta tarde tú vienes a mi casa, pero ayer...
6. Esta noche Yolanda y Camilo juegan tenis, pero ayer...

1. fui
2. fuimos
3. llovió
4. cenó
5. viniste
6. jugaron

EXPLORACIÓN

Hace con expresiones de tiempo

Se usan las siguientes construcciones en español para expresar *ago*.

A.   **Hace** + duración de tiempo + **que** + verbo en pretérito

   Hace un año que estuve en España.   *I was in Spain a year ago.*

B.   Verbo en pretérito + **hace** + duración de tiempo

   Estuve en España hace un año.   *I was in Spain a year ago.*

   Estas dos construcciones son intercambiables.

   Para indicar duración de tiempo que en general es corto, se puede usar **hace poco que**. Para indicar una duración larga de tiempo, se puede usar **hace mucho que**.

   Hace poco que nos mudamos.   *We moved in recently.*
   Hace mucho que vivo aquí.   *I have lived here for a long time.*

Unidad dos

Actividades

A. ¿Hace cuánto tiempo? Hoy es viernes. Son las dos. Vuelve tu hermana de un viaje, y le cuentas cuándo ocurrieron los siguientes acontecimientos.

> EJEMPLO el viernes a las doce / llega un telegrama
> **Llegó un telegrama hace dos horas.**
> **Hace dos horas que llegó un telegrama.**

1. el domingo / yo almuerzo con la chica nueva en mi escuela
2. el lunes / llama nuestra tía
3. el martes / Manolo rompe la computadora
4. el miércoles / el cartero deja un paquete
5. el viernes a las diez / voy a la clase de ballet

1. almorcé / cinco días
2. llamó / cuatro días
3. rompió / tres días
4. dejó / dos días
5. fui / cuatro horas

B. Recordando. Escoge una palabra de cada columna para hacer cinco frases originales usando los verbos en el pretérito.

> EJEMPLO **Hace tres meses que vi a mi tía.**

hace	veinte años	viajar
hace	mucho	comer
hace	poco	asistir
hace	dos minutos	hablar
hace	tres horas	vivir
hace	una semana	conocer

C. ¿Cuánto tiempo hace que...? Hazle a otro(a) estudiante las siguientes preguntas.

1. ¿Cuánto hace que celebraste tu cumpleaños?
2. ¿Cuánto hace que conociste a tu mejor amigo?
3. ¿Cuánto tiempo hace que hablaste con él (ella)?
4. ¿Cuánto hace que llegó tu profesor(a) de español a la clase?
5. ¿Cuánto tiempo hace que aprendiste a conducir?
6. ¿Cuánto tiempo hace que manejaste un coche nuevo?
7. ¿Cuánto tiempo hace que fuiste al médico?

See Copying Masters.

1. celebré
2. conocí
3. hablé
4. llegó
5. aprendí
6. manejé
7. fui

D. Hace tiempo. Crea frases usando las expresiones de la siguiente lista. Debes usar la construcción **hace** para significar *ago*.

> EJEMPLO ir al cine
> **Hace una semana que fui al cine.**

1. ir al cine
2. fregar el suelo
3. estudiar español
4. bañarse
5. presentar un examen
6. sacar la basura
7. bailar
8. ir de compras

FRONTERAS

E. Clase de historia. Emplea una expresión con **hace** y el pretérito para decidir cuándo ocurrió lo siguiente.

1. anduvieron
2. explotó
3. empezó
4. ganaron
5. se hizo
6. dio

EJEMPLO   descubrir América / Colón (1492)
Colón descubrió América hace unos quinientos años.

1. andar en la luna / los astronautas (1969)
2. explotar / la primera bomba atómica (1945)
3. empezar / la Segunda Guerra Mundial para los Estados Unidos (1941)
4. ganar el derecho al voto / las mujeres en los Estados Unidos (1920)
5. hacerse estado / Hawaii (1959)
6. dar el discurso "I have a dream" / Martin Luther King (1963)
7. ¿ . . . ?

ST 11

F. El tiempo vuela. Vas a escuchar unas preguntas sobre Jaime y su familia. Para cada pregunta busca el dibujo apropiado en tu libro y contesta con una frase completa.

EJEMPLO   ¿Cuánto tiempo hace que Jaime se mudó a esta casa?
Jaime se mudó a esta casa hace cinco años.

5 años

a. 2 meses

b. 6 días

c. 5 años

1. b
2. d
3. f
4. e
5. a

d. 4 meses

e. 4 meses

f. 3 años

G. ¿Qué pasó en 1991? Imagínate que es el año 2030 y ya eres abuelo(a). ¿Qué les vas a contar a tus nietos?

EJEMPLO   **En 2004 Mariana Luisa Pérez llegó a ser presidenta.**

LECCIÓN 5

EN CONTEXTO

Para comenzar

Describe lo que pasa en el dibujo. Tienes que usar tu imaginación para contestar algunas preguntas.

1. ¿Cómo describes a este muchacho por las cosas en el cuarto? Compara tu cuarto en casa con el de este chico. ¿Cuál prefieres? ¿Por qué?
2. ¿Qué cosas le gusta hacer a este muchacho? ¿Cómo lo sabes?
3. ¿Cómo es la alcoba del muchacho? ¿Con qué está amueblado el cuarto?
4. ¿Qué es lo que no le gusta hacer a este muchacho, según este dibujo?
5. ¿Qué cosas están colgadas de la cómoda? ¿Qué cosas hay sobre esa cómoda?
6. ¿Qué hay sobre la mesita de noche?
7. ¿Qué está haciendo el muchacho?
8. ¿Cuántos años crees que tiene este muchacho?
9. ¿Qué cosas crees que tenía en este cuarto hace cinco años? ¿Hace diez años? ¿Hace quince años?

Mi rinconcito

El señor Arciniegas, el maestro de escuela de Quito, sigue contando acerca de su juventud.

Mi casa en Quito estaba situada en la parte antigua de la ciudad. Era muy hermosa. Tenía unas terrazas o azoteas. Mi cuarto era bastante amplio. Yo soy el hijo mayor y por eso tenía el mejor de los cuartos. Era un cuarto con unas ventanas grandes hacia la terraza. Tenía una cama muy bonita, de madera. Tenía, además, un pupitre—un escritorio bastante amplio— y una estantería°, porque desde muy niño compraba muchos libros... siempre me gustaba leer.

Yo recuerdo que desde que podía leer, cuando llegaba el día de mi santo, que es el 15 de julio, mis parientes me daban dinero y mi padre automáticamente me llevaba a una librería. Entonces allí compraba los libros que quería, aconsejado° por los dueños de la librería, los llevaba a casa, me instalaba en mi cuarto o en la azotea y me ponía a leer...

una... some shelves

advised

Preguntas acerca de la lectura

1. ¿Cómo era la casa de Enrique? ¿En qué parte de la ciudad estaba?
2. ¿Cómo era el cuarto de Enrique? Descríbelo.
3. ¿Qué privilegios tenía Enrique por ser el mayor?
4. ¿Qué le gustaba comprar a Enrique? ¿Dónde los compraba?
5. ¿Qué más sabes de Enrique por la lectura?

En tu opinión

1. ¿Tienes tu cuarto en tu casa o compartes tu cuarto con otro miembro de la familia? Explica.
2. ¿Qué opinas de los privilegios de Enrique? ¿Tienes algunos privilegios en tu casa? ¿Cuáles son? ¿Eres hijo(a) único(a)? En tu familia, ¿hay ventajas o desventajas en ser el (la) mayor (menor)? ¿Cuáles? ¿Por qué?
3. ¿Recibías dinero de tus parientes para tu cumpleaños? ¿Qué comprabas? ¿Qué otras cosas te daban de regalo? ¿Eran las que querías?

Expansión de vocabulario

LA CASA
la **alcoba**   bedroom
la **azotea**   flat roof
el **baño**   rest room
el **barrio**   neighborhood
la **cocina**   kitchen
el **comedor**   dining room
la **cómoda**   chest of drawers
el **cuarto** (la **habitación**, la **pieza**)   room
el **cuarto de baño**   bathroom
el **cuarto para almacenar cosas**   storeroom
el **desván**   attic
la **estantería**   shelves
el **hogar**   home, hearth
el **ladrillo**   brick
la **madera**   wood
la **pared**   wall
la **sala**   den, family room
el **salón** (la **sala de estar**)   living room
el **servicio sanitario**   rest room
el **sótano**   basement
el **suelo**   floor
el **techo**   ceiling, roof
el **tejado**   roof
la **terraza**   terrace
la **vecindad**   neighborhood

EL CUARTO
la **alfombra**   rug
el **armario**   clothes closet
la **bañera**   bathtub
la **calefacción**   heating

el **calentador**   heater
la **cortina**   curtain
el **cuadro**   picture
la **escoba**   broom
el **espejo**   mirror
la **estufa**   stove, heater
el **excusado**   toilet
el **fregadero**   (kitchen) sink
el **horno**   oven
el **lavabo**   washbasin, (bathroom) sink
la **lavadora**   washing machine
el **lavaplatos**   dishwasher
la **mecedora**   rocking chair
la **mesa del centro**   coffee table
la **pintura**   painting
la **plancha**   iron
la **secadora**   (clothes) dryer
la **silla**   chair
el **sillón** (la **butaca**)   armchair
la **tina**   bathtub
el **tocador**   dressing table
el **water**   toilet

VERBOS
amueblar   to furnish
bañar(se)   to bathe (oneself)
barrer   to sweep
duchar(se)   to (take a) shower
fregar (e → ie)   to scrub, to wash
lavar(se)   to wash (oneself)
mojar(se)   to wet (to get wet)
pasar la aspiradora a   to vacuum
planchar   to iron
secar(se)   to dry (oneself)

Actividades

A. **¿Qué palabra no pertenece?**   En cada grupo, escoge la palabra que no está relacionada con las otras y explica por qué.

1.	2.	3.	4.	5.
techo	tejado	mecedora	amueblar	habitación
suelo	comedor	sillón	barrer	horno
pared	sala	mesita	fregar	cuarto
sótano	cuarto	silla	lavar	pieza

1. sótano
2. tejado
3. mesita
4. amueblar
5. horno

B. La tarea doméstica. Escoge un objeto que corresponde a cada verbo o frase del verbo.

Verbo o frase del verbo   Objeto

1. b   1. amueblar   a. la pared
2. g   2. barrer   b. el cuarto
3. a   3. pintar   c. la alfombra
4. f   4. sentarse en   d. la bañera
5. c   5. pasar la aspiradora a   e. el lavabo
6. d   6. bañarse en   f. el sillón
7. e   7. fregar   g. el suelo

C. Cuartos. ¿Qué haces en las siguientes habitaciones? Nombra a lo menos tres actividades.

1. la cocina   3. el comedor   5. la sala de estar
2. el sótano   4. la alcoba   6. la sala

EXPLORACIÓN

El imperfecto

A. Los verbos regulares tienen las siguientes terminaciones en el imperfecto.

hablar		comprender	
hablaba	hablábamos	comprendía	comprendíamos
hablabas	hablabais	comprendías	comprendíais
hablaba	hablaban	comprendía	comprendían

escribir	
escribía	escribíamos
escribías	escribíais
escribía	escribían

B. Sólo hay tres verbos irregulares en el imperfecto.

ir		ser		ver	
iba	íbamos	era	éramos	veía	veíamos
ibas	ibais	eras	erais	veías	veíais
iba	iban	era	eran	veía	veían

C. El imperfecto se usa para expresar una acción que no se sabe cuando principia o termina. También expresa una acción que pasaba, estaba pasando habitualmente o pasó varias veces en el pasado.

En la reunión todos comían, bailaban y charlaban.
At the party everyone was eating, dancing, and talking.

Mi nieto siempre me visitaba los sábados.
My grandson always used to visit me on Saturdays.

D. Se usa para expresar la hora en el pasado.

Era tarde. Ya eran las dos.
It was late. It was already two o'clock.

E. Se usa para describir cosas o personas en el pasado y para expresar edad.

Pedro era joven, alto y muy guapo.
Pedro was young, tall, and very handsome.

Tenía dieciocho años cuando se graduó del colegio.
He was eighteen when he graduated from high school.

F. Se usa para describir un estado mental o emocional o un estado en el pasado como condición permanente.

Yo creía que Ana era tu prima.
I thought that Ana was your cousin.

La niña le tenía miedo al monstruo.
The child was afraid of the monster.

Actividades

A. **La clase de 1982.** Muchas cosas han cambiado desde que la clase de 1982 se graduó del colegio hace diez años. Forma frases según el ejemplo.

See Copying Masters.

EJEMPLO Carmen / leer / novelas románticas
**Antes Carmen leía novelas románticas.
Ahora lee comentarios políticos.**

1. Hugo / jugar / cartas
2. el edificio / ser / rojo
3. las chicas / llevar / faldas
4. Juanita / salir con / Jorge
5. tú / ser / delgado
6. yo / tener / pelo largo
7. las muchachas / estudiar / español
8. nosotros / comer / papas fritas

1. jugaba / juega
2. era / es
3. llevaban / llevan
4. salía / sale
5. eras / eres
6. tenía / tengo
7. estudiaban / estudian
8. comíamos / comemos

B. De niño(a). ¿Cómo eras de niño(a)? Contesta las siguientes preguntas.

1. ¿Veías a menudo la televisión?
2. ¿Cómo ibas a la escuela?
3. ¿Qué hacía tu familia los domingos?
4. ¿Cómo pasabas los veranos?
5. ¿Recibías dinero de tus padres? ¿Cuánto?
6. ¿Tenías que ayudar en casa? ¿Qué hacías?
7. ¿Dónde comías cuando salías con amigos? ¿Qué comían ustedes?
8. ¿Qué hacías con tus amigos por la noche?

C. Descripciones en el pasado. Describe las siguientes cosas.

1. tu primer viaje en avión
2. tu primer(a) maestro(a)
3. tu película favorita de niño
4. tu primera visita al dentista
5. la primera cosa que recuerdas
6. tu primer día en esta escuela

ST 12

D. Descripción. Vas a escuchar seis frases. Luego describe el estado emocional, mental o físico de la persona que es el sujeto de los sucesos que vas a escuchar. Escribe tus respuestas en tu propio papel.

EJEMPLO   El monstruo entró en la sala de Maruja, se comió el televisor y salió por la ventana.
Maruja tenía miedo y lloraba.

Suggested adjectives: estaba
1. feliz
2. orgulloso
3. triste
4. cansada
5. cansado
6. enojado

E. ¿Qué hora era? Contesta las siguientes preguntas.

1. ¿Qué hora era cuando te despertaste hoy?
2. ¿Qué hora era cuando saliste hoy para la escuela?
3. ¿Qué hora era cuando desayunaste hoy?
4. ¿Qué hora era cuando te acostaste anoche?
5. ¿Qué hora era cuando entraste a la clase de español?

1. me desperté
2. salí
3. desayuné
4. me acosté
5. entré

F. Recordando. Con las siguientes preguntas entrevista a uno(a) de tus compañeros(as).

1. ¿Cómo eras cuando tenías cinco años?
2. ¿Cómo era tu novio(a) cuando tenía diez años?
3. ¿Cómo eras cuando tenías catorce años?
4. ¿Cómo era tu hermano(a) cuando tenía cinco años?
5. ¿Cómo eran tus padres cuando eran niños?

G. Más memorias. Con otro estudiante, van a hablar de las cosas que los dos hacían cuando eran niños. Tomen apuntes para informar al resto de la clase.

EJEMPLO   **Cuando yo era niño, jugaba con mis amigos. Nadaba todos los días en el verano y patinaba en el invierno. Tenía un amigo, Jaime, que...**

EXPLORACIÓN

Hacer y *llevar* en el imperfecto

Las siguientes construcciones se usan para expresar una acción que ya había empezado y que continuaba cuando pasó algo para interrumpirla.

A. **Hacía** + duración de tiempo + **que** + (**no** +) verbo en imperfecto

Hacía una hora que barría el suelo cuando llegó Diana.	*I had been sweeping the floor for one hour when Diana arrived.*
¿Cuánto tiempo hacía que leías cuando sonó el teléfono?	*How long had you been reading when the telephone rang?*
Hacía cinco horas que esperaba cuando llego Carlos.	*I had been waiting for five hours when Carlos arrived.*

B. (**No** +) verbo en imperfecto + **desde hacía** + duración de tiempo

Barría el suelo desde hacía una hora cuando llegó Silvia.	*I had been sweeping the floor for one hour when Silvia arrived.*
¿Desde cuándo leías cuando sonó el teléfono?	*How long had you been reading when the telephone rang?*
No comía desde hacía cinco horas cuando Felipe me trajo un sándwich.	*I hadn't eaten for five hours when Felipe brought me a sandwich.*

C. 1. **Llevar** en imperfecto + duración de tiempo + gerundio

Llevaba una hora nadando cuando llegó Inés.	*I had been swimming for one hour when Inés arrived.*
¿Cuánto tiempo llevabas leyendo cuando sonó el teléfono?	*How long had you been reading when the telephone rang?*

C. 2. **Llevar** en imperfecto + duración de tiempo + **sin** + infinitivo

Llevaba cinco horas sin comer cuando David me trajo un sándwich.	*I hadn't eaten for five hours when David brought me a sandwich.*

Actividades

A. Hacía una hora... ¿Qué hacían estas personas cuando sonó el teléfono? Forma frases con las siguientes palabras.

See Teacher's Guide for answers.

EJEMPLO   yo / dormir / una hora
**Hacía una hora que yo dormía cuando sonó el teléfono.
Dormía desde hacía una hora cuando sonó el teléfono.
Llevaba una hora durmiendo cuando sonó el teléfono.**

1. el abuelo / contar un cuento / veinte minutos
2. la vecina / cortar el césped / media hora
3. la niñera / vestir a los niños / diez minutos
4. el pintor / pintar el comedor / dos horas
5. Josefa / barrer su dormitorio / una hora y media
6. el plomero / arreglar el baño / dos horas y cuarto

B. ¿Qué hacían? ¿Qué hacían las siguientes personas cuando empezó a llover? Forma frases mirando los dibujos.

EJEMPLO   **Hacía treinta minutos que comían en el restaurante cuando empezó a llover.**

1. 5 minutos
2. 15 minutos
3. 2 horas
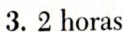
30 minutos

1. se duchaba
2. pasaba la aspiradora
3. escribía a máquina
4. dormía
5. planchaba
6. pintaba

4. 3 horas
5. 20 minutos
6. 2 horas

EXPLORACIÓN

Acabar de en el imperfecto

Cuando se usa la expresión **acabar de** en el imperfecto delante del infinitivo, quiere decir *had just done (something)*.

> Yo acababa de lavar los platos   *I had just washed the dishes*
>   cuando me llamó Elsa.   *when Elsa called me.*

Actividades

A. ¿Qué acababa de hacer?   Forma una frase empleando la expresión **acabar de** en el imperfecto.

> EJEMPLO   bailar el último baile / entrar su novia
> **Acababa de bailar el último baile cuando entró su novia.**

1. hacer la pregunta / entrar la maestra
2. presentar el examen / un amigo gritar
3. planchar la camisa / empezar el incendio
4. escribir la carta / (yo) tener que salir
5. leer el periódico / (yo) empezar a ver televisión
6. cantar la canción / (ella) apagar la radio

1. entró
2. gritó
3. empezó
4. tuve
5. empecé
6. apagó

B. Siempre pasa algo.   Forma una frase usando la expresión **acabar de** y termínala de una manera original.

> EJEMPLO   papá / comer la sopa
> **Papá acababa de comer la sopa cuando vio el insecto en su plato.**

1. la criada / limpiar el suelo
2. los niños / arreglar el cuarto
3. el abuelo / sentarse en el sofá
4. los vecinos / visitar
5. Luis / pintar la pared
6. mis primos / cocinar la cena
7. Yolanda / planchar los pantalones
8. la madrina / entrar en el salón

1. acababa
2. acababan
3. acababa
4. acababan
5. acababa
6. acababan
7. acababa
8. acababa

C. Me acuerdo muy bien.   Imagínate que hubo una erupción de volcán mientras estabas de visita en Neolandia. Aun diez años después recuerdas el momento con gran claridad. Cuéntales a tus nietos todo lo que acababa de pasar cuando ocurrieron los distintos detalles de la erupción—la explosión, el humo, el temblor.

> EJEMPLO   el despertador / sonar / oír _____
> **Acababa de sonar el despertador cuando oí <u>un ruido tremendo</u>.**

1. yo / despertarme / sentir ====
2. yo y los huéspedes del hotel / levantarnos / darse cuenta de ====
3. los niños / llegar a la escuela / ver ====
4. la alcadesa / entrar a su oficina / informarle ====
5. los bomberos / salir para un incendio / llamarlos ====
6. una mujer / cerrar las ventanas de su cuarto / romperse ====
7. mi amigo Evodio / pasar el puente del río / caerse ====
8. nosotros / escaparnos / derrumbarse ====
9. ustedes / nacer / ocurrir ====

LECCIÓN 6

EN CONTEXTO

Para comenzar

Describe lo que pasa en el dibujo. Tienes que usar tu imaginación para contestar algunas preguntas.

1. Describe los preparativos que harías antes de salir para una excursión al campo, a las montañas o a la playa. Menciona la ropa, la comida y el equipo que te gustaría llevar (tienda de campaña, cámara fotográfica, mochila, etc.).
2. ¿Te gusta salir a acampar? ¿Por qué? ¿Prefieres acampar solo o en grupo? ¿En un camping público o privado? ¿Vas con más frecuencia al mar, a las montañas o a un parque público? ¿En qué estación del año te gusta salir?
3. ¿Qué reglas deben seguir las personas que hacen camping? Haz una lista de reglas de cortesía y de seguridad, para evitar accidentes o para la protección de los animales o la conservación de la naturaleza.
4. ¿Qué consejos tienes para una persona que va a acampar por primera vez? ¿Qué equipo y actividades de recreo recomiendas? ¿Le aconsejas que lleve algunas comodidades modernas? ¿Cuáles?
5. ¿Cuáles son las condiciones ideales para acampar? Describe una experiencia memorable (buena, mala, peligrosa o cómica) que tuviste.

Cuando yo era pequeño...

El señor Arciniegas, el maestro de la escuela en Quito, sigue contando acerca de su juventud.

El recuerdo más claro que me viene de mi infancia es el de mi padre. Cuando yo era muy pequeño, él era estudiante universitario. Fue muy deportista, y su deporte favorito era escalar montañas. Yo recuerdo claramente cómo hacía los preparativos. El día anterior venían los amigos que iban a acompañarlo en la ascensión del Pichincha, el monte más alto de Quito. Venían seis o siete personas con sus bolsas de sándwiches y sus cantimploras° llenas de limonada. Había mucha excitación.

Empezaban la excursión muy temprano. Generalmente salían a las cuatro o cuatro y media de la mañana, a oscuras° todavía (porque en Quito el sol siempre sale° a las seis en punto) y desaparecían. Luego venía, naturalmente, la expectación, en la tarde o en la noche. Mi madre, preocupada°, miraba el reloj para ver a qué hora llegaban. Y claro, si había llovido durante el día, la preocupación de mi madre era mayor°. Por fortuna, en todas las excursiones que hacían, siempre regresaban bien.

Recuerdo que una vez, uno de los compañeros de mi padre llevó un sombrero. Era un sombrero viejo que había teñido° de otro color. A este señor lo cogió° la lluvia, y naturalmente el color del sombrero le bañó la cara y la ropa. Fue una ocasión de grandes risas y carcajadas°.

canteens

a... in darkness
rises
worried

greater

dyed
caught

bursts of laughter

Preguntas acerca de la lectura

1. ¿Qué es lo que más recuerda Enrique de su infancia? ¿Qué hacía su padre?
2. ¿Cuál era el deporte favorito del padre de Enrique? ¿Cómo se preparaba para sus excursiones? ¿Qué es el Pichincha?
3. ¿Por qué se preocupaba tanto la mamá de Enrique? ¿Cuándo sale el sol en Quito? ¿Tenían accidentes el papá de Enrique y sus amigos?
4. ¿Qué le pasó una vez, con un sombrero viejo, a uno de los amigos del papá de Enrique?

En tu opinión

1. ¿Se preocupaba mucho tu familia cuando eras niño(a)?
2. ¿En qué actividades participaba tu familia? ¿Y tú? ¿Qué hacías con tu familia?
3. ¿Cuál es tu deporte favorito? ¿Te gustan las excursiones? ¿Con quién fuiste la última vez?

4. ¿Crees que es importante planear un viaje al campo? ¿Por qué? ¿Cuál era tu lugar favorito para acampar? ¿Para ir de pesca°?
5. ¿Recuerdas un suceso que causó mucha risa y carcajadas? ¿Cuál fue? ¿Dónde pasó? ¿Por qué?
6. ¿Cómo te fue la última vez que fuiste de viaje al campo? ¿Tuviste algún problema? Explica.

ir... to go fishing

Expansión de Vocabulario

ACTIVIDADES
el **acuario**   aquarium
la **canoa**   canoe
el **circo**   circus
el **cuento de hadas**   fairy tale
la **hamaca**   hammock
el **jardín zoológico**   zoo
la **mochila**   knapsack
la **rayuela**   hopscotch

EMOCIONES
la **alegría** (**alegre**)   happiness (happy)
la **depresión** (**deprimido**)   depression (depressed)
la **desilusión** (**desilusionado**)   disappointment (disappointed)
el **enojo** (**enojado**)   anger (angry)
la **felicidad** (**feliz**)   happiness (happy)
la **melancolía** (**melancólico**)   melancholy (melancholic)
la **molestia** (**molestado**)   annoyance (annoyed)
la **tristeza** (**triste**)   sadness (sad)

ANIMALES
el **elefante**   elephant
la **foca**   seal
la **hormiga**   ant
el **mono**   monkey
el **oso**   bear
el **pájaro**   bird
el **pato**   duck
el **pez**   fish

la **rana**   frog
la **serpiente** (la **culebra**)   snake
el **tiburón**   shark
el **tigre**   tiger

LA NATURALEZA
el **árbol**   tree
el **arbusto**   shrub
el **bosque**   forest
el **campo**   country
la **flor**   flower
la **leña**   firewood
el **mar**   sea, ocean
el **paisaje**   countryside, landscape
el **río**   river

VERBOS
acampar   to camp
coleccionar   to collect
enfermarse (**ponerse enfermo[a]**)   to get sick
jugar (u → ue)   to play (a game)
pelear(se)   to fight (one another)
pescar   to fish
regañar   to scold, to quarrel
reñir (e → i)   to dispute, to scold
respetar   to respect

OTRAS PALABRAS Y FRASES
hacer autostop   to hitchhike
el **saco de dormir**   sleeping bag
soñar con   to dream about
soñar despierto   to daydream
la **tienda de campaña**   tent

Actividades

A. ¿Qué palabra no pertenece? En cada grupo, escoge la palabra que no está relacionada con las otras y explica por qué.

1. circo
   acuario
   leña
   jardín zoológico

2. mochila
   saco de dormir
   mar
   tienda de campaña

3. depresión
   alegría
   melancolía
   desilusión

4. respetar
   reñir
   pelearse
   regañar

5. pájaro
   hormiga
   oso
   rayuela

1. leña
2. mar
3. alegría
4. respetar
5. rayuela

B. Lugares para niños. ¿Qué encuentras en los siguientes lugares?

1. un circo
2. un bosque
3. un acuario
4. un jardín zoológico

C. ¿De qué color es? ¿Qué emociones asocias con los colores siguientes? ¿Por qué? Después, escoge el color que mejor representa tu personalidad y explica por qué.

1. amarillo
2. rojo
3. azul
4. negro
5. gris
6. blanco
7. rosado
8. verde

EXPLORACIÓN

El uso del pretérito e imperfecto

Muchas veces es tan correcto usar el pretérito como usar el imperfecto en una frase. La persona que habla decide, de acuerdo con lo que quiera decirle a la persona que escucha. Si la persona que habla quiere enfatizar el principio o el fin de una acción, usa el pretérito. En cambio, si quiere enfocar° una acción en progreso en el pasado, o una acción habitual, escogerá el imperfecto. Frecuentemente, el imperfecto se traduce al inglés como *was* más el verbo terminado en *-ing* (*was talking, was eating,* etc.), o también como *used to* más el verbo (*used to talk, used to eat,* etc.).

° to emphasize, to focus on

Para comprender mejor el uso del pretérito y el imperfecto, es útil comparar sus usos en contextos similares.

Ayer **escalé** la montaña.
*Yesterday I **climbed** the mountain.* (completed action)

Ayer **escalaba** la montaña cuando empezó a llover.
*Yesterday I **was climbing** the mountain when it began to rain.* (action in progress)

De niña, **escalaba** montañas cada verano.
*As a child, I **used to climb** mountains every summer.* (habitual action)

A. El pretérito y el imperfecto se pueden usar en la misma frase. Está pasando una acción (imperfecto) cuando coincide con otra acción (pretérito).

Yo dormía cuando el perro empezó a ladrar.
I was sleeping when the dog began to bark.

B. Sin embargo, cuando dos acciones han sucedido simultáneamente en el pasado, se usa el imperfecto.

Yo leía mientras los niños dormían.
I was reading while the children were sleeping.

C. El pretérito enfatiza un cambio en la mente y en las emociones. El imperfecto describe pensamientos o emociones sin enfatizar su principio o fin.

Ayer estuve enferma.
I was sick yesterday. (I am better now.)

Estaba enferma ayer.
I was sick yesterday. (I was feeling ill all day long.)

Al ver su bicicleta nueva, Pilar estuvo muy contenta.
Upon seeing his new bicycle, Pilar was (became) happy.

Estaba muy contento de poder celebrar su cumpleaños con sus amigos.
He was (feeling) happy to be able to celebrate his birthday with his friends.

Unidad dos

D. Algunos verbos tienen diferentes significados según se usen en el pretérito o en el imperfecto. Nota que en cada caso, el pretérito expresa una acción terminada mientras que el imperfecto expresa una acción en progreso o una condición que no cambia.

Verbo	Pretérito	Imperfecto
conocer	to meet, to become acquainted (with someone)	to know, to be familiar with
	Conocí a su marido anoche. *I met her husband last night.*	Raúl conocía bien a los Gómez. *Raúl knew the Gómez family well.*
saber	to find out	to know, to have knowledge of
	Supo las noticias hoy. *She found out the news today.*	Sabía que José venía. *She knew that José was coming.*
poder	to manage (to do something, succeed in)	to be able, to be capable of
	No pudo llegar a tiempo. *He didn't manage to arrive on time.*	No podía recordar su nombre. *He couldn't remember her name.*
tener	to receive, to get[2]	to have (in one's possession)
	Tuve un telegrama de mi tía. *I received a telegram from my aunt.*	Tenía una casa en la playa. *I used to have a house at the beach.*
querer	to try	to want to
	Elena quiso levantar el sofá pero pesaba demasiado. *Elena tried to lift the sofa, but it weighed too much.*	Edgar quería ir al circo. *Edgar wanted to go to the circus.*
no querer	to refuse	to not want to
	Le escribí pero no quiso contestar. *I wrote to him, but he refused to answer.*	Lo invité pero no quería venir. *I invited him, but he didn't want to come.*

[2] **Tener** en el pretérito puede significar también *had*. **Tuve problemas con el auto.** (*I had problems with the car.*)

Actividades

A. ¿Cómo sería?   Imagínate cómo son los cuartos de las siguientes personas. Describe lo que hay en el cuarto de cada una.

¿Qué cosas habría en el cuarto de
1. una niña de cinco años?
2. un bebé de seis meses?
3. un ejecutivo de cincuenta años?
4. una actriz famosa?
5. un muchacho de diez años?
6. una muchacha de dieciséis años?

B. Selecciona.   Nota el uso del pretérito y del imperfecto en la siguiente selección. Da la razón por la cual se usaron.

Hacía seis días que *vagaba* por las calles y muelles de aquel puerto. Lo había dejado allí un vapor inglés de Punta Arenas, donde había desertado de un vapor en que *servía* como muchacho del capitán. *Estuvo* un mes allí y en el primer barco que *pasó* hacia el norte, se *embarcó* ocultamente.

Lo *descubrieron* al día siguiente y lo *enviaron* a trabajar en las calderas. En el primer puerto grande que *tocó* el vapor lo *desembarcaron*, y allí *quedó*, sin conocer a nadie, sin un centavo en los bolsillos y sin saber trabajar en oficio alguno.

Mientras *estuvo* allí el vapor, *pudo* comer, pero después...

Aunque *era* muy joven había hecho varios viajes por las costas de América del Sur, en diversos vapores, haciendo distintos trabajos y faenas que en tierra casi no *tenían* aplicación.[3]

He *had been wandering* through the streets and wharves of that port for six days. An English steamer from Punta Arenas, where he had deserted the steamer on which *he was serving* as the captain's boy, had left him there. He *was* there for a month, and on the first ship that *passed* through going north he *boarded* secretly.

They *discovered* him the next day and *sent* him to work on the boilers. They *put* him ashore at the first large port the steamer *touched at,* and there he *remained* knowing no one, without a cent in his pockets and without knowing any trade to work at.

While the steamer *was* there, *he managed* to eat, but afterward....

Although he *was* very young, he had made several voyages along the coasts of South America, on different steamers, doing various jobs and tasks that *had* practically no application on land.

[3] Adaptado de *El vaso de leche,* por Manuel Rojas. Vea la página 111.

C. La lectura. Enrique Arciniegas nos cuenta más de su juventud. Lee la selección y llena cada espacio con la forma apropiada del verbo entre paréntesis en el pretérito o imperfecto.

Cuando yo apenas (saber) __1__ leer, (empezar) __2__ a leer los libros de Julio Verne, como *Viaje al centro de la tierra*. Yo me (comprar) __3__ toda la colección. También (leer) __4__ todas las novelas de Dumas, como *Los tres mosqueteros*. Recuerdo que cuando yo (tener) __5__ doce años, (estar) __6__ muy entusiasmado por la aviación. Entre los libros que yo (comprar) __7__ (haber) __8__ uno de un escritor francés, Antoine de Saint-Exupéry, que se (llamar) __9__ *Vuelo nocturno*. Me (gustar) __10__ tanto ese libro que lo (leer) __11__ muchas veces y lo (aprender) __12__ de memoria. (ser) __13__ la gran pasión de mi vida y naturalmente yo (empezar) __14__ a buscar otros libros de él.

1. sabía
2. empecé
3. compré
4. leí
5. tenía
6. estaba
7. compré
8. había
9. llamaba
10. gustó (gustaba)
11. leí
12. aprendí
13. Fue
14. empecé

D. ¿Qué tal fue el día? Después de cenar Luisita siempre charla con sus padres y les cuenta las actividades del día. Cambia los verbos entre paréntesis según el ejemplo.

EJEMPLO Andrés y yo (nadar) **nadábamos** en el lago cuando (empezar) **empezó** a llover.

1. Yo (ir) ==== a la escuela cuando (ocurrir) ==== un accidente en la calle.
2. Gloria y Felipe (jugar) ==== al escondite cuando ellos (encontrar) ==== unas monedas.
3. Angelita (andar) ==== en bicicleta cuando ella (ver) ==== un robo en la farmacia.
4. Papá, usted (dormir) ==== en el sillón cuando yo (llamar) ==== a la tía por teléfono.
5. Mamá (estar) ==== de buen humor cuando yo (volver) ==== de la escuela.

See Copying Masters.

1. iba / ocurrió
2. jugaban / encontraron
3. andaba / vio
4. dormía / llamé
5. estaba / volví

E. **¿Qué más le pasó a Luisita?** Forma cinco frases más como las de la actividad D. Puedes usar estos verbos a continuación.

acampar	poder	querer	pescar
respetar	tener	saber	coleccionar

ST 13

F. **Escucha.** Escucha mientras Fidel cuenta una experiencia que tuvo el verano pasado y contesta las siguientes preguntas.

1. ¿Qué hizo el verano pasado?
2. ¿Qué ciudades visitó?
3. ¿Qué ciudad fue su favorita?
4. ¿A quién vieron cuando pasaban por el río?
5. ¿Cómo era el hombre?
6. ¿Qué hacía el hombre?

1. viajó por México
2. Monterrey, Tampico, Guadalajara, Acapulco, Uruapan
3. Uruapan
4. un hombre
5. viejo, cara de ángel
6. contaba cuentitos

G. **Y tú, ¿qué hacías?** Los niños siempre tienen excusas. Con otro(a) compañero(a) hagan el papel de niños(as) y expliquen qué hacían cuando ocurrieron las siguientes cosas. Luego él (ella) te va a contestar.

EJEMPLO   Carlos / gritar
¿Qué hacías cuando Carlos gritó?
Yo jugaba tranquilamente con mis amigos cuando Carlos gritó.

1. el perro / salir
2. la alarma / sonar
3. el policía / llegar
4. la profesora / entrar
5. el accidente / ocurrir
6. tu amiga / llamar
7. el ladrón / escaparse
8. el bebé / empezar a llorar

1. salió
2. sonó
3. llegó
4. entró
5. ocurrió
6. llamó
7. se escapó
8. empezó

H. **En el rancho.** Llena cada espacio con la forma correcta del verbo en el pretérito o imperfecto, según el contexto.

Cuando yo (ser) __1__ niña, mi hermano y yo (ir) __2__ al rancho de mi abuelita cada verano. Nosotros (caminar) __3__ cada mañana para explorar el rancho. Nosotros (encontrar) __4__ muchos animalitos como conejos, ovejas, escorpiones, serpientes y arañas. El rancho (ser) __5__ bastante grande y muy interesante para niños.

Un día, mi hermano y yo (decidir) __6__ escalar una montaña que (estar) __7__ muy lejos de la casa. (salir) __8__ a las seis de la mañana y no (llegar) __9__ a la montaña hasta las ocho. (descansar) __10__ un rato en una cueva, pero no (estar) __11__ solos. (oír) __12__ un sonido que nos (dar) __13__ tanto miedo que (regresar) __14__ a la casa en treinta minutos. Nosotros (pasar) __15__ el resto del día cerca de la casa de mi abuelita.

1. era
2. íbamos
3. caminábamos
4. encontrábamos
5. era
6. decidimos
7. estaba
8. Salimos
9. llegamos
10. Descansamos
11. estábamos
12. Oímos
13. dio
14. regresamos
15. pasamos

Unidad dos

ST 14

I. Interrupciones. ¿Qué hacían estas personas el sábado cuando ocurrieron las siguientes cosas? Vas a escuchar unas preguntas y las vas a contestar según estos dibujos. Sigue el ejemplo.

cocinar

EJEMPLO ¿Qué hacía la mujer cuando salió el sol?
La mujer cocinaba cuando salió el sol.

1. barrían
2. planchaba
3. leía
4. pasaba la aspiradora
5. se duchaba
6. bañaban

1. barrer

2. planchar

3. leer

4. pasar la aspiradora

5. ducharse

6. bañar al perro

FRONTERAS

EXPLORACIÓN

El pasado progresivo

> **Estar** en imperfecto + gerundio

hablar   **comprender**   **escribir**
estaba hablando   estaba comprendiendo   estaba escribiendo

El pasado progresivo indica una acción que estaba "en progreso". Es más restrictivo que el imperfecto, pues se refiere a una acción que estaba ocurriendo en un momento específico en el pasado. Compara las frases siguientes.

Yo hablaba con mi tío. { *I was speaking with my uncle.*
 I used to speak with my uncle.

Yo estaba hablando con mi tío.   *I was (in the process of) speaking with my uncle.*

En aquel entonces estaba tomando cursos de arqueología.   *At that time I was taking archaeology courses.*
Manuela vio que Damián estaba aumentando de peso.   *Manuela saw that Damián was gaining weight.*

Actividades

A. **A medianoche.** ¿Qué estaban haciendo tú y las siguientes personas a medianoche? Sigue el ejemplo.

> EJEMPLO   el bebé / dormir en su camita
> **El bebé estaba durmiendo en su camita a medianoche, pero yo estaba durmiendo en el sofá.**

1. mi tía / ver televisión
2. los jóvenes / bailar en una discoteca
3. la abuela / comer un sándwich
4. Mónica / estudiar para sus exámenes
5. las niñas / bañar al perro
6. mi sobrino / charlar con su hermana

1. estaba viendo
2. estaban bailando
3. estaba comiendo
4. estaba estudiando
5. estaban bañando
6. estaba charlando

Unidad dos

B. Escenas. ¿Qué estaban haciendo estas personas y estos animales a las dos de la tarde ayer? Usa el pasado progresivo en tus respuestas.

Los jóvenes en el Jeep estaban platicando (conversando, hablando). Los chicos estaban jugando. Los patos estaban nadando. El hombre estaba durmiendo. El oso estaba comiendo miel. Los jóvenes estaban comiendo.

EXPLORACIÓN

Los adjetivos y pronombres posesivos

A. En inglés se usa *'s* o un pronombre posesivo para indicar posesión. En español se usa **de** más un sustantivo o pronombre.

la hija de Susana	*Susana's daughter*
el vecino del señor Granero	*Mr. Granero's neighbor*
la leche de vaca	*cow's milk*
el sombrero de ella	*her hat*
el carro de él	*his car*

B. En inglés para saber de quién es se usa *whose*. Se usa la siguiente construcción en español.

¿De quién es la caña de pescar?   *Whose fishing rod is it?* (lit. *Of whom is the fishing rod?*)

	Adjetivos	Pronombres
my	**mi(s)**	**mío(a, os, as)**
your	**tu(s)**	**tuyo(a, os, as)**
his, her, your, its	**su(s)**	**suyo(a, os, as)**
our	**nuestro(a, os, as)**	**nuestro(a, os, as)**
your	**vuestro(a, os, as)**	**vuestro(a, os, as)**
their, your	**su(s)**	**suyo(a, os, as)**

Como todos los adjetivos en español, los adjetivos posesivos están de acuerdo[4] en género y número con el sustantivo al que modifican.[5]

C. Los adjetivos posesivos **mi, tu** y **su** preceden siempre al sustantivo que modifican.

| Mi cuarto no es muy grande. | *My room is not very big.* |
| Nuestro desván está lleno de ropa vieja. | *Our attic is full of old clothes.* |

D. Se puede usar una frase con preposición (**de** más el pronombre) para evitar confusión en los casos de **su** y **suyo**.

| Rosa tiene **su** juguete. | Rosa tiene el juguete **de él**. |
| Los zapatos **suyos** están sucios. | Los zapatos **de ella** están sucios. |

E. Se usa el artículo definido en vez del adjetivo posesivo con las partes del cuerpo o artículos de vestir cuando se usan con un verbo reflexivo o cuando se sabe claramente de quiénes son.

| Yo me lavo **la** cara. | *I wash **my** face.* |
| Yo le pongo **el** sombrero a ella. | *I put **her** hat on her.* |

F. Los adjetivos posesivos que dan énfasis siempre siguen al sustantivo que modifican.

| Mi coche es muy cómodo, pero el coche **tuyo** es muy nuevo. | *My car is very comfortable, but **your** car is very new.* |

G. Los pronombres posesivos, que no deben confundirse con los adjetivos posesivos, se construyen con el artículo definido correspondiente.

| mi familia y la tuya | *my family and yours* |
| tu sueño y el mío | *your dream and mine* |

---

[4] **Estar de acuerdo** (o **concordar**) significa *to be in agreement.* Ve el Apéndice I.
[5] **Mi, tu** y **su** tienen la misma forma para el masculino y femenino.

H. Generalmente se omite el artículo definido después del verbo **ser**:
Es mío (*It's mine*).

Actividades

A. Necesidades. La familia de Elena va a ir a acampar y cada persona tiene algo especial que siempre necesita llevar consigo a todas partes.

> EJEMPLO Linus / manta
> **Linus siempre lleva su manta.**

1. mis hermanas y yo / discos
2. yo / colección de monedas
3. mi abuelo / motocicleta
4. mis sobrinas / gato

1. llevamos nuestros
2. llevo mi
3. lleva su
4. llevan su

Ahora, imagínate que tú vas a acampar con tu familia y amigos. Di qué necesitan llevar ustedes.

5. tu papá
6. tú
7. tú y tu amigo(a)
8. tu mamá

5. lleva su(s)
6. llevo mi(s)
7. llevamos nuestro(a)(os)(as)
8. lleva su(s)

B. El desván. Inés y su hermana tienen la tarea de limpiar el desván, pero ya no recuerdan qué le pertenece a quién. Forma las preguntas y respuestas apropiadas.

> EJEMPLO Elena / aspiradora (no)
> **¿Es de Elena la aspiradora?**
> **No, no es suya.**

1. la abuelita / la ropa antigua (sí)
2. los vecinos / el tobogán (sí)
3. tío Pepe / las butacas (no)
4. Magdalena / los juguetes (no)
5. papá / los discos (no)
6. nosotras / el álbum (sí)

1. Sí, es suya.
2. Sí, es suyo.
3. No, no son suyas.
4. No, no son suyos.
5. No, no son suyos.
6. Sí, es nuestro.

C. ¿Y el tuyo? Pídele a un(a) compañero(a) que te conteste usando adjetivos y pronombres posesivos según el caso.

> EJEMPLO casa / grande
> **Mi casa es grande, ¿y la tuya?**
> **La mía es grande también.**

1. clases / interesantes
2. cuarto / pequeño
3. cama / cómoda
4. padre / abogado
5. familia / unida
6. hermanos / traviesos
7. sueños / extraños
8. vida / fascinante

1. mis/las tuyas/las mías
2. mi/el tuyo/el mío
3. mi/la tuya/la mía
4. mi/el tuyo/el mío
5. mi/la tuya/la mía
6. mis/los tuyos/los míos
7. mis/los tuyos/los míos
8. mi/la tuya/la mía

Casos especiales

Estudia las palabras siguientes. Son palabras que los estudiantes norteamericanos de español confunden con frecuencia.

1. | | |
   |---|---|
   | levantar | to raise, to lift up |
   | criar | to raise (children), to rear |
   | crecer | to grow, to increase |
   | cultivar | to raise (crops), to cultivate |
   | alzar | to raise (a voice, a flag, a load), to construct |

La joven **levantó** su dibujo para mostrárselo a su madre.	The girl **raised** her drawing to show it to her mother.
Murieron sus padres y por eso lo **criaron** sus abuelos.	His parents died, and therefore his grandparents **raised** him.
Los granjeros **cultivaban** arroz en su finca.	The farmers **used to grow** rice on their farm.
Muchos pinos **crecen** en el norte de España.	Many pine trees **grow** in the north of Spain.
El pueblo **alzó** una bandera para celebrar la fiesta nacional.	The town **raised** a flag to celebrate the national holiday.

2. tocar — to play (an instrument)
   jugar — to play (a game)

   Mi primo sabe **tocar** la flauta. — *My cousin knows how to play the flute.*

   De pequeña, yo siempre **jugaba** fútbol. — *As a child, I always played soccer.*

3. pretender — to try
   fingir — to pretend

   Pretendemos visitar a la abuela cada semana. — *We try to visit Grandmother each week.*
   Los niños **fingieron** ser extraterrestres. — *The children pretended to be extraterrestrials.*

4. embarazoso — embarrassing
   avergonzado — embarrassed, ashamed
   embarazada — pregnant

   No podía recordar su nombre. Era una situación muy **embarazosa**. — *I couldn't remember her name. It was an embarrassing situation.*
   El actor se sintió **avergonzado** cuando se le cayeron los pantalones. — *The actor was embarrassed when his pants fell down.*
   Susana está **embarazada** por primera vez. — *Susana is pregnant for the first time.*

5. poco — little, small (referring to quantity)
   pequeño[6] — little, small (referring to size)
   joven — young
   menor — younger

   Queda **poco** café en la cafetera. — *There is little coffee left in the pot.*
   La cama es demasiado **pequeña** para Eva. — *The bed is too small for Eva.*
   Mi cuñado es **joven**. Tiene diez años. — *My brother-in-law is young. He's ten.*
   María es **menor** que Antonio. — *María is younger than Antonio.*

---

[6] **Pequeño** quiere decir *young* en el sentido de *when I was young*: **cuando yo era pequeño(a)**. Se puede también usar **de pequeño(a)** o **de niño(a)** para decir *as a child*.

6. en realidad / actually, in reality
actualmente / nowadays, presently
actual / present
verdadero / real, true

En realidad, pasé una niñez feliz. / **Actually**, I had a happy childhood.
Actualmente trabajo en una fábrica. / I am **presently** working in a factory.
La situación **actual** es muy grave. / The **present** situation is very serious.
La **verdadera** comida española no es muy picante. / **True** Spanish food is not very spicy.

Actividades

A. Escoge. ¿Cuál es la palabra apropiada? Escoge según el contexto.

1. Esta semana tengo muy (poco, pequeño) dinero.
2. Mi coche es (poco, pequeño). Sólo caben tres personas.
3. Los niños son muy buenos. Siempre (fingen, pretenden) llegar a casa a tiempo.
4. A Juan le gusta (pretender, fingir) que es el rey de España.
5. En mi opinión, la (actual, verdadera) paella es la que se hace en Valencia.
6. (En realidad, Actualmente) yo no iba mucho a la playa de pequeña.
7. Los mayas (cultivaban, alzaban) maíz en Guatemala.
8. Alicia tomó la bebida mágica y (crió, creció) mucho.
9. Josefina (levantó, crió) la mano porque sabía la respuesta.
10. El maestro Llano (tocó, jugó) el piano anoche en la fiesta.
11. Fui a pagar la cuenta y descubrí que no tenía suficiente dinero. La situación fue muy (embarazada, embarazosa).

See Copying Masters.

1. poco
2. pequeño
3. pretenden
4. fingir
5. verdadera
6. En realidad
7. cultivaban
8. creció
9. levantó
10. tocó
11. embarazosa

ST 15

B. Mi familia. Vas a escuchar unas frases sobre la familia de Roberto. Completa cada frase con la mejor palabra de la siguiente lista, según el ejemplo.

EJEMPLO Voy a tener otro hermanito en mayo. Mi madre está **embarazada**.

joven   fingir
tocar   avergonzado
embarazoso   jugar
embarazada   pequeño
poco   pretender
menor

1. menor
2. fingir
3. avergonzado
4. joven
5. pequeño
6. jugar

Unidad dos   105

CULTURA E IDIOMA

ASÍ SE DICE

¡De ninguna manera!

A. Hay varios modos de enfatizar una respuesta negativa cuando se pide permiso o se hace una sugerencia.

¡De ninguna manera!	No way! Not a chance!
¡Ni hablar!	Don't even mention it!
¡Ni soñarlo!	Don't even dream it!
¡Ni loco(a)!	I'd have to be crazy! Not in a million years!
¡En absoluto! ¡Ni modo!	Absolutely NOT!

B. Para expresar una opinión que no es favorable o responder negativamente, se pueden usar estas frases.

Claro que no.	*Of course not.*
Está(s) equivocado(a).	*You're mistaken.*
No es cierto (verdad).	*That's not true.*
No estoy de acuerdo.	*I disagree.*
No me convence.	*I'm not convinced.*

C. Se pueden expresar reacciones más fuertes.

¡No es posible!	*That's impossible!*
¡Mentira!	*That's a lie!*
¡Qué ridículo (absurdo)!	*That's ridiculous (absurd)!*
¡Qué va!	*Oh, go on! No way!*

D. Se usan ciertas expresiones negativas en casos especiales.

Me dice Virginia que no te gustó la película.	*Virginia tells me that you did not like the movie.*
Al contrario, me encantó.	***On the contrary,*** *I loved it.*
Así que usted no habla alemán. ¿Y francés?	*So you do not speak German. What about French?*
Tampoco.	***Not*** (*that*) ***either.***

Actividades

A. Pidiendo permiso. Los niños siempre les piden permiso o favores a sus padres y los padres muchas veces les dicen: ¡no! Forma preguntas para las siguientes situaciones. Luego, un(a) compañero(a) te dará una respuesta negativa y una explicación razonable.

    EJEMPLO   comprarnos un helado
                     Mamá, ¿nos compras un helado?
                     De ninguna manera. Vamos a cenar en seguida.

1. prestarnos el coche
2. cantarnos una canción romántica
3. comprarnos una bicicleta
4. avisarnos del concierto
5. visitarnos en la escuela
6. ¿... ?

1. nos prestas
2. nos cantas
3. nos compras
4. nos avisas
5. nos visitas

Unidad dos

B. Lógica. Corrige los siguientes datos con una frase lógica.

EJEMPLO   Dicen que le salvó la vida al niño cuando cayó al río.
¡Mentira! No sabe nadar.

1. Dicen que mañana no hay clases.
2. Dicen que tienen doce coches.
3. Dicen que recibiste una mala nota.
4. Dicen que su papá fue presidente.
5. Dicen que el libro de español es aburrido.

¡Claro que sí!

A. Hay muchos modos de responder afirmativamente a una pregunta o solicitud°.   *request*

¡Cómo no![7]	*Of course!*
¡Claro que sí! ¡Por supuesto! ¡Desde luego!	*Of course!*
Como quieras.	*As you wish. Whatever.*
¡Correcto! (¡Exacto! ¡Precisamente!)	*Exactly! (Precisely!)*
¡Eso es! (¡Eso sí que es!)	*That's it! (Exactly!)*
¡Ahí va! (¡Cierto!)	*You've got it!*
Así es.	*That's right.*

B. Se usan otras expresiones para indicar que uno no está de acuerdo o que algo no tiene importancia.

(No) Estoy de acuerdo.	*I (do not) agree. (That's [not] fine with me.)*
Me da igual. Me da lo mismo.	*I don't care. It's all the same to me.*
¡Ya lo creo!	*I believe it!*
¡Con razón!	*With good reason! (You were [he/she was] right!)*

C. Para alentar a que una persona continúe, o para demostrar atención y afirmar lo que alguien dice se pueden usar estas expresiones:

¡Sí!... ¡sí!... ¡sí!...	*Yep..., uh huh..., sure...*
¡Claro!... ¡claro!... ¡claro!...	*Sure..., right..., yeah...*

El uso de **OK** es muy común, pero no se considera español formal.

Actividades

A. Favores. Los buenos vecinos siempre hacen favores. Forma preguntas y respuestas positivas y negativas para las siguientes situaciones.

> EJEMPLO cuidar a los niños
> **¿Puedes cuidar a los niños esta tarde?**
> **¡Cómo no! (¡Por supuesto!)**
> **¡Qué pena! No puedo. Tengo que trabajar todo el día.**

1. prestarme una taza de azúcar
2. vigilar la casa una semana
3. cortar el césped
4. ayudar a pintar la casa
5. cuidar los gatos durante las vacaciones
6. regar las plantas este fin de semana
7. ¿...?

B. Sugerencias. Forma preguntas para sugerir° las siguientes actividades   °to suggest
a un(a) compañero(a), quien te indicará su reacción.

> EJEMPLO ir al teatro / al cine
> **¿Prefieres ir al teatro o al cine?**
> **Me da igual.**

1. tomar un café / un té
2. ir en mi coche / tu coche
3. leerle un cuento a tu hermano / jugar tenis
4. hacer un viaje a Europa / quedarte en casa
5. comer tacos / ensalada

ST 16

C. Hacer el papel°. Vas a escuchar unas preguntas de un chico a sus padres. Escribe tus respuestas como si fueras su madre o su padre, usando las expresiones negativas o afirmativas que acabas de aprender.

> EJEMPLO Mamá, ¿puedo ir a Europa con Jaime este verano?
> **¡Ni soñarlo!**

Answers will vary.
1. ¡Ni hablar!
2. ¡Por supuesto!
3. ¡Ni loco(a)! / ¡Claro que no!
4. Como quieras.
5. ¡Claro que sí!
6. ¡De ninguna manera!

Situaciones

A. Reacciones. En grupos de tres, creen tres situaciones que requieran una reacción fuerte afirmativa o negativa. Cada grupo leerá por lo menos una de estas situaciones a la clase. La clase responderá con una reacción apropiada.

> EJEMPLO Luisa, acaba de decirme Manolo que Susana y él van a casarse después de graduarse en mayo.
> **¡Qué va!**

B. Cuento. Con otro estudiante, cuenta un cuento de hadas u otro cuentito que aprendiste de niño(a).

C. Minidrama. En grupos, representen un juego imaginario que jugaban cuando eran niños.

LECTURA

Para comenzar

Hay ocasiones en nuestras vidas en que necesitamos la ayuda de otros. Sin embargo, a veces la vergüenza nos hace rechazar las ofertas de ayuda que desesperadamente necesitamos. A ver si en *El vaso de leche* puedes encontrar por lo menos tres casos en que el sentimiento de vergüenza impide la resolución del problema del joven.

Manuel Rojas

Nacido en Buenos Aires, de padres chilenos, Manuel Rojas (1896–1973) pasó gran parte de su vida en Chile, donde trabajó de periodista, marinero y actor. Es novelista y cuentista de primer orden. En sus obras se ven reflejados su sinceridad, su individualismo y su humanismo. Es conocido por su colección de cuentos titulada *Hombre de sur* (1926) y por su novela *Lanchas en la bahía* (1932).

El vaso de leche

El marinero parecía esperar a alguien. Tenía en la mano izquierda un bulto° de papel blanco, manchado de grasa° en varias partes.

Entre unos vagones apareció un joven delgado; se detuvo un instante, miró hacia el mar y avanzó después, caminando por la orilla° del muelle° con las manos en los bolsillos, distraído o pensando.

Cuando pasó frente al barco, el marinero le gritó en inglés:

—I say; look here! (¡Oiga, mire!)

El joven levantó la cabeza y, sin detenerse, contestó en el mismo idioma:

—Hallow! What? (¡Hola! ¿Qué?)

—Are you hungry? (¿Tiene hambre?)

Hubo un breve silencio, durante el cual el joven pareció reflexionar y hasta dio un paso más corto que los demás, como para detenerse; pero al fin dijo, mientras dirigía al marinero una sonrisa triste:

—No, I am not hungry. Thank you, sailor. (No, no tengo hambre. Muchas gracias, marinero.)

—Very well. (Muy bien.)

El joven, avergonzado de que su aspecto despertara sentimientos de caridad, pareció apresurar el paso°, como temiendo arrepentirse° de su respuesta.

Él tenía hambre. Hacía tres días justos que no comía. Y más por su timidez y vergüenza que por orgullo, se resistía a pararse delante de los vapores° a las horas de comida, esperando de la generosidad de los marineros algún paquete de restos de guisos° y trozos° de carne. No podía hacerlo.

Hacía seis días que vagaba por las calles y muelles de aquel puerto. Lo había dejado allí un vapor inglés de Punta Arenas, donde había desertado de un vapor en que servía como muchacho del capitán. Estuvo un mes allí y en el primer barco que pasó hacia el norte, se embarcó ocultamente°.

Lo descubrieron al día siguiente y lo enviaron a trabajar en las calderas°. En el primer puerto grande que tocó el vapor lo desembarcaron, y allí quedó, sin conocer a nadie, sin un centavo en los bolsillos y sin saber trabajar en oficio alguno.

Mientras estuvo allí el vapor, pudo comer, pero después...

Aunque era muy joven había hecho varios viajes por las costas de América del Sur, en diversos vapores, haciendo distintos trabajos y faenas° que en tierra casi no tenían aplicación.

Después que se fue el vapor, anduvo y anduvo esperando del azar° algo que le permitiera vivir de algún modo, pero no encontró nada.

Convencido de que no podía resistir mucho más, decidió recurrir° a cualquier medio para procurarse alimentos.

Encontró un vapor que acababa de llegar la noche anterior y que cargaba° trigo°. Había una larga fila de hombres trabajando allí. Estuvo un rato mirando hasta que se atrevió° a hablar con el capataz°, ofreciéndose. Fue aceptado y empezó a cargar los pesados° sacos.

package / grease

edge / pier

apresurar... quicken his step / to repent

steamships
stew / pieces

secretly
boilers

tasks

chance

to resort

was carrying
wheat
se... dared / foreman
heavy

Al principio trabajó bien; pero después empezó a sentirse fatigado.

A la hora de almorzar hubo un breve descanso y en tanto que algunos fueron a comer en los figones° cercanos y otros comían lo que habían llevado, él se tendió° en el suelo a descansar, disimulando° su hambre. [eating houses / se... stretched out / hiding]

Terminó la jornada completamente agotado°, cubierto de sudor°. Le preguntó al capataz si podían pagarle inmediatamente o si era posible conseguir un adelanto°. [worn out / sweat / advance]

El capataz le contestó que la costumbre era pagar al final del trabajo y que todavía era necesario trabajar al día siguiente para concluir de cargar el vapor. ¡Un día más!

—Pero, —le dijo—si usted necesita, yo puedo prestarle° unos cuarenta centavos... No tengo más. [to lend]

Le agradeció° el ofrecimiento con una sonrisa angustiosa y se fue. ¡Tenía hambre, hambre, hambre! Un hambre que le doblegaba° como un latigazo°; veía todo a través de una niebla° azul y al andar vacilaba° como un borracho°. [thanked / twisted / crack of a whip / fog / swayed / drunk]

Sintió de pronto como una quemadura° en las entrañas° y se detuvo. En ese instante, vio su casa, el paisaje que se veía desde ella, el rostro de su madre y el de sus hermanos, todo lo que él quería y amaba apareció y desapareció ante sus ojos cerrados por la fatiga. [burning / entrails]

Apuró° el paso, y mientras marchaba resolvió ir a comer a cualquier parte, sin pagar; lo importante era comer, comer, comer. Cien veces repitió mentalmente esa palabra: comer, comer, comer, hasta que el vocablo perdió su sentido. [He hurried]

En una de las calles de la ciudad encontró una lechería°. Era un sitio muy claro y limpio, lleno de mesitas con cubiertas° de mármol°. Detrás de un mostrador° estaba de pie una señora rubia con un delantal° blanquísimo. [dairy bar / tops / marble / counter / apron]

No había sino un cliente. Era un viejo de anteojos°, que, leyendo un periódico, permanecía inmóvil, como pegado° a la silla. Sobre la mesita había un vasito de leche a medio consumir°. [glasses / glued / a... half-consumed]

Esperó que se terminara, paseando por la acera, sintiendo que poco a poco se le encendía° en el estómago la quemadura de antes, y esperó cinco, diez, hasta quince minutos. [se... was burning]

Por fin el cliente terminó su lectura, se bebió el resto de la leche que contenía el vaso, se levantó pausadamente, pagó y se fue.

El joven esperó que se alejara y entró. Estuvo un momento indeciso, no sabiendo dónde sentarse; por fin eligió una mesa y se dirigió hacia ella.

Acudió° la señora y con voz suave le preguntó: [came over]

—¿Qué se va usted a servir?

Sin mirarla, le contestó.

—Un vaso de leche.

—¿Grande?

—Sí, grande.

—¿Solo?

—¿Hay bizcochos°? [sponge cakes]

—No; vainillas.

—Bueno, vainillas.

Unidad dos

Volvió la señora y colocó ante él un gran vaso de leche y un platillo lleno de vainillas. Su primer impulso fue el de beberse la leche de un trago° y comerse después las vainillas pero en seguida se arrepintió; sentía que los ojos de la mujer lo miraban con curiosidad. No se atrevía a mirarla; le parecía que, al hacerlo, conocería sus propósitos vergonzosos° y él tendría que levantarse e irse, sin probar lo que había pedido.

Pausadamente tomó una vainilla, humedeciéndola° en la leche, y la comió; bebió un sorbo° de leche y sintió que la quemadura, ya encendida en su estómago, se apagaba°. Pero, en seguida, la realidad de su situación desesperada surgió ante él y algo caliente subió desde su corazón hasta la garganta°; se dio cuenta de que iba a sollozar a gritos°, y aunque sabía que la señora lo estaba mirando no pudo deshacer° aquel nudo° ardiente. Resistió, y mientras más resistía comió apresuradamente. Cuando terminó con la leche y las vainillas, un terrible sollozo lo sacudió° hasta los zapatos.

Afirmó la cabeza en las manos y durante mucho rato lloró, lloró con pena, con rabia°, con ganas de llorar, como si nunca hubiese llorado. Estaba inclinado y llorando cuando sintió que una mano le acariciaba° la cansada cabeza y una voz de mujer le decía:

—Llore, hijo, llore...

Lloró con tanta fuerza como la primera vez, pero con alegría sintiendo que una gran frescura lo penetraba.

Cuando pasó el llanto°, se limpió con su pañuelo° los ojos y la cara. Levantó la cabeza y miró a la señora, pero ella no le miraba ya, miraba hacia la calle, a un punto lejano, y su rostro estaba triste.

En la mesita, ante él había un nuevo vaso lleno de leche y otro platillo de vainillas; comió lentamente, sin pensar en nada, como si nada le hubiera pasado, como si estuviera en su casa y su madre fuera esa mujer que estaba detrás del mostrador.

Cuando terminó estuvo un rato sentado, pensando en lo que le diría a la señora al despedirse.

Al fin se levantó y dijo simplemente:
—Muchas gracias, señora; adiós...
—Adiós, hijo... —le contestó ella.

Salió. El viento que venía del mar refrescó su cara, caliente aún por el llanto. Caminó un rato sin dirección. La noche era hermosísima y grandes estrellas aparecían en el cielo de verano.

Pensó en la señora rubia, e hizo propósitos de pagarle y recompensarla° de una manera digna cuando tuviera dinero.

Llegó a la orilla del mar y anduvo de un lado para otro. Miró el mar. Las luces del muelle y las de los barcos se extendían por el agua. Se tendió° de espaldas°, mirando el cielo largo rato. No tenía ganas de pensar, ni de cantar, ni de hablar. Se sentía vivir, nada más.

Hasta que se quedó dormido con el rostro vuelto° hacia el mar.

Según la lectura

1. ¿Dónde estaba el muchacho cuando empezó el cuento? ¿Por qué?
2. ¿Qué le preguntó el marinero inglés? ¿Cómo le respondió el joven?
3. ¿Cómo llegó el joven a este lugar? Explica.
4. ¿Dónde encontró trabajo?
5. ¿Aceptó el préstamo que le ofreció el jefe?
6. ¿Adónde fue el muchacho después de la dura jornada? ¿Por qué?
7. ¿Cómo era la señora en el restaurante? Descríbela.
8. ¿Cómo cambió el joven después de su experiencia en el restaurante?

En tu opinión

1. ¿Qué sentiste al leer este cuento? ¿Por qué? ¿Qué sentimientos tienes por este muchacho? ¿Y por la señora?
2. ¿Por qué no vuelve a su casa este muchacho? ¿Qué crees que le va a pasar?
3. ¿Existe el hambre en los Estados Unidos? ¿Dónde? ¿Por qué?
4. ¿Qué soluciones hay para este problema? Explícalas.
5. ¿Puedes pensar en otras soluciones? ¿Cuáles son?
6. ¿Has experimentado un hambre fuerte en tu vida? ¿Cómo te sentiste?

COMPOSICIÓN

A. Resumen. Escribe un resumen de *El vaso de leche* desde el punto de vista de uno de los marineros, o de la señora del restaurante. Explica qué sentiste cuando viste al niño.

B. Ensayo. Escribe un ensayo usando las siguientes preguntas como guía:

¿Existe hoy día el hambre en el mundo? ¿Dónde? ¿Qué se hace ahora para aliviarla? ¿Qué más podemos hacer? ¿Por qué?

C. Conclusión. Suponte que el cuento no termina con la última frase, "Hasta que se quedó dormido con el rostro vuelto hacia el mar", sino que continúa después con la frase "Al día siguiente...". Usa tu imaginación y escribe el final del cuento.

Y en resumen

A. La vuelta. Muchas cosas han cambiado en el vecindario° con el pasar de los años. Explícale los cambios a un amigo que vuelve, e indícale cuánto tiempo hace que pasaron los cambios.

neighborhood

EJEMPLO   Antes la casa era roja, ¿verdad? (pintar)
Sí, pintaron la casa hace un año.

1. Antes los Gómez vivían al lado, ¿verdad? (vender)
2. Antes había un parque cerca de la casa, ¿verdad? (destruir)
3. Antes ustedes no tenían dos coches, ¿verdad? (comprar)
4. Antes había un árbol muy grande aquí, ¿verdad? (cortar)
5. Antes ustedes tenían un perro, ¿verdad? (morir)
6. Antes no había un garaje, ¿verdad? (construir)

1. vendieron
2. destruyeron
3. compramos
4. cortaron
5. murió
6. construyeron

B. Transformaciones. Siguiendo los ejemplos, forma sustantivos de los verbos (1–5). Después, forma adjetivos de los sustantivos (6–9). (Pequeña ayuda: Todos los adjetivos que vas a formar principian con **a**.)

EJEMPLO   encargar
un encargo

EJEMPLO   susto
asustado

1. bostezar
2. regalar
3. despachar
4. pasear
5. engañar

6. mueble
7. fortuna
8. dinero
9. delante

1. un bostezo
2. un regalo
3. un despacho
4. un paseo
5. un engaño
6. amueblado
7. afortunado
8. adinerado
9. adelantado

C. Los clubes de niños exploradores°. Contesta las siguientes preguntas. De pequeño(a), ¿eras socio(a) de algún club de niños? ¿De cuál? ¿Qué hacían en las reuniones? ¿En qué actividades participabas? ¿Qué aprendiste de esa experiencia? ¿Cuáles son las ventajas de ser socio de estos clubes juveniles? ¿Hay desventajas? ¿Cuáles son?

Camp Fire, Scouts, 4–H, etc.

D. Los Pitufos°. ¿Conoces a los Pitufos? ¿Quiénes son? ¿Eran populares cuando eras pequeño(a)? ¿Cuál era tu caricatura° favorita? ¿Por qué?

Smurfs
cartoon

E. Un invierno memorable. Haz un cuento del invierno más memorable de tu vida. Termina cada frase de una manera original con el verbo en el pretérito o el imperfecto.

1. El invierno más memorable pasó hace... cuando...
2. Yo era entonces...
3. Yo siempre...
4. Una vez yo...
5. Hacía... que mi hermano(a)...
6. Pero mis padres...
7. Al final yo...

F. Legolandia. De niño(a), ¿cuál fue tu juguete favorito? ¿Tenías juguetes comerciales o hacías tus propios juguetes? ¿Preferías jugar solo(a) o con tus amigos? ¿Qué es lo que te gustaba hacer cuando llovía? ¿Y cuando hacía frío? ¿Calor? ¿Cuando estabas enfermo(a)?

G. Juguetes memorables. Cuenta un incidente o momento interesante de tu niñez° relacionado con alguno de los juguetes de la lista que sigue. Indica cuánto hace que pasó el incidente.

childhood

| muñeco(a)° | bicicleta | equipo químico | canicas° | doll / marbles |
| telescopio | pelota | acuario | arcilla° | clay |

Unidad dos 117

CONTEXTOS CULTURALES

En la Unidad 1 vimos cómo John Martin y Lupita Martínez se enamoraron. John Martin tiene 18 años y está de visita en Maracaibo para mejorar su español. Lupita acaba de cumplir 15 años y vive en Maracaibo con su familia.

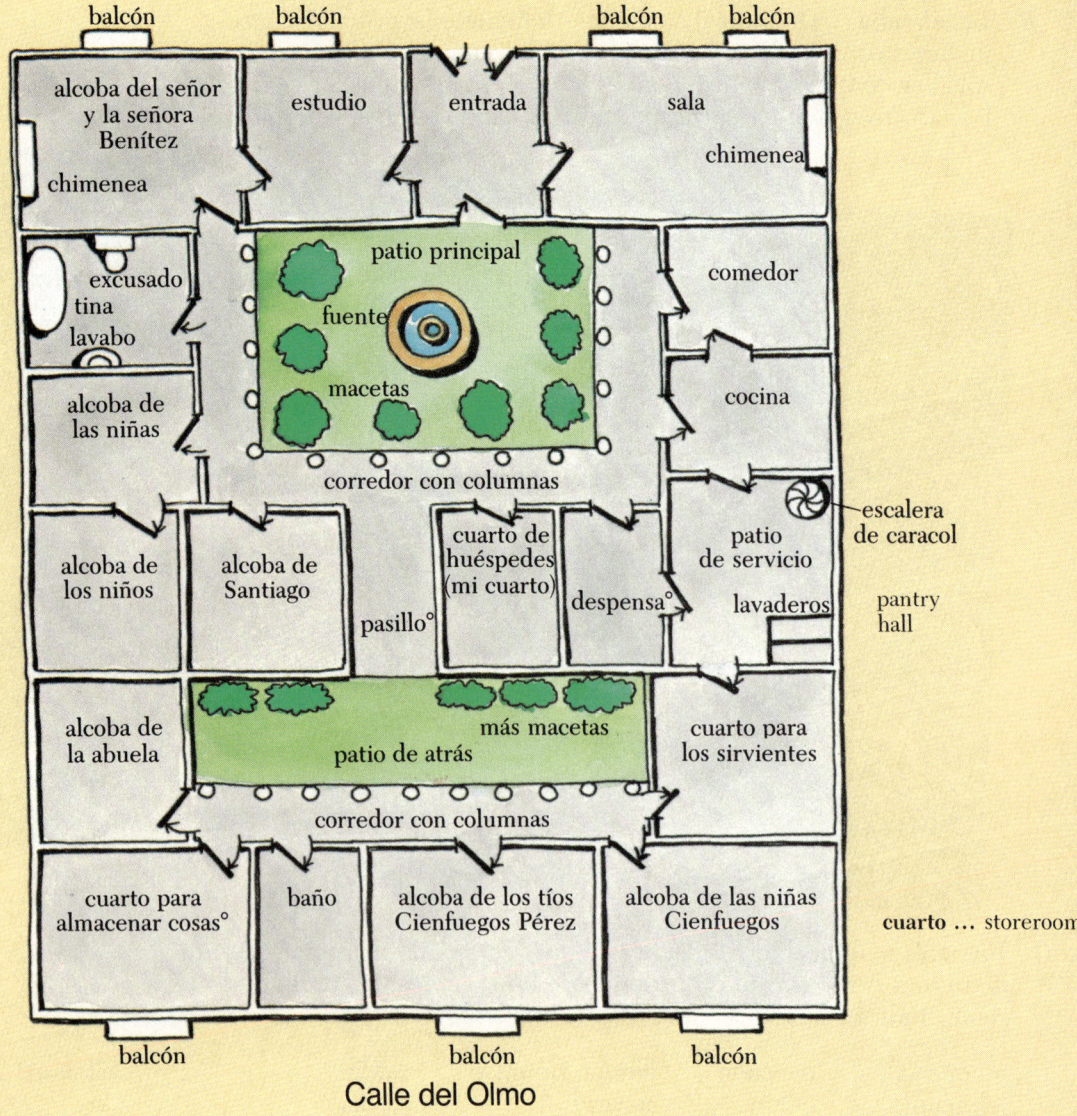

Casa de los Benítez Pérez
Calle del Pino No. 87

cuarto ... storeroom

Sr. Stuart Rosenberg Maracaibo,
Paterson High School martes 16 de agosto
                      de 1990

Querido maestro,

Le cuento que John Martin se olvidó del mundo. Ahora vive en una nube llamada Lupita. ¡Lupita es muy bella y su hermana Ana también! Por mi parte mi familia latina, los Benítez Pérez, es muy numerosa y amable. Viven en una casona° colonial muy elegante y hermosa. La abuela Benítez vive aquí con la familia, lo mismo que el cuñado° de la señora Benítez, el señor Pérez, con su esposa, la hermana de la señora Benítez. Hay cinco hijos Benítez Pérez: Santiago de 21 años, Jorge de 18, Linda de 16, María de 14 y Jaime de 12; hay también dos hijas Cienfuegos Pérez: Rosa de 16 años y Lourdes de 14. Sí, ya sé que esto es confuso°. ¡Yo me tardé dos semanas para entenderlo!

Al parecer, aquí la gente joven de la clase media no trabaja y los hijos de esta familia no son la excepción. Según me dicen ellos, no van a trabajar hasta después de terminar la universidad y van a vivir con sus padres hasta casarse.

John y yo fuimos a un gran partido de fútbol entre El Real Madrid y Deportivo Maracaibo y nos gustó muchísimo. Aquí son fanáticos de ese deporte y vino gente desde España a ver el partido. Ganó Deportivo Maracaibo dos goles a cero. ¡Fue una locura! ¿Qué piensa de mi español?

Saludos,

    Jeff Richards

P.D. Aquí va un mapa de la casona de los Benítez Pérez.

big house

brother-in-law

Lo que aprendieron en su viaje

confusing

En Latinoamérica los que pueden tener casa prefieren la construcción de ladrillo y concreto o de adobe. El adobe es una forma de ladrillo hecho de arcilla. Son pocas las casas de madera en comparación a los Estados Unidos.

Francisco de Goya, *La carta*, Museo de Palacio de Bellas Artes, Lila, Francia.

GACETA

La Nueva Ola

Año 3, Núm. 1 $2,000.00 M.N.

SOLA
Impulsada por el viento, cumplió la primera travesía del Mediterráneo navegando sobre una tabla a vela.

Además
* Juan Gabriel
* Miami Sound Machine

El fútbol en los Estados Unidos

¡Veracruz y La Bamba!

"Conoce tu corazón"

Ondas musicales

Veracruzanos emocionados por el éxito de La Bamba

El famoso grupo mexicoamericano Los Lobos, intérpretes de la versión rocanrolera de La Bamba.

Uno de los últimos hits rocanroleros en los Estados Unidos, y tema de una película del mismo nombre, *La Bamba,* es precisamente la famosa, viejísima y tradicional Bamba veracruzana. El ritmo alegre de esta canción se adapta al rocanrol y desde hace muchos años fue hecha famosa en ese país por el rocanrolero mexicoamericano *Ritchie Valens*. Un grupo de voluntarios del famoso puerto del Golfo de México se vistió con trajes típicos de su región para demostrarnos la forma tradicional en que se baila La Bamba.

¡Así se baila La Bamba! muestran los veracruzanos al mundo entero.

SOLA

Isabelle Verchère pasó durante su viaje seis días arriba de la tabla.

En el puerto de Le Lavandou, situado en las islas de Hyeres, una avanzada de territorio francés sobre las aguas del Mediterráneo, reina una gran actividad. Todo está dispuesto para el comienzo de una travesía única en la historia de la navegación: el cruce del océano que baña las costas de Europa y del norte de África, al comando de una tabla a vela tripulada por una mujer.

Isabelle Verchère de apenas 23 años de edad es la encargada de llevar a cabo la hazaña, una hazaña que se inicia olfateando la dirección del viento que la lleva en el primer tramo de su viaje, desde el puerto cercano a Tolón hasta Córcega. Para éste, escoge su vela más grande: un nuevo tipo de nueve metros cuadrados de color rosa. Y sale de *windsurfer,* acompañada por el sonido de todas las sirenas de los barcos anclados en Lavandou, en su ruta hacia África.

Tras ella, a corta distancia, va una lancha a motor equipada con los últimos adelantos tecnológicos, dispuesta a darle ayuda en caso de emergencia. Isabelle había planeado estar en Córcega en un día, cuando mucho, pero la realidad contradice al servicio meteorológico y sus vaticinios de viento favorable. Luego de dieciocho horas de viaje, la vela se debilita y cae. Hay calma y no queda más remedio que esperar que el viento sople nuevamente con fuerza.

Isabelle se prepara a pasar la primera de dos noches sobre la tabla, durmiendo en intervalos máximos de dos horas, toda mojada y en pobre equilibrio sobre su singular nave a la deriva. Amanece el día dos, y el Mediterráneo sigue siendo un lago de aceite, inmóvil y sin señales de vida: La navegante solitaria parece dispuesta a abandonar la dura prueba para volver a salir después en condiciones meteorológicas más auspiciosas.

Pero, de pronto, milagrosamente, aparece de nuevo el viento. Llega el momento de

(Continúa en la p. 127)

Gaceta, Año 3, Núm. 1

En acción

El fútbol en los Estados Unidos

Finalmente el público norteamericano se está dando cuenta de que el fútbol es el deporte más popular del mundo entero. En muchas ciudades de los Estados Unidos se empieza ya a jugar este emocionante deporte tanto por estudiantes de todas las edades como por el trabajador promedio. Hay que aclarar que los norteamericanos le dicen "soccer" al fútbol.

Este deporte se remonta a varios siglos atrás, pero en realidad el fútbol se comenzó a practicar a mediados del siglo diecinueve en la Gran Bretaña.

El fin de un partido de balompié es poner el balón dentro de la red adversaria sin intervención de las manos y siguiendo determinadas reglas. Cada equipo cuenta con 11 jugadores.

A nivel mundial el fútbol cuenta con un auditorio mayor que los juegos olímpicos. Cada cuatro años se juega la famosa Copa Mundo entre equipos de todas las naciones.

Como prueba de la creciente popularidad del fútbol en los Estados Unidos, directivos mundiales de este deporte anunciaron recientemente que hay planes para llevar a cabo una serie de campeonatos de soccer en Los Ángeles, California, donde se enfrentarán, entre otros, equipos famosos de México, Argentina, España y un seleccionado de los Estados Unidos.

Muy pronto los norteamericanos descubrirán que el fútbol, pasión de multitudes, es también un medio por el que muchos jugadores mejoran su condición económica. Con sólo patear muy bien un balón se convierten también en ídolos internacionales.

Caras famosas

Miami Sound Machine

La famosa banda de músicos cubanoamericanos se presenta esta semana en el Teatro Colón. Las localidades están casi agotadas, y las funciones son todo un éxito. ¡No se lo pierda!

Juan Gabriel triunfa en Texas

El famoso cantante y compositor mexicano Juan Gabriel triunfó rotundamente en una gira de presentaciones que llevó a cabo en las principales ciudades del estado de Texas luego de visitar Nueva York y la Florida, donde se presentó en los mejores teatros y centros nocturnos. Las multitudes aclamaron al talentoso compositor en Dallas, Houston, San Antonio, Austin, Corpus Christi y El Paso. Esta última ciudad le dio el mejor recibimiento debido a que Juan Gabriel es originario de la hermana Ciudad Juárez. Sin lugar a dudas Juan Gabriel es el compositor mexicano más fecundo y famoso de la actualidad. Aunque su intérprete más conocida es la cantante española Rocío Dúrcal, casi todos los cantantes famosos de Latinoamérica incluyen en sus repertorios varias composiciones del joven juarense. ¡Felicidades, Juan Gabriel!

Rincón del amor

¡Escoge un corazón y conoce el tuyo propio!

por Cariño Eterno

1. Todavía te duele la pérdida de tu último amor. Por lo tanto, ahora el amor te asusta. ¡Paciencia! Encontrarás otro. "Nunca falta un zapato roto para un pie podrido".

2. ¡Eres glotón(a)! El amor es fruta prohibida, y te gusta el peligro. ¡Quieres morder todas las frutas aunque sean venenosas! Acuérdate sin embargo que "el pez por la boca muere".

3. Para ti, el amor es un sueño con música de tu preferencia (escoge una: rock, cumbia, tango, country, vals) en el cual el resto del mundo no exista. ¡Cuidado! "El que vuela más alto, de más alto se cae".

4. Te gusta la vida familiar y tradicional y sueñas con formar el hogar perfecto. Para ti "más vale pájaro en mano que cien volando".

5. Estás en espera del príncipe o princesa azul. Mírate al espejo y recuerda que "aunque la mona se vista de seda, mona se queda".

Sola-olvidar los calambres y dolores para izar la vela nuevamente. La velocidad es la mínima, pero, al menos, la tabla se mueve en dirección a Córcega. Dos horas más tarde el viento es tan fuerte que hay que reducir la superficie de la vela, problemática operación que se repetirá varias veces por día.

La lancha de apoyo le da otra vela que propulsa su tabla, esta vez a gran velocidad. A pesar de ello, el impulso no alcanza para llegar a Córcega, e Isabelle pasa su segunda noche en la tabla a vela. Finalmente, el amanecer del día tercero, sobreponiéndose al terrible esfuerzo que exige el viaje, la navegante avista el golfo de Galería, al sur de Calvi. Baja la vela y, extendida sobre la tabla, rema con sus brazos hacia la costa. A las 11:15 de la mañana se hunde en una playa de grava roja. Ha tardado, en total, cuarenta y siete horas en cubrir el tramo Le Lavandou-Córcega. Dice que no está cansada, pero tras instalar su campamento en la playa duerme veinte horas sin parar.

Día cuarto: jornada deprimente. Nueve horas de navegación para cubrir apenas doce millas. El mismo ritmo, pausado y lento, los tres últimos días, hasta llegar por fin a Cerdeña, un poco más al sur. Todavía faltan cinco días para arribar a las costas de Túnez. Por suerte el viento ayuda y luego de parar brevemente en la isla de Galite, ante los ojos de Isabelle aparece por fin Cabo Serat, en el continente africano. Ahora, al cabo de doce días de navegación, de los cuales pasó seis arriba de la tabla, Isabelle Verchère puede decir finalmente "misión cumplida".

De todo un poco

Apodos famosos

Conecta los nombres con sus apodos respectivos

Patricia
Francisco
Ramón
Victoria
Concepción
Salvador
Antonio
Gonzalo
Rosario

Pancho
Toyita
Chava
Patita
Moncho
Charito
Concha
Chalo
Toñito

Lógica

—A ver, Pepito, ¿por qué Robin Hood robaba a los ricos únicamente?
—¡Muy fácil, maestra! Porque los pobres no tienen dinero.

Fiesta de disfraces

—Qué original, venir al baile de disfraces vestido de presidiario.
—¿Verdad que sí? Pero háganme un favor, dentro de poco vendrán varios hombres disfrazados de policías. No los dejen entrar porque me voy a sentir muy incómodo.

Sustituto

—Usted cree que la televisión podrá llegar a sustituir el periódico?
—¡Jamás! ¿Ha tratado usted de darse aire o matar una mosca con el televisor?

Nota científica

En cualquier lugar de la tierra que te pares mirando al sur, tu espalda mirará al norte. Sin embargo, hay un solo punto en el globo en que tanto el frente como la espalda miran ambos hacia el norte. ¿Cuál es ese punto?

Respuesta: El polo sur.

Patricia-Patita, Francisco-Pancho, Ramón-Moncho, Victoria-Toyita, Concepción-Concha, Salvador-Chava, Antonio-Toñito, Gonzalo-Chalo, Rosario-Charito

Unidad 3

Así paso el día

En esta unidad vas a

- expresar la hora
- hacer preguntas
- expresar falta de comprensión
- expresar indiferencia, sorpresa y duda

También vas a aprender

- adjetivos y pronombres demostrativos
- complementos directos e indirectos
- dos pronombres como complementos del verbo
- **gustar** y verbos similares
- los usos de **por** y **para**
- el **se** impersonal
- expresiones con el verbo **tener**
- las conjunciones **e** y **u**

LECCIÓN 7

EN CONTEXTO

Para comenzar

Describe lo que pasa en el dibujo. Tienes que usar tu imaginación para contestar algunas preguntas.

1. ¿A cuáles de estos edificios vas tú cada semana? ¿Para qué?
2. ¿Es esta ciudad similar a tu ciudad? ¿En qué sentido? ¿Cuáles son las diferencias?
3. Imagínate que eres la persona que está en la cabina telefónica. ¿A quién llamas? ¿Por qué?
4. Imagínate que estás solo(a) en el café. ¿Por qué estás solo(a)? ¿Esperas a alguien? ¿A quién? ¿Prefieres comer solo(a) o con un(a) compañero(a)? ¿Por qué?
5. Según la actividad en el dibujo, ¿qué hora es? ¿Qué día es?

¿Y a qué hora empiezas tú el día?

Dos amigas hablan. Nancy es de los Estados Unidos y quiere saber algo de la vida diaria de su amiga Ema quien es de Valencia, España.

NANCY ¿Cómo es el horario de trabajo y de comida en España?
EMA Pues mira, se suele° empezar a trabajar a las nueve. Siempre regresamos a casa para comer sobre las dos° porque las distancias son muy cortas. Casi todos vivimos en la ciudad porque es más cómodo°.
NANCY ¿A qué hora volvéis[1] al trabajo?
EMA Regresamos a las cuatro y terminamos a eso de las siete°. Luego, solemos pasear o ir a una cafetería para tomar algo. Algunas personas van a una tasca.
NANCY ¿Cómo? ¿Qué es una tasca? ¿Un tipo de restaurante?
EMA Eso. Una tasca es un sitio típico donde se bebe vino o cerveza y se comen tapas°. Y después se vuelve a casa para cenar a las diez.
NANCY ¿Se sale mucho a partir de las diez?
EMA No, salvo° los fines de semana. Generalmente se ve la televisión hasta las doce y media.
NANCY ¿Y luego a dormir?
EMA Eso es.

se... it is customary
sobre... about 2:00 P.M.

comfortable

a... at about 7:00 P.M.

snacks, hors d'oeuvres

except

Preguntas acerca de la lectura

1. ¿De dónde es Nancy? ¿De dónde es Ema? Explica.
2. Describe en breve el horario de trabajo y de comida de España. Compara el horario español con el de los Estados Unidos. ¿Cuáles son las ventajas y desventajas de cada uno?
3. ¿Qué otras actividades menciona Ema? Explica.

En tu opinión

1. ¿Y a qué hora empiezas tú el día? ¿Por qué? ¿Cómo es diferente tu día al de Ema? Explica.
2. ¿Tienes un(a) amigo(a) hispano(a)? ¿Dónde y cómo lo(a) conociste? ¿Sabes cómo pasa él (ella) el día? Explica.
3. ¿Qué horario prefieres, el de España o el de los Estados Unidos? ¿Por qué?
4. ¿Qué sueles hacer después del trabajo o de las clases?

[1] Se usa **volvéis** (segunda persona del plural) en España.

Expansión de vocabulario

EDIFICIOS
el **almacén**   department store
el **ayuntamiento**   city hall
el **banco**   bank
la **cafetería**   cafeteria, cafe (*Spain*)
la **catedral**   cathedral
el **cine**   movie theater
el **correo**   post office
la **farmacia**   pharmacy
el **quiosco**   newsstand
la **plaza de toros**   bullring
el **rascacielos**   skyscraper
el **restaurante**   restaurant

EN LA CALLE
la **acera**   sidewalk
la **avenida**   avenue
el **buzón**   mailbox
el **centro**   center, downtown
el (la) **conductor(a)**   driver
la **cuadra**   block (*distance between streets*)
dar una vuelta (pasear[se])   to stroll, to take a walk
doblar   to turn (a corner)
el **embotellamiento (de tráfico)**   (traffic) jam
la **esquina**   corner
estacionar (el coche)   to park (the car)
la **manzana**   city block
la **parada de taxi (autobús)**   taxi stand (bus stop)
el **peatón**   pedestrian
el **puente**   bridge
el **semáforo (la luz)**   traffic light

ADJETIVOS
alto   tall
ancho   wide
bajo   short (*stature*)
corto   short (*distance, measure*)
largo   long

OTRAS PALABRAS Y FRASES
acostarse (o→ue)   to go to bed
a la derecha (izquierda)   to the right (left)
a partir de (después de)   after
bajar del autobús (coche)   to get off (out of) a bus (car)
cenar   to have supper
derecho   straight ahead
echar una carta   to mail a letter
levantarse   to get up
la **multa**   fine
el **piso**   floor, apartment
pronto   early, soon
el **sitio (el lugar)**   place
soler (o→ue)   to be used to, to be in the habit of
subir al autobús (coche)   to get on (into) a bus (car)
terminar (acabar)   to finish
tratar de (intentar)   to try

Actividades

A. **¿Qué palabra no pertenece?** En cada grupo, escoge la palabra que no está relacionada con las otras y explica por qué.

1.	2.	3.	4.	5.
correo	restaurante	avenida	alto	a la derecha
conductor	quiosco	cuadra	bajo	derecho
ayuntamiento	tasca	acera	puente	ancho
rascacielos	cafetería	carta	corto	a la izquierda

1. conductor
2. quiosco
3. carta
4. puente
5. ancho

B. Edificios. Contesta.

¿Qué se hace en
1. una catedral?
2. un banco?
3. una tasca?
4. un almacén?
5. un ayuntamiento?
6. una farmacia?
7. un parque?
8. una cafetería?

1. se reza
2. se deposita (se saca) dinero
3. se come
4. se compra
5. se reporta
6. se compra medicina
7. se divierte
8. se come

C. Definiciones. Define las palabras siguientes. Luego, forma dos frases diferentes sobre cada una.

1. embotellamiento
2. puente
3. rascacielos
4. estación
5. buzón
6. esquina

EXPLORACIÓN

Formas de decir la hora

En España, como en muchos otros países, se usa con frecuencia el horario de 24 horas, en especial oficialmente. El día comienza a medianoche, y las horas se numeran de 0 a 23:00. Una película que comienza a las 16:00, según ese horario, comienza a las 4:00 P.M. Por ejemplo: **La comedia comienza a las catorce horas.** *The play starts at two o'clock.*

¿Qué hora es?	*What time is it?*
Es la una. Son las dos.	*It's one o'clock. It's two o'clock.*
Es la una y cuarto (media).	*It's one fifteen (thirty).*
Son las tres menos diez.	*It's ten to three.*
Son las seis en punto.	*It's six o'clock sharp (on the dot).*
Es mediodía (medianoche).	*It's noon (midnight).*
Es temprano (tarde).	*It's early (late).*
Son las siete de la mañana.	*It's seven o'clock in the morning.*
por la mañana (tarde, noche)	*in the morning (afternoon, evening) (no specific time mentioned)*
de día (noche)	*in the daytime, by day (by night)*
a eso de las diez	*around (about) ten o'clock*
¿A qué hora...? A las dos.	*At what time...? At two o'clock.*
Dan las ocho.	*It's striking eight o'clock.*

Actividades

A. Horario personal. Completa las frases correctamente con las expresiones a la derecha. Hay varias respuestas correctas para algunas de las frases.

EJEMPLO   Cristina se viste primero
Cristina se viste primero por la mañana.

1. Ramón no quiere llegar tarde y por eso va
2. Ellas hablan mucho por teléfono, a veces por más de
3. Mi papá salió a las cinco y después de una hora llegó
4. Silvia corre cada día por media hora, desde mediodía hasta
5. Tengo una cita importante y debo llegar
6. Almorzamos temprano
7. Se va a dormir a

a. a eso de las once.
b. a las seis.
c. a tiempo.
d. medianoche.
e. temprano.
f. dos horas.
g. las doce y media.

1. e
2. f
3. b
4. g
5. c
6. a
7. d

ST 17

B. ¿A qué hora? Esteban siempre llega quince minutos tarde. Escucha las frases siguientes y escribe en tu papel a qué hora llegó Esteban a los siguientes lugares.

EJEMPLO   Tenía cita con el dentista a las cinco.
¿A qué hora llegó?

1. a las nueve menos cuarto
2. a la una y cuarto
3. a las tres y media
4. a las siete
5. a las siete y cuarto

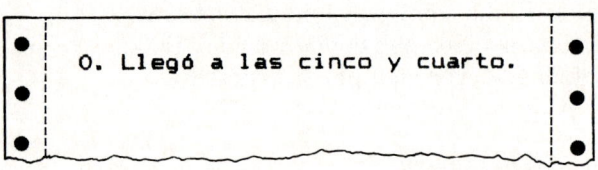

0. Llegó a las cinco y cuarto.

ST 18

C. ¿Tarde, temprano o a tiempo? Tú eres detective. Mariano es sospechado° de un crimen y te da la lista de cosas que hizo el día del crimen. Después de investigar sus actividades, descubres que sucedieron a horas diferentes de las que él dijo. Las frases siguientes son el resultado de tu investigación. Escucha la selección del reporte inicial de Mariano e indica si lo que dijo era verdadero (**v**) o falso (**f**). Sigue el ejemplo.

suspected

1. f
2. f
3. v
4. f
5. f
6. v
7. f

EJEMPLO   Escuchas: Desayuné a las ocho.
Lees: Desayunó a las ocho y media.
Escribes: **f**

134   FRONTERAS

1. Llegó a la oficina del dentista a las diez menos diez.
2. Llegó al restaurante a las doce menos cinco.
3. Llegó al ayuntamiento a las tres.
4. Comió con su esposa a las seis y media.
5. Fueron a visitar a unos amigos a las ocho y veinticinco.
6. A las diez en punto fue al cine.
7. A las once cuarenta y cinco estaba durmiendo.

D. Tu rutina. Mira los dibujos y di a qué hora haces las acciones de los dibujos. Después, pregúntale a otro(a) compañero(a) cuándo las hace él (ella). Al final haz un reporte a la clase.

E. El recuento. Tus amigos españoles te visitaron el verano pasado y encontraron muchas costumbres diferentes. Escribe una lista corta acerca de lo que te dijeron.

EXPLORACIÓN

Los interrogativos

A. Las palabras interrogativas comunes son las siguientes.

¿Adónde?	*Where (to)?*
¿Cómo?	*How?*
¿Cuál?	*Which? What?*
¿Cuándo?	*When?*
¿Dónde?	*Where?*
¿Qué?	*What? Which?*
¿Quién(es)?	*Who? Whom?*
¿Cuánto(a, os, as)?	*How much? How many?*

B. Las palabras interrogativas aparecen al principio de una frase y las precede un signo que abre la interrogación. Requieren un acento (1) cuando se usan para hacer una pregunta y (2) cuando se refieren a una pregunta implícita.

¿Qué quieres?	*What do you want?*
Ella quiere saber dónde vives.	*She wants to know where you live.*

C. La preposición precede a la palabra interrogativa cuando una respuesta requiere una preposición.

¿Para qué lo quieres?	*For what purpose (Why) do you want it?*
Para mi hermano.	*For my brother.*
¿Con quién vas?	*With whom are you going?*
Con Gloria.	*With Gloria.*
¿De dónde es Teresa?	*Where is Teresa from?*
De Caracas.	*From Caracas.*

D. ¿Qué? se usa como pronombre y adjetivo.

1. Como pronombre, significa *what* y se usa para definir o explicar.

¿Qué es un parquímetro?	*What is a parking meter?*
¿Qué quieres?	*What do you want?*
Yo sé qué busca.	*I know what she is looking for.*

2. Como adjetivo, significa *what* o *which* y se usa en preguntas.

¿En qué calle vives tú?	*On what street do you live?*
¿Qué coche cuesta más?	*Which car costs more?*

E. **¿Cuál?** y **¿cuáles?** se usan como pronombres para expresar *what, which one* o *which ones*.[2] Indican una selección o posibilidades para escoger y se usan así.

1. ¿Cuál? + ser + sustantivo

    ¿Cuál es la fecha? — *What is the date?*
    ¿Cuáles son tus revistas favoritas? — *What (Which) are your favorite magazines?*

2. ¿Cuál? + verbo

    ¿Cuál prefieres? — *Which do you prefer?*
    ¿Cuáles quieres? — *Which (ones) do you want?*

3. ¿Cuál? + de + sustantivo + verbo

    ¿Cuál de los libros leíste? — *Which of the books did you read?*

F. **¿Quién?** y **¿quiénes?** son pronombres que se refieren a personas.

   ¿Quién es el alcalde de este pueblo? — *Who is the mayor of this town?*
   ¿De quién es este coche? — *Whose car is this?*

G. **¿Dónde?** se usa para indicar lugar. **¿Adónde?** se usa para preguntar el destino. **¿De dónde?** se usa para preguntar el origen.

   ¿Dónde está la biblioteca? — *Where is the library?*
   ¿Adónde vas después de cenar? — *Where are you going after supper?*
   ¿De dónde es Gabriela Mistral? — *Where is Gabriela Mistral from?*

H. **¿Cuánto(a, os, as)?** se usa como adjetivo o pronombre. Concuerda en género y número con el sustantivo.

   ¿Cuántas librerías hay en esta ciudad? — *How many bookstores are there in this city?*
   ¿Cuánto cuesta el libro? — *How much does the book cost?*

I. **¿Por qué?** quiere decir *why* y se usa para preguntar o explicar la causa o la razón de algo. **¿Para qué?** quiere decir *why* en el sentido de *what for* y se usa para preguntar o explicar los resultados, los propósitos o los usos.

---

[2] **¿Cuál?** y **¿cuáles?** se usan como adjetivos en algunas partes de Latinoamérica. Por ejemplo: **¿Cuál revista quieres leer?** (*What [Which] magazine do you want to read?*)

¿Por qué compraste esa novela? *Why did you buy that novel?*
¿Para qué compraste esa novela? *What did you buy that novel for?*

La compré porque me gusta el autor. *I bought it because I like the author.*
La compré para regalártela. *I bought it to give to you.*

Actividades

A. ¿Qué? o ¿cuál?   Contesta las preguntas siguientes, notando bien la diferencia entre **¿qué?** y **¿cuál?**

1. ¿Qué es un rascacielos? Si hay alguno en tu ciudad, ¿cuál es el rascacielos más alto? ¿Cuál es el edificio más alto al que has subido tú?
2. ¿Qué es un parque? ¿Cuál es el parque más bonito de tu ciudad?
3. ¿Qué es un supermercado? ¿Cuál es el supermercado más cercano a tu escuela?
4. ¿Qué es un coche? ¿Cuál es tu coche?

B. El Prado.   Di una pregunta que corresponda a las respuestas siguientes. Todas las frases se refieren al Museo del Prado, en Madrid, España.

EJEMPLO   Es el museo más famoso de España.
¿Qué es el Prado?

1. ¿Dónde...?   5. ¿Quién...?
2. ¿Cómo...?   6. ¿Cuándo...?
3. ¿Cuántas...?   7. ¿Cuánto...?
4. ¿Cuándo...?   8. ¿Cuál...?

1. Está en Madrid.
2. Es grande y antiguo.
3. Tiene más de seis mil obras de arte.
4. Fue construido en 1785.
5. Juan de Villanueva lo diseñó.
6. Se abre a las diez de la mañana.
7. La entrada cuesta cien pesetas.
8. Es el edificio cerca del Hotel Ritz.

C. ¿Qué hay en esta ciudad?   Dile a la clase el nombre de un lugar, edificio o monumento que conoces. Luego, tus compañeros(as) de clase van a hacerte preguntas y tú vas a contestarlas.

D. ¿Cuál fue la pregunta?   Empleando la expresión interrogativa apropiada, haz la pregunta correcta.

EJEMPLO   Yo le mandé un regalo *a Rosario.*
¿A quién le mandaste un regalo?

1. En su segundo viaje, Cristóbal Colón fue *a Puerto Rico.*
2. La paella consiste *en arroz, pollo y legumbres.*
3. Julio Iglesias es un famoso cantante *de España.*

1. ¿Adónde...?
2. ¿En qué...?
3. ¿De dónde...?

4. Ema se casó *con Vicente* en septiembre.
5. Fui a La Paz *para aprender español*.
6. Mi amiga fue a Uruguay *porque ella tiene parientes allí*.

4. ¿Con quién…?
5. ¿Para qué…?
6. ¿Por qué…?

E. **La curiosidad.** Con un(a) compañero(a) representen los papeles siguientes. ¿Qué le pregunta la primera persona a la segunda, y qué le contesta ésta? Incluyan tres posibilidades.

1. el (la) profesor(a) y un(a) estudiante el primer día de clases
2. un(a) extraterrestre y una persona de Nueva York
3. Tú y un(a) estudiante extranjero(a)
4. un(a) niño(a) y Santa Claus
5. un(a) policía y la víctima de un robo

ST 19

F. **El asesinato.** Vas a escuchar un pasaje acerca de un crimen. Crea cuatro preguntas con los interrogativos siguientes que le harías a los sospechosos. Luego, hazle a otro(a) estudiante las preguntas actuando tú como detective y él (ella) como sospechoso(a). Cambia luego los papeles.

¿Adónde?   ¿Dónde?   ¿Cuánto tiempo?   ¿Qué?
¿Cuándo?   ¿Con quién?   ¿Cuál?

ST 20

G. **José, el indiscreto.** A José le gusta escuchar las conversaciones de Patricia, su hermana mayor. Cuando ella está hablando por teléfono, José escucha y le dice a su amigo, Pancho, lo que ella dice. Escucha y escribe lo que le diría José a su amigo Pancho.

Le pregunta
1. cuándo sale…
2. con quién va.
3. a qué hora pasa…
4. por qué no va…
5. adónde van…

EJEMPLO   ¿Adónde vas?

```
O. Le pregunta adónde va.
```

EXPLORACIÓN

Los adjetivos demostrativos

Los adjetivos demostrativos son los siguientes.

	this (nearby)	*that* (somewhat distant)	*that* (far away)
masculino			
singular	este	ese	aquel
plural	estos	esos	aquellos
femenino			
singular	esta	esa	aquella
plural	estas	esas	aquellas

Unidad tres

A. Los adjetivos demostrativos señalan a una persona, lugar o cosa entre muchos. Aparecen generalmente delante del sustantivo.

Este edificio (aquí) es un almacén.	*This building (nearby) is a department store.*
Ese edificio (allí) es un museo.	*That (somewhat distant) building is a museum.*
Aquel edificio (allá) es un colegio.	*That (faraway) building is a school.*

B. Los adjetivos demostrativos concuerdan con el sustantivo en género y número.

Aquel patio está lleno de flores.	*That patio is full of flowers.*
Aquellas flores son claveles.	*Those flowers are carnations.*

C. Cuando los adjetivos demostrativos siguen a un sustantivo, muchas veces indican desdén° o burla°. scorn / derision

El tipo ese es un sabelotodo.	*That guy is a know-it-all.*
La mujer aquella es una charlatana.	*That woman is a gossip.*

Actividad

A. ¿Qué contesta? Graciela quiere comprar un regalo para su papá. Va a una tienda y pregunta el precio de casi todo lo que ve. ¿Cómo le responde el vendedor? Contesta las preguntas siguientes usando los pronombres y adjetivos demostrativos.

EJEMPLO ¿Cuánto cuestan **aquellos** zapatos? ($25)
Aquéllos cuestan veinticinco pesetas.

1. ¿Cuánto cuestan ===== billeteras? ($11)
2. ¿Cuánto cuesta ===== anillo? ($55)
3. Y, ¿cuánto por ===== camisa? ($36)
4. ¿Cuánto cuestan ===== chaquetas? ($64)
5. ¿Cuánto es ===== suéter? ($23)

1. estas / Éstas
2. este / Éste
3. esa / Ésa
4. aquellas / Aquéllas
5. ese / Ése

EXPLORACIÓN

Los pronombres demostrativos

Los pronombres demostrativos son los siguientes.

	this (nearby)	*that* (somewhat distant)	*that* (far away)
masculino			
singular	éste	ése	aquél
plural	éstos	ésos	aquéllos
femenino			
singular	ésta	ésa	aquélla
plural	éstas	ésas	aquéllas
neutro	esto	eso	aquello

A. Los pronombres demostrativos tienen la misma forma que los adjetivos demostrativos, pero tienen acentos para distinguirlos.

   esta muchacha y ésa   *this girl and that one (somewhat distant)*
   estos niños y aquéllos *these children and those (over there)*

B. Los pronombres demostrativos concuerdan en género y número con el sustantivo al que reemplazan.

   este puente → éste   *this bridge → this one*
   aquellas plantas → aquéllas   *those plants → those*

C. **Éste** y todas sus formas se pueden usar para expresar *the latter*. **Aquél** y todas sus formas se pueden usar para expresar *the former*.

   Bernardo y Pepe estudian mucho; **éste** (Pepe) estudia para médico y **aquél** (Bernardo) para abogado.   *Bernardo and Pepe study a lot; **the latter** is studying to be a doctor and **the former** to be a lawyer.*

D. **Esto, eso** y **aquello** son pronombres neutros. No tienen acentos y se refieren a una situación o a una idea abstracta. También se usan para referirse a un objeto desconocido.

   Siempre llega tarde. Eso me molesta.   *He (she) always arrives late. That bothers me.*
   ¿Qué es esto?   *What is this?*
   Aquello me pareció absurdo.   *That seemed absurd to me.*

E. **Eso es** y **eso** se usan para indicar que la persona está de acuerdo con lo que oyó decir.

Dos y dos son cuatro, ¿verdad? *Two and two are four, correct?*
Eso es. *That's right.*

¿Quieres ir al cine? *Do you want to go to the movies?*
Eso. *Exactly.*

Actividades

A. **Nunca se ponen de acuerdo.**   Elena y Tomás están de visita en Pamplona. ¿Qué dicen? Forma frases con las palabras de abajo.

    EJEMPLO   visitar / museo
        TOMÁS   **¿Quieres visitar este museo?**
        ELENA   **No, prefiero ése.**

1. ver / película
2. comer / tapas
3. subir / calle
4. entrar / tiendas
5. tomar / taxi
6. comprar / zapatos
7. mirar / programa de televisión
8. pedir / refresco
9. cenar en / restaurante

1. esta película / ésa
2. estas tapas / ésas
3. esta calle / ésa
4. estas tiendas / ésas
5. este taxi / ése
6. estos zapatos / ésos
7. este programa / ése
8. este refresco / ése
9. este restaurante / ése

See Copying Masters.

B. **¿Qué pasó primero?**   En las siguientes frases, sustituye **éste** (*the latter*) y **aquél** (*the former*) en lugar del sujeto.

    EJEMPLO   El bombero y el policía se levantan temprano. El bombero se levanta a las cinco y el policía a las seis.
                   El bombero y el policía se levantan temprano, éste a las seis y aquél a las cinco.

1. Gustavo y Susana salen esta tarde. Gustavo da un paseo y Susana va de visita.
2. Mi tío y mi prima participaron en un concierto. Mi tío tocó el piano y mi prima cantó.
3. Ana y Alberto son atletas. Ana juega al baloncesto y Alberto juega tenis.
4. Mónica y David viajan a Guatemala. Mónica viaja por avión, David por barco.

1. ésta / aquél
2. ésta / aquél
3. éste / aquélla
4. éste / aquélla

C. **Preferencias.**   Explica tus preferencias según el ejemplo, empleando el pronombre demostrativo apropiado.

    EJEMPLO   leer / libro
                   No voy a leer este libro. Voy a leer aquél porque tiene más fotos.

1. este autobús / aquél
2. esta calle / aquélla
3. este edificio / aquél
4. esta esquina / aquélla
5. estos museos / aquéllos
6. estas chicas / aquéllas
7. esta puerta / aquélla
8. estos discos / aquéllos
9. estos programas / aquéllos

1. subir en / autobús
2. cruzar / calle
3. entrar a / edificio
4. doblar en / esquina
5. visitar / museos
6. hablar con / chicas
7. salir por / puerta
8. escuchar / discos
9. ver / programas

ST 21

D. ¿Cuál prefieres? Escucha las frases siguientes y responde usando un pronombre demostrativo.

1. ése *or* aquél
2. éste *or* ése
3. éste *or* ése
4. ésas *or* aquéllas
5. ésta *or* ésa

EJEMPLO Este libro es sobre la historia de España.
Ese libro es de ciencia-ficción. ¿Cuál prefieres?

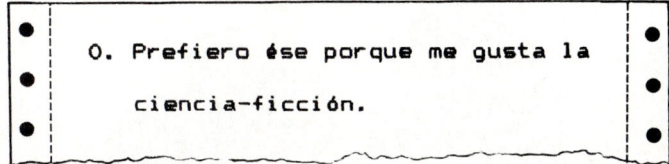

0. Prefiero ése porque me gusta la ciencia-ficción.

E. Describe lo que ves. Mira el dibujo y describe lo que ves. Usa los adjetivos y pronombres demostrativos en tu descripción y escríbela en frases completas en tu papel.

Unidad tres

143

LECCIÓN 8

EN CONTEXTO

Para comenzar

Describe lo que pasa en el dibujo. Tienes que usar tu imaginación para contestar algunas preguntas.

1. ¿Es ésta una escena común a la hora de comer? Describe la hora de comer en tu casa.
2. ¿Cuándo come tu familia en grupo? ¿Se portan bien todos en la mesa?
3. ¿Cómo ayudas a preparar la comida en tu casa? ¿Ayudas con gusto° a poner la mesa? ¿Quién lava los platos? ¿Por qué?
4. ¿Qué opinas de la comida en la cafetería de tu escuela? Describe la hora de comer en la cafetería.

con... willingly

¡Buen provecho!

Sigue la entrevista que comenzó en la Lección 7 entre Nancy y Ema, sobre las costumbres de la comida en España.

NANCY   Háblame un poco más de tus comidas. Me parece que comen mucho en España.

EMA   Empezamos por el desayuno, que es muy ligero°—sólo café con leche y galletas. A eso de las once tomamos un bocadillo, que es como el sándwich americano, pero con pan español o un pastel. A esto lo llamamos el almuerzo. A las dos se hace la comida fuerte del día—un primer plato° como sopa o arroz, luego carne o pescado y después, algo de fiambres° como jamón, queso o chorizo°, con vino. De postre siempre tomamos fruta, plátanos o manzanas. Aquí en Valencia nos gustan mucho las naranjas. Y a las diez cenamos—tortilla con patatas o un poco de carne o pescado con legumbres.

°light

°course, dish
°cold cuts
°sausage

NANCY   ¿Comen tortillas también?

EMA   ¡Sí! Pero la "tortilla" en España se hace con huevo batido°, no con maíz como en algunas partes de Latinoamérica, Nancy. Además, aunque hay variedad de comidas en las diferentes regiones de España, nuestra cocina no es tan picante como la de otros países de habla española.

°beaten egg

NANCY   Y, ¿no tomas un aperitivo a las siete?

EMA   Bueno, sí, pero esto depende de la costumbre de cada persona.

NANCY   Y, ¿qué comes entonces, por ejemplo?

EMA   Algo dulce, como un pastel, o algo salado como las tapas. Las tapas suelen ser de gambas°, croquetas, cacahuetes°, patatas con salsa° picante, calamares° fritos y vino o cerveza. También hay tapas típicas de cada región.

°shrimp / peanuts
°sauce / squid

Preguntas acerca de la lectura

1. ¿Qué semejanzas puedes ver entre las costumbres de comer en España y en los Estados Unidos?
2. ¿Qué diferencias puedes encontrar? ¿A qué se debe la variedad de las comidas en España?
3. ¿Cuáles son las ventajas y las desventajas de tener la comida fuerte a mediodía? Di por lo menos tres ventajas y dos desventajas.
4. ¿Qué son las tapas? ¿Cuándo suelen tomarlas los españoles? ¿Tenemos algo similar en los Estados Unidos?

En tu opinión

1. ¿Comen mucho los españoles? Explica. ¿Crees que se puede generalizar al hablar de la comida española? ¿Por qué?

2. ¿Qué sabes de las comidas españolas? ¿Se diferencia la cocina española de la latinoamericana? ¿Cómo?
3. ¿Has comido en un restaurante español o latinoamericano? ¿Qué te pareció la comida? ¿Pudiste leer el menú y ordenar algo?

Expansión de vocabulario

LAS COMIDAS
el **almuerzo**   lunch
la **cena**   supper
la **comida**   dinner, meal
el **desayuno**   breakfast
la **merienda**   snack

CARNES Y AVES
  (meats and fowl)
el **biftec**   steak
el **cerdo**   pork
el **hígado**   liver
el **pollo**   chicken
el **huevo**   egg
la **ternera**   veal

PESCADO Y MARISCOS
  (fish and shellfish)
la **almeja**   clam
el **atún**   tuna
las **gambas** (los **camarones**)
    shrimp
la **langosta**   lobster
la **ostra** (el **ostión**)   oyster

LEGUMBRES (vegetables)
la **cebolla**   onion
la **lechuga**   lettuce
el **pepino**   cucumber
la **zanahoria**   carrot

POSTRES (desserts)
el **flan**   caramel custard
la **fresa**   strawberry
el **helado**   ice cream
la **galleta** (**salada**)   cookie
    (cracker)
el **plátano** (*Spain*)   banana
la **torta**   cake

PREPARACIÓN
al **horno**   baked
asado   roasted
frito   fried
picante   spicy
salado   salty

CUBIERTOS (silverware)
la **cuchara**   spoon
el **cuchillo**   knife
el **mantel**   tablecloth
la **servilleta**   napkin
el **tenedor**   fork

BEBIDAS (drinks)
la **cerveza**   beer
la **gaseosa**   soda
el **jugo** (el **zumo**)   juice
el **refresco**   drink, refreshment
el **trago**   drink, gulp
el **vino**   wine

VERBOS
adelgazar   to lose weight
engordar   to gain weight
manchar   to stain
probar (o → ue)   to try, to taste
tomar   to eat, to drink
verter (e → ie, i)   to spill

OTRAS PALABRAS Y FRASES
  ¡**Buen provecho**!   Enjoy the meal!
  dar(**le**) **asco** (**a alguien**)   to be loathsome (to someone)
  estar a dieta   to be on a diet
el **olor**   smell
el **sabor**   taste
  poner la mesa   to set the table

Actividades

A. Una expresión española. "Llamar al pan, pan y al vino, vino" significa llamar las cosas por su nombre y hablar claramente. Ahora, adivina las comidas siguientes.

1. el animalito del mar que tiene su propia casa y produce perlas
2. la comida favorita de los conejos que es buena para los ojos
3. el ingrediente principal de la tortilla española
4. animal que dicen es sucio y glotón

B. Definiciones. Da definiciones originales para las palabras siguientes.

a. el helado
b. la galleta
c. el plátano
d. la langosta
e. la cebolla
f. el hielo
g. el pollo
h. la fresa
i. la tortilla

C. Menú. Prepara un menú para las siguientes situaciones.

1. un banquete formal de veinte personas
2. un picnic en el campo con tu novio(a)
3. una comida rápida para amigos inesperados

EXPLORACIÓN

El complemento directo

A. El complemento directo recibe la acción de un verbo transitivo. Un verbo transitivo es un verbo que necesita un complemento directo para completar su significado, como **ver** (*to see*) o **comprar** (*to buy*). El complemento directo generalmente responde a las preguntas **¿qué?** o **¿quién?**

Yo compro el rascacielos.   *I buy the skyscraper.*
Yo veo al peatón.   *I see the pedestrian.*

B. Cuando el complemento directo es una persona o un animal querido, se usa **a** delante de él.

Elsa quiere a su gato.   *Elsa loves her cat.*
Pablo llama a María.   *Pablo calls María.*

El pronombre como complemento directo

Los siguientes pronombres se usan como complementos directos.

me	me	nos	us
te	you	os	you
lo, la[3]	him, her, you, it	los, las[3]	them, you

A. El pronombre como complemento directo concuerda en género, número y persona con el sustantivo.

| Ella compra **las naranjas**. | She buys the oranges. |
| Ella **las** compra. | She buys them. |

| Ella compra **el limón**. | She buys the lemon. |
| Ella **lo** compra. | She buys it. |

B. El pronombre neutro **lo** se usa generalmente con los verbos **ser** y **estar** para expresar una cualidad o una idea abstracta. También se usa con el verbo **creer**.

| María es guapa. | María is pretty. |
| Sí, lo es. | Yes, she is (it). |

| Es fantástico. | It's fantastic. |
| Sí, lo creo. | Yes, I believe it. |

C. En español se usa el verbo **hay** con los pronombres neutros **lo, la, los** y **las** como complemento directo, aunque éstos no se expresan en inglés.

| ¿Hay huevos? | Are there any eggs? |
| Sí, los hay. | Yes, there are. |

D. Generalmente el pronombre precede al verbo conjugado.

Ella los prepara.	She prepares them.
Ellos los quieren preparar.	They want to prepare them.
Simón los está preparando.	Simón is preparing them.
¡No los prepare usted!	Don't prepare them!

E. Cuando el pronombre sigue al infinitivo o al gerundio, forma con él una sola palabra.

| Ellos quieren prepararlos. | They want to prepare them. |
| Juan está preparándolos.[4] | Juan is preparing them. |

---

[3] En España se usa generalmente **le** o **les** en lugar de **lo, la** o **los, las**.
[4] Esta forma necesita un acento ortográfico. Ve el Apéndice A.

F. El pronombre debe seguir a un mandato afirmativo y forma también una sola palabra con el verbo.

¡Prepáralos!⁵ *Prepare them!*

Actividades

A. El refrigerador vacío°. Luisa descubre que no hay nada que comer — *empty* — y pregunta quién se comió todo. ¿Qué le contesta su familia? Hazle preguntas a un(a) compañero(a). Sigue el ejemplo usando las palabras de abajo.

EJEMPLO   el pollo / Rafael
¿Quién comió *el pollo*?
Rafael *lo* comió.

1. los tomates / tú
2. la sopa / la abuelita
3. las manzanas / papá
4. la torta / los niños
5. el queso / nosotros
6. el helado / yo

1. los comiste
2. la comió
3. las comió
4. la comieron
5. lo comimos
6. lo comí

B. ¿Cómo lo prefieres? Cuéntale a la clase cómo prefieres la comida.

EJEMPLO   la carne
La prefiero asada.

1. el pollo
2. el té
3. los huevos
4. las patatas
5. el chocolate
6. el pescado
7. el jugo
8. la comida china
9. la langosta

1. lo
2. lo
3. los
4. las
5. lo
6. lo
7. lo
8. la
9. la

C. Ya lo sé. Tu amigo(a) te cuenta una serie de cosas. Contéstale usando una de las expresiones siguientes: **¡Ya lo sé! ¡No lo creo! ¡Ya lo creo!** Después, hazle unas preguntas originales a tu amigo(a) para que él (ella) las conteste.

EJEMPLO   ¿Crees que mi hermano es superhombre?
¡No lo creo!

1. ¿Crees que nuestro equipo va a ganar?
2. ¿Crees que va a llover?
3. ¿Sabes que no hay clases el lunes?
4. ¿ . . . ?

⁵Nota la adición de un acento ortográfico en esta forma. Ve el Apéndice A.

ST 22

D. Un día en la vida. Eduardo pasó un día muy activo ayer. Lee las siguientes preguntas y escucha el relato de Eduardo sobre sus actividades. Luego, contesta las preguntas con frases completas. Usa los pronombres como complemento directo cuando puedas.

1. ¿Cuándo sacó la basura Eduardo?
2. ¿Por qué decidió lavar los platos?
3. ¿Cuándo preparó el desayuno?
4. ¿A quién buscó antes de preparar el desayuno?
5. ¿Por qué buscó a Feroz, su perro?
6. ¿Dónde lo buscó?

1. La sacó después de levantarse.
2. Los lavó porque su madre estaba enferma.
3. Lo preparó a las nueve.
4. Buscó a Feroz antes de preparar el desayuno.
5. Lo buscó para darle comida.
6. Lo buscó en la casa y en la calle.

E. Inseguridades. Roberto y Miguel hablan acerca de un concierto y de una chica. Completa el diálogo siguiente con la forma correcta del pronombre como complemento directo.

ROBERTO Hola, Miguel. ¿Ya tienes las entradas para el concierto de Las Moscas?
MIGUEL Sí, __1__ tengo en mi billetera.
ROBERTO ¿Y ya llamaste a Susana y a Juana?
MIGUEL Sí, Roberto, __2__ llamé anoche.
ROBERTO Susana es muy atractiva, ¿no?
MIGUEL Sí, __3__ es. __4__ vi ayer y estaba muy bonita. Pero dime, Roberto, ¿por qué me preguntas tanto? ¿Estás nervioso?
ROBERTO Sí, __5__ estoy. Y con razón. Susana __6__ quiere a ti.
MIGUEL ¿De veras? No __7__ creo. Susana tiene un corazón muy grande. Hay lugar para ti también.

1. las
2. las
3. lo
4. La
5. lo
6. te
7. lo

EXPLORACIÓN

El pronombre como complemento indirecto

Los siguientes pronombres se usan como complementos indirectos.

me	to, for me	nos	to, for us
te	to, for you	os	to, for you
le (se)	to, for him, her, you, it	les (se)	to, for them, you

A. El complemento indirecto es el que indica la persona o el objeto que recibe, no la acción directa del verbo, sino el beneficio o el daño° de esa acción.

harm

verbo	complemento directo	complemento indirecto
Le escribo	una carta	**a mi hermano**
I write	*a letter*	*to my brother*

Elena **le** da la receta **a Marta**. *Elena gives the recipe **to Marta**.*
Papá **le** compra un coche **a Iván**. *Dad buys a car **for Iván**.*

B. En español, el pronombre como complemento indirecto concuerda en número y persona con el sustantivo al que reemplaza. Se usa generalmente además del sustantivo al que pueda reemplazar.

Las niñas **les** cantan una canción **a las maestras**. *The girls are singing a song **to the teachers**.*
Pedro **le** contó un cuento **a su hermano**. *Pedro told **his brother** a story.*

C. Con frecuencia se añade una frase preposicional para aclarar el uso de **le** y **les** o simplemente para dar más fuerza a los pronombres **me**, **te** y **nos**. Aun cuando se use esta frase para aclarar, debe aparecer el pronombre en la misma frase.

Ana **le** da las galletas **al niño**. *Ana gives the cookies **to the child**.*
Le di el jugo **a él**. *I gave **him** the juice.*
A nosotros no **nos** gustó la idea. *We did not like the idea.*
A mí me gustó la ópera. *I liked the opera.*

En los ejemplos anteriores las frases preposicionales son **al niño**, **a él**, **a nosotros** y **a mí**. Éstas dan fuerza a los pronombres **le**, **nos** y **me** respectivamente.

D. El pronombre como complemento indirecto (lo mismo que el pronombre como complemento directo) precede al verbo conjugado y puede seguir al infinitivo o al gerundio. Siempre sigue a la forma imperativa afirmativa. Cuando el pronombre sigue al verbo se escribe como una palabra.

Actividades

A. ¡Qué organizada! Mónica Ramos tuvo mucho que hacer antes de salir esta noche. ¿Qué hizo? Usa **le** o **les** según el caso.

EJEMPLO Dio una lección de inglés. (a su vecino)
Le dio una lección de inglés a su vecino.

1. Pagó la cuenta. (a la compañía telefónica)
2. Escribió cartas. (a sus familiares)
3. Trajo sopa de pollo. (a un amigo enfermo)
4. Sirvió la comida. (a sus padres)
5. Contó un cuento de hadas. (a su hermana)

1. le
2. les
3. le
4. les
5. le

B. La fiesta. Rosita habla con Inés sobre cómo van a llegar a la fiesta esta noche. Completa las oraciones con el pronombre apropiado.

ROSITA Pues, a mi novio no __1__ interesa ir a la fiesta, pero a mí, sí. Pero, ¿cómo llegar?
INÉS __2__ podemos pedir ayuda a Juan.
ROSITA ¡No! No debemos decir __3__ nada a él. Maneja como un loco y a mí __4__ da mucho miedo.
INÉS Bueno, ¿quieres preguntar __5__ a los Sánchez si a ellos __6__ molesta pasar por nosotras?
ROSITA ¡Cómo no! ¿Qué __7__ importa a nosotras cómo llegamos? Lo importante es llegar a tiempo porque a mí __8__ pidieron traer los refrescos.

1. le
2. Le
3. decirle
4. me
5. preguntarles
6. les
7. nos
8. me

C. ¿Qué le sirvió a quién? Antonio es un mesero que ha estado muy ocupado hoy. En la primera lista están los clientes a quienes sirvió. En la segunda lista, hay algunas de las cosas que pidieron. Junta al cliente con la orden y haz frases completas para explicar qué le pidieron los clientes a Antonio.

1. d
2. c
3. b
4. a
5. e

Clientes
1. la mujer rica
2. el niño consentido°   spoiled
3. la vegetariana
4. el hombre gordo
5. la mujer de España

Comida
a. ensalada, pollo asado, puerco, papas, arroz, macarrones, pan, torta y helado
b. una ensalada y un plato de fruta
c. un helado antes de la cena
d. caviar servido en una bandeja° de plata   tray
e. paella y flan

D. ¡Qué simpático! ¿Qué has hecho por tu familia y tus amigos últimamente? Haz una lista de cinco personas y de las cosas que has hecho por ellas el mes pasado. Usa un pronombre como complemento indirecto en cada frase.

EJEMPLO Mamá. Le limpié la casa la semana pasada.

EXPLORACIÓN

Dos pronombres como complementos del verbo

A. El pronombre como complemento indirecto siempre precede al pronombre como complemento directo, y los dos nunca se separan.

Te los quiero dar.
Yo quiero dártelos. } *I want to give them to you.*

B. Cuando ambos pronombres están en la tercera persona, el pronombre como complemento indirecto (**le, les**) se convierte en **se**. Las frases **a él** (**ella**), **a ellos** (**ellas**), **a usted** (**ustedes**) se pueden usar para aclarar esto.

¿Le enviaste el paquete a Elsa? *Did you send the package to Elsa?*
Sí, se lo envié a ella. *Yes, I sent it to her.*

Actividades

A. Mañana. Hay muchas cosas en la vida diaria que uno prefiere posponer. Cambia las frases siguientes usando pronombres como complementos de los verbos.

EJEMPLO No quiero mandarle el cheque al señor López hoy.
Se lo mando mañana.
Voy a mandárselo mañana.

1. Papá no quiere hacer la paella para nosotros hoy.
2. No queremos comprar las entradas para nuestros amigos hoy.
3. El empleado no quiere entregarle los informes al jefe hoy.
4. No quiero devolverle el azúcar a mi vecina hoy.
5. Tú no quieres echarle gasolina al coche hoy.
6. La profesora no quiere explicarle la gramática a la clase hoy.

1. nos la hace / va a hacérnosla
2. se las compramos / vamos a comprárselas
3. se los entrega / va a entregárselos
4. se lo devuelvo / voy a devolvérselo
5. se la echas / vas a echársela
6. se la explica / va a explicársela

B. ¿Para quién es? Compraste los siguientes regalos de Navidad. ¿A quién le vas a dar cada uno? ¿Por qué? Decide con la ayuda de un(a) compañero(a).

EJEMPLO un suéter
¿A quién le das el suéter?
Se lo doy a la abuela porque siempre tiene frío.

1. dos entradas para la ópera
2. unos juegos electrónicos
3. un disco de Mozart
4. una caja de chocolates
5. un brazalete de oro
6. un mapa de Sudamérica

See Copying Masters.

1. se las
2. se los
3. se lo
4. se la
5. se lo
6. se lo

Unidad tres

C. Conversemos. Contesta las preguntas siguientes, empleando los pronombres apropiados.

1. ¿Les escribes cartas a tus parientes con frecuencia? ¿A quién le escribes mucho? ¿Le escribes cartas románticas a tu novio(a)? ¿Qué le dices? ¿Te las escribe a ti tu novio(a)? ¿Qué te dice?
2. ¿Le prestas tu ropa a tu hermano(a)? ¿Por qué? ¿Qué otras cosas le prestas a él (ella)? ¿Le pides dinero a tu compañero(a)? ¿Qué te pide tu compañero(a) a ti?
3. ¿Siempre le entregan ustedes la tarea al (a la) profesor(a) a tiempo? ¿Por qué? ¿Les devuelve a ustedes sus exámenes en seguida? ¿Les explica a ustedes bien la gramática? ¿Les da a ustedes buenas notas?

D. Competencia. Forma un grupo con cuatro de tus compañeros(as). Escriban las siguientes frases usando dos pronombres como complementos en lugar de sustantivos. Uno(a) del grupo escribe las frases en la pizarra cuando todos terminen. El grupo que termina primero y con menos errores gana.

1. Les compré las bicicletas a mis sobrinos.
2. Ellos prestaron las bicicletas a los vecinos.
3. Mis sobrinos les pidieron las bicicletas a los vecinos.
4. Los vecinos no les dieron las bicicletas a mis sobrinos.
5. Creo que no vuelven a prestarles cosas a los vecinos.

1. Se las compré.
2. Se las prestaron.
3. Se las pidieron.
4. No se las dieron.
5. No se las vuelven a prestar.

E. El (la) señor(a) presidente(a). Esta actividad chistosa° requiere a dos estudiantes. Uno(a) hace el papel de presidente de los Estados Unidos y el (la) otro(a) es un(a) reportero(a) para una famosa revista panameña. El reportero le pregunta lo siguiente al presidente. El presidente debe usar dos pronombres juntos como complementos del verbo en cada respuesta.

°funny

1. ¿Y su esposo(a), cuándo le dio a usted su perro, Fiel?
2. ¿Y usted, le dio lecciones de manejar a su esposo(a) para su cumpleaños?
3. ¿Cuándo le dio el primer regalo a su esposo(a)?
4. ¿Dónde estaban ustedes cuando le dio el regalo?
5. ¿Le explica usted a su esposo(a) las decisiones que usted toma?
6. ¿Por qué (no) se las explica a él (ella)?

1. Me lo dio...
2. Se las di...
3. Se lo di...
4. Se lo di...
5. Se las explico...
6. (No) se las explico...

EXPLORACIÓN

Gustar y otros verbos similares

A. Gustar se usa para expresar en español la idea *to like*, pero **gustar** no quiere decir *to like*, sino *to be pleasing to*. Por eso requiere una construcción diferente. Compara las siguientes frases.

I (sujeto)   *like* (verbo)   *the books* (complemento directo).
Me (complemento indirecto)   **gustan** (verbo)   **los libros** (sujeto).

La segunda frase significa literalmente *The books are pleasing to me*. El sujeto en inglés se convierte en el complemento indirecto en español. El verbo **gustar** concuerda con el sujeto en español y se usa generalmente en la tercera persona del singular y del plural.

Nos gusta comer chocolate.   *We like to eat chocolate.*
Te gustan esas galletas.   *You like those crackers.*

B. Se usa el pronombre como complemento indirecto aun cuando el objeto indirecto es un nombre propio o sustantivo. Cuando no se expresa el sustantivo, se pueden usar frases preposicionales con pronombres (como **a ustedes** o **a ellas**) para aclarar o dar énfasis.

A la abuelita **le** gusta el té.   *Grandma likes tea.*
A los niños **les** gusta la limonada.   *The children like lemonade.*
A ustedes **les** gusta el café.   *You like coffee.*

C. Estos son otros verbos como **gustar**.

aburrir   *to bore*
caer bien (mal)   *(not) to suit*
dar asco   *to be disgusting*
doler (o → ue)   *to hurt, to ache*
encantar   *to delight*
faltar   *to be lacking, to be missing*
fascinar   *to fascinate*

hacer falta   *to need*
importar   *to matter, to be important*
interesar   *to interest*
parecer   *to seem*
quedar   *to be left over, to remain*

A Carlos le duelen los pies.   *Carlos's feet hurt.*
No nos queda azúcar.   *We have no sugar left.*
Me parece que la he visto.   *It seems that I have seen her.*

Actividades

A. ¿Qué te parece? Contesta las siguientes preguntas.

EJEMPLO ¿Qué te encanta?
Me encanta comer al aire libre.

1. ¿Qué les importa a tus familiares?
2. ¿Qué le interesa más a tu mejor amigo?
3. ¿Qué te parece la comida picante?
4. ¿Qué te parece imposible?
5. ¿Qué les fascina a los chicos que tú conoces?
6. ¿Cómo te caen tus profesores?

1. les importa(n)
2. le interesa(n)
3. me parece
4. me parece
5. les fascina(n)
6. me caen

B. Como resultado. Se les han perdido unas cosas a varias personas. Cambia las frases siguientes según el ejemplo. Después, un(a) compañero(a) de clase va a explicar las consecuencias.

EJEMPLO Tú: **No encuentro mis gafas.**
Tu compañero(a): **¿Te faltan las gafas? Entonces no puedes leer.**

1. Carolina no encuentra sus llaves.
2. No encuentras tu bolígrafo.
3. No encontramos el café.
4. No encuentro mi abrigo.
5. Ellos no encuentran el menú.
6. Carmen no encuentra sus zapatos.
7. Jaime no encuentra su raqueta.
8. El cocinero no encuentra el arroz.

1. ¿Le faltan las llaves?
2. ¿Me falta mi bolígrafo?
3. ¿Nos (les) falta el café?
4. ¿Te falta el abrigo?
5. ¿Les falta el menú?
6. ¿Le faltan los zapatos?
7. ¿Le falta su raqueta?
8. ¿Le falta el arroz?

C. Traducciones. Traduce las frases siguientes al español.

1. Do you like mathematics?
2. Algebra fascinates my sister.
3. Our grades are very important to us.
4. But algebra bores me.
5. We have four days left before the exam.
6. At least the teacher suits me well.

1. ¿Te gustan las matemáticas?
2. A mi hermana le fascina el álgebra.
3. A nosotros nos importan nuestras notas.
4. Pero me aburre el álgebra.
5. Nos quedan cuatro días antes del examen.
6. Por lo menos el (la) profesor(a) me cae bien.

D. Opiniones. Completa las frases siguientes de una forma original.

1. A mí me molesta(n)...
2. Al presidente de los Estados Unidos le importa(n)...
3. A mis padres les importa(n)...
4. Al (A la) profesor(a) le encanta(n)...
5. A mí me aburre(n)...
6. A los estudiantes siempre les hace(n) falta...

E. Gustos y disgustos. Expresa tu opinión acerca de las siguientes cosas, usando verbos de la segunda columna.

EJEMPLO   esta comida
Me disgusta esta comida porque huele a jabón.

1. esta clase
2. viajar en avión
3. perros calientes
4. lavar platos
5. dormir
6. películas románticas
7. coleccionar sellos
8. conducir por la ciudad
9. computadoras
10. ¿...?

interesar
encantar
aburrir
dar miedo
fascinar
molestar
disgustar

LECCIÓN 9

EN CONTEXTO

Para comenzar

Describe lo que pasa en el dibujo. Tienes que usar tu imaginación para contestar algunas preguntas.

1. ¿Te gusta bailar en las discotecas? ¿Prefieres charlar o escuchar la música? ¿Por qué?
2. ¿Crees que el bailar es un buen ejercicio físico? ¿Bailas tú? ¿Bailas con frecuencia? ¿Bailas bien?
3. Si la manera de bailar expresa la personalidad, ¿qué se puede decir de cada personaje en el dibujo?

FRONTERAS

¿Qué hacemos esta noche?

Nancy quiere saber más sobre la vida en España.

NANCY ¿Qué suele hacer la gente por la noche?
EMA Desgraciadamente, ahora en España hay menos vida nocturna que antes porque se trabaja mucho más y hay que levantarse más temprano. Las discotecas abren a las seis de la tarde y vuelven a cerrar a las diez. Se vuelve a casa o se va a un restaurante para cenar. A las once se empieza otra vez. En el verano, la gran vida nocturna es los cafés al aire libre. En Madrid hay uno muy famoso que es el Gijón, pero ahora está de moda el Café Teide. De noche es muy divertido porque el Teide está lleno° de gente y no hay sitio donde sentarse. Y sin embargo, el Gijón, justamente al lado, está vacío. Pues, allí los que pueden se sientan, y todos charlan y toman un refresco o un café o lo que sea°. Lo importante es "ver y que te vean"°, y ver con quién hablas y con quién andas.
  También, claro, vamos al cine, al teatro y a fiestas en casas particulares°.

° full

° lo... whatever
° "ver..." "to see and be seen"

° private

Preguntas acerca de la lectura

1. ¿Cuáles son las actividades nocturnas más populares de España?
2. ¿A qué horas están abiertas las discotecas en España? ¿Qué hace uno después de ir a una discoteca?
3. ¿Qué son los cafés al aire libre? ¿Cuándo va más la gente allí?
4. ¿Qué quiere decir la expresión "ver y que te vean"? ¿Es éste un concepto universal? ¿Es lo mismo que la expresión "Dime con quién andas y te diré quién eres"? Explica por qué.
5. ¿Qué más hace la gente por la noche en España?

En tu opinión

1. ¿Cuáles son las actividades nocturnas más populares en los Estados Unidos?
2. Por lo general en las fiestas españolas la gente charla, come y bebe. ¿Qué pasa en las fiestas norteamericanas? Explica.
3. Si no te gusta ir a las discotecas, ¿qué te gusta hacer por las noches? ¿Prefieres otras actividades? ¿Cuáles? (ballet, karate, cine, ir de compras, visitar amigos, etcétera) ¿Por qué?

Expansión de vocabulario

EN EL CINE
  el **argumento** plot
  la **butaca** theater seat
  la **entrada** (el **boleto**) ticket
  las **palomitas de maíz** popcorn
  la **película** movie
  la **taquilla** box office
  el **tema** theme

EN CASA
  el **canal** channel
  contar (o → ue) **chistes** to tell jokes
  chismear to gossip
  jugar a las cartas (**a los naipes**) to play cards
  la **telenovela** soap opera
  ver (**mirar**) **la televisión** to watch television

EN EL CLUB NOCTURNO
  la **barra** (el **mostrador**) bar (counter)
  brindar to toast
  el **brindis** toast
  el (la) **camarero(a)** waiter (waitress)
  la **carta** (el **menú**) menu
  cobrar to charge
  el **conjunto** (**grupo**) **musical** band
  la **copa** wineglass
  la **cuenta** check, bill
  la **diversión** entertainment
  el (la) **mesero(a)** waiter (waitress)
  el (la) **mozo(a)** waiter (waitress)
  la **pista** dance floor
  la **propina** tip
  sobrio sober

OTRAS PALABRAS Y FRASES
¿**Cómo quedamos?** How do we stand?
¿**De qué se trata...?** What is...about?
divertirse (e → ie, i) to have a good time
entretenerse to have a good time
estar sentado to be seated
estar encantado to be excited
estar entusiasmado con to be excited about
gozar de (**disfrutar**) to enjoy
pasarlo (la) bien to have a good time

Actividades

A. **¿Qué palabra no pertenece?** En cada grupo, escoge la palabra que no está relacionada con las otras y explica por qué.

1.	2.	3.	4.
camarero	brindis	pasarlo bien	canal
cantante	copa	divertirse	taquilla
mesero	barra	cobrar	entrada
mozo	boleto	entretenerse	butaca

1. cantante
2. boleto
3. cobrar
4. canal

B. **Definiciones.** Define las palabras siguientes en español.

1. el mozo
2. brindar
3. los chistes
4. los juegos
5. la película
6. la cuenta

C. Ejemplos. Da un ejemplo de las categorías siguientes y expresa tu opinión.

> EJEMPLO   un(a) cantante famoso(a)
> **Juan Gabriel es un cantante famoso. Me gusta porque su música es emocionante.**

1. una telenovela popular
2. un restaurante elegante
3. un conjunto musical nuevo
4. una película romántica
5. un actor o actriz famoso(a)
6. una discoteca conocida

EXPLORACIÓN

Los usos de por y para

Por y **para** significan *for* en inglés. En general, **por** se refiere a una acción pasada o a una razón o causa por haber hecho algo. **Para** se usa para expresar una acción, meta, propósito, destino o uso. Lo siguiente describe con más detalle los usos de **por** y **para**.

A. Por se usa para indicar

1. duración de tiempo específico

Me voy a Valencia por un mes.	*I'm going to Valencia for a month.*
La pareja estaba bailando por tres horas seguidas.	*The couple was dancing for three straight hours.*

2. tiempo indeterminado o general

Nunca salen por la noche.	*They never go out at night.*
Por la mañana voy al gimnasio.	*In the morning, I'm going to the gym.*

3. una acción que no se ha terminado, que está **por** hacerse

Su primera novela está publicada, pero su segunda está por publicarse.	*His first novel is published, but his second has yet to be published.*

4. fin de un mandato después de los verbos **ir, venir, pasar** y **preguntar** (Las personas van, vienen, pasan o preguntan **por** algo.)

Silvia va por refrescos.	*Silvia is going for refreshments.*
Paso por ti mañana temprano.	*I'll come by for you early tomorrow.*

5. que se ha confundido la identidad de una persona

> David la tomó por una actriz famosa.
> *David took her for a famous actress.*

6. causa o razón

> Rosa se enfadó con Antonio por haber salido con otra.
> *Rosa was angry with Antonio for having gone out with another girl.*
>
> No podemos ir a la discoteca por falta de dinero.
> *We can't go to the discotheque for lack of money.*

7. modo de comunicarse o medio de transporte

> Jaime me llama por teléfono cada noche.
> *Jaime calls me on the telephone (phones me) every night.*
>
> Van a Europa por barco.
> *They're going to Europe by boat.*

8. intenciones—lo equivalente a *on behalf of, for the sake of, in favor of*

> Luchamos por la libertad.
> *We fight for freedom.*
>
> Lo hacemos por todos los seres humanos.
> *We do it for all human beings.*
>
> El presidente está por esta ley.
> *The president is in favor of this law.*

9. ventas—a cambio de, en lugar de

> Quiso cambiar su falda por un vestido.
> *She wanted to change her skirt for a dress.*
>
> ¿Cuánto pagaste por el boleto?
> *How much did you pay for the ticket?*
>
> Me dio $100 por mi televisor.
> *He gave me $100 for my television set.*
>
> Estoy enferma. Juan va a trabajar por mí.
> *I am sick. Juan is going to work in my place.*

10. a través de o en los alrededores° de un lugar   en... near

> Los viejos se pasean por el parque.
> *The old men stroll through the park.*
>
> Mi abuela tiene su casa por el parque.
> *My grandmother has her house by the park.*

11. agente en la voz pasiva[6]

> La canción fue cantada por una famosa cantante andaluza.
> *The song was sung by a famous Andalusian singer.*

---

[6]Ve la Unidad 8 acerca de la voz pasiva.

12. velocidad, frecuencia o proporción

    Se debe conducir a 90 kilómetros (55 millas) por hora.
    One should drive at 90 kilometers (55 miles) per hour.

    Van al cine tres veces por semana.
    They go to the movies three times a week.

13. multiplicación o división

    Tres por tres son nueve.
    Three times three is nine.

    Cien dividido por veinte son cinco.
    One hundred divided by twenty is five.

14. gratitud o disculpa°   apology

    Gracias por la ayuda.
    Thanks for the help.

    Lo siento por haberte llamado bobo.
    I'm sorry for having called you dumb.

15. expresiones comunes que contienen **por**

acabar por *to end up (by)*	por fin *finally*
palabra por palabra *word for word*	por lo general *generally*
por adelantado *in advance*	por lo menos *at least*
por ahora *for now*	por lo visto *apparently*
por amor de Dios *for the love of God*	por mi parte *as for me*
por aquí (cerca) *over here (nearby)*	por ningún lado *nowhere*
por casualidad *by chance*	por otra parte *on the other hand*
por cierto *for sure, as a matter of fact*	por otro lado *on the other hand*
por completo *completely*	por poco (me caigo) *(I) almost (fell)*
por dentro *inside*	por primera vez *for the first time*
por desgracia *unfortunately*	por si acaso *just in case*
¡por Dios! *Oh my God!*	por su cuenta *all by oneself*
por ejemplo *for example*	por supuesto *of course*
por eso *therefore*	por todas partes *everywhere*
	por última vez *for the last time*
	por último *lastly, finally*

B. **Para** se usa para indicar

  1. destino

    Vamos para Bogotá en junio.
    We're going to Bogotá in June.

    Ya salió para El Club Cádiz.
    He already left for Club Cádiz.

2. **límite de tiempo (plazo)°** límite... deadline

   Para el lunes habré leído los poemas de García Lorca. — *By Monday I will have read the poems by García Lorca.*

3. **uso o propósito de las cosas**

   La copa es para el agua. — *The goblet is for water.*
   El vaso es para el jugo. — *The glass is for juice.*

4. **finalidad, meta o propósito de una acción**

   Paloma estudia para ingeniera. — *Paloma is studying to be an engineer.*

   Miguel se viste así para atraer a las chicas. — *Miguel dresses that way (in order) to attract girls.*[7]

   Tengo un regalo para mi sobrino. — *I have a present for my nephew.*

5. **una acción que se va a cumplir en un futuro cercano**

   El avión está para salir. — *The plane is about to leave.*

   Para sus próximas fiestas preocúpese sólo por sus invitados

6. **una comparación de desigualdad**

   Para ser un perro tan gordo, Rex corre muy bien. — *For a fat dog, Rex runs very well.*
   Para una niña de siete años, toca bien el violín. — *For a seven-year-old, she plays the violin well.*

7. **emociones como resultado de acciones**

   Para mi sorpresa Jorge me invitó a salir esta noche. — *To my surprise, Jorge asked me to go out tonight.*

8. **expresiones comunes que se usan con para**

no estar para bromas	to be in no mood for jokes
no servir para nada	to be of no use
para siempre	forever
para mí	to me, in my opinion
para entonces	by then
para variar	for a change
para que veas	so you can see

---

[7] Aunque en inglés se omite la expresión *in order* delante de un infinitivo, en español **para** se tiene que expresar. Por ejemplo: **Estudiamos para aprender**. (*We study [in order] to learn*).

Actividades

A. La boda. Bárbara Torres habla con sus amigos acerca de la boda de su sobrina. Escoge una terminación apropiada para cada frase.

1. Los gastos fueron pagados
2. Creo que pagaron más de $10.000 pesetas
3. Ángela es joven, pero sofisticada
4. Mi cuñada trató de bajar de peso
5. Al último momento Alicia fue a la farmacia
6. Los padres de Ángela les regalaron dinero
7. Recibieron muchos aparatos eléctricos
8. Piensan cambiar el lavaplatos
9. La pareja les dio las gracias
10. Ellos salieron
11. Los dos van a quedarse en Puerto Rico
12. Fue un día muy emocionante

a. para poder llevar el vestido de su hermana.
b. para su edad.
c. por un televisor.
d. por los padres de Ángela.
e. para el aeropuerto.
f. por todos los regalos.
g. por el banquete.
h. para gastar en el futuro.
i. para todos.
j. para la cocina.
k. por aspirina.
l. para su luna de miel.

1. d
2. g
3. b
4. a
5. k
6. h
7. j
8. c
9. f
10. e
11. l
12. i

B. Distracciones. En una hoja de papel numera del 1 al 12. Luego, escribe **por** o **para** para cada una de las frases siguientes.

Querida Leonor,

Mañana __1__ la mañana es el examen final de historia, y todavía tengo que estudiar mucho __2__ poder aprobarlo. No puedo pensar en cosas académicas porque estoy __3__ casarme. __4__ el próximo mes yo me habré° casado con Jaime. Parece increíble, pero casi todo está arreglado __5__ la ceremonia. Después, vamos a cambiar el frío del norte __6__ el clima tropical del Caribe. Vamos __7__ gozar del sol, __8__ pasearnos __9__ las lindas playas... y __10__ las noches, ¡a bailar! Pero, __11__ ahora, __12__ desgracia, me esperan los libros.

Con cariño,
Carmen

See Copying Masters.

1. por
2. para
3. para
4. Para
5. para
6. por
7. para
8. para
9. por
10. por
11. por
12. por

yo... I will have

C. La fiesta ruidosa. Termina las frases con **por** o **para** en una forma original.

1. Diana planeó la fiesta...
2. Todos llegaron...
3. Óscar se sintió mal...
4. Manolo no sabía que los regalos eran...
5. La ventana fue rota...
6. Susana cambió su limonada...
7. Los vecinos llamaron a la policía...
8. A la medianoche todos salieron...

D. ¿Qué haces? Responde a las preguntas siguientes usando **por** o **para** en cada respuesta.

> EJEMPLO ¿Qué haces cuando no tienes mantequilla y vives cerca de una tienda?
> **Voy a la tienda por mantequilla.**

¿Qué haces cuando
1. quieres hablar con una amiga que vive lejos? (Tú y ella tienen teléfonos.)
2. no puedes distinguir entre gemelas idénticas que se llaman Alicia y Patricia?
3. quieres asistir a un concierto con un amigo que no tiene dinero? (Los boletos cuestan $10 cada uno.)
4. quieres dar un paseo donde hay perros muy feroces? (Hay otras calles sin perros muy cerca.)

Suggested answers.
1. hablo por teléfono
2. tomo a Alicia por Patricia
3. pago $20 por los boletos
4. ando por otras calles

E. Cómo tener éxito con el sexo opuesto. Escribe cinco consejos acerca de cómo ser popular con el sexo opuesto, empleando las expresiones siguientes.

por desgracia	por primera vez	por si acaso
por último	por ahora	por supuesto
por lo general	por ejemplo	por lo menos

EXPLORACIÓN

El se impersonal

Cuando el sujeto de una frase es indefinido o impersonal (como **ellos dicen, la gente siente que, uno come, alguien puede**), se puede usar la siguiente construcción.

> **Se** + tercera persona del singular del verbo

Se cree que Felipillo es el mejor disquero de Madrid.	*People believe that Felipillo is the best disk jockey in Madrid.*
Se toca música flamenca en ese club.	*They play flamenco music in that club.*
Se puede ver toda la ciudad desde el décimo piso de aquel edificio.	*One (You) can see the whole city from the tenth floor of that building.*
Se puede ver las montañas desde aquí.	*One can see the mountains from here.*

El **se** impersonal se emplea con frecuencia en las señales y letreros públicos.

SE HABLA INGLÉS.

SE PROHÍBE NADAR.

NO SE PERMITE FUMAR.

Actividades

A. Aquí se vive bien. Cambia las frases siguientes según el ejemplo, usando el **se** impersonal.

> EJEMPLO Comen bien en estas cafeterías.
> **Se come bien en estas cafeterías.**

1. Prohíben fumar en los restaurantes.
2. Celebran la feria en la calle.
3. Uno no necesita mucho dinero para alquilar un apartamento.
4. Creen que en los mercados hay de todo.
5. Dicen que los bancos dan intereses altos.
6. Uno encuentra a gente muy simpática.

1. se prohíbe
2. se celebra
3. no se necesita
4. se cree
5. se dice
6. se encuentra

B. Lugares que conozco. Ahora, ¿qué puedes decir de tu ciudad, casa o escuela? Usa el **se** impersonal en tus respuestas.

> EJEMPLO Aquí se aprende mucho.

C. ¿Qué se hace? Completa las frases numeradas siguientes diciendo la actividad que se puede hacer en cada lugar. Usa el **se** impersonal en tus frases. Puedes usar frases de la siguiente lista.

dar un paseo   sentir el viento
bailar sabroso   manejar rápido
poder ver a Superman   recibir una carta

> EJEMPLO En el parque **se juega con los niños.**

1. En la pista...
2. En el correo...
3. En la estación de trenes...
4. En el cine...
5. En el club nocturno...
6. En el coche...

D. Traducciones. En tu papel completa las frases, traduciendo las palabras entre paréntesis con el **se** impersonal.

1. Aquí (*people dine*) ===== a las diez de la noche.
2. (*You go up*) ===== al segundo piso para encontrar la farmacia.
3. En esta casa (*one enters*) ===== por la puerta de atrás.
4. (*It is believed*) ===== que un arquitecto francés diseñó este edificio.
5. (*They say*) ===== que el agua mineral es buena para la salud.
6. (*It is well known*) ===== que el queso y los frijoles tienen mucha proteína.

1. se come
2. se sube
3. se entra
4. se cree
5. se dice
6. se sabe

EXPLORACIÓN

Expresiones con el verbo **tener**

Se forman muchas expresiones idiomáticas al combinar el verbo **tener** con ciertos sustantivos. Fíjate en el siguiente cuadro. Éstos pueden ser modificados por el adjetivo **mucho(a, os, as)**. Por ejemplo: **Tengo mucho sueño.** (*I am very sleepy.*)

tener algo que hacer	*to have something to do*
tener __ años	*to be __ years old*
tener calor	*to be hot*
tener celos	*to be jealous*
tener confianza	*to have confidence*
tener cuidado	*to be careful*
tener derecho a	*to have the right to*
tener dolor (de cabeza)	*to have a (head)ache, or a pain*
tener éxito	*to be successful*
tener fiebre	*to have a temperature*
tener frío	*to be cold*
tener ganas de	*to feel like, to desire*
tener gripe	*to have a cold*
tener hambre	*to be hungry*
tener la culpa	*to be guilty*
tener lugar	*to take place*
tener miedo de	*to be afraid of*
tener presente	*to keep in mind*
tener prisa	*to be in a hurry*
tener que	*to have to*
tener que ver con	*to have to do with*
(no) tener razón	*to be right (wrong)*
tener sed	*to be thirsty*
tener sueño	*to be sleepy*
tener suerte	*to be lucky*
tener vergüenza	*to be ashamed*

Actividades

A. Reacciones. Responde a las siguientes situaciones con **tener** más una expresión. Puedes usar las expresiones en la lista de tu libro.

EJEMPLO Yo sabía que iba a aprobar el examen.
Yo tenía confianza.

1. Eva se puso el abrigo.
2. Mi padre tomó dos aspirinas.
3. ¿Dónde está el pan?
4. Nos acostamos temprano anoche.
5. Encontré el dinero que perdí ayer.
6. Hacía 100° F. Fuimos a la playa.
7. Mi novio va al baile con otra chica.
8. Salimos corriendo. La película estaba para empezar.

1. tenía frío
2. tenía dolor de cabeza
3. tengo hambre
4. teníamos sueño
5. tuve suerte
6. teníamos calor
7. tengo celos
8. teníamos prisa

B. Sentimientos. Completa las frases siguientes de una manera original.

1. De niño(a) siempre tenía miedo de…
2. Anoche yo tenía ganas de…
3. Tú debes tener vergüenza de…
4. Los norteamericanos tienen derecho a…
5. Los estudiantes tienen prisa…
6. Mi novio(a) tiene celos…

C. La televisión española. Llena cada espacio con **hay** o una forma de **ser, estar** o **tener**.

See Copying Masters.

Nancy sigue preguntando sobre la vida diaria en España.

NANCY __1__ populares los programas de televisión norteamericanos en España, ¿verdad?

EMA Sí, tú __2__ razón. __3__ algunos programas muy populares como *Dinastía, M∗A∗S∗H* y el *Barrio sésamo*, que __4__ un programa para niños. __5__ otro para niños que __6__ muy de moda que se llama *Los pitufos*. Otro que __7__ muy interesante y educativo __8__ *El mundo submarino de Jacques Cousteau*. Yo __9__ mis favoritos—*Fama* y uno que __10__ muy viejo que se llama *La casita en la pradera°*. La televisión española __11__ muy diferente de la televisión norteamericana. No __12__ transmisiones hasta las dos de la tarde y sólo __13__ dos canales. Por eso, nosotros __14__ que mirar⁸ los programas que ofrecen o no mirar nada. Pero ahora todo __15__ cambiando y debemos __16__ presente que esta industria __17__ relativamente joven en España.

prairie

1. Son
2. tienes
3. Hay
4. es
5. Hay
6. está
7. es
8. es
9. tengo
10. es
11. es
12. hay
13. hay
14. tenemos
15. está
16. tener
17. es

⁸En España se usa **mirar** la televisión, en Latinomérica, **ver** la televisión.

Unidad tres

EXPLORACIÓN

Las conjunciones e y u

La palabra **y** (*and*) cambia en **e** cuando precede una palabra que empieza con **i-** o con **hi-**.

Es innecesario **y** ridículo.   *It is unnecessary and ridiculous.*
Es ridículo **e** innecesario.   *It is ridiculous and unnecessary.*

La palabra **o** (*or*) cambia en **u** cuando precede una palabra que empieza con **o-** o con **ho-**.

¿Dijiste hombres **o** hembras?   *Did you say males or females?*
¿Dijiste hembras **u** hombres?   *Did you say females or males?*

Actividades

A. ¿Cómo es? Varias personas tienen distintas cualidades. Escoge una palabra de la lista para completar la descripción de estas personas y usa la conjunción **y** o **e** según el caso.

inteligente   internacional   honesta
importantes   limpio   impertinente

1. Diana siempre dice la verdad. Es una joven simpática ═══ .
2. José es un oportunista. Tiene muchos amigos ricos ═══ .
3. Gloria sabe escribir palabras difíciles como *iberoamericano*. Ella es bonita ═══ .
4. Juan puede hablar cuatro idiomas. Es cosmopolita ═══ .
5. Su traje es nuevo. Es un muchacho fastidioso ═══ .
6. Catalina es una chica terrible. Es intolerable ═══ .

1. y honesta
2. e importantes
3. e inteligente
4. e internacional
5. y limpio
6. e impertinente

B. Alternativas. Completa las oraciones marcadas *a* con la conjunción **o** o **u**, y completa las oraciones marcadas *b* con la conjunción **y** o **e**.

1. a. u
   b. y
2. a. o
   b. y
3. a. u
   b. y
4. a. o
   b. e
5. a. u
   b. y

1. a. ¿Tu pueblo tiene más escuelas ═══ hospitales?
   b. Tiene muchos hospitales ═══ escuelas también.
2. a. ¿Hay carreteras ═══ autopistas en tu país?
   b. Hay de las dos, autopistas ═══ carreteras.
3. a. Me preguntó si prefería tomates ═══ hongos en la pizza.
   b. Le pedí una combinación de hongos ═══ tomates.
4. a. ¿Hay orangutanes ═══ hipopótamos en este zoológico?
   b. ¡Hay de todo!, gorilas, jirafas, ═══ hipopótamos.
5. a. ¿Tienen los marcianos siete ═══ ocho dedos?
   b. Tienen seis, siete ═══ ocho. ¡Es que tienen tres manos!

Casos especiales

Estudia las expresiones siguientes. Son expresiones que los estudiantes norteamericanos de español suelen confundir.

1. ser tarde — *to be late* (the hour)
   llegar tarde — *to be (arrive) late*
   tardar — *to take a long time, to delay*

   Son las once. **Es tarde** para ir a cenar. — *It's eleven o'clock. **It's late** to go to dinner.*
   Si no salgo ahora, voy a **llegar tarde** a clase. — *If I don't leave now, I'll **be late** for class.*
   ¿Cuánto tiempo **tarda** la paella? — *How long **does** the paella **take**?*

2. encontrar — *to find*
   encontrarse con — *to meet* (unplanned, by chance)
   reunirse con — *to meet with* (planned)
   conocer — *to meet* (for the first time, to make the acquaintance of), *to know* (someone)

Encontré cinco dólares en la calle.	I *found* five dollars on the street.
Ayer en el centro **me encontré con** Rosa.	*Yesterday I ran into Rosa downtown* (by chance).
Voy a **reunirme con** Pablo mañana para estudiar.	*I'm going to meet with Pablo tomorrow to study* (on purpose).
Anoche en la fiesta **conocí** al novio de María.	*Last night at the party I met María's boyfriend* (for the first time).

3.
claro	*light* (used with colors, bright or light outside)
débil	*weak* (in the physical sense), *dim* (when used with lighting)
flojo	*light* (with meals to mean not substantial), *loose*, *weak* (as in **un estudiante flojo**, a poor student)
ligero	*light* (does not weigh much, also used with meals)
Pablo tiene ojos **claros**.	*Pablo has **light-colored** eyes.*
Rafael es muy **débil**. Nunca hace ejercicio.	*Rafael is very **weak**. He never exercises.*
Tomás es muy **flojo** en las matemáticas.	*Tomás does poorly in mathematics.*
El algodón es muy **ligero**.	*Cotton is very **light weight**.*

4.
la televisión	*television* (in the abstract sense, the form of entertainment)
la tele	*TV*
el televisor	*television set*
No miro mucho **la televisión** (**la tele**).	*I don't watch **television** (**TV**) much.*
El martes compramos un **televisor** nuevo.	*On Tuesday, we bought a new **television set**.*

5.
libre	*free* (with **ser** to mean unrestrained, not enslaved, at liberty; with **estar** to mean unoccupied)
gratis, gratuito	*free* (without payment, at no cost)
suelto	*free* (separate, loose, unhampered; can also mean small change)

Terminé mis exámenes y estoy **libre**.	I've finished my exams, and I'm *free*.
La entrada al concierto es **gratis (gratuita)**.	*The concert is free.*
Deja **suelto** al perro.	*Let the dog loose.*

Actividades

A. Para escoger. Completa las frases con una palabra o expresión apropiada que se encuentra en los **Casos especiales**.

See Copying Masters.

1. La comida ═══. Yo la pedí hace una hora.
2. Ya son las ocho. Tengo miedo de ═══ tarde.
3. ¡Qué ═══ es! Ya son las once.
4. Vimos aquella película ═══.
5. María tiene una blusa de color azul ═══.
6. No le gusta estudiar. Es muy ═══ en todas sus clases.
7. Este libro no pesa nada. Es muy ═══.
8. La familia Gómez tiene un ═══ nuevo.
9. Mi programa favorito de ═══ es *Siempre en domingo*.
10. ═══ a mi novio por primera vez en una fiesta.
11. ¿Dónde están mis llaves? No las puedo ═══.
12. En este país, todos somos ═══ para expresar nuestras opiniones.
13. No necesitas traer dinero. La entrada es ═══.
14. Necesito dinero para el metro y no tengo ═══.

1. tarda
2. llegar
3. tarde
4. gratis
5. claro
6. flojo(a)
7. ligero
8. televisor
9. televisión
10. Conocí
11. encontrar
12. libres
13. gratis
14. suelto

B. ¿Qué hacer? Oralmente llena los espacios en el diálogo con la expresión apropiada entre las siguientes.

tener hambre	tener miedo	tener que
tener sueño	tener prisa	tener algo que hacer
tener ganas	tener razón	no tener nada que hacer

Hijo   Mamá, estoy muy aburrido. Yo __1__.
Madre ¿Por qué no vas a comprar un helado?
Hijo   No, no __2__.
Madre Pues, ¿por qué no lees una novela?
Hijo   No __3__. No me gusta leer.
Madre Entonces, puedes ir al cine. Esta semana hay una película de vampiros.
Hijo   Tampoco. Yo __4__ de las películas con monstruos.
Madre Carlitos, lo siento. No tengo tiempo para seguir sugiriéndote cosas. Yo __5__. Yo __6__ lavar la ropa, preparar la comida y poner la mesa. Oye, ¿por qué no me ayudas en la cocina?
Hijo   Tú __7__ mamá. No debo molestarte. Creo que voy a echarme una siesta. ¡Yo __8__!

1. no tengo nada que hacer
2. tengo hambre
3. tengo ganas
4. tengo miedo
5. tengo algo que hacer
6. tengo que
7. tienes razón
8. tengo sueño

Unidad tres

CULTURA E IDIOMA

ASÍ SE DICE

¿Cómo? No comprendo.

Hay muchos modos en español para expresar lo que no se entiende. Aunque algunos se usan sólo en ciertos contextos, otros se usan en varias situaciones.

A. Los modos más comunes para expresar lo que no se entiende son los siguientes.

¿Cómo?	*What?*	*¿Perdón?*	*Pardon me?*
¿Mande?[9]	*What? Come again?*	*¿Qué?*	*What? Huh?*

¿Qué? es la forma menos cortés, parecida a *Huh?* en inglés.

[9] Se usa en México.

B. Cuando los sonidos no se pueden distinguir o simplemente no se oyen, se pueden decir varias frases.

No (te) oí.	*I didn't hear (you).*
Hable más alto (más despacio / lento / claro), por favor.	*Speak louder (more slowly, more clearly), please.*
¿Podría repetir (más lento)?	*Could you repeat (more slowly)?*
¿Qué dice? ¿Qué dijo?	*What are you saying? What did you say?*

C. Cuando no se entiende el significado de una palabra o concepto, se pueden decir frases como éstas.

No comprendo.	*I don't understand.*
No entiendo.	*I don't understand.*
¿Qué quiere decir...?	*What does...mean?*
¿Qué significa...?	*What does...mean?*

D. Para saber si la otra persona te entiende o si necesita mejor explicación, se puede preguntar.

¿Entiende usted? ¿Entiendes?	*Do you understand?*
¿Me explico?	*Am I making myself clear?*

E. Para aclarar o explicar más un concepto, se pueden usar las siguientes frases.

es decir	*that is to say*
o sea	*that is, or rather*
en otras palabras	*in other words*

F. Para expresar que se entiende una explicación, se puede responder en varias maneras.

Ahora sí (entiendo).	*Now I understand.*
Ya veo. Ya comprendo.	*I understand. I get it.*
¡Ya!	*Got it!*
Claro.	*Of course.*
Ajá.	*Aha. Uh-huh.*
Ah, bien. / Ah, sí.	*Ah, I see.*

Unidad tres

Actividad

A. ¿Qué dijiste? Completa las frases numeradas con la frase apropiada de la lista a la derecha.

1. Cuando no oigo algo, digo…	a. ¿Qué quiere decir…?	1. b, d
2. Cuando no sé algo en español, digo…	b. Más alto, por favor.	2. a
	c. Ya comprendo.	3. e, d
3. Si mamá habla muy rápido, le digo…	d. ¿Cómo?	4. d
	e. ¿Podría hablar más despacio?	5. c
4. Si Elsa no entiende algo, dice…		
5. Cuando sé mi lección, digo…		

¡No me digas!

En español, como en inglés, se pueden expresar varias reacciones a noticias generales o personales. Éstas varían de la indiferencia a la sorpresa o al choque emocional. A menudo estas expresiones no están limitadas a una situación específica o a un estado emocional y se usan en varias circunstancias, según la intensidad y el tono de voz.

A. Para mostrar indiferencia, se pueden decir estas expresiones.

¿Y qué?	So what?
¿Qué importa?	Who cares?
No le hace.[10]	It doesn't matter.

B. Para preguntar o mostrar algo de sorpresa, se pueden usar las siguientes frases.

¿De veras?	Really?
¿En serio?	Are you serious?
¡Vaya! ¡Anda!	Go on!
¡No me diga(s)!	You don't say!

C. Para mostrar incredulidad, negación o duda, se puede responder con una frase tal como éstas.

¡No lo creo!	I don't believe it!
¡No puede ser!	It can't be!
¡Qué va!	No way! What do you mean?
¿Cómo que…?	What do you mean…?

Actividades

A. ¿Sabes qué? Estás charlando con un compañero. Él te comunica las noticias enumeradas abajo. Reacciona con una expresión apropiada entre las siguientes.

[10] Se usa en México y Colombia.

EJEMPLO   El compañero te dice que su papá ganó un juego.
          ¡Fenomenal! ¿Qué fue el premio?

¡No me digas!	¿De veras?	¿Y qué?
¡No puede ser!	No le hace.	¡No lo creo!
¡Vaya!	¡Qué va!	¡Fenomenal!

El compañero te dice que
1. él y su novia se separaron.
2. perdió sus gafas en el autobús.
3. su papá ganó un juego.
4. su jefe le dijo que tiene que trabajar todo el fin de semana.
5. el precio de la gasolina va a bajar el 50 por ciento.
6. anoche vio un OVNI[11] cerca de su casa.
7. él se va al Japón por un año.
8. la clase que querías tomar fue cancelada.

B. **¡Increíble!**   Cuéntale algunas noticias a un(a) compañero(a), y él (ella) va a reaccionar. Trata de sorprenderlo(la) con tus noticias.

   EJEMPLO   **Acabo de ganar un concurso de teatro y recibí dos boletos a Hawaii.**
             ¡Fenomenal!

C. **¿Qué más dices?**   ¿Qué dices cuando encuentras las situaciones enumeradas abajo? Responde con una de las frases siguientes.

   EJEMPLO   Estás hablando con un(a) amigo(a) en un tren subterráneo y no puedes entender lo que dice.
             ¡Más alto, por favor!

¡Más alto, por favor!	¿Cómo?
¿Podrías hablar más despacio?	Ya comprendo.
Es decir...	¿Qué quieres decir?
¡No me digas!	¿En serio?

¿Qué dices cuando
1. tu profesor ha explicado satisfactoriamente un problema de matemáticas?
2. estás viajando en Buenos Aires y no puedes entender al guía porque habla muy rápido?
3. una amiga te ha dicho que no tiene tiempo para ir al concierto del sábado?
4. te llaman por teléfono de una estación de radio para informarte que has ganado un premio?

---

[11] *UFO* (objeto volador no identificado)

Situaciones

A. Perdón, ¿dónde queda el (la)...? Imagínate que un estudiante nuevo quiere saber dónde quedan los siguientes lugares. ¿Qué le dices?

1. el estadio
2. el gimnasio
3. la biblioteca
4. la cafetería
5. el centro estudiantil
6. la librería
7. un restaurante barato
8. un cine

B. ¿Cómo quedamos? Teresa y Alejandro quieren reunirse hoy, pero ¿dónde? y ¿a qué hora?

EJEMPLO   el quiosco / 7:00
TERESA   ¿Cómo quedamos?
ALEJANDRO   Pues, nos reunimos a las siete en el quiosco.
TERESA   ¿En cuál? ¿En ese quiosco?
ALEJANDRO   No, en aquél.

1. la iglesia / 10:00
2. el cine / 6:45
3. la esquina / 4:00
4. la puerta / mediodía
5. la parada del autobús / 1:30
6. el almacén / 11:15
7. la librería / 5:20
8. el apartamento / 7:05

C. ¿Qué quieres saber? Forma tres o cuatro preguntas según la situación.

EJEMPLO   Estás en la biblioteca. Quieres saber algo sobre la historia de Cuba.
¿En qué piso están los libros de historia?
¿Dónde está la escalera?
¿A qué hora se cierra la biblioteca?
¿Por cuánto tiempo puedo sacar los libros?

1. Estás en el correo. Quieres enviar una caja grande al Japón.
2. Estás en el almacén. Quieres comprar el regalo ideal para tu novio(a).
3. Estás en la parada de taxis. Quieres ir al Teatro Nacional.
4. Estás en casa. Un(a) amigo(a) te llama por teléfono para invitarte a una fiesta.

CORDOBA
DOMINGO, 25 DE MARZO DE 1984

GUIA CULTURAL

HORAS DE VISITAS A MUSEOS, MONUMENTOS Y BIBLIOTECAS

Dependiente del Cabildo de la Santa Iglesia Catedral:

MEZQUITA - CATEDRAL Y TESORO. — Mañanas de 10,30 a 13,30 (todo el año) Tardes: 15,30 a 19 (1 de abril a 31 de octubre) y de 15,30 a 18 (1 de noviembre a 31 de marzo). 50 pesetas. Entrada gratuita diariamente de 8,30 a las 10,30. Domingos y festivos de 8,30 a 14 horas.

MUSEO ARQUEOLOGICO. Plaza de Jerónimo Páez Horario: de 9 a 14. Abierto todo el año (incluso domingos) Menos los lunes y las festividades nacionales, regionales y locales.
Entrada 150 pesetas; gratuita para ciudadanos españoles

MUSEO «JULIO ROMERO DE TORRES». — Mañana de 10 a 13,30 gratuito.

ALCAZAR DE LOS REYES CRISTIANOS. — Mañanas: de 9,30 a 1,30 todo el año. Tarde de 4 a 7 (1 de octubre 9,30 de abril: de 5 a 8: (7 de mayo a 30 de septiembre) Jardines iluminados; de 1 de mayo a 30 de septiembre 22 a 1 de la madrugada 50 pesetas.

SINAGOGA — Mañanas: de 9,30 a 13,30 horas. Tardes: del 1 de mayo al 30 de septiembre: de 16,30 a 19,30. Del 1 de octubre al 30 de abril de 15,30 a 18,30.
Los martes cerrado al público.

MUSEO DE BELLAS ARTES. — Cerrado por obras de reforma.

D. ¿Cómo pasas el tiempo? Estás de visita en Córdoba por dos días, el lunes y el martes. Usando la guía cultural, prepara un itinerario para cada día. Debes incluir

1. la hora de tus actividades.
2. tus comidas.
3. cuánto dinero necesitas gastar en cada lugar.
4. la razón por qué quieres visitar esos lugares.

E. En la fiesta. Escribe un diálogo apropiado para las situaciones siguientes.

1. Tu compañera come mientras habla. La música está muy fuerte.
2. Tu amigo te presenta a su novia. Ella no está interesada.

F. ¡Quehaceres!° Pepe quiere ir a jugar con sus amigos, pero su mamá   tasks
tiene otras ideas. ¿Qué dicen ellos? Contesta según el ejemplo.

EJEMPLO   PEPE   ¡Adiós, mamá! Me voy…
                MAMÁ   No, hijo mío. Primero tienes que escribirle una carta a tu tía.
                PEPE   Ya se la escribí.

1. hacer la tarea
2. poner la mesa
3. pedirle permiso a tu papá
4. subir el café a tu abuela
5. cortar el césped
6. limpiar tu cuarto
7. devolverles los juguetes a tus hermanos
8. llevarle flores a la vecina

1. Ya la hice.
2. Ya la puse.
3. Ya se lo pedí.
4. Ya se lo subí.
5. Ya lo corté.
6. Ya lo limpié.
7. Ya se los devolví.
8. Ya se las llevé.

Unidad tres

LECTURA

Para comenzar

1. Según el título, ¿de qué trata este cuento?
2. Cada estudiante va a contribuir una frase para crear un argumento.

   EJEMPLO   ESTUDIANTE 1   Era una noche oscura de invierno...
                ESTUDIANTE 2   Yo caminaba por el centro de la ciudad...
                ESTUDIANTE 3   ...

Wenceslao Fernández Flórez

Wenceslao Fernández Flórez, cuentista y novelista, nació en Galicia, España, en 1886 y fue creador de un mundo humorístico, lleno de lirismo gallego. Fernández Flórez escribió sus observaciones de la sociedad con un tono crítico e irónico.

Yo y el ladrón

Cuando el señor Garamendi se fue de vacaciones me dijo:

—Hombre, usted que no tiene nada que hacer, hágame el favor de echar, de cuando en cuando, un ojo a mi casa.

No es cierto que no tenga° nada que hacer, y el señor Garamendi lo sabe perfectamente; pero cree que cuando uno no sale de vacaciones y no es por causa de algún gran negocio, es para dedicarse totalmente al descanso sin buscar los billetes° ni cargar con° la familia. Sólo le pregunté:

—¿Qué entiende usted exactamente por "echar un ojo"?

—Creo que está bien claro —contestó de mal humor.

—¿Debo pasearme por las habitaciones de su casa con un ojo abierto, mirando sucesivamente los muebles, los...?...?

—No. ¡Qué tontería!° Quiero que usted pase algún día frente al edificio y vea si siguen cerradas las persianas°, y que le pregunte al portero° si hay novedad y hasta que suba a tantear° la puerta. Usted no sabe nada de estos asuntos; pero en el mundo hay muchos ladrones, y entre ladrones existe una variedad que trabaja especialmente durante el verano. Se enteran° de cuáles son los pisos que han quedado sin moradores°, y los roban sin prisa y cómodamente. Algunas veces se quedan allí dos o tres días, viviendo de lo que encuentran, durmiendo en las magníficas camas de los señores, eligiendo lo que vale y lo que no vale la pena de llevarse. No hay defensa contra ellos. La primera noticia que se tiene es el desorden que se advierte en la casa al volver, cuando ya es tarde.

—Bueno —dije, bostezando°—, pues prometo echar ese ojo.

La verdad es que no pensaba hacerlo. Garamendi abusa un poco de mí con sus órdenes molestosas° desde que me hizo dos o tres favores que él recuerda mejor que yo. Luego..., luego me molesta con sus gabanes°, con sus puros°, con sus gafas°, con su vientre°, con sus muelas° de oro. Cuando descubro un nuevo defecto en él, tengo un placer íntimo. Y eso de tener miedo a los ladrones me pareció otra tontería suya.

Pasaron los días; me recreé° en el calor de Madrid, me senté en algunas terrazas, recordé mi niñez al ver las viejas películas que los "cines" exhiben a bajo precio en estos meses, y una tarde que estaba más ocioso° que nunca, recordé de repente:

"¡Anda! ¡Pues no he pasado ni una sola vez ante la casa de Garamendi!"

Y únicamente para poder decirle que había hecho lo que me pidió, me acerqué al teléfono y marqué° su número.

Oí el ruido del timbre.

—¡Trrr!... ¡Trrr...!

Y... nada más.

Una voz desconocida contestó.

—¡Diga!

—¿Cómo "diga"? —exclamé, extrañadísimo—. ¿No es ésa la casa del señor Garamendi?

I have

paper money / cargar... to be bothered with

¡Qué...! What nonsense!
blinds / doorman
hasta... also go up and check

Se... They become aware / inhabitants

yawning

annoying
overcoats
cigars / glasses / belly / molars

me... I enjoyed myself

idle

dialed

Unidad tres 181

La voz se agudó°, y exclamó con una alegría artificial:
—¡Sí, sí! ¡Es aquí, es aquí! ¿Cómo está usted?
Me quedé estupefacto°.
—Oiga, —dije:— ¿me hace el favor de decir qué está haciendo...?
Siguió un silencio embarazoso.
—¿No es usted un ladrón?
Nueva pausa.
—Bueno —dijo la voz, ya con acento natural—. La verdad es que, en efecto, soy un ladrón.
—Pues, eso me fastidia°, porque tengo mucha amistad° con el señor Garamendi y me encargó de vigilar su casa. ¿Qué le voy a decir?
—Puede usted contarle lo que pasa —contestó la voz, un poco acobardada°.
—¡Bonita idea! —protesté—. ¿Cómo voy a confesarle que estuvimos hablando? Y usted como idiota contestó...
—Fue un impulso espontáneo —se disculpó—. Estaba aquí, el teléfono sonó y automáticamente lo contesté. Yo también tengo teléfono, y la costumbre...
—¡Vaya un conflicto!°
—Lo siento de veras.
—Y si le mando dejar todo y entregarse a la Comisaría° más próxima...
—No; no lo hago. ¿Para qué engañarle?
—Al menos, dígame: ¿Se lleva usted mucho?
—No, una porquería°. Perdone si le ofendo; pero ese amigo de usted no tiene nada de valor.
—¡Hombre, no me diga...! La escribanía° de plata es maciza° y valiosa...
—Ya está en el saco, y unas alhajitas° y el puño° de oro de un bastón° y dos gabanes° de invierno. Nada más.
—¿Vio usted una bandejita° de plata en el comedor, con unas flores en relieve?
—Sí.
—¿Está en el saco?
—No. Las otras, sí, pero ésta no es de plata, es de metal blanco.
—Bien; pero sin embargo es bonita.
—No vale nada.
—Llévesela usted.
—No quiero.
—¡Llévesela usted, idiota! ¡Si la deja, él va a darse cuenta de que no es de plata! ¡Y...yo se la regalé!
—Bueno... por hacerle un favor; pero sólo por eso.
—¿Recorrió° usted toda la casa? Yo no conozco más que el despacho°. ¿Bonito, no?
—¡Psch! Muchas pretensiones; poco gusto°. Debe de ser un caballero roñoso°.
—Es triste; pero no lo puedo negar. Y también es cierto que no tiene gusto.

se... got sharp

stupefied, dumbfounded

eso... that bothers me / friendship

cowardly

¡Vaya...! Oh, what a conflict!

police station

junk

paper case (holder) / massive
gems, jewelry / handle / cane
overcoats
tray

Did you cover / study
taste
tight with money

—Yo tengo la costumbre de visitar casas bien amuebladas° y le aseguro que ésta es una calamidad.   furnished

—¡Vaya, señor! Siempre me pareció que Garamendi presumía demasiado. Ahora… la alcoba de la señora… Garamendi dice que le costó una fortuna. ¿Cómo es? ¿Cómo es?

—No me fijé en detalles…. ¿Vuelvo a ver?

—¡Oh, por Dios! No me gusta chismear°. Era por… qué sé yo°.   gossip / qué… what do I know?

—Lo que encontré allí fueron pieles° bastante buenas.   fur coats

—Lo creo. Tiene una capa de renard°.   **capa**… fox cape

—Está en el saco. ¿Le gustaba a usted?

—Le gustaba a Albertina… mi novia. Un día vimos a la señora de Garamendi con su capa, y Albertina no habla de otra cosa. Creo que me quiere menos, porque no puedo regalarle unas pieles de zorro° como ésas.   fox

—¿Quién sabe?

Un silencio.

—Oiga…, señor.

—Dígame.

—Si usted me permite, yo tengo mucho gusto en ofrecerle esas pieles…

—¡Qué disparate°!   nonsense

—Nada… usted parece muy simpático y…

—Pero… ¿cómo voy a consentir…?

—Entonces, se las ofrezco a Albertina. Ahora usted tiene que aceptarlas. Piense en la alegría que va a tener ella.

—Sí; eso es cierto.

—¿Adónde se las envío?

Le di mi dirección.

—¿Manda usted algo más?

—Nada más. Y le agradezco mucho. Buena suerte.

—Gracias, señor.

Según la lectura

¿Verdad o mentira? Corrige las frases falsas.

1. Al amigo del señor Garamendi le molesta "echar un ojo" a la casa.
2. "Echar un ojo" significa vigilar constantemente.
3. El señor Garamendi tiene miedo de los ladrones del verano.
4. El señor Garamendi es un hombre de muy buen gusto.
5. El amigo estaba muy ocupado durante los días de vacaciones.
6. Al recordar que no ha ido° todavía a la casa del señor Garamendi, el amigo va allí en seguida.   ha… has gone
7. El ladrón contesta el teléfono porque piensa que es su novia.
8. El ladrón se lleva mucho de la casa.
9. El amigo le aconseja al ladrón que se lleve una bandeja que está en el comedor.

10. Si el ladrón no se lleva la bandeja, el señor Garamendi va a saber que no tiene mucho valor.
11. El amigo tiene mucho interés en saber cómo es el comedor de la casa.
12. A la novia del amigo no le interesan las cosas materiales.
13. En la alcoba de la señora Garamendi, el ladrón encontró objetos costosos.
14. El ladrón va a robar unas alhajitas para la novia del amigo.

En tu opinión

1. Lo cómico del cuento es que una situación ordinaria se vuelve absurda. Señala los aspectos absurdos del cuento. ¿Es lógico el final del cuento? Explica. ¿Cuál es otra posible solución al problema del amigo?
2. Cuenta alguna experiencia en que tuviste que vigilar algo para un(a) amigo(a) (perro, casa, niños, etc.). ¿Hubo algún problema o pasó algo inesperado? Explica.
3. ¿Cuáles son algunos de los favores que se hacen entre amigos? ¿Cuáles son algunos que constituyen "un abuso de la amistad"? Describe una ocasión en que un(a) amigo(a) te pidió un favor exagerado. ¿Cómo reaccionaste?
4. ¿Tienes miedo de estar solo(a) en casa? ¿Qué medidas° puedes tomar para protegerte?   measures

COMPOSICIÓN

A. **Yo, autor.**   Escribe una breve narración que comience con una de las siguientes frases.

1. La semana pasada salí con mi familia a cenar en un restaurante elegante.
2. Mis amigos españoles me visitaron el verano pasado y encontraron muchas costumbres diferentes.
3. Anoche yo cené en la Casa Blanca.

B. **Robo.**   Cuenta una ocasión en que te robaron a ti o a algún familiar o conocido. Incluye las primeras reacciones de la gente al saber del robo.

C. **¿Qué pasa después?...**   Sigue el cuento "Yo y el ladrón".

EJEMPLO   Lo primero que pensé cuando me llevaron a la estación de policía fue...
Después de un rato llamé a...

D. Yo, el ladrón. Imagínate que eres un(a) ladrón (ladrona) y cuenta tus aventuras.

> EJEMPLO Ser ladrón es muy peligroso. Entre las cosas que me han pasado...

Y en resumen

A. Los gustos cambian. Pregúntale a un(a) compañero(a) cuáles son las comidas que le gustaban y que no le gustaban de niño(a). ¿Cuáles son las que le gustan y no le gustan ahora? Comparte la lista con la clase.

B. Normas del perfecto invitado. Lee estos consejos de Julio Camba, escritor y humorista español muy conocido. Luego, en grupos escriban más consejos, o serios o cómicos, para la persona que quiere ser el perfecto invitado.

Para ser el perfecto invitado debes
1. elogiar° el peor plato en la mesa porque ese plato es obra de la dueña de la casa.   praise
2. dejar de pelar° las frutas si no sabes hacerlo de un modo elegante. Puedes decir que las vitaminas están todas en las cáscaras°.   peel / skins
3. decir que estás a dieta si te dan una comida mala. Es la mejor política.

CONTEXTOS CULTURALES

En las unidades pasadas vimos como se conocieron y se enamoraron John Martin y Lupita Martínez. También leímos una carta de otro estudiante norteamericano, Jeff Richards, a su maestro de español, Stuart Rosenberg, y conocimos a la familia Benítez y su casona colonial. John Martin está tan ocupado con Lupita que ya no le escribe a su maestro.

CRÓNICAS SOCIALES

Recepción en el consulado de Costa Rica

El consulado de la República de Costa Rica ofreció ayer una recepción de gala para celebrar la independencia de esa nación. A la recepción y baile asistieron entre otros don Álvaro Luis Zapata Kruger y su señora doña María Luisa Pérez de Zapata a quienes vemos en la foto en compañía de la norteamericana Ruth Smith y de José María Pereira Mora, hijo del cónsul costarricense. El consulado ofreció comida típica de Costa Rica y un espectáculo de bailes nacionales.

Artículo de La Prensa de Maracaibo del 16 de septiembre de 1990

El excelentísimo señor cónsul y su estimada esposa
le hacen la más cordial invitación
a la
Recepción de Gala
en
Celebración de la Independencia
de
Costa Rica

martes 15 de septiembre
18:00 hrs.

Damas: Largo
Caballeros: Formal

Programa
18:00 hrs. Cocteles
19:00 hrs. Discurso de conmemoración
19:30 hrs. Presentación:
Bailes Típicos Nacionales
20:00 hrs. Banquete y baile

Menú
Arroz con palmito
Tamales en hoja de plátano
Ensalada tropical
Plátanos fritos con crema

heart of palm

Tarjeta postal de Ruth Smith, diez días después de la fiesta en el consulado

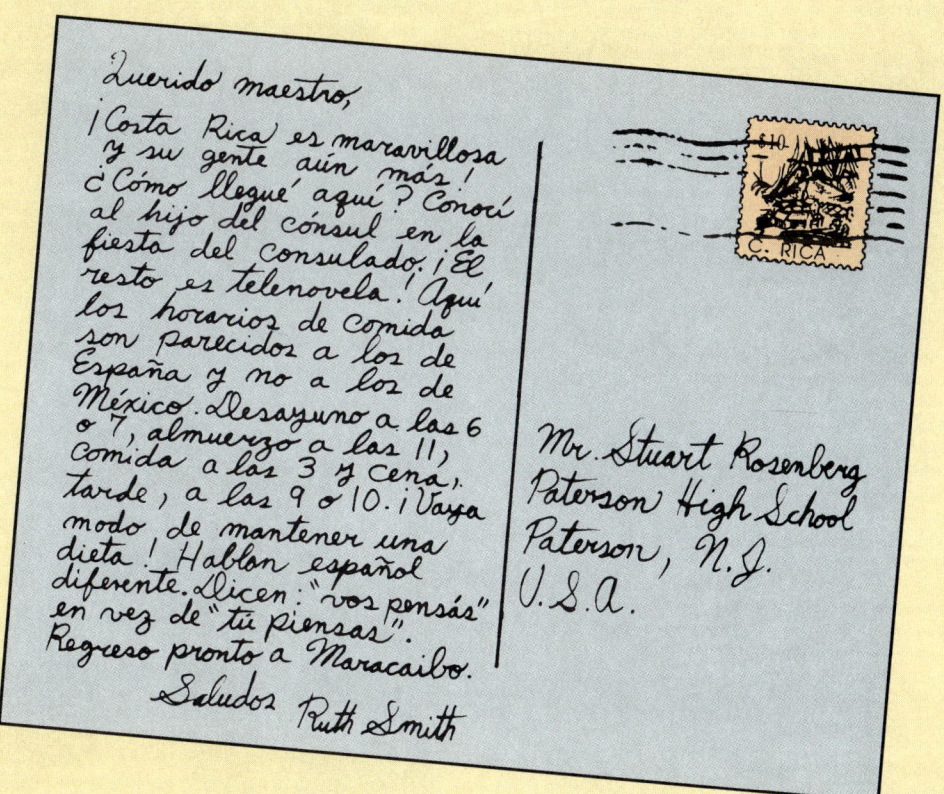

Querido maestro,

¡Costa Rica es maravillosa y su gente aún más! ¿Cómo llegué aquí? Conocí al hijo del cónsul en la fiesta del consulado. ¡El resto es telenovela! Aquí los horarios de comida son parecidos a los de España y no a los de México. Desayuno a las 6 o 7, almuerzo a las 11, comida a las 3 y cena, tarde, a las 9 o 10. ¡Vaya modo de mantener una dieta! Hablan español diferente. Dicen: "vos pensás" en vez de "tú piensas". Regreso pronto a Maracaibo.

Saludos, Ruth Smith

Mr. Stuart Rosenberg
Paterson High School
Paterson, N.J.
U.S.A.

Unidad 4

De viaje

En esta unidad vas a

- usar vocabulario y expresiones relacionados con viajes y servicios turísticos, hoteles, compras y el valor de las cosas

También vas a aprender

- el tiempo presente del subjuntivo
- el uso del subjuntivo con expresiones impersonales
- los verbos y pronombres reflexivos
- el uso de **se** para sucesos inesperados
- **saber** y **conocer**
- el uso del imperativo para formar mandatos
- la colocación de pronombres con los mandatos

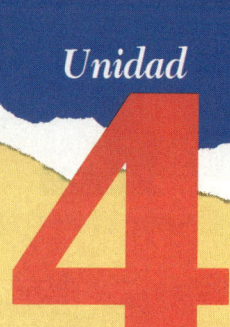

LECCIÓN 10

EN CONTEXTO

Para comenzar

Describe lo que pasa en los dibujos. Tienes que usar tu imaginación para contestar algunas preguntas.

1. Di quiénes son los personajes, adónde van y por cuánto tiempo y qué van a hacer al llegar.
2. Describe las actividades que puedes hacer a bordo de un avión. ¿Y qué puedes hacer en un tren? ¿En un barco?
3. ¿Cómo prefieres viajar, por tren, por avión o por coche? ¿Prefieres viajar acompañado(a) o solo(a)? ¿Por qué?

Mi itinerario

Luisa escribe en su diario.

¡Qué ilusión!° Mañana salgo para Colombia. Ya pagué el pasaje y conseguí el pasaporte y el visado. Sólo falta hacer la maleta... y esperar. Mientras tanto, es probable que mi itinerario sea el siguiente.

¡Qué... How exciting!

Primera semana:

Salgo en un vuelo con destino a Bogotá. Ya tengo reservaciones en un hotel para esa noche. Quiero ver el barrio colonial de la ciudad y el famoso Museo de Oro. Después, pienso viajar al pueblo de Zipaquirá para ver la catedral, que está construida totalmente dentro de una mina de sal. Según otros turistas, "Es imposible describirla, hay que verla". También quiero visitar las plantaciones de café, azúcar y bambú y los famosos jardines de orquídeas° cerca de la ciudad.

orchids

Segunda semana:

Espero viajar a Cartagena, en el norte, y a Cali hacia el sur. Pienso ir en autobús, cruzando los Andes, para así ver todo ese paisaje increíble. Pero también es posible que haga una excursión en grupo a la selva amazónica. Dicen que hay pirañas en el río y hojas tan grandes que pueden sostener el peso° de un hombre.

weight

Después, tomo el avión de regreso. Es una lástima que Emilia no pueda acompañarme. A ella le encanta viajar.

Preguntas acerca de la lectura

1. ¿Qué preparativos hizo Luisa para su viaje? Explica.
2. ¿Cuáles son algunos sitios turísticos de Bogotá y sus alrededores°?
3. ¿A qué se refiere la frase "hay que verla"?
4. ¿Cuáles son algunos recursos naturales de Colombia?
5. ¿Por qué quiere Luisa cruzar los Andes por autobús? ¿Por qué dice Luisa que el paisaje es increíble? ¿Qué es lo que Luisa puede ver en la selva amazónica?

outskirts

En tu opinión

1. ¿Has viajado a algún sitio donde es necesario tener pasaporte? ¿Visado? ¿Adónde? ¿Adónde puedes viajar sin pasaporte? ¿Por qué?
2. ¿Conoces otros lugares que no se pueden describir y que hay que ver? ¿Cuáles? Explica.
3. ¿Cuáles de los recursos naturales de Colombia te interesan más? ¿Por qué?
4. Si vas de viaje a Colombia, ¿adónde quieres ir primero? ¿Por qué?

Expansión de vocabulario

SUSTANTIVOS
- la **aduana**   customs
- el (la) **agente de viajes**   travel agent
- el **aterrizaje**   landing
- la **azafata**   flight attendant (*f*)
- el **billete** (el **pasaje**)   ticket
- el **cinturón de seguridad**   seat belt
- la **despedida**   farewell, parting
- el **equipaje**   luggage
- el **folleto**   pamphlet
- la **frontera**   border
- la **gira**   tour
- la **línea aérea**   airline
- la **llegada**   arrival
- la **maleta**   suitcase
- el (la) **pasajero(a)**   passenger
- el **pasaporte**   passport
- el **precio**   price
- la **puerta de salida**   gate
- la **sala de espera**   waiting room
- la **salida**   departure
- el **sobrecargo**   flight attendant (*m*)
- la **tarifa**   fare
- el (la) **turista**   tourist
- el **vuelo**   flight

VERBOS
- **abordar**   to board
- **abrochar(se)**   to fasten
- **aterrizar**   to land
- **declarar**   to declare
- **pesar**   to weigh
- **reclamar**   to claim
- **revisar**   to inspect
- **visar**   to endorse with a visa

OTRAS PALABRAS Y FRASES
- **adelantado**   ahead of schedule
- **¡Bienvenido!**   Welcome!
- **¡Buen viaje!**   Have a good trip!
- **con destino a**   bound for
- **en regla**   in order
- **hacer escala**   to stop over
- la **lista del equipaje**   list of things to take
- el **pasaje de ida y vuelta**   round-trip ticket
- **pasar por la aduana**   to go through customs
- **perder el avión**   to miss the plane
- **procedente de**   coming from
- **retrasado**   delayed
- **sin escala**   nonstop

Actividades

A. ¿Qué hago primero? Arregla estas frases en orden cronológico. Luego, las vas a leer en voz alta a la clase.

1. esperar el aterrizaje
2. abrocharse el cinturón de seguridad
3. hacer una reservación
4. pedirle café a la azafata
5. ir al aeropuerto
6. abordar el avión
7. reclamar las maletas
8. comprar el billete
9. hacer las maletas
10. consultar un horario
11. llegar a su destino
12. pasar por la aduana
13. sentarse en el asiento del avión

1. 10
2. 3
3. 9
4. 5
5. 8
6. 6
7. 13
8. 2
9. 4
10. 1
11. 11
12. 7
13. 12

B. Actividades y lugares. ¿Dónde se hacen las siguientes actividades cuando uno viaja por tren?

1. comprar periódicos
2. dormir
3. esperar
4. hacer la lista del equipaje
5. comer
6. inspeccionar las maletas
7. buscar las horas de llegada
8. comprar pasajes

C. De viaje. Hablando lógicamente, ¿qué hacen las siguientes personas? Di dos o tres actividades que hace cada persona.

> EJEMPLO   un pasajero
> **Un pasajero se abrocha el cinturón de seguridad.**

1. un chofer
2. un piloto
3. un turista
4. un agente de aduana
5. un pasajero
6. un agente de viajes

EXPLORACIÓN

El tiempo presente del subjuntivo

A. El presente del subjuntivo se forma tomando la primera persona singular del indicativo. Se quita la **-o** final y se añade **-e** a los verbos que terminan en **-ar**. A los verbos que terminan en **-er** e **-ir** se añade **-a**.[1]

hablar		comprender		escribir	
habl**e**	habl**emos**	comprend**a**	comprend**amos**	escrib**a**	escrib**amos**
habl**es**	habl**éis**	comprend**as**	comprend**áis**	escrib**as**	escrib**áis**
habl**e**	habl**en**	comprend**a**	comprend**an**	escrib**a**	escrib**an**

[1] Nota el deletreo de las formas de los verbos que terminan en **-car**, **-gar** y **-zar**: **busque, pague, comience**. Estos cambios son constantes en toda la conjugación.

B. Los verbos que son irregulares en la primera persona singular del presente del indicativo también son irregulares en el presente del subjuntivo.

decir		conocer		traer	
diga	digamos	conozca	conozcamos	traiga	traigamos
digas	digáis	conozcas	conozcáis	traigas	traigáis
diga	digan	conozca	conozcan	traiga	traigan

C. Los verbos que cambian de raíz son los siguientes.

1. En el subjuntivo los verbos que terminan en **-ar** y en **-er** y que cambian de raíz siguen el mismo modelo que en el presente del indicativo. Todas las formas cambian con la excepción de **nosotros** y **vosotros**.

pensar		volver	
piense	pensemos	vuelva	volvamos
pienses	penséis	vuelvas	volváis
piense	piensen	vuelva	vuelvan

2. Los verbos que terminan en **-ir** y que cambian de raíz cambian la **e** en **ie** y la **o** en **ue** y tienen un cambio adicional: **e** en **i** y **o** en **u** en las formas subjuntivas **nosotros** y **vosotros**.

sentir		dormir	
sienta	sintamos	duerma	durmamos
sientas	sintáis	duermas	durmáis
sienta	sientan	duerma	duerman

3. Los verbos que terminan en **-ir** y que cambian de raíz cambian la **e** en **i** en todas las formas del presente del subjuntivo.

pedir		repetir	
pida	pidamos	repita	repitamos
pidas	pidáis	repitas	repitáis
pida	pidan	repita	repitan

D. Los seis verbos siguientes son irregulares en el presente del subjuntivo.

dar	dé, des, dé, demos, deis, den
estar	esté, estés, esté, estemos, estéis, estén
haber	haya, hayas, haya, hayamos, hayáis, hayan
ir	vaya, vayas, vaya, vayamos, vayáis, vayan
saber	sepa, sepas, sepa, sepamos, sepáis, sepan
ser	sea, seas, sea, seamos, seáis, sean

E. El subjuntivo se usa más frecuentemente en español que en inglés. En español el indicativo se usa para expresar certeza°, información basada en hechos y objetividad, mientras que el subjuntivo se usa para expresar duda, incertidumbre°, probabilidad, emoción, deseo, subjetividad o lo que todavía no se conoce o no se sabe.

certainty

uncertainty

Yo sé que tú **vas** a México en junio.	*I know that you're going to Mexico in June.*
Yo dudo que tú **vayas** a México en junio.	*I doubt that you're going to Mexico in June.*

F. Para usar el subjuntivo tiene que haber generalmente dos cláusulas° en la frase—la cláusula principal, o independiente, que determina la necesidad del subjuntivo. La cláusula subordinada contiene el subjuntivo cuando la cláusula principal tiene un sujeto diferente.

clauses

Es una lástima que **él** no nos visite.	*It's a shame that he doesn't visit us.*

Excepciones: Las cláusulas después de **quizá(s)**, **tal vez** y **ojalá**.

Quizá no pueda ir al trabajo.	***Maybe*** *I can't go to work.*
Tal vez viaje a Europa este año.	***Maybe*** *I'll go to Europe this year.*
Ojalá vengas este fin de semana.	*I hope you can (**If only** you would) come this weekend.*

Actividades

A. Nuestros planes. Daniel y Cristina conversan cuando viajan a Europa con sus amigos. Escoge un compañero(a) y completen la siguiente conversación usando el presente del subjuntivo.

  EJEMPLO CRISTINA Quiero volver en un mes.
          DANIEL Dudo que **vuelvas** hasta agosto.

1. duermas
2. salga
3. pidas
4. quieras

DANIEL	Quiero dormir en el avión.
CRISTINA	Dudo que __1__ en el avión porque hay mucho ruido.
DANIEL	Lo sé. ¿Va a salir el avión a tiempo?
CRISTINA	Espero que __2__ temprano porque soy impaciente.
DANIEL	¿Por qué no le pedimos más información a la azafata?
CRISTINA	Es buena idea, pero prefiero que tú le __3__ la información.
DANIEL	OK. ¡Es linda! La quiero conocer.
CRISTINA	Me alegra que tú __4__ a muchas chicas. Yo espero conocer a muchos chicos guapos también.

ST 23

B. De vacaciones. Vas a escuchar unas frases incompletas. Escoge una de las siguientes palabras para cada frase y escríbela en la forma correcta del presente del subjuntivo.

  dormir   ir   saber   ser   dar

1. vayan
2. duerman
3. sea
4. den
5. sepa

C. Ojalá. Escoge la palabra que corresponde en cada frase.

1. Dudo que ustedes ==== tan cansados como parecen. (estén, están)
2. Yo sé que mi padre ==== a sacar fotos en Perú. (vaya, va)
3. Ojalá mi amiga en Caracas me ==== la semana entrante. (escriba, escribe)
4. Tal vez el piloto ==== las instrucciones. (repite, repita)
5. Espero que mi amiga no se ==== tan mal como en el autobús ayer. (sienta, siente)
6. Manuel espera que le avión ==== a tiempo. (llega, llegue)
7. Gabriela le recuerda a Ernesto que ==== todas las fotos de su viaje. (traiga, trae)

1. estén
2. va
3. escriba
4. repita
5. sienta
6. llegue
7. traiga

ST 24

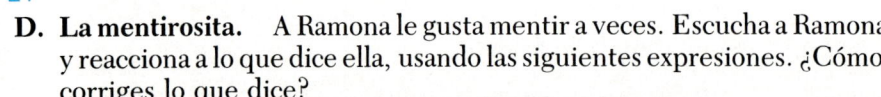
D. La mentirosita. A Ramona le gusta mentir a veces. Escucha a Ramona y reacciona a lo que dice ella, usando las siguientes expresiones. ¿Cómo corriges lo que dice?

Es posible que   Espero que   No creo que   Dudo que
    Es importante que   Es improbable que

EJEMPLO   Tengo tres casas en África.
Dudo que tengas tres casas en África.

Vivo allí, en una de mis casas.
No, creo que vives aquí.
Creo que es una casa muy fría.

1. viajes
2. trabaje
3. gane
4. cante
5. compres
6. vayas

EXPLORACIÓN

El uso del subjuntivo con expresiones impersonales

A. En las expresiones impersonales (**es necesario, es una lástima**), el sujeto no es una persona ni una cosa. En inglés, el sujeto de expresiones impersonales es, muchas veces, *it*. Se usa el subjuntivo en la cláusula subordinada cuando hay un cambio de sujeto y cuando la expresión no sugiere certeza.

Es necesario que tú **salgas** temprano.   *It is necessary that you leave early.*

Cuando no hay cambio de sujeto, se usa el infinitivo.

Es necesario **salir** temprano.   *It is necessary to leave early.*

Cuando se expresa certeza, se usa el indicativo.

Es evidente que tú **sales** temprano.   *It is evident that you are leaving early.*

B. Las siguientes son algunas expresiones impersonales comunes que requieren el subjuntivo.

es bueno	es (in)útil	es ridículo
es conveniente (conviene)	es malo	es sorprendente
es de esperar	es mejor	está bien
es dudoso	es necesario	es terrible
es (im)posible	es preferible	es (una) lástima
		más vale° it's better

C. Las siguientes son algunas expresiones impersonales comunes que requieren el indicativo.

es cierto	es obvio	no cabe duda
es claro	es seguro	no hay duda
es evidente	es verdad	

D. Cuando las expresiones impersonales que expresen certeza son negativas, se debe usar el subjuntivo. Cuando las expresiones impersonales que sugieren duda son negativas, se requiere el indicativo porque ya no hay duda.

No es evidente que el avión **salga** a tiempo.   *It's not evident that the plane is leaving on time.*
No cabe duda que el avión **sale** a tiempo.   *There is no doubt that the plane is leaving on time.*

Actividades

A. Es muy posible. Vamos de viaje, pero no sabemos los detalles. Forma una nueva frase añadiendo **Es posible que** al principio de las frases siguientes. Forma los cambios necesarios.

     EJEMPLO   María ya está a bordo.
                     Es posible que María ya esté a bordo.

1. Eva y yo salimos para Venezuela a las ocho.
2. Yo hago reservaciones en el Hotel Intercontinental.
3. Nosotros nos divertimos en el viaje.
4. El avión es un siete sesenta y siete.
5. Los pasajeros llegan a tiempo.
6. Yo te traigo un regalito.
7. ¿...?

1. salgamos
2. haga
3. nos divirtamos
4. sea
5. lleguen
6. traiga

B. **Consejos para el viajero.** Dale consejos a un(a) amigo(a) que viaja a España por primera vez. Termina las frases siguientes de una forma original.

>   EJEMPLO   Es necesario…
>   **Es necesario que tú hagas las reservaciones.**

Es dudoso…	Es útil…	Conviene…	No cabe duda…
Es evidente…	Es preciso…	Es mejor…	Es imposible…

C. **¿De quién habla?** La tía María repite todo lo que dice el tío Abel, pero todo lo personaliza. ¿Qué dice la tía cuando el tío se queja de todo en una excursión familiar? Forma una nueva frase, añadiendo un nuevo sujeto. Forma los cambios necesarios según el ejemplo.

>   EJEMPLO   Es necesario traer los documentos. (tú)
>   **Es necesario que tú traigas los documentos.**

1. Es importante visitar a los abuelos. (Jaime)
2. Es inútil buscar un asiento libre. (nosotros)
3. Es ridículo ponerse un abrigo con este calor. (Josefina)
4. Es extraño pagar tanto dinero por una cena. (usted)
5. Es mejor salir temprano. (tú)
6. Es preferible conducir con cuidado. (el taxista)

1. visite
2. busquemos
3. se ponga
4. pague
5. salgas
6. conduzca

D. El primer viaje. El señor Mendoza está un poco nervioso porque viaja en avión por primera vez. Le hace muchas preguntas a la azafata. ¿Qué le dice ella? Contesta las preguntas usando varias de las expresiones impersonales que ya sabes. Después, con un(a) compañero(a) de clase, representen los papeles de estas personas, usando algunas preguntas y respuestas originales.

> EJEMPLO SEÑOR MENDOZA ¿Pierde frecuentemente el equipaje la línea aérea?
> LA AZAFATA **No es cierto que lo pierda frecuentemente.**

1. ¿Puedo cambiar mi asiento?
2. ¿Tiene mucha experiencia el piloto?
3. ¿Sirven buena comida en este avión?
4. ¿Es éste un vuelo sin escala?
5. ¿...?

Answers will vary.
1. (No) es posible cambiar... / Es mejor que no cambie...
2. No cabe duda que tiene... / Es necesario que tenga...
3. Es verdad que sirven...
4. Es seguro que es...

E. Para tener un buen vuelo. Escoge una palabra entre las que siguen para completar la frase correctamente en el presente del subjuntivo o del indicativo.

See Copying Masters.

aterrizar   poder   tener   hacer   costar   sacar   dormir

1. Es probable que el avión ===== en una hora.
2. Es lástima que nosotras ===== que esperar tanto.
3. Es cierto que el piloto no ===== durante el vuelo.
4. Es importante que nosotros ===== abordar pronto.
5. Es verdad que ellos ===== escala en Alicante.
6. Es mejor que tú ===== fotos ahora en vez de mañana.
7. No es sorprendente que el pasaje ===== tanto.

1. aterrice
2. tengamos
3. duerme
4. podamos
5. hacen
6. saques
7. cueste

F. ¿Qué crees? Estás en una clase donde aprendes a expresar tus opiniones con fuerza y claridad. Escoge un(a) compañero(a), y con él (ella) estudien y luego reaccionen a las siguientes frases. Si la frase es falsa, corríjanla siguiendo el ejemplo.

> EJEMPLO Nieva en la Florida en julio.
> **Es dudoso que nieve en la Florida en julio.**
> **Es verdad que hace calor en la Florida en julio.**

1. Hay elefantes blancos en Nueva York.
2. Los marcianos llegan a la Tierra mañana.
3. Dos más dos son cuatro.
4. Mi profesor(a) tiene diez hijos.
5. Santiago está en Chile.
6. Ustedes conocen a la reina de Inglaterra íntimamente.
7. Dormimos veinte horas cada noche.
8. Esta clase sabe mucho español.

Answers will vary.
1. Es dudoso que haya...
2. Es dudoso que lleguen...
3. Es verdad que son...
4. Es dudoso que tenga...
5. Es verdad que está...
6. Es dudoso que conozcan...
7. Es dudoso que durmamos...
8. Es verdad que sabe... (Es dudoso que sepa...)

Unidad cuatro

LECCIÓN 11

EN CONTEXTO

Para comenzar

Describe lo que pasa en los dibujos. Tienes que usar tu imaginación para contestar algunas preguntas.

1. ¿Qué pregunta le hace cada huésped al recepcionista? ¿Qué hotel es de primera clase? ¿Cómo lo sabes? ¿Has viajado solo(a)? Cuando viajas, ¿en qué clase de hotel te quedas?
2. ¿Qué necesitas para estar cómodo(a) en un hotel? ¿Qué cosas consideras lujos?
3. Describe el mejor hotel que conoces. ¿Y el peor?

...y con baño privado, por favor

21 de agosto

Hoy llegué a Bogotá, la capital de Colombia. Está en el altiplano° de los Andes. Tiene un clima agradable, pero hay que acostumbrarse a la altura—uno se cansa° fácilmente al principio. Estoy alojada en el Hotel Bacatá, un hotel de lujo en el centro comercial. Tiene un restaurante elegante donde, dicen, se toma el mejor café del mundo. El hotel también tiene un gran espectáculo° cada noche.

Por poco tengo que dormir° en la calle. Cuando llegué a la recepción para inscribirme, me pidieron los documentos. Abrí la maleta y— *¡No puede ser!* —pensé. Se me perdió el pasaporte. Por suerte, volvió el taxista que me había dejado en el hotel.— ¿Se le cayó esto, señorita? —me preguntó. ¡El pasaporte!

27 de agosto

Hoy me encuentro en Cartagena, a orillas° del Caribe. ¡Qué cambio de clima! Hace un calor tremendo, pero no me quejo. Puedo bañarme todos los días. Las playas son lindísimas, y la ciudad ofrece muchos tesoros históricos, inclusive la fortaleza que resistió los ataques del pirata Francis Drake en el siglo XVI. Esta vez, encontré una pequeña pensión encantadora a dos cuadras del mar. Tiene un hermoso patio con muchas flores y un loro° que siempre me saluda. Los huéspedes toman el desayuno juntos en el comedor: una taza de chocolate, pan y un vaso grande de jugo de curuba, una fruta tropical. ¡Qué rico!

high plateau

uno... *one tires*

show

Por... *I almost had to sleep*

a... *by the shores*

parrot

Preguntas acerca de la lectura

1. ¿Cuál es la capital de Colombia? ¿Dónde está situada? ¿Dónde queda Cartagena? Describe el clima de los dos sitios.
2. Describe el alojamiento de Luisa en las dos ciudades.
3. Describe un desayuno típico colombiano. ¿Y un desayuno norteamericano?
4. ¿Cómo son las playas en el Caribe colombiano? ¿Quién fue Francis Drake?
5. ¿Por qué es importante Cartagena? Explica.

En tu opinión

1. ¿Qué ciudad prefieres visitar? ¿Por qué? ¿Cómo te sientes cuando estás muy alto en las montañas?
2. ¿Dónde te quedarías tú, en una pensión pequeña y personal o en un hotel lujoso, grande e impersonal? ¿Por qué?
3. ¿Conoces algunas frutas tropicales? ¿Cuáles? ¿Cuál te gusta más?
4. ¿Crees que el café de Colombia es el mejor café del mundo? Explica.
5. ¿Qué más sabes tú de Colombia? ¿Cómo lo sabes? ¿Crees que es verdad lo que oyes acerca de Colombia? ¿Por qué?

Expansión de vocabulario

SUSTANTIVOS	VERBOS
el **agua caliente** hot water	**alojarse en** to lodge, to stay
el **aire acondicionado** air-conditioning	**nadar** to swim
la **almohada** pillow	**ocupar** to occupy
el **ascensor** elevator	**pagar** to pay
el **balcón** balcony	**tomar el sol** to sunbathe
el (la) **botones** bellhop	**ADJETIVOS**
la **caja** cash register	**barato** inexpensive, cheap
la **cobija** (la **manta**) blanket	**caro** expensive
el **cheque de viajero** traveler's check	**diario** daily
la **ducha** (la **regadera**) shower	**disponible** available
la **estancia** stay	**(in)cómodo** (un)comfortable
el (la) **gerente del hotel** hotel manager	**ocupado** occupied
el (la) **guía turístico(a)** tour guide	**ruidoso** noisy
el (la) **huésped** guest	**EXPRESIONES**
el **jabón** soap	**cambiar moneda** to exchange money
el **papel higiénico** toilet paper	**dar a** to overlook
el **portero** doorman	**dejar el cuarto** to give up the room
la **reserva** (la **reservación**) reservation	**¿En qué puedo servirle?** How may I help you?
la **sábana** sheet	**guardar el equipaje** to store the luggage
la **tabaquería** tobacco stand	**hacer reservaciones** (**reservas**) to make reservations
la **tarjeta de crédito** credit card	**pagar al contado** to pay cash
la **tasa de cambio** rate of exchange	
la **toalla** towel	
el **vestíbulo** lobby	
la **vista** view	

Actividades

A. ¿Qué palabra no pertenece? En cada grupo, escoge la palabra que no está relacionada con las otras y explica por qué.

1. jabón
   papel higiénico
   toalla
   sábana

2. botones
   huésped
   criada
   portero

3. ascensor
   vestíbulo
   habitación
   estancia

4. al contado
   tarjeta de crédito
   tasa de cambio
   cheques de viajero

5. cama
   almohada
   caja
   manta

1. sábana
2. huésped
3. estancia
4. tasa de cambio
5. caja

B. **¿Qué hace…?** ¿Qué hacen las siguientes personas en un hotel? Describe una actividad propia de ellas. Answers will vary.

1. abre la puerta
2. administra el hotel
3. lleva a ver los sitios históricos
4. lleva las maletas
5. se queda en un hotel
6. contesta las preguntas

EJEMPLO un(a) turista
Un(a) turista saca fotos.

1. un(a) portero(a)
2. un(a) gerente de hotel
3. un(a) guía turístico(a)
4. un(a) botones
5. un(a) huésped
6. un(a) recepcionista

C. **¿Qué clase de hotel es?** Usando las palabras siguientes, describe una estancia perfecta en un hotel.

la vista, dar a, disponible, diario, el (la) gerente del hotel

Ahora describe una estancia horrible en un hotel usando las palabras siguientes:

el agua caliente, incómodo, barato, la llave, abandonar el cuarto

EXPLORACIÓN

Verbos y pronombres reflexivos

bañarse		*to bathe* (oneself)			
yo	**me**	baño	nosotros(as)	**nos**	bañamos
tú	**te**	bañas	vosotros(as)	**os**	bañáis
usted			ustedes		
él	**se**	baña	ellos	**se**	bañan
ella			ellas		

A. La acción de un verbo reflexivo se refiere al sujeto. El sujeto y el objeto de la frase son los mismos. Muchos verbos pueden ser reflexivos.

Me miro en el espejo cuando **me lavo** la cara.
Juan **se viste** y **se prepara** para salir.

I look at myself in the mirror when I wash my face.
Juan gets dressed and gets ready to leave.

Éstos son algunos verbos reflexivos comunes.

afeitarse	*to shave oneself*	llamarse	*to be called, to be named*
callarse	*to be quiet*		
dañarse	*to harm, to hurt oneself*	mojarse	*to get wet*
		pararse	*to stand up*
despertarse (**e → ie**)	*to wake up*	secarse	*to dry oneself*
ensuciarse	*to get dirty*	sentarse (**e → ie**)	*to sit down*
levantarse	*to get up*	vestirse (**e → i, i**)	*to get dressed*

Unidad cuatro

B. El pronombre reflexivo generalmente precede al verbo conjugado. Se puede colocar después del infinitivo y del gerundio. Debe estar adjunto° al mandato afirmativo. Los pronombres reflexivos preceden a los otros pronombres objetos.

°attached

Me lavo las manos.	*I wash my hands.*
Me las lavo.	*I wash them.*
Ella **se** bañó rápido y **se** fue.	*She bathed quickly and left.*
Ella **se** está bañando ahora. Ella está bañándo**se** ahora.	*She's bathing (herself) now.*
Ella **se** quiere bañar antes de salir. Ella quiere bañar**se** antes de salir.	*She wants to bathe (herself) before going out.*
¡Báñe**se** rápido!	*Bathe (yourself) quickly!*

C. Cuando una construcción reflexiva se refiere a las partes del cuerpo o a las prendas de vestir, generalmente se usa el artículo definido para indicar posesión.

Me puse **los** zapatos. *I put my shoes on.*

D. En algunos casos, el pronombre reflexivo se usa para enfatizar que el sujeto está haciendo la acción del verbo o para intensificar la acción del verbo.

¿La torta? Pilar se la comió.	*The cake? Pilar ate it all.*
Bueno, me los compro y me los llevo.	*Good. I'll buy them, and I'll take them with me.*

E. Muchos verbos reflexivos generalmente tienen una forma transitiva, o no reflexiva. En este caso el sujeto y el objeto de la frase son diferentes.

María se acuesta.	*María goes (puts herself) to bed.* (reflexive)
María acuesta a su hija.	*María puts her daughter to bed.* (nonreflexive)
Rafael se lava las manos.	*Rafael washes his hands.* (reflexive)
Rafael lava el coche.	*Rafael washes the car.* (nonreflexive)

F. Algunos verbos tienen un significado diferente cuando son reflexivos. Compara los siguientes verbos y sus significados.

aburrir *to bore*	aburrirse *to be bored*
acordar (o → ue) *to agree*	acordarse (o → ue) de *to remember*
casar *to marry (to perform the ceremony)*	casarse con *to marry (to get married to)*
despedir (e → i, i) *to fire, to dismiss*	despedirse (e → i, i) de *to say good-bye*
ir *to go*	irse *to go away*
negar (e → ie) *to deny*	negarse (e → ie) a *to refuse to*
poner *to put*	ponerse *to put on, to become*
probar (o → ue) *to try, to taste*	probarse (o → ue) *to try on*
quitar *to take away*	quitarse *to take off*

G. Algunos verbos son siempre reflexivos en español.

atreverse a *to dare to*	jactarse de *to boast about*
darse cuenta de *to realize*	quejarse de *to complain about*
arrepentirse (e → ie, i) de *to repent of*	suicidarse *to commit suicide*

Actividades

A. Reflejos. Angélica está hablando de la rutina diaria de su familia. Escoge la forma reflexiva del verbo enfatizado, según el ejemplo.

   EJEMPLO   Manuel **prepara** la cena, mientras Josefina *se prepara* para salir.

1. Yo siempre **baño** a mi hermanito, pero mis primos ==== sin ayuda.
2. Las niñas **miran** le tele, mientras el bebé ==== en el espejo.
3. Yo **como** mucho, pero mi hermano ==== una paella entera.
4. El barbero **afeita** a mi tío, pero papá ==== todas las mañanas.
5. **Acuesto** a la hijita y yo ==== después.
6. Jaime **despierta** a su amigo a las 7:00, pero yo ==== a las 8:30.

See Copying Masters.

1. se bañan
2. se mira
3. se come
4. se afeita
5. me acuesto
6. me despierto

B. **¿Qué están haciendo?** Escoge un(a) compañero(a), mira la lista de verbos y pregúntale qué hacen las personas en los dibujos siguientes.

| mojarse | secarse | lavarse | peinarse |
| ponerse | despedirse | bañarse | mirarse |

EJEMPLO ¿Qué está haciendo la pareja?
La pareja está casándose.

A.
1. ¿Qué está haciendo la niñita?
2. ¿Qué está haciendo la muchacha en medio?
3. ¿Qué está haciendo la muchacha a la derecha?

B.
4. ¿Qué están haciendo los chicos con las toallas?
5. ¿Qué está haciendo la chica con gafas de sol?

C.
6. ¿Qué están haciendo los jóvenes que están en la puerta?
7. ¿Qué está haciendo la muchacha de la chaqueta?

1. está bañándose
2. está lavándose la cara
3. está peinándose
4. están secándose
5. está mojándose
6. están despidiéndose
7. está poniéndose la chaqueta

A.

B.

C.

C. **Acciones y reacciones.** Imagínate que estás hablando con tu compañero(a) sobre el tema de tus viajes. Sigue el ejemplo y forma una frase original.

EJEMPLO Miguel (dormirse)
Miguel se durmió cuando el maestro empezó a hablar de su viaje.

1. me alegré
2. se quejaron
3. nos aburrimos
4. se negó a
5. te callaste
6. se dieron cuenta de
7. se jactó de
8. me atreví a

1. yo (alegrarse)
2. esos viajeros (quejarse)
3. nosotros (aburrirse)
4. mi amiguita (negarse a)
5. tú (callarse)
6. los alumnos (darse cuenta de)
7. este muchacho (jactarse de)
8. yo (atreverse a)

ST 25

D. Los compañeros. Escucha las frases acerca de estos amigos de Luisa. Complétalas con uno de los verbos de la lista según el ejemplo.

EJEMPLO   María no pudo dormir en el tren.
Cuando llegue al hotel, ella va a <u>dormirse</u>.

casarse	irse	dormirse
callarse	arrepentirse	probarse
negarse	quejarse	despertarse

1. casarse
2. irse
3. callarnos
4. arrepentirme
5. negarse
6. quejarse
7. despertarse

E. Intercambio. Quieres investigar la personalidad de un compañero(a). Hazle las siguientes preguntas.

1. ¿A qué hora te despertaste esta mañana? ¿Te levantaste en seguida o te quedaste un rato en la cama?
2. ¿A quién te pareces más, a tu padre o a tu madre?
3. ¿Qué haces cuando te enfermas? ¿Llamas al médico en seguida?
4. ¿Tus amigos se acuerdan siempre de tu cumpleaños? ¿Qué haces si se olvidan de él?
5. ¿De qué te quejas más, de la escuela o de la casa?
6. ¿Es importante probarte la ropa antes de comprarla? ¿Por qué?
7. ¿Te pones nervioso antes de presentar un examen? ¿Por qué?

EXPLORACIÓN

Se *para sucesos inesperados*

La construcción **se** más **el pronombre como complemento indirecto** indica que los hechos son inesperados o accidentales, y libra al sujeto de la responsabilidad de la acción.

a mí **se** me rompió	a nosotros **se** nos rompió
a ti **se** te rompió	a vosotros **se** os rompió
a usted **se** le rompió	a ustedes **se** les rompió
a él (ella) **se** le rompió	a ellos (ellas) **se** les rompió

Unidad cuatro

Compara las siguientes frases.

Yo rompí el vaso.	*I broke the glass.* (my fault)
Se me rompió el vaso.	*The glass broke.* (not my fault)
Lucía perdió las llaves.	*Lucia lost the keys.* (her fault)
A Lucía se le perdieron las llaves.	*Lucia's keys got lost.* (not her fault)

Esta construcción se usa frecuentemente con los verbos siguientes.

acabar	escapar	morir	olvidar	quedar
caer	ir	ocurrir	perder	romper

Actividades

ST 26

A. ¿Por qué me pasan a mí? A Ana le pasan cosas inesperadas. Su amiga Gabriela pasa el día con ella. Escucha lo que dice Gabriela. ¿Cómo le responde Ana?

EJEMPLO   GABRIELA   ¿No puedes encontrar las llaves de la casa?
              ANA   ¡No, se me perdieron!

Answers will vary.
1. se me acabó
2. se me perdió
3. se me perdieron
4. se me rompió
5. se me murió
6. se me acabó

B. ¡No tengo la culpa! Pregúntale a un(a) compañero(a) acerca de las siguientes cosas. Probablemente fueron accidentes inesperados.

> EJEMPLO ¿Olvidaste el boleto?
> **Se me olvidó en casa.**

1. ¿Cuándo perdiste la maleta?
2. ¿Olvidaste los pasaportes?
3. ¿Cómo rompiste la ventana en ese hotel?
4. ¿Dónde perdiste tu dinero?
5. ¿Rompiste las copas en el restaurante en Acapulco?
6. ¿Olvidaste los cheques de viajero?

1. Se me perdió...
2. Se me olvidaron...
3. Se me rompió...
4. Se me perdió...
5. Se me rompieron...
6. Se me olvidaron...

EXPLORACIÓN

Saber y conocer

En inglés hay solamente un verbo para expresar el concepto *to know*, que quiere decir en español: saber algo o conocer a alguien o algún lugar o fenómeno.

A. Saber se usa en los siguientes contextos.²

1. saber hechos

    | Yo sé tu número de teléfono. | *I know your telephone number.* |
    | Ellos saben dónde viven ustedes. | *They know where you live.* |
    | Tomás sabe mucho de la historia de España. | *Tomás knows a lot about the history of Spain.* |

2. saber hacer algo

    Elisa sabe nadar bien.   *Elisa knows how to swim well.*

3. saber algo de memoria o por completo

    Yo sé la letra de esta canción.   *I know the words to this song.*

4. en el pretérito para decir *to find out*

    Jaime supo el secreto.   *Jaime found out the secret.*

---

²**Saber** quiere decir también *to taste*. **Este café sabe mal.** (*This coffee tastes bad.*) **Saber a** quiere decir *to taste like*. **Este pescado sabe a atún.** (*This fish tastes like tuna.*)

B. Conocer se usa en los siguientes contextos.

1. para decir *to know* o *to be acquainted with* en el sentido de tener noción de una persona, de un lugar o de un fenómeno

Mi tío conoce al piloto.	*My uncle knows the pilot.*
Marta conoce Madrid.	*Marta knows (is familiar with) Madrid.*
¿Conoces tú un buen hotel?	*Do you know a good hotel?*
El profesor conoce bien la música de Bach.	*The professor knows Bach's music well.*

2. en el pretérito y en el futuro para decir *to meet for the first time* o *to make someone's acquaintance*

Pablo lo conoció ayer.	*Pablo met him yesterday.*
Tino conocerá a mi familia mañana.	*Tino will meet my family tomorrow.*

Actividades

A. ¿Saber o conocer? Escoge la(s) frase(s) apropiada(s).

1. Sé
   a. bailar muy bien.
   b. al piloto personalmente.
   c. la verdad.
   d. que son de México.

2. ¿Quién conoce
   a. bien este lugar?
   b. la costa de España?
   c. al agente de viajes?
   d. si el avión llegó a tiempo?

3. Supimos
   a. el secreto de Julia.
   b. bien la ciudad.
   c. nadar cuando éramos pequeños.
   d. que mamá estaba enferma.

4. Conozco
   a. la dirección de la pensión.
   b. Barcelona.
   c. las costumbres de los pueblecitos.
   d. de dónde son los viajeros.

5. Anoche conocí
   a. la respuesta.
   b. hacer una paella.
   c. al hombre (a la mujer) de mis sueños.
   d. dónde vive Juan.

6. ¿Sabes
   a. la comida típica de Madrid?
   b. muchos idiomas?
   c. resolver el problema?
   d. quién ganó el partido?

1. a, c, d
2. a, b, c
3. a, d
4. b, c
5. c
6. b, c, d

B. ¿Sabes algo de...? Con un(a) compañero(a), formen preguntas usando **saber** y **conocer**. Luego contéstenlas.

EJEMPLO Puerto Rico
¿Conoces algunas ciudades de Puerto Rico?
Sí, conozco algunas.
No, no sé nada de Puerto Rico.

1. Isabel Perón
2. el "windsurfing"
3. España
4. el Museo Smithsoniano
5. la Segunda Guerra Mundial
6. los animales salvajes
7. el presidente de los Estados Unidos
8. Australia
9. el arte de Pablo Picasso

C. Recuento. Cuando Victoria llegó de Colombia, sus nuevos amigos querían saber mucho acerca de ella. Con un(a) compañero(a), formen frases completas escogiendo palabras de las columnas A, B, C y D. En algunos casos no se necesita ninguno de los ítemes de la columna B para completer esta actividad.

A	B	C	D
Conozco		Isabel	bonita de Pablo.
Sé	que	al hermano	es simpática.
Conoces	a	a la prima	de España.
Quiero conocer		esquiar	de José.
Sabemos		la costa vasca	muy bien.

ST 27

D. Oye bien. Tomás nunca puede terminar una frase o expresar una idea completa. Tú no quieres ser como Tomás. Vas a escuchar unas frases incompletas y a escoger la mejor frase para terminarlas.

EJEMPLO Yo sé
  a. bailar muy bien.   b. al piloto.   c. los tíos.

1. a. la verdad.
   b. que son de Honduras.
   c. los tíos.

2. a. bien este país.
   b. si el tren ha llegado.
   c. bailar.

3. a. cómo ocurrió.
   b. la ciudad.
   c. a Lola.

4. a. de dónde son.
   b. la dirección de Pablo.
   c. a Pablo.

5. a. la respuesta?
   b. a esa mujer?
   c. el pueblito?

6. a. otros idiomas.
   b. la comida de México.
   c. a Lupe.

1. c
2. a
3. a
4. c
5. a
6. a

LECCIÓN 12

EN CONTEXTO

Para comenzar

Describe lo que pasa en los dibujos. Tienes que usar la imaginación para contestar algunas preguntas.

1. ¿Qué ventajas hay en comprar en los distintos tipos de tiendas y mercados?
2. ¿Qué recuerdos has comprado en tus viajes? ¿Por qué? ¿Cuál es el recuerdo más extraño que has comprado? ¿Y qué has recibido? ¿Compras regalos cuando viajas? ¿Para quiénes?
3. Ciertos recuerdos se asocian con ciertos lugares—por ejemplo, las naranjas con la Florida o el perfume con Francia. Nombra algunos lugares y sus productos típicos.

De compras

30 de agosto

—Si llegas a Colombia —me aconsejó una amiga que conoce bien Sudamérica— cómprate una esmeralda. Y no dejes de ir al Unicentro, un gran complejo comercial en Bogotá, para conseguir recuerdos. Es verdad que aquí en las joyerías° se ven las esmeraldas más bellas del mundo. Y el Unicentro es modernísimo, con tiendas elegantes de toda clase.

Pero confieso que prefiero el mercado al aire libre en el pueblo de Silvia. Los indios de los alrededores llegan todos los sábados para vender sus productos: plátanos, tomates y panela, que es azúcar sin refinar. Venden también artículos de lana. Me compré una ruana, el poncho típico de la sierra de aquí. No sabía regatear° muy bien, pero creo que tanto el vendedor como yo quedamos contentos con el precio.

—Llévese otro —me dijo. Pero se me estaba acabando el dinero.

El traje de los indios me llamó la atención. Todos se visten del mismo color azul con adornos violetas. Los hombres llevan algo que parece una falda estrecha y las mujeres llevan collares blancos. ¡Cuántos más collares lleva la mujer, mayor es el prestigio que tiene dentro de la comunidad india!

jewelry stores

to bargain

Preguntas acerca de la lectura

1. ¿Qué debes comprar en Colombia? Explica.
2. ¿Qué es el Unicentro? ¿A qué se parece aquí en los Estados Unidos?
3. ¿Qué productos se venden en el mercado de Silvia? ¿Qué quiere decir "regatear"?
4. Describe el traje de los indios en el mercado. ¿Qué significan los collares de las mujeres?
5. ¿Va Luisa sola en este viaje? ¿Con quién quisiera viajar?

En tu opinión

1. ¿Por qué crees que Luisa prefiere este lugar para hacer sus compras? Explica.
2. ¿Se usa la ropa en nuestra sociedad para mostrar prestigio? Explica.
3. ¿Qué recuerdos has comprado en tus viajes? ¿Por qué? ¿Cuál es el recuerdo más extraño que has comprado? ¿Has comprado regalos para tus amigos(as)? ¿Y qué has recibido?
4. Eres un turista de otro planeta que visita la Tierra por primera vez. ¿Qué recuerdos te llevas de aquí a tu planeta? ¿Por qué?

Expansión de vocabulario

ROPA
- el **abrigo**   coat
- la **blusa**   blouse
- las **botas**   boots
- los **calcetines**   socks
- la **camisa**   shirt
- la **camiseta**   T-shirt
- la **corbata**   tie
- el **chaleco**   vest
- la **chaqueta**   jacket
- la **falda**   skirt
- los **guantes**   gloves
- el **impermeable**   raincoat
- las **medias**   stockings
- los **pantalones**   pants
- la **ropa interior**   underwear
- el **suéter**   sweater
- el **traje**   suit, outfit
- el **vestido**   dress
- las **zapatillas**   slippers, sneakers
- los **zapatos**   shoes

TELA (material)
- el **algodón**   cotton
- el **cuero**   leather
- la **franela**   flannel
- la **lana**   wool
- la **pana**   corduroy
- la **piel**   fur
- la **seda**   silk

EN EL ALMACÉN
- el **anillo**   ring
- el **arete**   earring
- **atender** (e → ie)   to wait on, to attend to
- **atestado**   crowded
- la **bolsa**   bag, purse
- el (la) **cliente**   customer
- **gastar**   to spend, to waste
- la **liquidación**   sale
- **meter en**   to put (into)
- el **oro**   gold
- el **par**   pair
- la **planta**   floor (of a building)
- la **plata**   silver
- el **probador**   dressing room
- **regatear**   to bargain, to haggle

OTRAS PALABRAS Y FRASES
- **estar de moda**   to be in style
- **hacer juego con**   to match
- **ir de compras**   to go shopping
- **pagar a plazos**   to pay in installments
- **quedarle bien**   to fit one well

Actividades

1. cuero   3. medias
2. probador   4. traje

A. ¿Qué palabra no pertenece?   En cada grupo, escoge la palabra que no está relacionada con las otras y explica por qué.

1. cuero	2. probador	3. abrigo	4. traje
blusa	botas	medias	pana
falda	zapatillas	chaqueta	franela
corbata	zapatos	impermeable	algodón

B. ¿Qué me pongo?   Describe la ropa que se debe llevar en las siguientes ocasiones.

1. una boda
2. una clase en tu escuela
3. una cena en casa de tu novio(a)
4. un partido de fútbol
5. una discoteca
6. una excursión al norte para esquiar

C. **De compras.** Usa las palabras siguientes y escribe un diálogo entre un(a) cliente y un(a) vendedor(a). Luego, con un(a) compañero(a), represéntenlo.

quedarle bien	el probador	acabarse el dinero	atender
estar de moda	la bolsa	traje de baño	meter

EXPLORACIÓN

El imperativo: los mandatos

	comprar	vender	escribir
tú	compra	vende	escribe
	no compres	no vendas	no escribas
usted	(no) compre	(no) venda	(no) escriba
nosotros(as)	(no) compremos	(no) vendamos	(no) escribamos
vosotros(as)	comprad	vended	escribid
	no compréis	no vendáis	no escribáis
ustedes	(no) compren	(no) vendan	(no) escriban

A. Los mandatos directos se usan para ordenar a una persona o a un animal que haga algo.

1. Los mandatos formales (**usted, ustedes**) afirmativos y negativos toman las formas correspondientes al presente del subjuntivo. Se pueden expresar los pronombres personales **usted** y **ustedes** para hacer el mandato más formal o más cortés.[3]

   Compre usted el recuerdo.   *Buy the souvenir.*
   No salgan ustedes todavía.   *Don't leave yet.*

2. Los mandatos familiares que usan **tú** tienen diferentes formas para el afirmativo y el negativo. El mandato afirmativo tiene la misma forma que la tercera persona singular (él, ella) del presente del indicativo.

   Escribe una tarjeta postal.   *Write a postcard.*
   Paga la cuenta antes de irte.   *Pay the bill before leaving.*

---

[3] Es cada día más común usar el infinitivo para expresar mandatos impersonales. Se usan éstos en letreros. Por ejemplo: **No fumar** (No Smoking).

Unidad cuatro

Los ocho verbos siguientes son irregulares en los mandatos afirmativos de la forma **tú**.

| decir | **di** | hacer | **haz** | ir | **ve** | poner | **pon** |
| salir | **sal** | ser | **sé** | tener | **ten** | venir | **ven** |

El mandato negativo **tú** usa la forma correspondiente al presente del subjuntivo.

| No llegues tarde. | *Don't arrive late.* |
| No traigas pan. Trae galletas. | *Don't bring bread. Bring crackers.* |

3. Los mandatos asociados con **vosotros** tienen también dos formas diferentes. La afirmativa se forma sustituyendo una **-d** por la **-r** final del infinitivo.

| Poned las maletas en mi cuarto. | *Put the suitcases in my room.* |
| Entrad por la puerta principal. | *Enter through the main door.* |

El mandato negativo **vosotros** usa la forma correspondiente al presente del subjuntivo.

| No hagáis ruido. | *Don't make noise.* |
| No cambiéis la moneda aquí. | *Don't exchange money here.* |

4. Los mandatos afirmativos y negativos para **nosotros** siguen las formas correspondientes al presente del subjuntivo. Éstas se usan cuando se incluye al orador° y se traducen al inglés como *let's*.   speaker

Comamos en aquel restaurante.	*Let's eat in that restaurant.*
Conduzcamos por la playa.	*Let's drive by the beach.*
No salgamos esta noche.	*Let's not go out tonight.*

Ir en el afirmativo tiene sólo la forma irregular. Compara los dos casos.

| Vamos al cine. | *Let's go to the movies.* |
| No vayamos al cine. | *Let's not go to the movies.* |

Vamos a más **el infinitivo** sustituye con frecuencia al mandato afirmativo **nosotros**.

| Vamos a comer en aquel restaurante. | *Let's eat in that restaurant.* |

B. Los mandatos indirectos corresponden a frases en inglés como *Let someone...* o *Why doesn't someone....* Se usan cuando uno quiere dar una orden o sugerencia sin hablar directamente a la persona que lo va a hacer. En español, estos mandatos se expresan con **que** más el presente del subjuntivo.

Que pase Arturo.	*Let Arturo come in.*
Que lo hagas tú.	*Why don't you do it?*

Actividades

ST 28

A. **El niño mimado.** Tu madre quiere que hagas algunos quehaceres, pero tú no los quieres hacer. Tú sugieres que los haga tu hermanito, hermanita u otra persona. Escucha lo que dice tu madre. ¿Qué le dices?

1. Que lo friegue...
2. Que lo sacuda...
3. Que las limpie...
4. Que lo barra...
5. Que lo bañe...
6. Que la saque...
7. Que lo riegue...

EJEMPLO Tu madre: Haz las camas.
   Tú: **Que las haga *Juanita*.**

ST 29

B. **Turistas.** Acaba de llegar un autobús lleno de turistas a Puerto Vallarta. Al bajar del autobús, varios grupos mencionan lo que quieren hacer. Escucha lo que dice cada grupo. ¿Adónde sugieren que (no) vayan?

Answers may vary.
1. ¡Vamos al mercado!
2. ¡No vayamos al centro!
3. ¡Vamos a un restaurante!
4. ¡No vayamos al hotel!
5. ¡Vamos al mercado!
6. ¡Vamos a una joyería!

EJEMPLOS Queremos nadar y bañarnos en el mar.
  ¡Vamos a la playa!
  No queremos bailar ni escuchar música.
  ¡No vayamos a la discoteca!

C. **¡La casa es mía!** Los padres de Javier van de viaje el viernes y no regresan hasta el domingo. ¿Qué le dicen a Javier que no haga? Forma un grupo con tres de tus compañeros(as) y piensen en seis mandatos informales apropiados—tres afirmativos y tres negativos. Luego, preséntenlos a la clase.

EJEMPLO **No salgas después de las diez de la noche.
  Lava los platos después de usarlos.**

D. **En la clase.** La maestra Borges siempre ordena a sus alumnos muchas cosas. Escribe cuatro mandatos que ella dice con frecuencia.

Commands will vary: (no) hablen, (no) hagan, (no) coman, (no) compren, (no) escriban, (no) busquen, (no) lean

EJEMPLO **Lleguen a clase a tiempo.**

Unidad cuatro

E. **Ustedes deben . . .** La profesora Flores va de vacaciones a España. Uno de sus estudiantes le sugiere algunas cosas que ver y hacer en Madrid. Cambia los infinitivos a mandatos.

> EJEMPLO alojarse en una pensión
> **Alójese en una pensión.**

1. no gastar su dinero en los hoteles de lujo
2. comer una paella valenciana
3. almorzar en la Plaza Mayor
4. no dejar de ver el Parque del Retiro
5. escribirles muchas cartas a sus estudiantes
6. dar un paseo por la Gran Vía

1. no gaste
2. coma
3. almuerce
4. no deje
5. escríbales
6. dé

F. **Más consejos.** Rosa María tiene consejos para su amiga Cristina, que va a Andalucía. Sin embargo, ella cambia de parecer° acerca de lo que debe hacer. En las frases siguientes, cuenta qué aconseja Rosa María y cómo cambia de parecer.

cambia... changes her mind

> EJEMPLO viajar en autobús
> **Viaja en autobús. ¡No! No viajes en autobús.**

1. no llevar muchas maletas
2. buscar un hotel barato en Sevilla
3. allí subir a la torre de la Giralda
4. pasar dos noches en Granada
5. ir a visitar la Alhambra
6. no sacar fotos en las catedrales
7. dormir en un parador
8. visitar los pueblos pequeños de la costa

1. no lleves, lleva
2. busca, no busques
3. sube, no subas
4. pasa, no pases
5. ve, no vayas
6. no saques, saca
7. duerme, no duermas
8. visita, no visites

EXPLORACIÓN

Colocación de pronombres con los mandatos

A. Con los mandatos directos, los pronombres siguen al verbo en el afirmativo y se escriben como una sola palabra. Se colocan los pronombres en el orden siguiente: reflexivo, indirecto, directo. Nota que estos tres pronombres no aparecen en una frase al mismo tiempo.

Dígame**lo**.[4] Tell *it* to me.
No me **lo** diga. Don't tell *it* to me.
Ponte**lo**. Put *it* on.
No te **lo** pongas. Don't put *it* on.

---

[4] En algunos casos es necesario añadir un acento ortográfico al verbo para mantener el énfasis original. Ve el Apéndice A sobre las reglas de puntuación.

B. Con el mandato afirmativo **nosotros,** el verbo pierde la **-s** final delante de los pronombres **se** y **nos.**

Escribámosela.	*Let's write it to him.*
No se la escribamos.	*Let's not write it to him.*
Sentémonos.	*Let's sit down.*
No nos sentemos.	*Let's not sit down.*

C. Con el mandato afirmativo **vosotros** de un verbo reflexivo, el verbo pierde la **-d** final antes de añadir el pronombre **-os.** El verbo **ir** es la única excepción, ya que mantiene la **-d** final. Para los verbos que terminan en **-ir,** se pone un acento sobre la **i.**

Sentaos y callaos.	*Sit down and be quiet.*
Vestíos e idos rápidamente.	*Get dressed and go quickly.*

D. Para los mandatos indirectos, los reflexivos y los pronombres como complementos directos preceden al verbo en los mandatos afirmativos y negativos.

Que se lo pruebe.	*Let him try it on.*
Que no se lo pruebe.	*Don't let him try it on.*

Actividades

A. ¿De acuerdo? Después de un largo viaje, los González llegan a su hotel cansados e irritados. No pueden ponerse de acuerdo. Con un compañero(a), hagan los cambios según el ejemplo y representen a la pareja González.

EJEMPLO abrir la ventana
SR. GONZÁLEZ **Juanita, abre la ventana.**
SRA. GONZÁLEZ **No, no la abramos ahora, Juan. Abrámosla después.**

1. llamar a los hijos
2. escribir tarjetas postales
3. hacer reservaciones en el restaurante
4. prender la tele
5. cambiar los cheques
6. leer la guía turística

B. ¡Que lo haga Jorge! A nadie le gusta trabajar. ¿Qué se dice para que otro haga los trabajos siguientes? Sigue el ejemplo.

EJEMPLO traer los refrescos / Manolo
¿Quién va a traer los refrescos?
¡Que los traiga Manolo!

1. llamar a la criada / Susana
2. pedir la cuenta / Anita
3. ir al supermercado / los niños
4. devolver los boletos / ustedes
5. buscar un taxi / tú
6. apagar las luces / Alberto

---

1. llama, no los llamemos, llamémoslos
2. escribe, no las escribamos, escribámoslas
3. haz, no las hagamos, hagámoslas
4. prende, no la prendamos, prendámosla
5. cambia, no los cambiemos, cambiémoslos
6. lee, no la leamos, leámosla

See Copying Masters.

1. Que la llame Susana.
2. Que la pida Anita.
3. Que vayan los niños.
4. Que los devuelvan ustedes.
5. Que lo busques tú.
6. Que las apague Alberto.

C. **Los mandamientos°.** Escoge una de las siguientes personas y escribe seis mandamientos para él o ella.   commandments

   EJEMPLO   el profesor
   No haga exámenes difíciles.
   Déjenos salir de la clase temprano.
   Enséñenos mucho.

   1. el (la) compañero(a) de estudio
   2. el padre o la madre
   3. el (la) novio(a)
   4. el (la) hermano(a)
   5. la criada
   6. el (la) gobernador(a) de tu estado

D. **Preparativos.** Ana se prepara para su primer viaje a la América del Sur. Aconséjala de una manera original.

   EJEMPLO   pedir
   Pídele información al agente de viajes.

   1. hablar con el agente
   2. no viajar
   3. obtener
   4. no ir
   5. solicitar
   6. buscar

   1. habla
   2. no viajes
   3. obtén
   4. no vayas
   5. solicita
   6. busca

ST 30

E. **¡Qué energía!** Luis tiene que hacer varias cosas hoy, pero no tiene muchas ganas de hacerlas. Pedro, su hermano, en cambio, tiene mucha energía hoy y quiere ayudar a Luis. Escucha lo que dice Luis. ¿Qué le contesta Pedro?

   EJEMPLO   LUIS   Tengo que comprarle un libro a Lupe.
                 PEDRO **Comprémoselo.**

   1. Escribámosela.
   2. Traigámoselo.
   3. Consigámoselos.
   4. Prestémosela.
   5. Arreglémoselo.
   6. Reguémoselas.

F. **De prisa.** Manuel sale de prisa en un viaje de negocios. Su amiga ofrece ayudarlo con los preparativos. Con un(a) compañero(a), representen los papeles, según el ejemplo.

   EJEMPLO   lavarte la camisa blanca
   LA AMIGA   ¿Te lavo la camisa blanca?
   MANUEL   **Sí, lávamela.**
              No, no me la laves.

   1. hacerte las reservaciones en el hotel
   2. explicarles la situación a tus compañeros de cuarto
   3. darle la dirección del hotel a tu familia
   4. echarles agua a las plantas
   5. ponerte la cámara en la maleta
   6. recogerte el correo

   1. te hago, házmelas, no me las hagas
   2. les explico, explícasela, no se la expliques
   3. le doy, dásela, no se la des
   4. les echo, échasela, no se la eches
   5. te pongo, pónmela, no me la pongas
   6. te recojo, recógemelo, no me lo recojas

G. **Los pintores.** Acaban de llegar los pintores a la casa de la señora Alcalá y su hijo, David. Los Alcalá son muy simpáticos y quieren ayudar al señor Darío y a sus pintores. ¿Cómo les responde el señor Darío?

EJEMPLO   LA SEÑORA ¿Quiere que le traiga el vaso de agua a usted? (sí)
EL SEÑOR **Sí, tráigamelo, por favor.**
DAVID ¿Quiere que les compre más pinturas a ustedes? (no)
EL SEÑOR **No, no nos las compre, gracias.**

1. SRA. ¿Quiere que les prepare el almuerzo? (sí)
2. DAVID ¿Quiere que le dé las pinturas? (sí)
3. DAVID ¿Quiere que les mueva el televisor? (no)
4. SRA. ¿Quiere que les cubra el suelo? (no)
5. SRA. ¿Quiere que le traiga las herramientas°? (sí)   tools
6. DAVID ¿Quiere que les busque los pinceles°? (sí)   fine paintbrushes

1. prepárenoslo
2. démelas
3. no nos lo mueva
4. no nos lo cubra
5. tráigamelas
6. búsquenoslos

Unidad cuatro

Casos especiales

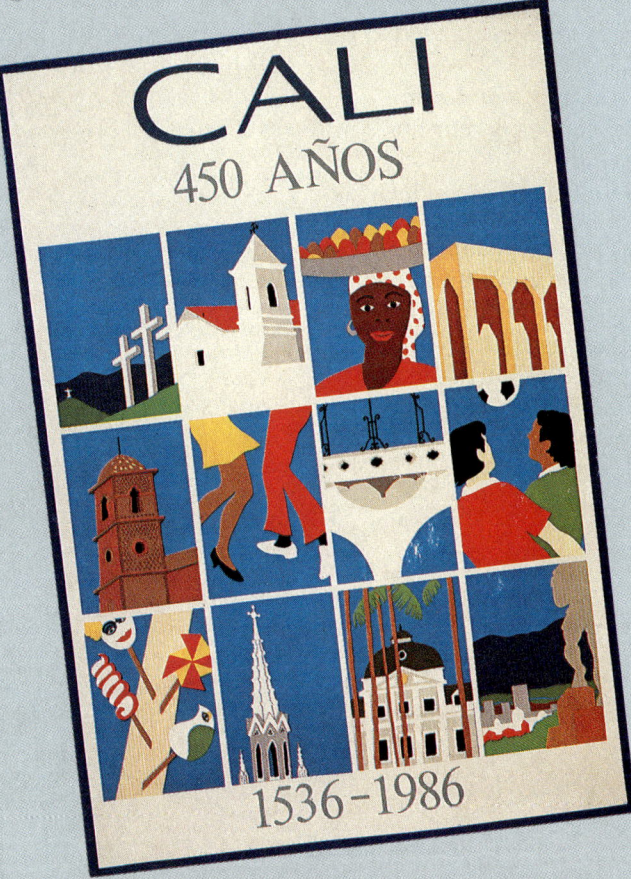

Estudia las palabras siguientes. Son palabras que los estudiantes norteamericanos de español suelen confundir.

1. el idioma — language
    la lengua — language, tongue
    el lenguaje — language (in a literary sense), terminology

    El español es **un idioma** (**una lengua**) que se habla en más de veinte países.
    Spanish is **a language** that is spoken in more than twenty countries.

    El documento está escrito con un **lenguaje** muy complicado.
    The document is written in very complicated **language**.

    Habló en su **lengua** nativa cuando viajó.
    She spoke in her native **tongue** when she travelled.

2. volver — to go back, to return (to a place)
   devolver — to give back, to return (an object)
   envolver — to wrap

   Vamos a **volver** a Colombia en enero. — We're going to **return** to Colombia in January.
   Es importante que me **devuelvas** los libros mañana. — It's important that you **return** the books to me tomorrow.
   Envuelva el regalo, por favor. — **Wrap** the present, please.

3. la ventana — window
   la ventanilla — small window (as in a train or car), ticket window
   el escaparate — store (display) window

   Abre **la ventana** porque hace calor. — Open **the window** because it's hot.
   Compré el boleto en esa **ventanilla**. — I bought the ticket at that **window**.
   Siempre hay ropa muy de moda en el **escaparate** de aquella tienda. — There is always very stylish clothing in the **window** of that store.

4. probar — to try, to taste
   probarse — to try on
   tratar — to treat (a subject or a person)
   tratar de — to try, to attempt, to deal with
   intentar — to try, to attempt, to endeavor

   ¿Quieres **probar** este café irlandés? — Do you want **to taste** this Irish coffee?
   Víctor **se probó** el traje. — Victor **tried on** the suit.
   Nos **trataron** muy bien en ese hotel. — They **treated** us very well in that hotel.
   Esta novela **trata de** los problemas del amor. — This short story **deals with** the problems of love.
   Ana siempre **trata de** (**intenta**) visitar un país extranjero cada año. — Ana always **tries** to visit a foreign country every year.

5. extraño — strange
   al (en el) extranjero — to (in) another country
   el (la) extranjero(a) — foreigner (from another country)
   el (la) desconocido(a) — unknown person
   el (la) forastero(a) — stranger (visitor to a town or city in his or her native country)

Unidad cuatro

Alicia viaja **al extranjero**.	*Alicia travels **to another country**.*
Es muy **extraño** que nadie conteste el teléfono.	*It's very **strange** that nobody is answering the telephone.*
El extranjero no podía hablar inglés.	***The foreigner** couldn't speak English.*
Hubo **un desconocido** en la fiesta.	*There was **an unknown person (a stranger)** at the party.*
Todos en el pueblo notaron **al forastero**.	*Everyone in the town noticed **the stranger**.*

Actividades

A. ¿Cuál usas? Escoge la palabra apropiada, según el contexto.

1. Yo sé hablar dos (lenguas, lenguajes)—el inglés y el español.
2. Lope de Vega usa un (lenguaje, idioma) poético en sus obras literarias.
3. María acaba de llegar de Venezuela a los Estados Unidos. Ella es (extranjera, desconocida).
4. Susana va a estudiar en el (forastero, extranjero) el próximo año.
5. La criada limpió todo en mi casa excepto (los escaparates, las ventanas).
6. El hombre de aquella (ventanilla, ventana) me vendió los pasajes.
7. (Prueba, Pruébate) los zapatos antes de comprarlos.
8. El niño (trató, probó) muy mal al perro.
9. Voy a (tratar, probar) la paella que preparaste.
10. Es mejor que (devuelvas, vuelvas) mañana porque no hay nadie aquí hoy.
11. Te quiero (devolver, envolver) el suéter que dejaste en mi casa.

1. lenguas
2. lenguaje
3. extranjera
4. extranjero
5. las ventanas
6. ventanilla
7. Pruébate
8. trató
9. probar
10. vuelvas
11. devolver

ST 31

B. ¿Cuál es la palabra? Estás en una fiesta. Todos están jugando "¿Cuál es la palabra?". Te toca a ti, y tienes que adivinar las palabras que corresponden a las definiciones que escuchas. Escoge las palabras de la siguiente lista.

lengua	ventana	devolver
forastero	ventanilla	volver
escaparate	extraño	extranjero
lenguaje	idioma	probarse

1. escaparate
2. ventanilla
3. forastero
4. extraño
5. lenguaje
6. volver

C. A veces te equivocas. Charles y Raúl, dos amigos, están en el cuarto de Raúl mirando un libro. Charles quiere practicar el español porque no lo habla muy bien. Él describe en español los dibujos que ve. Raúl confirma sus descripciones o las corrige, según el caso. ¿Qué le dice Raúl?

1. no, una ventana
2. no, está probando
3. sí
4. sí
5. no, la ventanilla
6. no, su idioma (lengua)

EJEMPLO   CHARLES   Está envolviendo el regalo.
           RAÚL   **No, ella lo devuelve.**

1.
2.
3.
4.
5.
6.

CULTURA E IDIOMA

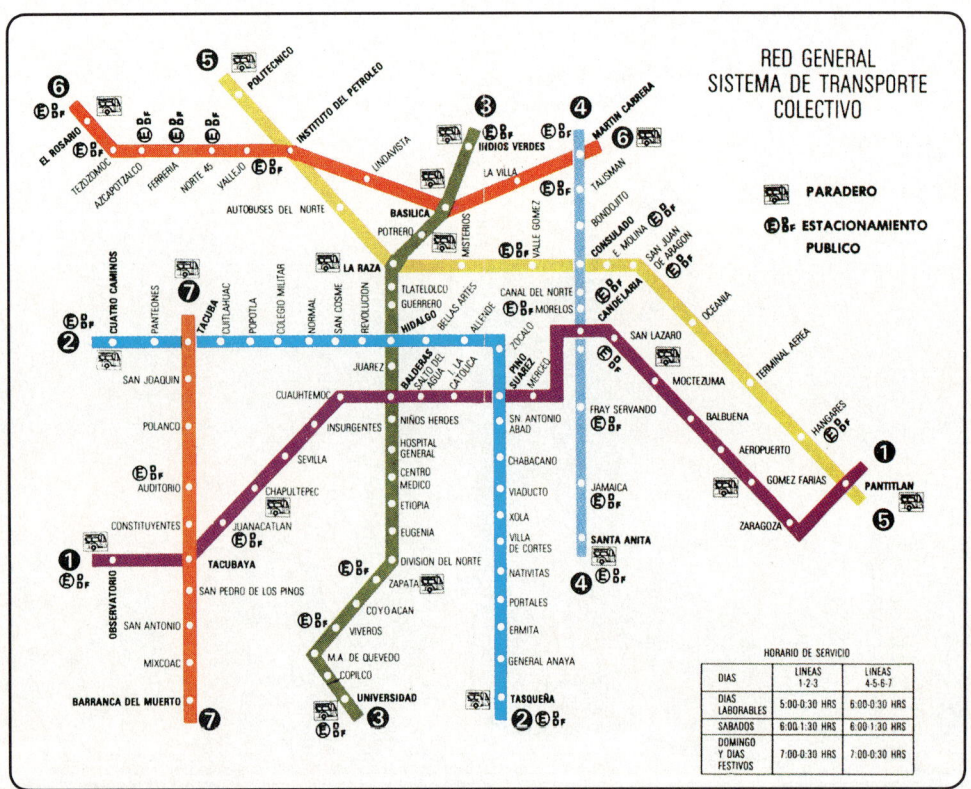

ASÍ SE DICE

¿Dónde queda...?

A. Cualquier persona que viaja en un país extranjero necesita saber cómo pedir direcciones. Puedes decir lo siguiente si

1. no sabes dónde estás

   Dígame, señor(a). (Disculpe. Perdone.)

   Excuse me, sir (madam). (Excuse me. Pardon me.)

   ¿Podría indicarme dónde queda...?

   Could you tell me where...is?

¿Cómo llego a...?	How do I get to...?
¿Dónde se encuentra...?	Where can I find...?
¿Por dónde se va a...?	How do you (does one) get to...?
Busco...	I'm looking for...

2. no estás seguro dónde estás o a qué edificio quieres ir

¿Es ésta la calle Mendoza?	Is this Mendoza Street?
¿Es éste el Museo Arqueológico?	Is this the Archeological Museum?
¿Cuál es el Restaurante Botín?	Which (building) is the Botín Restaurant?

3. quieres saber dónde encontrar cierto lugar

¿Hay un hotel barato cerca de aquí (por aquí)?	Is there an inexpensive hotel near here (around here)?
¿Hay una farmacia en este barrio?	Is there a pharmacy in this neighborhood?

4. estás completamente perdido

Me he perdido.	I'm lost.
Estoy perdido(a) (extraviado[a]).	

B. Vas a recibir algunas de estas respuestas cuando pides direcciones.

Mire usted...	Look...
Siga derecho (adelante, dos cuadras, hasta llegar a...).	Go straight ahead (forward, for two blocks, until you get to...).
Camine seis cuadras.	Walk six blocks.
Cruce esta calle.	Cross this street.
Baje (Suba) por esta calle.	Go down (Go up) this street.
Doble a la derecha (a la izquierda) en la próxima calle. en la esquina. después de pasar la panadería.	Turn to the right (to the left) at the next street. at the corner. after passing the bakery.
Queda en la esquina.	It's on the corner.
Está en el centro.	It's downtown.
Está (Queda) a la derecha (izquierda).	It's on your right (left).
Queda lejísimo (muy cerca).	It's very far (close by).
Está aquí al lado.	It's right next door.
Es este edificio (el segundo edificio a la derecha).	It's this building (the second building on the right).
No se puede perder.	You can't miss it.

Actividades

A. Cuando regresé. Acabas de llegar a Lima, Perú. Forma preguntas que correspondan a las siguientes situaciones, y un(a) compañero(a) de clase las va a contestar.

1. Tienes reservaciones en el Hotel Barranquilla y no lo puedes encontrar.
2. Necesitas comprar aspirina.
3. Tienes hambre, pero no tienes mucho dinero.
4. Quieres visitar el Museo de Artes.
5. Quieres mandarles tarjetas postales a tus amigos.
6. Quieres hacer una excursión en tren.

Answers will vary.
1. ¿Podría indicarme dónde queda...?
2. ¿Hay una farmacia en este barrio?
3. ¿Hay un restaurante barato cerca de aquí?
4. ¿Cómo llego al... / ¿Dónde se encuentra... / Busco...
5. ¿Podría indicarme dónde queda el correo?
6. ¿Podría indicarme dónde queda la estación de trenes?

B. Nueva escuela. Eres un estudiante del primer año en una escuela preparatoria en México, D.F.° y no conoces el campus. Un estudiante veterano te ayuda a identificar y a encontrar los siguientes lugares. ¿Qué te dice el estudiante?

1. el mejor lugar para estudiar
2. el sitio más romántico del campus
3. la parada de autobús más cercana
4. un lugar barato para comer
5. un buen sitio para comprar ropa/discos/flores
6. el mejor sitio para sacar fotocopias

C. Direcciones. Eres policía en el centro de Bogotá. Según el mapa en la página 229, dales instrucciones a unos turistas perdidos para llegar a los siguientes lugares.

1. de la Plaza de Toros a la Catedral Mayor
2. de la Casa de la Moneda al Museo Nacional
3. de la Corporación Nacional de Turismo al Museo del Oro

See Teacher's Guide for answers.

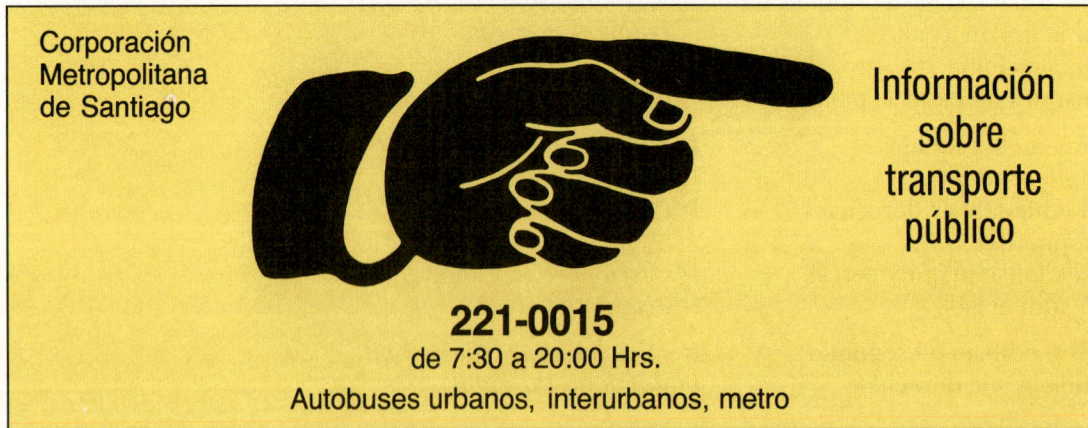

Corporación Metropolitana de Santiago

Información sobre transporte público

221-0015
de 7:30 a 20:00 Hrs.
Autobuses urbanos, interurbanos, metro

¿Cuánto vale . . .?

A. Es posible que escuches estas expresiones cuando vas de compras.

¿En qué puedo servirle?	What may I do for you?
¿Lo (La) puedo ayudar en algo?	May I help you with something?
¿Qué se le ofrece?	What may I get for (offer) you?
¿Qué va a comprar?	What would you like to buy?

B. Para saber cuánto vale algo o para estimar su costo, puedes decir lo siguiente.

¿Cuánto es (cuesta)?	How much does it cost?
¿Cuánto cobra?	How much do you charge?
Es una ganga.	It's a bargain.
Sale barato (caro).	It's cheap (expensive).
Me costó un dineral (un ojo de la cara).	It cost me a fortune (an arm and a leg).
Es regalado.	It's really (dirt) cheap.

Unidad cuatro

C. Regatear es común en los mercados de muchos países y es buena idea pedir un descuento en cualquier situación.

¿Hay descuento (rebaja)?	*Is there a discount?*
¿Me da un descuento de 20 (30) por ciento?	*Will you give me a discount of 20 (30) percent?*

Estas frases las dice el vendedor, no el comprador.

¿Cuánto me da?	*How much will you give me?*
¿Cuánto quiere pagar?	*How much are you willing to pay?*
Pues, hágame una oferta.	*Make me an offer.*

D. Y una vez que has decidido puedes decir o escuchar lo siguiente.

Aquí lo tiene.	*Here you are.*
Lléveselo.	*Take it. (It's a deal.)*
Se paga en la caja.	*You can pay for it at the cashier's.*
¿Algo más?	*Anything else?*
¿Se lo envuelvo?	*Shall I wrap it for you?*
¿No tiene suelto (cambio)?	*Don't you have change?*
Me lo llevo. (Me lo compro.)	*I'll take it. (I'll buy it.)*
Envuélvamelo.	*Wrap it for me.*

Actividades

A. ¡Qué ganga!° Haz las siguientes compras en el mercado de cada lugar. ¡No dejes de regatear con tu compañero(a) que hará el papel del (de la) vendedor(a)!

°*¡Qué... What a bargain!*

un plato de cerámica—Ecuador
una blusa bordada°—Colombia   °*embroidered*
unos libros viejos—España
un sombrero decorado—México

B. ¿Regatear o no regatear? Con otro estudiante, vas a crear un diálogo basado en una de las siguientes situaciones. Luego, van a actuar para la clase entera cuando terminen con la preparación. Tengan en cuenta la cultura en la situación.

Quieres comprar:

un reloj en una tienda en Nueva York
unas verduras en un mercado en Argentina
un coche en Los Ángeles
un suéter en un mercado en Caracas

Situaciones

A. Prioridades. Un amigo va a visitar otro país. Recomiéndale las cosas que debe hacer en orden de importancia y explícale las razones de tus prioridades. ¿Cuál es la más importante?

- **a.** aprender el idioma
- **b.** visitar lugares de interés
- **c.** conocer las costumbres
- **d.** sacar muchas fotos
- **e.** probar la comida típica
- **f.** ir a los clubes nocturnos

B. Direcciones. ¿Conoces bien la ciudad donde vives? ¿Sabes decirle a otra persona las direcciones desde tu casa a otros lugares? Dile a otro estudiante las direcciones de tu casa a los siguientes lugares. El otro estudiante va a dibujar el mapa que muestra la ruta con las direcciones que le das.

> EJEMPLO **Sigue derecho por una cuadra y dobla a la izquierda en la esquina. Baja por esta calle hasta llegar a la esquina y dobla a la derecha...**

el aeropuerto   un centro comercial   la estación de trenes
la estación de autobuses   tu escuela

C. Consejos. Con otro estudiante, aconséjense° el uno al otro en las siguientes situaciones.   °advise (*pl.*)

> EJEMPLO la primera entrevista
> **Vístete bien. Lleva un traje. No hables demasiado.**

tu primer día de trabajo   un concierto de rock   el primer día de clases

D. ¿Por qué me pasó a mí? Escoge a un(a) compañero(a) para esta actividad. Piensa en una ocasión en la cual te pasó algo inesperado. ¿Se te perdió algo? ¿Se te olvidó algo? ¿Se te escapó algo? Tu compañero(a) tiene que repetir el cuento a la clase.

> EJEMPLO **Hace dos años que se me escapó mi mono. Yo entraba a la casa cuando el mono salió corriendo por la puerta...**

Unidad cuatro

LECTURA
Para comenzar

Vas a leer en silencio la siguiente selección. Cuando termines vas a contestar algunas preguntas referentes a los personajes y a varias situaciones descritas en la selección. Finalmente, vas a usar las palabras y frases siguientes en el mismo orden que aparecen en el texto. Usa cada palabra en una frase original.

EJEMPLO El matrimonio Ponzevoy vive en una casa grande y bonita.

el matrimonio Ponzevoy	más tarde	museos	idiomas
viajar	fotografías	Europa	comidas
cuando eran jóvenes	souvenirs	más exóticos	

Marco Denevi

Marco Denevi, nacido en Argentina en 1922, fue premiado en 1955 por su novela *Rosaura a las diez*. Ha recibido otros honores por sus producciones teatrales, pero las fábulas se consideran sus obras más destacadas°. El autor percibe la condición humana de una manera única, satírica e irónica.

outstanding

Los viajeros

El matrimonio Ponzevoy, gente encantadora, tiene la manía de viajar°. No le falta dinero y puede darse este lujo°. Empezaron hace muchos años, cuando aún eran jóvenes. Entonces hacían excursiones en automóvil por los alrededores de la ciudad. Visitaban pueblecitos, los balnearios° de la costa del río. Volvían cargados de caracoles°, de frutas, de pescados, en tales cantidades que la mayor parte de las frutas iba a la basura.

Después hicieron viajes al interior del país. Utilizaban el servicio de ómnibus y ya no llevaban simples bolsones° sino maletines° de fibra. Había que oírlos a la vuelta: hablaban entusiastamente de iglesias, de cementerios, de museos. Abrían los maletines y aparecían frascos° de dulce, hongos°, mate°, ponchos, tarjetas postales. Los amontonaban° en un rincón y ya no les prestaban atención alguna porque preferían hacernos el relato de sus aventuras. A través de sus palabras uno adivinaba que no habían permanecido más de uno o dos días en cada ciudad y que ese tiempo lo habían dedicado a las visitas a los museos, a las iglesias y a los cementerios y a comprar lo que ellos llamaban *souvenirs*.

Más tarde recorrieron el continente, cada año un país distinto. Viajaban en ferrocarril, cargados de valijas de cuero°. Ya tenían un aparato fotográfico y al regresar nos mostraban tantas fotografías que era imposible verlas todas. También nos mostraban los *souvenirs*. Pero jamás, lo anoto entre paréntesis, nos trajeron un modesto regalito. Creo que fue por esa época cuando comenzaron las disputas sobre fechas y lugares. El señor Ponzevoy decía, por ejemplo:

—¿Te acuerdas, en Isla Verde, de aquellas ruinas?

No era en Isla Verde —le respondía su mujer— sino en Puerto Esmeralda.

Discutían durante una hora seguida. Yo, harto de presenciar° esas escenas, una vez les pregunté:

—¿Por qué no llevan un diario de viaje?

Me contestaron de tal modo:

—¡Qué disparate!° No hay tiempo, mientras se viaja, de escribir.

Si alguien les preguntaba:

—¿Y la gente? ¿Cómo es la gente allí? ¿Es hermosa, es fea? ¿Es amable? ¿Qué piensa? ¿Cómo vive?

Ponían cara de fastidio°:

—La gente es la misma en todas partes —y añadían, sonriendo:

—En cambio, qué edificación. Trescientas cincuenta y cuatro iglesias, cinco museos, un cementerio de veinte hectáreas.

Aclaro que, al cabo de varios viajes, la casa de los Ponzevoy estaba tan atestada de objetos de toda clase que tuvieron que deshacerse° de los muebles.

El matrimonio fue a Europa en avión. Ya no cargaban sino baúles de madera°. Regresaron con montañas de *souvenirs*, a tal punto que se

---

tiene... is crazy about travelling
darse... afford this luxury
beach resorts
shells

large purses / small suitcases

bottles
mushrooms / an Argentinian tea / piled together

valijas... leather suitcases

harto... sick of witnessing

¡Qué...! What nonsense!

annoyance

to get rid

baúles... wooden trunks

mudaron a una casa más grande, pues ahora los *souvenirs* incluían relojes, cuadros, alfombras°, espejos, tapices, estatuas de tamaño natural, un trozo° de columna del Partenón, cráteras°, mosaicos robados de la Villa de Adriano en Tívoli y los inevitables ceniceros°. En cuanto a las fotografías, que eran cientos, nadie las vio. La señora Ponzevoy dijo:

—Más adelante.

Y las guardó dentro de las cráteras.

Los viajes se sucedieron uno tras otro° y por esa causa el matrimonio no pudo tener hijos ni asistir al entierro° de sus parientes. Iban a Europa, al Asia y al África. Permanecían en Buenos Aires apenas una semana, de la cual tres días los consagraban° a desembalar° los *souvenirs* y el resto a hacer los preparativos para la próxima expedición a lugares cada vez más lejanos, más exóticos: Ubanqui, Nagar Ave, María Galante. Disponían° no sólo de varios aparatos fotográficos sino también de cámaras filmadoras, pero jamás proyectaron las películas. No había tiempo, ni una pared libre donde desplegar la pantalla°. Las discusiones sobre fechas y lugares eran sumamente violentas.

Además mezclaban° los idiomas.

—*I think* —decían— que *quello cimitero*° estaba en *les environs*° del *Gemeinderat*°.

Cuando nos veían no nos reconocían.

—¿Quién es usted? —preguntaban— ¿Dónde lo vi? ¿En Tarcoola, Goldfield o en Axixá?

Sé que tienen el estómago estragado° por las comidas devoradas a toda prisa en los hoteles y en los aeropuertos. La señora Ponzevoy sufre de flebitis y el señor Ponzevoy de callos plantales° de tanto caminar por los museos, por las iglesias y cementerios. Los bruscos° cambios de clima les han afectado los pulmones°. Como están siempre de paso no se cambian de ropa y la llevan sucia y arrugada°. Entretanto° en su casa ya no cabe un alfiler°. Los rollos de celuloide se entretejen° como trenzas° y no hay forma de desenredarlos°. Las fotos cubren el piso, la mayoría rotas. Hay por todas partes baúles sin abrir, colmados° de recuerdos de viaje.

Últimamente el matrimonio Ponzevoy padece° de graves confusiones. Cuando llegan a Buenos Aires de vuelta de Big Stone City o de Mukauuar, preguntan:

—¿Cuál es el nombre de *cette ville*°? Es muy hermosa. ¿Dónde están sus iglesias, sus *museums*, sus *cimiteri*?

Toman fotografías, hacen funcionar las cámaras filmadoras. Es necesario guiarlos hasta su casa. Al entrar gritan:

—¡*Wonderful*...! ¡Cuántos *souvenirs*! ¡Los compramos!

Han olvidado quiénes son. El otro día los vi.

—Señora Ponzevoy, señor Ponzevoy.

La mujer frunció el entrecejo° y miró al marido.

—¿Ponzevoy?

—¿Ya no te *souviens pas*°? Una isla del Caribe.

—*You are wrong*, como siempre. Una aldea del Kurdistan.

rugs
piece / large urns
ashtrays

uno... one after the other / burial

dedicated / to unpack

They made use of

desplegar... to unfold the screen

mixed
cemetery (Italian)
outskirts (French)
city council (German)

destroyed

callos... corns on his feet
sudden
lungs
wrinkled / meanwhile
pin / are mixed up / braids
to untangle them
filled
suffers

cette... this city (French)

frunció... knitted her brow

souviens... not remember (French)

FRONTERAS

—Estuvimos allí en 1958. ¿Ja°? Yes? (German)
—Mio caro°, en 1965. **Mio...** My dear (Italian)
Los dejé discutiendo agriamente°. bitterly

Según la lectura

¿Verdad o mentira? Si la frase es falsa, corrígela.

1. Hace mucho tiempo que los Ponzevoy empezaron a viajar.
2. Al principio hacían sus viajes al continente.
3. Cuando ellos viajan no llevan mucho equipaje.
4. En cada ciudad se quedan por lo menos una semana.
5. Ellos nunca sacan fotos en sus viajes.
6. A causa de tanto viajar no recuerdan su nacionalidad.
7. La comida y los cambios no han afectado la salud de los Ponzevoy.
8. La casa de los Ponzevoy está llena de recuerdos de los viajes.

En tu opinión

1. ¿Por qué motivos viajan los Ponzevoy? ¿Son buenos sus motivos? ¿Por qué sí o por qué no?
2. ¿Son turistas típicos los Ponzevoy? ¿Por qué sí o por qué no? ¿Cuáles son las características del turista típico? Explica.
3. ¿Es cómico este cuento? ¿Por qué (no)? ¿Hay una nota trágica? Explica.

COMPOSICIÓN

A. Escoge una de las frases siguientes y escribe una composición breve.

1. El viaje más extraño de mi vida fue...
2. Es importante viajar a países extraños porque...
3. El refrán° "Cuando en Roma estuvieres, haz lo que vieres" significa...   proverb

B. Escribe unas notas breves sobre lo siguiente.

1. Estás en un pueblito turístico en la costa de España. Quieres escribirles tarjetas postales a tus padres y amigos. ¿Qué les cuentas a tus padres? ¿Qué les cuentas a tus amigos? Explica.

    EJEMPLO   Queridos papás: Estoy encantado. Este pueblito es lindísimo. La gente aquí es muy amable.

2. Describe un sitio que visitaste de niño(a) y luego de joven recientemente. ¿Ha cambiado? ¿Cómo? ¿Por qué?

Y en resumen

ST 33 See Copying Masters.

A. Me he perdido. Por cuatro días estás en una ciudad que no conoces. Te pierdes todos los días. Cada vez que te pierdes encuentras a alguien que te da instrucciones. Escucha las siguientes direcciones e indica el mapa que corresponde a las direcciones que oyes.

1. d
2. c
3. e
4. f
5. a

EJEMPLO   Estás en la calle Belén mirando hacia el oeste. Camina tres cuadras y dobla a la izquierda. Camina una cuadra y estás en la esquina.
Mapa b

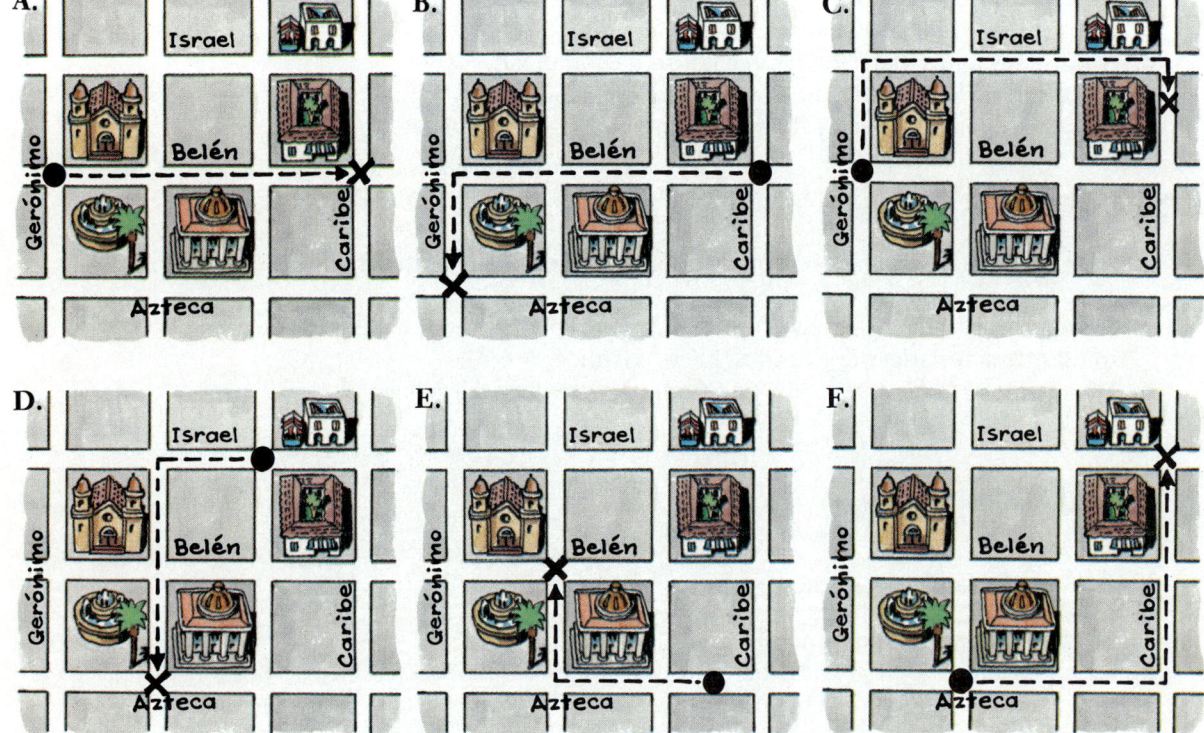

ST 34

B. ¡Qué ciudad más grande! Paco está en Montevideo por primera vez. No conoce la ciudad y pide información de un montevideano. Escucha el diálogo y contesta las siguientes preguntas.

1. ¿Qué busca Paco?
2. ¿Qué quiere Paco que tenga el hotel?
3. ¿Quiere Paco un hotel caro?
4. ¿Sabe Paco dónde está el hotel?
5. ¿Está muy lejos?
6. ¿Dice el señor los nombres de las calles en sus direcciones?

1. buen hotel
2. piscina y buena vista
3. no
4. no
5. no
6. no

C. Viajando con niños. A veces es difícil viajar con niños. Hay que explicarles el por qué de todo. Con un(a) compañero(a), representen un diálogo entre padres e hijos, según el ejemplo.

> EJEMPLO acostarse / más tarde
> **¿Podemos acostarnos más tarde?**
> **No, acuéstense ahora porque mañana nos levantamos temprano.**

1. comerse / unos dulces
2. levantarse / a las ocho
3. ducharse / mañana
4. ponerse / blue jeans
5. comprarse / un helado
6. bañarse / en el mar

1. comernos / cómanse
2. levantarnos / levántense
3. ducharnos / dúchense
4. ponernos / pónganse
5. comprarnos / cómprense
6. bañarnos / báñense

D. ¡Ay, qué desgracia! Estás de viaje en Panamá. Describe lo que te pasa con los siguientes objetos. Luego, un(a) compañero(a) de clase te sugiere una solución posible. *See Copying Masters.*

> EJEMPLO el pasaporte / perder
> Problema: **Se me perdió el pasaporte.**
> Solución: **Bueno, no te preocupes. Ve a la embajada y solicita otro.**

1. el traje de baño / olvidar
2. mi cámara / caer
3. la pierna / romper
4. las llaves / olvidar
5. las entradas para el cine / perder
6. el dinero / acabar

1. Se me olvidó...
2. Se me cayó...
3. Se me rompió...
4. Se me olvidaron...
5. Se me perdieron...
6. Se me acabó...

E. Traducciones. Traduce las siguientes frases al español.

1. Let's get up and have breakfast.
2. Have the stewardess bring you a beverage.
3. I ran out of money. Do you know where the bank is?
4. The blouse fits you well. Don't wait. Buy it now.
5. Ask for another blanket, and don't forget to leave the key with the hotel manager.
6. It's not necessary for them to pay cash. Have them use their credit card.
7. It's doubtful that the train has air-conditioning.
8. It's a shame that we can't travel in the first-class compartment.

1. Levantémonos y desayunemos.
2. Que te traiga la azafata una bebida.
3. Se me acabó el dinero. ¿Sabe dónde queda el banco?
4. La blusa te queda bien. No esperes. Cómprala ahora mismo.
5. Pide otra cobija y no te olvides de dejar la llave con el gerente del hotel.
6. No es necesario que ellos paguen al contado. Que usen su tarjeta de crédito.
7. Es dudoso que el tren tenga aire acondicionado.
8. Es una lástima que no podamos viajar en primera clase.

CONTEXTOS CULTURALES

John Martin y Lupita Martínez continúan su romance y John todavía no le escribe a su maestro, Stuart Rosenberg. Ruth Smith parece estar también enamorada, pero del hijo del cónsul de Costa Rica. Ambos se fueron de viaje a esa nación centroamericana. Jeff Richards, gran deportista, sigue en contacto con el maestro Rosenberg.

Ensayo sobre fútbol escrito por Jeff Richards para su clase de composición en Maracaibo

Fútbol: El rey de los deportes

El fútbol es un deporte practicado por dos equipos de 11 jugadores cada uno. El objetivo en un partido es el de poner el balón° dentro de la red° contraria. Cada equipo trata de mover el balón hacia la portería contraria con los pies y la cabeza, sin intervención de las manos y siguiendo determinadas reglas.

Este deporte se comenzó a practicar a mediados° del siglo diecinueve en la Gran Bretaña. Con los años el fútbol se ha convertido en un caso único entre los deportes, ya que es el deporte que más juega la gente en casi todos los países del mundo. No existen límites de edad para practicarlo.

Los fanáticos disfrutan muchísimo del momento mágico cuando se marca el gol°. Desafortunadamente, algunos exageran a veces su emoción por la tensión y el fervor de las jugadas de sus equipos favoritos. En varias partes del mundo ha habido incendios, muertes y otros accidentes (hasta una guerra) debido al fanatismo de los aficionados.

El fútbol es pasión de multitudes y un medio por el que muchos jugadores mejoran su situación económica, convirtiéndose en estrellas internacionales multimillonarias.

ball / net

a... toward the middle of

goal

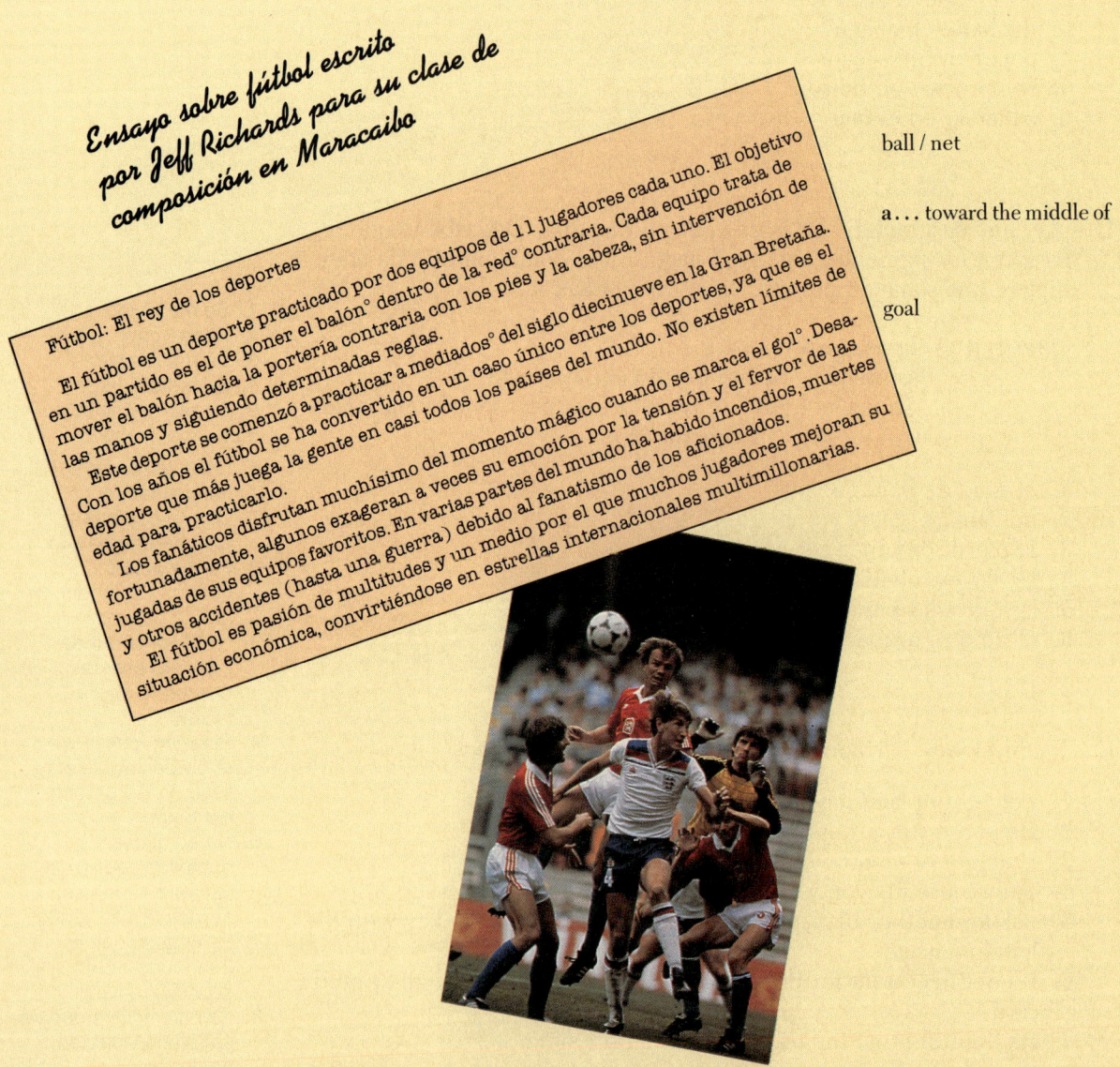

238　　　　　　　　　　　　　　　　　　　　　　　　　　　　　　　　　　　　　FRONTERAS

Menú enviado por Steve Berman, el "sabelotodo"

Aeropuerto Internacional de Cancún
Cancún, Quintana Roo, México
Restaurante / Lounge

Profesor Rosenberg: Recogí este menú en Cancún donde el avión hizo escala. Es un ejemplo de las comidas corridas de México.
Saludos,
Steve

Comida Corrida
Sopa de fideo
o
Consomé de pollo

Arroz a la jardinera

Bistec a la mexicana
o
Pollo frito con papas a la francesa
o
Albóndigas en chipotle
frijoles refritos

Flan o helado, té o café

$6.500,00

La corrida de toros y la siesta no son de origen español.

En realidad, la corrida de toros es una costumbre romana, llevada a España en el primer siglo A. de C. La siesta es otra costumbre romana. Viene de la palabra latina "sexta", que se refería a la sexta hora del día laboral, el mediodía, cuando el sol es más fuerte. Hacía demasiado calor para trabajar y entonces los campesinos se retiraban a dormir unas horas antes de volver a los campos.

Lo que aprendieron en su viaje

Unidad cuatro

Diego de Silva Velázquez, *El aguador*, Colección de Wellington, Londres, Inglaterra.

GACETA

La Nueva Ola

Año 3, Núm. 2 $2.000,00 M.N.

¡Desde el Cono Sur!
   Música: ayer y hoy

El lenguaje de las serenatas en la era electrónica.

EL HOMBRE QUE DEJÓ DE VER LOS COLORES

10 consejos para el viajero a los EE.UU.

Hispanos famosos
  Linda Ronstadt
  Ritchie Valens
  …y otros

Onda musical

¡Desde el Cono Sur!

Ayer

La Argentina ha dado al mundo grandes cantantes y artistas. En estas páginas ofrecemos un homenaje a dos grandes de la canción, nativas del país de la pampa.

"La dama del tango", doña Libertad Lamarque, alcanzó fama al lado del cantante argentino mundialmente famoso Carlos Gardel, cantando tangos y haciendo inolvidables películas. La voz de la señora Lamarque, quien por muchos años ha residido en México, es una leyenda que vivirá para siempre.

Otro regalo de la Argentina al mundo es la talentosa Amanda Miguel, quien con su estilo único ha logrado los primeros lugares de popularidad en el mundo hispano. La música de la señora Miguel es definitivamente de la nueva ola y en sus interpretaciones entrega completamente su tempestuosa personalidad.

Hoy

EL HOMBRE QUE DEJÓ DE VER LOS COLORES

El doctor Oliver Sacks es un neurólogo que investiga los fenómenos de la mente situados en las fronteras de la imaginación. En una ocasión, recibió una carta de un hombre. Era pintor, había sufrido un golpe y de un momento a otro dejó de ver los colores.

La descripción era casi terrorífica. Manejaba hacia su estudio en una mañanita fresca cuando de pronto las cosas empezaron a verse brumosas y descoloridas. Un policía lo detuvo y le reclamó haber cruzado dos semáforos en rojo. Pensó que estaba bebido; luego, vio que estaba pálido y enfermizo. Cuando llegó a su estudio, un lugar lleno de colores porque él era un artista abstracto del color, el mundo se derrumbó. Todas las cosas eran únicamente pálidas, grises o blancas y negras. Todo el trabajo de su vida reposaba ahí, carente de sentido.

Lo dominó el horror. ¿Puede el lector imaginarse cómo este pintor vería el mundo sin colores? Sí, claro, como televisión en blanco y negro. Pero, ¿cómo haría, en el futuro, para trabajar? Pensó en los lugares que proveen a los pintores tintas con números seriados para cada color. Podría, por ejemplo, pedir: "Deme el amarillo 540K o el verde 24H". Pero no funcionó. Era que no sólo no podía percibir los colores, sino que ni siquiera podía imaginarlos.

Para este artista, que había pasado su vida entre colores, era como si jamás hubiese visto un color. Comenzó a pintar en blanco y negro. Logró un material notable con un sentido del contorno, del límite, del contraste, de la forma, el filo, la profundidad y el movimiento que antes nunca había tenido. El artista demostró ser un hombre extraordinario. Añadió el doctor Sacks (en la revista británica *New Statesman*) que el pintor nunca recobró su visión normal.

El doctor Sacks refleja que el hombre que dejó de ver los colores nos sirve para pedir a gritos que la ciencia moderna cambie de actitud. Consultó desesperado a una docena de neurólogos y oftalmólogos, pero ellos se cruzaron de brazos. La medicina ignora más de lo que conoce y muchas veces su conducta ante lo desconocido es de una insolente soberbia.

(Continúa en la p. 247)

En acción

10 consejos para el viajero a los Estados Unidos

por Armando Salgado

¿Vas a viajar a la Unión Americana? Éstos son los consejos del genial Armando Salgado, viajero incansable y amigo de *La Nueva Ola*.

1. No es necesario preguntar si el agua se puede tomar. Toda el agua entubada en los EE.UU. es potable.
2. Si vas a utilizar autobuses urbanos lleva en el bolsillo muchas monedas. Hay que tener la tarifa exacta. Los choferes no dan cambio.
3. Si te gusta la comida picante, no te preocupes. En cualquier supermercado ahora venden salsa picante, jalapeños, chiles serranos y otros. Sin embargo, muchos restaurantes no sirven salsa ni comida picante.
4. Si intentas manejar, recuerda que hay que parar totalmente en todos los altos—letreros y semáforos. Y es muy importante ceder el paso a los peatones.
5. Recuerda que muchas tiendas aceptan devoluciones sin necesidad de dar grandes explicaciones. Así que si algo no te gustó o no te quedó, regresa con toda confianza y pide que te cambien la mercancía o te devuelvan tu dinero.
6. Cruza la calle sólo por las esquinas. Y no tires basura. Ambas cosas son contra la ley y te pueden dar una multa.
7. No te extrañe ver que la gente no camina por las calles. Casi todos tienen automóvil. El lugar donde es más probable que veas gente caminando es el centro de las ciudades, pero sólo durante el día. Como en cualquier ciudad grande es peligroso caminar de noche.
8. No viajes en autobús o tren. Es carísimo. A diferencia de los países latinoamericanos es más barato viajar en avión en los Estados Unidos.
9. No regatees en las tiendas. Todos los precios son fijos. Pero eso sí, busca las gangas marcadas *clearance*, *sale* o *reduced*. Generalmente las rebajas son buenísimas.
10. En los restaurantes espera a que el capitán te siente a la mesa y no llames a los meseros en voz alta o con el acostumbrado ¡Pssst! ¡Pssst! Lo apropiado es buscarles la mirada y entonces llamarlos. ¿Y la propina? Igual que en nuestros países. Del 15 al 20 por ciento.

¡Afina tu inglés y buen viaje!

Caras famosas

Hispanos famosos al norte del Río Grande

No toda la gente que vive en los Estados Unidos de América es anglosajona. Hay italianos, irlandeses, polacos, judíos, vietnamitas, chinos, japoneses y casi de cualquier nacionalidad que se mencione. Obviamente la población hispana es considerable, alrededor de 28 millones. Para el año 2.000 los hispanos serán la minoría más importante en esa nación. Estos hispanos, originarios de todos los países latinoamericanos y de España, conservan el idioma y la cultura españoles, y ellos y sus hijos se destacan en todas las esferas humanas en la gran nación americana. Presentamos aquí algunas de las caras hispanas más famosas en los Estados Unidos en los últimos años.

César Chávez. El líder campesino laboral más famoso en los Estados Unidos, Chávez se ha mantenido activo en la defensa de los derechos de los trabajadores del campo de esa nación por mas de treinta años. Chávez es ya una leyenda.

Linda Ronstadt. Una de las cantantes de rock más famosas de los Estados Unidos, Linda es hija de mexicano y alemana, nacida en la ciudad de Tucsón, Arizona. Su estilo fue influenciado fuertemente por la música mexicana, como ella misma lo confiesa. Actualmente Linda se ha dedicado a cantar estilos suaves como las baladas y blues.

Henry Cisneros. Alcalde de la ciudad de San Antonio, Texas, Cisneros es de origen mexicano, nativo de su ciudad. De una inteligencia notable, gran preparación académica y un fuerte magnetismo personal, el alcalde tiene gran influencia en las altas esferas políticas a nivel nacional.

Ritchie Valens. Su verdadero nombre era Ricardo Valenzuela. Un humilde trabajador del campo con un gran talento musical que se hizo famoso como cantante de rock en los años cincuenta a la edad de 17 años. Valens hizo famosa "La Bamba" en esos años y murió trágicamente en un accidente aéreo.

Rincón del amor

El lenguaje de las serenatas en la era electrónica

¿Es la costumbre de las serenatas un dinosaurio hispano? Casi decimos que sí. La juventud en las grandes ciudades ya no practica esta costumbre tanto como lo hacían sus padres y abuelos. Afortunadamente en las pequeñas ciudades de provincia todavía se pueden ver grupos de jóvenes cantando en la madrugada bajo alguna ventana. ¿Cuáles son algunas razones para la desaparición de esta costumbre? Entre otras, los boleros, la crema y nata de la serenata, son considerados anticuados por la gente joven, y los mariachis y los tríos son muy caros. La ilustración en esta página muestra nuestra idea para revivir la serenata. Sin embargo, también es importante utilizar los símbolos apropiados y seguir las reglas establecidas por nuestros antepasados hace cientos de años. A continuación proporcionamos una lista para él y para ella.

Para él

Hora apropiada. Llega entre la medianoche y las 2:00 A.M. Lleva un paraguas.

Lugar. La ventana de tu amada, no la de su papá o la de sus hermanos.

Música. Empieza con algo suave como "Ya deja de roncar gorda mía..." y sigue con dos o tres canciones más que expresen tus verdaderos sentimientos.

Duración. Si para la cuarta canción ella no prende la luz, cúbrete con el paraguas, toca la última y llévate tu música a otro lado. La canción de despedida puede ser "Me voy con el corazón roto..." o "Vieja música, me llevo mi música..."

Para ella

¿Cuándo? Una serenata puede llegar en cualquier momento. Duerme ligero, ten agua fría y pañuelos perfumados listos. Nunca se sabe cuando los tengas que usar.

¿Cómo? Si escuchas música en tus sueños, asómate en seguida a la ventana sin prender la luz. Puede ser tu príncipe azul...o algún sapo.

¿Qué hacer? Si estás interesada, prende la luz. Si no lo estás, no la prendas.

¿Qué no hacer? Nada de espiar a través de las cortinas. Mucho menos asomar la cabeza. ¿Qué dirían los vecinos? Asómate por la ventana del cuarto de tus papás o del de tus hermanos, con las luces apagadas.

Comportamiento extremo pero permitido. Si lo odias o es un sapo desagradable, tírale encima el agua fría. Si lo amas con locura, arrójale uno de los pañuelos perfumados, discretamente. El pañuelo debe tener tus iniciales para evitar confusiones.

De todo un poco

El hombre—
Dice Sacks: "A nuestras ciencias les pasa lo mismo. Sufren de una agnosia[1] que les impide reconocer los objetos por medio de los sentidos. Es una advertencia de lo que ocurre a una ciencia que huye de lo diferente, de lo particular, de lo personal, y se vuelve enteramente abstracta y computacional". Es decir, nuestras ciencias sufren de una agnosia lo mismo que el hombre que no ve los colores. Les falta un sentido de lo personal.

¿Por qué las cosas son así? A su juicio, porque falta cierta sensibilidad ante el misterio.

Para nuestra civilización, la ciencia y la técnica son actividades casi sagradas. Pero el hombre ha quedado empequeñecido y la ciencia lo observa más bien como una maquinaria de ingeniería. Sería bueno que revisara su rumbo. A lo mejor, la solución está en una ciencia que se ocupe más de los problemas personales del individuo, y que se enfrente más al misterio de la vida humana.

[1] Pérdida de la habilidad de reconocer objetos familiares por los sentidos, generalmente como resultado de un problema cerebral (English *agnosia*).

Las amígdalas

Una señora en compañía de su hijo interroga al médico:
—Dígame, doctor, ¿puede un niño de seis años extraer las amígdalas a otro niño de cinco?
—Por supuesto que no.
La señora se dirige entonces a su hijo:
—¡Te lo dije! Ahora volvamos a casa para que pongas esas amígdalas en su lugar.

El probador humano

Un electricista le dice a su ayudante:
—Oye, José, ¿ves aquellos dos cables? Anda y toca el de la izquierda. ¿No sientes nada?
—No, jefe.
—Qué bien, en ese caso el de la derecha es el que lleva corriente de 10.000 voltios.

El pelo

Un pequeño le pregunta a su madre:
—Dime, mami, ¿por qué papi tiene tan poco cabello?
—Porque piensa mucho, hijito.
—Entonces tú, ¿por qué tienes tanto?
—Mira niño, deja de hacer preguntas tontas y ponte a hacer tu tarea.

Unidad

5

Hoy en las noticias

En esta unidad vas a

- hablar de
    clima
    fenómenos naturales
    deportes
    noticias y periodismo

- usar palabras y expresiones negativas y algunas afirmativas

También vas a aprender

- los usos del subjuntivo en cláusulas sustantivas
- los pronombres relativos
- el tiempo futuro
- el tiempo condicional
- el uso del subjuntivo en cláusulas adjetivales

LECCIÓN 13

EN CONTEXTO

Para comenzar

Describe lo que pasa en el dibujo. Tienes que usar tu imaginación para contestar algunas preguntas.

1. En la siguiente selección se habla del clima en España y Europa. Lee el texto siguiente en silencio.
2. Usa tu imaginación y concéntrate en las palabras que conoces. Adivina qué pasa. Busca los posibles significados de las palabras y frases en el texto. Deja que la lectura te guíe para saber lo que pasa en la selección.
3. Lee el texto de nuevo y di tres cosas acerca del clima en España y Europa.

¡Llueve a cántaros!

¡Hola televidentes! Yo soy Juana Luisa Correa, reportando para ustedes en vivo desde nuestra emisora en Madrid, deseando que ustedes estén siempre al tanto de° las noticias mundiales. Pero primero, vamos al pronóstico meteorológico: Parece que hoy continuarán las altas presiones sobre la Península. Sugiero que si van a salir, se pongan abrigo porque las temperaturas seguirán bajas. En la mitad norte, el ambiente estará frío. Y para otras regiones, el pronóstico es el siguiente:

ANDALUCÍA Cielo nublado, con algún chubasco durante la mañana y con alguna nevada leve en las cumbres de la Sierra Nevada, mejorando durante el día. Los vientos serán del noroeste.

CANARIAS Cielo casi despejado. Sólo algunas nubes al norte de las islas. Las temperaturas serán normales para esta época. Máximas de 21°C y mínimas de 15°C.

ÁREA DE MADRID Continuará el cielo despejado en toda la zona, con temperaturas bajas. Heladas fuertes en la madrugada. Máximas de 10° C y mínimas de −4° C.

EUROPA Para hoy tenemos una borrasca muy fuerte en el norte de Noruega y con ella un frente frío que afectará al Reino Unido, con chubascos moderados y lluvias fuertes en Escandinavia. Los vientos serán fuertes del este en Italia y Yugoslavia. El tiempo será malo con precipitaciones en toda Francia y Holanda. Otra borrasca en el norte de Polonia, con lo cual las precipitaciones afectarán a las dos Alemanias, Austria, Suiza y Hungría. Habrá nevadas en los Pirineos y en los Alpes.

al... up to date on

Preguntas acerca de la lectura

1. ¿Quién es Juana Luisa Correa? ¿Es reportera para la televisión o para la radio? ¿Desde dónde reporta? ¿Qué clase de noticias nos da en esta lectura?
2. ¿En qué estación del año estarán? ¿De qué regiones de España nos informa? ¿Dónde está lloviendo? ¿Dónde está nevando?
3. ¿Cuál de las regiones de España va a experimentar el mejor tiempo?
4. ¿Qué tiempo hará en Europa según la señora Correa? ¿Qué países menciona en su pronóstico? ¿En qué países de Europa habrá lluvias? ¿Va a nevar en Europa?
5. ¿Cuál de los países europeos va a experimentar el mejor tiempo? ¿Qué tipo de clima asocias con los siguientes países: el Reino Unido, Rusia, Italia y Noruega?

En tu opinión

1. ¿A qué países prefieres ir? ¿Por qué?
2. ¿Cuáles de las condiciones climatológicas extremas has experimentado? ¿Una nevada, calor extremo u otras condiciones? Cuéntale la historia a la clase.
3. ¿Cuáles fueron los efectos de estas experiencias? ¿Fue una emergencia climática? ¿Tomaste las precauciones necesarias? ¿Cuáles?

Expansión de vocabulario

EXPRESIONES DE TIEMPO
hace sol   it's sunny
hace viento   it's windy
hay humedad   it's humid
hay luna   the moon is out
hay neblina   it's misty
hay niebla   it's foggy
hay relámpagos   there's lightning
hay sol   the sun is out
llueve a cántaros   it is pouring

PALABRAS Y EXPRESIONES
   amanecer (el **amanecer**)   to dawn (dawn)
   anochecer (el **anochecer**)   to become dark at nightfall (nightfall)
el **arco iris**   rainbow
   bajo cero   below zero
   con riesgos de   with possibilities of
el **crepúsculo**   dusk
el **estado del tiempo**   weather condition
el **grado**   degree
   oscurecer   to grow dark
la **puesta del sol**   sunset
la **salida del sol**   sunrise

FENÓMENOS NATURALES
el **aguacero**   downpour
la **avalancha**   avalanche
la **borrasca**   storm, tempest
el **ciclón**   cyclone
el **chubasco**   downpour
   granizar (el **granizo**)   to hail (hail)
   helar (e → ie) (la **helada**, el **hielo**)   to freeze (frost, ice)
el **huracán**   hurricane
   llover (o → ue) (la **lluvia**)   to rain (rain)
la **nevada** (la **tormenta de nieve**)   snowstorm
   nevar (e → ie) (la **nieve**)   to snow (snow)
la **niebla**   fog
   precipitar (la **precipitación**)   to precipitate (precipitation)
la **sequía**   drought
   soplar (el **soplo**)   to gust (gust)
el **terremoto**   earthquake
la **tormenta**   storm
   tronar (o → ue) (el **trueno**)   to thunder (thunder)
la **ventisca**   blizzard

Actividades

A. ¿Qué palabra no pertenece? En cada grupo, escoge la palabra que no está relacionada con las otras y explica por qué.

1. relámpagos
   trueno
   sol
   precipitación
2. aguacero
   sequía
   chubasco
   lluvia
3. niebla
   granizo
   hielo
   nieve
4. huracán
   ciclón
   terremoto
   arco iris
5. anochecer
   crepúsculo
   puesta de sol
   salida del sol

1. sol
2. sequía
3. niebla
4. arco iris
5. salida del sol

B. Estaciones y sentimientos. Forma cuatro frases llenando el primer espacio de cada una con una estación del año (verano, otoño, invierno, primavera), según el ejemplo.

EJEMPLO   En ▬▬ me siento ▬▬ porque ▬▬ y (no) puedo ▬▬.

En <u>otoño</u> me siento <u>triste</u> porque <u>llueve</u> y <u>no</u> puedo <u>ir a la playa</u>.

C. El pronóstico es... Prepara el pronóstico según las fechas indicadas para las siguientes ciudades. Usa los pronósticos de la lectura **¡Lluve a cántaros!** como ejemplo.

1. 3 de febrero—
   Nueva York
2. 27 de agosto—
   La Habana, Cuba
3. 25 de diciembre—
   Madrid, España
4. 15 de abril—
   Los Ángeles, California
5. 2 de octubre—
   Buenos Aires, Argentina

el tiempo

Parcialmente nublado, con 20 por ciento de probabilidad de lluvia. Temperatura máxima, cerca de 90 grados F. (unos 32° C.); mínima, alrededor de 75 F. (unos 24° C.). Viento del sudeste de 10 a 15 nudos (18 a 27 Km/h).

EXPLORACIÓN

Los usos del subjuntivo en cláusulas sustantivas

A. Con frecuencia se usa el subjuntivo en cláusulas sustantivas.

Quiero que **traigas** los libros.   *I want you to bring your books.*

Unidad cinco

B. Estas cláusulas llevan el subjunctivo cuando comienzan con la conjunción **que** y cuando sirven como objeto directo de ciertos verbos.

El jefe exige que **hagan** bien el trabajo.
The boss insists that you do the work well.

Yo insisto en que los niños **vengan** a clase.
I insist that the children come to class.

Yo	quiero	el libro.
sujeto +	verbo +	objeto directo

Yo	quiero	que él venga.
sujeto +	verbo +	cláusula sustantiva (objeto directo)

C. Se usa el subjuntivo en una cláusula sustantiva subordinada cuando

1. hay un cambio de sujeto

Yo quiero que él **venga**.   *I want him to come.*

Se usa el infinitivo cuando el sujeto de las dos cláusulas es el mismo.

Yo quiero **venir**.   *I want to come.*

2. el verbo de la cláusula principal expresa

a. consejo°, mandato, deseo, insistencia, esperanza, sugerencia°, oposición, petición, preferencia, prohibición, ruego°, aprobación o consentimiento. Los siguientes son algunos verbos de esta categoría.   *advice / suggestion*
request

aconsejar	esperar	necesitar	prohibir
aprobar	exigir	obligar	proponer
consentir	hacer	oponer	querer
decir	hacer falta	ordenar	rogar
dejar	impedir	pedir	sugerir
desear	insistir en	permitir	suplicar
escribir	mandar	preferir	

Decir y **escribir** requieren el subjuntivo cuando se usan para expresar un mandato en vez de dar información. Compara lo siguiente:

Yo te escribo (digo) que **vengas** mañana.
*I am writing (telling) you **to come** tomorrow.*

Yo te escribo (digo) que Luisa **viene** mañana.
*I am writing (telling) you that Louise **is coming** tomorrow.*

b. emoción, sentimientos, sorpresa o miedo. Algunos verbos en esta categoría son los siguientes.

alegrarse	estar contento de	sorprender(se)
enfadarse	lamentar	temer
enojarse	sentir	tener miedo de

c. duda, negación o incertidumbre°. Tal es el caso con **dudar, negar, no creer, no saber** y **no pensar**. Se usa el indicativo con **no dudar, no negar, creer, saber** y **pensar**.

uncertainty

Dudo que **sea** tarde.   No dudo que **es** tarde.
No creo que **sea** tarde.   Creo que **es** tarde.

D. En una frase interrogativa, se puede usar el indicativo o el subjuntivo, de acuerdo con el grado de duda o certeza° expresada.

certainty

¿Crees que **es** tarde?   *Do you think it is late?* (The speaker thinks it is.)
¿Crees que **sea** tarde?   *Do you think it is late?* (The speaker has no idea.)

E. Las expresiones **quizá(s)**, **tal vez** y **acaso** requieren el subjuntivo cuando la persona que habla no está segura de la acción. Si la persona que habla está relativamente segura, se usa el indicativo.

Quizás **llegue** a tiempo. No tengo la menor idea.   *Perhaps he will arrive on time. I don't have the slightest idea.*
Quizás **llega** a tiempo. Ya salió de su casa.   *Perhaps he will arrive on time.* (It is probable) *He has already left his house.*

F. **Ojalá** es una palabra de origen árabe y requiere el subjuntivo.

Ojalá **vengas** a la fiesta.   *I hope you come to the party.*
Ojalá que no **llueva**.   *I hope it doesn't rain.*

Actividades

A. Reportaje a la policía. En muchas ciudades ha aumentado el crimen. La policía presenta un reportaje especial en la televisión. Di la forma correcta del verbo entre paréntesis.

1. Rogamos que nadie (salir) ===== solo de noche.
2. Pedimos que todos (cerrar) ===== la puerta con llave, aun durante el día.
3. Recomendamos que, si van a salir, ustedes (poner) ===== la radio y que (prender) ===== las luces.
4. Insistimos en que sus hijos no (volver) ===== a casa muy tarde en la noche.
5. Preferimos que ustedes (cortar) ===== los árboles altos que rodean la casa.
6. Recomendamos que ustedes (fijarse) ===== en las personas desconocidas que pasan por su vecindad.
7. Queremos que todos nos (llamar) ===== si ven algo sospechoso.
8. Sobre todo, pedimos que ustedes (estar) ===== listos y que (ser) ===== responsables.

1. salga
2. cierren
3. pongan / prendan
4. vuelvan
5. corten
6. se fijen
7. llamen
8. estén / sean

B. Cambios de tiempo. Termina las frases siguientes con la forma correcta de la primera expresión de cada columna. Usa el subjuntivo, el indicativo o el infinitivo, según el contexto.

EJEMPLO nevar en Los Ángeles
Yo espero que **nieve en Los Ángeles**.

1. nevar en Los Ángeles
   a. Yo dudo que...
   b. Al meteorólogo le sorprende que...
   c. Raquel nos dice que...
   d. Es imposible que...

2. salir cuando hace frío
   a. Yo sé que Hugo...
   b. No me gusta...
   c. Es ridículo...
   d. Mamá no quiere que nosotras...

1. a. nieve
   b. nieve
   c. nieva
   d. nieve
2. a. sale
   b. salir
   c. salir
   d. salgamos

C. Nunca se sabe. Di la forma correcta del verbo entre paréntesis, según el contexto.

1. Quizás (llover) ===== hoy. No oí el pronóstico.
2. Tal vez (venir) ===== Pablo. Me escribió que va a venir esta semana.
3. Tal vez (haber) ===== un huracán en el Golfo de México. Es la temporada.
4. Acaso la meteoróloga nos (decir) ===== el pronóstico correcto. Nunca se sabe.

Answers may vary depending on perception of certainty.
1. llueva
2. viene
3. hay
4. diga

D. Según el clima. Ahora forma frases relacionadas al tiempo. Escoge una cláusula principal de la primera columna, y un(a) compañero(a) va a terminarla usando frases de la segunda columna con el verbo en el subjuntivo, el indicativo o el infinitivo.

EJEMPLO Es posible que...
Es posible que <u>llueva mañana</u>.

es posible que	pronosticar el tiempo
recomendamos que	ir a la playa cuando llueve
dudamos que	ponerse un abrigo
lamento	haber una nevada en julio
temo que	tener mucho calor
es verdad que	¿...?

E. Consejos. Todos necesitamos a veces ayuda con nuestros problemas. Da una solución para los siguientes problemas. Emplea verbos como **sugerir, aconsejar** y **preferir**. Después, cuéntale a la clase un problema personal. Tus compañeros(as) te van a ofrecer soluciones.

EJEMPLO A los chicos les falta dinero para el cine.
Sugiero que vayan al parque.

1. Rafael se siente muy mal.
2. Estamos aburridos.
3. Este pasajero perdió su boleto.
4. Elena y José perdieron las llaves.
5. El novio de Inés no quiere acompañarla al baile.
6. Pensamos hacer la fiesta afuera y ahora llueve.

EXPLORACIÓN

Los pronombres relativos

Los pronombres relativos más comunes son los siguientes.

que *that, which, who*	el (la, los, las) que *the one(s) who (which), he (she, those) who*
quien, quienes *who, whom, the one(s) who*	lo cual, lo que *what, which*
el (la) cual, los (las) cuales *which, who*	cuyo(a), cuyos(as) *whose (relative adjective)*

A. En español no se pueden omitir los pronombres relativos, aunque en inglés se omiten con frecuencia.

El libro **que** leí anoche es fascinante.

*The book (**that**) I read last night is fascinating.*

B. **Que** es el pronombre relativo más común.

1. **Que** se usa como sujeto u objeto del verbo de la cláusula relativa para referirse a una persona, lugar o cosa.

La ciudad que visitamos ayer es bella.	*The city we visited yesterday is lovely.*
El fotógrafo que conocí anoche ganó un premio Pulitzer.	*The photographer I met last night won a Pulitzer Prize.*

2. También se usa **que** detrás de las preposiciones sencillas° **a, de, con** y **en** cuando se refiere a un lugar o una cosa.   °simple

El hotel en que nos quedamos es lujoso.	*The hotel we stayed in is luxurious.*
El lápiz con que escribo es de Juan.	*The pencil with which I'm writing is Juan's.*

C. **Quien** y **quienes** se refieren sólo a personas.

1. **Quien(es)** se usa en lugar de **que** para indicar el antecedente más cercano en una cláusula separada por comas.

Mi tío llamó a mi hermano, quien es policía.	*My uncle called my brother, who is a police officer.*
Mi prima, quien es contadora, viene a visitarme hoy.	*My cousin, who is an accountant, is coming to visit me today.*

2. **Quien(es)** se usa detrás de preposiciones como **con, a** y **de**.

El chico con quien fui al baile es mi novio.	*The boy with whom I went to the dance is my boyfriend.*

3. **Quien(es)** es el equivalente de *he (she) who, the one(s) who*.

Quien trabaja duro recibe beneficios.	*He (She) who works hard receives benefits.*

D. **El que, el cual** y todas sus formas se refieren a personas o cosas.

1. **El que, el cual** y todas sus formas se usan con preposiciones.

La dictadura bajo la cual (la que) vivieron los españoles duró cuarenta años.	*The dictatorship under which the Spaniards lived lasted forty years.*

2. **El que** y **el cual** no se usan con las preposiciones **a, con, de, en,** las cuales siempre toman el pronombre relativo **que** o **quien**.

El avión al que me refiero es rápido.	*The plane I am talking about is fast.*
El lápiz con que escribes es barato.	*The pencil you write with is cheap.*
La señora con quien hablas es alta.	*The woman with whom you are talking is tall.*

3. **El que** y **el cual** se usan en el caso de dos antecedentes para referirse al más remoto y para evitar confusión.

El amigo de mi profesora, el cual (el que) pasó un año en Nicaragua, viene a clase hoy.	*The friend of my professor, the one* (friend) *who spent a year in Nicaragua, is coming to class today.*

4. **El que** y **el cual** se usan en lugar de **que** y como alternativa a **quien(es)** para presentar una cláusula no restrictiva.

Aquella casa, la que (la cual) acaban de vender, es enorme.	*That house, the one they just sold, is enormous.*
Esos niños, los que están comiendo helado, son los hijos del vecino.	*Those children, the ones who are eating ice cream, are the neighbor's children.*

E. **El que** y sus formas se usan también

1. como equivalente de *the one(s) that*.

   Me gusta esta playa, pero la que vimos en Puerto Rico es magnífica.
   I like this beach, but the one that we saw in Puerto Rico is magnificent.

2. en lugar de **quien** o **quienes** para significar *he (she) who, those who*.

   El que corre más rápido ganará la carrera.
   He who runs the fastest will win the race.

F. **Lo que** y **lo cual** son pronombres relativos neutros y se usan para referirse a una idea, concepto o acción abstracta.

   Pasaron por mí, lo cual (lo que) me agradó mucho.
   They came by for me, which pleased me very much.

G. **Lo que** se usa también para expresar *what* en el sentido de *that which*.

   Ella me dijo todo lo que quería saber.
   She told me all that (which) I wanted to know.
   Lo que me importa es el trabajo.
   What matters to me is work.

H. **Cuyo(a, os, as)** es un adjetivo relativo que expresa posesión; como todo adjetivo debe concordar en género y número con el sustantivo que modifica.

   Nicolás, cuya esposa es alcaldesa, estudia derecho.
   Nicolás, whose wife is mayor, studies law.

Actividades

A. **Aclaraciones.** Delia está hablando con Gabriel acerca de los invitados en una fiesta elegante. ¿Qué le cuenta Delia de cada huésped? Combina las frases, usando la forma apropiada del pronombre relativo **cuyo**.

   EJEMPLO   José es médico. Su oficina queda cerca.
   José es el médico cuya oficina queda cerca.

1. Él es meteorólogo. Sus pronósticos siempre son incorrectos.
2. Ellas son abogadas. Sus clientes son muy ricos.
3. Usted es columnista. Sus artículos son muy conservadores.
4. El doctor Granero es profesor. Sus conferencias son aburridas.
5. Lucía es reportera. Su hija estudia en España.
6. Carlos es campesino. Su finca° es grandísima.

1. el meteorólogo cuyos
2. las abogadas cuyos
3. el columnista cuyos
4. el profesor cuyas
5. la reportera cuya
6. el campesino cuya

farm

B. Autora talentosa. Bárbara ha escrito una novela sobre su familia. Ha pintado unos dibujos para acompañar su novela para enviarla al editor. Mira los dibujos de Bárbara abajo, y escucha las descripciones de su familia en su novela. Di cuáles dibujos corresponden a las descripciones.

1. c
2. d
3. f
4. a
5. b
6. e

a.   b.   c.   d.   e.   f.

C. Pronombres relativos. Llena cada espacio con el pronombre relativo apropiado. See Copying Masters.

1. El meteorólogo de ===== hablamos se graduó conmigo.
2. Papá se fue durante la tempestad, ===== me dio mucho miedo.
3. Ese hombre, con ===== baila Rosa, sale en la televisión.
4. Allí está la casa, dentro de ===== hallaron los artículos de contrabando.
5. Éste es el canal ===== más me gusta.
6. ===== a mí me gustaría hacer es asistir a un partido de jai alai°.
7. Ese periodista, ===== artículos son muy satíricos, siempre me hace reír.
8. Dicen que en Taxco siempre hace buen tiempo, ===== me parece increíble.
9. El hermano de Graciela, ===== es corresponsal extranjero, volverá mañana.
10. Los futbolistas ===== equipo ganó son todos del Canadá.

1. quien
2. lo cual (lo que)
3. quien
4. la cual (la que)
5. que
6. Lo que
7. cuyos
8. lo que (lo cual)
9. el que (el cual)
10. cuyo

jai... a Basque ball game

LECCIÓN 14

EN CONTEXTO

Para comenzar

Describe lo que pasa en el dibujo. Tienes que usar tu imaginación para contestar algunas preguntas.

1. ¿Te gusta el béisbol? ¿Por qué sí o por qué no? ¿Sabes jugar? ¿Juegas bien? ¿Jugabas mucho de niño(a)? ¿Es un deporte peligroso? ¿Por qué? ¿Cuál es tu equipo favorito? Nombra algunos beisbolistas famosos y explica por qué lo son.
3. ¿Te gustaría poder ver un partido de béisbol desde el cobertizo? ¿Por qué? ¿Qué hacen allí?
4. Explícale a un(a) compañero(a) de clase que no sabe nada de béisbol. ¿Qué es
    a. un jonrón?   b. un strike?   c. la anotación?   d. un bateador?

Medias Rojas 2; Tigres 0

En el mundo deportivo...

En Nueva York, el norteamericano John McEnroe y el checo° Iván Lendl ganaron hoy sus respectivos encuentros y se clasificaron finalistas del Torneo Masters de Tenis. El ganador de la final de mañana se llevará 100.000 dólares mientras que su adversario ganará 60.000.

Czech

Argentina venció a India 1–0 hoy en el cuarto día del Torneo de Fútbol por la Copa de Oro. Polonia derrotó a India por 2–0 el miércoles, y Argentina ganó a Rumania 1–0 el jueves.

El boxeador puertorriqueño Héctor "Macho" Camacho, ex-campeón de peso pluma° del Consejo° Mundial de Boxeo, se enfrentará° al mexicano, José Luis Ramírez, monarca de la división ligera, el próximo 10 de agosto. Camacho continúa invicto° después de veintisiete peleas como profesional.

peso... featherweight / Council / se... will face
undefeated

Nelson Zegarra, campeón nacional de ajedrez infantil, viajará a Buenos Aires para representar a su país, Bolivia, en el Torneo Mundial que se celebrará en agosto. —Trataré de hacer un buen papel en la competencia mundial —dijo a la prensa local.

La Televisión Española invirtió° unos 550 millones de pesetas para difundir° las retransmisiones de los Juegos Olímpicos desde Barcelona. En total, unas 280 horas de emisiones serán transmitidas con la asistencia de un equipo de doscientas personas, compuesto principalmente por comentaristas, camarógrafos y otro personal técnico.

invested
broadcast

Preguntas acerca de la lectura

1. ¿Conoces a los tenistas mencionados en el noticiero? Explica.
2. En tus propias palabras, ¿qué sabes del tenis por este artículo?
3. ¿Por qué es el fútbol un deporte popular en el mundo? Explica.
4. ¿Dónde es el boxeo un deporte importante? ¿Por qué?
5. ¿Qué quiere hacer el campeón boliviano de ajedrez infantil? ¿Con quién habla?

En tu opinión

1. ¿Quién es tu tenista favorito(a)? ¿Sabes jugar tenis? ¿Cuáles son algunas de las reglas? ¿Qué otro(s) deporte(s) utiliza(n) una red?
2. ¿Qué opinas del comportamiento° de algunos de los famosos deportistas de hoy? ¿Cómo deben comportarse los atletas profesionales? ¿Y los oficiales? ¿Cuáles deben ser las consecuencias de la falta de respeto en los partidos? ¿Es más importante jugar limpio° o ganar?

behavior

fair

3. ¿Cuáles son las semejanzas y diferencias entre el fútbol americano y el fútbol? ¿Cuál prefieres? ¿En qué deportes participa tu escuela? ¿Asistes a los partidos? ¿Por qué sí o por qué no? ¿Generalmente gana o pierde el equipo de tu escuela?
4. ¿Qué te parece el boxeo? ¿Y el ajedrez? ¿Te gusta practicar uno u otro? ¿Cuál? ¿Por qué? ¿Cuáles son las habilidades° necesarias para boxear bien? ¿Y para jugar bien al ajedrez?

° skills

Expansión de vocabulario

MÁS DEPORTES
el **ajedrez**   chess
el **baloncesto**   basketball
el **básquetbol**   basketball
el **boxeo**   boxing
el **campo y pista**   track and field
el **ciclismo**   cycling
el **esquí** (el **esquiar**)   skiing
el **fútbol americano**   football
la **lucha libre**   wrestling
la **natación**   swimming
el **patinaje sobre el hielo**
   ice-skating
el **patinaje sobre ruedas**   roller-skating

LA GENTE DEPORTISTA
el (la) **aficionado(a)**   fan
el (la) **árbitro**   umpire, referee
el (la) **atajo**   tackle
el (la) **baloncestista**   basketball player
   el **campeón** (la **campeona**) champion
el (la) **comentarista**   commentator
el (la) **entrenador(a)**   trainer, coach
el (la) **espectador(a)**   spectator
el (la) **futbolista**   football player
el (la) **lanzador(a)**   pitcher
el (la) **tenista**   tennis player

LA ANOTACIÓN (score)
el **cero**   zero
   nada   love (*tennis*)
el **punto** (el **tanto**)   point
   tantear   to keep score

EL EQUIPO
el **bate**   bat
la **canasta** (la **cesta**)   basket
el **casco**   helmet
el **guante**   glove
la **pelota**   ball
la **raqueta**   racket
la **red**   net
el **uniforme**   uniform

LOS LUGARES
el **banco**   bench
la **cancha de tenis**   tennis court
el **cobertizo**   dugout
el **marcador**   scoreboard
la **meta**   goal line, finish line

OTRAS PALABRAS Y FRASES
   batear   to bat
el **campeonato**   championship
la **carrera**   race, contest
la **competencia**   competition
   entrenarse   to train
   estar de parte de   to be in favor of
   ganar(le a uno)   to win (to defeat someone)
el **jonrón**   home run
la **partida**   set (*tennis*)
el **partido**   game
   patear   to kick
   practicar un deporte   to participate in a sport
la **regla**   rule
   vencer   to defeat

Actividades

A. ¿Qué palabra no pertenece? En cada grupo, escoge la palabra que no está relacionada con las otras y explica por qué.

1.	2.	3.	4.	5.
nada	casco	béisbol	marcador	esquí
red	atajo	baloncesto	lanzador	ajedrez
raqueta	cesta	tenista	espectador	tantear
batear	meta	fútbol	entrenador	ciclismo

1. batear
2. cesta
3. tenista
4. marcador
5. tantear

B. ¿Quién lo hace? Escoge la acción apropiada de la segunda columna para la persona en la primera columna. Después, forma una lista de otros objetos que cada persona necesita.

1. tenista
2. baloncestista
3. ciclista
4. futbolista
5. comentarista
6. espectador
7. lanzador

a. compra boletos
b. monta en bicicleta
c. trata de poner un balón en una cesta
d. usa una raqueta
e. usa un casco fuerte de plástico
f. usa una pelota pequeña
g. usa un micrófono

1. d
2. c
3. b
4. e
5. g
6. a
7. f

C. Mi deporte favorito. Describe el deporte que practicas más. ¿Cómo te interesaste en él? ¿Cuánto tiempo hace que lo practicas? ¿Cómo se juega?

EXPLORACIÓN

El tiempo futuro

A. En el tiempo futuro, los verbos regulares añaden las siguientes terminaciones al infinitivo.[1] Nota que estas terminaciones son las mismas que las del presente de **haber: he, has, ha, hemos, habéis, han**.

hablar
comprender } **é, ás, á, emos, éis, án**
escribir

B. Aquí tienes algunos verbos comunes con raíces irregulares en el futuro.[2]

caber–**cabr-**	poder–**podr-**	salir–**saldr-**
decir–**dir-**	poner–**pondr-**	tener–**tendr-**
haber–**habr-**	querer–**querr-**	valer–**valdr-**
hacer–**har-**	saber–**sabr-**	venir–**vendr-**

[1] Los infinitivos que tienen un acento ortográfico (**reír, oír**) pierden ese acento en los tiempos futuro y condicional. Por ejemplo: **Él lo oirá**.

[2] Otros verbos relacionados tienen las mismas irregularidades. Por ejemplo: **mantener–mantendrá**.

C. El futuro en español se usa para expresar lo que va a pasar en el futuro.

> Mañana jugaré al golf.   Tomorrow I will play golf.
> Iremos al gimnasio el martes.   We will go to the gym on Tuesday.

D. El futuro se puede usar para darle a alguien un mandato.

> Dejarás la raqueta en mi casa y volverás en seguida.   You will leave the racket at my house and you will return immediately.

E. También se usa el futuro para expresar probabilidad o incertidumbre en el presente.

> ¿Quién será él?   I wonder who he is? (Who do you suppose he is?)
> Marta estará en el estadio.   Marta is probably at the stadium. (Marta must be at the stadium.)

F. Para expresar un futuro inmediato, es más común usar el presente. (Ve Lección 1.)

> Esta tarde monto a caballo.   This afternoon I'm going horseback riding.

G. Se usa a veces la expresión **ir a** más el infinitivo para indicar una acción futura. (Ve Lección 1.) Compara las frases siguientes.

> Mañana patinaré sobre el hielo.   Tomorrow I will ice-skate.
> Mañana voy a patinar sobre el hielo.   Tomorrow I am going to ice-skate.

Cuando se expresa una acción pasada en relación al futuro de tal acción, se emplea el imperfecto de **ir a** con un infinitivo.

> Iban a patinar sobre el hielo, pero llovió.   They were going to ice-skate, but it rained.

H. El futuro no se usa para expresar la idea *to be willing to*. En su lugar se usan los verbos **querer** o **desear** en el presente.

> ¿Quiere jugar tenis conmigo?   Will you play tennis with me?
> Él no desea jugar de noche.   He won't play at night.

Actividades

A. Mañana todo será diferente. Siempre esperamos hasta mañana para hacer todo. Completa las frases de abajo.

   EJEMPLO   Ayer no fui al gimnasio, pero mañana **iré**.

1. Anoche tú no viniste a mi casa, pero esta noche…
2. La semana pasada hizo mal tiempo, pero la semana que viene…
3. Anteayer él no salió con nosotros, pero esta tarde…
4. Anoche no hubo una fiesta en casa de Roberto, pero mañana por la noche…
5. Ayer no pudimos devolverle su raqueta, pero mañana…
6. El martes pasado no quise acompañarte, pero el martes que viene…

1. vendrás
2. hará
3. saldrá
4. habrá
5. podremos devolverle
6. te acompañaré

B. Lo que será, será. Describe cómo será la vida de un(a) compañero(a) de clase en diez años. Incluye el trabajo, la familia, la apariencia física y otros detalles. Luego, describe la vida de uno(a) de tus maestros(as) dentro de diez años.

   EJEMPLO   **En diez años Silvia será una ayudante de médico. Ayudará mucho a la gente.**

C. El partido. Silvia y Cristina son muy aficionadas al fútbol. Aquí están comentando un partido. Busca las frases que correspondan.

1. b 3. c 5. h 7. d
2. e 4. a 6. g 8. f

1. ¡Uf! El estadio está lleno de gente.
2. Allí está Maura otra vez.
3. El señor Vela siempre viene solo a los partidos.
4. Los futbolistas juegan muy bien.
5. Juan Ruiz está jugando muy mal.
6. ¡Ay! Se cayeron dos jugadores.
7. ¡Qué bien! Se están levantando.
8. Parece que hay alguna disputa.

a. Se entrenarán todos los días.
b. Habrá más de 20.000 personas aquí.
c. Su esposa no tendrá interés en el fútbol.
d. No será nada grave.
e. Será muy aficionada al deporte.
f. No estarán de acuerdo con el árbitro.
g. Estarán lastimados.
h. Le dolerá la pierna.

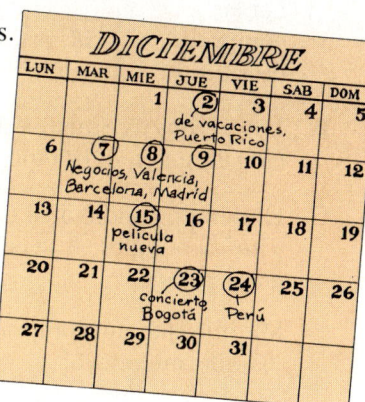

D. Todos quieren saber… Daniel Espinoza, locutor de un programa de radio, entrevista a personas famosas. Hoy Daniel tiene la oportunidad de entrevistar a Julio Templos, un cantante famoso del Perú. ¿Cómo contesta Julio las siguientes preguntas? Escucha las preguntas de Daniel y consulta el calendario para responder como Julio.

   EJEMPLO   ¿A qué ciudades de España piensa ir?
             Iré a Valencia, a Barcelona y, por supuesto, a Madrid.

1. Tendré otro concierto el 23 de diciembre.
2. Será en Bogotá.
3. Regresaré el 24 de diciembre.
4. Podrán verla el 15 de diciembre.
5. Estaré de vacaciones el 2 de diciembre.
6. Iré a Puerto Rico.

E. ¿Cuál es tu horario? Con otro estudiante, hagan una entrevista, usando las siguientes preguntas. Contesten con el futuro.

> EJEMPLO ¿A qué hora vas a salir de la escuela hoy?
> **Saldré de la escuela a las cinco hoy porque tengo que jugar tenis.**

1. ¿A qué hora vas a regresar a casa hoy?
2. ¿A qué hora vas a comer?
3. ¿A qué hora vas a ver televisión?
4. ¿A qué hora vas a venir a visitarme?
5. ¿Cuándo van a ver tus familiares tu nuevo coche?
6. ¿Cuándo vas a visitar a Eva?
7. ¿Cuándo van a estar tú y tus padres de vacaciones?
8. ¿En qué vas a ir de vacaciones?
9. ¿Cuándo vas a regresar?

1. regresaré 3. veré 5. verán 7. estaremos 8. iré
2. comeré 4. vendré 6. visitaré 9. regresaré

EXPLORACIÓN

El tiempo condicional

A. En el tiempo condicional los verbos regulares añaden las siguientes terminaciones al infinitivo. Nota que estas terminaciones son idénticas a las del imperfecto de los verbos que terminan en **-er** e **-ir**.

hablar
comprender } ía, ías, ía, íamos, íais, ían
escribir

B. Los verbos irregulares tienen las mismas raíces en el tiempo condicional que en el tiempo futuro.

C. El tiempo condicional en español se usa para expresar la idea de *would* en inglés. A veces se refiere a una acción futura proyectada en el pasado.

Me dijo que me compraría un uniforme nuevo.	*He told me he would buy me a new uniform.*
Nos indicó que el partido empezaría en seguida.	*She indicated to us that the game would start right away.*

D. Con frecuencia se usa el tiempo condicional con los verbos **poder** y **deber** en lugar del presente para pedir algo cortésmente o para sugerir algo.

¿Podría volver mañana?	*Could you please come back tomorrow?*
Usted debería entrenarse más.	*You really ought to train more.*

E. También se usa el tiempo condicional para expresar probabilidad en el pasado.

¿Ganaría el partido Linda?	*I wonder if Linda won the game? (Do you think Linda won the game?)*
Mario estaría en el estadio.	*Mario was probably in the stadium. (Mario must have been in the stadium.)*

F. El tiempo condicional no se usa para expresar *would* en el sentido de *used to*. Para esto se usa el imperfecto.

Cuando yo era niña, jugaba mucho béisbol.	*When I was young, I would (used to) play baseball a lot.*

G. El tiempo condicional no se usa en una frase negativa para expresar *would not* en el sentido de *refused*. En su lugar se usa **querer** en el pretérito.

Rafael no quiso competir.	*Rafael would not (refused to) compete.*

Actividades

A. **Buenas intenciones.** Siempre hay pretextos para evitar las responsabilidades. Forma frases usando el tiempo condicional y termina cada una con un pretexto lógico, según el ejemplo.

> EJEMPLO   Yo / llevarte al aeropuerto
> **Yo te llevaría al aeropuerto, pero está descompuesto° mi coche.**   broken

1. Manuel / participar en la carrera
2. el árbitro / decidir quién ganó
3. nosotros / ir al club deportivo
4. Miguel / invitarnos a nadar en su piscina
5. los chicos / devolverte tu casco
6. el comentarista / entrevistar al boxeador
7. nuestro equipo / ganar más partidos

1. participaría
2. decidiría
3. iríamos
4. nos invitaría
5. te devolverían
6. entrevistaría
7. ganaría

B. **¡Nunca lo voy a hacer!** Di seis cosas que nunca harías. Luego, pregúntale a un(a) compañero(a) si él (ella) las haría.

> EJEMPLO   Yo no iría a Europa sola.
> ¿Irías a Europa sola?

C. ¿Qué pasaría?°   A veces, no sabemos el resultado de un suceso. Con un(a) compañero(a) de clase, adivina lo que pasó.

¿Qué...? What would happen?

EJEMPLO   El otro día un hombre se cayó al río...
¿Se moriría?
¿Sería el señor Pulido?

1. Ayer se celebró el concurso de "Miss Universo".
2. Anoche cayó un relámpago en la Casa Blanca.
3. Un desconocido entró en el palacio de la reina de Inglaterra.
4. Un cohete° con dos astronautas salió para el planeta Marte.

rocket

5. Dos OVNIs (objetos voladores no identificados) aterrizaron en Madrid.
6. ¿...?

D. ¿Y si fueras...?°   ¿Qué cosas harías si fueras alguna de las siguientes personas? Con otro estudiante, díganse lo que harían. Usen el condicional.

¿Y...? And if you were...?

EJEMPLO   Si yo fuera Superhombre, volaría en vez de caminar. Levantaría cosas pesadísimas. No me gustaría la criptonita. Querría a Lois Lane. Protegería al mundo.

Superhombre	millonario(a)	estrella de cine
médico	payaso	niñito(a)
ciego(a)°	director(a) de esta escuela	¿...?

blind

ST 38

E. ¿Qué harías?   ¿Cómo reaccionarías en las siguientes situaciones? Mira los dibujos y escucha las oraciones. ¿Qué dibujo corresponde a la oración que oyes?

1. e   3. g   5. c
2. a   4. d   6. b

EJEMPLO   No saldría sin abrigo.
f

a.

b.

c.

d.

e.

f.

g.

LECCIÓN 15

EN CONTEXTO

Para comenzar

Describe lo que pasa en el dibujo. Tienes que usar tu imaginación para contestar algunas preguntas.

1. ¿Es culpable el señor que lleva esposas? ¿Qué evidencia hay? ¿Es un crimen muy grave? ¿Merece la pena de muerte? Si decide el juez que es culpable, ¿qué castigo debe recibir?
2. ¿Qué les pregunta el reportero a las siguientes personas: al ladrón, al empleado del banco, al testigo y al policía?
3. ¿Qué están haciendo las otras personas? ¿Cómo se parece esta escena a las que ves en las noticias en la televisión o por radio?

Unidad cinco

Y, las noticias...

Y ahora, les presentamos las últimas noticias de hoy.

En las noticias internacionales... La Habana, Cuba. El presidente cubano, Fidel Castro, asegura en una entrevista concedida al periodista norteamericano Tad Szule que Cuba no intervendrá militarmente en una guerra centroamericana. Castro cree que todavía es posible una solución. El líder cubano, quien, según el periodista, muestra un impresionante estado físico, niega que su país represente una amenaza° para nadie.   threat

En las noticias nacionales... En Cabo Cañaveral, los científicos inspeccionan las astronaves del programa espacial de los Estados Unidos para asegurarse que no hay problemas, antes de lanzar las naves con tripulaciones° de astronautas. Investigan también planes para una misión en la que se hará la prueba de un rayo láser y la investigación de un agujero negro° en el espacio.   crew / **agujero**... black hole

Y Disneylandia sigue siendo uno de los centros de turismo más interesantes en todo el mundo. Hace poco cumplió treinta años dando diversión y encanto para niños y adultos.

En las noticias locales... El hijo de veintiún años del comisario de policía fue arrestado el domingo, acusado de haber penetrado en un automóvil y robado un equipo de estéreo y una cámara fotográfica, dijeron las autoridades. El comisario afirma que estará al lado de su hijo, pase lo que pase°—. No ha sido un buen día para mí —dijo el comisario al enterarse del arresto—. No hay nada más importante para mí que la familia. Tengo un respeto profundo por la ley. La justicia es lo que todos esperamos de nuestro sistema y yo no espero otra cosa.   **pase**... come what may

Preguntas acerca de la lectura

1. Actualmente, ¿cuáles son los temas más frecuentes en las noticias internacionales? ¿Nacionales? ¿Locales? ¿Hay otras maneras de enterarse de las noticias? ¿Cuáles son?
2. ¿Cuáles son los países extranjeros que más aparecen en las noticias hoy día? ¿Por qué?
3. ¿Puedes decir una frase acerca de cada una de las noticias que se dan en este reporte?

En tu opinión

1. ¿Crees que los reporteros dan demasiado énfasis a lo negativo en las noticias? ¿Por qué? Explica.
2. ¿Estás al tanto de las noticias? ¿Prefieres leer un periódico, escuchar la radio o ver el noticiero? Discute las ventajas y desventajas de cada medio. ¿Cuál es el mejor? Explica.

3. ¿Cuáles son algunos acontecimientos de las noticias que más recuerdas? ¿Cómo reaccionaste cuando te enteraste de ellas? ¿Cómo te afectaron estas noticias?

Expansión de vocabulario

EN LOS TITULARES
(in the headlines)
- **arrestar** to arrest
- el **asesinato** murder
- el (la) **asesino(a)** murderer
- la **cárcel** jail
- **culpable** guilty
- las **esposas** handcuffs
- el **golpe de estado** coup d'état
- la **huelga** strike
- el **incendio** fire
- la **ley** law
- la **manifestación** demonstration
- **raptar** to kidnap
- **robar** to rob
- **secuestrar** to hijack
- la **prisión** prison
- el (la) **testigo** witness

LAS NOTICIAS Y EL PERIODISMO
- el **anfitrión** (la **anfitriona**) host(ess)
- **anunciar** to announce, to advertise
- el **anuncio** advertisement
- la **cadena** (el **canal**) channel, network
- la **censura** censorship
- el (la) **columnista** columnist
- el (la) **corresponsal extranjero(a)** foreign correspondent
- **criticar** to criticize
- **editar** (**redactar**) to edit (to write)
- la **emisora** television station, radio station
- el (la) **locutor(a)** announcer
- el **noticiero** news program
- el (la) **periodista** journalist, reporter
- el **poder** (la **libertad**) **de la prensa** power (freedom) of the press
- **publicar** to publish
- la **publicidad** publicity
- **reportar** to report
- el (la) **reportero(a)** reporter

LAS SECCIONES DEL PERIÓDICO
- los **anuncios clasificados** classified ads
- las **crónicas de modas** fashion section
- las **crónicas de sociedad** society pages
- los **editoriales** editorials
- las **noticias (inter)nacionales** (inter)national news
- las **noticias locales** local news
- los **obituarios** obituaries
- la **primera página** front page
- la **sección de cocina** cooking section
- la **sección deportiva** (los **deportes**) sports section
- la **sección financiera** (la **bolsa**) financial section (stock exchange)
- la **televisión y el cine** (la **cartelera**) entertainment section
- las **tiras cómicas** (las **historietas**) comic strips

Unidad cinco

Actividades

A. ¿Qué palabra no pertenece? En cada grupo, escoge la palabra que no está relacionada con las otras y explica por qué.

1. robar
   secuestrar
   raptar
   arrestar
2. cadena
   editoriales
   historietas
   anuncios clasificados
3. reportero
   bombero
   columnista
   periodista
4. reportar
   negar
   publicar
   editar
5. testigo
   anfitrión
   locutor
   corresponsal

1. arrestar
2. cadena
3. bombero
4. negar
5. testigo

B. ¿Dónde se encuentra...? Busca la sección del periódico en el lado derecho donde encontrarías las noticias que se encuentran en el lado izquierdo.

1. una entrevista con la reina de Inglaterra
2. el nombre del equipo que ganó
3. el pato Donald
4. los titulares
5. la hora de *Dinastía*
6. una crítica sobre la minifalda
7. una receta para la paella
8. un artículo sobre un incendio que destruyó el ayuntamiento

a. la cartelera
b. la sección de cocina
c. las noticias locales
d. las crónicas de modas
e. las tiras cómicas
f. la primera página
g. los deportes
h. las noticias internacionales

1. h
2. g
3. e
4. f
5. a
6. d
7. b
8. c

C. En la primera página... Escribe un titular original relacionado con...

1. un incendio
2. un robo
3. un asesinato
4. un partido de fútbol
5. el tiempo
6. un descubrimiento científico

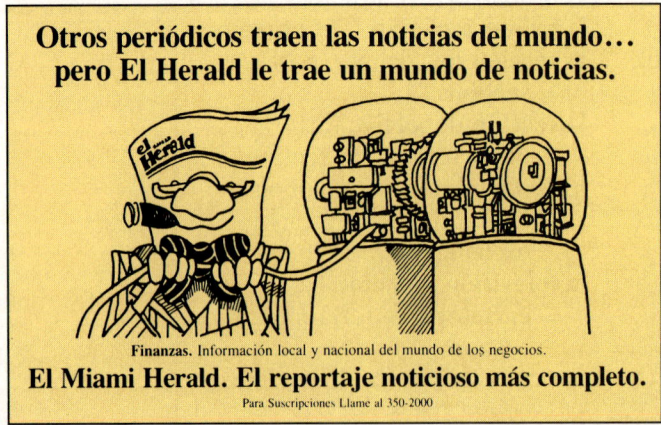

Otros periódicos traen las noticias del mundo... pero El Herald le trae un mundo de noticias.

Finanzas. Información local y nacional del mundo de los negocios.

El Miami Herald. El reportaje noticioso más completo.

Para Suscripciones Llame al 350-2000

EXPLORACIÓN

Palabras y expresiones negativas y algunas afirmativas

afirmativas	**negativas**
sí *yes*	no *no*
algo *something*	nada *nothing*
alguien *someone*	nadie *no one*
algún, alguno(a, os, as) *some, any*	ningún, ninguno(a, os, as) *no, not any, none, no one*
de algún modo *somehow*	de ningún modo *by no means*
de alguna manera *some way*	de ninguna manera *no way*
alguna vez *sometime, ever*	nunca, jamás *never*
siempre *always*	nunca, jamás *never*
(o)…o *(either)…or*	(ni)…ni *(neither)…nor*
también *also*	tampoco *neither, not either*

Otras expresiones negativas

ahora no *not now*
más que nada (nadie, nunca) *more than anything (anyone, ever)*
ni siquiera *not even*
ni yo tampoco *nor I, neither do I, me neither*
nunca jamás *never ever*
todavía no *not yet*
ya no *no longer*

A. El modo más común de negar una frase es colocar la palabra **no** delante del verbo. Cuando hay pronombres, **no** va delante de éstos.

Yo no estudio.	*I don't study.*
Yo no me enteré del robo.	*I didn't find out about the robbery.*
Yo no se lo doy.	*I don't give it to him (her).*

B. Hay otras palabras negativas que se pueden colocar delante o detrás del verbo. Si se colocan detrás del verbo, hay que usar **no** delante del verbo.

Un criminal cuidadoso no deja huellas nunca.
Un criminal cuidadoso nunca deja huellas.
} *A careful criminal never leaves traces.*

Unidad cinco

C. Las palabras negativas múltiples en la misma frase son comunes en español.

Nunca hace nada.	*He (she) never does anything.*
Ya no veo nunca a nadie tampoco.	*I don't ever (I never) see anyone either.*

D. Cuando **nadie** y **ninguno** se usan como complementos directos en referencia a una persona, se requiere el **a** personal.

¿Entrevistaste a alguno de los abogados?	*Did you interview one of the lawyers?*
No, a ninguno.	*No, none.*
No visité a nadie hoy.	*I didn't visit anyone today.*

E. Ninguno(a) se usa generalmente en el singular, a menos que° el sustantivo al que modifica esté siempre en plural.   °unless

¿Tienes algunas pistas?	*Do you have any clues?*
No, no tengo ninguna.	*No, none.*
No hay ningunas tijeras en el cajón.	*There are no scissors in the drawer.*

F. Nunca y **jamás** quieren decir *never*. **Jamás** puede también significar *ever* en una pregunta que anticipa una respuesta negativa. **Alguna vez** se usa para significar *ever* en una pregunta cuando no se anticipa una respuesta particular.

¿Jamás has comido carne de elefante?	*Have you ever eaten elephant meat?*
No, nunca.	*No, never.*
¿Alguna vez has estado en Nueva York?	*Have you ever been to New York?*

G. Algo y **nada** también se pueden usar como adverbios.

Este artículo no es nada interesante.	*This article isn't at all interesting.*
Esto es algo raro.	*This is somewhat strange.*

H. Se pueden usar solas algunas palabras negativas como respuesta completa a una pregunta.

Pablo no fue. ¿Y tú?	*Pablo didn't go. And you?*
Tampoco.	*I didn't go either.*

Actividades

A. La alarma falsa.   Cambia las frases del afirmativo al negativo.

   EJEMPLO   Visitaste varias estaciones de policía.
   No, no visité ninguna.

   1. Hubo un incendio anoche en la Plaza Mayor.
   2. Llegaron algunos bomberos en seguida.
   3. Pero pasó algo muy raro.
   4. Había alguien en la calle.
   5. La alarma era falsa.
   6. Los bomberos y los policías estaban enojados.

ST 39

B. ¿Tienes ganas de...?   Todos tenemos sueños. Escucha las frases y responde con una de estas expresiones.

   nunca   siempre   de ninguna (alguna) manera   algún día

   EJEMPLO   Voy a hacerme piloto de prueba...
   ...algún día.

ST 40

C. El lorito.   Escucha lo que le dice Jaime a Pedro. Pedro admira a Jaime, su hermano mayor. Cuando Jaime dice algo, Pedro está de acuerdo con lo que dice. ¿Qué dice Pedro?

   EJEMPLOS   JAIME   Voy a ver la pelea esta noche.
              PEDRO   **Voy a verla yo también.**

              JAIME   No necesito ninguna planta.
              PEDRO   **No necesito ninguna planta tampoco.**

D. ¡Qué miedo!   Pedro acaba de ver una película de terror y ahora tiene miedo de todo. Tranquilízalo según el ejemplo.

   EJEMPLO   alguien / a la puerta
   Hay alguien a la puerta.
   No te preocupes. No hay nadie a la puerta.

   1. algo / en el armario
   2. una rata / debajo de mi cama
   3. una bomba / en la maleta
   4. alguien / en mi cuarto
   5. unos fantasmas / en el desván
   6. un ruido / en el sótano

E. Perspectivas.   Alicia y Susana son amigas, pero son muy diferentes. Una es muy optimista, y la otra muy pesimista. Termina las frases de una manera original, desde la perspectiva de cada chica.

Alicia	Susana
1. Yo siempre...	Yo nunca...
2. Algún día...	Jamás...
3. Alguien...	Nadie...
4. De alguna manera...	De ningún modo...
5. Algunos...	Ninguno...

Answers may vary.
1. No, no hubo ninguno (ningún incendio).
2. No, no llegó ninguno (ningún bombero).
3. No, no pasó nada.
4. No, no había nadie.
5. No, no era falsa de ninguna manera.
6. No, no estaban enojados ni...ni...

1. algún día
2. nunca, de ninguna manera
3. de ninguna manera
4. de alguna manera, algún día
5. de alguna manera, algún día
6. siempre
7. nunca, de ninguna manera

1. ...tampoco.
2. ...también.
3. ...también.
4. ...tampoco.
5. ...también.
6. ...también.

1. No hay nada...
2. No hay ninguna (ninguna rata)...
3. No hay ninguna (ninguna bomba)...
4. No hay nadie...
5. No hay ninguno (ningún fantasma)...
6. No hay ninguno (ningún sonido)...

Unidad cinco

F. Todo le fue mal.   Concha pasó un día estupendo mientras que su amiga Carmen lo pasó fatal. Cambia las frases según el ejemplo.

EJEMPLO   CONCHA   Todas mis clases me fascinaron hoy.
                         CARMEN   **Ninguna de mis clases me fascinó hoy.**

1. Algunos de mis amigos me invitaron a un concierto esta noche.
2. Mi abuelo me mandó algo por mi cumpleaños.
3. Conocí a alguien muy interesante en mi clase de periodismo.
4. Hoy nadie me molestó en la biblioteca.
5. El cartero me trajo algunas cartas.
6. Papá escribe que algún día iremos juntos a Europa.
7. ¡Qué bien! Siempre hay sol cuando quiero jugar al tenis.
8. No le debo ningún dinero a nadie.

G. Preguntas y más preguntas.   La hermanita de Violeta es muy preguntona. Contesta las preguntas en forma negativa.

1. ¿Anoche te llamó alguien por teléfono?
2. ¿Algún día me llevarás a una fiesta?
3. ¿Compraste algo para mí?
4. ¿Siempre usas tanto perfume?
5. ¿Vamos tú y yo al parque o a la piscina?
6. ¿Hay algún programa interesante en la televisión?
7. ¿Vas a salir con alguno de los muchachos que conociste este verano?
8. ¿Contestarás algunas de mis preguntas?

1. Ninguno me invitó…
2. Mi abuelo no me mandó nada…
3. No conocí a nadie…
4. Hoy alguien me molestó…
5. El cartero no me trajo ninguna (ninguna carta)…
6. …nunca iremos…
7. ¡Qué mal! Nunca…
8. Le debo algún dinero a alguien.

See Copying Masters.

1. No me llamó nadie…
2. Nunca te llevaré…
3. No compré nada…
4. Nunca uso…
5. No vamos ni…ni…
6. No hay ninguno (ningún programa)…
7. No voy a salir con ninguno…
8. No contestaré ninguna…

EXPLORACIÓN

El uso del subjuntivo en cláusulas adjetivales

Una cláusula adjetival modifica un sustantivo en la cláusula principal. Casi siempre se presenta con la conjunción **que**.

Yo	**busco**	**una casa**	**grande.**
sujeto +	verbo +	sustantivo +	adjetivo

Yo	**busco**	**una casa**	**que tenga piscina.**
sujeto +	verbo +	sustantivo +	cláusula adjetival

Se usa el subjuntivo con la cláusula adjetival cuando existen las siguientes condiciones.

A. El antecedente es desconocido o indefinido. De lo contrario se usa el indicativo.

Quiero leer una revista que **tenga** artículos sobre Centroamérica.	*I want to read a magazine that has articles about Central America.* (I'm not sure such a magazine exists.)
¿Hay una revista que **tenga** artículos sobre Centroamérica?	*Is there a magazine that has articles on Central America?* (I'm not sure there is one.)
Quiero leer la revista que tú me **compraste**.	*I want to read the magazine you bought me.* (I'm sure it exists.)
Compré una revista que **tiene** artículos sobre Centroamérica.	*I bought a magazine that has articles about Central America.* (I'm sure it exists.)

B. El antecedente es negativo. Cuando el antecedente es negativo se usa el subjuntivo. Cuando el antecedente es afirmativo se usa el indicativo.

No hay nadie que **sepa** resolver las crisis terroristas.	*There is no one who knows how to solve terrorist crises.*
Hay alguien que **sabe** resolver las crisis terroristas.	*There is someone who knows how to solve terrorist crises.*

C. El antecedente es un superlativo que expresa una opinión que no se puede verificar. Si es un hecho verificable, se usa el indicativo.

Éste es el peor artículo que él **haya escrito**.	*This is the worst article that he has written.* (opinion)
Alfredo es el chico más alto que **ha venido** a la reunión.	*Alfredo is the tallest boy who has come to the meeting.* (fact)

Actividades

A. No, en absoluto. Contesta las siguientes preguntas en forma negativa.

1. ¿Hay alguna revista que te interese?
2. ¿Conoces a algún locutor que hable lentamente?
3. ¿Hay alguien que no mire el noticiero cada noche?
4. ¿Quieres leer un periódico que publique sólo las noticias locales?
5. ¿Buscas la sección que contiene la cartelera?
6. ¿Quieres encontrar una cadena de televisión que presente sólo programas de deportes?

1. No hay ninguna revista que me…
2. No conozco a ningún locutor que…
3. No hay nadie que…
4. No quiero leer ningún periódico que…
5. No busco la sección que…
6. No quiero encontrar ninguna cadena…que…

B. ¡Qué va! A veces sospechamos que las noticias son exageradas. Con un(a) compañero(a) forma frases con las palabras en la lista.

    EJEMPLO   casa / tener 75 habitaciones
                   La casa tenía 75 habitaciones.
                   ¡Qué va! No hay ninguna casa que tenga 75 habitaciones.

1. presidente / hablar 19 idiomas
2. hotel / tener 200 pisos
3. hombre / pesar 400 kilos
4. avión / volar a 2.000 millas por hora
5. perro / saber contar
6. persona / comer hormigas
7. mujer / vivir en el Polo Norte
8. niño / ser alcalde

1. hablaba / hable
2. tenía / tenga
3. pesaba / pese
4. volaba / vuele
5. sabía contar / sepa contar
6. comía / coma
7. vivía / viva
8. era / sea

C. Para terminar. Termina cada frase de una manera original.

1. ¿Hay alguien aquí que...
2. Vamos al club que...
3. No conozco a nadie que...
4. Buscamos una agencia de viajes que...
5. Prefiero ir a una playa que...
6. No hay nadie aquí que...
7. ¿Dónde está el museo que...
8. Necesitamos una casa que...
9. Tengo un profesor que...
10. Mis padres conocen a un hombre que...

1. subjuntivo/indicativo
2. indicativo
3. subjuntivo
4. subjuntivo
5. subjuntivo
6. subjuntivo
7. indicativo
8. subjuntivo
9. indicativo
10. indicativo

D. Tú eres perfecto. El pobre Arturo necesita tener más confianza. Ayúdalo según el ejemplo.

    EJEMPLO   cantar "La bamba"
                   No hay nadie que cante "La bamba" mejor que tú.

1. leer en voz alta
2. hacer una cama
3. jugar a las damas
4. cocinar hamburguesas
5. saber hablar japonés
6. lanzar una pelota
7. pronosticar el tiempo
8. servir en tenis

1. lea
2. haga
3. juegue
4. cocine
5. sepa
6. lance
7. pronostique
8. sirva

E. ¿Quién será? Eres el director del drama que se presenta en el colegio. Los muchachos que quieren participar en la producción del drama están en el tablado°. Necesitas algunos de los muchachos que están ahí, pero también te faltan otras personas con otras características. Mira el dibujo y forma frases con las siguientes palabras. ¿Qué les dices?

stage

Necesito al (a la) muchacho(a) que: tiene pelo largo, está a la izquierda, usa sombrero.

EJEMPLO   Necesito a la muchacha que lleva gafas de sol.
           Necesito un muchacho que tenga el pelo rubio.

tener pelo largo   estar a la izquierda
hablar ruso   usar sombrero
llevar vestido largo   tener botas de vaquero

Unidad cinco

281

CASOS ESPECIALES

Estudia las palabras siguientes. Son palabras que los estudiantes norteamericanos de español suelen confundir.

1. el juego   *amusement, game, diversion*
   la partida   *set* (tennis)
   el partido   *game, match, contest*

   Me gusta el **juego** de damas.   *I like the **game** of checkers.*
   Perdí dos **partidas** de tenis.   *I lost two **sets** of tennis.*
   No pudo asistir al **partido** de   *He couldn't attend the football*
      fútbol ayer.   ***game** yesterday.*

2. el ambiente atmosphere, mood, ambience, surroundings
   la atmósfera atmosphere (air)

   El restaurante italiano tiene **ambiente** muy romántico. The Italian restaurant has a romantic **atmosphere**.
   La **atmósfera** está muy contaminada. The **atmosphere** is very polluted.

3. emocional (emotiva) emotional
   emocionante thrilling, exciting
   entusiasmado con excited by, enthusiastic about
   excitado stirred up, stimulated, roused

   La derrota de nuestro equipo fue muy **emocional (emotiva)**. The defeat of our team was very **emotional**.
   La regata fue **emocionante**. The boat race was **exciting**.
   Estoy muy **entusiasmado con** el juego de bolos. I'm very **enthusiastic about** bowling.
   El viejo está demasiado **excitado**. The old man is too **stirred up**.

4. a solas alone, unaided
   solo alone, single, only, lonely (adjectival uses)
   sólo (solamente) only, solely, merely (adverbial uses)

   ¿Hay alguien en casa o estás **a solas**? Is anyone home, or are you **alone**?
   A la niña no le gusta jugar **sola**. The girl does not like to play **alone**.
   El atleta ganó **sólo (solamente)** la primera carrera. The athlete won **only** the first race.

5. pedir to ask for (an object or action)
   preguntar to ask (a question, to solicit information)

   El criminal **pide** que el juez lo perdone y **pide** también limonada. The criminal **asks** that the judge pardon him and also **asks for** a lemonade.
   El abogado le **preguntó** al acusado su nombre y dirección. The lawyer **asked** the accused his name and address.

Actividades

A. Decisiones. Escoge la palabra apropiada según el contexto.

See Copying Masters.

1. Sus padres se fueron a Francia por dos semanas y por eso Javier se quedó (solo, sólo).
2. Quedan (a solas, solamente) dos jugadores en estas bases.
3. Yo te (pido, pregunto) que no pesques en este lago.
4. Sylvia me (pidió, preguntó) si leí el periódico hoy.
5. ¿Les gustaría participar en los (Partidos, Juegos) Olímpicos algún día?
6. El (partido, juego) de basquetbol terminó a las seis.
7. No estoy muy (entusiasmado, emocionante) con la lucha libre. Es aburrida.
8. Fue (emocionante, excitado) cuando Sara ganó su primera partida.
9. Estaba tan oscuro en el club que había (una atmósfera, un ambiente) muy misterioso(a).

1. solo
2. solamente
3. pido
4. preguntó
5. Juegos
6. partido
7. entusiasmado
8. emocionante
9. un ambiente

ST 41

B. Equivocado. Henry, un amigo de Fernando que es de Michigan, a veces se equivoca cuando habla español. Henry quiere que Fernando le diga cuando se equivoca. También quiere que le corrija. Escucha lo que dice Henry. ¿Qué diría Fernando? Cuando no se equivoca Henry, no digas nada. Pero cuando se equivoque, di la palabra correcta que le diría Fernando.

EJEMPLO   HENRY   La atmósfera de esta fiesta es muy bonita.
               FERNANDO   **el ambiente**

1. un partido
3. pidió
4. emocionante

CULTURA E IDIOMA

ASÍ SE DICE

¡Ay, caramba! ¡Qué desilusión!

A. Como todos los idiomas, el español tiene maneras de expresar desilusión o disgusto con varios grados de intensidad. Dos de las formas más suaves° son las siguientes.

más... milder

¡Ay, caramba!
¡Caray! } *Darn! Drat!*

B. Para responder a malas noticias, puedes decir estas frases.

¡No puede ser! ¡Ay, no! ¡Ay, mujer (hombre)!	Oh, no! (It can't be!)
¡Qué pena (lástima)!	That's too bad! (What a pity!)
¡Qué desgracia (mala suerte)!	What bad luck!
¿Qué le vamos a hacer?	What can we do?
¡No hay más remedio!	It can't be helped.
No es para tanto.	It's not that bad (not the end of the world).
¡Qué desilusión!	What a disappointment.

C. Si de veras estás enfadado°, puedes expresarlo con estas expresiones.   angry

¡Qué horror (barbaridad)!	That's terrible (awful)!
¡Qué ridículo!	That's ridiculous!
¡Qué pesado!	What a nuisance (pain)!
¡Eso es insoportable! ¡Esto es inaguantable!	This is unbearable!

D. Cuando se te acaba la paciencia, puedes decir estas frases.

¡Esto es el colmo!	This is the last straw!
No hay caso.	It's no use.
No faltaba más.	That's all I (we) needed.
¡Esa persona (cosa, etcétera) me trae frito!	That person (thing, etc.) is driving me crazy!
¡Estoy hasta las narices de él (ella, etcétera)!	I've had it up to here with him (her, etc.)!
¡Estoy harto!	I've had it!

E. Algunas de las quejas° comunes que puedes escuchar son las siguientes.   complaints

Siempre me lleva la contraria.	He's (She's) always against me.
Siempre se sale con la suya.	He (She) always gets his (her) way.

Aquí están unas respuestas directas.

¡Se las vas a pagar!	He (She) will get even!
¡Bien te lo mereces! ¡Fastídiate!	It serves you right!
¡Toma, pues!	So, there!
¡A que sí! (¡A que no!)	Do you want to bet? It is so! (It is not!) I can so! (You cannot!)

Actividades

ST 42

A. ¿Apropiado o no?   Escucha las frases. Lee la reacción a cada frase. ¿Es apropiada la reacción o no?

   EJEMPLO   Escuchas: Se me quebró la pierna.
            Lees: ¡Me las vas a pagar!
            No es apropiado.

1. ¡Eso es insoportable!
2. ¡Qué horror!
3. Siempre me lleva la contraria.
4. ¡No hay más remedio!
5. ¡Estoy hasta las narices de él!
6. ¡Qué pena!

1. sí
2. sí
3. no
4. no
5. sí
6. sí

B. Reacciones.   Descríbele las siguientes desgracias a un(a) compañero(a). Luego, éste (ésta) expresa su reacción. Después, inventa tus propias situaciones, y la clase te responderá.

   EJEMPLO   una mala nota
            Saqué una "F" en el examen.
            ¡Qué desgracia! (**No es para tanto.**)

1. un(a) novio(a) infiel
2. no asistir al baile del año
3. unos padres demasiados estrictos
4. un trabajo que no conseguiste
5. una enfermedad grave
6. un(a) amigo(a) que acaba de mudarse
7. un choque con el carro
8. un partido de fútbol perdido

C. Descripciones personales.   Escribe una composición corta (cinco a seis líneas) con las frases indicadas. Incluye las palabras sugeridas y da tus reacciones a la situación que has creado.

1. Esta mañana salí tarde y perdí el autobús... (accidente, jefe, almuerzo, sueldo)
2. Anoche fuimos Paquita y yo a cenar en un restaurante italiano... (camarero, sopa, platos, camisa, cuenta)
3. El año pasado mi tía hizo un viaje a... (avión, bosque, león, comida)

Unidad cinco

¡Fenomenal!

A. Las buenas noticias requieren una respuesta entusiasmada del que escucha.

¡Qué bien (increíble, magnífico)!	How nice (incredible, magnificent)!
¡Qué fenomenal! ¡Qué alegría!	How wonderful!
¡Cuánto me alegro!	I'm so happy (for you)!
¡Es estupendo (magnífico, formidable)!	That's fantastic (magnificent, terrific)!
¡Qué alivio!	What a relief!

B. Para decirle a alguien que de veras te gusta algo, puedes usar una de las expresiones siguientes.

¡Qué cosa (regalo, perrito, etcétera) más linda (rica, buena, etcétera)!	What a lovely (nice, good, etc.) thing (present, little dog, etc.)!
¡Qué chulo(a) (mono[a], guapo[a])!	He's (She's) so handsome (cute, pretty)!
¡Es precioso (bellísimo, etcétera)!	It's adorable (beautiful, etc.)!

C. Para expresar sorpresa, puedes decir una de estas frases.

¡Mira, tú!	Well, what do you know?
¡No puede ser! ¿Para mí?	You're kidding! For me?
¡Mira lo que es esto!	Will you look at this!
¡No lo esperaba!	I wasn't expecting it!
¡Qué emoción!	What a feeling! (I'm touched.)
¡Qué sorpresa!	What a surprise!
¿Cómo es posible?	It can't be! (I don't believe it!)

Actividades

ST 43

A. ¿Lógico o ridículo? Mira los dibujos. Escucha las expresiones. Según el dibujo, ¿es el sentido de la expresión lógico o ridículo?

EJEMPLO   ¡Qué sorpresa!
lógico

1. r
2. r
3. l
4. l
5. l
6. r

1.

2.

3.

4.

5.

6.

Unidad cinco

B. ¡Las últimas! Anuncia las siguientes noticias. Un(a) compañero(a) te ofrecerá una respuesta correspondiente a la noticia.

EJEMPLO un viaje a Grecia
**Me voy de viaje a Grecia el mes que viene.
¡Qué formidable! (¡Me alegro tanto!)**

1. un aumento de sueldo° inesperado
2. un pariente que se mejoró de una enfermedad grave
3. una nota sobresaliente en el examen
4. un premio enorme en el concurso de golf
5. un nuevo trabajo
6. una cita con un(a) amigo(a)
7. una licencia de conducir
8. una moto nueva
9. ¿...?

aumento... raise in salary

C. Reportajes. Escribe un diálogo de seis a ocho líneas sobre una o dos de las siguientes situaciones. Incluye expresiones de alegría y sorpresa.

1. Tu amigo(a) te muestra una foto de su primo(a) muy guapo(a); quiere presentártelo(a).
2. Tu compañero(a) consiguió un trabajo como reportero(a) en el extranjero. Sale pronto para África.
3. Tu hermano tuvo un accidente y está en el hospital, pero no está muy grave y puede irse a casa mañana.
4. Tu novio(a) acaba de darte un regalo muy caro.
5. ¿...?

D. Anita, la amable. Anita es una muchacha muy simpática y amable. ¿Cómo reacciona ella ante las noticias que escucha?

EJEMPLO Alicia y Jorge van a casarse en junio.
¡Qué alegría!

| ¡Qué perrito más lindo! | ¡Qué mona! | ¡Qué alivio! |
| ¡No puede ser! ¿Para mí? | ¡Qué alegría! | ¡Mira tú! |

1. ¡Qué mona!
2. ¡Mira tú! / ¡Qué alegría!
3. ¡No puede ser! ¿Para mí?
4. ¡Qué alivio!
5. ¡Qué perrito más lindo!

Situaciones

A. **¿Tienes futuro como reportero?** Dile el pronóstico del tiempo para mañana a otro(a) estudiante. Usa el tiempo futuro. La persona que escucha va a tomar apuntes para saber si el pronóstico es correcto o no. Mañana ustedes pueden decirle a la clase lo que pronosticó la otra persona.

B. **Minidiálogos.** Con otro estudiante, vas a crear minidiálogos. Las frases que están abajo representan las últimas líneas del diálogo. Cuando terminen, van a leer los diálogos a la clase. ¡Llénenlos con emoción!

EJEMPLO   Mi padre me dijo que no podía salir esta noche. ¡Qué desilusión!

¡Esto es el colmo!   ¿Cómo es posible?   ¡Es formidable!
¡No hay más remedio!   ¡Qué alivio!   ¡Fenomenal!

LECTURA

Para comenzar

Lee el siguiente cuento en silencio. Luego, trata de adivinar, según el contexto, el significado de las palabras subrayadas en las siguientes frases.

1. Y si de pequeños nos tiranizó, cuando crecimos se hizo cada vez más intolerable.
   a. *spoiled*   b. *confused*   c. *oppressed*

2. Vamos a guardar cada uno de los apuntes en libretas para compararlas.
   a. *booklets*   b. *bags*   c. *jars*

3. —Jugaré solo —dijo—. Despaché a los sirvientes. Quiero estar tranquilo.
   a. *dismissed*   b. *assembled*   c. *fired*

4. Luego, me serené y eché a caminar tranquilamente por la avenida en dirección al puerto.
   a. *cried out*   b. *calmed down*   c. *panicked*.

Isaac Aisemberg

Nacido en 1919, Isaac Aisemberg, autor argentino, estudió leyes y trabajó como periodista y escritor para la televisión y el cine. Sobresale en el terreno del cuento policíaco. Escribió también novelas policíacas, entre ellas *Manchas en el Río Bermejo* y *Tres negativos para un retrato*.

Jaque mate en dos jugadas

Yo lo envenené°. En dos horas quedaría liberado. Dejé a mi tío Néstor a las diez. Lo hice con alegría. Me ardían las mejillas. Me quemaban los labios. Luego, me serené y eché° a caminar tranquilamente por la avenida en dirección al puerto.

Me sentía contento. Liberado. Hasta Guillermo saldría bien en el asunto. ¡Pobre Guillermo! Era evidente que yo debía pensar y obrar° por ambos. Siempre fue así. Desde el día en que nuestro tío nos llevó a su casa. Nos encontramos perdidos en el palacio. Era un lugar seco, sin amor. Sólo el sonido metálico de las monedas. Y si de pequeños nos tiranizó, cuando crecimos se hizo cada vez más intolerable.

Guillermo se enamoró un buen día. A nuestro tío no le gustó la muchacha.
—¡Puaf! Es una ordinaria... —sentenció.
Conmigo tenía otra clase de problemas. Era un carácter contra otro. Insistió en que yo estudiara bioquímica. ¿Resultado? Un experto en póquer y en carreras de caballo.

Un día me dijo:
—Observo que te aplicas en el ajedrez. Eso me demuestra dos cosas: que eres inteligente y un perfecto holgazán°. Sin embargo, tu dedicación tendrá su premio. Vamos a guardar° cada uno de los apuntes de los juegos en libretas para compararlas. ¿Qué te parece?

Aquello me podría ganar muchos pesos, y acepté. Desde entonces, todas las noches apuntábamos.

Ahora todo había concluído. Cuando uno se encuentra en un callejón sin salida, el cerebro trabaja, busca. Y encuentra. Siempre hay salida para todo. No siempre es bueno. Pero es salida.

En la esquina, un policía me hizo saltar el corazón.
El veneno, ¿cómo se llamaba? Aconitina. Varias gotitas° en el coñac mientras conversábamos. Mi tío esa noche estaba encantador.

—Jugaré solo —dijo—. Despaché a los sirvientes. Quiero estar tranquilo. Puedes irte.
—Gracias, tío.

El veneno producía un efecto lento, a la hora, o más, según la persona. Justamente durante el sueño. El resultado: la apariencia de un pacífico ataque cardíaco, sin huellas comprometedoras°. ¿Y si me descubrían? ¡Imposible!

Pero, ¿y Guillermo? Sí. Guillermo era un problema. Lo encontré en el hall. Descendía la escalera, preocupado.
—¡Estoy harto! —dijo.
—¡Vamos! —le toqué la espalda.

Unidad cinco

—Es que el viejo me enloquece. Desde que le llevas la corriente en el ajedrez, se la toma conmigo. Y Matilde me dio un ultimatum: o ella, o tío.

—Opta por ella. Es fácil elegir. Es lo que yo haría...

Me miró desesperado. Con brillo demoníaco en las pupilas; pero el pobre tonto jamás buscaría el medio de resolver su problema.

—Yo lo haría —siguió—, pero, ¿con qué viviríamos? Ya sabes cómo es el viejo. ¡Me cortaría el dinero! No hay escapatoria. Pero yo hablaré con el viejo tirano. ¿Dónde está ahora?

Me asusté. Si el veneno resultaba rápido... Al notar los primeros síntomas alguien podría ayudarlo...

—Está en la biblioteca —exclamé—, pero déjalo en paz. Acaba de jugar la partida de ajedrez, y despachó a los sirvientes. Consuélate en un cine o en un bar.

Se encogió° de hombros. —Lo veré en otro momento. Después de todo... Miré el reloj: las once y diez de la noche.   shrugged

Ya comenzaría a producir efecto. Primero un leve malestar°, nada más.   discomfort
Después un dolorcillo agudo°, pero nunca demasiado alarmante. Debía   sharp
de estar leyendo los diarios de la noche, los últimos. Y después, el libro, como gran epílogo. Sentía frío.

Decidí regresar. Nuevamente por la avenida; luego a la Plaza Mayor. El reloj me volvió a la realidad. Las once y treinta y seis. Si el veneno era eficaz, ya estaría todo listo. Ya sería dueño de millones. Ya sería libre... Ya sería..., ya sería asesino.

Por primera vez pensé en la palabra misma. Yo ¡asesino! Las rodillas me flaquearon°. Las manos transpiraban°. Un rubor me subió a las   weakened / perspired
mejillas, me quemó las orejas. El frasquito° de aconitina en el bolsillo   vial
pesaba una tonelada°. Era un insignificante cuentagotas° y contenía la   ton / eyedropper
muerte; lo arrojé° lejos.   hurled

Yo, asesino. Recordé la descripción del efecto del veneno: "en la lengua, sensación de hormigueo° que se extiende a la cara y a todo el cuerpo".   itching

Entré en un bar. "En el esófago y en el estómago, sensación de ardor°   burning
intenso." Millones. Póquer. Carreras. Viajes... "Sensación de angustia, de muerte próxima, enfriamiento generalizado..."

Había quedado solo. En el palacio. Con sus escaleras de mármol. Frente al tablero° de ajedrez. Allí el rey, la dama, la torre negra. Jaque mate.°   table / **Jaque...** Checkmate.

El tictac del reloj cubría todos los rumores. Hasta los de mi corazón. La una. Bebí mi coñac de un trago°.   gulp

A las dos y treinta de la mañana regresé a casa. Al principio no lo advertí. Hasta que un agente de policía me cerró el paso°. Me asusté.   **me...** blocked my way

—¿El señor Claudio Álvarez?

—Sí, señor... —respondí humildemente.

—Pase usted...

En el hall, cerca de la escalera, varias personas de uniforme. Guillermo no estaba presente.

Uno de los uniformados avanzó hacia mí, y me inspeccionó como a un cobayo°. *guinea pig*
—Lamento decírselo, señor. Su tío ha muerto...asesinado —anunció.
—¡Dios mío! —exclamé— ¡Es inaudito°! *unheard of*
Las palabras sonaron a hipócritas. (¡Ese dichoso veneno dejaba huellas! ¿Pero, cómo...cómo?)
—¿Puedo...puedo verlo? —pregunté.
—Por el momento, no. Además, quiero que me conteste algunas preguntas.
—Como usted quiera...
Lo seguí a la biblioteca. Me dijo que se llamaba inspector Villegas, y me indicó un sillón y se sentó en otro.
—Usted es el sobrino... Claudio.
—Sí, señor.
—Pues, bien: explíqueme qué hizo esta noche.
—Cenamos los tres, juntos como siempre. Guillermo se retiró a su habitación. Quedamos mi tío y yo charlando un rato; pasamos a la biblioteca. Después, jugamos nuestra habitual partida de ajedrez; me despedí de mi tío y salí. En el hall me encontré con Guillermo, que salía a la calle. Cambiamos unas palabras y me fui.
—¿Y los sirvientes?
—Mi tío deseaba quedarse solo. Los despachó después de cenar.
—De manera que jugaron la partidita, ¿eh?
—Sí, señor... —admití.

No podía desdecirme°. Eso también se lo había dicho a Guillermo. Y probablemente Guillermo al inspector Villegas. Porque mi hermano debía de estar en alguna parte. El sistema de la policía: aislarnos, dejarnos solos, indefensos, para pillarnos°. *contradict myself* *to catch us*

—Tengo entendido que ustedes llevaban un registro de las jugadas. ¿Quiere mostrarme su libreta de apuntes, señor Álvarez?
—¿Apuntes?
—Sí, hombre —el policía era implacable— deseo verla. Si jugaron como siempre...
Comencé a tartamudear°. *to stutter*
—Es que... ¡Claro que jugamos como siempre!
Las lágrimas comenzaron a quemarme los ojos. Miedo. Un miedo espantoso. Como debía de sentirlo tío Néstor. El silencio era absoluto. Dos ojos, seis ojos, ocho ojos, mil ojos. ¡Oh, qué angustia!
Me tenían... me tenían... Jugaban con mi desesperación. Se divertían con mi culpa.
De pronto el inspector gruñó:
—¿Y?
Una sola letra, ¡pero tanto!
—¿Y? —repitió—. Usted fue el último que lo vio con vida. Y además, muerto. El señor Álvarez no hizo anotación alguna esta vez, señor mío.

No sé por qué me puse de pie. Tenso. Elevé mis brazos, los estiré°. Al final chillé con voz que no era la mía:

—¡Basta! Si lo saben, ¿para qué preguntan? ¡Yo lo maté! ¡Yo lo maté! ¿Y qué hay? ¡Lo odiaba con toda mi alma! ¡Estaba cansado de su despotismo! ¡Lo maté! ¡Lo maté!

El inspector no pareció muy sorprendido.

—¡Cielos! —dijo—. Fue más pronto de lo que yo esperaba. Ya que se le soltó la lengua. ¿Dónde está el revólver?

El inspector Villegas insistió imperturbable.

—¡Vamos, no se haga el tonto ahora! ¡El revólver! ¿O ha olvidado que lo mató de un tiro? ¡Un tiro en la mitad de la frente, compañero! ¡Qué puntería!°

stretched

¡Qué...! What good aim!

Según la lectura

Pon los siguientes sucesos en orden cronológico.

1. El narrador habla con Guillermo.
2. Los sirvientes se van.
3. El narrador entra en un bar.
4. El inspector Villegas interroga al narrador.
5. La familia cena.
6. El narrador confiesa el crimen.
7. Arroja el frasquito de acotinina.
8. Guillermo le cuenta sus problemas a su hermano.

5.
2.
1.
7.
3.
4.
6.

Ahora completa las siguientes frases.

1. Guillermo odiaba a su tío porque...
2. El narrador odiaba a su tío porque...
3. El narrador pensaba que su hermano era...
4. La libreta de apuntes tenía importancia porque...
5. Los efectos del veneno eran...
6. El narrador confesó su crimen porque...
7. El final del cuento es sorprendente porque...
8. El verdadero asesino fue...

En tu opinión

1. ¿Qué significa "jaque mate"? Explica el significado del título. ¿Quién gana al final? Justifica tu respuesta.

2. ¿Cuándo miente el narrador por primera vez? ¿Cómo afecta esa mentira el desarrollo del cuento? ¿Recuerdas alguna vez en que una mentira que hiciste te afectó la vida de alguna forma? ¿Cómo? ¿Lo harías otra vez? ¿Por qué?

3. "Siempre hay salida para todo". "No hay escapatoria". ¿Quién dijo cada frase? ¿Cuál de los dos tiene razón al final? ¿Cuál suele ser la filosofía tuya? Cita un ejemplo cuando una de estas filosofías te ayudó a resolver una situación.

4. ¿Qué impresión tienes de Guillermo al principio del cuento? ¿Y al final? ¿Por qué cambió tu impresión? ¿Te sorprendió el final del cuento? ¿Recuerdas alguna vez cuando las acciones de un amigo contradijeron su carácter? Describe las circunstancias.

COMPOSICIÓN

A. **Yo, el autor.** Contesta por escrito las siguientes preguntas o escribe algo breve sobre los temas que siguen. Están basadas en temas de esta unidad.

1. ¿Has vivido en un clima tropical? ¿Frío? ¿Templado? ¿Cuál prefieres? ¿Por qué? ¿Qué lugar consideras ideal por el clima?
2. ¿Puedes describir los efectos de los siguientes fenómenos naturales?

   nevadas   terremotos   inundaciones   tornados

   ¿Recuerdas un hecho histórico que incluyó uno de estos desastres?

3. ¿Qué papel tienen los deportes en la vida escolar en los Estados Unidos? ¿Son una fuerza positiva o negativa? Explica.
4. ¿Cuáles son los deportes más violentos? ¿Crees que hay demasiada violencia en los deportes? Explica. ¿Qué podemos hacer para cambiar esto?
5. Escoge uno de los titulares siguientes y escribe algo apropiado. También puedes escribir sobre un titular original.

   Protesta de las secretarias
   Huelga de hambre en la prisión estatal
   A los ochenta y un años sigue trabajando en Hollywood

   Jorge Avellaneda gana el maratón
   Reacciones a los ataques terroristas
   Hombre condenado por asesinato a policía

Y en resumen

ST 45

A. Las olimpíadas. Jorge es una de las muchas personas que van a organizar las próximas Olimpíadas. Por eso necesita muchas cosas. Escucha lo que dice Jorge e indica si sabe que esta cosa o persona existe (**Sabe**) o no (**No sabe**).

1. No sabe.
2. No sabe.
3. Sabe.
4. Sabe.
5. No sabe.
6. No sabe.

EJEMPLO Busco un locutor que sepa hablar español.
No sabe.

ST 46

B. La montaña rusa° de emociones. Todo el mundo te llama hoy para decirte sus problemas y buenas noticias. ¿Cómo responderías a las siguientes noticias?

La... roller coaster
Answers may vary.
1. ¡Qué alegría!
2. ¡No hay más remedio!
3. ¡Qué fenomenal!
4. ¡Qué desilusión!
5. ¡Qué alegría!
6. ¡Qué magnífico!

EJEMPLO Mi hermano tiene gripe.
¡Qué pena!

C. La agonía de la derrota. Forma frases usando los términos entre paréntesis, según el ejemplo. See Copying Masters.

EJEMPLO Nuestro equipo gana. (Es mejor...)
Es mejor que nuestro equipo gane.

1. Nuestro equipo es el peor de la liga. (Es verdad...)
2. El equipo pierde todos los partidos. (Es imposible...)
3. El lanzador lanza muy mal. (Es una lástima...)
4. El receptor no juega bien hoy. (Lamentamos...)
5. Juan no sabe donde está la primera base. (Siento...)
6. Tiene la culpa el entrenador. (No creemos...)
7. Van a mejorarse el año que viene. (Dudo...)
8. Los aficionados siempre son fieles. (Creo...)

1. es
2. pierda
3. lance
4. juegue
5. sepa
6. tenga
7. vayan
8. son

PÉRDIDAS

Perdida, día 1 abril, barrio San José, perra caza, grande, color hígado, sin collar. Se gratificará. Teléfono 275 67 63

Escuela de lengua inglesa en el país de lagos y montañas. Estudien Uds. y diviértanse en pequeños grupos en unas vacaciones especiales. Escriban a Susan Fenwick, Kendale Path, Cumbria, Inglaterra.

D. Conversemos. Discute lo siguiente con un(a) compañero(a).

1. ¿Crees que los medios de comunicación influyen en las noticias? Explica. ¿Qué debemos hacer para asegurarnos que los reporteros sólo cuenten las noticias?
2. ¿Son algunos reporteros también "estrellas" de la televisión? ¿Influye la personalidad del reportero en tu decisión de escoger un canal más que otro? Explica.
3. ¿Consultas el periódico para escoger un programa de televisión? ¿Lees las descripciones de los episodios?

E. Entrevista. Eres periodista del periódico de tu escuela. Con un(a) compañero(a) representen una entrevista con una de las siguientes personas.

un(a) futbolista
un(a) maestro(a)
el (la) gobernador(a) de tu estado

un(a) músico(a) de rock
un(a) estudiante de intercambio
¿...?

F. Los anuncios clasificados. Lee los avisos clasificados arriba y contesta las preguntas. Luego, escribe un anuncio para publicar en el periódico y léelo a la clase.

¿Quién escribió este anuncio? ¿Qué clase de perra es? ¿El dueño va a ofrecer recompensa?

Describe esta escuela. ¿Qué métodos usan para enseñar el idioma? ¿Dónde queda la escuela? ¿Cuáles son algunas de las actividades extraescolares°?

° extracurricular

CONTEXTOS CULTURALES

La vida de los ocho estudiantes de Paterson, New Jersey, continúa llena de excitantes emociones en Maracaibo, Venezuela, donde estudian español. Steve Berman, "el sabelotodo", se fue a Argentina mientras que Jesse Valenzuela y Jeff Richards tienen la oportunidad de convertirse en estrellas mundiales del deporte...

¡Hola, che°! Mirá que° los argentinos hablan castellano diferente. Hasta los pibes° hablan de vos. Vos llegás° a Buenos Aires, che, y te sentís° como en Europa. Oíme°, che, esta nación es en verdad muy culta y muy hermosa, y los bifes° son los más sabrosos del mundo. Ayer fuimos a las cataratas° de Iguazú. ¡Qué belleza, che! Pasado mañana regresamos a Maracaibo. Un abrazo.

Steve "Che" Berman

man / **mirá**... look, you know

boys
vos... you arrive
te... you feel
listen

steaks

cataracts, waterfalls

Tarjeta postal enviada por Steve Berman desde el país del gaucho y la pampa

300

FRONTERAS

Entrevista a Jeff Richards y Jesse Valenzuela del 11 de octubre de 1990 por un periodista deportivo

Dos novatos norteamericanos en la Vuelta de Maracaibo

Jeff Richards y Jesse Valenzuela son dos destacados jóvenes deportistas norteamericanos que se encuentran en Maracaibo estudiando español y que participarán en la famosa vuelta en bicicleta a esta ciudad. Valenzuela, de ascendencia mexicana, y Richards, le concedieron a nuestro diario esta entrevista.

LP ¿Qué representa el día de mañana para ustedes?
JR El día más emocionante de nuestras vidas. Después de un mes de entrenamiento por fin vamos a participar en la famosa vuelta en bicicleta a Maracaibo.
LP ¿Desde cuándo se dedican al ciclismo?
JV Jeff y yo practicamos el ciclismo desde hace varios años, pero no en competencia. Nosotros somos ciclistas de fin de semana y por diversión. En New Jersey salimos al campo a andar en bicicleta por varias horas a la semana.
LP ¿Es muy popular el ciclismo en los Estados Unidos?
JR No tan popular como aquí. Evidentemente el ciclismo en algunas partes de hispanoamérica es una verdadera pasión. Ayer y antier, o durante la primera y segunda etapas, la nación se paralizó. Esto nos sorprendió mucho.
LP ¿Qué otros deportes practican?
JV Yo he sido campeón los dos últimos años en triatlón° en mi estado. triathlon
JR Y yo soy campeón gimnasta en New Jersey, con posibilidad de llegar a los juegos olímpicos.
LP Ayer hubo muchos ciclistas que perdieron en la primera vuelta y mañana habrá más. ¿Qué posibilidades tienen de ganar?
JV Los norteamericanos aquí tuvimos suerte y todos calificamos para la última etapa mañana. Sin embargo hay muchos ciclistas aquí que se dedican principalmente al ciclismo y que son muy buenos y será difícil, aunque no imposible, ganar.
LP ¿Cuál ha sido su mejor experiencia en Venezuela?
JV Los venezolanos y otros latinoamericanos que he conocido me han hecho sentirme como uno de ellos.
JR Para mí, ha sido la belleza de Sudamérica y la alegría de su gente.

Nos despedimos de ambos jóvenes deseándoles mucha suerte ya que en verdad se enfrentarán mañana a verdaderos monstruos sagrados del ciclismo de Europa y Latinoamérica. El ciclista que gane se convertirá en héroe nacional en su país.

En memoria de…
Cuando se muere una persona importante en Latinoamérica, los amigos de la familia y otros conocidos compran espacio en los periódicos para expresar públicamente que sienten mucho la muerte de esa persona. A estos anuncios se les llama "esquelas".

Lo que aprendieron en su viaje

Unidad 6

El legado hispano en los EE.UU.

En esta unidad vas a

- hablar de política y gobierno
- usar expresiones de despedida
- usar expresiones de duda

También vas a aprender

- los tiempos perfectos
- el imperfecto del subjuntivo
- la correlación de tiempos
- verbos con preposiciones
- más preposiciones
- el pronombre como objeto de la preposición
- el uso del subjuntivo en cláusulas adverbiales
- el uso del subjuntivo con cláusulas condicionales con **si**

LECCIÓN 16

EN CONTEXTO

Para comenzar

Describe lo que pasa en el dibujo. Tienes que usar tu imaginación para contestar algunas preguntas.

1. ¿Cuáles son algunos lugares de los Estados Unidos que tienen nombres españoles? ¿En qué partes de los Estados Unidos se ve más la influencia española? ¿Cómo se manifiesta esta influencia? Nombra algunas palabras inglesas de origen español.
2. ¿Qué significa "estereotipar"? ¿Por qué no es bueno estereotipar? ¿Existe un estereotipo del mexicano? ¿Del mexicanoamericano[1]? ¿Cuáles son? ¿Cuál ha sido el papel de la televisión en la formación de estos estereotipos? Explica.

---

[1] Es común escuchar "mexicoamericano" en partes de los Estados Unidos.

Herederos de la Raza

En las siguientes entrevistas, algunos chicanos y mexicanoamericanos hablan de su historia y cultura.

Rudy: Yo me considero americano de ascendencia mexicana. Otros usan la palabra "chicano". Para mí el término tiene un tono político y muestra una decisión consciente de exponer esa política.

María: Soy mexicanoamericana, o sea, ciudadana estadounidense, pero de origen mexicano. Es irónico que muchos nos consideren extranjeros cuando, en realidad, muchos de nosotros llevamos más tiempo en este país que los norteamericanos de otros orígenes. No elegimos ser parte de los Estados Unidos sino que fuimos incorporados por fuerza—como resultado de una guerra entre México y los Estados Unidos. Hablamos de Aztlán, refiriéndonos al suroeste de los Estados Unidos. Según la leyenda, Aztlán era el lugar donde se originaron los antepasados de los aztecas. Texas, Nuevo México, Arizona, el sur de California y parte de Colorado y Nevada eran una parte de México hasta fines de la guerra entre México y los Estados Unidos. Por medio del Tratado de Guadalupe Hidalgo en 1848, ese territorio pasó a ser parte de los Estados Unidos.

Pablo: Estamos muy orgullosos de nuestra herencia° india. De los muchos pueblos° indios que habitaban la región de México y partes de Centroamérica, los más conocidos eran los mayas y los aztecas. Los antiguos mayas se destacaron° por sus descubrimientos astronómicos, por su tecnología agrícola, por su sistema de números y de escritura y por su compleja religión, que incluía muchos dioses diferentes, tanto buenos como malos. Los aztecas eran conocidos por su deseo de conquistar a todos los otros pueblos del centro de México. El sacrificio humano era un rito religioso entre ellos, y quizás por eso luchaban tanto. Moctezuma fue el gran emperador azteca que reinaba al llegar Cortés. Vivía en la ciudad de Tenochtitlán, rodeado de lujo y esplendor.

    heritage
    peoples

    stood out

Marta: Hoy en día, la vida de muchos mexicanomericanos en el suroeste no es fácil. Hay muchos que son obreros migratorios, o braceros. Las familias tienen que mudarse dos o tres veces al año, adonde haya trabajo. De niña, yo asistía a una escuela por sólo tres meses seguidos porque siempre teníamos que mudarnos al terminar la cosecha. No podía hacer amistades y recibir una buena educación. Además, me da mucha pena la imagen que nos ha dado la televisión norteamericana: la del bandido con poncho, bigote y pistolas. No es justo.

Rudy: Estoy muy orgulloso de mi raza y de los avances que hemos hecho en el campo político. Para nombrar sólo a algunos, tenemos al congresista Enrique Roybal; a Katherine Dávalos Ortega, quien fue tesorera de los Estados Unidos; a Henry G. Cisneros, el alcalde de San Antonio; y a Federico Peña, el alcalde de Denver. Hemos superado muchas dificultades y, por lo tanto, perduraremos.

Unidad seis

Preguntas acerca de la lectura

1. ¿Qué es Aztlán? ¿Es importante para los mexicanoamericanos?
2. ¿Quiénes eran los mayas y los aztecas? ¿Por qué son importantes en México y Centroamérica? Nombra tres campos° de la cultura en los que se distinguieron los mayas y los aztecas.   fields
3. ¿Qué avances han hecho los mexicanoamericanos los últimos diez años? ¿Por qué? Da algunos ejemplos.

En tu opinión

1. ¿Conoces a alguien de ascendencia mexicana? ¿Mantiene esa persona sus tradiciones étnicas? ¿Cómo?
2. Menciona cinco hechos interesantes sobre la cultura de tus antepasados. ¿Cuáles son cinco costumbres o tradiciones que tus antepasados han aportado° a la cultura norteamericana?   contributed

Expansión de vocabulario

SUSTANTIVOS		VERBOS	
la **alcachofa**	artichoke	**anexar**	to annex
el **betabel**	beet (*Mexico*)	**asimilarse**	to assimilate
el **boicoteo**	boycott	**aumentar**	to increase
el (la) **bracero(a)**	day laborer	**compartir**	to share
el **ciclo**	cycle	**cosechar**	to harvest
la **cosecha**	crop	**discriminar**	to discriminate
chicano(a)	Chicano, Mexican-American	**emigrar**	to emigrate, to migrate
la **década**	decade	**estereotipar**	to stereotype
el (la) **emigrante**	emigrant	**heredar**	to inherit
el **frijol**	bean	**inmigrar**	to immigrate
el (la) **hispano(a)**	person of Spanish or Latin American ancestry	**mezclar**	to mix, to combine
el (la) **inmigrante**	immigrant	**mudarse (de casa)**	to move (*from a residence*)
el (la) **mestizo(a)**	person of mixed Indian and European ancestry	**perdurar**	to persist
la **mezcla**	mixture	**pertenecer**	to belong, to pertain to
el (la) **mulato(a)**	person of mixed African and European ancestry	**regar (e → ie)**	to water (*plants*)
el **patrón** (la **patrona**)	boss	**resistir(se) a**	to resist
el **porcentaje**	percentage	**sembrar (e → ie)**	to sow
el **prejuicio**	prejudice	**ADJETIVOS Y EXPRESIONES**	
la **Raza**	*lit.* race (*commonly used to refer to Mexican-Americans as a whole*)	**de habla hispana**	Spanish-speaking
el (la) **refugiado(a)**	refugee	**hispánico (hispano)**	Hispanic
el **tratado**	treaty	**ilegal**	illegal

Actividades

A. Definiciones. Busca la definición a la derecha para cada palabra de la lista a la izquierda.

1. el patrón
2. el boicoteo
3. el bracero
4. inmigrar
5. el refugiado
6. chicano

a. persona que busca asilo en otro país a causa de guerras, revoluciones o persecusiones políticas
b. ciudadano de los Estados Unidos que pertenece a la minoría de origen mexicano
c. llegar a un país a vivir
d. persona que hace trabajos agrícolas en los Estados Unidos
e. empleador de obreros en trabajos y oficios
f. paro° voluntario de toda relación comercial para perjudicar° a una empresa

cessation
damage

1. e
2. f
3. d
4. c
5. a
6. b

B. ¿Qué palabra no pertenece? En cada grupo, escoge la palabra que no está relacionada con las otras y explica por qué.

1. mestizo
   mulato
   hispano
   bracero

2. pepino
   betabel
   cosecha
   alcachofa

3. regar
   sembrar
   cosechar
   heredar

4. pertenecer
   discriminar
   estereotipar
   tener prejuicios

1. bracero
2. cosecha
3. heredar
4. pertenecer

C. El lenguaje de mi generación. ¿Cuáles son algunas palabras relacionadas con la música, los deportes, la moda, el trabajo, la economía y otros aspectos que se asocian con grupos étnicos en tu cultura? ¿Por qué? Haz unas frases como en el ejemplo.

EJEMPLOS   La salsa es un ritmo relativamente nuevo.
            Las galletas de la fortuna son interesantes.

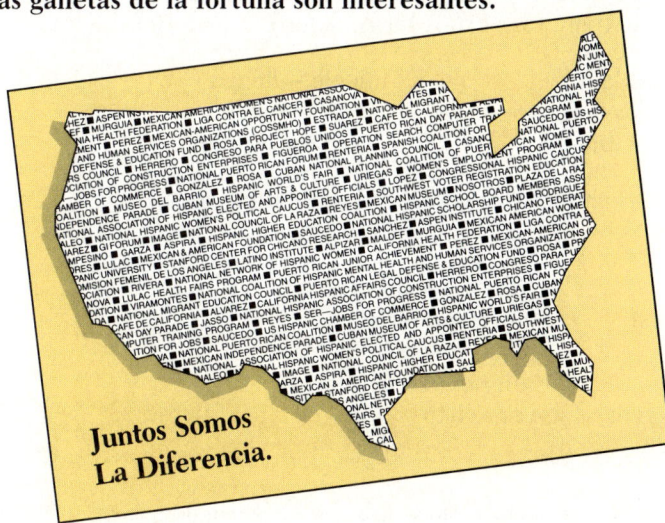

Unidad seis   307

EXPLORACIÓN

Los tiempos perfectos

Los tiempos perfectos se construyen tomando una forma del verbo **haber** (*to have*) más el participio pasado del verbo que se conjuga. El verbo **haber** se usa como auxiliar y significa *to have* en el sentido de *to have done something*. No debe confundirse con **tener**.

A. Las formas de **haber** que corresponden a cada tiempo perfecto son las siguientes.

Presente perfecto (*have*)		Pluscuamperfecto[2] (*had*)		Futuro perfecto (*will have*)	
he	hemos	había	habíamos	habré	habremos
has	habéis	habías	habíais	habrás	habréis
ha	han	había	habían	habrá	habrán

Condicional perfecto (*would have*)		Presente perfecto subjuntivo (*have*)		Pluscuamperfecto subjuntivo (*had*)	
habría	habríamos	haya	hayamos	hubiera	hubiéramos
habrías	habríais	hayas	hayáis	hubieras	hubierais
habría	habrían	haya	hayan	hubiera	hubieran

B. El participio pasado de los verbos regulares se forma quitando las terminaciones del infinitivo (**-ar, -er, -ir**) y añadiendo **-ado** (para los verbos terminados en **-ar**) o **-ido** (para los verbos terminados en **-er** o **-ir**).

  -ar en **-ado**   hablar–hablado   llegar – llegado
  -er en **-ido**   comprender–comprendido leer – leído
  -ir en **-ido**   recibir–recibido   venir – venido

C. Algunos verbos comunes como éstos tienen participios pasados irregulares.

  abrir–**abierto**   hacer–**hecho**
  (com)poner–(**com**)**puesto**   morir–**muerto**
  decir–**dicho**   resolver–**resuelto**
  (d)escribir–(**d**)**escrito**   romper–**roto**
  (des)cubrir–(**des**)**cubierto** ver–**visto**
  (de)volver–(**de**)**vuelto**

---

[2] El pretérito perfecto (**hube, hubiste, hubo, hubimos, hubisteis, hubieron** más el participio pasado) es principalmente un tiempo literario y se usa pocas veces en el español hablado.

D. El participio pasado de los verbos en **-er** y en **-ir** cuya raíz termina en **-a, -e** u **-o** tiene un acento sobre la **i**.

    caer–**caído**   creer–**creído**   oír–**oído**

E. El participio pasado no cambia cuando se usa con un tiempo perfecto, sin importar el número ni el género del sujeto.

Eduardo ya ha **llegado** a Los Ángeles.	*Eduardo has already arrived in Los Angeles.*
Sus hermanas han **venido** con él.	*His sisters have come with him.*

F. Los pronombres objetivos y reflexivos van siempre delante de la forma conjugada del verbo **haber**.

Pablo no **me** ha escrito todavía.	*Pablo has not written to me yet.*
Mamá ya **se los** ha dado.	*Mother has already given them to her.*

G. Se usa el tiempo presente perfecto para describir una acción o acontecimiento cumplidos recientemente, pero que todavía afectan al presente.[3]

¿Has sembrado el jardín? Sí, sólo falta regar.	*Have you planted the garden? Yes, it only needs watering.*

H. El tiempo pluscuamperfecto (*pluperfect*) se usa para describir una acción que se cumplió antes de otra acción pasada. Algunas expresiones como **ya, antes, nunca** y **todavía** indican a veces que una acción se cumplió antes que otra.

Cuando llegaron los españoles, los aztecas ya habían establecido una civilización avanzada.	*When the Spaniards arrived, the Aztecs had already established an advanced civilization.*

I. Los tiempos futuro perfecto y condicional perfecto se usan para describir lo que va a pasar (*will happen*) y lo que podría haber sucedido (*would have happened*). También se pueden usar para expresar probabilidad con los tiempos simples.

Habrá leído el artículo sobre los mayas.	*He will have read (has probably read) the article on the Mayans.*
¿Habría hecho Margarita lo mismo?	*Would Margarita have done (Do you think Margarita had done) the same?*

---

[3] En España, se usa este tiempo en vez del pretérito con más frecuencia que en Latinoamérica.

Actividades

A. Un hermanito muy activo. Tu hermano Manuel quiere que tú y él hagan algo juntos. Te sugiere varias cosas, pero tú ya las has hecho. Busca un(a) compañero(a) que haga el papel de Manuel.

> EJEMPLO   ver *Las guerras espaciales*
> Manuel: ¿Vamos a ver *Las guerras espaciales*?
> Tú: *Las guerras espaciales*? Ya la he visto.

1. abrir el regalo
2. devolver el disco prestado
3. escribir cartas a los primos
4. resolver el problema de matemáticas
5. poner dinero en el banco
6. componer el coche
7. decirles la verdad a los abuelos

1. lo he abierto
2. lo he devuelto
3. las he escrito
4. lo he resuelto
5. lo he puesto
6. lo he compuesto
7. se la he dicho

B. El pasado y el futuro. Lee la siguiente lista e indica las cosas que has hecho, las que habías hecho antes de la escuela secundaria y las que habrás hecho cuando hayas cumplido treinta años.

> EJEMPLO   ver una corrida de toros
> **Nunca he visto una.**

1. esquiar
2. ir a una fiesta de año nuevo
3. ser millonario(a)
4. conducir un coche
5. tener coche
6. ganar dinero
7. conseguir un buen trabajo
8. salir solo(a) con un(a) chico(a)
9. comprar casa
10. viajar en avión

Answers should contain he *or* había *or* habré:
1. esquiado
2. ido
3. sido
4. conducido
5. tenido
6. ganado
7. conseguido
8. salido
9. comprado
10. viajado

C. Los recién llegados. Una familia inmigrante acaba de llegar a Los Ángeles, y quieres ayudarla. Con un(a) compañero(a), hagan los dos papeles según el ejemplo.

> EJEMPLO   comprar una casa
> **¿Necesitan ustedes comprar una casa?**
> **Ya hemos comprado una.**

1. conseguir un trabajo
2. encontrar un coche
3. consultar un mapa de Los Ángeles
4. repasar una lista de tiendas cercanas
5. conocer a los vecinos
6. visitar la Oficina de Inmigración
7. ir al consultorio del médico
8. matricular a los niños en la escuela

1. hemos conseguido uno
2. hemos encontrado uno
3. hemos consultado uno
4. hemos repasado una
5. hemos conocido a unos
6. hemos visitado una
7. hemos ido a uno
8. los hemos matriculado

D. Organizándose. Cuando uno es nuevo en la vecindad, siempre hay mucho que hacer. Forma frases según el ejemplo.

EJEMPLO eché al buzón la carta que mi hermana / escribir
Eché la carta que mi hermana había escrito.

1. papá llevó las cajas que mamá / empaquetar
2. pedimos la dirección del restaurante que el vecino / sugerir
3. comimos el plato que mis abuelos / preparar
4. lavamos el suelo que nosotros / ensuciar
5. mi hermano arregló los platos que papá / romper
6. Sofía buscó el azúcar que mamá / devolver

1. había empaquetado 2. había sugerido 3. habían preparado 4. habíamos ensuciado 5. había roto 6. había devuelto

E. ¿Todavía? Enrique va a pasar el mes de mayo en México y en América Central. Con un(a) compañero(a), formen frases según el ejemplo.

EJEMPLO hacer un viaje a la América Central
**¿Has hecho un viaje a la América Central?
No, pero lo habré hecho para junio.**

1. visitar las pirámides mayas
2. ver las ruinas aztecas
3. ir por Honduras
4. nadar en el Mar Caribe
5. quedarse una noche en Panamá
6. familiarizarse con la cultura
7. pedir la comida indígena
8. investigar las costumbres mexicanas

1. has visitado / las habré visitado
2. has visto / las habré visto
3. has ido / habré ido
4. has nadado / habré nadado en él
5. te has quedado / me habré quedado allí
6. te has familiarizado / me habré familiarizado con ella
7. has pedido / la habré pedido
8. has investigado / las habré investigado

F. Una llamada de larga distancia. Guillermo es de México, pero va a vivir con su primo en Texas. Su padre lo llama por teléfono y le pregunta lo siguiente. ¿Qué le contesta Guillermo?

EJEMPLO ¿No llamaste a Juanita? (perder su número de teléfono)
Yo la habría llamado, pero perdí su número de teléfono.

1. ¿Visitaste a los Gómez? (tener muchas tareas)
2. ¿No depositaste dinero en el banco? (perderlo)
3. ¿Le escribiste a tu mamá? (gastar el tiempo en tonterías)
4. ¿No me enviaste las revistas? (no comprarlas todavía)
5. ¿Renovaste la visa? (no poder ir a la embajada)

1. los habría visitado, tuve
2. lo habría depositado, lo perdí
3. le habría escrito, gasté
4. se las habría enviado, no las compré
5. la habría renovado, no pude ir

G. Excusas. ¿Qué excusas les das a tus padres cuando te reclaman° las cosas que no has hecho? Contesta las siguientes preguntas con una excusa que les darías a tus padres. Trabaja con un(a) compañero(a).

complain

EJEMPLOS ¿Sacaste la basura? See Copying Masters.
**La habría sacado, pero se me olvidó.
La habré sacado cuando ustedes vuelvan.**

1. ¿Limpiaste tu cuarto?
2. ¿Llamaste a tu abuelita?
3. ¿Le diste de comer al perrito?
4. ¿Guardaste tu motocicleta?
5. ¿Practicaste la lección de piano?
6. ¿Lavaste la ropa sucia?

1. la habría (habré) limpiado
2. le habría (habré) llamado
3. le habría (habré) dado
4. la habría (habré) guardado
5. la habría (habré) practicado
6. la habría (habré) lavado

Unidad seis 311

H. Los preparativos. Cristina va a tener una fiesta el sábado por la noche. Hoy es viernes y ya ha hecho algunos de los preparativos, pero todavía le quedan otros. Para contestar las preguntas que vas a escuchar, mira las siguientes listas que Cristina ha preparado.

EJEMPLOS ¿Ya llamó a los invitados?   ¿Ya hizo el ponche?
Sí, ya los ha llamado.   No, no lo ha hecho todavía.

Cosas preparadas

pedirle unos discos a Rubén
limpiar la casa
llamar a los invitados
decirle a Lupe que traiga
   la guitarra

Cosas que va a hacer
el sábado por la mañana

invitar a su novio
decorar la sala
comprar un regalo a Rita
cubrir la mesa con el
   mantel

1. no la ha decorado
2. no se lo ha comprado
3. los ha pedido
4. la ha limpiado
5. no la ha cubierto
6. se lo ha dicho

I. ¡Hay excusas y hay excusas! Con otro(a) compañero(a), háganse las siguientes preguntas. Una va a hacer el papel de Bonifacia, la bromista que siempre da excusas ridículas. El otro hará el papel de Lázaro, el que siempre tiene excusas lógicas. Usen las siguientes excusas o piensen en otras.

EJEMPLO   ¿Llamaste a tu abuelita?
LÁZARO   No, no he llamado a mi abuelita porque no está en casa.
BONIFACIA No, no he llamado a mi abuelita porque mi perro se comió el teléfono.

1. ¿Bañaste al perro?
2. ¿Hiciste la tarea para mañana?
3. ¿Regaste el jardín?
4. ¿Arreglaste tu cuarto?
5. ¿Estudiaste para el examen?
6. ¿Sacaste la basura?

hoy es martes
está lloviendo
tengo cita con el presidente
porque se me escapó
no tiene pelo
estoy enfermo

habrá terremoto hoy
no la recogen hoy
no hay examen mañana
tengo que ayudar a mi madre
voy a comerla más tarde
¿...?

FRONTERAS

EXPLORACIÓN

El imperfecto del subjuntivo

A. Para formar el imperfecto del subjuntivo, se le quita la terminación **-ron** a la tercera persona plural del pretérito y se le añaden las terminaciones siguientes. Nota el acento sobre la forma **nosotros**.

hablar		comprender	
hablara	habláramos	comprendiera	comprendiéramos
hablaras	hablarais	comprendieras	comprendierais
hablara	hablaran	comprendiera	comprendieran

escribir	
escribiera	escribiéramos
escribieras	escribierais
escribiera	escribieran

B. En España y en el español literario se usa con frecuencia otro grupo de terminaciones. Nota el acento sobre la forma **nosotros**.

hablase	hablásemos
hablases	hablaseis
hablase	hablasen

C. No hay excepciones a la regla para formar el imperfecto del subjuntivo. Por lo tanto, la raíz irregular de la tercera persona del pretérito tendrá la misma irregularidad en el imperfecto del subjuntivo.

decir	dijeron	dijeran (dijesen)
dormir	durmieron	durmieran (durmiesen)
leer	leyeron	leyeran (leyesen)
ser	fueron	fueran (fuesen)

Actividades

A. Quizás. Rosario llega a un planeta desconocido. No sabe dónde está y no encuentra a nadie con quien hablar. Examina todas las cosas que encuentra y empieza a especular sobre los habitantes y sus costumbres. Ayuda a Rosario a formar sus ideas.

EJEMPLO Rosario encuentra una antena de radio.
         Quizás escucharan música.

1. una botella vacía de leche
2. parte de un libro
3. una pluma roja
4. un boleto de cine
5. un disco de Los Beatles
6. una rueda y llanta de bicicleta

Answers may vary.
1. bebieran
2. leyeran
3. escribieran
4. fueran
5. escucharan
6. montaran

B. **Ojalá°**. Expresa los deseos no realizados sobre tu familia y amigos.   *I wish*
Forma tres frases con un(a) compañero(a) para expresar otros deseos.

   EJEMPLO   tu familia no tiene computadora
                      Ojalá° tuviéramos computadora.

1. tú no vistes a la moda
2. tu familia llega tarde a la casa de los abuelos
3. Marisol no puede ir de paseo con nosotras
4. Fernando y su familia no van a la playa este año
5. nosotros no trajimos el traje de baño
6. ¿...?

1. vistiera
2. llegáramos (llegara)
3. pudiera
4. fueran
5. trajéramos

EXPLORACIÓN

La correlación de tiempos

La siguiente tabla te ayudará a saber cuándo se usan el presente y el imperfecto del subjuntivo.

Cláusula principal	Cláusula subordinada
presente futuro mandato (o cualquier tiempo compuesto en el presente o en el futuro)	presente del subjuntivo presente perfecto del subjuntivo
pretérito imperfecto condicional (o cualquier tiempo compuesto en el pasado o en el condicional)	imperfecto del subjuntivo pluscuamperfecto del subjuntivo

A. Repasa las posibilidades que siguen.

Les manda			You order	
Les está mandando			You are ordering	
Les ha mandado	} que vuelvan.		You have ordered	} them to return.
Les mandará			You will order	
¡Mándeles usted…!			Order…!	

Me alegro	} que hayan vuelto.		I am glad	} they have returned.
Alégrate			Be glad	

Les mandó			You ordered	
Les mandaba			You were ordering	
Les había mandado	} que volvieran.		You had ordered	} them to return.
Les mandaría			You would order	
Les habría mandado			You would have ordered	

Temió	} que hubieran vuelto.		She feared	} they had returned.
Temía			She feared	

Sabría	} si hubieran vuelto.		He would know	} if they had returned.
Habría sabido			He would have known	

B. Se puede usar el imperfecto del subjuntivo en la cláusula subordinada aunque el verbo de la cláusula principal esté en el presente, cuando la acción de la cláusula subordinada ocurre antes.

Dudo que él llegara anoche.   *I doubt* (now) *that he arrived last night.*

C. Se usan los tiempos perfectos del subjuntivo en la cláusula subordinada para expresar una acción iniciada antes de la acción de la cláusula principal.

Es una lástima que él no **haya** llegado.   *It **is** a shame that he **has** not arrived.*
Era una lástima que él no **hubiera** llegado.   *It **was** a shame that he **had** not arrived.*

Actividades

A. Las preocupaciones de los padres. El señor y la señora Benavides están de vacaciones en Guatemala. La abuela está cuidando a los hijos. ¿Qué le dijeron los Benavides a la abuela cuando la llamaron?

EJEMPLO esperar / todos / ser buenos
Esperábamos que todos fueran buenos.

1. insistir / María / estudiar

2. dudar / Juan y Pablo / hacer los ejercicios

1. insistíamos / estudiara
2. dudábamos / hicieran
3. esperábamos / durmiera
4. temíamos / viera
5. preferíamos / leyeran
6. queríamos / comiera

3. esperar / abuela / dormir lo suficiente

4. temer / Ana / ver demasiada televisión

5. preferir / los niños / leer por la noche

B. La metamorfosis. Anita y Linda van a un concierto de música clásica. Lee el párrafo y llena los espacios con la forma apropiada del verbo entre paréntesis. Usa el imperfecto del subjuntivo o el pretérito, según corresponda.

Anita quería que Linda, su hermana, la (acompañar) __1__ a un concierto de música clásica anoche. Linda no quería ir, pero Anita insistió en que (ir) __2__. Linda (ponerse) __3__ una minifalda, pero al verla Anita le dijo que (llevar) __4__ un vestido. Cuando llegaron al concierto, (empezar) __5__ la música. Anita esperaba que a Linda le (gustar) __6__ la música clásica, pero dudaba que le (encantar) __7__. Por eso le sorprendió cuando Linda se levantó y empezó a bailar. ¡Qué metamorfosis!

6. querer / Javier / comer bien

1. acompañara
2. fuera
3. se puso
4. llevara
5. empezó
6. gustara
7. encantara

C. Un sabor nuevo. El chocolate, ya conocido entre los aztecas, no se conoció en Europa hasta que Cortés lo envió a España. Llena cada espacio de estas frases sobre el chocolate con la forma apropiada del verbo.

1. Es verdad que los aztecas (beber) ===== mucho chocolate.
2. Moctezuma ordenaba que sus sirvientes le (dar) ===== chocolate todos los días.
3. Cortés pidió que (enviar) ===== muestras° de chocolate a España.
4. Nadie (querer) ===== probar el nuevo sabor.
5. Es evidente que hoy día el chocolate (seguir) ===== siendo popular.
6. Pero los dentistas prefieren que los niños no (comer) ===== demasiado chocolate.
7. Y es dudoso que (haber) ===== muchas vitaminas en el chocolate.
8. Hoy mucha gente (preferir) ===== el chocolate a la vainilla.

1. bebían
2. dieran
3. enviaran
4. quería
5. sigue
6. coman
7. haya
8. prefiere

samples

D. La mudanza. Termina las frases siguientes con la mejor forma del verbo en cada grupo.

1. mudarse de casa
   a. Alejandro está contento de...
   b. Yo dudo que los García...
   c. No era fácil que nosotros...
   d. La semana pasada mi hermana...
2. hacer nuevas amistades
   a. Mamá nos asegura que nosotros...
   b. Nunca será muy difícil...
   c. Era muy bueno que toda la familia...
   d. Es una lástima que los niños todavía no...
3. asimilarse fácilmente
   a. La familia querría...
   b. Esperaba que los niños...
   c. No era posible que la abuela...
   d. Mamá cree que papá...
4. compartir sus tradiciones étnicas
   a. Era muy importante que los muchachos...
   b. Sería una lástima que la gente no...
   c. El presidente sugirió que los ciudadanos...
   d. Siempre es mejor...

Answers may vary.
1. a. haberse mudado
   b. se muden
   c. nos mudáramos
   d. se mudó
2. a. haremos
   b. hacer
   c. hubiera hecho
   d. hayan hecho
3. a. asimilarse
   b. se asimilaran
   c. se asimilara
   d. se asimila
4. a. compartieran
   b. compartiera
   c. compartieran
   d. compartir

E. Los primeros años. Susana habla con su nueva vecina mexicana y le pregunta acerca de sus primeros años en los Estados Unidos. Termina cada frase según el ejemplo.

EJEMPLO ¿Salió su familia de México en los años setenta? Sí, era preciso que...
Sí, era preciso que saliéramos en los años setenta.

1. nos estableciéramos
2. me adaptara (nos adaptáramos)
3. encontrara
4. tuviéramos
5. asistiera
6. aprendiéramos
7. no pudieran
8. conociéramos

Unidad seis

1. ¿Se establecieron ustedes primero en California? Sí, era más fácil que...
2. ¿Se adaptó fácilmente a la cultura? Sí, pero mi mamá dudaba que...
3. ¿Encontró empleo su hermano? Sí, me alegré de que...
4. ¿Tuvieron ustedes suficiente dinero? Sí, era bueno que...
5. ¿Asistió su hermana a la universidad? Sí, queríamos que...
6. ¿Aprendieron ustedes a hablar inglés en Los Ángeles? Sí, era necesario que...
7. ¿No pudieron venir sus tíos? No, sentía mucho que...
8. ¿Conocieron gente simpática aquí? Sí, estaba contentísima de que...

F. **Los titulares.** Imagínate que en el periódico hispano de Los Ángeles encontraste los siguientes datos. Al leerlos, ¿cómo reaccionaste? Usa las frases en la lista para expresarte.

> EJEMPLO Encontraron petróleo en Sacramento.
> **Era sorprendente que encontraran petróleo en Sacramento.**

sentía mucho   tenía miedo de   sería maravilloso
era una lástima ojalá   era muy triste
era sorprendente era mejor   era inevitable

1. Murió el dueño del Club Colón.
2. Empezaron un nuevo programa bilingüe en las escuelas.
3. Cerraron el Restaurante Caribeño.
4. Pereda perdió las elecciones municipales.
5. Valenzuela ganó otro partido de béisbol.
6. Hubo un accidente terrible en una fábrica central.
7. Gloria Estéfano cantó con Miami Sound Machine.
8. No hubo clases en las escuelas ayer.

G. **¿Qué crees?** Termina las frases de una manera lógica. Puedes adaptarlas si quieres.

> EJEMPLO Me alegro de que... (tu mamá / volver / ayer)
> **Me alegro de que tu mamá volviera ayer.**

1. Era preferible... (llamar / tarde / Pedro)
2. No había nadie que... (comer / el rey / fiesta)
3. Compró un libro que... (Evita / poco / gustar)
4. Será imposible que... (ir a la luna / amigos / cinco años)
5. El niño insistió en que su mamá... (dar / regalo / electrónico)
6. Me gusta que el (la) profesor(a)... (saber / dar / buen ejemplo)
7. Ojalá... (yo / poder / nadar bien)
8. Siempre creía que... (mi hermano[a] / ser / el [la] primero[a])
9. Le pediré a mi mejor amigo(a) que... (leer / el periódico / y llamarme)
10. Era importante que... (los deportistas / venir / a ganar)
11. Estábamos seguros de que... (tu dentista / ser / fantástico[a])

1. muriera   5. ganara
2. empezaran   6. hubiera
3. cerraran   7. cantara
4. perdiera   8. hubiera

1. llamar
2. comiera
3. le gustó
4. vayan
5. diera
6. sepa
7. pudiera
8. era
9. lea / me llame
10. vinieran
11. era

LECCIÓN 17

EN CONTEXTO

Para comenzar

1. ¿Sabes de una ciudad donde hay una comunidad cubana? ¿Hay una comunidad cubana en tu ciudad? ¿Es grande o pequeña?
2. ¿Cuáles son algunas de las contribuciones que han hecho los cubanos a la cultura norteamericana?
3. ¿Quiénes son algunos cubanos o cubanoamericanos famosos? ¿Por qué son conocidos?

De donde crece la palma

Aquí hablan algunos cubanoamericanos expresando sus ideas en un debate. Las siguientes opiniones dicen lo que ellos quieren que se sepa sobre la Cuba de entonces y la de ahora.

José: Cuba es una isla semitropical con una población de unos 9,5 millones de habitantes. Poco después de llegar Colón, la población indígena (los indios) fue desapareciendo por el maltrato, el abuso y la explotación de parte de los colonizadores. Por eso no se ve una marcada influencia india. La población es más bien una combinación del español y el africano, traído a la isla como esclavo° en el siglo XVI.   slave

Raúl: José Martí es nuestro héroe nacional por haber luchado tan valientemente contra los españoles por la independencia y la dignidad de Cuba.

Ana: En 1898, como resultado de la explosión del buque° norteamericano   ship
Maine en Cuba, se inició la Guerra Hispanoamericana entre España y los Estados Unidos, y Cuba pasó a manos norteamericanas. Poco más tarde, consiguió la autonomía. En 1952, Fulgencio Batista dio un golpe de estado y se proclamó dictador. Destruyó nuestro gobierno constitucional y lo reemplazó con uno de censura, represión y corrupción.

Raúl: En 1953 un joven abogado cubano, Fidel Castro Ruz, organizó un ataque contra el régimen de Batista, pero su misión fracasó. Sin embargo, había plantado las primeras semillas de revolución en la conciencia del pueblo. En 1958, a pesar de la represión política, Cuba era económicamente fuerte; era el segundo país más desarrollado de Latinoamérica, después de Argentina. En 1959 triunfó Fidel y había esperanzas de una Cuba nueva y libre. Es interesante que en ese mismo año Fidel se proclamara anticomunista. Un año más tarde empezó a establecer fuertes lazos con la Unión Soviética. Al año siguiente los Estados Unidos rompió relaciones con Cuba.

Tomás: El lema del régimen de Fidel es "Dentro de la Revolución todo, fuera de la Revolución nada". Eso significa para nosotros que todo tiene límites y que el punto final de ellos es Fidel.

Carmen: Lo bueno para muchos cubanos es que casi no hay analfabetismo en la isla. La vivienda, los centros de vacaciones y la educación están al alcance de todos, al igual que el cuidado médico.

Raúl: Sí, han mejorado la educación y la salud pública, pero no hay que idealizar sobre eso. No hay profesores que puedan contradecir la política del gobierno, o que tengan acceso a libros que se publican en el extranjero. Sólo hay un periódico importante y está controlado por el gobierno.

Ana: Varias veces en los últimos años ha habido escasez de todo. Hay muy pocos automóviles y los que hay son de los años cuarenta o cincuenta. Han tenido que usar el sistema de racionamiento. A veces cada familia recibe cupones para comprar cada quince días unas pocas latas° de leche condensada, un pollo de vez en cuando, unas onzas de café y no más. Es común que se agote el producto antes de poder comprarlo.

° cans

José: Los soviéticos le dan a Fidel más de 11 millones de dólares al día. Son ellos los que toman todas las decisiones.

Ana: Para mí, Fidel significa separación de familia.

José: Nosotros, los cubanoamericanos, primera generación de americanos, estamos muy al tanto de la situación política en Cuba. No hemos olvidado lo que les pasó a nuestros padres. Yo sé la razón por la cual estamos aquí; es por razones políticas. No vinimos aquí para aprovecharnos de las oportunidades que hay en los Estados Unidos, sino por razones políticas.

Preguntas acerca de la lectura

1. ¿Cuántos habitantes hay en Cuba? ¿Es de ascendencia indígena la mayoría? ¿Por qué (no)?
2. ¿Quién es Fidel Castro? ¿Cómo es el régimen de Fidel? ¿Qué es el lema de su régimen? ¿Qué significa este lema?
3. ¿Qué hechos históricos han influido en la relación entre los EE.UU. y Cuba? ¿Por qué es importante Cuba para los EE.UU.?
4. ¿Qué sentimientos tienen los cubanoamericanos en los EE.UU.? ¿Por qué?

En tu opinión

1. ¿Qué sabes de los cubanos en los EE.UU.? ¿Cómo lo sabes? ¿Por la televisión, la radio, los periódicos? ¿Qué sabes de sus intereses y de sus problemas?
2. ¿Has visitado alguna vez la "Pequeña Habana" en Miami? ¿Cómo es?
3. ¿Has probado alguna vez la comida cubana? ¿En qué consiste?
4. ¿Has estado alguna vez en un país de ideologías diferentes de las de los EE.UU.? Si no, ¿te gustaría ir? ¿Por qué? ¿Cómo sería? ¿Hay algunas ventajas del gobierno revolucionario en Cuba? ¿Cuáles son las desventajas?
5. ¿Qué significa vivir en un país verdaderamente democrático? Explica por qué. ¿Qué es lo que te gustaría cambiar de nuestro sistema? ¿Por qué?
6. Si has cruzado una frontera internacional de los EE.UU., ¿cómo te sentiste? ¿Por qué? Describe tus experiencias.

Expansión de vocabulario

SUSTANTIVOS
el **analfabetismo** illiteracy
el **beneficio** benefit
la **burguesía** bourgeoisie, middle class
la **clase alta** (**media, baja**) the upper (middle, lower) class
el **coco** coconut
el **comunismo** communism
el (la) **comunista** Communist
el **crisol** melting pot
la **democracia** democracy
el (la) **demócrata** Democrat
la **(des)igualdad** (in)equality
el **destierro** exile
la **dictadura** dictatorship
la **escasez** scarcity
la **explotación** exploitation
el (la) **gobernador(a)** governor
el **gobierno** government
el **lema** slogan
el **levantamiento** uprising
el (la) **monarca** monarch
la **monarquía** monarchy
la **palma** (la **palmera**) palm tree
el **partido político** political party
la **patria** native country
la **piña** pineapple
el **proletariado** proletariat
la **república** republic
el (la) **republicano** Republican
la **revolución** revolution
el (la) **revolucionario(a)** revolutionary
la **revuelta** revolt
la **semilla** seed
el **socialismo** socialism
la **tiranía** tyranny
el **voto** vote

VERBOS
agotarse to run out, to be used up
beneficiar to benefit
contradecir to contradict
fracasar to fail
gobernar (e → ie) to govern
huir to flee
incorporarse to incorporate
reemplazar to replace
votar to vote

ADJETIVOS
conservador conservative
democrático democratic
(des)igual (un)equal
liberal liberal
republicano republican
tiránico tyrannical, despotic

OTRAS PALABRAS Y FRASES
en busca de in search of
estar al alcance de to be within reach of
las cosas van de mal en peor things are going from bad to worse

Actividades

A. ¿Qué palabra no pertenece? En cada grupo, escoge la palabra que no pertenece y explica por qué.

1. beneficio	2. revolución	3. burguesía
demócrata	levantamiento	proletariado
comunista	revolucionario	clase alta
socialista	revuelta	lema

4. crisol	5. piña
gobernador	plátano
dictador	patria
monarca	mango

1. beneficio
2. revolucionario
3. lema
4. crisol
5. patria

B. Sistemas políticos. Forma una lista de cosas relacionadas con las siguientes formas de gobierno. Puedes incluir países, personas o cosas.

1. una dictadura
2. una democracia
3. un gobierno comunista
4. una monarquía
5. un gobierno socialista
6. ¿...?

C. El golpe de estado. Ha habido un golpe de estado en el país de Neolandia°. En grupos, describan el tipo de gobierno que existía antes y el que va a reemplazarlo. ¿Por qué ocurrió el golpe? Describan la vida y las condiciones de los neolandeses antes y después del golpe.

° a fictitious country

EXPLORACIÓN

Verbos con preposiciones

Algunos verbos en inglés requieren preposiciones que no son necesarias en español. Por ejemplo: **buscar** significa *to look for,* **pedir** significa *to ask for* y **escuchar** significa *to listen to.* Asimismo, en español algunos verbos requieren preposiciones aunque los verbos equivalentes en inglés no las requieran, o requieran preposiciones diferentes a las necesarias en inglés. No hay reglas específicas para el uso de las preposiciones. La lista siguiente contiene algunos verbos y preposiciones que se usan juntos con frecuencia. Casi todos pueden ser reflexivos (toman **se**).

1. **a** delante de un infinitivo

    aprender a
    ayudar a
    comenzar a
    empezar a
    enseñar a
    invitar a

    acostumbrarse a
    atreverse a
    decidirse a
    dedicarse a
    (o)ponerse a
    prepararse a

    Aprendí **a** nadar bien.
    I learned to swim well.

    a delante de un objeto

    asistir a
    oler a

    acercarse a
    acostumbrarse a
    dirigirse a
    oponerse a

    Acércate **a** mí.
    Get close to me.

2. **con** delante de un infinitivo

    contar con
    soñar con

    con delante de un objeto

    acabar con
    contar con
    cumplir con
    dar con
    soñar con
    tropezar con

    casarse con
    encontrarse con
    quedarse con

    Sueño **con** ir a España.
    I dream of going to Spain.

    Acabé **con** el trabajo.
    I finished my work.

3. **de** delante de un infinitivo

cesar de
dejar de
tratar de

acordarse de
alegrarse de
olvidarse de
preocuparse de
quejarse de

de delante de un objeto

depender de
gozar de
salir de

acordarse de
aprovecharse de
burlarse de
darse cuenta de
despedirse de
equivocarse de
mudar(se) de
olvidarse de
reirse de

Dejamos **de** conversar.
We stopped talking.

Me acuerdo **de** Acapulco.
I remember Acapulco.

4. **en** delante de un infinitivo

consentir en
consistir en
insistir en
tardar en

en delante de un objeto

confiar en
entrar en
influir en

convertirse en
fijarse en

Luisa no tarda **en** venir.
Luisa is coming soon.

Confío **en** María.
I have confidence in María.

Actividades

A. **Verbos y preposiciones.** Forma frases lógicas escogiendo frases y palabras de las columnas. Hay muchas posibilidades.

EJEMPLO **Acabamos de abandonar la isla.**

A	B	C
Acabamos	(a)	los héroes de la revolución.
Mañana nos mudamos	(de)	Miami a Tampa.
Nunca me olvidaré	(en)	mi viaje a Málaga.
Mi papá asistió	(con)	preparar platos caribeños.
La socióloga se dedica		abandonar la isla.
En Miami aprendimos		piña y coco.
Los indios contribuyeron mucho		la Universidad Interamericana.
Miles de cubanos se decidieron		la vida norteamericana.
¡Qué rico! La torta huele		las tradiciones del Caribe.
No es fácil acostumbrarse		estudiar el problema del analfabetismo.

B. ¿Qué nos cuenta?   Termina la frase de una forma original.

1. Cuando comencé a estudiar en esta escuela fue muy fácil acostumbrarme...
2. Este año en mi clase de español comenzamos...
3. Muchos norteamericanos no se dan cuenta...
4. Mis padres insisten...
5. De niño(a) yo siempre soñaba...
6. Mis amigos se quejan mucho...
7. Cuando necesito ayuda siempre puedo contar...
8. Yo nunca me atrevería...

EXPLORACIÓN

Más preposiciones

He aquí algunas preposiciones comunes.

a	*to*	encima de	*on top of*
acerca de	*about*	enfrente de	*in front of*
al lado de	*alongside (of)*	en lugar de	*in place of*
alrededor de	*around*	entre	*between, among*
al otro lado de	*across, on the other side of, over*	en vez de	*instead of*
		excepto	*except*
antes de	*before*	frente a	*in front of, opposite*
arriba de	*above, over*	hacia	*toward*
bajo	*under*	incluso	*including*
cerca de	*near*	junto a	*next to*
con	*with*	lejos de	*far from*
de	*of, from*	menos	*except*
debajo de	*beneath*	para	*for*
delante de	*in front of*	por	*for, by*
dentro de	*within, inside of*	salvo	*except*
después de	*after*	según	*according to*
detrás de	*behind*	sin	*without*
en	*in, on, into*	sobre	*on, on top of, about*

Actividades

A. "El que busca, encuentra".° Chucho nunca encuentra las cosas aunque estén en el lugar más obvio. Pregúntale si ha buscado las siguientes cosas en los lugares donde normalmente debían estar.

"El..." "He who seeks, finds."

EJEMPLO ¿Buscaste la raqueta de tenis en tu cuarto?
Sí, estaba debajo de la cama.

1. el jabón y las toallas
2. su bicicleta
3. su perro
4. su chequera°
5. la guía telefónica°
6. sus patines
7. ¿...?

checkbook
guía... telephone book

B. ¿Dónde están? Usa preposiciones para describir la posición de cada niño(a) en relación a los otros.

EJEMPLO Un chico está sobre el televisor.

C. ¿Qué hay en...? Nombra una o más cosas que se encuentran en los lugares mencionados.

EJEMPLO Tengo un reloj en el brazo.

1. a los lados de la nariz
2. dentro de la boca
3. encima de la cabeza
4. en los pies
5. en los dedos
6. sobre el cuerpo
7. ¿...?

1. los ojos, las mejillas
2. los dientes, la lengua
3. el pelo
4. los zapatos, los calcetines
5. los anillos, las uñas
6. la ropa

EXPLORACIÓN

El pronombre como objeto de la preposición[4]

mí	nosotros(as)
ti	vosotros(as)
usted (sí mismo[a])	ustedes (sí mismos[as])
él, ella (sí mismo[a])	ellos, ellas (sí mismos[as])

A. Estos pronombres se usan después de casi todas las preposiciones, o para aclarar los pronombres y los adjetivos ambiguos (**le, les, su, suyo** y sus otras formas) o para dar énfasis (**a mí, a ti** y otros).

Les doy la carta a ellos.	*I give them the letter.*
Es la casa de usted.	*It's your house.*
Es de usted.	*It's yours.*
A mí me gusta viajar.	*I like to travel.*

B. Se usan los pronombres personales **yo** y **tú** en lugar de **mí** y **ti** detrás de **entre, incluso, menos, salvo** y **según**.

Entre tú y yo, no me gusta lo que dijo.	*Between you and me, I don't like what he said.*
Todos van al baile menos yo.	*Everyone's going to the dance except me.*

C. Se usan las formas **conmigo** y **contigo** para expresar **con** más **mí** y **con** más **ti**.

Iré contigo si me invitas.	*I'll go with you if you invite me.*

D. Los pronombres con preposiciones se pueden usar reflexivamente añadiéndoles **mismo(a, os, as)**. Se usa **sí** en la tercera persona singular y plural.

¿Lo haces para ella? No, ella lo hace para sí misma.	*Are you making it for her? No, she's making it for herself.*
Él dijo: "Tengo que vivir conmigo mismo".	*He said: "I have to live with myself."*

---

[4]Nota que los pronombres usados como objeto de la preposición son idénticos a los pronombres personales con la excepción de la primera y segunda persona del singular (**mí, ti**).

Actividades

A. Lo hice todo por ti. David quería ganar un gran premio automovilístico para tener dinero para casarse, pero acaba de chocar su carro en una carrera. Lee la siguiente carta para descubrir qué pasó y di qué pronombre va en el espacio apropiado.

Querida Gilda,

Cuando leas esta carta estaré en el hospital. Van a decir que lo hice para __1__ mismo. Pero no es verdad. Lo hice para __2__, Gilda. Sabes que estoy enamorado de __3__ y que quería casarme con __4__. Pues la semana pasada, mencionaste que los novios de todas tus amigas prometidas tenían trofeos y premios, menos __5__. Me decidí a conseguir un premio, pero entre __6__ y __7__, la próxima vez que quiera un premio voy a comprar una cajita de galletas.

Besos, abrazos y todo mi amor,

David

1. mí
2. ti
3. ti
4. contigo
5. yo
6. tú
7. yo

B. Hechos cubanos. Di qué pronombre va en los espacios en blanco en la siguiente actividad.

1. Según =====, hubo dos oleadas de refugiados cubanos. (Juan)
2. Para ===== es más fácil hablar español que inglés. (yo)
3. Todos lo pasaron de maravilla en Miami, incluso =====. (Marta e Inés)
4. Los Ramírez llegaron a los Estados Unidos antes de =====, pero después de =====. (tú y yo / Juan y Paco)
5. Anoche él les contó a ===== la historia de la salida de ===== de Cuba. (Melisa y Gustavo / los Ramírez)

1. él
2. mí
3. ellas
4. nosotros, ellos
5. ellos / ellos

ST 48

C. No me olvides. La madre de Marisela y de Victoria es mujer de negocios y tuvo que ir a Valencia a comprar unas cosas que necesita en su tienda. Le habla a Victoria por teléfono, y Victoria le hace varias preguntas. ¿Cómo le contesta su madre?

EJEMPLO VICTORIA ¿Regresaron todos ayer menos tú?
         SU MADRE **Sí, todos regresaron ayer menos yo.**

1. para ustedes (para ella y para ti)
2. contigo
3. a ti
4. entre ustedes
5. incluso ella

D. Ensimismado°. Contesta las preguntas reflexivamente, según el ejemplo. See Copying Masters.

EJEMPLO ¿De quién habla Paco?
         Habla de sí mismo.

1. ¿Para quién hacen ustedes la torta?
2. ¿A quién ves tú en el espejo?
3. ¿Para quién compra Mari Luz el suéter?
4. ¿A quién se refiere Jorge?
5. ¿Con quién estás enojado?
6. ¿De quién hablan ustedes?

deep in thought

1. para nosotros(as) mismos(as)
2. a mí mismo(a)
3. para sí misma
4. a sí mismo
5. conmigo mismo(a)
6. de nosotros(as) mismos(as)

LECCIÓN 18

EN CONTEXTO

Para comenzar

1. ¿Es verdad que Colón "descubrió" América? ¿Por qué (no)? ¿Qué creía Colón que había descubierto?
2. ¿Cuáles son algunas tribus de indios norteamericanos? ¿Dónde se encuentra la mayoría de los indígenas en este país? ¿Qué tribus vivían en tu región antes de la colonización?
3. ¿Cuáles son algunas de las contribuciones que han hecho los indios a la cultura norteamericana?
4. Cuando eras niño(a), ¿veías los programas de vaqueros en televisión? Describe la relación entre los vaqueros y los indios en estos programas. ¿Ha cambiado la imagen del indio? ¿Cómo?

Isla del encanto

Los siguientes puertorriqueños hablan de su querida isla y de su pueblo.

Susana: Somos ciudadanos estadounidenses y lo hemos sido desde 1917 por medio del acta Jones. Lo triste es que nadie lo sabe. Creen que somos extranjeros. A pesar de nuestra ciudadanía, los que vivimos en la isla no podemos votar en las elecciones presidenciales, pero sí somos elegibles para la conscripción°. Puerto Rico llegó a ser parte de los Estados Unidos no por elección sino como consecuencia de la Guerra Hispanoamericana en 1898.

°draft

Pablo: Somos una mezcla de tres ricas culturas: la taína, la africana y la española. De los taínos hemos recibido la palabra "boricua", que significa puertorriqueño, porque ellos llamaban la isla Borinquen. También nos han dejado instrumentos musicales, los nombres de muchos pueblos y palabras como "tabaco", "batey"° y "hamaca". Los africanos portaron también instrumentos musicales, así como ritmos que se oyen en la música y en la poesía, y su religión influyó en el catolicismo de la isla. El elemento español es el dominante porque los españoles trajeron la religión católica, el idioma y contribuyeron con sus intrumentos (como la guitarra y nuestra versión de la guitarra, "el cuatro") a la creación de una nueva música.

°grounds occupied by a sugar mill

Lilián: Somos una cultura diversa, sobre todo en cuanto al aspecto físico. Mamá tiene el pelo moreno con la piel oscura y los ojos oscuros. Papá tiene la piel india, oscura, con pecas, los ojos oscuros (casi negros), achinados° y el pelo rojo. Por eso nos llaman el pueblo arco iris.

°slanted

Dalia: En 1952 entramos en una relación única con los Estados Unidos: ELA, o Estado Libre Asociado. Lo irónico es que no somos estado, ni somos libres, pero sí estamos asociados con los Estados Unidos de una forma ambigua, lo cual nos hace sentir una esquizofrenia° política y cultural. Por eso, hay tres opciones para nosotros: u optamos por ser un estado, o nos independizamos, o seguimos así, en este limbo político. Muchos venimos a vivir en el continente porque el índice° de desempleo en la isla es del 29 por ciento. Venimos a buscar empleo y sólo encontramos la desilusión, los prejuicios y el maltrato...o, con suerte, algún empleo de lavaplatos o friegasuelos°.

°split personality

°rate

°floor washer

Pablo: Puerto Rico tiene el nivel de vida más alto de todos los países latinoamericanos, pero también tiene el costo de vida más alto de los Estados Unidos (5 por ciento más alto que Boston) y el promedio de salarios más bajo. También es una de las islas más sobrepobladas del mundo, con novecientas personas por milla cuadrada.

Lilián: Aunque muchos tienen miedo de que el convertirse en estado les vaya a quitar la cultura y el idioma, yo creo que las dos cosas, lo puertorriqueño y lo americano, se pueden integrar en una.

Preguntas acerca de la lectura

1. Según Susana, ¿qué desventajas tienen los puertorriqueños en cuanto al voto?
2. ¿Cuáles son para los Estados Unidos las ventajas de tener un estado hispano?
3. ¿Qué otros lugares hay donde las dos culturas se han integrado en una? ¿Es una más importante que la otra? Explica.
4. ¿Por qué dice Lilián, "Somos una cultura diversa"? Explica.
5. ¿Cuáles son algunos de los problemas a los que se enfrenta el puertorriqueño que vive en el continente? ¿Cuáles son algunos de los pasos que se pueden tomar para mejorar esta situación?

En tu opinión

1. ¿Has ido alguna vez a Puerto Rico? ¿A alguna isla caribeña? ¿Es diferente la vida de los isleños? Explica.
2. ¿Qué sabes acerca de la situación política de Puerto Rico? ¿Qué relación tiene con los Estados Unidos? ¿Por qué?
3. ¿Te gustaría que Puerto Rico se hiciera estado como los otros estados? ¿Ahora es un estado un ELA? ¿Por qué? Fíjate en lo que dice Dalia.

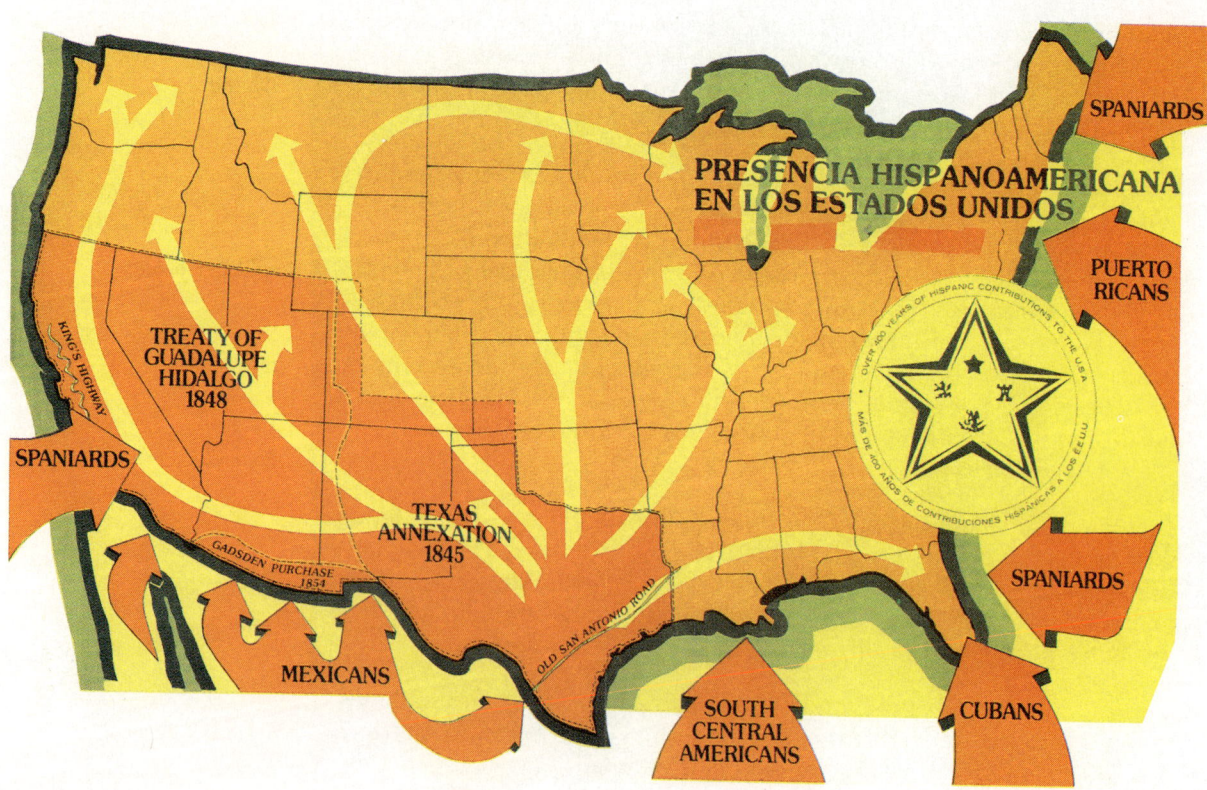

Expansión de vocabulario

SUSTANTIVOS
- la **ambigüedad**   ambiguity
- la **autonomía**   autonomy
- la **barbacoa**   barbecue
- el **bienestar** (**social**)   well-being (welfare)
- el **bongó**   bongo drum
- el (la) **boricua**   Puerto Rican (person from the island of Borinquen)
- la **ciudadanía**   citizenship
- el (la) **ciudadano**(**a**)   citizen
- la **conga**   conga drum
- el (la) **conquistador**(**a**)   conqueror
- el **costo de vida**   cost of living
- el **cuatro**   4-stringed instrument
- las **estadísticas**   statistics
- la **exención**   exemption
- los **impuestos**   taxes
- el (la) **indígena**   native inhabitant
- el (la) **indio**(**a**)   Indian
- el **nivel de vida**   standard of living
- la **peca**   freckle
- la **pérdida**   loss
- el **seguro social**   Social Security
- el (la) **taíno**   Indian native to Puerto Rico

VERBOS
- **combinar**   to combine, to blend
- **conquistar**   to conquer
- **diferenciar**   to differentiate
- **enriquecer**   to enrich
- **esclavizar**   to enslave
- **fomentar**   to encourage
- **integrarse**   to integrate oneself
- **maltratar**   to mistreat, to abuse
- **rechazar**   to reject
- **tender** (e → ie)   to have a tendency

ADJETIVOS
- **ambiguo**   ambiguous
- **borinqueño**   Puerto Rican (of the island of Borinquén)
- **étnico**   ethnic
- **moreno**   dark (*hair, skin, etc.*)
- **pelirrojo**   redhead
- **sobrepoblado**   overpopulated
- **variado**   varied

OTRAS PALABRAS Y FRASES
- **al margen de**   on the border of, at the side of, in the margin of
- **de lavaplatos**   as a dishwasher
- **por medio de**   by means of

Actividades

A. **¿Qué palabra no pertenece?**   En cada grupo, escoge la palabra que no está relacionada con las otras y explica por qué.

1. taíno
   ciudadano
   indígena
   indio

2. conquistar
   esclavizar
   diferenciar
   maltratar

3. conquistador
   puertorriqueño
   estadounidense
   boricua

4. bienestar
   nivel de vida
   peca
   costo de vida

5. bongó
   hamaca
   cuatro
   conga

1. ciudadano
2. diferenciar
3. conquistador
4. peca
5. hamaca

Unidad seis

B. Palabras de origen indio. ¿Para qué sirven estas cosas?

1. una hamaca
2. una canoa
3. unas maracas
4. el tabaco
5. una barbacoa
6. un bongó

1. dormir
2. remar
3. música
4. fumar
5. comer
6. música

C. Los indios frente a los españoles. Con un(a) compañero(a), preparen el primer diálogo entre Cristóbal Colón y el cacique (jefe) de los indios taínos que él "descubrió". ¿Qué les cuenta Colón después a sus compañeros? ¿Y el cacique indígena a los suyos?

D. Un fenómeno natural. Describe un arco iris. ¿Has visto un arco iris alguna vez? Explica las circunstancias. ¿Por qué llaman al pueblo puertorriqueño "el pueblo arco iris"?

EXPLORACIÓN

El uso del subjuntivo en cláusulas adverbiales

Una cláusula adverbial es una cláusula que modifica al verbo en la cláusula principal. Por ejemplo:

Aída	llegará	temprano.
sujeto +	verbo +	adverbio

Aída	llegará	antes de que Bernardo salga.
sujeto +	verbo +	cláusula adverbial

Se usa el subjuntivo en las cláusulas subordinadas adverbiales cuando existen estas condiciones.

A. Se usa el subjuntivo después de las conjunciones siguientes.

a condición (de) que con tal que	} *provided that*	antes (de) que dado que	*before* *given that*
a fin (de) que para que	} *in order that*	por miedo a que en caso (de) que	*for fear that* *in case*
a menos que a no ser que	} *unless*	sin que	*without*

Iré a San Juan con tal que mi jefe me dé una semana de vacaciones.
I will go to San Juan provided that my boss gives me a week's vacation.

Pablo salió temprano sin que nadie lo viera.
Pablo left early without anyone seeing him.

B. También se usa el subjuntivo con las siguientes conjunciones cuando implican° tiempo futuro (cuando todavía no ha ocurrido la acción). En cambio, cuando se fija° una acción en el presente, o cuando se trata de una acción que realmente se cumplió, se usa el indicativo.

imply
se... is fixed

así que en cuanto luego que tan pronto como	} *as soon as*	después (de) que hasta que mientras (que) para cuando	*after* *until* *while* *by the time that*
cuando	*when*	siempre que⁵	*whenever*

Cuando vengas, tráenos perfumes.
When you come, bring us perfumes.
Cuando viniste, nos trajiste perfumes.
When you came, you brought us perfumes.
Cuando vienes, siempre nos traes perfumes.
You always bring us perfumes when you come.
Avísanos tan pronto como llegues.
Let us know as soon as you arrive.
Levanten la mano en cuanto terminen.
Raise your hand as soon as you finish.

C. Se usa también el subjuntivo con las siguientes conjunciones para expresar duda, incertidumbre, propósito o cuando se expresa un objetivo. En cambio, se usa el indicativo para expresar un resultado o certidumbre°.

certitude

a pesar (de) que aun cuando aunque	*in spite of* *even when* *although*	de manera que de modo que	} *so that, thus*

Aunque José esté (está) enfermo, él va a salir esta noche.
Although José may be (is) sick, he is going to go out tonight.
Lea el cuento de modo que esté usted preparada para la clase.
Read the story so that you will be prepared for class.
Leyó el cuento, de modo que estaba preparado(a) para la clase.
You read the story; thus you were ready for class.

---

⁵**Siempre que** también quiere decir *provided that* y en este caso requiere el subjuntivo. Por ejemplo: **Te llamaré por teléfono siempre que pueda** (*I will phone you provided that I can.*).

Unidad seis

D. Se usa el subjuntivo después de las expresiones que terminan en **-quiera** y otras expresiones indefinidas similares.

cual(es)quier(a)	*whichever, whatever*
cuandoquiera	*whenever*
dondequiera	*wherever*
quien(es)quiera	*whoever*
por (adjetivo o adverbio) que	*no matter how, however*

Por rico que sea el postre, no puedo comer más.	*As delicious as (However delicious) the dessert may be, I can't eat any more.*
Dondequiera que vayas, te seguiré.	*Wherever you go, I will follow you.*

E. Si no se expresa el sujeto en la cláusula subordinada, se usa una preposición más el infinitivo.

Después de comer, lavaré los platos.	*After eating, I will wash the dishes.*
Después de que yo coma, mamá lavará los platos.	*After I eat, mom will wash the dishes.*

Actividades

A. Preparativos.   Lilián va a visitar a sus parientes en Nueva York. Es su primera vez fuera de la isla. ¿Qué planes hace? Usa las formas apropiadas de los verbos.

1. Haré reservaciones para (poder) ===== conseguir un buen asiento.
2. Hablaré por teléfono con mis primos con tal que (estar) ===== en casa cuando yo los (llamar) ===== a sus tíos.
3. Sacaré todo mi dinero del banco sin que mis padres (saberlo) ===== para (comprarles) ===== muchos recuerdos.
4. Voy a llevar sofrito° y plátanos para que mis primos (probar) ===== la comida puertorriqueña.
5. Les escribiré a mis padres en cuanto yo (llegar)===== para (decirles) ===== que llegué bien.
6. Me quedaré dos semanas a menos que yo (gastar) ===== todo mi dinero antes.
7. Escribiré todas mis experiencias en un librito después de (regresar) ===== a la isla.

1. poder
2. estén / llame
3. lo sepan / comprarles
4. prueben
5. llegue / decirles
6. gaste
7. regresar

° lightly fried Puerto Rican dish

B. ¿Y qué piensas hacer tú?   Teresa le dice a Ninfa lo que piensa hacer este fin de semana. ¿Cómo le responde Ninfa? Forma frases según el ejemplo, usando el subjuntivo.

EJEMPLO   TERESA   Voy al cine.
         NINFA   también / con tal que / Eduardo llevarme
                 Voy al cine también con tal que Eduardo me lleve.

1. tampoco / por miedo a que / Lorenzo verme
2. también / a menos que / mi madre no darme dinero
3. antes de que / llegar mis primos / el sábado
4. también / a pesar de que / no llamarme
5. también / de modo que / mi padre permitirme salir el sábado
6. también / a no ser que / llover

1. me vea
2. no me dé
3. lleguen
4. no me llame
5. me permita
6. llueva

C. **Hechos históricos.** Cambia las siguientes frases al tiempo pasado usando el indicativo o subjuntivo según el caso.

1. Cuando Colón llegue a Puerto Rico, hará buenas amistades con los taínos.
2. Mientras viva el cacique Agueybaná I, habrá paz en la isla.
3. Ponce de León se viste de armadura, de modo que los taínos crean que es un dios.
4. Los taínos trabajan mucho aunque se enferman.
5. Los taínos planean un levantamiento sin que los españoles lo sepan.
6. Los taínos se escaparán a las montañas antes que los españoles los maten a todos.

1. llegó, hizo
2. vivía, había
3. se vestiá (se vistió) / creyeran / era
4. trabajaban, se enfermaban
5. planearon, supieran
6. se escaparon, mataran

D. **Padres e hijos.** Los padres de Luisito lo dejan solo en casa por un fin de semana. Usando el subjuntivo, completa la siguiente lista de instrucciones que ellos le dan.

1. Quédate todo el sábado en casa de los Gómez hasta que...
2. Puedes ir a la fiesta esta noche con tal que...
3. Apaga la televisión ahora antes que...
4. No abras la puerta a menos que...
5. Cámbiate la ropa en cuanto...
6. Ponte la chaqueta cuando...
7. Lleva el paraguas para que...
8. Cómete una manzana cuando...

EXPLORACIÓN

El uso del subjuntivo en las cláusulas condicionales con si

A. Nunca se usa el presente del subjuntivo con una cláusula condicional. Se usa el presente del indicativo después de **si** en una cláusula que expresa tiempo presente.

Si vamos juntos, ahorraremos dinero.	If we go together, we'll save money.

B. Se usa el imperfecto o el pluscuamperfecto del subjuntivo en una cláusula condicional para expresar una condición o una declaración° que no es un hecho.   *statement*

Si yo fuera rico, me compraría una isla.	If I were rich, I would buy an island.
Si hubieras llegado temprano, lo habrías conocido.	If you had arrived early, you would have met him.

C. Siempre se usa el imperfecto del subjuntivo en una cláusula precedida de **como si** (*as if*).

Él habla como si lo supiera todo.	He speaks as if he knew everything.

Las siguientes fórmulas aclaran el uso del subjuntivo en cláusulas condicionales.

> **Si** + presente del indicativo + presente del indicativo o futuro

Si yo voy a la fiesta, Juan irá también.	If I go to the party, Juan will go also.

> **Si** + pasado del indicativo + indicativo

Si Juan fue a la fiesta, no está en casa ahora.	If Juan went to the party, he's not home now.

> **Si** + imperfecto del subjuntivo + condicional

Si yo fuera a la fiesta, Juan iría también.	If I were to go to the party, Juan would go also.

> **Si** + pluscuamperfecto del subjuntivo + condicional perfecto o pluscuamperfecto del subjuntivo

Si yo hubiera ido a la fiesta, Juan habría (hubiera) ido también.	If I had gone to the party, Juan would have gone too.

Actividades

A. Siempre hay un *pero*... Nadie tiene tiempo suficiente para hacer todo. Contesta las preguntas usando **si** y un verbo en el pasado del subjuntivo en la cláusula subordinada, y un verbo en el condicional en la cláusula principal.

EJEMPLO   ¿Me ayudas con la tarea?
Si pudiera, te ayudaría, pero no tengo tiempo.

1. ¿Vienes a visitarnos pronto?
2. ¿Posponen los profesores los exámenes?
3. ¿Llegan ustedes a tiempo?
4. ¿Me prestas el coche por dos horas?
5. ¿Van ustedes a la manifestación esta tarde?
6. ¿Te quedas conmigo unos días más?

1. pudiera, vendría a visitarlos
2. pudieran, pospondrían
3. pudiéramos, llegaríamos
4. pudiera, te prestaría
5. pudiéramos, iríamos
6. pudiera, me quedaría

B. De visita. Felipe conoció por primera vez a sus parientes de Nueva York, que acaban de llegar a la isla de Puerto Rico. Sus amigos quieren saber cómo va la visita. Sigue el ejemplo e inventa frases. Usa **como si** más el pasado del subjuntivo, según el ejemplo.

EJEMPLO   ¿Hablan ellos español? (vivir aquí por muchos años)
Sí, hablan como si vivieran aquí por muchos años.

1. ¿Se sienten cómodos? (estar en su propia casa)
2. ¿Se llevan ustedes bien? (ser íntimos amigos)
3. ¿Viven ellos bien en Nueva York? (tener mucho dinero)
4. ¿Se visten ellos a la moda? (comprar todo en una tienda cara)
5. ¿Se ríen ellos mucho? (estar locos)
6. ¿Habla mucho tu prima? (saberlo todo)

1. se sienten / estuvieran
2. nos llevamos / fuéramos
3. viven / tuvieran
4. se visten / compraran
5. se ríen / estuvieran
6. habla / lo supiera

C. ¡Qué día más malo! La señora Vega ha pasado un día muy malo. Contesta las preguntas que el señor Vega le hace a su esposa usando el condicional perfecto y **si** más el pluscuamperfecto del subjuntivo, según el ejemplo. See Copying Masters.

EJEMPLO   ¿Vino mamá? (sentirse enferma)
No, pero habría venido si no se hubiera sentido enferma.

1. ¿Leíste el artículo? (perder el periódico)
2. ¿Ganó la elección el gobernador? (ser tan conservador)
3. ¿Le escribiste a Julia? (olvidar su dirección)
4. ¿Llegó a tiempo Marta? (romperse la pierna)
5. ¿Hicieron los niños su tarea? (no estar cansados)
6. ¿Fueron de compras Carmen y tú? (descomponerse el auto)

1. habría leído, hubiera perdido
2. habría ganado, hubiera sido
3. habría escrito, hubiera olvidado
4. habría llegado, se hubiera roto
5. habrían hecho, hubieran estado
6. habríamos ido, se hubiera descompuesto

D. Descripciones. Describe a las personas siguientes, usando **como si** y el imperfecto del subjuntivo según el ejemplo.

EJEMPLO   Pablo
Pablo se porta como si fuera el presidente.

1. mi padre
2. mi mejor amigo(a)
3. mi novio(a)
4. mi maestro(a) de español
5. mi compañero(a) de estudio
6. mi hermano(a)

una escritora famosa
el rey del mundo
un ángel
el mejor deportista
una reina de belleza
un cantante popular

E. Realidad o fantasía. Expresa lo real y lo irreal según el ejemplo. Luego, traduce las frases al inglés.

EJEMPLO   Si estoy enfermo(a)...
Si estoy enfermo(a), no voy a clase.
If I am sick, I don't go to class.
Si estuviera enfermo(a), no iría a clase.
If I were sick, I would not go to class.
Si hubiera estado enfermo(a), no habría (hubiera) ido a clase.
If I had been sick, I would not have gone to class.

1. Si me gradúo...
2. Si hace buen tiempo...
3. Si soy millonario(a)...
4. Si no es demasiado tarde...
5. Si tenemos tiempo...
6. Si mi mejor amigo(a) se casa...

1. me gradúo / me graduara / me hubiera graduado
2. hace / hiciera / hubiera hecho
3. soy / fuera / hubiera sido
4. es / fuera / hubiera sido
5. tenemos / tuviéramos / hubiéramos tenido
6. se casa / se casara / se hubiera casado

CASOS ESPECIALES

Estudia las palabras siguientes. Son palabras que los estudiantes norteamericanos de español suelen confundir.

1. ahorrar — to save (money), to economize
    conservar — to preserve, to maintain, to keep
    guardar — to save, to keep, to take care of (to watch)
    salvar — to save, to free from danger

    Prefiero **ahorrar** mi dinero que gastarlo. — *I prefer to save my money rather than to spend it.*
    Muchos hispanos en los Estados Unidos **conservan** sus tradiciones. — *Many Hispanics in the United States preserve their traditions.*
    ¡**Guárdame** el bolso mientras nado! — *Watch my bag while I swim!*
    ¿Dónde **guardas** tus libros de texto? — *Where do you keep your textbooks?*
    El médico no podía **salvarle** la vida al anciano. — *The doctor couldn't save the old man's life.*

2. dejar — to leave (an object) behind
    partir — to depart
    salir (de) — to leave (a place), to go out

    Si **sales** esta noche, **deja** la llave debajo de la alfombra. — *If you go out tonight, leave the key under the rug.*
    El avión **parte** a las ocho. — *The plane departs at eight o'clock.*

3. apoyar — to support, to be in favor of
   mantener — to support (economically), to feed

   Apoyamos al candidato liberal. — We **support** the liberal candidate.

   Es difícil **mantener** una familia y una casa con mi sueldo. — It's difficult **to support** a family and a house on my salary.

4. pensar (+ el infinitivo) — to plan (to do something), to intend
   pensar de — to have an opinion about
   pensar en — to think about, to have in mind

   Pensamos ir al teatro hoy. — We **are planning** to go to the theater today.

   ¿Qué **piensa** José **de** mi idea? — What does Joe **think of** my idea?
   ¿**En** qué **piensas**? — What **are** you **thinking about**?

5. la aparición — apparition, appearance
   la apariencia — appearance, looks
   el aspecto — appearance, looks

   Vimos una **aparición** misteriosa a medianoche. — We saw a mysterious **apparition** at midnight.
   La casa tiene una **apariencia** pobre. — The house has a shabby **appearance**.
   Su **aspecto** físico es muy agradable. — Her **appearance** is very pleasing.

Actividad

A. **La mejor opción.** Escoge la palabra apropiada según el contexto.

1. ¿Qué piensas (de, en) mis zapatos nuevos?
2. Marta piensa (de, en) su tarea para mañana.
3. Aunque trabajaba dieciséis horas al día, Miguel no podía (apoyar, mantener) a su familia.
4. ¿A qué partido político (mantienes, apoyas), el PNP o el PPD?
5. Antes de irse, (dejen, partan) la tarea en mi escritorio.
6. Elena (sale, deja) para Ponce esta tarde.
7. El bombero les (salvó, ahorró) la vida a los muchachos.
8. Los Correa tratan de (conservar, salvar) su cultura puertorriqueña.
9. Manolo (ahorra, conserva) su dinero porque piensa comprar un coche.
10. En general, (la aparición, el aspecto) física(o) del puertorriqueño varía mucho.

1. de
2. en
3. mantener
4. apoyas
5. dejen
6. sale
7. salvó
8. conservar
9. ahorra
10. el aspecto

CULTURA E IDIOMA

ASÍ SE DICE

¡Que lo pases bien![6]

A. El despedirse puede ser algo triste, pero dulce, y hay muchos modos para indicar una separación próxima, larga o corta.

¡Adiós!	Good-bye!
¡Chau! (¡Ciao!)	Bye!
Hasta luego (pronto, el lunes, la semana que viene).	See you later (soon, on Monday, next week).
Nos vemos... Dios mediante. (Si Dios quiere.)	Be seeing you.... God willing.

---

[6] En México usan **la** en vez de **lo** con el verbo **pasar:** ¿Cómo **la** pasaste? **La** pasé muy bien. ¡Que **la** pases bien!

B. Antes que alguien se vaya, puedes decirle lo siguiente.

Recuerdos a la familia (a todos, a tu hermano…).	My regards to your family (to all, to your brother…).
Dale recuerdos a…	Give my regards (Say hello) to….
¡Que lo pases bien! ¡Que se divierta (te diviertas)! ¡Que pases muy buen rato!	Have a good time!
¡Que te vaya bien!	Hope all goes well! (Good luck!)
Cuídate mucho.	Take good care of yourself.
Escríbenos cuando puedas.	Write when you can.
Avísame (Llámame) cuando vuelvas.	Let me know (Call) when you get back.

C. Y tarde o temprano, cuando se encuentren de nuevo, puedes decir estas expresiones.

¡Qué milagro!	What a miracle (to see you again)!
¡Tanto tiempo! (¡Cuánto tiempo sin verte [verlo, verla]!)	Long time (no see)!
¿Cómo has estado?	How have you been?
¿Cómo te fue?	How did it go?
¿Qué tal fue…? ¿Cómo lo pasaste?	How was it?
¿Qué tal el viaje (la clase, las vacaciones…)?	How was your trip (the class, vacation….)?
¡Cuánto te eché de menos!	I missed you so much!
Lo pasé muy bien (de maravilla, fenomenal, muy mal).	I had a good (marvelous, fantastic, terrible) time.
¡Ya estás de regreso (de vuelta)!	You're back already!
¿Qué te trae por aquí?	What brings you here?

Actividades

A. ¿Qué contestas? ¿Cuál sería tu reacción cuando alguien te da alguna de las noticias siguientes? Da una respuesta apropiada a las siguientes frases.

1. Estuve en España por cinco años.
2. Salimos para Tegucigalpa la semana próxima por dos años.
3. ¿Dónde están los Ferreira? Hace tiempo que no los veo.
4. Mi mamá siempre habla de ti.
5. Bueno. Tengo que ir corriendo a la reunión.
6. Hola, José. Ya estoy de regreso.

B. Dialogando. Escribe dos diálogos de seis a ocho líneas basados en las siguientes situaciones.

1. Dos estudiantes vuelven a la escuela después de las vacaciones de verano.
2. Dos colegas que no se ven desde hace mucho tiempo se encuentran en la calle.
3. Un(a) hijo(a) sale para un año de estudio en España; se despide de su familia.
4. Unos estudiantes salen de su última clase el viernes por la tarde.
5. Una pareja sale para Europa por quince días; deja a su hijo con los vecinos.

¡No tengo la menor idea!

A. A veces, aún los mejor informados no tienen respuestas a ciertas preguntas. Aun así, no hay necesidad de quedarse callado°; entonces, puedes decir lo siguiente.

quedarse... to remain speechless

No lo sé.	*I don't know.*
No tengo la menor idea.	*I don't have the slightest idea.*
¿Quién sabe? ¡Qué sé yo? ¡Vaya usted a saber!	*Who knows!*
No se me ocurre nada.	*I can't think of anything.*
Me doy por vencido(a). Dame una pista.	*I give up. Give me a hint.*

B. En otras ocasiones, si tienes dudas o no estás seguro(a) de tu respuesta, puedes decir estas frases.

No estoy seguro(a).	*I'm not sure.*
Según parece...	*Apparently....*
Lo dudo mucho.	*I doubt it very much.*
Que yo sepa...	*As far as I know....*
Si mal no recuerdo...	*If I remember correctly....*

C. Pero si no tienes ninguna duda puedes responder con lo siguiente.

(No) te (le) conviene.	*It's (not) right for you.*
(No) te (se) lo aconsejo.	*I would (not) advise it.*
Yo en tu (su) lugar...	*If I were you....*
A mi parecer (modo de ver, entender)...	*As I see it....*
Estoy completamente en contra (a favor).	*I'm totally against (in favor of) it.*
Está(s) equivocado(a).	*You're wrong.*
¡No se (te) lo crea(s)!	*Don't you believe it!*

D. Por supuesto°, nadie es perfecto. Si te encuentras en una situación difícil o acabas de hacer un comentario demasiado ingenuo° u hostil, puedes remediar la situación diciendo lo siguiente.

Por… of course
naive

Por otra parte (otro lado)…	On the other hand…
Me equivoqué.	I was wrong.
Te (Le) doy toda la razón.	You're absolutely right.
¡Haberlo dicho antes!	Why didn't you say so?
Cambié de parecer (de idea).	I've changed my mind.
¡Metí la pata!	I put my foot in my mouth!

Actividad

A. La respuesta apropiada. Usa las expresiones que acabas de aprender para dar una respuesta a las siguientes preguntas.

1. ¿Cuál es la capital más alta del mundo?
2. ¿Qué libro me recomiendas para llevar a la playa?
3. ¿Qué explorador europeo descubrió el Océano Pacífico?
4. ¿Qué te parece mi idea de hacer un viaje a la Antártida?
5. ¿Qué color de suéter debo llevar con los pantalones verdes?
6. ¿Crees que Brasil sea más grande que los Estados Unidos?
7. Pienso dejar mis estudios para casarme. ¿Qué te parece?
8. ¿Es el tomate un vegetal o una fruta?
9. ¿Confiesas que te equivocaste cuando…?

Situaciones

A. Consejos. Representa una conversación con un(a) compañero(a) que se encuentra en una de las siguientes situaciones. Tú le das algunas recomendaciones y él (ella) expresa algunas dudas y reservas.

1. Acaba de graduarse y todavía no tiene empleo.
2. Es el primero del mes y no tiene dinero para pagar el alquiler.
3. Tuvo un accidente con el carro prestado de un amigo.

B. Minidrama. Dos muchachos puertorriqueños se encuentran con dos estudiantes norteamericanos. ¿Qué les preguntan los puertorriqueños a los estudiantes y viceversa? ¿Qué les contestan?

EJEMPLO ¿Les gustan las yucas?
Sí, y las vamos a comer fritas.

LECTURA

Para comenzar

A veces los sentimientos se reflejan mejor a través de relatos personales. En el siguiente artículo el autor cuenta episodios de su niñez. Trata de dar por lo menos tres ejemplos de la vida de un joven estudiante y trabajador migratorio de los Estados Unidos.

Francisco Jiménez

Francisco Jiménez nació en México en 1943. A la edad de tres años sus padres se mudaron a los Estados Unidos, donde trabajaron como obreros migratorios en California. "Cajas de cartón" es un cuento autobiográfico basado en sus experiencias como trabajador migratorio. Jiménez ha logrado una labor académica diversa. Es profesor, administrador universitario, redactor principal y compilador de numerosas antologías de literatura, coautor de textos escolares y autor de cuentos, ensayos y otras obras eruditas. Sus obras enfocan principalmente el papel de los hispanos en los Estados Unidos.

Cajas de cartón

Era a fines de agosto. Ito, el contratista°, ya no sonreía. Era natural. La cosecha de fresas° terminaba, y los trabajadores, casi todos braceros, no recogían° tantas cajas de fresas como en los meses de junio y julio.

Cada día el número de braceros disminuía. El domingo sólo uno—el mejor pizcador°—vino a trabajar. A mí me caía bien°. A veces hablábamos durante nuestra media hora de almuerzo. Así es como aprendí que era de Jalisco, de mi tierra natal. Ese domingo fue la última vez que lo vi.

Cuando el sol se escondía detrás de las montañas, Ito nos señaló que era hora de ir a casa. "Ya es horra°", gritó en su español mocho°. Ésas eran las palabras que yo ansiosamente esperaba doce horas al día, todos los días, siete días a la semana, semana tras semana, y el pensar que no las volvería a oír me entristeció°.

Por el camino rumbo° a casa, Papá no dijo una palabra. Con las dos manos en el volante° miraba fijamente hacia el camino. Roberto, mi hermano mayor, también estaba callado. Echó para atrás la cabeza y cerró los ojos. El polvo que entraba de fuera lo hacía toser° repetidamente.

Era a fines de agosto. Al abrir la puerta de nuestra chocita° me detuve. Vi que lo que nos pertenecía estaba empacado° en cajas de cartón°. De repente sentí aún más el peso° de las horas, los días, las semanas, los meses de trabajo. Me senté sobre una caja, y se me llenaron los ojos de lágrimas al pensar que teníamos que mudarnos a Fresno.

Esa noche no pude dormir, y un poco antes de las cinco de la madrugada Papá, que a la cuenta° tampoco había pegado° los ojos en toda la noche, nos levantó. A pocos minutos los gritos alegres de mis hermanitos, para quienes la mudanza era una gran aventura, rompieron el silencio del amanecer. Los ladridos° de los perros pronto los acompañaron.

Mientras empacábamos los trastes° del desayuno, Papá salió para encender° la "Carcanchita". Ése era el nombre que Papá le puso a su viejo Plymouth negro del año '38. Lo compró en una agencia de carros usados en Santa Rosa en el invierno de 1949. Papá estaba muy orgulloso de su carro. "Mi Carcanchita" lo llamaba cariñosamente. Tenía derecho a sentirse así. Antes de comprarlo, pasó mucho tiempo mirando otros carros. Cuando al fin escogió la "Carcanchita", la examinó palmo a palmo°. Escuchó el motor, inclinando la cabeza de lado a lado como un perico°, tratando de detectar cualquier ruido que pudiera indicar problemas mecánicos. Después de satisfacerse con la apariencia y los sonidos del carro, Papá insistió en saber quién había sido el dueño. Nunca lo supo, pero compró el carro de todas maneras. Papá pensó que el dueño debió haber sido alguien importante porque en el asiento de atrás° encontró una corbata azul.

Papá estacionó el carro enfrente a la choza° y dejó andando el motor. "Listo", gritó. Sin decir palabra, Roberto y yo comenzamos a acarrear° las cajas de cartón al carro. Roberto cargó las dos más grandes y yo las más chicas. Papá luego cargó el colchón° ancho sobre la capota° del carro y lo amarró° con lazos° para que no se volara con el viento en el camino.

contractor
strawberries
picked

picker / **me**... I liked him

hora / broken

saddened
headed
steering wheel

cough
little shack
packed / cardboard
weight

a... after all /
   tampoco... also had
   not closed
barking
dishes
start

palmo a... inch by inch
parakeet

asiento... back seat

shack
carry

mattress / top
tied / knots

Todo estaba empacado menos la olla° de Mamá. Era una olla vieja y galvanizada que había comprado en una tienda de segunda en Santa María el año en que yo nací. La olla estaba llena de abolladuras° y mellas°, y mientras más abollada estaba, más le gustaba a Mamá. "Mi olla" la llamaba orgullosamente.

Sujeté° abierta la puerta de la chocita mientras Mamá sacó cuidadosamente su olla, agarrándola por las dos asas° para no derramar° los frijoles cocidos. Cuando llegó al carro, Papá tendió las manos para ayudarle con ella. Roberto abrió la puerta posterior del carro y Papá puso la olla con mucho cuidado en el piso detrás del asiento. Todos subimos a la "Carcanchita". Papá suspiró, se limpió el sudor de la frente con las mangas° de la camisa, y dijo con cansancio: "Es todo".

Mientras nos alejábamos, se me hizo un nudo° en la garganta. Me volví y miré nuestra chocita por última vez.

Al ponerse el sol llegamos a un campo de trabajo cerca de Fresno. Ya que Papá no hablaba inglés, Mamá le preguntó al capataz° si necesitaba más trabajadores. "No necesitamos a nadie", dijo él, rascándose° la cabeza, "pregúntele a Sullivan. Mire, siga este mismo camino hasta que llegue a una casa grande y blanca con una cerca° alrededor. Allí vive él".

Cuando llegamos allí, Mamá se dirigió a la casa. Pasó por la cerca, por entre filas° de rosales hasta llegar a la puerta. Tocó el timbre°. Las luces del portal se encendieron y un hombre alto y fornido° salió. Hablaron brevemente. Cuando el hombre entró en la casa, Mamá se apresuró hacia el carro. "¡Tenemos trabajo! El señor nos permitió quedarnos allí toda la temporada°", dijo un poco sofocada de gusto y apuntando hacia un garaje viejo que estaba cerca de los establos.

El garaje estaba gastado° por los años. Roídas por comejenes°, las paredes apenas sostenían el techo agujereado°. No tenía ventanas y el piso de tierra suelta ensabanaba° todo de polvo.

Esa noche, a la luz de una lámpara de petróleo, desempacamos las cosas y empezamos a preparar la habitación para vivir. Roberto enérgicamente se puso a barrer el suelo; Papá llenó los agujeros de las paredes con periódicos viejos y con hojas de lata°. Mamá les dio de comer a mis hermanitos. Papá y Roberto entonces trajeron el colchón y lo pusieron en una de las esquinas del garaje. "Viejita", dijo Papá, dirigiéndose a Mamá, "tú y los niños duerman en el colchón, Roberto, Panchito y yo dormiremos bajo los árboles.

Muy tempranito por la mañana al día siguiente, el señor Sullivan nos enseñó donde estaba su cosecha y, después del desayuno, Papá, Roberto y yo nos fuimos a la viña a pizcar.

A eso de las nueve, la temperatura había subido hasta cerca de cien grados. Yo estaba empapado° de sudor y mi boca estaba tan seca que parecía como si hubiera estado masticando un pañuelo. Fui al final del surco°, cogí la jarra° de agua que habíamos llevado y comencé a beber. "No tomes mucho; te vas a enfermar", me gritó Roberto. No había acabado de advertirme cuando sentí un gran dolor de estómago. Me caí de rodillas y la jarra se me deslizó° de las manos.

° pot

° dents / nicks

° held
° handles / spill

° sleeves

° lump

° foreman
° scratching

° fence

° rows / doorbell
° stout

° season

° worn out / termites
° leaky
° covered

° hojas... tin-can tops

° soaked

° furrow / pitcher

° se... slipped

Solamente podía oír el zumbido° de los insectos. Poco a poco me empecé a recuperar. Me eché agua en la cara y en el cuello y miré el lodo° negro correr por los brazos y caer a la tierra que parecía hervir.

Todavía me sentía mareado° a la hora del almuerzo. Eran las dos de la tarde y nos sentamos bajo un árbol grande de nueces que estaba al lado del camino. Papá apuntó° el número de cajas que habíamos pizcado. Roberto trazaba° diseños en la tierra con un palito. De pronto vi palidecer° a Papá que miraba hacia el camino. "Allá viene el camión° de la escuela", susurró° alarmado. Instintivamente, Roberto y yo corrimos a escondernos entre las viñas. El camión amarillo se paró frente a la casa del señor Sullivan. Dos niños muy limpiecitos y bien vestidos se apearon°. Llevaban libros bajo sus brazos. Cruzaron la calle y el camión se alejó. Roberto y yo salimos de nuestro escondite y regresamos a donde estaba Papá. "Tienen que tener cuidado", nos advirtió.

Después del almuerzo volvimos a trabajar. El calor oliente y pesado, el zumbido de los insectos, el sudor y el polvo hicieron que la tarde pareciera una eternidad. Al fin las montañas que rodeaban el valle se tragaron° el sol. Una hora después estaba demasiado obscuro para seguir trabajando. Las parras° tapaban° las uvas y era muy difícil ver los racimos°. "Vámonos", dijo Papá señalándonos que era hora de irnos. Entonces tomó un lápiz y comenzó a figurar cuánto habíamos ganado ese primer día. Apuntó números, borró algunos, escribió más. Alzó la cabeza sin decir nada. Sus tristes ojos sumidos° estaban humedecidos°.

Cuando regresamos del trabajo, nos bañamos afuera con el agua fría bajo una manguera°. Luego nos sentamos a la mesa hecha de cajones de madera y comimos con hambre la sopa de fideos°, las papas y tortillas de harina blanca recién hechas. Después de cenar nos acostamos a dormir, listos para empezar a trabajar a la salida del sol.

Al día siguiente, cuando me desperté, me sentía magullado°, me dolía todo el cuerpo. Apenas podía mover los brazos y las piernas. Todas las mañanas cuando me levantaba me pasaba lo mismo hasta que los músculos se acostumbraron a ese trabajo.

Era lunes, la primera semana de noviembre. La temporada de uvas se había terminado y yo podía ir a la escuela. Me desperté temprano esa mañana y me quedé mirando las estrellas y saboreando el pensamiento de no ir a trabajar y de empezar el sexto grado por primera vez ese año. Como no podía dormir, decidí levantarme y desayunar con Papá y Roberto. Me senté cabizbajo° frente a mi hermano. No quería mirarlo porque sabía que él estaba triste. Él no asistiría a la escuela hoy, ni mañana, ni la próxima semana. No iría hasta que se acabara la temporada de algodón°, y eso sería en febrero. Me froté° las manos y miré la piel seca y manchada de ácido enrollarse y caer al suelo.

Cuando Papá y Roberto se fueron a trabajar, sentí un gran alivio. Fui a la cima de una pendiente° cerca de la choza y contemplé a la "Carcanchita" en su camino hasta que desapareció en una nube de polvo.

Dos horas más tarde, a eso de las ocho, esperaba el camión de la escuela. Por fin llegó. Subí y me senté en un asiento desocupado. Todos los niños

buzzing
mud

dizzy

wrote down
drew, traced / turn pale
bus
whispered

se... got off

swallowed

grapevines / covered / bunches

sunken / damp

hose

noodles

bruised, beat up

crestfallen, downhearted

cotton
Me... I rubbed

slope

se entretenían hablando o gritando.

Estaba nerviosísimo cuando el camión se paró delante de la escuela. Miré por la ventana y vi una muchedumbre de niños. Algunos llevaban libros, otros juguetes. Me bajé del camión, metí las manos en los bolsillos, y fui a la oficina del director. Cuando entré oí la voz de una mujer diciéndome: "May I help you?" Me sobresalté.° Nadie me había hablado inglés desde hacía meses. Por varios segundos me quedé sin poder contestar. Al fin, después de mucho esfuerzo, conseguí decirle en inglés que me quería matricular en el sexto grado. La señora entonces me hizo una serie de preguntas que me parecieron impertinentes. Luego me llevó a la sala de clase.

Me... I was startled.

El señor Lema, el maestro de sexto grado, me saludó cordialmente, me asignó un pupitre, y me presentó a la clase. Estaba tan nervioso y tan asustado en ese momento cuando todos me miraban que deseé estar con Papá y Roberto pizcando algodón. Después de pasar la lista, el señor Lema le dio a la clase la asignatura de la primera hora. "Lo primero que haremos esta mañana es terminar de leer el cuento que comenzamos ayer", dijo con entusiasmo. Se acercó a mí, me dio su libro y me pidió que leyera. "Estamos en la página 125", me dijo. Cuando lo oí, sentí que toda la sangre me subía a la cabeza, me sentí mareado. "¿Quisieras leer?", me preguntó en un tono indeciso. Abrí el libro a la página 125. Mi boca estaba seca. Mis ojos se me comenzaron a aguar. El señor Lema entonces le pidió a otro niño que leyera.

Durante el resto de la hora me empecé a enojar más y más conmigo mismo. Debí haber leído, pensaba yo.

Durante el recreo me llevé el libro al baño y lo abrí a la página 125. Empecé a leer en voz baja, fingiendo que estaba en clase. Había muchas palabras que no sabía. Cerré el libro y volví a la sala de clase.

El señor Lema estaba sentado en su escritorio. Cuando entré me miró sonriéndose. Me sentí mucho mejor. Me acerqué a él y le pregunté si me podía ayudar con las palabras desconocidas. "Con mucho gusto", me contestó.

El resto del mes pasé mis horas de almuerzo estudiando ese inglés con la ayuda del buen señor Lema.

Un viernes durante la hora del almuerzo, el señor Lema me invitó a que lo acompañara a la sala de música. "¿Te gusta la música?", me preguntó. "Sí, muchísimo", le contesté entusiasmado, "me gustan los corridos° mexicanos". El sonido me hizo estremecer. Me encantaba ese sonido. "¿Te gustaría aprender a tocar este instrumento?", me preguntó. Debió haber comprendido la expresión en mi cara porque antes que yo respondiera, añadió: "Te voy a enseñar a tocar esta trompeta durante las horas del almuerzo".

ballads

Ese día casi no podía esperar el momento de llegar a casa y contarles las nuevas° a mi familia. Al bajar del camión me encontré con mis hermanitos que gritaban y brincaban° de alegría. Pensé que era porque yo había llegado, pero al abrir la puerta de la chocita, vi que todo estaba empacado en cajas de cartón...

news
jumped

Según la lectura

1. ¿Qué piensas del tono de este cuento en general? ¿Qué fue lo que te llamó más la atención en este cuento? ¿Por qué?
2. ¿Qué problemas básicos tienen muchas personas, como los braceros de este cuento, en los Estados Unidos? (salud, trabajo, vivienda, educación, etc.)
3. ¿Por qué tienen que cambiarse de lugar a lugar muchos de los trabajadores agrícolas° en este país? ¿Cómo afecta esto a la educación de los hijos de trabajadores agrícolas? ¿Qué ventajas tiene el viajar constantemente? ¿Qué desventajas?

°agricultural

En tu opinión

1. ¿Por qué es el idioma un problema para los trabajadores migratorios en un país extranjero? Explica.
2. ¿Conoces a alguien que viaja o ha viajado como trabajador migratorio? ¿Cómo lo(s) conociste? Explica.
3. ¿Te gustaría a ti viajar con un grupo de braceros? ¿Por qué sí o por qué no? Explica.

COMPOSICIÓN

A. Escribe un breve ensayo sobre uno de los siguientes puntos.

1. ¿Recuerdas una vez en la escuela primaria cuando sentiste prejuicio hacia otras personas? ¿Influyó después esto de alguna manera en tu vida? ¿Cómo?
2. ¿Cuáles son los prejuicios más comunes y cuáles son algunas de las posibles causas? Explica.
3. ¿Hay hoy en día más o menos prejuicios que en el pasado? ¿Por qué?
4. ¿Por qué inmigra mucha gente a los Estados Unidos? ¿Cuál es la imagen que tienen de este país? ¿Es realista esta imagen? Explica. ¿Qué esperanzas tienen muchas de estas personas antes de llegar aquí? ¿Qué les pasa a veces después de llegar?
5. ¿Cuáles son algunas de las grandes oleadas de inmigrantes que ha habido en los Estados Unidos en los últimos siglos? ¿Cuáles eran los motivos principales por venir? ¿Han cambiado estos motivos en tiempos recientes? Explica.

Y en resumen See Copying Masters.

A. Colón. Llena el espacio con **a, bajo, de, en, entre** o **hasta**.

Cuando Cristóbal Colón llegó __1__ Cuba __2__ su primer viaje __3__ las Américas, no pudo creer la hermosura __4__ esa isla tropical. Había flores, montañas y ríos por todas partes. Aunque había muchas guerras __5__ las diferentes tribus __6__ indios caribeños, los que vivían __7__ Cuba gozaban __8__ una vida llena __9__ paz y tranquilidad.

La isla estuvo __10__ el dominio de España desde el siglo XV __11__ el año 1898, cuando los cubanos ganaron su independencia. __12__ aquel tiempo, la vida económica __13__ la isla dependía __14__ la producción de azúcar y tabaco. El gobierno cubano __15__ Batista desde 1952 __16__ 1959 fue una dictadura. __17__ 1959 Fidel Castro Ruz se hizo presidente por vida y estableció un gobierno comunista que sigue __18__ hoy día.

1. a
2. en
3. a
4. de
5. entre
6. de
7. en
8. de
9. de
10. bajo
11. hasta
12. En
13. en (de)
14. de
15. de
16. a (hasta)
17. En
18. hasta

B. Más preposiciones. Termina las frases a la izquierda con las respuestas que mejor correspondan.

1. Julio es moreno
2. La blusa es
3. Por favor, siéntese
4. Nunca quería ir
5. La fiesta de Cristina es
6. Ella quiere mandarle una tarjeta
7. Vengan, la comida ya está
8. Él me ha enseñado

a. de seda.
b. al Sahara.
c. a su novio.
d. por la tarde.
e. en la mesa.
f. de ojos azules.
g. a hablar ruso.
h. a la mesa.

1. f
2. a
3. h
4. b
5. d
6. c
7. e
8. g

Unidad seis   353

ST 50

C. Un dibujo vale mil palabras. Mira los dibujos y escucha las descripciones. Escribe la letra que mejor corresponde a cada descripción que oyes. Luego, escribe **sí** si es una descripción correcta, y **no** si es incorrecta.

1. no
2. no
3. sí
4. sí
5. sí
6. sí

EJEMPLO

La estrella de cine hizo su aparición personal en el centro comercial.

sí

a.

b.

c.

d.

e.

f.

354   FRONTERAS

D. **¿Dónde?** Indica un lugar lógico y un lugar ilógico para las siguientes cosas.

> EJEMPLO dejar el dinero
> **Deja el dinero en tu bolsillo.**
> **No lo dejes debajo de tu almohada.**

1. dejar las llaves
2. colgar el cuadro
3. poner la ropa
4. colocar el cuchillo
5. meter los recibos
6. guardar las joyas

E. **¿Alguna vez?** Pregúntale a un(a) compañero(a) de clase si alguna vez ha hecho las siguientes cosas. Él (Ella) te va a contestar.

> EJEMPLO tener el pelo largo
> **¿Alguna vez has tenido el pelo largo?**

1. cantar la canción "La bamba"
2. escribirle una carta al presidente
3. participar en un boicoteo
4. oír hablar de César Chávez
5. estar en el circo
6. ver la película *Viva Zapata*
7. perder la libertad
8. sentir la discriminación
9. ¿...?

1. has cantado
2. le has escrito
3. has participado
4. has oído
5. has estado
6. has visto
7. has perdido
8. has sentido

See Copying Masters.

F. **En la oficina de inmigración.** El señor Rivera acaba de llegar a los Estados Unidos y necesita visitar la oficina de inmigración. Sigue el ejemplo usando las frases que acabas de aprender.

> EJEMPLO Dígame su nombre, por favor.
> **Ya se lo he dicho, señor.**

1. Déme su carnet° de identidad.
2. Llene el formulario.
3. Escriba los nombres de sus dependientes.
4. Incluya los nombres de sus padres.
5. Mencione su dirección previa.
6. Ponga todos los papeles en un sobre.

card

1. se lo he dado
2. lo he llenado
3. los he escrito
4. los he incluido
5. la he mencionado
6. los he puesto

G. **¿Qué habías hecho...?** Describe una cosa que habías hecho en las ocasiones mencionadas a continuación. Usa los verbos en el tiempo perfecto.

> EJEMPLO Al cumplir los diez años, había aprendido a montar en bicicleta.

1. antes de llegar a clase ayer
2. a los quince años
3. antes de asistir a tu primera clase de música
4. antes de acostarte anoche
5. ¿...?

CONTEXTOS CULTURALES

En vez de enamorarse de una jovencita local como los otros muchachos, Steve Berman, el conocido "sabelotodo", descubrió a Amanda Mallorga, una de sus compañeras de Paterson, cuya alma latina floreció en Venezuela. Amanda, Steve y otros estudiantes viajaron a Argentina. Todavía no ha habido cartas de John Martin o Ruth Smith.

> Martes 10 de octubre de 1990
>
> Estimado maestro,
>
> Tengo muchas fotos de Buenos Aires e Iguazú que quiero enseñarle. Amanda y yo nos divertimos mucho. No sabía que a ella le interesaran las cosas culturales, como las bellas artes.
>
> Según mis experiencias, la sociedad latina es diferente a la nuestra y muy interesante. He anotado mis observaciones para que usted las use en sus clases. Aquí van algunas sobre el comportamiento en los restaurantes.
>
> Las servilletas de papel nunca se ponen en las piernas; sólo las de tela. El agua hay que pedirla específicamente. En general usan muy poco hielo, un cubito o dos por vaso. Siempre tengo que pedir que me traigan más. No hay secciones de fumar y no fumar y cada persona se sienta donde quiere. A los meseros o meseras se les llama haciendo ¡psst!, ¡psst!, y en general la gente habla en voz alta y hace mucho ruido. Eso sí, la comida es sabrosísima. El sábado Amanda y yo vamos al ballet. ¡Tenemos tanto en común!
>
> Saludos,
> Steve

Carta de Steve Berman escrita una semana después de su viaje a Argentina.

Este diálogo llegó en un pequeño paquetito que para mi sorpresa contenía una cinta grabada con las voces de Liz Ferguson y Pat Ferraro.

"Pat y Liz al estilo latinoamericano"

Primero se oyen algunos ruidos confusos y risas de chicas; luego, las voces de Liz y Pat.

LIZ   Profesor, Pat y yo queríamos darle una sorpresa y decidimos mandarle este cassette.
PAT   Es para que oiga como ha mejorado nuestro español. Por favor no se ría de nosotras.
LIZ   También queremos contarle algo que nos ha llamado mucho la atención en Latinoamérica.
PAT   Es la ropa. Al principio nos pareció muy diferente.
LIZ   Eso fue porque llegamos el día de la fiesta de Lupita y todo el mundo iba vestido de gala.
[Se oye la voz de Pat un poco más baja.]
PAT   ¡Déjame terminar, Liz! [Se oye la risa de Liz.]
PAT   Pero no siempre es así. Los chicos de nuestra edad llevan ropa normal; quiero decir como en los Estados Unidos.
LIZ   Sí, los jóvenes usan jeans y ropa deportiva.
PAT   Y, ¿sabe qué? Los chicos tienen camisetas con nombres de universidades norteamericanas o cosas escritas en inglés.
LIZ   Yo le pregunté ayer a un chico por qué llevaba una camiseta que decía: "The party is over" y él no sabía lo que significaba.
PAT   Pero la gente mayor sí se viste diferente. Más elegante y más formal que nuestros padres.
LIZ   Ningún adulto lleva ropa deportiva a la universidad y jamás se ponen pantalones cortos.
PAT   Aunque haga calor, ¿verdad, Liz? ¡Y las mujeres se arreglan tanto! Y siempre a la última moda.
LIZ   Me recuerda Madrid, París y Roma.
PAT   Profesor, ¿sabe lo que es igual aquí?
PAT Y LIZ   ¡El precio de la ropa! Hasta luego, profe.
[Se oyen risas y se acaba la cinta.]

Unidad seis

Pablo Picasso, *Los tres músicos*, Museo de Arte Moderno, Nueva York, Estados Unidos.

GACETA
La Nueva Ola

Año 3, Núm. 3 $2,000.00 M.N.

Visitando La Madre Patria
Consejos de viaje por Armando Salgado

LOS JÓVENES MACHISTAS
• Mensajero del corazón

• Raúl Velasco y "Siempre en domingo"
• ¡U2, caliente!
• David Lee Roth en México

y más...

Ondas musicales

¡U2 está que quema!

Caliente, caliente, caliente son las tres palabras que describen a U2, el grupo británico que está rompiendo récords en Latinoamérica recientemente. Su último álbum, titulado también U2, ha sido muy bien recibido por la juventud hispana.

Para ti, nuestro lector consentido, esta foto de los energéticos y dinámicos jóvenes británicos.

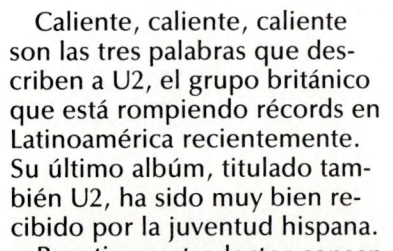

David Lee Roth

Pocos son los grandes artistas de rock que visitan Latinoamérica debido a su ocupado horario de trabajo y al alto costo de sus presentaciones. Sin embargo, cuando visitan Latinoamérica, se dan cuenta que en la mayoría de los países tienen un gran público muy caluroso, que siempre los recibe con los brazos abiertos. Esto fue precisamente lo que experimentó el rubio exvocalista de Van Halen, David Lee Roth, en su reciente visita a México. Además de quedar encantado con sus bellezas naturales, sus playas y Puerto Vallarta especialmente, David hizo presentaciones en la televisión e incluyó en su internacionalmente famoso álbum varias canciones con letra en el idioma de Cervantes.

LOS JÓVENES MACHISTAS

por Sergio Sinay

Con el auge del feminismo en la década del '70, el machismo parecía herido mortalmente. Sin embargo, en estos años vuelve a surgir en las relaciones sociales. La imagen del varón fuerte y viril es tomada como modelo por adolescentes y deseada por las mujeres. Erik Erikson hizo un estudio recientemente en los Estados Unidos que fue confirmado por una encuesta de la revista SIETE DIAS: los jóvenes siguen siendo machistas.

Erikson le dio a un grupo de adolescentes, varones y mujeres, autos de juguete, muebles para muñecas y bloques para construcciones y les pidió que construyeran un escenario cuyo tema fuera emocionante.

Los chicos construyeron estructuras altas y sólidas, mientras que las chicas hicieron casas en donde pusieron los muebles. Los chicos crearon escenarios de abundante acción: accidentes de tránsito, asaltos, choques, policías, delincuentes y cosas por el estilo. Las chicas idearon relaciones familiares en ambientes tranquilos y acogedores.

Las conclusiones: A los varones les atrae la agresión. Las mujeres están más atentas a las relaciones humanas. La mujer tiene una mayor predisposición a cambiar de idea. El hombre teme admitir en público que ha cometido un error.

Tras revisar el experimento de Erikson cabría preguntarse: ¿son los jóvenes machistas? y ¿se nace machista?

SIETE DIAS encuestó a varias decenas de jóvenes entre 16 y 25 años y confirmó esto: Ellos aseguran que ya no son machistas y, una y otra vez, mantienen que están de acuerdo en la igualdad de libertades.

"Machistas eran nuestros viejos, nosotros no", repiten los jóvenes argentinos. Martín, de 25 años, es explícito: "Papá no quería que mi vieja trabajara; yo, en cambio, a mi novia sí la dejo que trabaje y que estudie. Y me parece bien que lo siga haciendo cuando nos casemos, siempre y cuando no olvide sus obligaciones en la casa".

Edgardo de Mauri y Marcelo Grimaldi, ambos de 19 años, opinaron: "Es natural que la mujer se ocupe de la casa y de los chicos". Edgardo reforzó aún más esa idea: "Está bien que, una vez casado, el hombre se ausente durante unos días

Continúa en la página 365

En acción

Visitando La Madre Patria

por Armando Salgado

¡Arza! Que os vais a España. Si pensáis que por lo menos el idioma no va a ser problema, os vais a llevar una gran sorpresa. El español de La Madre Patria es a veces más difícil de entender que el inglés. Vosotros mismos os daréis cuenta. No tendréis ningún problema, sin embargo, ya que los españoles quieren mucho a los latinoamericanos, y son muy amables.

España es un país muy hermoso, y viajar a través de su territorio es un placer lleno de sopresas. España tiene la segunda industria turística más grande del mundo. Es obligatorio visitar por lo menos Madrid, en opinión de muchos, una ciudad más hermosa que París. De entre otros muchos lugares de gran belleza se deben visitar Barcelona, Sevilla, Toledo, Granada y Málaga. Y para hacer tu viaje menos complicado y más placentero sigue los siguientes consejos.

1. Si te gusta tomar mucha agua o sodas, llévalas contigo en una cantimplora que puedas cargar fácilmente al hombro. A veces es más difícil conseguir agua que vino.
2. Busca libros en español antiguo y léelos antes de tu viaje. Te ayudarán a comunicarte. En Sevilla, sin embargo, ni hagas el intento de entenderles a los taxistas, camareros, etc. Mejor háblales en inglés.
3. Si te interesa la política, cuando estés en Barcelona visita la hermosa avenida Las Ramblas, un boulevard donde tradicionalmente todo el mundo discute de política con conocidos y extraños por igual. Recuerda que en Barcelona todavía se habla el Catalán. Sin embargo la gente es bilingüe (español/catalán), y muchos entienden el inglés y el francés.
4. Ponte de dieta seria antes del viaje. Cualquier restaurante en España, del más económico al más elegante, sirve gran cantidad de sabrosísima comida, incluyendo un vaso de vino, a precios muy razonables.
5. En Madrid no dejes de visitar la Gran Vía, una hermosa avenida llena de cafés al aire libre donde es tradición sentarse a conversar, criticar a los caminantes, intercambiar chismes y discutir sobre cualquier cosa, especialmente sobre religión, política y filosofía. Todo esto saboreando una taza de café o de chocolate.
6. La mejor forma de viajar es por tren. El servicio es muy bueno. Al cruzar la frontera con Francia te sorprenderá ver como le cambian las ruedas al tren. España es el único país de Europa que todavía tiene antiguas vías de ferrocarril angostas.
7. Si vas a manejar te sentirás como en casa. Los españoles son tan desordenados para manejar como los latinoamericanos, aunque quizás un poco más gritones en los altercados de tráfico. Prepárate para aprender un nuevo repertorio de señales manuales para comunicarte con otros automovilistas.

Caras famosas

RAÚL VELASCO Y "SIEMPRE EN DOMINGO"

Caras famosas hay muchas, pero pocas tan conocidas como la de Raúl Velasco. Cada domingo alrededor de 500 millones de personas en España, los Estados Unidos y todo Latinoamérica ven en la televisión el programa de TV más popular del mundo. "Siempre en domingo." Velasco presenta a su numeroso y fiel auditorio los valores de la canción del mundo hispano, conocidos y por conocer. El programa que se transmitió desde la ciudad de México por más de 15 años se ha trasladado ahora a la ciudad de Miami desde donde lo transmiten Univisión y Televisa. Por cierto que la cadena mexicana de televisión, Televisa, que opera en los Estados Unidos bajo el nombre de Univisión es la cadena de televisión más grande del mundo, sobrepasando en cobertura y número de afiliadas y televidentes a las grandes cadenas norteaméricanas y europeas.

De vez en cuando el programa viaja a otras ciudades en todo el planeta desde donde se transmite en vivo en su totalidad, dando a conocer esa ciudad al resto del mundo y sirviendo así como un poderoso puente de enlace entre pueblos.

Rincón del amor

Mensajero del corazón

Ésta es tu página. Úsala para enviar un mensaje a ese ser querido o para expresar cualquier pensamiento referente al amor.

Querida Hortensia, gordita,
Amor es el pan de la vida
Amor es la copa divina
Amor es un algo sin nombre
que obsesiona al hombre
por una mujer.
Líbrame de esta obsesión.
ARNULFO
La Paz, Bolivia

Príncipe,
Al principio fue muy hermoso, como una película de Walt Disney, pero no aguanto más, me regreso con los enanos. ¡Que seas feliz con tus caballos! No me busques.
Adiós, tu ex-negra,
Blanca Nieves
Anaheim, California

Mario,
¿Cómo te atreves? ¡Infeliz! Ayer te vi abrirle la puerta a una rubia muy hermosa y claro, a ti, tan feo y torpe, ni las gracias te dio. ¡Qué bueno! Te lo mereces por infiel. Te lo digo por carta porque en persona te sacaría los ojos.
Leona C. Losa
Caracas, Venezuela

Falsa,
Te vas a casar queriéndome a mí, porque no tuve dinero para comprar tu felicidad. ¡Que seas muy feliz! Yo sé que el dinero llena los deseos de tu corazón. Tan solo un favor te quiero implorar, que el día de tu boda el Ave María me dejes cantar.
Gus A. Note
Santo Domingo,
República Dominicana

Tonta,
Me enamoré como un tonto
y como tonta tú también
y como tontos los dos
nos casamos ese mes.
Un besito de tu tontito
San Juan, Puerto Rico

Rafael,
El cartero me regresó hoy la carta que ilusionada te mandé a la dirección que me diste. ¡Hipócrita, mentiroso! Me correspondiste con falsedades. De todos modos nunca olvidaré Viña del Mar, la luna llena, tú, nuestros compañeros de escuela, y yo.
Hasta nunca jamás,
Elisa,
Antofagasta, Chile

Los Jóvenes-

De todo un poco

para pescar o compartir alguna actividad con amigos. Pero no me parece bien que una mujer casada abandone por unos días a su marido para compartir con amigas algún tipo de recreación".

Gabriela La Porta tiene 16 años, pero ya conoce los sabores del machismo. "Cuando salgo con mis amigas, mi novio se las arregla para venir a buscarme, y yo sé que lo hace para controlarme, aunque no lo diga. Yo no soy así con él. Pero, bueno, todos los chicos, cuando empiezan a salir con una chica, se convierten en machistas. Algunos piensan que si te vas de vacaciones sola con una amiga tú eres una loca."

Y Gabriela no es la única. Fanny Grunschpon, de 17 años, contó una experiencia similar, que seguramente engloba a millares de adolescentes. "Yo salía con un chico inseguro. Me preguntaba qué hacía y qué dejaba de hacer, pero a él no le gustaba que yo le preguntara absolutamente nada."

En su artículo, "¿Qué es un machista?", Marisa Rambola dice "No podemos separar el machismo de su aspecto social", explica la profesora Josefina Calí, de la Universidad de Buenos Aires (UBA). "La estructura tiene mucho peso y es muy antigua. Para modificar psicológicamente a una persona, es preciso que haya también modificaciones sociales. Y el machismo no será eliminado mientras en la cultura se tenga como criterio de superioridad la fuerza física."

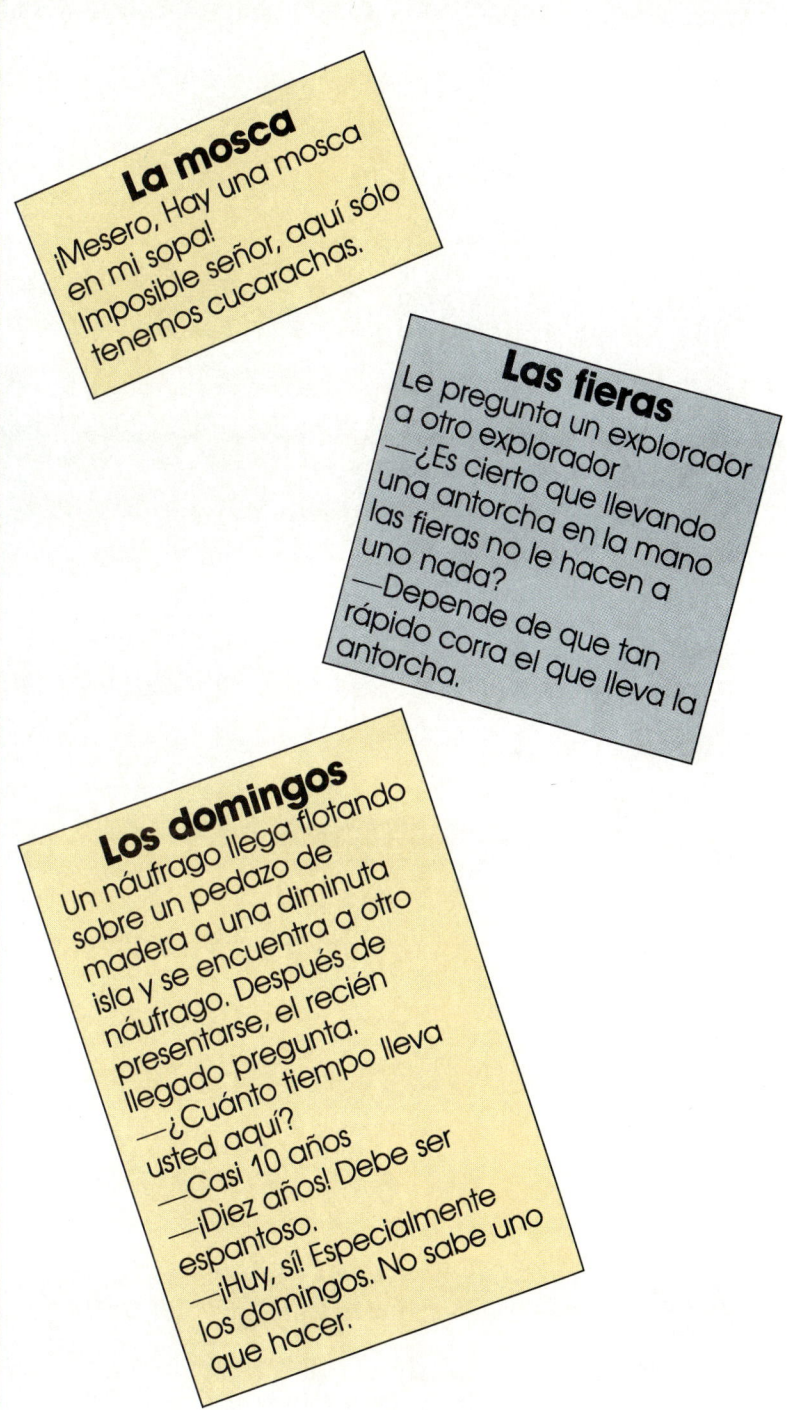

La mosca
¡Mesero, Hay una mosca en mi sopa!
Imposible señor, aquí sólo tenemos cucarachas.

Las fieras
Le pregunta un explorador a otro explorador
—¿Es cierto que llevando una antorcha en la mano las fieras no le hacen a uno nada?
—Depende de que tan rápido corra el que lleva la antorcha.

Los domingos
Un náufrago llega flotando sobre un pedazo de madera a una diminuta isla y se encuentra a otro náufrago. Después de presentarse, el recién llegado pregunta.
—¿Cuánto tiempo lleva usted aquí?
—Casi 10 años
—¡Diez años! Debe ser espantoso.
—¡Huy, sí! Especialmente los domingos. No sabe uno que hacer.

Unidad 7

La nueva mujer hispana

En esta unidad vas a

- usar términos relacionados con el hombre y la mujer, el amor, los sentimientos y las relaciones sociales

También vas a aprender

- el artículo definido
- el artículo indefinido
- los adverbios
- los usos de **pero, sino** y **sino que**
- el participio pasado usado como adjetivo
- el participio pasado y el gerundio
- los comparativos y los superlativos
- los diminutivos y los aumentativos
- el subjuntivo (repaso)

LECCIÓN 19

EN CONTEXTO

Para comenzar

Describe lo que pasa en los dibujos. Tienes que usar la imaginación para contestar algunas preguntas.

1. ¿Cuál de los dos dibujos es más realista? Explica.
2. ¿Has experimentado alguna vez el amor a primera vista? ¿Qué pasó? ¿Cómo se puede saber si es una relación seria o sólo una atracción física?
3. ¿Tienes novio(a)? ¿Cómo y cuándo se conocieron? ¿Es tu novio(a) también tu amigo(a)? ¿Cuáles son las ventajas de que tu novio(a) sea también tu amigo(a)? ¿Y las desventajas? ¿Es importante tener amigos de ambos sexos? ¿Por qué?
4. Cuando alguien dice "ya se terminó la luna de miel", ¿a qué se refiere? ¿Qué puede hacer una pareja para que nunca se termine la luna de miel?

El amor hace girar al mundo

Hace varios años, Lisa, una norteamericana, fue a España para pasar un año como estudiante de intercambio. Allí, conoció a Cristián, un estudiante español de medicina, y los dos se enamoraron locamente. Lisa volvió a los EE.UU., pero los dos siguieron escribiéndose, esperando estar juntos algún día. He aquí una carta que Cristián le escribió a Luisa después de su separación.

Mi querida Lisa,

 Sentí una gran sensación de pérdida por tu partida. Resulta todo muy absurdo. Lo cierto es que te echo mucho de menos. Sin ti estoy nervioso, desequilibrado y poco seguro de mí mismo. Vivir cerca de ti es un sueño, es la gloria, la felicidad. Vivir lejos de ti es un tormento. Por favor, necesito tus cartas cada día para poder seguir respirando. Cariño, cuando tú te marchaste de mi lado, mi vida dejó de tener sentido. Estoy vacío. Necesito tenerte a mi lado, cada día, cada noche. Oír tu voz, saber de cerca lo que sientes y lo que piensas.

 Creo que en un futuro no muy lejano, todos estos sacrificios que estamos haciendo tendrán un significado, una recompensa. Nuestro corazón estará lleno de inmensa felicidad—estaremos juntos para siempre.

 Yo siempre te querré. Todo en ti es bonito, incluso tus lágrimas. Me gustaría que no hubiera más despedidas entre nosotros. Yo he andado errante° veintitrés años de mi vida hasta encontrar mi camino, mi luz, mi guía y todo eso eres tú; y es el dolor más grande del mundo ver que te has ido. Pero sé también que volverás cuanto antes° y sé que te esperaré siempre.

 Te quiero, mi reina. No me olvides.

Cristián

° wandering

° **cuanto...** as soon as possible

Preguntas acerca de la lectura

1. ¿Cuáles son algunas de las imágenes que usa Cristián para describir a su querida Lisa?
2. ¿Cómo se encuentra Cristián sin Lisa? ¿Cuáles son las esperanzas de Cristián?
3. ¿Dónde y cómo se conocieron Lisa y Cristián? Inventa los detalles de su primer encuentro. ¿Qué le dijo él a ella? ¿Y ella a él?

En tu opinión

1. ¿Has recibido alguna vez una carta como la que escribió Cristián? ¿De quién? ¿Has escrito una carta como ésa? ¿A quién?
2. ¿Qué le contestará Lisa a Cristián? ¿Crees que ella volverá?
3. ¿Te acuerdas de tu primer amor? ¿Cuántos años tenías cuando te enamoraste? ¿Fue la única ocasión? ¿Rompiste con esta persona o sigues saliendo con él (ella)?
4. ¿Es el amor importante para ti? ¿Eres una persona romántica? ¿Cómo se caracteriza una persona romántica? ¿Crees que hoy día la gente es más práctica que romántica? ¿Por qué?
5. ¿Has salido alguna vez con una persona que no conocías? ¿Cómo resultó la cita? ¿Saliste otra vez con esta persona?
6. ¿Arreglaste alguna vez una cita entre dos amigos tuyos que no se conocían? ¿Cómo resultó la cita? ¿Son tus amigos todavía?

Expansión de vocabulario

EL AMOR
- el **amorío** love affair
- **amor mío** my love
- la **boda** wedding
- el **caballero** gentleman
- el **cariño** affection
- **cielito** sweetheart, darling
- la **dama** lady
- la **dulzura** sweetness
- **enamorado** in love
- el **estado civil** marital status
- la **luna de miel** honeymoon
- el **matrimonio** matrimony, married couple
- la **pareja** couple
- **querido(a) mío(a)** my dear
- la **sortija** ring with a stone

LA APARIENCIA PERSONAL
(personal appearance)
- **afeitarse** to shave
- **aplicar maquillaje** to apply makeup
- la **barbería** barber shop
- **cortarse las uñas** to cut one's fingernails
- el **cutis atractivo** attractive skin
- **fresco y juvenil** fresh and young-looking
- **ganar peso** to gain weight
- el **lápiz labial** lipstick
- el **maquillaje** makeup
- **ondular el pelo** to curl one's hair
- el **peinado** hairdo
- la **peluquería** beauty parlor

LOS SENTIMIENTOS
- **amoroso** loving
- **apasionado** passionate
- **cariñoso** affectionate
- los **celos** jealousy
- **celoso** jealous
- **desilusionarse** to become disappointed
- la **envidia** envy
- **envidioso** envious
- la **lágrima** tear
- **sensible** sensitive
- **sociable** sociable
- **sospechoso** suspicious
- **tener celos** to be jealous

Actividades

A. ¿Qué palabra no pertenece? En cada grupo, escoge la palabra que no está relacionada con las otras y explica por qué.

1. querido
   amor
   varón
   cielito

2. celoso
   amoroso
   envidioso
   sospechoso

3. sortija
   luna de miel
   boda
   peluquería

4. desilusionado
   cariñoso
   enamorado
   apasionado

5. lápiz labial
   crema
   maquillaje
   peinado

1. varón
2. amoroso
3. peluquería
4. desilusionado
5. peinado

Ma. Elisa y Raúl
Con la bendición de nuestros padres
Juan Mario Rendón Ulibarri   José Luis González-Salas Casillas
Ma. Elisa Arteaga de Rendón   Esther Campos de González-Salas

Les invitamos a ser testigos de nuestro matrimonio el sábado 29 de agosto a las diecisiete horas en la Parroquia de Santa Engracia, impartiendo la bendición nupcial el Padre Roberto Méndez Ortíz

Garza García, N. L., Mil Novecientos Ochenta y Siete.

B. La pareja perfecta. En grupos de tres o cuatro personas, escriban una lista de las características del matrimonio perfecto. Incluyan por lo menos cinco en orden de importancia y expliquen por qué son importantes.

> EJEMPLO   Los Jiménez tienen un matrimonio perfecto porque se comunican bien el uno con el otro, tratan bien a sus niños, cuidan sus cosas...

C. Mi boda. Describe tu boda. ¿Cuándo y dónde será? ¿Con quién te casarás? ¿Cuántos invitados habrá? ¿Qué comerán? ¿Qué tipo de música tocarán? ¿Adónde irán de luna de miel?

D. Cartas. Escríbele una carta de despedida o una carta amorosa a tu novio(a). Luego, cambia tu carta con la de un(a) compañero(a) de clase y contéstala.

EXPLORACIÓN

El artículo definido

A. Los artículos definidos son **el, la, los** y **las**. Corresponden al inglés *the*. Concuerdan en género y número con los nombres a los que se refieren.

el caballero	*the gentleman*
los caballeros	*the gentlemen*
la dama	*the lady*
las damas	*the ladies*

Unidad siete

B. Los sustantivos femeninos que empiezan con una **a** o **ha** tónica usan el artículo masculino en el singular para evitar la cacofonía.[1]

el agua	*the water*
las aguas	*the waters*
el hacha	*the ax, hatchet*
las hachas	*the axes, hatchets*

C. Con las preposiciones **a** y **de**, el artículo **el** forma las dos contracciones que existen en español: **al** (**a** + **el**) y **del** (**de** + **el**).

al teatro	*to the theater*
a la boda	*to the wedding*
del concierto	*from the concert*
de la peluquería	*from the beauty parlor*

Usos del artículo definido

A. El artículo definido se usa de las siguientes maneras.

1. ante un nombre geográfico cuando está acompañado de algún modificador (adjetivo, expresión adverbial y otros)

   la España romántica
   la Alemania de la posguerra
   el París que yo conocía

2. con el nombre de algunos países o lugares

(el) Brasil	(el) Japón	(el) Paraguay
(el) Canadá	(la) India	(los) Estados Unidos
(la) Argentina	(el) Ecuador	(la) Florida
(la) Habana	(el) Uruguay	(el) Perú

   Nota: El uso de artículos definidos es opcional con los nombres de países.

3. con ciertos nombres geográficos compuestos

   la Península Ibérica
   el Golfo de México
   la América del Sur

---

[1] Sonido desagradable debido a la repetición de dos vocales idénticas juntas.

B. El artículo definido se usa con los nombres de idiomas. Siempre se usa el artículo masculino singular.

No se usa el artículo definido detrás de las preposiciones **en** o **de** o directamente detrás de verbos como **hablar, enseñar, estudiar, saber** y **aprender**.

El español es un idioma muy importante.	Spanish is a very important language.
Mi amigo peruano habla bien el inglés.	My Peruvian friend speaks English well.
La señora Suárez es mi profesora de español.	Mrs. Suárez is my Spanish professor.
Claudia de Colombia canta en español.	Claudia de Colombia sings in Spanish.

C. Con sustantivos abstractos o cuando los sustantivos concretos se usan en el sentido abstracto, se usa el artículo definido.

La envidia puede destruir un matrimonio.	Envy can destroy a marriage.
El amor al dinero es peligroso.	Love of money is dangerous.

D. Se usa el artículo definido con los nombres propios que llevan algún modificador (por ejemplo, un adjetivo o un título).

El pobre Juan se ha enamorado otra vez.	Poor Juan has fallen in love again.
El doctor Peña ha adelgazado mucho.	Doctor Peña has lost a lot of weight.

Nota: Los títulos **don, doña, fray, sor** y **san(to, ta)** nunca llevan un artículo definido.

E. También se usa el artículo definido con los nombres de las comidas.

Después del almuerzo, fuimos al cine.	After lunch, we went to the movies.

F. Se usa el artículo definido con nombres comunes de lugares muy específicos, como la escuela, la iglesia, el centro, el tribunal, el puente y otros.

José ya se fue a la escuela.	José already went to school.
Los novios se casaron en la iglesia.	The bride and groom married in the church.
El fiscal llegó tarde al tribunal.	The district attorney arrived late in court.

G. El artículo definido se usa con los nombres de los días de la semana (masculino), las estaciones del año y la hora; no se usa con nombres de los meses del año.

el lunes que viene	*next Monday*
el verano pasado	*last summer*
la una	*one o'clock*
Los sábados por la noche, la pareja sale a bailar y los domingos, descansa.	*On Saturday nights, the couple goes dancing, and on Sunday, they rest.*
En octubre me voy de viaje.	*I will take a trip next October.*

H. Antes de nombres de juegos y deportes se usa el artículo definido.[2]

Él juega al tenis, y yo juego a las damas.	*He plays tennis, and I play checkers.*

I. El artículo definido reemplaza al adjetivo posesivo delante del complemento de los verbos reflexivos.

Me lavo **la** cara.	*I wash my face.*
Se pone **el** smoking.	*He puts on his tuxedo.*
Te cambias **el** nombre.	*You change your name.*

J. En series de nombres específicos, el artículo definido se repite antes de cada uno, sobre todo si cambian de género.

Alfonso trajo los refrescos, la fruta y los pasteles.	*Alfonso brought drinks, fruit, and pastry.*

Nota: Si los objetos no son **específicos** (algo determinado y conocido), es mejor omitir el artículo en todos.

Compramos todo menos crema, lápiz labial y perfume.	*We bought everything except cream, lipstick, and perfume.*

Actividad

ST 51

A. **¿De acuerdo?** Escucha las frases. Escríbelas en una hoja de papel. Entonces dile a otro(a) estudiante por qué (no) estás de acuerdo con cada frase.

EJEMPLO   Oyes: El ver la televisión es malo para los niños.
Escribes: **El ver la televisión es malo para los niños.**
Dices: **Estoy de acuerdo porque si ven la televisión no van a correr ni jugar mucho. La televisión es una actividad pasiva, y los niños tienen que ser activos.**

---

[2]Esta construcción se usa en España; sin embargo, en Latinoamérica no se usan ni la preposición ni el artículo con el verbo **jugar**. Por ejemplo: **Juego tenis.**

EXPLORACIÓN

El artículo indefinido

A. Los artículos indefinidos son **un, una, unos** y **unas**. Corresponden al inglés *a, an* y *some*. Concuerdan en género y número con el nombre al que se refieren.

un peinado	*a hairdo*
unos peinados	*some hairdos*
una boda	*a wedding*
unas bodas	*some weddings*

B. Los sustantivos femeninos que empiezan con una **a** o **ha** tónica usan el artículo masculino en el singular para evitar la cacofonía.

un alma	*a soul*
unas almas	*some souls*
un hacha	*an ax, a hatchet*
unas hachas	*some axes, hatchets*

C. En series de sustantivos usados genéricamente, el artículo indefinido puede usarse con cada uno u omitirse en todos según el significado.

Ella pidió una limonada, un café y un té para nosotros.	*She ordered us a lemonade, a cup of coffee, and a cup of tea.*
Ella pidió limonada, café y té para nosotros.	*She ordered us lemonade, coffee, and tea.*

D. El artículo indefinido se omite con predicados nominales del verbo **ser** a menos que lleven un modificador.

Ella es directora.	*She is a director.*
Ella es una directora talentosa.	*She is a talented director.*
Juan es padre de familia.	*Juan is a father.*
Juan es un magnífico padre de familia.	*Juan is a great father.*

E. No se usa el artículo indefinido con **otro(s), otra(s), cien(to), mil, qué, tal, medio** y **cierto**.

Tráigame otro chocolate, por favor.	*Please bring me another chocolate.*
Necesito otro boleto para mi esposa.	*I need another ticket for my wife.*
Tenía tanta sed que bebí media botella de tónica.	*I was so thirsty that I drank half a bottle of tonic.*
¡Qué hombre más cariñoso!	*What an affectionate man!*

Actividades

A. De viaje. Usa el artículo definido apropiado si es necesario, según el caso. Si no se requiere ninguno, indícalo con una **x**.

__1__ matrimonio pasará __2__ luna de miel en __3__ Ecuador, país encantador que está en __4__ costa de __5__ América del Sur. Quito, __6__ capital, está rodeada por los Andes y tiene un clima agradable. En __7__ parte vieja de __8__ ciudad, se puede notar mucha influencia de __9__ España colonial. La mayoría de __10__ gente allí habla __11__ español, pero algunos también hablan quechua, un idioma de __12__ indios.

1. El
2. la
3. el (optional)
4. la
5. la
6. la
7. la
8. la
9. la
10. la
11. x
12. los

B. De compras. Usa el artículo definido o el artículo indefinido si son necesarios, según el caso.

__1__ semana pasada, fui a comprar __2__ zapatos. Fui primero a __3__ tienda que me recomendó __4__ doña Inés. __5__ empleado me mostró muchos estilos bonitos. Me gustaban todos, __6__ rojos, __7__ azules y __8__ blancos. Compré __9__ azules y me los puse en seguida. Luego, fui a un restaurante para merendar. Después de __10__ merienda, volví a casa y me quité __11__ zapatos porque me dolían __12__ pies.

1. La
2. unos
3. la (una)
4. not needed
5. Un (El)
6. unos (los)
7. unos (los)
8. unos (los)
9. los
10. la
11. los
12. los

C. ¡Hablemos de tu familia! Escucha la entrevista y apunta las respuestas del entrevistado. Después, contesta las preguntas que siguen.

1. ¿Cuál es la profesión del padre de Javier?
2. ¿Tiene coche Javier?
3. ¿Tiene estéreo su familia?
4. ¿Tienen gato?
5. ¿Tienen perro?
6. ¿Tiene novia Javier?

1. ingeniero
2. No, tiene bicicleta
3. Sí
4. No, tienen dos perros
5. Sí, tienen dos perros
6. No, pero busca novia

D. ¡Qué comida más rica! Usa el artículo definido o indefinido, si es necesario, en cada espacio. Si no se requiere ninguno, indícalo con una **X**. See Copying Masters.

Soy __1__ profesora de __2__ español en __3__ escuela secundaria, y mi marido es __4__ médico. Cuando llega __5__ fin de semana, estamos demasiado cansados para cocinar. A veces, vamos a __6__ restaurante chino cerca de __7__ centro. __8__ comida china nos gusta mucho, sobre todo __9__ sopas y __10__ pollo. También __11__ comida mexicana es deliciosa, pero picante. A veces, después de comerla, me duele __12__ estómago. __13__ empanadas que se comen en __14__ Argentina y en __15__ Colombia también son muy ricas. __16__ de nuestras vecinas, __17__ señora Rivera, las preparó para mi clase de __18__ español __19__ día. En realidad, __20__ langosta es nuestra comida favorita, pero cuesta $9,00 __21__ libra en __22__ restaurantes. Pues, creo que vamos a quedarnos en __23__ casa esta noche y preparar __24__ cena.

1. x
2. x
3. una
4. x
5. el
6. un
7. del
8. La
9. las
10. el
11. la
12. el
13. Las
14. la (optional)
15. x
16. Una
17. la
18. x
19. un
20. la
21. la
22. los
23. x
24. la

E. Busco novia. El pobre Iván busca novia. Escucha el cuentito sobre Iván después de leer estas preguntas. Contesta las preguntas con frases completas.

1. ¿Qué busca Iván?
2. ¿Tiene carro su vieja novia?
3. ¿Cuándo salió Iván con sus amigos?
4. ¿Adónde fue Iván con sus amigos?
5. ¿Por qué fueron a la escuela?
6. ¿Qué hizo Iván antes de salir para la casa de su novia?
7. ¿A qué hora llegó Iván a su casa?
8. ¿Qué le dijo la novia a Iván?

1. novia
2. sí
3. el jueves
4. a la escuela
5. a jugar tenis.
6. se lavó la cara
7. a las ocho.
8. que buscara otra novia.

EXPLORACIÓN

Los adverbios

El adverbio puede modificar al verbo, a un adjetivo o a otro adverbio, indicando circunstancia de lugar, tiempo y modo.

A. El modo más común de formar un adverbio es añadir el sufijo **-mente** al adjetivo en su forma femenina.

adjetivo	forma femenina	adverbio	significado
cariñoso	cariñosa	cariñosamente	*affectionately*
elegante	elegante	elegantemente	*elegantly*
cortés	cortés	cortésmente [3]	*courteously*

B. Para evitar palabras demasiado largas, en vez de un adverbio en **-mente** se puede usar una expresión formada con la preposición **con** y el sustantivo correspondiente.

elocuentemente	con elocuencia
fácilmente	con facilidad
perfectamente	con perfección

C. Cuando se quiere usar dos o más adverbios en **-mente,** el sufijo se pone sólo al final del último. El adverbio sin el sufijo terminará en **-a.**

El joven le habló apasionada y amorosamente.   *The young man spoke to her passionately and lovingly.*

[3] Los adjetivos acentuados conservan el acento en el adverbio, y no es necesario alterar los acentos escritos.

D. El adverbio va normalmente delante del adjetivo o adverbio al que modifica.

La pulsera es **demasiado** cara.
Sara se lleva **muy** bien con sus suegros.

The bracelet is too expensive.
Sara gets along very well with her in-laws.

Actividades

ST 54

A. Un día en el parque. Mira el dibujo y contesta las preguntas que oyes, usando los adjetivos de la lista.

EJEMPLO ¿Cómo está cantando la muchacha?
Está cantando fuertemente.

rápido   cariñoso   lento   gracioso   cuidadoso

1. graciosamente
2. lentamente
3. cuidadosamente
4. cariñosamente
5. rápidamente

B. Encuentro afortunado. Forma adverbios de los adjetivos siguientes y llena cada espacio según el caso.

feliz   confiado   maravilloso   impaciente
tímido   elegante   dulce   solo
amistoso   inmediato   rápido   apasionada

1. Vístete muy ===== y vete ===== a una discoteca.
2. Siéntate en una mesa cerca de la pista de bailar y mira ===== a tu alrededor.
3. Cuando veas a la "víctima", míralo(a) ===== y sonríe =====.
4. Él (ella) vendrá ===== a hablar contigo. Dile que baila =====, y ustedes pasarán unas horas charlando =====.
5. Después de un rato, él (ella) querrá ===== hablar acerca de tu vida.
6. El próximo día, espera ===== en casa porque él (ella) podrá llamarte ===== por teléfono.

Answers may vary.
1. elegantemente / rápidamente
2. tímidamente
3. apasionadamente / dulcemente
4. impacientemente / maravillosamente / amistosamente
5. inmediatamente
6. confiadamente / felizmente

C. **La primera cita.** Anoche Alicia salió por primera vez con un hombre que trabaja en su oficina. Su amiga le pide algunos detalles.

> EJEMPLO ¿Manejó bien? (perfecto)
> **Sí, él manejó perfectamente.**

1. ¿Te trató bien? (cariñoso)
2. ¿Estacionó° el coche con cuidado? (lento)
3. ¿Se portó bien con tu familia? (cortés)
4. ¿Se sintió cómodo después de un rato? (inmediato)
5. ¿Bailó bien? (horrible)
6. ¿Habló de cosas interesantes? (elocuente)
7. ¿Te gustaría salir con él otra vez? (frecuente)

1. cariñosamente
2. lentamente
3. cortésmente
4. inmediatamente
5. horriblemente
6. elocuentemente
7. frecuentemente

° did he park

D. **Encuesta amorosa.** ¿Cómo es tu novio(a)? Cambia las expresiones a la forma adverbial con **-mente** y contesta las siguientes preguntas.

1. ¿Se enoja con facilidad?
2. ¿Trata a la gente con sensibilidad?
3. ¿Gasta su dinero con dificultad?
4. ¿Vive con tranquilidad?
5. ¿Se viste con elegancia?
6. ¿Te habla con cariño?
7. ¿Te quiere con sinceridad?
8. ¿...?

1. fácilmente
2. sensiblemente
3. difícilmente or dificultosamente
4. tranquilamente
5. elegantemente
6. cariñosamente
7. sinceramente

EXPLORACIÓN

Los usos de **pero,** **sino** *y* **sino que**

A. **Pero** conecta dos frases que pueden ser afirmativas o negativas. Equivale al inglés *but* en el sentido de *however* o *nevertheless*.

No me gusta Mónica, pero saldré con ella esta vez.
I don't like Mónica, but (nevertheless) I will go out with her this time.

Quiero ir a la boda, pero no me invitaron.
I want to go to the wedding, but (however) they didn't invite me.

B. **Sino** se usa sólo detrás de un antecedente negativo, y no delante de verbos conjugados. Expresa la idea de *but rather* o *instead*.

No me gusta Tomás sino Miguel.
I don't like Tomás but rather Miguel.

No quiero ir a la boda sino al teatro.
I don't want to go to the wedding but to the theater instead.

C. **Sino que** tiene el mismo significado de **sino,** pero se usa delante de una frase en la que hay un verbo conjugado.

No fui a la boda sino que me quedé en casa.
I didn't go to the wedding; on the contrary, I stayed home.

No vino él, sino que mandó a su hermano.
He did not come, but sent his brother.

Unidad siete

Actividades

ST 55

A. Un día en la vida de Jaime. Jaime tiene muchas ganas de asistir a un baile en la escuela porque quiere ver a Linda, quien le gusta mucho. Mira los dibujos y escucha las preguntas sobre Jaime. Contéstalas usando la conjunción indicada.

Answers will vary.

EJEMPLO ¿Quiere estudiar Jaime?
No, no quiere estudiar sino bailar.

1. pero

2. sino

sino

3. sino que

4. sino que

5. pero

B. Permiso del padre. El pobre José quiere casarse con Mariluz, pero necesita permiso de su papá. Llena cada espacio con **pero, sino** o **sino que**.

1. No soy rico, ===== pobre, ===== voy a trabajar mucho para mantener bien a la familia.
2. No tengo un trabajo muy bueno ahora, ===== voy a conseguir uno en el futuro.
3. No estudio para médico ===== para abogado. Pronto terminaré la carrera.
4. No salgo mucho por la noche ===== me quedo en casa leyendo
5. No soy rey, ===== quiero mucho a su hija y la querré para siempre.

1. sino, pero
2. pero
3. sino
4. sino que
5. pero

ST 56

C. El amor espera. Héctor quiere a Carolina, pero a ella no le gusta nada él. Escucha la selección y contesta las preguntas usando **pero, sino** o **sino que** en tus respuestas.

EJEMPLO ¿Quiere Héctor a Isabel?
No, no quiere a Isabel sino a Carolina.

1. ¿Es Héctor muy trabajador?
2. ¿Es él ambicioso?
3. ¿Tiene riqueza financiera?
4. ¿Es Carolina romántica?
5. ¿Piensa Carolina en las cualidades de sus novios?
6. ¿Decide Héctor trabajar cuarenta horas a la semana?

Answers may vary.
1. Es trabajador pero el dinero no le importa mucho.
2. No es ambicioso sino romántico.
3. No tiene riqueza financiera sino amorosa.
4. No es romántica pero le gusta el dinero.
5. No piensa en las cualidades sino en sus posesiones.
6. Decide no trabajar cuarenta horas sino sesenta.

LECCIÓN 20

EN CONTEXTO

Para comenzar

Describe lo que pasa en el dibujo. Tienes que usar la imaginación para contestar algunas preguntas.

1. ¿Es típica esta escena? ¿Se ve esto en los Estados Unidos hoy día? ¿A qué se debe?
2. ¿Debe haber un papel específico para el hombre y otro para la mujer? ¿Por qué? ¿Cuáles deben ser?
3. Se dice que los hombres no deben expresar sus sentimientos más profundos—que no es masculino llorar o tener miedo. ¿Cómo se originó esta idea? ¿Estás de acuerdo? ¿Cuándo lloras? ¿Ríes? ¿Te enojas? ¿Sientes miedo?
4. En tu familia o en tu familia ideal, ¿trabajan las personas fuera de la casa? ¿Quién hace los quehaceres domésticos? ¿Cuáles son los deberes de cada persona de la familia? ¿Hacen las personas en tu familia (si tienes hermanos y hermanas por ejemplo) quehaceres diferentes?

¿El que manda?

De vuelta en los Estados Unidos, Lisa le explica a Cristián sus puntos de vista sobre varios temas de interés para ambos. Ella le escribe la siguiente carta.

Querido Cristián,

 He recibido tus cartas y quiero aclararte algunas cosas. Parece que no me entiendes bien. Simplemente no es posible dejar mis estudios pues es mucho el trabajo que he hecho para llegar a este punto. Desde el momento en que nos conocimos en España, pensé que querías a la persona que soy y tú sigues insistiendo sólo en tus derechos.

 Francamente no puedo ser siempre agradable contigo, como tú quieres, y estar de acuerdo contigo todo el tiempo. Más que nada soy yo misma la que maneja mi vida. Tengo serias intenciones de seguir con mi carrera de leyes aquí, y como no es posible para mí ser abogada en España por las diferencias entre los sistemas legales de nuestros países, quiero pedirte que vengas a los Estados Unidos.

 Podrías aprobar un examen y conseguir tu licencia de medicina aquí, y así, podríamos seguir nuestras metas personales profesionales. Aquí se puede vivir muy cómodamente con una carrera de medicina. Además los centros médicos que hay aquí están entre los mejores del mundo. En cuanto a lo personal en nuestra relación, quiero que sepas que te quiero y trato de entenderte; pero trata de comprender que no puedo perder mi identidad totalmente. Para mí, mudarme a España sería un cambio radical. Por favor, considera mi idea acerca de tu viaje aquí. Sí, quiero verte y por lo tanto te pregunto, ¿por qué no tratamos de llegar a un acuerdo?

 Escríbeme pronto y dime lo que piensas. Espero tu carta con anticipación.

 Recordándote siempre,

Lisa

Preguntas acerca de la lectura

1. ¿Qué tipo de persona parece Lisa? ¿Es una persona segura y sincera? ¿Qué dice ella que te hace pensar esto?
2. ¿Qué le dice Lisa a Cristián en cuanto a sus estudios de leyes? Explica. ¿Qué le dice Lisa a Cristián para demostrarle que ella también tiene su personalidad definida y sus metas personales?
3. ¿Qué le dice Lisa a Cristián acerca de su relación personal con él?
4. ¿Qué quiere Lisa que haga Cristián? ¿Por qué? Explica.
5. ¿Qué dice Lisa para hacerle comprender a Cristián que la relación entre los dos requiere cooperación? Explica.

En tu opinión

1. ¿Cómo va a reaccionar Cristián al recibir esta carta? ¿Crees que se va a enojar? ¿Cómo reaccionarías tú si recibieras esta carta? Explica.
2. ¿Qué piensas de la actitud de Lisa? ¿Es Lisa una persona agresiva o pasiva? ¿Cómo lo sabes? ¿Te gusta que tus amigos(as) o tu novio(a) sean posesivos(as)? ¿Por qué?
3. ¿Quién debe tomar las decisiones en una familia? ¿Por qué?
4. ¿Te gusta que tus amigos(as) o tu novio(a) sean dominantes? ¿Son más atractivos los hombres agresivos? ¿Y las mujeres sumisas? Explica.

Expansión de vocabulario

SUSTANTIVOS
el **centro para niños**   day-care center
el **derecho**   right (*to do something*)
el **embarazo**   pregnancy
la **guardería infantil**   day-care center
la **maternidad**   maternity
la **partera**   midwife
el **parto**   labor
la **paternidad**   paternity
el **poderío**   power, authority
el **privilegio**   privilege

ADJETIVOS
agresivo   aggressive
caprichoso   capricious
contenido   contained, moderate
dominante   domineering
encinta   pregnant
expresivo   expressive
flexible   flexible
materno   maternal
macho (**machista**)   exaggeratedly masculine
obediente   obedient
pasivo   passive
paterno   paternal
rígido   rigid, inflexible
sumiso   submissive
valiente   valiant
virtuoso   virtuous

VERBOS
acertar (e → ie)   to be correct
comprobar (o → ue)   to prove
criar   to raise (*children*)
cuidar   to take care of
dar a luz   to give birth to
desempeñar   to perform
divorciarse   to get divorced
domar   to subdue, to master
dominar   to dominate
enfadarse (**enojarse**)   to become angry
evitar   to avoid
fastidiar   to upset, to irk
procurar   to try
provocar   to provoke
someter   to subdue
someterse a   to submit to
surgir   to appear

OTRAS PALABRAS Y FRASES
cambiar una llanta   to change a tire
los **deberes**   duties
es debido a   it is because of
ir por un mandado   to do an errand
el **movimiento de liberación femenina**   the women's liberation movement
el **mito**   myth

Unidad siete

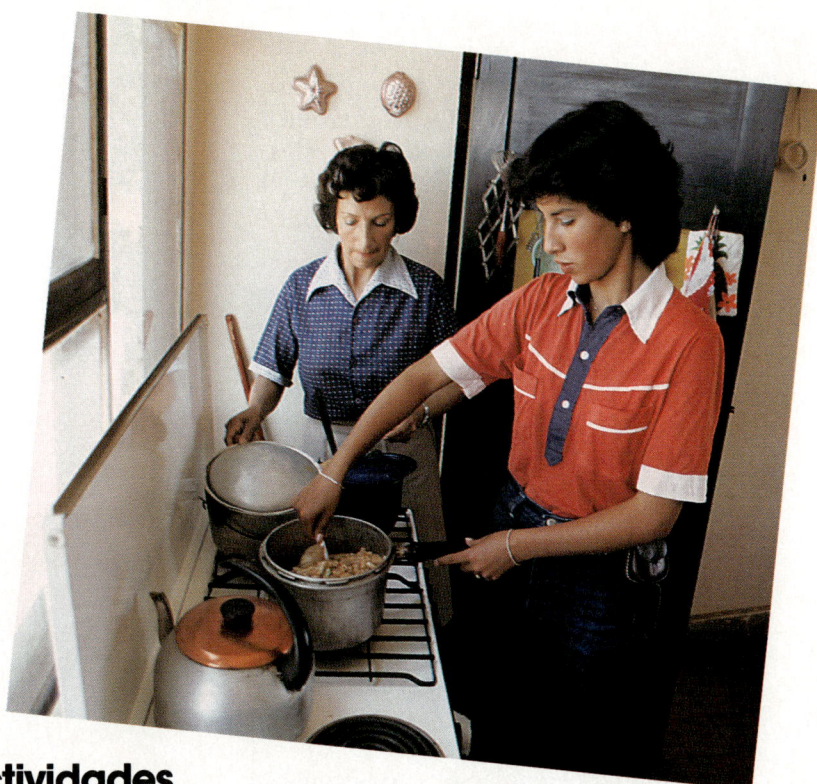

Actividades

A. ¿Qué palabra no pertenece? En cada grupo, escoge la palabra que no está relacionada con las otras y explica por qué.

1. rígido
   pasivo
   obediente
   sumiso

2. dominante
   macho
   flexible
   agresivo

3. enfadar
   enojar
   fastidiar
   criar

4. mito
   deber
   obligación
   trabajo

5. domar
   dominar
   desempeñar
   someter

1. rígido
2. flexible
3. criar
4. mito
5. desempeñar

B. Mi media naranja.° Escoge tres adjetivos de la lista siguiente para llenar los espacios. Luego, completa las frases.

Mi... My better half.

flexible, contenido(a), sumiso(a), expresivo(a), virtuoso(a), pasivo(a), valiente, dominante

1. Quiero un(a) novio(a) que sea ===== porque...
2. Prefiero que una mujer (un hombre) sea ===== porque...
3. No me gustaría que un(a) esposo(a) fuera ===== porque...

C. **Los anuncios comerciales.** Es evidente que la mayoría de los anuncios comerciales que salen por la televisión durante el día se dirigen a la mujer. Ahora que es más frecuente que el hombre se quede en casa, ¿cómo van a cambiar estos anuncios? En grupos, escriban un anuncio comercial dirigido al hombre de la casa y represéntenlo delante de la clase.

> EJEMPLO   Si usted es un hombre ocupado, probablemente le gusta usar su tiempo libre para descansar y no quiere usarlo limpiando su casa. Tenemos la solución: somos *Los limpiacasas*, un grupo de hombres que entendemos su problema y producimos resultados. Si quiere casa limpia, y tiempo libre, llámenos al teléfono 555-2409.

EXPLORACIÓN

El participio pasado usado como adjetivo.

A. El participio pasado (consulta la Unidad 6) puede usarse como adjetivo. En ese caso, concuerda con el sustantivo en género y número.

He **hecho** los trabajos de la casa.	*I have done the household chores.*
Son trabajos **hechos**.	*They are done.*
La mujer se ha **capacitado** para trabajar fuera de casa.	*Women have trained themselves to work outside the house.*
Es una mujer **capacitada**.	*She is a capable woman.*
El niño se ha **desilusionado**.	*The boy has become disillusioned.*
Es un niño **desilusionado**.	*He is a disappointed boy.*

B. Se usa el participio pasado con frecuencia con los verbos **dejar, estar, quedar** y **tener** para expresar el resultado de una acción.[4]

Dejé abiertas las ventanas.	*I left the windows open.*
La teoría está comprobada.	*The theory is proven.*
Tengo hecho el trabajo.	*I have the work done.*

C. El participio pasado sirve para indicar las circunstancias en que se realiza la acción. En este caso, generalmente se pone delante del sustantivo.

Pagada la cuenta, Raquel salió del restaurante.	*The check paid, Raquel left the restaurant.*
Cambiada la llanta, Laura siguió su camino.	*Having changed the tire, Laura continued on her way.*

---

[4] Para formar la voz pasiva se usa el participio pasado con el verbo **ser**. Este punto se cubrirá en la Unidad 8.

Actividades

A. Los trabajos de la casa. Leonor tiene que asistir a una reunión importante. Su esposo le pregunta qué debe hacer en casa durante su ausencia. ¿Cómo le contesta Leonor?

EJEMPLO ¿Barro el suelo de la cocina? (ir al supermercado)
Sí, y una vez barrido el suelo, debes ir al supermercado.

1. ¿Hago las compras para la fiesta? (bañar a los niños)
2. ¿Saco toda la basura? (darles de comer a los animales)
3. ¿Acuesto a los niños al mediodía? (salir a dar un paseo)
4. ¿Cocino el pollo? (cocinar los vegetales)
5. ¿Lavo los platos? (secarlos y guardarlos)

1. hechas
2. sacada
3. acostados
4. cocinado
5. lavados

B. No vale la pena. El mes pasado Bernarda consiguió un puesto nuevo que requirió alargar las horas en la oficina. En las siguientes situaciones sus hijos ofrecieron hacerle todas las tareas domésticas, pero tuvieron algunos accidentes. Cambia las frases según el ejemplo.

EJEMPLO Perdió la lista de recados.
Ahora la lista está perdida.

1. Rompieron los vasos de cristal.
2. Quemaron la cafetera.
3. Arruinaron la alfombra en el salón.
4. Desarreglaron los muebles de la sala.
5. Destruyeron su vestido de seda.
6. Pero prepararon una cena deliciosa.

1. están rotos
2. está quemada
3. está arruinada
4. están desarreglados
5. está destruido
6. está preparada

EXPLORACIÓN

El participio pasado y el gerundio

A. El participio pasado expresa una acción completa y muchas veces corresponde al presente progresivo (*-ing*) del inglés.

El nene está dormido en la cuna. — *The baby is asleep in his crib.*
Mamá estaba acostada después de un largo día de trabajo. — *Mom was lying down after a long day of work.*

B. El gerundio indica una acción que está en progreso.

El nene está durmiendo. — *The baby is sleeping.*
Papá se estaba acostando cuando alguién tocó a la puerta. — *Pop was lying down when someone knocked on the door.*

C. Algunos participios pasados comunes en español se traducen al inglés como gerundios.

aburrido *boring*
atrevido *daring*
bien parecido *good-looking*
colgado *hanging*
divertido *amusing*
sentado *sitting*

Actividades

A. En este momento. Son las once de la noche en un día típico en la vida de tu familia. ¿Sabes dónde están tus familiares? Cuenta lo que están haciendo las siguientes personas.

> EJEMPLO **Mis abuelos están durmiendo. Mi padre está viendo la televisión. Mi madre está bañándose.**

tus abuelos	tu(s) hermano(a)(s)
tu padre	tu perro
tu madre	tu maestro(a) de español
tú	tu mejor amigo(a)

ST 57

B. Y cuando me despierto... Escucha las frases sobre las actividades de Rosa Rodela esta mañana. Cambia la estructura de las frases, según el ejemplo.

> EJEMPLO Puso la mesa y preparó el desayuno.
> **Puesta la mesa, preparó el desayuno.**

1. Hecha
2. Limpiado
3. Comido
4. Arrancado
5. Estacionado
6. Escrita

C. La casa ideal. Adolfo le pregunta a Tina cómo va la construcción de la nueva casa. Hace un mes que Tina no visita a su familia, y ella cree que todo se está haciendo. Pero su hermana Yolanda, que acaba de pasar dos días en casa de sus papás, sabe que todo está terminado. ¿Qué le dice Tina, y cómo la corrige Yolanda? Haz esta actividad con otros(as) dos compañeros(as).

> EJEMPLO ADOLFO ¿Y las paredes del comedor? (pintar)
> TINA **Las están pintando ahora mismo.**
> YOLANDA **No, de hecho las paredes del comedor ya están pintadas.**

See Copying Masters.

1. ¿Y la piscina? (construir)
2. ¿Y el patio? (planear)
3. ¿Y las canchas de tenis? (hacer)
4. ¿Y las rejas en el balcón? (poner)
5. ¿Y las lámparas de la entrada? (colgar)
6. ¿Y el trabajo eléctrico de la sauna? (terminar)
7. ¿Y el espejo de lujo? (poner)
8. ¿Y el cuarto de los niños? (arreglarlo)
9. ¿...?

1. La están construyendo / está construida
2. Lo están planeando / está planeado
3. Las están haciendo / están hechas
4. Las están poniendo / están puestas
5. Las están colgando / están colgadas
6. Lo están terminando / está terminado
7. Lo están poniendo / está puesto
8. Lo están arreglando / está arreglado

D. Vuelve la inspectora. Cuando Leonor vuelve de su reunión, le pregunta a su esposo si terminó sus tareas. Contesta las preguntas con el participio pasado y los verbos **tener** o **dejar**.

> EJEMPLO ¿Abriste las ventanas?
> **Sí, las dejé abiertas.**

1. ¿Cerraste todas las puertas?
2. ¿Lavaste los vasos?
3. ¿Planchaste mis pantalones?
4. ¿Preparaste la ensalada?
5. ¿Hiciste las camas?
6. ¿Freíste las papas?

1. cerradas
2. lavados
3. planchados
4. preparada
5. hechas
6. fritas

EXPLORACIÓN

Los comparativos y los superlativos

Cuando hablamos o escribimos, muchas veces hacemos comparaciones; unas son de desigualdad (superioridad o inferioridad), y otras de igualdad.

A. Para hacer la comparación de desigualdad se usan las fórmulas **más... que** y **menos... que**.

> 1. Verbo + **más** (**menos**) + adverbio / adjetivo / sustantivo + **que** + persona o cosa

Mi trabajo es más (menos) difícil que el tuyo.	My work is more (less) difficult than yours.
Juana se levanta más (menos) temprano que su esposo.	Juana gets up earlier (less early) than her husband.
Raúl gana más (menos) dinero que su hermana.	Raúl earns more (less) money than his sister.
Pablo come más (menos) que yo.	Pablo eats more (less) than I.

2. Con números, en vez de **que** se usa **de**.[5]

Tengo más (menos) de cinco amigos peruanos.	I have more (less) than five Peruvian friends.

3. En las comparaciones absolutas, el español usa palabras negativas después del **que**.

Te quiero más que nunca.	I love you more than ever.
Susana lo sabía más que nadie.	Susana knew it more than anyone.

4. Cuando el segundo término de la comparación es una oración, la expresión de enlace es **de lo que**. Si el primer término es un sustantivo, el artículo **lo** se cambiará para que concuerde con él en género y número.

Juan es más (menos) guapo de lo que me dijiste.	Juan is more (less) handsome than you told me.
Es más tarde de lo que crees.	It's later than you think.
Raúl le compró más brillantes de los que puede pagar.	Raúl bought her more diamonds than he can pay for.
Tenemos más (menos) comida de la que necesitamos.	We have more (less) food than we need.

---

[5] Se usa la construcción **no** + verbo + **más que** + el número para expresar la idea de *only*: **No tengo más que quince centavos.** (*I have only fifteen cents.*)

Nota: En español, así como en inglés, se usan los pronombres personales con las preposiciones.

Eres más generoso que **yo**.	*You are more generous than **I**.*

B. Las comparaciones de igualdad se forman con **tan** (**tanto** para cantidad)**... como**. Si lo comparado son dos frases, se usa la expresión **tanto como** entre las dos.

> **Tan** + adjetivo o adverbio + **como** + persona o cosa
> **Tanto(a, os, as)** + sustantivo + **como** + persona or cosa
> Verbo + **tanto como** + persona o cosa

Carlos es tan romántico como Romeo.	*Carlos is as romantic as Romeo.*
Alfredo canta tan bien como Plácido Domingo.	*Alfredo sings as well as Plácido Domingo.*
Yo tengo tanto trabajo como tú.	*I have as much work as you.*
Andrea tiene tantas amigas como yo.	*Andrea has as many friends as I.*
Pablo sale tanto como nosotros.	*Pablo goes out as much as we.*
El autor escribe tanto como lee.	*The author writes as much as he reads.*
Al niño le gusta leer tanto como jugar.	*The child likes reading as much as playing.*

C. Superlativo. El superlativo es la forma del adjetivo y del adverbio que se usa para expresar la cualidad en su máximo grado. Hay dos clases de superlativos: el relativo y el absoluto.

1. El superlativo relativo se construye según las siguientes fórmulas.

> Artículo definido + (sustantivo +) **más** (**menos**) + adjetivo + **de** + persona o cosa

Sara es la (chica)[6] más guapa de la clase.	*Sara is the prettiest (girl) in the class.*
Carlos y Pepe son los (chicos)[6] más amables del colegio.	*Carlos and Pepe are the nicest (boys) in the school.*

> Verbo + **lo** + **más** (**menos**) + adverbio + **posible**

Los trenes japoneses corren lo más rápido posible.	*The Japanese trains go as fast as possible.*
Comimos lo más pronto que pudimos.	*We ate as soon as possible (as we could).*

---

[6] En esta construcción generalmente no se expresa el sustantivo porque se da por entendido.

2. El superlativo absoluto puede construirse poniendo delante del adjetivo o adverbio la palabra **muy** o cambiando la última letra del adjetivo por la terminación **-ísimo(a, os, as)**.

> **muy** + adjetivo o adverbio

muy guapo	*very handsome*
guapísimo	*extremely handsome*
muy rápidamente	*very quickly*
rapidísimamente	*incredibly quickly*

Nota: Los siguientes cambios ortográficos ocurren en algunos adjetivos.

z → c	feliz–felicísimo	c → qu	rico–riquísimo
g → gu	largo–larguísimo	ble → bil	amable–amabilísimo

3. Los siguientes son algunos comparativos y superlativos irregulares.

adjetivo	adverbio	comparativo	superlativo
bueno (good)	**bien** (well)	**mejor** (better)	**el (la) mejor** (the best)
malo (bad)	**mal** (badly)	**peor** (worse)	**el (la) peor** (the worst)
mucho (much, many)	**mucho** (a lot)	**más** (more)	**el (la) más** (the most)
poco (few, not much)	**poco** (a little)	**menos** (less)	**el (la) menos** (the least)
grande[7]		**mayor** (older)	**el (la) mayor** (the oldest)
pequeño[7]		**menor** (younger)	**el (la) menor** (the youngest)

Actividades

A. **¿Más, menos o tan?** Escoge una de las formas comparativas y forma frases completas.

    EJEMPLO   los leones / melenudos° / las leonas   *long-haired*
                Los leones son más melenudos que las leonas.

    1. menos...que   2. tan...como   3. más...que   4. más...que   5. más...que(menos...que, tan...como)
    6. más...que(menos...que, tan...como)

[7] Cuando **grande** y **pequeño** se refieren a tamaño en vez de edad, se usa **más** (**menos**) para comparar. Por ejemplo: **Ella es más grande que yo.** (*She is bigger than I.*)

1. las estudiantes / inteligentes / los profesores
2. Romeo / apasionado / Julieta
3. los padres / sabios / los niños
4. Sancho Panza / gordo / Don Quijote
5. yo / alto(a) / mi (madre...)
6. mi (hermano...) / fuerte / yo
7. ¿...?

B. Al extremo. Termina las frases con comparativos en forma original.

EJEMPLO Janet Jackson canta bien... **pero yo canto mejor**.

1. Tú bailas mal...
2. Mi madre cocina bien...
3. Mi abuela es vieja...
4. Tú eres joven...
5. Yo tengo mucho dinero...
6. Usted tiene pocos amigos...

C. Siempre hay alguien que lo hace mejor. Forma los superlativos siguientes. Puedes adaptar las frases a tus circunstancias personales.

EJEMPLO Yo corro rápidamente,...
pero Yolanda corre más rápidamente que yo. Ella corre rapidísimamente.

1. Susana se viste elegantemente,...
2. Pablo habla elocuentemente,...
3. Roberto trabaja eficazmente,...
4. Justina canta feamente,...
5. Los policías manejan cuidadosamente,...
6. Papá canta admirablemente,...

1. elegantísimamente
2. elocuentísimamente
3. eficacísimamente
4. feísimamente
5. cuidadosísimamente
6. admirabilísimamente

D. Sí, pero... Según el ejemplo, forma los cambios usando **tan... como, tanto(a, os, as)... como** o **tanto como**.

EJEMPLO Ana gana mucho dinero. (su esposo)
Sí, pero no gana tanto dinero como su esposo.

1. Paco se enfada mucho. (Pepe)
2. El embarazo fue difícil. (el parto)
3. Mi hermano es agresivo. (mi hermana)
4. Los españoles se divorcian. (los norteamericanos)
5. El hombre es expresivo. (la mujer)
6. Hoy día la mujer tiene muchos derechos. (el hombre)
7. Mi padre trabaja muy duro. (mi madre)
8. Hay muchas oportunidades de trabajo para las chicas. (los chicos)

1. tanto como
2. tan...como
3. tan...como
4. tanto como
5. tan...como
6. tantos...como
7. tan...como
8. tantas como

E. ¿Cómo es tu familia? Con otro estudiante, forma diez comparaciones sobre tu familia o sobre tu familia ideal.

EJEMPLOS Soy más alto que mi padre.
Mi hermano mayor es el más ambicioso de la familia.
Mi tío Ramón se queja más que nadie.

F. **Descríbelos.** Mira el dibujo y compara las personas y cosas que ves.

EJEMPLO   Ana tiene más libros que Martín.

See Teacher's Guide for answers.

ST 58

G. **Tres amigas y una fiesta.** Escucha los comentarios de Gabriela y sus amigas sobre la fiesta de anoche. ¿Qué dicen ellas? Dos estudiantes hacen el papel de las otras amigas. Sigue el ejemplo.

EJEMPLO   Oyes: ¡Qué fiesta más divertida! (del año)
ESTUDIANTE 1: **Fue la fiesta más divertida del año.**
ESTUDIANTE 2: **Sí, fue divertidísima.**

1. de todos
2. de la fiesta
3. de todos
4. de todos
5. de la noche
6. de todas

1. el más guapo / guapísimo
2. el más viejo / viejísimo
3. el más rico / riquísimo
4. el más caro / carísimo
5. la más hermosa / hermosísima
6. la más grande / grandísima

H. **¿Más que?** Forma comparaciones entre las siguientes personas según el ejemplo.

EJEMPLO   ¿Fue elegante la boda? (la de Mariela / la de la princesa Diana)
Sí, fue más elegante que la de Mariela, pero menos que la de la princesa Diana.

1. ¿Es machista Aurelio? (Javier / Tom Cruise)
2. ¿Es celoso tu marido? (Federico / Michael J. Fox)
3. ¿A tu hermana le fastidian los trabajos domésticos? (a mí / a la princesa Stephanie)
4. ¿Es musculoso tu novio? (mi primo / Patrick Swayze)
5. ¿Usa ella mucho maquillaje? (esa modelo / Brooke Shields)

See Copying Masters.

1. más machista que, pero menos que.
2. más celoso que, pero menos que
3. más que, pero menos que
4. más musculoso que, pero menos
5. más que, pero menos que

392   FRONTERAS

LECCIÓN 21

"Quiero decirle al público que las mujeres merecemos los mismos derechos que tienen los hombres."

EN CONTEXTO

Para comenzar

Describe lo que pasa en el dibujo. Tienes que usar la imaginación para contestar algunas preguntas.

1. ¿Por qué están de huelga estas mujeres? ¿De qué se preocupa la mujer en el centro? ¿Cuáles son sus prioridades?
2. ¿Tiene la mujer de edad media hoy día un papel que desempeñar? ¿Y la mujer joven? ¿En qué consisten los papeles de la una y de la otra? Explica.
3. ¿Se siente la mujer hoy día obligada a ser "super mujer", "super madre" o "super profesional"? ¿A qué se debe esto? ¿Qué se puede hacer para disminuir la presión que sienten las mujeres?
4. ¿Deben recibir pago las mujeres (y las jóvenes de escuela secundaria por el trabajo doméstico que hacen?) ¿Quién debe pagarles? ¿Cuánto deben cobrar?

Unidad siete

La mujer hispana: ¿en camino o en cadenas?

Pues, pasan los meses, y los dos siguen escribiéndose. Lisa ha decidido seguir la carrera de abogada, lo cual no le encanta a Cristián. Lo difícil para Lisa es acostumbrarse a la actitud machista de su novio español, una actitud que no se ve con frecuencia en su propio ambiente, pero que es más conocida y aguantada entre las mujeres hispanas...hasta hace poco.

Querida Lisa,

    Muchísimas gracias por tu última carta. Me alegro que todo te vaya tan bien y que estés tan contenta. De todas maneras me parece que hay algunas cosas de las cuales tenemos que hablar.

    En tu carta me dices que finalmente has decidido estudiar la carrera de abogado, lo cual no me parece muy bien. Lo que creo es que no te has puesto a pensar en lo que eso significa.

    Para empezar, la carrera en sí es de tres años. Después tendrás que buscar trabajo, y aunque lo encuentres, tardarás otros diez años más en llegar a ser alguien en la profesión. Ser un buen abogado no es fácil. Tendrás que trabajar mucho y aguantar mucho más. ¿Crees que podrías avanzar fácilmente en una profesión que siempre ha sido de hombres? ¿Crees que podrías aguantar todo el sufrimiento que implica esta profesión?

    Por otra parte, no podrías ejercer tu profesión en España con un título de los EE.UU., y eso supondría una separación. Sabes muy bien lo mucho que te quiero y lo mucho que quiero que estés conmigo. Pero también yo estoy haciendo mi carrera y bien sabes lo mucho que significa para mí. ¿Por qué no vienes a vivir a España? Si vienes, te encontraré un trabajo como secretaria o un trabajo en una boutique. Así no tendrás tanto trabajo, y podremos estar juntos. De todas maneras, cuando yo acabe mi carrera y encuentre trabajo, no necesitarás trabajar, y además alguien tendrá que cuidar la casa. Sabes que sólo quiero lo mejor para ti. Piensa en lo que te he dicho y después decide lo que quieres hacer. Un beso muy fuerte. Te quiere

Cristián

Preguntas acerca de la lectura

1. ¿Cuáles son las tres cosas de las que quiere hablar Cristián con Lisa?
2. ¿Qué tipo de trabajo le ofrece Cristián a Lisa en España? ¿Por qué?
3. ¿Es Cristián un egoísta? ¿Por qué? Da dos ejemplos.
4. ¿Tiene Lisa de veras una oportunidad de decidir lo que quiere hacer?

En tu opinión

1. ¿Están discriminadas las mujeres en la oficina? ¿Y en tu escuela? ¿Hay profesiones que han sido reservadas exclusivamente para hombres? Explica.
2. ¿Crees que muchos hombres se sienten amenazados por una mujer en su propia profesión? ¿Qué puedes tú hacer para mejorar las relaciones entre el hombre y la mujer? Explica.

Expansión de vocabulario

SUSTANTIVOS		VERBOS	
la **alternativa**	alternative	**abrazar**	to hug
el **ascenso**	promotion	**abusar**	to abuse
la **aspiración**	goal	**adquirir** (**i → ie**)	to acquire
la **determinación**	determination	**aspirar a**	to aspire to
el (la) **ejecutivo(a)**	executive	**delegar**	to delegate
la **estabilidad**	stability	**deshonrar**	to dishonor
la **falta de comprensión**	lack of understanding	**exceder**	to exceed
la (**in**)**decisión**	(in)decision	**mejorar**	to improve
la (**in**)**dependencia**	(in)dependence	**provenir** (**e → ie**)	to originate
la (**in**)**discreción**	(in)discretion	**renunciar**	to give up
el **remordimiento**	remorse	**sobornar**	to bribe
la **voluntad**	will	**superar**	to overcome

ADJETIVOS		OTRAS PALABRAS Y FRASES	
complaciente	obliging	**aprovecharse de**	to take advantage of (*a person or situation*)
dinámico	dynamic	**de cierta manera**	in a way
enérgico	energetic	**de paso**	incidentally
formidable	terrific	**desde luego**	of course
razonable	reasonable	**de un golpe**	all at once
subordinado	subordinate		

Actividades

A. **¿Qué palabra no pertenece?** En cada grupo, escoge la palabra que no está relacionada con las demás y explica por qué.

1. deshonrar
   abusar
   aprovecharse de
   respetar
2. voluntad
   indecisión
   determinación
   aspiración
3. mejorar
   superar
   exceder
   renunciar
4. enérgico
   formidable
   subordinado
   dinámico

1. respetar
2. indecisión
3. renunciar
4. subordinado

Unidad siete

B. **Tres generaciones.** Compara tres generaciones sobre las que has leído o conocido. Puedes usar las siguientes condiciones: altura, peso, edad, hermosura, lugar donde vivieron, ocupación, diversiones y otras.

> EJEMPLO   Mi madre es tan alta como mi abuela, pero más baja que mi bisabuela.

C. **El señor en casa.** En grupos, representen una escena. Los personajes (el hombre, la mujer, los hijos) deben hablar de lo que pasó en la oficina, en el supermercado y por supuesto, al llegar a casa.

EXPLORACIÓN

Los diminutivos y los aumentativos

En español, los sustantivos, los adjetivos y algunos adverbios tienen las formas **aumentativas** y **diminutivas,** que acentúan de diversa manera su significado original. Se forman suprimiendo la terminación y añadiendo sufijos, que concuerdan en género y número con la palabra que modifican. Las reglas para la formación de los disminutivos y aumentativos varían mucho de región en región.

A. **Diminutivos.** Las terminaciones comunes de los diminutivos[8] son **-ito(a)** e **-illo(a)**.

   pueblo–pueblitos   estrella–estrellita   casa–casita
   tijera–tijeritas   pan–panecillo

   1. Si la palabra tiene una sola sílaba y termina en consonante, el sufijo usado es **-ecito** o **-ecillo**:

      pan–panecillo   flor–florecita   flan–flanecito

   2. Las palabras terminadas en **e,** en consonante o en vocal acentuada usan los sufijos **-cito** y **-cillo**.

      café–cafecito   pobre–pobrecilla   papá–papacito   joven–jovencito

   3. En el diminutivo de algunos sustantivos, se hacen ciertos cambios ortográficos.

      g → gu   amigos–amiguitos
      c → qu   cerca–cerquita
      z → c   lápiz–lapicito

---

[8]Otras terminaciones para los diminutivos incluyen **-ín, -uelo** e **-ico**. El uso de estas terminaciones depende de los países o regiones. Ejemplos: Domingo–Dominguín   pequeño–pequeñuelo   rato–ratico

4. Los diminutivos tienen el efecto de reducir el tamaño, la edad o la importancia de un sustantivo o de expresar una actitud cariñosa o humorística hacia ellos.

Su casita es muy linda.	*Their little house is very pretty.*
El conejito es muy mono.	*The little (baby) rabbit is very cute.*
La niñita tiene apenas dos años.	*The little girl is just two years old.*
Hola, cielito.	*Hello, my darling.*

B. **Aumentativos.** Las terminaciones comunes de los aumentativos son **-ote, -azo** y **-ón**.

grande–grandote   pelota–pelotaza   muchacho–muchachón

1. Los aumentativos sirven para expresar mayor tamaño o intensidad de la cosa, a veces desprecio y otras veces admiración, según el contexto o el tono de la voz.

¡Qué feote es aquel gato!	*How big and ugly that cat is!*
Ella me dijo una palabrota.	*She told me a swear word.*
¡Ay, que librote!	*What a huge book!*
Se sentó en la sillota.	*She sat in the huge chair.*
Luisa es una ricachona.	*Luisa is a (worthless) rich woman.*
Le dio un golpazo en la cabeza.	*He gave him a big blow in the head.*

2. Se usa la terminación **-ota** para los sustantivos que terminan en **-ote**.

Un asiento grandote.	*A big seat.*
Una silla grandota.	*A big chair.*

Actividades

ST 59

A. **Un cuento de amor moderno.** Juanito, quien sólo tiene cinco años, a veces quiere cositas y a veces quiere cosotas, pero nunca dice lo que quiere directamente. Escucha lo que pide y trata de adivinar lo que quiere en cada caso.

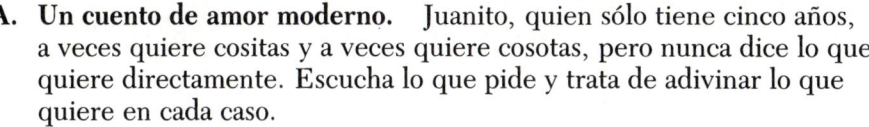

EJEMPLOS   Es un líquido blanco para beber y se pone en una cosita de vidrio.
¿**Es un vasito de leche?**
Es grande y muy frío y tiene sabor a vainilla, chocolate o fresa.
¿**Es un heladote?**

1. pastelito
2. cuentito
3. librote
4. patito
5. pelotota
6. zapatitos

Unidad siete

B. ¿Cómo terminan? Escribe el diminutivo (**-ito**) y el aumentativo (**-ote**) de las palabras siguientes. Luego escribe una frase original con cada uno.

1. luz
2. sala
3. mujer
4. pata
5. cara
6. silla
7. coche
8. amigo
9. canción

1. lucecita / lucezota
2. salita / salota
3. mujercita / mujerota
4. patita / patota
5. carita / carota
6. sillita / sillota
7. cochecito / cochezote
8. amiguito / amigote
9. cancioncita / cancionzota

C. Gemelas. María y Marisa son gemelas, pero tienen temperamentos muy distintos. María es pesimista y, a veces, sarcástica. Usa el aumentativo que corresponde a las palabras subrayadas.

Mi vecindario me tiene harta°. No aguanto que el <u>hombre</u> de al lado use estas <u>palabras</u> a cada instante. Vive en una <u>casa</u> miserable, de la cual casi nunca sale, y sus únicos compañeros son un <u>perro</u> y una gata <u>fea</u> que está <u>gorda</u>.

fed up

hombrote, palabrotas, casota, perrote, feota, gordota

En cambio, Marisa es optimista. Usa el diminutivo que corresponda.

Visitamos un <u>pueblo</u> muy <u>cerca</u> de un <u>lago</u> bonito. Cada mañana, los <u>pájaros</u> cantaban sus <u>canciones</u> alegres mientras las <u>viejas</u> recogían las <u>flores</u> y los <u>muchachos</u> nadaban en el lago.

pueblecito, cerquita, laguito, pajaritos, cancioncitas, viejitas, florecitas, muchachitos

EXPLORACIÓN

Repaso del subjuntivo

A. El presente del subjuntivo se usa para expresar mandatos afirmativos y negativos. Salvo con la forma afirmativa de **tú**, la forma presente del subjuntivo es idéntica a la de los mandatos.

Tráigamelo. No me lo traiga.   *Bring it to me. Don't bring it to me.*
Acuéstense. No se acuesten.   *Go to bed. Don't go to bed.*
Bailemos. No bailemos.   *Let's dance. Let's not dance.*
No me hables así.   *Don't talk to me like that.*

B. El uso de los tiempos del subjuntivo puede verse en la siguiente tabla.

presente
futuro   }   presente del subjuntivo (hable)
imperativo   presente perfecto del subjuntivo (haya hablado)

pretérito
imperfecto   }   imperfecto del subjuntivo (hablara)
condicional   pluscuamperfecto del subjuntivo (hubiera hablado)

C. Se usa el subjuntivo en las siguientes maneras.

1. en oraciones subordinadas que comienzan con **que** y que tienen sujeto distinto de la oración principal

   Yo prefiero **que tú** vengas conmigo.   *I prefer that you come with me.*
   Ella está triste **que él** haya salido.   *She is sad that he has left.*

2. en oraciones subordinadas, cuando la oración principal tiene un verbo que expresa inseguridad, deseo, sentimientos, petición, necesidad u otras expresiones semejantes

   Yo quiero (espero, dudo, mando, recomiendo, obligo, permito, necesito, sugiero, prefiero, prohibo, aconsejo, temo, siento) que tú te vayas.   *I want (hope, doubt, order, recommend, oblige, permit, need, suggest, prefer, forbid, advise, fear, regret) you to go (that you go).*

3. en oraciones subordinadas cuando la cláusula principal es una expresión impersonal que **no** indica certeza

   Era importante (bueno, malo, útil, ridículo, mejor, posible) que tú te fueras.   *It was important (good, bad, useful, ridiculous, better, possible) for you to go.*

   Nota: Si la cláusula principal indica certeza, la subordinada va en el indicativo.

   Es evidente (cierto, obvio, verdad) que te vas.   *It is evident (certain, obvious, the truth) that you are going.*

Unidad siete

4. en oraciones que se introducen con partículas que expresan incertidumbre

Quizá ya hubiera oído las noticias.	*Perhaps he had already heard the news.*
Quizá Julio venga mañana.	*Maybe Julio will come tomorrow.*
Tal vez no lo supiera.	*Perhaps he (she) didn't know.*
Ojalá le haya dicho la verdad.	*I hope he has told her the truth.*

Actividades

A. Consejos. Silvia, una estudiante, desea aprovecharse de sus años en la universidad. Habla con un consejero universitario. ¿Qué dice él? Cambia los verbos a mandatos formales.

1. (escuchar) ===== los consejos de personas que tienen más experiencia que usted.
2. No (complicarse) ===== la vida con problemas económicos.
3. (disponerse) ===== a luchar contra la discriminación.
4. Nunca (desanimarse) ===== ni (perder) ===== la fe.
5. No (actuar) ===== impulsivamente.
6. (darse cuenta de) ===== que los sueños pueden realizarse.
7. (tomar) ===== en serio cualquier trabajo.
8. (ser) ===== entusiasta y optimista.
9. (recordar) ===== que "las apariencias engañan".
10. Siempre (tratar) ===== bien a la gente.
11. No (casarse) ===== muy joven.
12. Sobre todo, (conocerse) ===== bien.

1. Escuche
2. se complique
3. Dispóngase
4. se desanime, pierda
5. actúe
6. Dése cuenta de
7. Tome
8. Sea
9. Recuerde
10. trate
11. Se case
12. conózcase

See Copying Masters.

B. ¿Qué hacemos? Beto y Adela van a actuar como payasos en la recepción de una boda, pero, ¡les queda tanto por hacer! No pueden ponerse de acuerdo sobre lo que deben hacer primero para llegar a tiempo. ¿Qué sugiere Beto y cómo le contesta Adela?

EJEMPLO   entonces / cambiar la llanta ahora
     BETO   **Entonces cambiemos la llanta ahora.**
     ADELA   **No, no la cambiemos ahora.**

1. pues / tomar un taxi
2. caramba / vestirse allá
3. pero entonces / ponerse el maquillaje aquí
4. aplicarse las narizotas / de una vez
5. llevar los zapatos / al hombro
6. entonces / quedarse en casa

1. tomemos, no lo tomemos
2. vistámonos, no nos vistamos
3. pongámonos, no nos lo pongamos
4. apliquémonos, no nos las apliquemos
5. llevemos, no los llevemos
6. quedémonos, no nos quedemos

C. La igualdad reinará. Escucha el diálogo entre un esposo y su esposa y complétalo con tres o cuatro frases.

D. Recomendaciones. Todos los ejecutivos (sean hombres o mujeres) necesitan reanimarse durante las horas de trabajo. Para aumentar la productividad en la oficina, un médico les recomienda que sigan estos consejos. Usa los verbos siguientes según el ejemplo. Luego, el médico cuenta a un colega qué les dijo a los ejecutivos.

sugerir   recomendar   aconsejar

EJEMPLOS mantener un equilibrio entre el trabajo y el recreo
Yo sugiero que ustedes mantengan un equilibrio entre el trabajo y el recreo.
Yo sugerí que ellos mantuvieran un equilibrio entre el trabajo y el recreo.

1. tomar una merienda de fruta o yogurt
2. no quedarse mucho tiempo en el mismo lugar
3. practicar la respiración profunda del yoga
4. seguir un programa regular de ejercicios
5. hacer el trabajo más difícil por la mañana
6. evitar alimentos que tengan azúcar o cafeína

Answers may vary, but the following verb forms must be used.
1. sugiero…tomen / sugerí…tomaran
2. aconsejo…no se queden / aconsejé… no se quedaran
3. recomiendo… practiquen / recomendé… practicaran
4. recomiendo… sigan / recomendé… siguieran
5. sugiero…hagan / sugerí…hicieran
6. sugiero…eviten / sugerí…evitaran… tuvieran

E. La entrevista. Esta tarde la novia de Ricardo tiene una entrevista con los jefes de una compañía importante. Él espera que todo le vaya bien. Haz el papel de Ricardo y expresa cada frase con **ojalá** o **no hay duda que,** según el ejemplo. Luego, di lo que dice Ricardo después de la entrevista.

EJEMPLO   ella / llegar a tiempo.
Ojalá llegue a tiempo.

1. ella/ponerse nerviosa
2. ellos/tratarla con respecto
3. ella/vestirse bien
4. ellos/darse cuenta de su talento
5. ella/demonstrar un aire de confianza
6. ellos/estar impresionados
7. ella/comunicarse dinámicamente
8. ellos/tomar una decisión pronto

*Answers may vary, but use indicative with **no hay duda que** and subjunctive with **ojalá**.*
1. Ojalá…no se ponga…
2. Ojalá…la traten… (No hay duda…la tratan)
3. Ojalá…se vista… (No hay duda…se viste)
4. Ojalá…se den cuenta… (No hay duda…se dan cuenta)
5. Ojalá…demuestre… (No hay duda… demuestra)
6. Ojalá…estén… (No hay duda…están)
7. Ojalá…se comunique… (No hay duda… se comunica)
8. Ojalá…tomen… (No hay duda… toman)

ST 61

F. El mundo nunca cambia. Escucha el diálogo entre una hija de dieciséis años y su papá. ¿Cómo termina la conversación? Completa el diálogo, creando por lo menos tres o cuatro frases adicionales.

Casos especiales

Estudia las palabras siguientes. Son palabras que los estudiantes norte-americanos de español suelen confundir.

1. llevar   *to take along, to carry away, to wear*
   tomar   *to take (in hand), to eat, to drink*
   traer   *to bring*

Si vas al parque, **lleva** un paraguas.
*If you go to the park, **take** along an umbrella.*

¿Quieres una manzana? **Toma**.
*Do you want an apple? Here, **take it**.*

Traéme un vaso de agua, por favor.
***Bring** me a glass of water, please.*

2. buscar — *to look for*
   mirar — *to look at*
   parecer — *to seem*
   parecerse a — *to resemble*
   ver — *to see, to watch (TV)*

Buscamos un trabajo que ofrezca oportunidades de avance.
***We're looking** for a job that offers opportunities for advancement.*

¡No me **mires** así!
*Don't **look at** me like that!*

Elena **parece** estar cansada.
*Elena **seems** to be tired.*

Sofía **se parece** mucho **a** su mamá.
*Sofía **looks** a lot **like** her mom.*

Vi a José ayer en el mercado.
*I **saw** José yesterday at the market.*

3. todavía — *yet, still*
   ya — *already*
   ya no — *no longer, not anymore*

¿**Ya** llegaron los invitados?
*Have the guests arrived **already**?*

Todavía no.
*Not **yet**.*

Ya no salen muchas chicas hispanas con chaperona.
*Many Hispanic girls **no longer** go out on dates with chaperons.*

Actividad

A. **Decisiones.** Escoge la palabra apropiada, según el contexto.

1. ¿Vas a (llevar, tomar) ponche a la fiesta?
2. Cuando vengas a casa esta noche, (llévame, tráeme) leche.
3. ¿Tienes sed? ¿Qué quieres (recoger, tomar)?
4. (Busco, Miro) mis llaves, pero no las encuentro.
5. No te (miramos, vimos) anoche en el concierto.
6. Pablo (parece, se parece a) Don Johnson. ¡Ay, qué guapo!
7. Creo que le fascinas a Jaime porque en clase él siempre te (ve, mira).
8. (¿Ya no, Todavía) estás aquí? Es tarde (ya, todavía). Vete a casa.
9. (Ya no, Todavía no) celebran las bodas como las celebraban cuando yo era pequeño.

1. llevar
2. tráeme
3. tomar
4. Busco
5. vimos
6. se parece a
7. mira
8. Todavía, ya
9. Ya no

CULTURA E IDIOMA

ASÍ SE DICE

Querido mío

A. Las palabras y expresiones que se usan para describir el amor son variadas y cambian con frecuencia. Las siguientes son sólo algunas de las más comunes.

el hombre (la mujer) de mis sueños	*the man (woman) of my dreams*
el príncipe azul	*knight in shining armor*
¡Qué guapo(a) (chulo[a], mono[a])!	*How good-looking (gorgeous, cute)!*

B. Las siguientes son algunas expresiones de afecto.

¡Mi amor (amorcito)!
¡Mi corazón! ¡Mi vida!   } *My love (honey, sweetheart, darling)!*
¡Mi cielo (cielito, dulzura)!

C. Una declaración de amor verdadero se puede expresar con una de las frases siguientes.

Te quiero (amo) tanto.	*I love (adore) you so much.*
Estoy locamente enamorado(a) de ti.	*I'm crazy in love with you.*
Me muero sin ti.	*I'll die without you.*

D. Una expresión de amor puede aun continuar con ruegos como los siguientes.

¡Cásate conmigo!	*Marry me!*
Dame un besito.	*Give me a kiss.*
Quédate siempre aquí a mi lado.	*Stay here by me forever.*
No me dejes (olvides) nunca.	*Don't ever leave (forget) me.*

E. Sin embargo, el amor no es cosa fácil. En los casos difíciles puedes oír a la gente quejarse de las siguientes maneras.

Me dejó plantado(a).	*He (She) stood me up.*
Ya no me quiere.	*He (She) doesn't love me anymore.*
Me hace sufrir tanto.	*He (She) makes me suffer so much.*
Sufro tanto por él (ella).	*I suffer a lot for him (her).*
Se fue con otro(a).	*He (She) left me for another.*
Tiene celos. (Está celoso[a]).	*He (She) is jealous.*

Actividades

A. ¿Qué pasa? Da una expresión o una respuesta apropiada para las siguientes situaciones.

1. Un soldado sale para la guerra; se despide de su novia.
2. La Cenicienta° deja al príncipe en el baile.
3. El príncipe azul llega al lado de la Bella Durmiente°.
4. Romeo y Julieta se encuentran por primera vez.
5. Por unos momentos unos novios se encuentran solos antes de la boda.
6. Rhett Butler deja a Scarlett O'Hara por última vez.

B. Puntos de vista. Explica las circunstancias desde el punto de vista del novio y de la novia en las siguientes situaciones.

1. La novia:
   ¡Me dejó plantada!...
   El novio:
   No es cierto...
2. Él:
   ¡Ya no me quiere!...
   Ella:
   ¿Cómo que no lo quiero?...
3. Usted:
   ¡Tiene tantos celos!...
   El hombre (La mujer):
   Yo, ¿celos?...

Answers may vary.
1. No me dejes (olvides) nunca.
2. Estoy locamente enamorado de ti.
3. Te quiero tanto.
4. Me muero sin ti.
5. Dame un besito.
6. Ya no me quiere.

La... Cinderella
la... Sleeping Beauty

A quién corresponda...

A. Los saludos en cartas pueden ser varios, de acuerdo con el propósito de la correspondencia.

Querido Juan,	Dear Juan,
Muy señor(a) mío(a),	
Muy señores(as) míos(as),	Dear Sir(s):
Estimado(a) (apreciable, distinguido[a]) señor(a, ita):	Dear Sir (madam, Ms.):
A quien corresponda:	To whom it may concern:

B. El contenido de la carta (después del saludo) generalmente comienza con una explicación del propósito de la carta.

He recibido su apreciable carta.	I have received your kind letter.
Con relación a su carta de...	In reference to your letter of....
Acabamos de recibir...	We have just received....
Por medio de la presente...	By the following letter....
El motivo de la presente es...	
La presente sirve para...	I am writing (this letter) to....
Tengo el gusto de comunicarle...	I am pleased to inform you....
Me es grato dirigirme a usted...	I would like to let you know....
Quiero informarle...	
Mucho nos duele comunicarle...	We are very sorry to inform you....
En contestación, me permito manifestarle...	In response, let me say....

C. Y para despedirte, puedes usar una de las siguientes frases.

Dándole las gracias por...	
Agradeciéndole de nuevo...	Thank you for....
Confiando en que...	I hope that....
En espera de sus noticias...	I look forward to hearing from you....
Me suscribo...	I remain....
Cordialmente (Atentamente),	Sincerely,
Saludos a la familia.	Say hello to your family.
Besos y abrazos.	Hugs and kisses.
Su seguro(a) servidor(a).	At your service.

Actividades

A. Cartas. Prepara dos cartas breves acerca de dos de las siguientes situaciones, empleando diferentes expresiones.

1. Un editor le escribe a un autor; tiene que rechazar el manuscrito que éste le había mandado.
2. Un(a) maestro(a) de la universidad les escribe a los padres de uno de sus estudiantes después de los primeros exámenes.
3. El director del ballet clásico en tu ciudad le escribe a un(a) candidato(a); le dice que fue aceptado(a) para el curso de otoño.
4. Una mujer le escribe a su novio, que está en el extranjero desde hace seis meses; le dice que ya no quiere esperarlo más.
5. Un(a) empleado(a) le escribe a su jefe; quiere dejar el trabajo.
6. Un líder de un club de deportes le escribe al director de tu escuela; quiere que éste venga al club para dar un discurso.

B. Lo correcto. Imagina una carta que emplea las siguientes expresiones. ¿Cuál sería el propósito de la carta? ¿Quién la dirigiría a quién?

1. Muy señora mía:
2. Estimado señor Alegre:
3. A quien corresponda:
4. Besos y abrazos.
5. Agradeciéndole de nuevo... me suscribo,
6. ¿...?

Situaciones

A. ¿No me quieres? Escucha el cuentito y escribe un diálogo de seis frases basado en la situación que oyes.

EJEMPLO   ROBERTO   Rebeca, ¿no tienes ganas de salir con otros muchachos?
              REBECA   No, mi amor. Estoy contentísima contigo.

B. Minidrama. En grupos representen una de las situaciones siguientes.

1. El hombre o la mujer de tus sueños acaba de invitarte al baile.
2. Dos novios se han peleado; ahora se ven para resolver el problema.
3. En una tienda, buscas el regalo perfecto para tu novio(a).
4. Dos novios de escuela se encuentran después de diez años.

C. Grandes parejas. Imagínate una conversación entre las siguientes personas en la época histórica que les corresponde en el año 1990. Con un(a) compañero(a), represéntenla delante de la clase o inventen su propia situación.

1. Fernando e Isabel (los reyes de España)
2. Romeo y Julieta
3. Los Beatles

LECTURA
Para comenzar

Describe lo que pasa en los dibujos. Tienes que usar tu imaginación para discutir algunos puntos.

1. En la siguiente selección se habla de una famosa pintora mexicana. Lee el texto siguiente en silencio.
2. Usa tu imaginación y concéntrate en las palabras que conoces. Adivina qué pasa. Busca los posibles significados de las palabras y frases en el texto. Deja que la lectura te guíe para saber lo que pasa en la selección.
3. Lee el texto de nuevo y di tres cosas acerca de la pintora.

Martha Zamora

Martha Zamora nació en la Ciudad de México en 1940. Es una autoridad sobre la pintora Frida Kahlo. Entre otras publicaciones, escribió una obra definitiva de Kahlo titulada *Frida: El pincel de la angustia*, en 1987.

Por qué se pintaba Frida Kahlo

Frida Kahlo fue una pintora mexicana que nació y murió en la capital de México (1907–1954), orgullosa de sus raíces y admiradora de la cultura popular. Se casó con Diego Rivera, otro pintor mexicano mundialmente famoso. En su juventud tuvo un accidente que le produjo múltiples fracturas, lo que, sumado a su precaria salud, le impuso un enfoque de la vida diferente al de otras personas. Ella encontró la forma de expresar su conflictiva personalidad en la pintura y fue precisamente ésta la que hizo a Kahlo inmortal.

La pregunta de por qué Frida se pintaba a sí misma una y otra vez ha sido planteada° en múltiples ocasiones. En una entrevista concedida por ella a un periódico mexicano contesta a esta pregunta así: "Me pinto tanto porque estoy muy sola", argumento debatible pues sus autorretratos° comienzan en 1926, cuando sus padres y sus tres hermanas, más familiares y amigos, poblaban su casa; continúan durante diversos períodos de gran éxito social, artístico y amoroso, incluso en sus años de mayor alegría. La expresión de tristeza contenida se mantiene° igual, pero es fiel a su imagen reflejada por el espejo y envejece° en sus cuadros a la vez que las líneas de su rostro se hacen cada vez más viriles. Se esfuerza por documentarse profundamente para pintar hasta el más ínfimo° detalle, de los insectos, plantas y animales que la acompañan.

Su casa siempre tuvo la presencia física de sirvientes y familiares. En su primera época de pintora vemos con frecuencia niñas sentadas—de obvio origen humilde—probablemente hijas de sirvientas, que le servían de eventuales modelos. Pintó mucho a sus amigos y a varios de los animales que habitaban su jardín y que tenían incluso nombres puestos por ella como su perico Bonito, su perro Señor Xólotl y su venado Granizo. Además, tenía una prodigiosa imaginación y una fabulosa inteligencia. Por tanto deducimos que pudo haber pintado lo que quisiera°; eligió pintarse a sí misma.

El aspecto económico, a mi juicio pudo haber jugado un papel importante en ello también. Hasta nuestros días, entre todos los cuadros de Frida, el público sigue prefiriendo sus autorretratos de medio cuerpo,° con la mirada triste y el mundo de vitalidad que la rodea. Esto fue siempre perfectamente claro para Frida desde su primera exposición en Nueva York cuando incluso tuvo que hacer en su hotel un autorretrato de este tipo para venderlo a un cliente que no pudo adquirirlo ya entre los incluidos en la muestra°.

Al divorciarse de Diego Rivera el 6 de noviembre de 1939, trata de mantenerse económicamente sin su ayuda y pinta mucho en el siguiente año. Una gran mayoría de estos cuadros son autorretratos de medio cuerpo que se venden rápidamente.

° posed
° self-portraits
° remains
° it ages
° smallest
° **lo...** whatever she wanted
° **medio...** upper torso
° exhibition

Como medida de comparación, sabemos que Frida realizó° sólo dos piezas de gran formato: *Las dos Fridas* y *La mesa herida*°. Aunque en ambos aparece ella y se exhibieron en varias ocasiones, no se vendieron pronto. *Las dos Fridas* estuvo en su casa desde fines de 1939, cuando la pintó, hasta que, mediante la intervención de su amigo Carlos Chávez, la adquirió el Museo de Bellas Artes por $4.000,00 [pesos] en 1947. *La mesa herida*, según declaraciones de amigos y alumnos, formó parte de un grupo de pinturas que donaron a la Unión Soviética artistas mexicanos y, hasta ahora, no se ha podido localizar nuevamente.

°created
°wounded

Vida, pasión y muerte de Frida Kahlo

Frida Kahlo nació el 6 de julio de 1907 en Coyoacán, México, una villa entonces en las afueras de la capital y ahora sólo una más de sus secciones. Hija del fotógrafo judío alemán Wilhelm Kahlo y de Matilde Calderón, mexicana y católica, la tercera hija de cuatro que tuvo el matrimonio y, desde siempre, la más intensa, la más inteligente y conflictiva. Un exótico ejemplar° que no podría adaptarse nunca a un ambiente° plano.

°model / atmosphere

Llena de inquietudes° y de energía física, llegó a la escuela preparatoria en 1922. Un poco antes había regresado a México el pintor Diego Rivera, después de una ausencia de quince años. Veinte años mayor que ella y ya un artista consagrado° en Europa, principia aquí su labor como muralista que llegaría a transformarse en una gloria nacional, precisamente pintando el mural denominado° *La creación* dentro de la escuela preparatoria a la que Frida acudía°. Ella presencia° el desarrollo° del trabajo, coquetea° y hace al maestro objeto de sus más peligrosas bromas, todo con tal de° llamar su atención.

°uneasiness

°recognized

°labeled
°attended / witnesses / development / flirts
°in order to

Sus estudios y con ellos sus planes de convertirse en doctora se interrumpen cuando, en 1925, un tranvía urbano comprime° hasta hacerlo explotar al camión en que viajaba. Así, al iniciarse su vida, todos los planes se derrumbaron° y da comienzo° la larga historia clínica de la pintora que declaró alguna vez tener el récord mundial de operaciones, quizá treinta, derivadas de las múltiples fracturas sufridas en ese accidente en la pierna derecha, en la pelvis y en la espina dorsal.

°compresses

°se... crumbled / da... begins

Durante su recuperación, imposibilitada para moverse, su madre idea° poner un dosel° a su cama recubierto° por un espejo en su parte inferior para que pudiera usar su propia imagen como modelo. Con pinceles° de su padre, acuarelista° aficionado, principia por hacer retratos de sus amigos y sus hermanas.

°thinks about
°canopy / covered
°brushes
°watercolor

Profundamente afectada por verse relegada a la inmovilidad, ella que anhelaba° recorrer el mundo, inicia el largo y permanente viaje a su interior, no sin la amargura°, reconocida desde entonces, de que quizá no llegaría nunca a ser madre.

°yearned
°bitterness

Casi tres años después reencuentra° a Diego Rivera y acude° a él para obtener una opinión sobre su calidad artística. La relación progresa y se casan el 21 de agosto de 1929, él de 43 años y ella de 22, marcando así el inicio de una convivencia amorosa llena de profunda dependencia de ambos, por casi veinticinco años, hasta la muerte de ella en 1954.

°comes across again / goes to, consults

La pintura de Frida Kahlo nos va llevando de la mano, simbólicamente, a lo largo de las experiencias más importantes en su vida. Sus obsesiones, la muerte de su madre, así como sus problemas físicos, el deseo de regresar a su país, a su barrio, cuando viaja con Diego Rivera durante cuatro años de estancia en San Francisco, Detroit y Nueva York.

Hasta entonces era sólo su acompañante, su sombra° y su camarada de protestas y simpatías políticas, pero, en 1938, realiza su primera exposición individual en la galería artística de Julien Levy en New York. La seguridad que adquiere con su éxito y su viaje sola a París para presentar 18 de sus cuadros en la exposición *Mexique* que organiza André Breton, se derrumba al regreso cuando se ve obligada a enfrentar un doloroso divorcio impuesto por Diego.

De ésta, como de sus otras experiencias traumáticas, llena su arte y plasma° su pena por la separación en la que quizá su pintura más conocida, *Las dos Fridas,* autorretrato doble en que presenta, según ella, "a la Frida que Diego amó y a la que ya no quiere".

Emplea el mecanismo de defensa que Sigmund Freud llamó capacidad de sublimación y transforma en arte su angustia, su dolor. Lo deja ahí para exorcizarlo, sacarlo de su vida y es por eso quizá que quienes la conocieron tienen como recuerdo una mujer siempre alegre, malhablada°, impecablemente decorada, alhajada° como una princesa llena de incisivo buen humor.

Creó a su alrededor un clima de alegría de vivir, de interés por los animales, las plantas, la artesanía y todo lo auténtico en la expresión del ser humano. Condenada a no conocer el reposo°, vivía en una gran tensión, pero fue capaz de dar una gran cantidad de amor.

Durante el año que dura el divorcio escribe Frida en su diario un mensaje a Diego que compendia° su amor: "Jamás olvidaré tu presencia en mi vida. Tú me acogiste destrozada° y me devolviste° entera".

La simbiosis que formaban les era indispensable a uno y a otro así, un año después vuelven a casarse en San Francisco, California, para no separarse ya. Días antes ella le envía desde el hospital un mensaje amoroso en un sobre con la huella° de sus labios como sello°: "Diego, mi amor. No se te olvide que en cuanto acabes el fresco nos juntaremos ya para siempre, sin pleitos° ni nada, solamente para querernos mucho. Te adoro más que nunca. Tu niña Frida".

Con este nuevo matrimonio se inicia un período de calma relativa en su vida. A saltos° entre sus ingresos en hospitales, sus períodos de invalidez° y de intensa vitalidad, participa muy activamente en la vida cultural y política de su época, se convierte en maestra de artes plásticas y continúa pintando sus experiencias vitales.

Un año antes de morir se organiza una exposición retroactiva de su pintura, la única individual que tuvo en vida en su país. Ella acude a la inauguración en ambulancia, postrada°; en su camilla° la llevan hasta su cama convertida en centro de la exhibición. Es notorio su quebranto° físico, pero su espíritu aún conserva su vigor al declarar a un periodista: "No estoy enferma, estoy rota".

En esta ocasión el público de México ve por primera vez una exposición con más de 30 obras de Frida Kahlo, su obra íntima hecha con el deseo de fijar instantes de su vida cotidiana°, en la cual la influencia de los retablos° religiosos mexicanos la hace doblemente nuestra.

daily
ornamental altars

Entonces Frida, la indomable° fuerza vital, se deja ir. Abandona la lucha y, días antes del veinticincoavo° aniversario de bodas con Diego Rivera, su amor de toda la vida y su esposo de tiempo parcial, muere en su casa de Coyoacán el 13 de julio durante la noche, a los 47 años de edad.

untamable
twenty-fifth

Cuatro años después, su casa es abierta al público como museo, para permitirnos vagar° en sus jardines, visitar su recámara, su estudio y empaparnos° del universo que ella creó para sí, del reflejo de esta mujer que parecía hecha de un concentrado de arco iris.

to wander
to become imbued with

Según la lectura

¿Verdadero o falso? Corrige las frases falsas.

1. De niña Frida manifestó un carácter tan tranquilo y simple que parecía falta de inteligencia.
2. Frida estaba de vacaciones en Europa cuando conoció a Diego Rivera, un artista mexicano consagrado en ese continente.
3. El sueño de ser doctora fue destruido para Frida cuando el camión en que viajaba chocó con un tranvía urbano.
4. Frida empezó a pintar haciendo retratos de sí misma.
5. Frida ganó el récord mundial por sus autorretratos, pintando más de treinta en sólo diez años.
6. Frida nunca tuvo que pintar para mantenerse bien económicamente.
7. Frida y Diego estuvieron casados por casi veinticinco años.
8. Frida tuvo tres exposiciones individuales de arte en México en su vida.

En tu opinión

1. Es casi un cliché que el artista transforma en arte la miseria de su vida. ¿Piensas que Frida se pintaba sólo a causa del dolor en su vida? ¿Qué otros motivos tenía para pintar?
2. ¿Por qué firmó Frida la carta para Diego "Tu niña Frida"?
3. ¿Fue difícil para Frida ser artista y esposa al mismo tiempo? Explica.
4. ¿Cómo es Frida un modelo del éxito a pesar de los problemas en su vida para muchas personas? Explica.

COMPOSICIÓN

A. Escribe dos párrafos cortos comparando y contrastando las costumbres del cortejo° entre chicos de la escuela secundaria, y entre gente mayor (de los treinta años en adelante). ¿Han cambiado estas costumbres en los últimos veinte años? ¿En qué sentido?

courting

B. Escribe un ensayo corto acerca del efecto que tienen los medios de comunicación (la televisión, las películas y la prensa) en cuanto a nuestro concepto de lo que debe ser "el amor". ¿Existe el matrimonio perfecto? Cita algunas parejas de enamorados famosos. ¿Cómo se caracterizan?

Y en resumen

A. La discriminación. Irene es abogada que trabaja con casos de discriminación contra la mujer. Les cuenta a sus amigas sus opiniones. ¿Qué dicen ellas? Completa las frases entre paréntesis.

1. No hay siempre pago igual para hombres y mujeres. (No puedo creer que...)
2. A veces los hombres tienen actitudes negativas hacia las mujeres. (Es una lástima que...)
3. Frecuentemente les dan mejores puestos a los hombres. (Es seguro...)
4. Algunos no aceptan la idea de una mujer en la oficina. (Creo que...)
5. Otros discriminan contra la mujer mayor de treinta años. (No es justo que...)
6. También, se niegan a aumentar sus sueldos. (Es increíble que...)

1. no haya
2. tengan
3. dan
4. no aceptan
5. discriminen
6. se nieguen

B. Un repaso. Escoge la forma correcta del verbo. See Copying Masters.

1. Siento que ella ___ que renunciar el puesto.
   a. tenga   b. tendría   c. tener
2. Los jefes tenían miedo de que ___ una manifestación.
   a. hubiera   b. haya   c. haber
3. Es triste que él no ___ solución.
   a. encontrará   b. encuentra   c. encuentre
4. Marta se alegraba de ___ encontrado el puesto ideal.
   a. había   b. hubiera   c. haber
5. No han hablado del sueldo todavía. Tal vez le ___ a pagar muy bien.
   a. fueron   b. vayan   c. fueran
6. Ellos tendrán que ___ una guardería infantil.
   a. buscara   b. busque   c. buscar

1. a.
2. a.
3. c.
4. c.
5. b.
6. c.

Unidad siete

C. **Chistes.** Lee los chistes siguientes y contesta las preguntas.

—Estoy preocupado. Está a punto de llover, y mi mujer ha salido sin paraguas.
—Vamos, hombre. No se mojará. Se refugiará en cualquier tienda hasta que pase la lluvia.
—Eso es lo que me preocupa.

—Mi mujer es capaz de hablar dos horas de una cosa.
—La mía le gana. Habla dos horas de nada.

1. ¿Son graciosos estos chistes? ¿Por qué?
2. ¿Cuáles son las supuestas características femeninas de que se burlan los hombres?
3. ¿Cuáles son las características masculinas de que se burlan las mujeres?
4. ¿Qué otros chistes sobre las mujeres o los hombres sabes?

D. **El cuerpo perfecto.** Considera las siguientes preguntas en relación a una persona con quien quieres salir. Contesta oralmente las siguientes preguntas.

1. ¿Te importa la apariencia física de la persona en una relación?
2. ¿Estás contento(a) con su cuerpo?
3. Si pudieras cambiar tres cosas de su aspecto físico, ¿cuáles serían? ¿Por qué?
4. ¿Hay más énfasis en que la mujer se quede bonita y juvenil que el hombre? ¿Es justo? Explica.

E. **Intereses creados.** Contesta oralmente las siguientes preguntas.

1. ¿Es costumbre en tu escuela que las chicas inviten a los chicos a salir? Explica.
2. Para las chicas: ¿Sueles invitar al chico? ¿Por qué? ¿Cuáles son las ventajas de invitarlo? Explica.
3. Para los chicos: ¿Te gustaría que las chicas te invitaran a salir? Explica.
4. ¿Es importante la primera impresión? ¿Qué impresión intentas comunicar cuando sales con alguien por primera vez? ¿Qué es lo que te llama la atención de una persona?
5. Cuando sales con una persona por primera vez, ¿adónde suelen ir? ¿Es importante gastar mucho dinero en la primera cita?
6. ¿Es difícil conocer a gente con quién salir? ¿Por qué? ¿Cuáles son algunas maneras de conocer a nuevos amigos?

F. **Comparaciones.** Emplea los siguientes adjetivos en comparaciones originales.

EJEMPLO   inútil
          Este libro es más inútil que una bocina° en un avión.   horn

1. rico   2. tonto   3. aburrido   4. rápido   5. largo   6. pobre

CONTEXTOS CULTURALES

El profesor Rosenberg continúa recibiendo de sus estudiantes cartas, tarjetas postales, telegramas y toda clase de materiales desde Maracaibo, Venezuela y otros lugares latinoamericanos.

Recorte de la prensa de Maracaibo, sección de espectáculos, 20 de octubre de 1990

Alicia Alonso Triunfa en Maracaibo

La compañía de ballet cubana de Alicia Alonso inauguró la Temporada Anual de Ballet y Danza Moderna de Maracaibo con una función de extraordinaria calidad y talento. La señora Alonso se ha colocado, sin lugar a dudas, entre las leyendas del ballet tales como Ana Pavlova y Margot Fontaine.

---

15 de noviembre de 1990

Estimado maestro,

Me siento como en mi propia casa. Aquí no soy minoría. La mayoría de la gente se ve, piensa y siente como yo. Ahora me siento más orgullosa que nunca de mi herencia puertorriqueña y latina, y les agradezco a mis padres haberme enseñado español. Le mando aquí un recorte de la función de ballet que vimos ayer. A usted le hubiera encantado. Esos cubanos estuvieron ¡fabulosos! y hablando de baile, aquí tanto jóvenes como adultos bailan la cumbia, más que el rock. Originaria de Colombia, la cumbia es una especie de coqueteo que realiza la pareja al bailar. Este baile es mundialmente conocido y se baila de muchos modos.

Pero lo que más me gustó es que aquí es muy popular la salsa, esa mezcla sabrosa de ritmos caribeños, rock y percusiones creada por cubanos y puertorriqueños en los Estados Unidos. ¡Me da mucho orgullo! Además soy la sensación en las fiestas pues nadie baila salsa mejor que yo. Por cierto que Steve Berman es un gran bailarín, además de ser muy simpático. ¡Nunca lo hubiera creído!

Bueno, maestro, no más por hoy.

Saludos,
Amanda

24 de noviembre de 1990

Estimado maestro,
La gente, los edificios coloniales y la cultura de Perú me recuerdan mucho a México y al Texas donde yo nací. Todos piensan que soy peruano hasta que me oyen hablar. Aquí saben muy poco sobre los mexicoamericanos y esperan que yo les hable español. Machu Picchu y Nazca son ¡impresionantes! Mañana regreso a Maracaibo. No puedo dejar de pensar en el Día de Acción de Gracias: el pavo, el relleno, la jalea de arándano, las tartas de manzana y muchas otras cosas. Me voy a quedar con las ganas porque aquí no lo celebran.
Saludos,
Jesse Valenzuela

Prof. Stuart Rosenberg
Paterson High School
Paterson, NJ
EE.UU. 07041

Lo que aprendieron en su viaje

Comprometidos en matrimonio
En España, cuando dos personas deciden casarse, el hombre le regala a la mujer una pulsera, que generalmente es de oro.

El náhuatl
Muchas palabras comunes en español y en inglés tales como chocolate, tomate, chile, tamal y otras son de origen náhuatl, el idioma que hablaban los aztecas y que todavía se habla en muchas regiones de México.

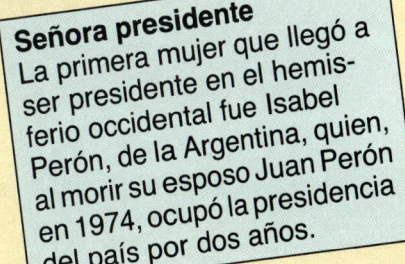

Señora presidente
La primera mujer que llegó a ser presidente en el hemisferio occidental fue Isabel Perón, de la Argentina, quien, al morir su esposo Juan Perón en 1974, ocupó la presidencia del país por dos años.

Unidad 8

Ferias, fiestas y ceremonias

En esta unidad vas a

- usar términos relacionados con
  costumbres
  el alma hispana
  celebraciones
  refranes
  expresiones de felicitación y simpatía

También vas a aprender

- la verdadera voz pasiva
- sustitutos para la verdadera voz pasiva
- formas especiales para decir *to become*
- el uso del infinitivo
- el uso del gerundio
- la construcción recíproca
- verbos que expresan obligación
- el subjuntivo (repaso)

LECCIÓN 22

EN CONTEXTO

Para comenzar

Describe lo que pasa en el dibujo. Tienes que usar tu imaginación para contestar algunas preguntas.

1. ¿Es importante la religión para las familias en general? ¿Por qué?
2. En muchos países hispanos, la iglesia está situada en el centro del pueblo y sirve de centro de reuniones políticas, de escuela o de reuniones festivas. ¿De qué sirven las iglesias y los templos que tú conoces?
3. ¿Qué significa la palabra *pecado*? ¿Cuáles son algunos pecados comunes? ¿Es posible vivir sin pecar?

Como de costumbre

España, al igual que muchos países hispanos, es un país religioso. Se puede decir que la mayoría de los españoles (e hispanos en general) son católicos, aunque ahora se nota más la práctica de otras religiones, como la judía y la protestante.

La juventud de hoy día es menos tradicional. Cada vez es más raro ver a jóvenes en misa los domingos. La tradicional devoción que tenían los abuelos y antepasados ya no existe. Por otra parte, por lo menos en España, este hecho también depende de la región. La parte sur de España, Andalucía, es la más religiosa de todas. Madrid, la capital, también es una ciudad religiosa. Sin embargo, Barcelona no lo es tanto. La religiosidad hispana se ve mucho más en las zonas rurales que en las zonas industriales, donde el trabajo y el ritmo de vida son mucho más acelerados. Otro factor es que existen grandes influencias del exterior y que la gente utiliza su tiempo libre para salir de la ciudad o descansar en casa.

Aunque la juventud no sea tan religiosa como antes, tanto las fiestas como las tradiciones católicas siguen celebrándose de la misma manera que en años pasados. Por ejemplo, la primera comunión sigue siendo uno de los momentos más importantes de la infancia.

Preguntas acerca de la lectura

1. ¿Cuáles son las regiones más religiosas de España?
2. ¿Qué papel tiene la religión en la sociedad hispana? ¿Y en la sociedad norteamericana?
3. Nombra algunas influencias que han afectado las costumbres religiosas de España.
4. ¿Puedes notar algunas semejanzas entre la religión en los Estados Unidos y la religión en España? ¿Hay algunas diferencias?

En tu opinión

1. ¿Por qué crees que hay tantas religiones? ¿Cómo son diferentes?
2. Has presenciado alguna vez un servicio religioso que te impresionó mucho? Describe la ocasión.

Expansión de vocabulario

(NO) CREYENTES
([Non]believers)
el (la) **agnóstico(a)**   agnostic
el (la) **ateo(a)**   atheist
el (la) **budista**   Buddhist
el (la) **católico**   Catholic
el (la) **cristiano(a)**   Christian
el (la) **hindú**   Hindu
el (la) **judío(a)**   Jew
el (la) **místico(a)**   mystic
   el **musulmán** (la **musulmana**)
     Muslim
el (la) **protestante**   Protestant

LÍDERES RELIGIOSOS
   el **cura**   priest
el (la) **ministro(a)**   minister
   el **monje**, la **monja**   monk, nun
   el **Papa**   the Pope
el (la) **pastor(a)**   minister
   el **rabino**   rabbi
   el **sacerdote**   priest

VERBOS
alabar   to praise
arrodillarse   to kneel
bendecir (e → i)   to bless
condenar   to condemn
confesar (e → ie)   to confess
orar   to pray
pecar   to sin
predicar   to preach
rezar   to pray

EN LA CASA DE DIOS
el **altar**   altar
el **banco**   pew
la **bendición**   blessing
la **Biblia**   Bible
la **capilla**   chapel
la **congregación**   congregation
el **coro**   choir
la **creencia**   belief
el **crucifijo**   crucifix
la **cruz**   cross
  Dios   God
la **fe**   faith
el **himno**   hymn
la **iglesia**   church
la **mezquita**   mosque
el **milagro**   miracle
la **misa**   mass
la **paz**   peace
el **pecador**   sinner
  sagrado   sacred
el **salmo**   psalm
el (la) **santo(a)**   saint
el **sermón**   sermon
la **sinagoga**   synagogue

OTRAS PALABRAS Y FRASES
Alá   Allah
el **bien**   good
decir una oración   to say a prayer
el **diablo**   devil
Jehová   Jehovah
el **mal**   evil
santo   holy

Actividades

A. ¿Qué palabra no pertenece? En cada grupo, escoge la palabra que no está relacionada con las otras y explica por qué.

1.	2.	3.	4.	5.
judío	santo	sermón	rezar	creencia
católico	ministro	ateo	orar	Papa
agnóstico	pastor	salmo	predicar	sacerdote
budista	rabino	himno	decir una oración	cura

1. agnóstico
2. santo
3. ateo
4. predicar
5. creencia

B. **¿Qué es...?** Da una definición para las siguientes palabras.

1. monja
2. pastor
3. Biblia
4. coro
5. santo
6. mezquita

C. **Relaciones.** Termina las asociaciones lógicamente según el ejemplo.

EJEMPLO   sinagoga:judío::mezquita:**musulmán**

1. pastor:iglesia::rabino: =====
2. el bien:Dios::el mal: =====
3. condenar:pecador::alabar: =====
4. Jehová:judío::Alá: =====
5. sacerdote:católico::ministro: =====

1. sinagoga
2. diablo
3. santo
4. musulmán
5. protestante

EXPLORACIÓN

La verdadera voz pasiva

La película	fue	filmada		por	una peruana.
Sujeto +	ser +	participio pasado como adjetivo +		**por** +	agente

A. En la voz activa, el sujeto es el que **ejecuta** la acción del verbo. En la voz pasiva, el sujeto es el que **recibe** esa acción.

Voz activa:

El autor escribió las novelas.   *The author wrote the novels.*

Voz pasiva:

Las novelas fueron escritas por el autor.   *The novels were written by the author.*

Nota que el tiempo de **ser** en la frase pasiva es el mismo tiempo del verbo en la frase activa.

B. Se puede usar el verbo **ser** en cualquier tiempo en la frase pasiva.

La cena { es / será / fue / sería / ha sido } preparada por Eva.   The supper { is / will be / was / would be / has been } prepared by Eva.

C. En la voz pasiva, el participio pasado es usado como adjetivo; por lo tanto, concuerda en género y número con el sujeto al que se refiere.

El **premio** fue **ganado** por Raúl.   *The prize was **won** by Raúl.*
Las **elecciones** fueron **ganadas** por mi partido.   *The elections were **won** by my party.*

D. Generalmente la preposición **por** introduce al sujeto en la voz pasiva, pero si el verbo expresa emoción o sentimiento, muchas veces se prefiere la preposición **de**.

Este maestro es querido de todos.   *This teacher is loved by everyone.*

Sustitutos de la verdadera voz pasiva

A. Si el agente es desconocido, o no se expresa, se puede usar la tercera persona del plural en la voz activa.

Hablan español en esa iglesia.   *They speak Spanish (Spanish is spoken) in that church.*

Eligieron al senador ayer.   *They elected the senator (The senator was elected) yesterday.*

B. En español el sustituto más común de la voz pasiva es la construcción con **se** más un verbo en la voz activa en tercera persona. Se usa para oraciones impersonales sin agente expreso. La construcción es la siguiente:

> **Se** + verbo en tercera persona del singular o plural + sujeto

Aquí se vende perfume.   *Perfume is sold here.*
No se permiten bikinis en el restaurante.   *Bikinis are not permitted in the restaurant.*
En esta oficina se habla español.   *In this office Spanish is spoken.*
Se prohibe fumar en el ascensor.   *Smoking is prohibited in the elevator.*
Se alquilan cuartos.   *Rooms for rent*

Actividades
ST 63

A. Adivina qué es...   Escucha las definiciones y escribe en tu papel la palabra apropiada que corresponda a cada definición.

| coro | capilla | himnos | mezquita | pecar |
| banco | confesar | iglesia | orar | sinagoga |

B. El bautismo.   Esta mañana fue bautizada la hija de los Flores-Bonilla. Después de la ceremonia hubo una reunión familiar en su casa. Contesta las preguntas usando la voz pasiva, según el ejemplo.

1. fue hecha
2. fueron traídas
3. fue servida
4. fue tocada
5. fue hecho
6. fueron comprados
7. fueron arregladas

1. coro
2. banco
3. pecar
4. orar
5. himnos
6. confesar
7. iglesia, mesquita, capilla, sinagoga

See Copying Masters.

EJEMPLO   ¿Quién preparó la comida? (la abuelita)
La comida fue preparada por la abuelita.

1. ¿Quién hizo la torta? (la tía Luisa)
2. ¿Quién trajo las bebidas? (papá)
3. ¿Quién sirvió la comida? (la criada)
4. ¿Quién tocó la música? (el guitarrista)
5. ¿Quién hizo el vestido de la nena? (una modista francesa)
6. ¿Quién compró los regalos? (todos los parientes)
7. ¿Quién arregló las flores? (Carlitos)

C. **El sabelotodo.** Reinaldo dice que lo sabe todo, pero a veces no recuerda bien los hechos históricos. Ayúdale a formar frases con los siguientes datos según el ejemplo.

EJEMPLO   Miguel Ángel / pintar la Capilla Sixtina
**Miguel Ángel pintó la Capilla Sixtina.
La Capilla Sixtina fue pintada por Miguel Ángel.**

1. Miguel Ángel
2. Thomas Jefferson
3. Alexander G. Bell
4. Francia
5. Cristóbal Colón
6. los mayas
7. el Norte
8. William Shakespeare

a. descubrir América
b. construir las pirámides de Uxmal
c. inventar el teléfono
d. escribir *Romeo y Julieta*
e. ganar la Guerra Civil Estadounidense
f. pintar la Capilla Sixtina
g. regalar la estatua de la libertad
h. firmar la Declaración de Independencia Americana

1. f
2. h
3. c
4. g
5. a
6. b
7. e
8. d

D. **Edificios religiosos.** Cambia las frases de la voz pasiva a la voz activa.

EJEMPLO   La iglesia fue renovada por el arquitecto.
El arquitecto renovó la iglesia.

1. La mezquita de Córdoba fue diseñada por los moros.
2. Las sinagogas antiguas de Toledo fueron conservadas por los toledanos.
3. La catedral de Valencia será pintada por un artista famoso.
4. El monasterio es decorado por las monjas cada Navidad.
5. Muchas misiones han sido fundadas por misioneros españoles.

1. diseñaron
2. conservaron
3. pintará
4. decoran
5. han fundado

E. **El nuevo edificio.** Traduce las frases siguientes al español. Usa una construcción con **se** o la tercera persona del plural.

1. The building was built last year.
2. Many stores were opened.
3. Mr. García was named president of the building corporation.
4. Everyone was invited to attend the opening ceremony°.
5. Food and drinks were served.
6. Many people brought flowers.

1. fue construido / construyeron / se construyó
2. fueron abiertas / abrieron / se abrieron
3. fue nombrado / nombraron / se nombró

opening... apertura

4. fueron invitados / invitaron / se invitó
5. fueron servidas / sirvieron / se sirvieron
6. fueron traídas / se trajo

Unidad ocho

F. Un día de fiesta. Escucha la selección y contesta las preguntas oralmente. Usa la verdadera voz pasiva.

1. ¿Quiénes organizaron la fiesta?
2. ¿Quién trajo galletas?
3. ¿Quién hizo el ponche?
4. ¿Quién presentó a los invitados?
5. ¿Quiénes leyeron los poemas?
6. ¿Quiénes cantaron canciones folklóricas?

1. organizada por los miembros
2. traídas por Elena
3. hecho por Juan
4. presentados por Miguel
5. leídos por todos
6. cantadas por todos

EXPLORACIÓN

El concepto **to become**

El español tiene varios verbos para traducir el inglés *to become*.

A. Llegar a ser y **hacerse**, si indican el resultado de un proceso, significan *to become*.

Después de una larga campaña, Silvia llegó a ser presidente.	After a long campaign, Silvia became president.
Juan se hizo médico y se hizo experto en cirugía.	Juan became a doctor and became an expert in surgery.
El agua se hizo vapor.	The water became steam.

B. Cuando indican un cambio de situación en el sujeto, **ponerse, volverse** y **convertirse** traducen a *to become*.

Pablo se puso rojo cuando María le dijo que lo quería.	Pablo became (turned) red when María told him that she loved him.
Al saber que iba a cantar en el coro, Paula se puso nerviosa.	Upon finding out that she was going to sing with the choir, Paula became nervous.
El pobre se volvió loco cuando se enteró del incendio.	The poor man went crazy when he found out about the fire.
El agua se convirtió en vino.	The water turned into wine.

Actividades

A. Volar del nido. Paula y Pablo son gemelos. Tienen dieciocho años y muy pronto van a prepararse para carreras distintas. Llena los espacios con la forma apropiada de **hacerse** o **ponerse**, según corresponda.

Anoche mi padre __1__ muy alegre al enterarse de que mi hermano iba a __2__ cura. Pero mi madre __3__ muy triste. No quería que mi hermano saliera de casa. Cuando mi hermana __4__ abogada, se mudó a California y no la vimos casi nunca.

Yo pienso __5__ médico, pero __6__ un poquito nerviosa cuando pienso que tengo que pasar por lo menos ocho años en la universidad. Pero el deseo de __7__ rica es más fuerte que el temor que tengo de estudiar tanto. Sé que mi madre va a __8__ triste cuando le diga de mis planes. Por eso voy a esperar hasta el último momento. ¡El perder a dos hijos a la vez sería demasiado!

1. se puso
2. hacerse
3. se puso
4. se hizo
5. hacerme
6. me pongo
7. hacerme
8. ponerse

B. Todos cambiamos. Para cada frase, elige un verbo de la segunda columna. Luego, termina la frase de una forma original.

1. En la Víspera del Año Nuevo yo siempre
2. Después de largos años de sacrificio, papá
3. Salió el sol, y la nieve
4. Estudian química y biología porque quieren
5. Con la nueva promoción, mi marido
6. Paquito no quiso asistir a misa y mamá
7. Con un problema cardíaco es importante no
8. Heredaron de su tío rico y ellos
9. Anoche durante la ceremonia en la catedral yo

a. se convirtió en...
b. ponerse...
c. se hizo...
d. me puse...
e. me pongo...
f. hacerse...
g. se volvieron...
h. se puso...
i. llegó a ser...

1. e
2. i / c
3. a
4. f
5. c / h
6. h
7. b
8. g
9. d

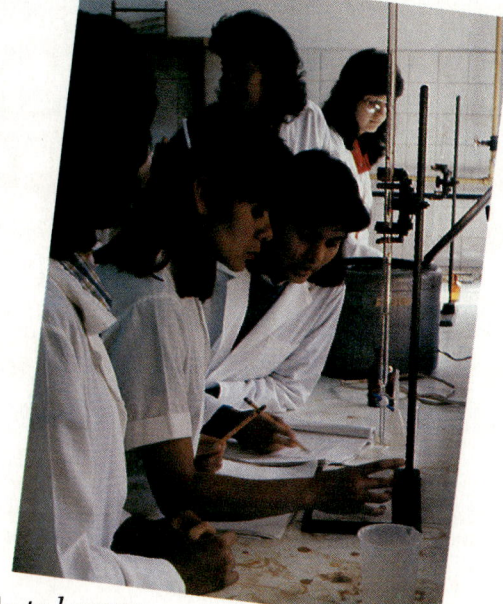

C. Cambios. Termina cada frase con la forma correcta de *to become*.

1. Después de muchísimos años de duro trabajo, mi tío...
2. Laura se dio cuenta de su error y...
3. Poco después de graduarse, Felipe...
4. El campesino pobre ganó el premio y...
5. Estudiaré mucho para...
6. Cuando la gente se duerme durante el sermón, el ministro...

Answers may vary.
1. llegó a ser / se hizo
2. se puso
3. se hizo
4. se volvió / se puso
5. llegar a ser
6. se pone

D. Sus planes y acciones. Termina las frases siguientes según tus sentimientos personales.

1. Una vez, me puse... cuando...
2. Creí que iba a volverme... porque...
3. Un día, llegaré a ser... si yo...
4. Si yo... me habría hecho...

LECCIÓN 23

EN CONTEXTO

Para comenzar

Describe lo que pasa en el dibujo. Tienes que usar tu imaginación para contestar algunas preguntas.

1. ¿Has asistido alguna vez a un funeral? Describe la experiencia. ¿Cómo se portó la gente? ¿Te vestiste de negro? ¿Por qué (no)?
2. ¿Se celebra algo semejante al Día de los Muertos en los Estados Unidos? ¿Cómo se llama? ¿Cuándo se celebra? ¿En qué consiste la celebración? ¿Participas tú? ¿De qué manera?
3. ¿Has visitado alguna vez un cementerio? ¿Cuándo y por qué? En los Estados Unidos, ¿cuándo se suele visitar los cementerios?

Tradiciones hispanas

Aunque la actitud hacia la muerte parezca diferente en los países hispanos, no lo es en muchos sentidos. La muerte en España es una cosa tan poco deseada como en cualquier otro país del mundo, pero las ceremonias fúnebres son quizás más solemnes. Es una despedida a una persona querida, en la que participan la familia y los amigos. Aunque antes era costumbre llevar a toda la familia al velorio o al funeral (incluso a los niños), hoy día un entierro no se considera apropiado para niños. A menos que sean los hijos de la persona a quien van a enterrar, los niños se quedan en casa.

En el mundo hispano, la muerte se considera el paso a una nueva vida... a una vida mejor que la terrenal. Es una idea que sirve como consuelo a los familiares y amigos que tienen que despedirse de alguien. En un país donde el catolicismo predomina, tanto las funciones religiosas como las fúnebres tienen una forma y un carácter especiales.

Existen dos días festivos en que se venera a los muertos. Son el Día de Todos los Santos, el primero de noviembre y el Día de los Muertos, el dos de noviembre. La gente va a los cementerios a rezar sobre las tumbas de sus familiares o van a misa. En México, en los cementerios mismos, hacen comidas al aire libre, hay vendedores de perros calientes, de tacos y de varios refrescos y los niños juegan mientras las viejecitas vestidas de luto lloran la pérdida de un ser querido. En Andalucía es costumbre llorar en la capilla ardiente durante la primera noche.

Preguntas acerca de la lectura

1. ¿Son los funerales una ocasión de alegría o de tristeza en el mundo hispánico? ¿Por qué?

2. ¿Cómo se recuerda a los muertos en España? ¿En México? ¿En los Estados Unidos?

En tu opinión

1. ¿Crees que se debe proteger a los niños de la idea de la muerte? ¿Por qué? Explica.

2. Cuentan algunas personas que tuvieron accidentes, en los cuales casi murieron, que vieron una luz al fondo de un túnel. ¿Cómo se explica el hecho de que más de una persona dice que ha visto esta luz? ¿Qué significa esta imagen?

Expansión de vocabulario

SUSTANTIVOS		VERBOS	
el **alma** (*f*)	soul	**asustar**	to scare
el **cementerio**	cemetery	**consolar** (o → ue)	to console
el **cielo**	heaven	**elogiar**	to eulogize
el **consuelo**	consolation	**enterrar** (e → ie)	to bury
el **cuerpo**	body	**espantar**	to scare
el (la) **difunto(a)**	deceased, dead person	**lamentar**	to regret, to mourn
el **dolor**	grief	**reflejar**	to reflect
el **elogio**	eulogy	**salvar**	to save
el **entierro**	burial	**sufrir** (**padecer**)	to suffer
el **epitafio**	epitaph		
el **espíritu**	spirit	**OTRAS PALABRAS Y FRASES**	
el **esqueleto**	skeleton	**dar el pésame**	to express one's condolences
el **fantasma**	ghost	**dar miedo**	to scare
el **funeral**	funeral	**estar de luto**	to be in mourning
el **infierno**	hell	**estar muerto**	to be dead
el (la) **muerto(a)**	dead person	**el más allá**	the beyond, afterlife
el **paraíso**	paradise	**ser muerto**	to be killed
el **sepulcro**	grave	**sobrenatural**	supernatural
el **sufrimiento**	suffering	**transitorio**	transitory
la **tumba**	tomb, grave	**ultratumba**	beyond the tomb
el **velorio**	wake	**vestirse** (e → i) **de luto**	to dress in mourning

Actividades

A. ¿Qué palabra no pertenece? En cada grupo, escoge la palabra que no está relacionada con las otras y explica por qué.

1. difunto
   muerto
   vivo
   muerta

2. pésame
   dolor
   entierro
   sufrimiento

3. dar miedo
   reflejar
   asustar
   espantar

4. cielo
   cementerio
   sepulcro
   tumba

5. más allá
   ultratumba
   cuerpo
   sobrenatural

1. vivo
2. entierro
3. reflejar
4. cielo
5. cuerpo

B. Elogios. Con un(a) compañero(a), escriban un elogio para una persona difunta conocida por toda la clase.

EJEMPLO   El doctor Albert Einstein fue una persona muy generosa además de ser buen músico y un médico excelente.

C. Últimas palabras. En México para el Día de los Muertos, la gente escribe "calaveras". Éstas son epitafios jocosos° que comentan satíricamente las características más típicas de cada individuo. En grupos de cuatro, inventen epitafios jocosos para los miembros del grupo. Pueden ser de hasta dos frases y deben resumir sus vidas.

humorous

EJEMPLO   Aquí descansa alguien que durmió mucho y trabajó poco.

EXPLORACIÓN

El uso del infinitivo

A. Se usa el infinitivo como sustantivo, con o sin el artículo.

(El) nadar es buen ejercicio.	*Swimming is a good exercise.*
(El) fumar es malo para la salud.	*Smoking is bad for one's health.*

B. También se usa el infinitivo después de preposiciones. En estos casos el inglés puede usar el verbo conjugado o la forma verbal terminada en *-ing*.

Se cayó por no haber visto la piedra.	*She fell because she did not see the rock.*
Pregunta, antes de hablar.	*Ask before you speak.*
Al entrar en la iglesia, Javier se quitó el sombrero.	*Upon entering the church, Javier took off his hat.*
Después de rezar, cantaron un himno.	*After praying, they sang a hymn.*

C. Asimismo se usa el infinitivo después de verbos que indican percepción (**escuchar, oír, mirar, ver, sentir**).[1]

Se acerca el invierno, lo siento llegar.	*Winter is growing near, I feel it coming.*
Vimos al rabino acercarse.	*We saw the rabbi approaching.*
Oí llorar mucho al viudo.	*I heard the widower crying a lot.*

D. Se usa el infinitivo con los verbos **invitar, dejar, impedir, obligar a, aconsejar, permitir, prohibir** y **ordenar** en lugar del subjuntivo.

Él deja que yo venga. Él me deja venir.	*He allows me to come.*
Yo aconsejo que tú estudies. Yo te aconsejo estudiar.	*I advise you to study.*

---

[1] A veces se usa también el gerundio con verbos de percepción. **La vi haciendo la comida.**

E. Los verbos **hacer** y **mandar** se usan de la siguiente manera para indicar *to have something done.*

    Yo hice venir al médico.   *I had the doctor come.*
    Mandó hacer un traje en Hong Kong.   *He had a suit made in Hong Kong.*

    Le permito que llegue tarde.
    Le permito llegar tarde.   *I let her arrive late.*

F. Se usa el infinitivo con expresiones impersonales. En esta clase de construcción, el sujeto de la frase subordinada se convierte en complemento indirecto de la expresión impersonal.

    Es necesario que tú duermas un poco.
    Te es necesario dormir un poco.   *It is necessary for you to sleep a bit.*

G. Se usa el infinitivo siempre que el sujeto de las dos frases sea el mismo.

    Espero poder asistir al funeral de tu abuela.   *I hope to be able to attend your grandmother's funeral.*
    Tu hermana quiere ir al concierto esta noche.   *Your sister wants to go to the concert tonight.*

H. También se usa el infinitivo con expresiones impersonales que expresan una regla general.

    No estacionarse aquí.   *No parking.*
    No fumar.   *No smoking.*

I. Se usa el infinitivo después de la preposición **a** para expresar un mandato en la primera persona del plural (**nosotros**).

    Comamos.
    Vamos a comer.
    A comer.   *Let's eat.*

Actividades

ST 65

A. **La llegada del circo.** Eduardo fue al circo con su papá. Su hermano Pablo, por estar enfermo, no pudo ir y le hizo unas preguntas a Eduardo. ¿Cómo las contesta Eduardo? Usa los dibujos para ayudar a Eduardo.

1. Las vi bailar.
2. Los vi salir.
3. Los vi divertirse (jugar).
4. La vi aceptar una flor.
5. Lo vi saltar.
6. Lo vi jugar (divertirse).

EJEMPLO PABLO ¿Qué oíste hacer al cantante?
         EDUARDO **Lo oí tocar la guitarra.**

aceptar   payaso(s)
cantar   bailarinas
bailar   león
saltar   niña
salir   oso
jugar   elefantes
divertir(se) cantante

1.  **2.**  **3.**

4.  **5.**  **6.**

B. La filosofía de la vida. Tu hermanito Tomás, de seis años, te hace preguntas acerca de la vida. ¿Qué le contestas? Completa las frases según el ejemplo.

EJEMPLO ¿Es necesario el sufrimiento?
         El sufrir es una realidad, pero no sé si siempre es necesario.

1. ¿Crees que la vida es preciosa? Sí, ===== feliz es muy valioso.
2. ¿Te da miedo la muerte? Sí, ===== me da miedo de vez en cuando.
3. ¿Sabes darle consuelo una persona? Sí, ===== requiere compasión.
4. ¿Es importante darle ayuda a un enfermo? Sí, ===== a un enfermo es generoso.
5. ¿Crees que el estudio sea necesario? Sí, ===== ayuda a formar ideas sobre la vida.

1. el vivir
2. el morir
3. el consolar
4. el ayudar
5. el estudiar

EXPLORACIÓN

El uso del gerundio

A. Se usa el gerundio en español con los verbos **estar, seguir, continuar, andar, ir** y **venir,** para indicar una acción en progreso.

Estoy estudiando.	*I am studying.*
Estábamos leyendo cuando ella llegó.	*We were reading when she arrived.*
Continuó (Siguió) llorando por horas.	*He continued crying for hours.*
Daniel anda buscando trabajo.	*Daniel goes around looking for work.*
Marta vino sonriendo.	*Marta came smiling.*

B. También se usa el gerundio como adverbio, para indicar circunstancias de modo (**cómo**), de tiempo (**cuándo**) o de causa (**por qué**).

Viviendo en España se aprende fácilmente a hablar español.	*Living in Spain, one learns to speak Spanish easily.*
Siendo muy pequeño, empezó a estudiar inglés.	*While very young, she began to study English.*
Hablando tanto, no se dio cuenta de la hora.	*Since he was talking so much, he wasn't aware of the time.*
José llegó a la fiesta cantando alegremente.	*José arrived at the party singing happily.*

C. El uso del gerundio en español es mucho menos frecuente que el presente progresivo en inglés (forma verbal *-ing*), y no puede emplearse el gerundio como adjetivo modificando directamente un sustantivo. Para estas construcciones el español usa adjetivos terminados en **-or, -ante, -ente** y **-iente** para expresar una acción en progreso, o participios pasados para expresar un estado de cosas o un hecho terminado.

Papá es muy trabajador.	*Dad is very hardworking.*
A causa de la población creciente, hay mucho desempleo.	*Because of the growing population, there is a lot of unemployment.*
Este libro es aburrido.	*This book is boring.*
La amenaza de una guerra es siempre alarmante.	*The threat of war is always alarming.*

Actividades

A. **El gerundio.** Usando los gerundios de los verbos entre paréntesis, completa las frases lógicamente. Hay más de una posibilidad. Luego, explica el significado.

EJEMPLO   Mucha gente <u>sigue buscando</u> respuestas a las preguntas eternas.

1. Los padres ==== (esperar) que la enfermedad de su hijo no sea grave.
2. Todavía ==== (crecer) el número de cementerios en esta ciudad.
3. La familia ==== (llorar) en la iglesia.
4. Nosotros ==== (quejarse) del costo de un entierro.
5. Ella siempre ==== (hablar) de sus problemas.
6. Ellos ==== (consolar) a la familia.
7. Leonor ==== (decir) que el coche nos espera.

Answers may vary.
1. están (sigan, continúan) esperando
2. está (sigue, continúa) creciendo
3. está (sigue, continúa) llorando
4. estamos (seguimos) quejándonos
5. sigue (está) hablando
6. están (siguen, continúan) consolando
7. está (sigue, viene, va) diciendo

B. **Una experiencia inolvidable.** Jaime fue al cementerio ayer y vio algo que lo impresionó mucho. Lee el párrafo siguiente y llena los espacios con la forma apropiada del verbo entre paréntesis, usando el **infinitivo** o el **gerundio**.

Ayer fui al cementerio y la escena que vi me hizo (pensar) __1__. Vi a una mujer (poner) __2__ flores sobre la tumba de su esposo. Pero no estaba (llorar) __3__. Estaba muy contenta. Después de (poner) __4__ las flores en la tierra, se levantó y miró a su hijo, quien estaba parado a su lado. Le mandó a él no (llorar) __5__ y le dijo, "(Morir) __6__ es (vivir) __7__ otra vez, pero en un mundo diferente al nuestro". Y al (oír) __8__ esto, el hijo empezó a (sonreír) __9__. Esto me impresionó mucho. Es una escena que no voy a (olvidar) __10__ nunca.

1. pensar
2. poniendo / poner
3. llorando
4. poner
5. llorar
6. Morir (El morir)
7. vivir
8. oír
9. sonreír
10. olvidar

C. **Descripciones.** Escoge la palabra correcta y explica por qué.

1. La mujer (trabajadora, trabajando) ha cambiado la economía de su país.
2. En ese pueblo todavía hay viviendas sin agua (corriente, corriendo).
3. La semana (entrando, entrante) visitaremos la Capilla de Santa Ana.
4. Me ofreció su ayuda con una cara (sonriendo, sonriente).
5. Es el hombre más (comprendiendo, comprensivo) del mundo.

1. trabajadora
2. corriente
3. entrante
4. sonriente
5. comprensivo

D. **La viuda.** Termina las frases siguientes de una forma original, empleando el gerundio.

1. El marido de la señora Contreras estaba...
2. Sus amigos seguían...
3. Los hijos del señor Contreras andaban...
4. Mientras tanto la viuda vecina continuaba...
5. El pueblo donde vivían seguía...

EXPLORACIÓN

La construcción recíproca

A. La construcción recíproca expresa dos sujetos que ejecutan o reciben (uno al otro) la acción del verbo. Equivale en inglés a la expresión *each other* o *one another*. Se forma con el pronombre reflexivo de la persona correspondiente al verbo.

Ustedes se escriben regularmente.	*The two of you write regularly to each other.*
Nos vemos muy a menudo.	*We see each other very often.*
Se quieren mutuamente.	*They love each other equally.*

B. Para mayor énfasis o claridad, se pueden agregar las expresiones **el uno al otro, la una a la otra, los unos a los otros** y **las unas a las otras**[2].

Se conocen bien.	*They know each other well.* / *They know themselves well.*
Se conocen bien el uno al otro.	*They know each other well.*
Carlos y Silvia se miran apasionadamente el uno al otro.	*Carlos and Silvia look at each other passionately.*

C. Si la expresión requiere el uso de alguna preposición, se omite el pronombre reflexivo.

María y Luisa dependen mucho una de otra.	*María and Luisa depend a lot on each other.*
Van el uno con el otro.	*They go with each other.*

[2] El uso del artículo definido es opcional con estas expresiones: **uno al otro, unas a las otras.**

Actividades

A. La boda. Describe los dibujos usando una construcción recíproca.

EJEMPLO   Roberto y Daniela _____.
Roberto y Daniela se miran cariñosamente.

decir   sonreír   mirar   despedir   dar   besar   abrazar

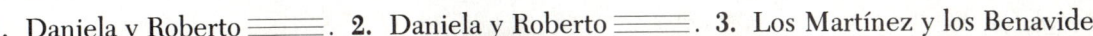

1. Daniela y Roberto _____.   2. Daniela y Roberto _____.   3. Los Martínez y los Benavides _____.

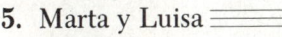

4. Daniela y Roberto _____.   5. Marta y Luisa _____.   6. Alfredo y José _____.

B. Construcción recíproca. Forma una frase recíproca según el ejemplo.

EJEMPLO   Juan mira a Sara. Sara mira a Juan.
Juan y Sara se miran.

1. Marta escribe a su mamá. Su mamá le escribe a Marta.
2. Mario abraza a Laura. Laura abraza a Mario.
3. Ella le ayuda a su papá. Su papá le ayuda a ella.
4. Yo conozco a Roberto. Roberto también me conoce.
5. Verónica ve al profesor todos los días. Él también la ve todos los días.

1. se escriben
2. se abrazan
3. se ayudan
4. nos conocemos
5. se ven

Unidad ocho

C. **Las vacaciones navideñas.** Julio pasa las vacaciones navideñas con sus abuelos. Lee el párrafo siguiente y llena los espacios con la forma apropiada del verbo entre paréntesis, usando un pronombre apropiado si es necesario.

Paso las vacaciones navideñas en la casa de mis abuelos. Cuando yo (llegar) __1__ a su casa, mi abuela y yo (besarse) __2__ y yo (abrazar) __3__ a mi abuelo. Mis abuelos y yo (contarse) __4__ las noticias de la familia. Mi abuela siempre (preparar) __5__ muchos dulces, pasteles y todas las cosas que más me gustan. Entonces yo (besar) __6__ a mi abuelo y (decirse) __7__ todo lo que nos ha pasado durante el año. En la Nochebuena, mi abuela y yo (envolver) __8__ los regalitos y mi abuelo y yo (decorar) __9__ el árbol de Navidad. Cuando nos despertamos al día siguiente, mis abuelos y yo (empezarse) __10__ a (darse) __11__ los regalitos unos a otros. ¡Las vacaciones navideñas son mis vacaciones favoritas porque todos nosotros (quererse) __12__ tanto!

1. llego
2. nos besamos
3. abrazo
4. nos contamos
5. prepara
6. beso
7. nos decimos
8. envolvemos
9. decoramos
10. empezamos
11. darnos
12. nos queremos

D. **La reunión familiar.** Los miembros de la familia Robles se reúnen para una celebración. Hace meses que Carolina no ve a su prima y le hace muchas preguntas. ¿Qué le contesta? Usa la construcción recíproca.

EJEMPLO ¿Ves a Pilar de vez en cuando? (todas las semanas)
Sí, nos vemos todas las semanas.

1. ¿Le escriben tus hermanos a tu novio? (todos los meses)
2. ¿Quieres a Jaime? (mucho)
3. ¿Visitan tus padres a la familia de Jaime? (frecuentemente)
4. ¿Ayudas a tu amiga con sus estudios? (siempre)
5. ¿Extrañas a tus amigos del pueblo? (muchísimo)

1. se escriben
2. nos queremos
3. se visitan
4. nos ayudamos
5. nos extrañamos

E. **El uno al otro.** Contesta las preguntas siguientes con una forma de la construcción recíproca.

1. ¿Se besan y se abrazan mucho los miembros de tu familia?
2. ¿Se ayudan tus padres mucho con las tareas domésticas?
3. ¿Cuando ves a un(a) amigo(a) de tus padres en la calle, ¿se sonríen ustedes?
4. Si tu mejor amigo(a) está lejos, ¿se escriben ustedes con frecuencia o se hablan por teléfono?
5. Cuando tú y tu mejor amigo(a) están solos(as), ¿qué se dicen?

1. nos besamos y nos abrazamos
2. se ayudan
3. nos sonreímos
4. nos escribimos (nos llamamos/hablamos)
5. nos decimos

LECCIÓN 24

EN CONTEXTO

Para comenzar

Describe lo que pasa en los dibujos. Tienes que usar tu imaginación para contestar algunas preguntas.

1. ¿Celebras la Navidad? ¿Cómo la celebras? Si no celebras la Navidad, ¿qué otra fiesta celebras? Explica.
2. ¿Cuáles son las tradiciones navideñas que se celebran en los Estados Unidos? ¿Cuáles son tus tradiciones favoritas? ¿Sabes cuál es el origen de algunas de estas tradiciones?
3. ¿Cuáles son algunas tradiciones navideñas de otros países? ¿Por qué crees que hay tantas maneras de celebrar la misma fiesta? ¿Qué otras fiestas se celebran en muchas partes del mundo? ¿Cómo se celebran en los Estados Unidos y en otros países?

¡Celebremos!

Las fiestas religiosas más importantes en el mundo hispánico durante el año son la Navidad y las Pascuas. En España y en muchos países de Latinoamérica, los niños reciben sus regalos el Día de Reyes, o Epifanía, que se celebra el seis de enero. Se dice a los niños pequeños que los regalos son traídos por los Reyes Magos. Los niños ponen sus zapatos en el balcón y si son buenos, se llenan de dulces. Si son malos, se llenan de carbón°. El turrón y el pavo son típicos en esta época. En la Nochebuena todos van a la Misa del Gallo°. En Puerto Rico los niños ponen cajitas con hierba debajo de sus camitas para dar de comer a los camellos. En Chile se abren los regalos el 25 de diciembre. Se dice que los trae el Viejito Pascuero, que se parece a Santa Claus, pero no anda en trineo. Quizás vaya a pie o tome un taxi. Nadie lo sabe. En Colombia y Venezuela se dice que el Niño Jesús trae los regalos en Nochebuena. Y lo típico en México son las posadas°. Todas las noches a partir del 16 de diciembre, un grupo de personas va de casa en casa con velas encendidas. Cuando llegan a una casa llaman a la puerta. Desde dentro alguien grita que no hay posada. Se canta una canción que dice que es José y que pide albergue° para María porque va a dar a luz al Niño Jesús. Entonces la familia los deja entrar. La Noche Vieja se celebra con champaña, y en muchos países hispanos existe la costumbre de comer una uva con cada una de las doce campanadas del reloj.

Aparte de celebrar los cumpleaños, los hispanos celebran también el día de su santo. Aunque no se celebra tanto como el cumpleaños, aún hay gente que lo celebra dando regalos. En ciertos días del año, se celebran las fiestas populares del día de algunos santos. Por ejemplo, los días de San Jorge y San Juan se celebran de modo especial, con verbenas donde es costumbre que en las fiestas haya fuegos artificiales.

° coal
° Misa... midnight mass
° inns
° shelter

Preguntas acerca de la lectura

1. ¿Cuáles son las fiestas principales en el mundo hispánico? ¿Cuáles son idénticas a las que se celebran en los Estados Unidos? ¿Cuáles son diferentes? ¿Cuáles se celebran en los Estados Unidos y no en el mundo hispánico?
2. ¿Cuáles son las fiestas más apreciadas por los niños? ¿Y por los adultos? Explica.

En tu opinión

1. ¿Hay en tu pueblo o ciudad fiestas, ferias o festivales especiales? ¿Cuáles son? ¿Cómo se celebra la Navidad en tu pueblo? ¿Y el 4 de julio? ¿Y la Noche Vieja? ¿Qué haces a medianoche el 31 de diciembre? Explica.
2. ¿Cuál es tu fiesta favorita? ¿Por qué? ¿Dónde prefieres celebrarla? ¿Y con quién(es)? Cuando eras pequeño(a), ¿cuál era tu fiesta preferida? Explica.

Expansión de vocabulario

EN LA FIESTA
el (la) **aguafiestas** party pooper
animado exciting
el (la) **cantante** singer
convidar to invite
estimulante stimulating, exciting
el **globo** balloon
la **grabadora** tape recorder
hacer una fiesta (festejar) to have a party
la **invitación** invitation
el (la) **invitado(a)** guest
juntarse to get together
picar to snack, to munch
ser pesado to be dull, to be boring

FIESTAS Y FESTIVALES
el **aniversario** anniversary
el **camello** camel
la **Cuaresma** Lent
la **champaña** champagne
el **desfile** parade
la **despedida de soltero(a)** bachelor party (shower)
el **espectáculo** show
la **Navidad** Christmas
la **Noche Vieja** New Year's Eve
la **Nochebuena** Christmas Eve

la **Pascua** Easter
la **procesión** parade
la **quinceañera** girl's fifteenth-birthday party
el **reno** reindeer
los **Reyes Magos** the Three Wise Men
San Nicolás Saint Nick, Santa Claus
el **día del santo** saint's day
el **santo patrón** patron saint
la **tarjeta de Navidad** Christmas card
el **traje típico** typical costume
el **trineo** sleigh
el **turrón** almond candy made usually at Christmas
la **verbena** evening party
el **villancico** Christmas carol

OTRAS PALABRAS Y FRASES
dentro de poco shortly, soon
dicho y hecho no sooner said than done
en aquel entonces at that time
pasado mañana the day after tomorrow
Próspero Año Nuevo Happy New Year
sano y salvo safe and sound

Actividades

A. ¿Qué palabra no pertenece? En cada grupo, escoge la palabra que no está relacionada con las otras y explica por qué.

1. Pascua
   Navidad
   Año Nuevo
   Cuaresma

2. reno
   camello
   trineo
   Polo Norte

3. villancico
   quinceañera
   cumpleaños
   aniversario

4. grabadora
   globo
   invitado
   turrón

1. Año Nuevo
2. camello
3. villancico
4. grabadora

B. Queridos Reyes... Imagínate que eres uno de los Reyes Magos y has recibido cartas de los niños pidiendo regalos. ¿Cómo las contestas?

Unidad ocho

C. Recuerdo...   Cuéntales a tus compañeros el peor (mejor) cumpleaños que has pasado en tu vida y por qué fue así.

EJEMPLO   **Mi mejor cumpleaños fue cuando cumplí (quince) años porque mis (padres, amigos, otros)...**

EXPLORACIÓN

Continuación del repaso del subjuntivo

A. El subjuntivo se usa en una cláusula adjetival, cuando el antecedente es indeterminado o negativo.

Busca un regalo que le vaya a gustar a su novia.	He's looking for a gift that will please his girlfriend.
Quería encontrar una tienda que vendiera pulseras de oro.	She wanted to find a store that sold gold bracelets.
No hay nada que sea mejor que la Navidad.	There is nothing (that is) better than Christmas.

B. El subjuntivo se usa en cláusulas adverbiales con las siguientes conjunciones: **para que, a fin de que, a condición de que, con tal que, a menos que, a no ser que, antes (de) que, de miedo (de) que, en caso de que, sin que.**

También se usa el subjuntivo con conjunciones que indican una acción futura o una condición aún no realizada, y con conjunciones que expresan duda, incertidumbre o propósito.

Iré a la fiesta con tal que (a condición [de] que) ella me haya invitado.	I will go to the party provided (on the condition that) she has invited me.
Estaré lista para cuando tú me recojas.	I'll be ready by the time you pick me up.
Aunque llueva, la procesión seguirá.	Although it may rain, the parade will continue.
Levántame de modo que pueda ver el desfile.	Lift me so I can see the parade.
Cualquier cosa que compres les va a gustar.	Anything you buy will please them.
Llámame cuando hayas llegado.	Call me when you have arrived.

C. Se usa el subjuntivo con la expresión **como si**[3] y con la conjunción **si** si es tiempo pasado o si expresa una posibilidad.

Si ella hubiera sabido la fecha, te habría enviado una tarjeta para tu santo.	*If she had known the date, she would have sent you a card for your saint's day.*
Si me dieras tu coche, iría por champaña.	*If you gave (were to give) me your car, I would go for champagne.*
Él celebra como si fuera la Noche Vieja.	*He celebrates as if it were New Year's Eve.*

Actividades

A. La vida no es justa. Los padres de Bernardo nunca hacen lo que él quiere hacer durante las vacaciones navideñas. Lee las frases siguientes a la izquierda y escoge la frase de las que están a la derecha que mejor la complete.

1. El año pasado, quería que mi familia
2. Viven en las montañas donde en la Navidad siempre
3. Pero el año pasado mis padres insistieron en que nosotros
4. Este año prefiero que nosotros
5. No hay nadie en mi escuela que
6. Cuando sea adulto, nunca voy a insistir en que mi familia
7. ¡Vamos a ser democráticos y

a. nieva.
b. vamos a votar!
c. nos quedemos aquí porque hay un concierto al que quiero asistir el 23 de diciembre.
d. haga lo que no quiere hacer.
e. pasara la Navidad en Colorado con mis primos.
f. no vaya a este concierto.
g. nos quedáramos aquí en Chicago.

1. e
2. a
3. g
4. c
5. f
6. d
7. b

B. La Nochebuena. Llena cada espacio con el indicativo o el subjuntivo del verbo entre paréntesis.

1. No conozco a nadie que (haber) ===== visto a Santa Claus a medianoche.
2. Conozco a alguien que (haber) ===== dado de comer a sus renos.
3. Encontré calcetines que (ser) ===== grandísimos para colgar en mi chimenea.
4. No hay nadie que (haber) ===== sido mejor que yo.
5. Quiero comprar galletas que le (gustar) ===== a Santa.
6. Compré un árbol de Navidad que (ser) ===== enorme y muy bonito.
7. No hay nada que (ser) ===== mejor que la torta navideña que prepara mi tía.
8. Cualquier regalo que Santa me (traer) ===== me va a gustar.

1. haya
2. ha
3. son
4. haya
5. gusten
6. es
7. sea
8. traiga

---

[3] Nunca se usa el tiempo presente del subjuntivo después de **si**: **Si me pasas la llave, te abro la puerta**.

C. **Siempre hay un pero.** Termina las frases en una forma lógica, empleando el imperfecto del subjuntivo y el tiempo condicional.

> EJEMPLO No quiero salir ahora, pero si Juan me invitara, saldría con él.

1. No me gusta bailar, pero si...
2. Nunca van al médico, pero si...
3. No maneja bien, pero si...
4. Ayer no tuve dinero, pero si...
5. Anoche no estudió, pero si...
6. No fuimos a la fiesta, pero si...

D. **Observaciones.** Aurelio es un gran observador de la gente. Completa sus observaciones cambiando el verbo entre paréntesis.

1. Ese hombre se comporta como si (tener) ===== miedo.
2. La chica morena sonríe como si (saber) ===== un secreto fantástico.
3. Los hermanos Torres tratan a sus novias como si (ser) ===== reinas.
4. La anfitriona anda como si le (doler) ===== los pies.

1. tuviera
2. supiera
3. fueran
4. dolieran

E. Ahora termina las frases siguientes de una forma original.

1. Ella baila...
2. Ese político habla...
3. Los jóvenes comen...
4. Los músicos tocan...

EXPLORACIÓN

Verbos que expresan obligación

A. **Tener que** + infinitivo
   Deber + infinitivo
   Hay que + infinitivo

¿Por qué tengo que hacerlo yo?	Why do I have to do it?
Hay que ser listo.	One must be clever.
Los padres deben ser comprensivos.	Parents should be understanding.
Hay que contestar cuanto antes.	One must answer as soon as possible.
Había que aprenderlo de memoria.	It was necessary to learn it by heart.
Debes bailar bien si quieres ser primera bailarina en la compañía de ballet.	You must (have to) dance well if you want to be prima ballerina with the ballet company.

B. Para expresar probabilidad o creencia, con frecuencia se usan las expresiones **haber de** y **deber de** con el infinitivo.

Han de llegar muy pronto.	*They are to arrive very soon.*
He de irme ahora mismo.	*I'm supposed to leave right now.*
Debes de bailar bien porque siempre te llevan a las discotecas.	*You must (probably) dance well because they always take you to discotheques.*

Actividades

A. Semana Santa en Sevilla. Antonia es sevillana, pero ahora vive en los Estados Unidos. Sus hijos van a pasar Semana Santa en Sevilla con sus abuelos y ella les da consejos. Cambia las frases a una construcción con **tener que, deber** o **hay que** más el infinitivo.

EJEMPLO Asistan a una corrida de toros.
Tienen que asistir a una corrida de toros.

Answers may vary.
1. Deben
2. Tienen que
3. Deben
4. Hay que
5. Hay que
6. Deben
7. Tienen que

1. Consigan un buen guía en Sevilla.
2. Vayan a misa el Domingo de Resurrección.
3. Sáquenme fotos de las estatuas en las procesiones.
4. Vean las representaciones de la Pasión.
5. Prueben los postres típicos de la región.
6. Busquen el pueblo de su bisabuelo.
7. Visiten a los primos de papá.

B. La Noche Vieja—Cómo pasarla sano y salvo. Completa las frases en una forma original.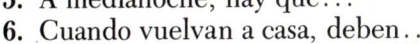

1. Antes de salir, hay que...
2. Al llegar a la fiesta, ustedes deben...
3. Cuando les ofrezcan bebidas, deben...
4. Antes de sentarse a comer, tienen que...
5. A medianoche, hay que...
6. Cuando vuelvan a casa, deben...

Casos especiales

Estudia las palabras siguientes. Son palabras que los estudiantes norteamericanos de español suelen confundir.

1. darse cuenta de — to become aware of, to realize
   realizar — to accomplish, to achieve, to realize (an ambition)

   Se dio cuenta de que había dejado su libro en casa. — He **realized** he had left his book at home.
   Por fin **realicé** mi sueño. — I finally **accomplished** my dream.

2. caliente (cálido, caluroso)   hot (temperature)
   picante   hot (spicy)

   La sopa está demasiado **caliente**. No la comas todavía.   The soup is too **hot**. Don't eat it yet.
   La paella no es muy **picante**.   Paella is not very **spicy**.

3. porque (conjunción)   because, for the reason that
   a causa de (preposición)   because of, on account of
   por (preposición)

   No fui a la reunión **porque** estaba nevando.   I didn't go to the meeting **because** it was snowing.
   No fui a la reunión **a causa de** la nieve.   I didn't go the the meeting **on account of** the snow.
   Se canceló el concierto **por** la nieve.   The concert was cancelled **because of** the snow.

4. trabajar   to work, to labor, to toil
   funcionar   to work, to operate, to function
   andar   to run (a machine), to work, to walk

   Descansa un poco. **Trabajas** demasiado.   Rest a bit. You **work** too much.
   El tocadiscos no **funciona**. Me lo van a arreglar.   The record player doesn't **work**. They are going to fix it for me.
   Mi reloj nuevo **anda** muy bien.   My new watch **runs** very well.

5. perder   to miss (a bus, etc.), to lose
   echar de menos   to miss (a person or thing), to feel a lack of
   extrañar   to miss (a person or thing)
   añorar   to long for

   Si no te das prisa, **perderás** el tren.   If you don't hurry, you'll **miss** the train.
   Echo mucho **de menos** a mi perro Dino.   I **miss** my dog Dino a lot.
   Te **extraño**.   I **miss** you.
   Añoro mi país natal.   I **long for** my native land.

6. la cita   date, appointment
   la fecha   date (day, month, year)

   Tiene una **cita** con Luis esta noche.   She has a **date** with Luis tonight.
   ¿Cuál es la **fecha** de hoy?   What is today's **date**?

Actividades

A. Decisiones. Escoge la palabra apropiada según el contexto.

1. No (me di cuenta de, realicé) la hora. ¿Es la una ya?
2. Sara (se dio cuenta de, realizó) sus sueños de viajar por Europa a caballo.
3. Prueba los tacos. No son nada (picantes, calientes).
4. No vaya descalzo porque la arena está (caliente, picante).
5. No fueron a la fiesta (porque, a causa de) la lluvia.
6. Juan llegó tarde (porque, a causa de) su coche no (trabaja, funciona) bien.
7. Miguel (funciona, trabaja) tanto (por, porque) necesidad.
8. Tuve una (fecha, cita) a las ocho con el dentista, pero (extrañé, perdí) el autobús y cuando por fin llegué a su oficina, (realicé, me di cuenta de) que me había equivocado.
9. Cielito, te (pierdo, echo de menos). Vuelve pronto.

1. me di cuenta de
2. realizó
3. picantes
4. caliente
5. a causa de
6. porque / funciona
7. trabaja / por
8. cita / perdí / me di cuenta de
9. echo de menos

B. Un día horrible. Lee el párrafo siguiente y llena los espacios con las formas apropiadas de las palabras de esta lista.

realizar	caliente	trabajar	andar	perder
añorar	porque	darse cuenta de	picante	a causa de
cita	funcionar	echar de menos	fecha	por

Ayer fue un día horrible. Salí de casa a las seis y media para ir a la oficina donde __1__ todos los días. Cuando manejaba en la carretera, __2__ de que no tenía unos papeles muy importantes. Regresé a casa y llegué tarde a la oficina __3__ un policía me detuvo por manejar demasiado rápido. Al mediodía tuve __4__ con un cliente. Fuimos a un restaurante y el plato que pedí estuvo muy picante. Empecé a toser y la garganta todavía me duele. Al regresar a la oficina descubrí que mi máquina de escribir no __5__. Iba a llorar cuando vi el calendario y me fijé en la __6__ —viernes, el trece. ¡Decidí regresar a casa inmediatamente!

1. trabajo
2. me di cuenta
3. porque
4. una cita
5. funcionaba
6. fecha

CULTURA E IDIOMA

ASÍ SE DICE

Los sabios dicen…

A. Por muchos años se han usado los refranes o proverbios para transmitir la sabiduría popular. Los refranes son parte integral de la tradición oral de las sociedades. Se pueden traducir algunos refranes de un idioma a otro: sin embargo, otros refranes no quieren decir lo mismo y dan una idea diferente cuando se traducen. La lista siguiente da una traducción literal de algunos proverbios muy conocidos en el mundo hispánico. ¿Puedes pensar en un refrán equivalente en inglés para cada uno?

1. No hay mejor espejo que los ojos ajenos.
   There is no better mirror than another's eyes.
2. Mono de seda, mono se queda.
   A silk monkey is still a monkey.
3. Al que madruga, Dios le ayuda.
   God helps the early riser.
4. En boca cerrada no entran moscas.
   Closed mouths don't catch flies.
5. Dime con quién andas, y te diré quién eres.
   Tell me the company you keep, and I'll tell you who you are.
6. El amor y la fe en las obras se ve.
   Love and faith are seen in works (deeds).
7. Más se acierta en el callar que en el hablar.
   Being quiet is wiser than speaking.
8. Quien todo lo quiere, todo lo pierde.
   He who wants it all, loses it all.
9. Libro cerrado no saca letrado.
   A closed book doesn't make a scholar.
10. Caras vemos, corazones no sabemos.
    Faces we see, hearts we can't know.
11. De tal palo, tal astilla.
    From such a pole (tree), such chips.
12. Del dicho al hecho hay gran trecho.
    It's a long way from the word to the deed.
13. Adonde fueres, haz lo que vieres.
    Wherever you may go, do what you see.
14. No es oro todo lo que brilla.
    All is not gold that glitters.
15. Ver es creer.
    Seeing is believing.
16. Al hierro caliente batir de repente.
    Strike the hot iron quickly.
17. Antes que te cases, mira lo que haces.
    Before you marry, think (about) what you're doing.
18. Más vale pájaro en mano que cien volando.
    A bird in the hand is worth more than a hundred on the wing.
19. Más enseñan los desengaños que los años.
    Disappointments teach more than years.
20. Hablando del rey de Roma y aquí se asoma.
    Speak of the king of Rome and here he is.
21. Mientras en mi casa estoy, rey soy.
    While I am in my home, I am king.

Actividades

A. **Refranes.** Busca de la lista un refrán español equivalente.

1. Look before you leap.
2. Like father, like son.
3. All that glitters is not gold.
4. A bird in the hand is worth two in the bush.

See Teacher's Guide for answers.

5. Silence is golden.
6. You can't tell a book by its cover.
7. When in Rome, do as the Romans do.
8. Early to bed, early to rise, makes a man healthy, wealthy, and wise.
9. Speak of the devil....
10. A man is known by the company he keeps.
11. You can't make a silk purse out of a sow's ear.
12. Strike while the iron is hot.

B. **Más refranes.** Busca un refrán apropiado para las siguientes situaciones.

See Teacher's Guide for answers.

1. Un niño no quiere levantarse por la mañana. Su papá le dice...
2. Una alumna no quiere estudiar. Su profesor le dice...
3. La hija de los vecinos es una matemática brillante como su papá. Tú le dices...
4. Entras a un restaurante japonés y ves que todos se quitan los zapatos. Te quitas los zapatos y dices...
5. Una agencia de viajes le ofrece a una pareja un viaje gratis a París. Sus amigos le dicen...
6. Un compañero sufre un desastre económico cuando invierte su dinero. Le dices...
7. Una jefa le promete a un empleado un aumento de sueldo. El empleado le dice...
8. El novio de una muchacha le propone matrimonio. Su mamá le dice...

Expresiones de simpatía

A. Hay varias maneras para felicitar a una persona en español.

¡Felicitaciones! ¡Te (Lo, La) felicito! ¡Enhorabuena!	*Congratulations!*
¡Felicidades!	*Much happiness!*

B. Hay unas frases especiales que se usan en ciertas fiestas.

¡Feliz cumpleaños! ¡Que lo cumplas feliz!	*Happy birthday!*
¡Que viva el (la) santo(a)!	*Long live the saint!* (greeting or cheer on a person's saint's day)
¡Feliz Navidad!	*Merry Christmas!*
¡Próspero Año Nuevo!	*Happy New Year!*
¡Felices Pascuas!	*Happy Holidays!* (often used at Christmas and Easter).

C. Para hacer un brindis puedes decir.

¡Salud!	*Cheers!*
Salud, dinero y amor, ¡y el tiempo para disfrutarlos!	*Health, money, and love, and the time to enjoy them!*
Vamos a brindar…	*Let's toast….*

D. Desafortunadamente también hay ocasiones tristes en la vida. Para expresar el sentido pésame a alguien, puedes usar alguna de las siguientes expresiones.

Mi más sincero pésame.	
La (Lo) acompaño en sus sentimientos.	*I'm so sorry; my condolences.*
Mis profundos sentimientos.	

Que en paz descanse.	*May he (she) rest in peace.*
Se hizo la voluntad de Dios.	*It was God's will.*
¡Qué tragedia!	*What a tragedy!*

¡Ay, Dios! (¡Dios mío!)	*Dear God! (My God!)*
¡Ave María purísima!	*My goodness!*

E. Las referencias a los santos y a un ser sobrenatural son más comunes y más aceptadas en el español común y ordinario que en inglés. Muchas de las expresiones comunes (aunque un poco anticuadas) contienen referencias religiosas. Puedes usar las siguientes expresiones.

pobre como un cura	*poor as a church mouse*
No está muy católico(a).	*He's (She's) not feeling well.*
Se me fue el santo al cielo.	*I lost my train of thought.*
en un santiamén	*in a twinkling (in a flash)*
en el quinto infierno	*out in the sticks*
desnudar un santo para vestir a otro	*to rob Peter to pay Paul*
cada muerte de obispo	*once in a blue moon*
si Dios quiere	*God willing*

Actividades

A. ¿Qué significan? Da una explicación en español de las siguientes expresiones coloquiales.

1. No está muy católico(a).
2. Se me fue el santo al cielo.
3. Lo hizo en un santiamén.
4. Es pobre como un cura.
5. Ocurre cada muerte de obispo.
6. Vive en el quinto infierno.

1. Una persona que no se siente muy bien de salud.
2. Una persona que se le olvidó lo que estaba diciendo.
3. Lo hizo muy pronto.
4. Una persona que no tiene mucho dinero.
5. Cuando no es muy común.
6. Cuando una persona vive muy lejos.

B. En Noche Vieja. Escribe un breve diálogo entre dos novios el 31 de diciembre (la Noche Vieja). Emplea las expresiones de "Así se dice" (en la Unidad 7) además de las de esta lección.

Situaciones

A. La expresión apropiada. En las siguientes situaciones varias personas describen lo que les pasa. ¿Cómo describen ellos(as) estas situaciones? Con otros(as) de tus compañeros(as), hagan el papel de las diferentes personas y contesten de una manera apropiada.

1. Tu vecino ganó un gran premio en Año Nuevo y te cuenta acerca de su experiencia.
2. Vas a casa de tus tíos el 25 de diciembre y ellos te dicen lo que recibieron de regalo de cada miembro de la familia.
3. Tu compañera de estudio te dice que va a casarse con un muchacho del Canadá a quien conoció en una fiesta recientemente.
4. Vas a darle el pésame a una vecina cuyo esposo murió ayer repentinamente de un ataque al corazón.
5. Tu amigo ganó un premio literario por los poemas que escribió y te cuenta lo que dicen de él los periódicos locales.
6. Acabas de escuchar las noticias del terremoto en Los Ángeles y tu hermana te llama a contarte detalles de lo que le pasó a ella.

Answers may vary.
1. ¡Felicitaciones!
2. ¡Feliz Navidad!
3. ¡Felicidades!
4. Mi más sentido pésame.
5. ¡Felicitaciones! ¡Enhorabuena!
6. ¡Dios mío!

LECTURA

Para comenzar

¿Qué significan para ti las siguientes palabras? Compara tus definiciones con las de tus compañeros.

1. gitana
2. novela
3. *Don Quijote*
4. danza
5. caballero
6. galán
7. campamento
8. tienda
9. espada

Miguel de Cervantes

Miguel de Cervantes y Saavedra nació en Alcalá de Henares en 1547 y murió en Madrid en 1616. Tuvo una larga y variada carrera como soldado y ayudante de un cardenal y estuvo preso por los moros, antes de publicar la obra maestra en español, *Don Quijote*, un libro que fue traducido casi de inmediato a todas las lenguas europeas. Como novela de la humanidad entera, *El Quijote* pone a Cervantes entre los más grandes escritores de todos los tiempos. Otras de las novelas más populares de Cervantes son sus *Novelas ejemplares*. Una de éstas, *La gitanilla*, deja ver el genio de Cervantes en una novela llena de intriga, amor y aventura. Aquí tienes una adaptación de esta novela, con un final sorprendente.

La gitanilla

Preciosa
Un viernes entró en Madrid un corro° de gitanas° bailando seguidillas° y cantando romances° al son° de castañuelas° y sonajas°.

Una gitana vieja acompañaba a las gitanas para pedir limosnas° mientras bailaban y cantaban las jóvenes. Entre las gitanillas había una de quince años de edad—nieta de la vieja, según ésta decía—y a quien todos llamaban Preciosa.

La danza, la gracia y la belleza de Preciosa llamaron la atención de cuantos pasaban por allí. Y cuando ella cantó, todos la alabaron°.

El paje-poeta
Salió del grupo de mirones°, que ahora tenía más de doscientas personas, un paje° muy galán° que dio a Preciosa un papel doblado y le dijo:

—Toma, Preciosa, este romance que he compuesto para ti. Aunque estoy vestido de paje, soy poeta también; y si mis versos te gustan, te daré mis romances más lindos.

—Con mucho gusto cantaré yo sus romances, señor poeta —contestó la gitanilla, aceptando el papel.

El papel se desdobló y cayó de él una moneda de oro. Preciosa quiso devolver la moneda al paje-poeta, pero éste ya había desaparecido.

El galán
El viernes siguiente las gitanas volvían a Madrid cuando les salió al encuentro un galán caballero.

El caballero llevaba espada y daga con las empuñaduras° cubiertas de oro y plata y piedras preciosas. Su traje era de terciopelo° carmesí° con galones° de plata, y su sombrero se adornaba con rico cintillo° de diamantes y plumas de diversos colores.

El galán se acercó a la gitana vieja y, sombrero en mano, le dijo con mucha cortesía:

—Señora, yo quisiera hablar aparte con Vd. y su nieta Preciosa.

—Diga Vd. cuanto quiera —contestó la vieja.

La prueba
La abuela y Preciosa se apartaron de las otras gitanas y el galán caballero les dijo:

—Vi a Preciosa el viernes pasado en Madrid y me enamoré de ella. Soy noble caballero. Mi nombre es don Juan de Cárcamo y soy hijo del ilustre Conde de Cárcamo. El título y la fortuna de mi padre serán un día para mí, y quiero ponerlos con mi amor a los pies de Preciosa.

Preciosa le respondió:

—Sé que no es lo corriente° que un noble señor se case con una gitanilla. Y porque así lo sé, tengo que declararle a Vd. que no entregaré mi amor sino al que se case conmigo.

group / gypsies / Spanish dances / ballads / accompaniment / castanets / timbrels / alms

la... praised her

onlookers, spectators
page / gallant

sword hilts
velvet / red / braids
ribbon, band

lo... usual

Unidad ocho

—Ésa es mi intención, Preciosa —dijo el galán—. Si quieres probar la lealtad de mi amor, ponme una prueba.

—Acepto —dijo la gitanilla—. Pero, primeramente, voy a enterarme si Vd. es hijo de conde. Si es verdad, Vd. tendrá que dejar el palacio de sus padres para convertirse en gitano por dos años, con el nombre de Andrés Caballero.

El caballero respondió:

—Dame ocho días para arreglar mis asuntos y despedirme de mis padres, a quienes diré que marcho a pelear en Flandes, y volveré aquí dispuesto a no separarme nunca más de tu lado y a convertirme en el gitano Andrés Caballero.

Entonces don Juan montó su caballo que estaba cerca y volvió a Madrid.

El paje otra vez

Cuando las gitanas llegaron a la capital se toparon con° aquel paje que había dado a Preciosa el romance y la moneda de oro. Preciosa aceptó de él otro romance después de devolverle una moneda de oro escondida en el papel.

El paje le dio a Preciosa las señas° del palacio del Conde de Cárcamo y las gitanas fueron allí.

Llegando ante el palacio, Preciosa cantó con su voz de perlas un romance. Se asomó° al balcón un caballero anciano con la cruz de Calatrava en el pecho, que Preciosa reconoció ser—por las señas que el paje le había dado—el Conde de Cárcamo.

—¡Subid, niñas, que aquí os darán limosna! —les gritó el anciano.

Las gitanas subieron al palacio.

se... encountered by accident

addresses

se... looked out

En casa del galán

Al entrar las gitanillas en el salón del palacio del Conde de Cárcamo, el Conde decía a su hijo y a varios huéspedes:

—Ésta debe ser la hermosa gitanilla que dicen anda cantando y bailando por Madrid.

—Ella es —replicó don Juan—, y sin duda es la muchacha más hermosa que se ha visto en la ciudad.

—Eso dicen algunos —replicó Preciosa, que entraba en aquel momento—, pero sin duda se engañan.

—Por vida de mi hijo don Juanito —dijo el anciano—, que aún eres más bella de lo que dicen, linda gitana.

—¿Y quién es su hijo don Juanito? —preguntó Preciosa.

—Ese galán que está a tu lado —respondió el anciano caballero.

—En verdad —dijo Preciosa con mucha gracia— pensé que Vd. hablaba de un niño de dos años. Este don Juanito pudiera estar ya casado y no tardará tres años en estarlo, si no cambia de gusto, y si no mienten ciertas rayas que le observo en la frente.

El galán se pone celoso

Las gitanas empezaron a bailar en el salón y Preciosa bailó con sus pies de hada° aquella seguidilla de que ya se hablaba por todo Madrid.

con... gracefully

Sucedió que, en la ligereza de las vueltas y revueltas, se le cayó del pecho aquel papel que momentos antes le diera el paje enamorado.

Don Juan cogió el papel del suelo y leyó en voz alta los primeros versos, que eran muy amorosos.

—¡Por Dios —dijeron todos—, tiene donaire° el poeta que lo escribió!   elegance

Pero don Juan no leyó más. El galán era celosito°, y al leer tan amorosas   very jealous
palabras, y al pensar que Preciosa pudiera tener otro amor, perdió el
color, y casi se desmayó°. No recobró el color hasta que Preciosa le aseguró   se... fainted
en voz baja que ella no tenía otro amor.

El anciano Conde regaló mucho dinero a las gitanas y éstas se fueron a su campamento.

Don Juan va al campamento de los gitanos

Ocho días pasaron y en el punto y hora prometidos reapareció el galán ante Preciosa y su abuela que estaban esperándole.

Le condujeron a su campamento, y allí le dieron ropa con que pudiera vestirse a lo gitano. Después le llevaron a donde ya le esperaba toda la gitanería, y le presentaron, con el nombre de Andrés Caballero, a los que habían de ser sus compañeros.

Andrés celoso de nuevo

Los gitanos celebraron la entrada de su nuevo compañero con una fiesta y las extrañas ceremonias acostumbradas en tal caso.

Andrés (que así se llamaba desde ahora en adelante), repartió dinero entre los gitanos. También se repartieron muchas confituras y golosinas a que los gitanos son muy aficionados. Entre seguidillas y romances y alabanzas a Preciosa y a Andrés, duró la fiesta hasta bien entrada la noche.

Andrés seguía la ley de los gitanos y en todo se acomodaba a sus costumbres; lo único que de él no podían conseguir era que fuera con ellos a robar.

Por ciudades y aldeas, por valles y montañas, hoy en lugares de fiesta, mañana en abruptos parajes°, seguía la caravana de los gitanos, libre de   abruptos... rugged places
cuidados.

Y cada día la gitanilla correspondía con más agrado a las finezas° de   kindness
Andrés, y éste, cada vez más enamorado de su Preciosa, se mostraba más alegre a medida que se alejaban de Madrid; pues disminuía en él el temor de que el Conde, su padre, pudiera descubrir su engaño y su aventura.

Una noche, en los montes de Toledo, se oyeron unos grandes gritos y un furioso ladrar° de los perros que guardaban el campamento. Salieron   barking
algunos gitanos, Andrés entre ellos, a ver lo que ocurría, y vieron a la luz de la luna a un hombre mozo°, de gentil rostro y talle, vestido todo de   young
blanco como en traza° de molinero°, y a quien dos perros tenían fuerte-   appearance / miller
mente asido° de una pierna.   seized

Los gitanos ahuyentaron° a los perros y llevaron al mozo al campa-   chased away
mento, pues los perros le habían puesto en tal estado que no podía andar.

Le pusieron en la tienda de Andrés, donde las gitanas le lavaron las heridas y se las vendaron. Y mientras le curaban, el mozo no apartaba los ojos de Preciosa, ni Preciosa los suyos de él, lo que daba al celoso Andrés bastante que pensar.

Al salir de la tienda, la gitanilla dijo a Andrés que el mozo era el paje que había escrito el romance que se le cayó cuando ella bailaba en casa del Conde.

—Lo que no comprendo —dijo Preciosa— es la causa de este traje de molinero y de este encuentro.

—Por tu amor se habrá convertido de paje en molinero, como yo me convertí de caballero en gitano —replicó Andrés.

—Ay, celosito, mi amor es para uno solo, a la vez gitano y caballero —respondió Preciosa—. No nos preocupemos más de las intenciones del señor paje, poeta, y molinero, porque él nos las dirá algún día sin que se las preguntemos.

Y aquí acabó la plática de los enamorados, pero no los celos de Andrés.

La historia de Clemente

No tardó Clemente—que así se llamaba el paje, nuestro antiguo conocido—en curar de todas sus heridas. Pero quedó tan agradecido de los cuidados de las gitanillas y se hallaba tan a gusto entre los gitanos, que decidió quedarse algún tiempo con ellos, haciendo su misma vida y siguiendo su misma ley, aunque—como Andrés y Preciosa—absteniéndose° de robar y demás fechorías°.

Los gitanos querían a Clemente porque llevaba bien provista la bolsa y no cesaba de obsequiar a los gitanos y a las gitanillas, y era rumboso° y galán. Componía lindos versos que Preciosa cantaba y Andrés acompañaba cumplidamente con la guitarra.

Andrés, Preciosa, y Clemente llegaron a ser muy buenos amigos; tan amigos, que un día Clemente, por disipar° los recelos° de Andrés, decidió contarles su historia. Y dijo así:

—Habéis de saber° que lo que os hizo encontrarme° de noche, en este traje, a pie, y mordido de perros, no fue amor, sino desgracia mía.

Aquí dio Andrés un suspiro de satisfacción. Y Clemente continuó:

—Yo servía en Madrid en casa de un noble señor, y era allí tan querido y favorecido de todos que más parecía hijo que criado.

El único hijo de este gran señor era en la edad igual a mí y me trataba con amistad y cariño.

Sucedió que este caballero se enamoró tan perdidamente de una hermosa doncella° que nos pasábamos día y noche rondando sus ventanas, aunque rara vez lográbamos verla, pues su padre se oponía a estos amores.

Una noche, pasando los dos por la puerta de la dama, vimos arrimados° a ella dos caballeros embozados° en sus capas, que mi amo intentó reconocer.

Los dos desconocidos echaron mano° con mucha ligereza a las espadas y se vinieron a nosotros. Al vernos atacados, nos acometimos° con nuestras espadas. Tanto fue nuestro brío° para defendernos que a los pocos momentos quedaron allí mal heridos nuestros adversarios.

° refraining from / misdeeds

° ostentatious

° dispel / suspicions

Habéis... I want you to know / **lo...** what made you find me

° young woman, maiden

° near to
° covered, concealed
echaron... drew
nos... we attacked
° determination

A la mañana siguiente se supo que los dos desconocidos eran dos caballeros muy poderosos, protegidos del rey, y como sus heridas eran graves, la justicia buscó a mi amo y a mí por toda la ciudad.

Mi amo se ocultó en un monasterio y en hábito de fraile pasó a Portugal. Yo tomé para escapar el disfraz de molinero. Ya veis que fue desgracia y no amor lo que aquí me trajo.

La venganza de una mujer enamorada

Un día los gitanos partieron con dirección a Murcia, deteniéndose en una aldea cerca de esta ciudad. Pensaban permanecer allí muy poco tiempo y Preciosa, su abuela, otras dos gitanillas, el gitano jefe, Clemente, y Andrés fueron a alojarse° en el único mesón de la aldea.

Era dueña de este mesón una rica viuda, la cual tenía una hija de diez y ocho años llamada Juana Carducha, medianamente hermosa, pero más que medianamente entremetida° y desenvuelta°.

Sucedió que esta Juana Carducha se enamoró de Andrés y determinó casarse con él. Así le dijo:

—Andrés, yo soy rica doncella, pues soy hija única; y de mi madre son este mesón y otras dos casas más y muchas viñas y olivares, y también muchas joyas y dineros. Pues todo esto será tuyo si tú quieres tomarme por esposa.

—Doncellita —replicó Andrés—, yo agradezco que te hayas fijado en mi humilde persona°, pero no puedo aceptar tu amor ni esa vida de príncipe que me ofreces. Porque has de saber que los gitanos no nos casamos sino con gitanas, y yo estoy prometido a una, la más bella de España y del mundo entero, a la que no dejaría por todos los tesoros de las Indias.

La Carducha casi cayó muerta al oír la desabrida° respuesta de Andrés. ¿Cómo pudo ella imaginar que así la despreciara° un gitano miserable? ¡A ella, la más rica doncella de la aldea! Soltó improperios° e insultos, y juró vengarse.

A instancias de Andrés los gitanos hicieron preparativos para salir de la aldea aquella misma noche.

Mas nada podía detener a la Carducha en su proyecto de venganza. Tomando unos pendientes° de corales y un collar, en el momento de marchar los gitanos, lo escondió todo en el fardo° de Andrés. Entonces se puso en la puerta, gritando que los gitanos le habían robado sus mejores joyas.

A tales voces se reunió toda la aldea. La justicia llegó y halló las joyas en el fardo de Andrés.

En esto un bizarro° soldado se destacó del grupo de mirones, insultó a Andrés, y le dio un tremendo bofetón°.

Andrés arremetió° al soldado, le arrancó° su propia espada de la vaina°, y le mató.

Hubo una confusión horrible. Preciosa se desmayó. Clemente ya había salido de la aldea con los bagajes, y la mayor parte de los gitanos había huido ante la justicia. La justicia sujetó° fuertemente a Andrés con dos gruesas cadenas° y le condujo a Murcia para juzgarle° allí.

° spend the night

° meddling / brazen

fijado... noticed such an humble person as me

° sharp
° scorn
° insults

° earrings
° pack, saddlebag

° brave (*used ironically*)
° blow
° attacked / drew / scabbard

° restrained
° chains / judge him

Con Andrés fueron Preciosa, su abuela, y otros gitanos detenidos para dar fe como testigos.

En casa del corregidor

Cuando los presos llegaron a Murcia todo el pueblo salió a verlos, y atrajo la atención de todos la sin par belleza de Preciosa.

La nueva° de su belleza y las alabanzas de su persona llegaron a oídos de la señora corregidora°, y no sabemos qué súplica le haría esta señora a su marido (que él era quien tenía que juzgar a los presos°), pero lo cierto fue que, mientras los otros gitanos fueron conducidos a la cárcel, y Andrés encerrado en obscuro calabozo° y cargado de grillos° y cadenas, Preciosa con su abuela fue llevada a casa del señor corregidor.

news
magistrate's wife
prisoners

jail / fetters

Era esta casa un espléndido palacio y en el más lujoso de sus salones doña Guiomar de Meneses, la señora corregidora, en compañía de otras nobles damas, aguardaba la llegada de la linda gitanilla. En cuanto la vio llegar, dijo a sus amigas:

—¡Con razón la alaban° de hermosa!

praise

Y acercándose a ella, la abrazó tiernamente, y no se cansaba de mirarla. Preguntó a su abuela qué edad tendría aquella niña.

—Quince años, señora —respondió la gitana—, dos meses más o menos.

—¡Ay, amigas! ¡Qué vivamente me recuerda mi desventura la vista de esta niña! Que° esa edad tendría ahora mi adorada Constanza, la hija que me robaron en Madrid hace años —dijo doña Guiomar, suspirando.

Because...

Preciosa, que sólo podía pensar en la gran desventura de Andrés, y derramando abundantes lágrimas°, suplicó a la corregidora:

derramando... shedding copious tears

—¡Por Dios, señora, diga Vd. al señor corregidor que el gitano que está preso no tiene culpa, porque fue provocado; que le llamaron ladrón y le dieron un bofetón, siendo él inocente! ¡Diga al señor corregidor que no le castigue°, sino que haga justicia!

punish

En esto entró en el salón el corregidor y Preciosa se echó a los pies del caballero y siguió implorando.

En tanto° la vieja gitana abuela de Preciosa dijo:

meanwhile

—Señores, espérenme y verán cómo, aunque me cueste la vida, todos esos llantos van a convertirse pronto en risas.

La vieja salió del salón y volvió pronto, llevando un cofrecillo° antiguo, y pidió a los corregidores que pasaran con ella a otra habitación, pues deseaba hablarles en secreto.

small chest

Allí la gitana sacó del cofrecillo un collarcillo y unos pendientes de menudas perlas, y los puso en manos del corregidor.

La verdad se descubre

La vieja gitana también dio al corregidor un papel doblado en el cual el caballero leyó lo que sigue:

"Estas joyas que en este cofrecito están guardadas, traíalas puestas cuando yo la robé a la niña Constanza de Acevedo y Meneses, hija de doña Guiomar de Meneses y de don Fernando de Acevedo, caballero del hábito de Calatrava. Hícela desaparecer de su casa de Madrid a las ocho de la mañana del día de la Ascensión del Señor, en el año mil quinientos noventa y cinco."

La corregidora casi se volvió loca. Corrió a Preciosa y halló en su cuello un lunarcito° que de nacimiento tenía su Constanza. Pues buscó y halló en el pie derecho un poquito de carne con que se unían los dos últimos dedos.

Estas señales unidas al testimonio de la vieja y las joyas confirmaron a los corregidores de un modo indudable que la gitanilla Preciosa era su hija Constanza.

En el regocijo° general Preciosa les dijo a sus padres el nombre verdadero de Andrés y les contó la historia que nosotros ya sabemos. Resultó que el padre de don Juan y el corregidor eran muy amigos.

El corregidor perdonó a la vieja gitana y consintió que su hija se casase con don Juan. Pero antes del casamiento quiso asustar a don Juan en castigo al engaño usado con sus padres. Así, entró en el calabozo del caballero y le dijo:

—Esta noche te sacarán de aquí y te llevarán a mi casa, donde te casarán con tu Preciosa, y mañana, a mediodía, estarás en la horca°.

A las diez de la noche, con una gran cadena que le ceñía° todo el cuerpo, le condujeron a casa del corregidor. Después de poco le quitaron la cadena a don Juan, y le dijeron quién era Preciosa y que podía casarse con ella cuando los Condes de Cárcamo—ya avisados—llegasen a Murcia.

La Carducha fue encarcelada° hasta que confesó su mentira, y después perdonada por la generosidad de los dos enamorados. La única tristeza vino cuando supieron° que su amigo Clemente había embarcado para Italia.

Los padres de don Juan no tardaron en llegar a Murcia. Las bodas fueron como correspondían a personas de tanta calidad, y las fiestas duraron más de veinte días. Las celebraron los más altos poetas, y aunque nuestros dos enamorados, rodeados de dichas y riquezas, alcanzaron una larga vida y murieron ya hace muchos años, la fama de su amor y de la belleza y gracias de Preciosa la gitanilla durará mientras los siglos duren.

° small mole

° happiness

° gallows
° encircled

° jailed
° they found out

Según la lectura

1. ¿Por qué le dio el autor a la historia el nombre de *La gitanilla*?
2. ¿Qué cosa hacía Preciosa, que le dio tanta fama a su nombre?
3. ¿Qué condiciones le puso Preciosa a su enamorado para aceptarlo como esposo?
4. ¿Qué edad tiene Preciosa en esta historia?
5. ¿A qué se dedicaban los gitanos?
6. ¿Dónde sucede la historia de *La gitanilla*?

En tu opinión

1. ¿Qué mensaje interesante hay en esta historia? ¿Por qué?
2. Basándote en la historia, ¿podrías señalar tres cosas en que las costumbres de ese tiempo eran diferentes de las de hoy?
3. ¿Hay grupos de gente que viven hoy en los Estados Unidos de un modo parecido al de los gitanos? ¿Quiénes?
4. ¿Podría Andrés haber hecho otra cosa en vez de matar a su atacante? ¿Qué podría haber hecho?
5. ¿Qué otro final podrías proponer tú para *La gitanilla*?

COMPOSICIÓN

A. **¿Quiénes son?** En un papel escribe todo lo que sepas de las siguientes personas e indica la relación que tienen con los demás.

doña Guiomar de Meneses
Andrés Caballero
el paje-poeta
Preciosa
Juana Carducha
Miguel de Cervantes y Saavedra
Juan de Cárcamo
la Gitanilla
Clemente
Constanza
don Fernando de Acevedo
la vieja gitana
el Conde de Cárcamo

B. Escribe un párrafo describiendo las celebraciones de cumpleaños ideales para:

1. un niño de diez años
2. un adolescente
3. tú ahora
4. un anciano que acaba de cumplir noventa años
5. tu perro

Y en resumen

A. **¿Verdadero o falso?** Si la respuesta es falsa, explica y corrige la equivocación.

1. Andrés Caballero es un gitano enamorado de Preciosa.
2. Preciosa es en realidad hija de G. de Meneses y de F. de Acevedo.
3. El Conde de Cárcamo cree que su hijo va a ir a pelear en Flandes.
4. Preciosa tiene 18 años.
5. Juan le da una moneda de oro a Preciosa.
6. Preciosa bailaba y cantaba muy bien.
7. Encarcelaron a Clemente por robar las joyas de Juana Carducha.

1. F / Andrés Caballero es el nombre que Juan de Cárcamo usa como gitano.
4. F / 15 años. Juana Carducha tiene 18.
5. F / El paje (Clemente) se la da.
7. F / Encarcelaron a Andrés Caballero (Juan de Cárcamo).

B. **Reacciones.** Imagínate que has estado en algunas situaciones en que otras personas te han hecho las siguientes preguntas. Contéstalas usando la construcción **al** + el infinitivo.

EJEMPLO ¿Qué pediste cuando saliste del cementerio?
Al salir del cementerio pedí un pañuelo.

1. ¿Qué hiciste cuando supiste lo del accidente?
2. ¿Qué dijiste cuando oíste el elogio?
3. ¿Qué viste cuando entraste a la iglesia?
4. ¿Qué gritaste cuando te caíste en el hielo?
5. ¿Qué dijiste cuando viste al fantasma?
6. ¿Qué preguntaste cuando conociste al Papa?

C. **Traducciones.** Da la mejor traducción a las frases siguientes.

1. It is difficult for us to accept his death.
2. The moment we saw each other we began to cry.
3. I heard the choir sing.
4. She goes around talking about her problems.
5. They let him see the tomb.
6. They greet each other every Sunday at church.
7. By visiting the mosque, we learned a lot about the Moors.

D. **Conversemos.** Contesta las preguntas siguientes.

1. ¿Qué figuras o símbolos se usan para representar la muerte en la literatura? ¿En las películas? ¿Por qué han escogido tales imágenes?
2. ¿Qué cosas hacemos con los amigos que han perdido a un ser querido?
3. ¿Temes la muerte? ¿Por qué?

E. **Remordimientos.** La fiesta fue un fracaso total. ¿Qué opinan los anfitriones? Usa el subjuntivo para terminar las frases siguientes.

1. Si hubiéramos...
2. Ojalá...
3. Antes de que...
4. La próxima vez buscaremos un músico que...
5. Si yo pudiera...
6. Los invitados se portaron como si...
7. A menos que yo...
8. Habría sido mejor si...

F. **Costumbres.** Explica el significado de las siguientes fiestas para la gente indicada. Describe también las tradiciones relacionadas con cada una. Emplea frases con **hay que, tener que** y **deber**.

1. el Día de Acción de Gracias para los peregrinos de Massachusetts
2. la celebración del 4 de julio para George Washington
3. la celebración de Navidad para muchos niños
4. el 12 de octubre para Cristóbal Colón

G. **Minidrama.** Con un(a) compañero(a), escriban un diálogo en el cual tú le explicas a tu sobrino(a) el mito de Santa Claus y las costumbres relacionadas con él. Entonces tu sobrino(a) te hará muchas preguntas.

---

1. Al saber lo del accidente...
2. Al oír el elogio dije...
3. Al entrar a la iglesia vi...
4. Al caerme en el hielo grité...
5. Al ver al fantasma dije...
6. Al conocer al Papa pregunté...

1. Nos es difícil aceptar su muerte.
2. Al momento que nos vimos, nos pusimos a llorar.
3. Oí al coro cantar.
4. Ella anda hablando de sus problemas.
5. Le dejaron ver la tumba.
6. Se saludan todos los domingos en la iglesia.
7. Al visitar la mezquita, aprendimos mucho de los moros.

1. la cruz, calavera, una rosa negra / Answers will vary.
2. llevarles comida, ayudar con los quehaceres de la casa
3. Answers will vary.

CONTEXTOS CULTURALES

Después de pasar un semestre en Maracaibo, Venezuela, el grupo de ocho estudiantes del profesor Stuart Rosenberg se prepara para regresar a casa o para viajar a otros países latinoamericanos.

un... your humble servant

Estimado maestro,

Este sábado salimos de regreso de Maracaibo para los Estados Unidos Pat, Liz y un servidor°. Voy a extrañar la alegría de los latinos y una de las cosas que más me gustaron: el horario de trabajo. En la mañana se trabaja de las 8:30 a las 2:00 de la tarde. Es un poco largo pero da tiempo de hacer muchas cosas. De las 2:00 a las 4:00 de la tarde la gente va a comer a sus casas. En la tarde de las 4:00 a las 7:00 uno acaba lo más urgente y prepara el trabajo para el día siguiente. Después del trabajo todo el mundo se va a los cafés, al teatro, al cine, a cenar y en general a divertirse. Claro que no todos los horarios de trabajo son iguales, pero más o menos.

Hasta pronto,
Jesse Valenzuela

Transcripción de un cassette que me enviaron Steve Berman y Amanda Mayorga y que fue grabado en vivo durante su visita a una feria de pueblo

STEVE ¿Qué tal, profesor? Aquí estamos en Santa Rita listos para las celebraciones de la santa patrona del pueblo. Hay mucha gente que ha venido a celebrar a la santa. Quiero comprar algo de lo que están vendiendo en esos carritos.

AMANDA Sí, profe, ésta es la fiesta más importante del año. ¿Qué tendrán? Vamos a ver, Amanda.

STEVE ¡Uy, profe!, si viera las cosas que venden en estos carritos ambulantes. Mira, Steve, frutas secas, aceitunas, rajas de coco, azúcar hilado y cantidad de otras golosinas.

AMANDA Y la música. Cuando llegamos la orquesta estaba tocando un pasodoble español. Después tocaron una cumbia y una ranchera. Saben de todo.

STEVE Y al rato tocarán una salsa o un rock.

AMANDA Amanda, profe, aquí viene lo más espectacular. ¡El toro de fuego! Pero no se crea que éste es un toro de verdad. Este toro está hecho de madera y lo carga un chico en los hombros.

STEVE El toro tiene fuegos artificiales en los cuernos y la gente corre despavorida a su paso. Ahora nos vamos a bailar, profe, así que aquí le decimos adiós.

AMANDA Ruth está de nuevo en Costa Rica con su adorado tormento. Nos dijo que de San José regresa directo a los Estados Unidos. Nosotros salimos este domingo. Hasta pronto.

Joan Miró, *La lechuza*.

GACETA
La Nueva Ola

Año 3, Núm. 4 $2,000.00 M.N.

DESAFIANDO LOS MITOS
La nueva mujer hispana en los Estados Unidos

Además
Paloma Picasso
Salvador Dalí
Óscar Arias
César Chávez
... y otros

Música y baile
Juego de pelota
Conoce tu corazón a través de los colores

Ondas musicales

La música y el baile hispanoamericanos

¿Cuáles son los grandes ritmos hispanoamericanos? ¡Cantidad! El mundo ha bailado por muchos años los alegres ritmos latinos. Haciendo historia, aquí presentamos los más conocidos.

¿De dónde es el tango? Aunque algunos dicen que es originario de Europa, este baile identifica a la Argentina. Como ritmo exige cierto tipo de destreza y soltura de movimientos.

En Chile, tienen los aires y compases de las tonadas, composiciones que pueden cantarse, acompañadas de música de guitarra y tambores.

¿Qué es la cueca? Una danza un tanto melancólica y llena de añoranzas. Es muy popular en los Andes. Este último tiene como patrimonio nacional los hermosos y típicos valses peruanos.

En Venezuela lo mismo que en Colombia, se baila con mucho entusiasmo el joropo, baile típico de los llanos. Es muy alegre y sabroso y tiene como característica el zapateo. Ambas naciones comparten también la cumbia, originaria de Colombia.

En México existe la música ranchera, compuesta de canciones populares que contienen una combinación de romanticismo y dolor. Existen además en México muchos bailes que se derivan de la jota y el flamenco españoles. Asimismo en México se bailan los corridos, que son bastante similares al "Country" norteamericano, y a la polka muy popular en el norte de México y en el suroeste de los Estados Unidos.

¿Qué se baila en Cuba? La rumba, el mambo y el cha-cha-cha. ¿Y qué es la salsa? Es la combinación de diferentes ritmos y estilos conjugados en uno solo por cubanos y puertorriqueños radicados en los Estados Unidos. En la salsa hay elementos instrumentales norteamericanos, como el rock y la percusión. Actualmente se baila en muchos países de América y Europa.

¿Y qué se baila en España? Muchos son los tipos de baile en este país, pero sobresale entre otros el pasodoble, marcha orquestada en que la pareja luce muy elegante y distinguida. El famoso flamenco es muy andaluz y el zapateado es un baile español muy antiguo.

La variedad de ritmos, danzas, bailes e instrumentos hacen de la música española e hispanoamericana un arco iris musical.

LA NUEVA MUJER HISPANA EN LOS EE.UU.
Desafiando los mitos

¿Cómo es realmente la mujer hispana en los Estados Unidos? ¿Puede trabajar y tener una familia al mismo tiempo? ¿Son verdad los mitos—que no puede ser líder, que no trabaja y que su función principal es cuidar el hogar y a los bebés? ¿Cómo afecta a una hispana el hecho de ser una mujer profesional o ejecutiva?

Ésas y otras preguntas fueron propuestas en un estudio reciente realizado por la doctora Ruth Zambrana, profesora adjunta de la Escuela de Bienestar Social de la Universidad de California en Los Ángeles. En su estudio, la Dra. Zambrana entrevistó a 303 mujeres, con una edad promedio de 38 años, que pertenecen a la Red Nacional de Mujeres Hispanas (*National Network of Hispanic Women—NNHW*). Todas las entrevistadas son mujeres de negocio—hispanas que han tenido éxito, en su mayoría mexicanoamericanas de California, aunque también hay algunas de Texas, Florida, Colorado y Nueva York. Todas se desempeñan en cargos administrativos medianos o altos, ganando unos $45.000 dólares al año. La mitad de las mujeres entrevistadas están casadas, y 17% están divorciadas (este porcentaje es dos veces mayor en este grupo que entre el resto de las mujeres en general). El resto son solteras. A pesar de que más de la mitad tiene hijos, el número de hijos (sólo uno o dos) es menor que para la mayoría de las mujeres hispanas.

Las mujeres entrevistadas trabajan en la industria, en comunicaciones, bancos, finanzas, educación y gobierno, así como en otros campos profesionales. ¿Cómo llegaron a ocupar esos puestos? El estudio mostró que la mayoría llegó a ocupar sus importantes puestos a través de su profesión, aunque hay un número importante que lo hizo a partir de trabajos de oficina. Prácticamente todas las mujeres entrevistadas dijeron que tuvieron que superar obstáculos para llegar a tener éxito. La señora Celia Torres, directora de la NNHW, dice que el estudio muestra que si se les da una oportunidad, las mujeres hispanas pueden mostrar su capacidad profesional, administrativa y de liderazgo. La doctora Zambrana, por su parte, dijo que estaba sorprendida del alto sueldo de las entrevistadas en relación al promedio. También dijo que lo más impresionante era que más de la mitad de las entrevistadas manifiestan haber logrado fácilmente el éxito en sus carreras, tal como lo esperaban.

Este éxito, sin embargo, ha sido posible haciendo ciertos sacrificios. Más de la mitad de las entrevistadas dijeron que su trabajo causa mucha tensión. La alta tasa de divorcio que encontró la doctora Zambrana podría reflejar las tensiones inherentes al tratar de balancear una carrera y una familia. Un porcentaje alto manifestó que su trabajo a veces interfería con su papel de madre, aunque cerca de la mitad dijo que el ser madre no interfería con su trabajo. Pero a pesar de los inconvenientes de ser mujer de nogocios y madre a la vez, la gran mayoría dijo que no se dedicaría de tiempo completo a cuidar a sus hijos.

Continúa en la página 473

En acción
¡A revivir el viejo juego de pelota!

Muchos pensamos que el caucho es una invención reciente que nos ha permitido crear pelotas para gozar juegos de tenis, golf, basketbol, jai alai, squash y muchos otros. Sin embargo el juego más antiguo de pelota, el *tlachtli*, en el cual se utilizaba una pelota de caucho, se jugó antes de la llegada de los españoles en lo que ahora es Centroamérica y el sur de México. Los indios fabricaban pelotas hechas de la resina del árbol de caucho. Estas pelotas tenían la cualidad de rebotar y los indios crearon alrededor de esta cualidad todo un elaborado juego. La cancha tenía forma de una I mayúscula de más de cien yardas de largo por treinta de ancho. A la mitad de cada una de las paredes más largas había unos aros de piedra colocados a una altura de 10 pies. La diferencia con el basketbol es que el aro estaba colocado en forma vertical en vez de horizontal. Había dos equipos cuyo objetivo era hacer pasar la pelota a través del aro del contrincante. Las únicas partes del cuerpo con las que se permitía tocar la pelota eran los muslos, pantorrillas, antebrazos, codos y nada más. Como en el fútbol americano, los jugadores se cubrían esas partes del cuerpo con protectores hechos también de caucho.

Aquí presentamos una ilustración del antiguo juego de pelota maya. Para la juventud que siempre anda buscando algo nuevo y excitante, este juego puede ser interesante. Habría, sin embargo, que inventar de nuevo las reglas, ya que se sabe muy poco de cómo se jugaba. Lo que sí sabemos es que era un deporte muy popular, por el tamaño y la belleza de construcción de las canchas que quedaron como testigo. Estas canchas se pueden admirar ahora en las ruinas mayas de Yucatán y Guatemala, especialmente en Chichén-Itzá.

¿Qué les parece, amigos aventureros, quieren jugar pelota maya?

Caras famosas

Se llegó el momento de demostrar tu educación y cultura. En este mundo hay gente famosa además de Julio Iglesias, Rita Moreno y Menudo. Gente que se ha destacado por grandes contribuciones en áreas tan variadas como la moda o la política. Para probar tus conocimientos, trata de colocar el nombre y el título o profesión correctos junto a la foto apropiada.

- **Títulos o profesiones**
- diseñadora de modas y cosméticos, de origen español
  Paloma Picasso
- famoso lanzador mexicano que juega con los Dodgers de Los Ángeles
  F. Valenzuela
- famoso pintor español conocido por su pintura surrealista y su famoso bigote puntiagudo
  S. Dalí
- escritor originario de Colombia, ganador del Premio Nobel de Literatura
  G. García Márquez
- cantante de ópera famoso en el mundo entero
  P. Domingo
- presidente de Costa Rica ganador del Premio Nobel de la Paz
  O. Arias
- famoso diseñador de modas, de origen dominicano
  O. de la Renta
- diplomático peruano, secretario general de las Naciones Unidas
  J. Pérez de Cuellar
- pintor español, quizás el pintor más famoso del siglo veinte
  Pablo Picasso

Nombres
2. Paloma Picasso
1. Salvador Dalí
9. Óscar Arias
8. Javier Pérez de Cuéllar
5. Gabriel García Márquez
7. Pablo Picasso
3. Óscar de la Renta
6. Plácido Domingo
4. Fernando Valenzuela

Rincón del amor

Autoanálisis
por el doctor Sicó Tico

Escoge un color y determina tu personalidad

¡Los colores...! Ah, sí, los colores. Aunque por fortuna el universo es en tecnicolor, hay mucha gente con personalidad en blanco y negro. ¿Eres tú uno de ellos? Mírate al espejo (sin maquillaje, por favor). Lo único que vas a ver es tu cara, a colores. Es difícil ver la personalidad en un espejo. Por eso aquí está el modo de determinar tu tipo de personalidad a través de los colores. Olvida los espejos y mira las manchas de colores en esta página, varias veces, y deja que tus ojos descansen en la que más te atraiga.

Rojo: el color de la pasión. Eres intenso(a), enamorado(a). Te gustan las aventuras de todo tipo y el helado de fresa. ¡Confiésalo! Tus ídolos son Tina Turner y Michael Jackson.

Amarillo: el color de la envidia. Sí, eres envidioso(a). Siempre quieres tener lo de los demás. Odias a los hombres guapos y a las mujeres hermosas. Te gusta el jugo de toronja y quisieras ser como el pajarote de Plaza Sésamo.

Verde: el color de la esperanza. Tienes fe en tu futuro y en el de la humanidad. Te gustan las espinacas y, como Rosario, admiras a Popeye.

Negro: el color de la elegancia y la formalidad. Te gusta lo bueno, lo bonito y lo elegante. Siempre estás en pose y gozas impresionando a los demás. Te gustan los chocolates y sueñas con tu propia limusina.

Azul: el color de los sueños y la fantasía. Vives en las nubes. Eres idealista y evitas lo crudo de la vida. Te la pasas haciendo castillos en el aire y esperando que tus sueños se vuelvan realidad.

De todo un poco

La nueva-
Las mujeres entrevistadas en su mayoría expresaron estar muy satisfechas y contentas con su trabajo, profesión y vida personal. Esto podría ser un reflejo de lo que el estudio de la doctora Zambrana también mostró: un alto nivel de apoyo por parte de los esposos, amigos y familias, además de la disponibilidad de los recursos necesarios para tener ayuda en la casa y con los niños. Y de esta manera, la doctora Zambrana y las mujeres entrevistadas mostraron que las mujeres hispanas pueden desempeñarse con todo éxito en el área de los negocios, y que con la ayuda de las personas que las rodean, las familias no debieran verse afectadas.

En Rusia

Dos turistas españoles van a Rusia y en un restaurante en la Plaza Roja piden dos platos de albóndigas. Una vez servidos encuentran en cada plato una tan dura que no la pueden masticar y deciden quejarse.

—Mesero, estas dos albóndigas no se pueden ni morder de tan duras.

—Es que no son albóndigas, señores, son los micrófonos.

Sabiduría popular

Los guantes son cosas que se compran de dos en dos y se pierden de uno en uno.

Para escoger

Los niños y jóvenes latinos tienen un verso para escoger a alguien o algo de un grupo a la suerte. El verso va así: De tin Marín, de do, pingüé cúcara, mácara, títere fue, yo no fui, fue Teté. Pégale, pégale, que ella fue.

El nuevo santoral

¿Quién es el santo de los hombres fuertes?   San Son
¿Y el santo de los que no encogen?   San Forizado
¿El santo de los gordos?   San Cho Panza
¿El santo de los sangrones?   San Guijuela
¿El santo de las cocineras?   San Cochado
¿El santo de las verduleras?   San Ahoria
¿El santo de los enfermos?   San Atorio

Los meses del año

Treinta días tiene septiembre con abril, junio y noviembre; veintiocho días tiene uno, y los demás treinta y uno.

En la corte

Dice el juez
—Lo condeno a que pague una multa de 10 mil pesetas por insultos a la autoridad. ¿Tiene algo más que decir?
Responde el acusado
—Sí, muchos más... pero a estos precios mejor me callo.

Gaceta, Año 3, Núm. 4

Apéndice A

Stress and Capitalization

1. A word that carries a written accent is always stressed on the syllable that contains the accent.

    página   ca**pí**tulo   **fá**cil   o**rí**genes   can**ción**

2. If a word has no written accent and ends with a vowel, **n**, or **s**, the stress is on the second-to-last syllable.

    o**ri**gen   cum**ple**años   pe**di**mos   pre**gun**ta   consi**de**ro

3. If a word has no written accent and ends in a consonant other than **n** or **s**, the stress is on the last syllable.

    pa**pel**   obli**gar**   pa**red**   re**loj**   fe**liz**

Capital letters are used less in Spanish than in English. The following words are not capitalized.

4. the subject pronoun **yo** (*I*) unless it begins a sentence

    Ellos quieren leer, pero **yo** quiero bailar.

5. days of the week and months of the year

    Hoy es **lunes**, el 25 de **mayo**.

6. adjectives and nouns of nationality or names of languages

    Son **colombianos** y por eso hablan **español**.

7. words in a title, except the first word and proper nouns

    *Historia **de la** República Dominicana*   *Lo **que el** viento **se** llevó*

8. **usted, ustedes, señor, señora,** and **señorita** except in their abbreviated forms: **Ud(s)., Vd(s).,** **Sr., Sra., Srta.**

Apéndice B

Collective Nouns: Agreement in Number

1. The collective noun usually requires a singular verb, especially if the verb follows the noun.

    La gente va a trabajar a las ocho.   **La mayoría** no **votó** en las elecciones.

2. When the collective noun is followed by **de** plus a plural noun, the verb is plural.

   Un grupo de niños jugaban en el parque.
   La mayor parte de los alumnos estudian un idioma extranjero.

3. If the predicate noun is plural, the verb must be plural.

   La mayoría **parecían turistas**.

4. Two or more neuter subjects require a singular verb.

   Lo que quiero y lo que necesito es más tiempo libre.

5. Since the infinitive is considered neuter, two or more infinitives used as a subject require a singular verb.

   Nos gusta cantar y bailar.   **Nadar y tomar el sol es** divertido.

Apéndice C

Fractions

Fractions

1/2	un medio (de)	1/7	un séptimo (de)
1/3	un tercio (de)	1/8	un octavo (de)
1/4	un cuarto (de)	1/9	un noveno (de)
1/5	un quinto (de)	1/10	un décimo (de)
1/6	un sexto (de)	1/100	un centavo (de)

Medio(a) is used for *a half* in expressions of time and measurement. Otherwise, **la mitad** (**de**) is used.

medio kilo de jamón   la mitad de la clase
media hora   la mitad de tu sándwich

Apéndice D

Expressing to like and to love

There is no verb in Spanish that is the direct equivalent of *to like*. The verbs **querer** and **amar** are sometimes misused. Study the following.

caer bien   *to suit, to be becoming* (The subject is a thing.)

La camisa le cae bien.   *The shirt is becoming to him.*

              to seem nice, likable (The subject is a person.)

Susana me cae muy bien.   *I like Susana. (Susana seems nice to me.)*

gustar   *to be pleasing* (to someone)

Me gustan los dulces.	*I like sweets. (Sweets are pleasing to me.)*
Tú me gustas.[1]	*I like you. (You are pleasing to me.)*

querer   *to love, to want* (The object is a person.)

Quiero una esposa comprensiva.	*I want an understanding wife.*
Quiero mucho a mi abuela.	*I love my grandmother a lot.*

to want (The object is an action or a thing.)

Quiero leer el periódico.	*I want to read the newspaper.*
Quiero dos pasteles.	*I want two pastries.*

amar   *to love*[2]

Amo a mi patria y la libertad.	*I love my country and liberty.*
Te amo.	*I love you.*

Apéndice E

Basic Grammar Terms in Spanish

The following are some Spanish grammar terms used in **Fronteras**. There are other terms you can recognize in context or with the help of your teacher or your classmates. You can also use the other appendices in this section and your dictionary.

abreviada   abbreviated
abreviatura   abbreviation
acentuar   to accentuate
añadir   to add
cláusula   clause
cláusula independiente o principal   principal or independent clause
cláusula subordinada   subordinate or dependent clause
complemento (in)directo   (in)direct object
concentrar(se)   to concentrate
concordancia   agreement
concordar   to agree
curso   course
delante   before
deletrear   to spell out
descubrir   to discover
detrás   after
ejercicios   exercises
emplear   to employ
estado   state
explicar   to explain
expresar   to express
familiar   colloquial, informal
frase   phrase, sentence
género   gender
intercambiable   interchangeable
juntos   together
lenguas   languages
literalmente   literally
mantener   to maintain
modificador   modifier
modismo   idiom
narrar   to narrate
nombrar   to name
nota   note
ocurrir   to occur, to happen
oración   sentence
ortográfico   orthographic, spelling
parecer   to seem
pareja   pair
párrafo   paragraph
pregunta   question
pretérito   preterite, past tense
principio   beginning
pronombre   pronoun
pronombre como complemento directo   direct object pronoun
pronombre como complemento indirecto   indirect object pronoun

[1] Some native speakers find **gustar** objectionable when used in the first or second person.
[2] **Amar** is used mainly with people. It expresses deep love and nowadays is used mainly in literature or in jest. Nevertheless, it is also used to express love of God, of country, or of an abstract ideal.

raíz root, stem
referir(se) to refer to
relacionado related
relativo relative (*adj.*)
repasar to review
requerir to require
respuesta answer
se (one)self (*reflexive pronoun*)
según according to
sentido meaning

serie series
significado meaning
significar to mean
siguiente following
sonido sound
subordinado subordinate
sujeto subject
subrayado underlined
sustantivar to nominalize, to make a noun

sustantivo noun
tema theme
tesis thesis
terminación ending
término term, word, expression
tiempo tense, time
título title
traducir to translate
vocal vowel

Apéndice F

Verbs That Change

Stem-Changing Verbs

1. Verbs that end in **-ar, -er** (**e → ie, o → ue**)

    pensar

    present indicative pienso, piensas, piensa, pensamos, pensáis, piensan
    present subjunctive piense, pienses, piense, pensemos, penséis, piensen
    imperative piensa tú, pensad vosotros

    volver

    present indicative vuelvo, vuelves, vuelve, volvemos, volvéis, vuelven
    present subjunctive vuelva, vuelvas, vuelva, volvamos, volváis, vuelvan
    imperative vuelve tú, volved vosotros

    The following are other verbs in this category.

e → ie			o → ue		
acertar	despertar(se)	perder	acordar(se)	devolver	recordar
atravesar	empezar	regar	acostar(se)	encontrar	rogar
calentar	encender	sentar(se)	almorzar	envolver	soler
cerrar	entender	temblar	aprobar	forzar	sonar
comenzar	helar	tropezar	colgar	llover	soñar
confesar	manifestar		contar	mostrar	volar
defender	negar		costar	mover	
			demostrar	probar	

2. Verbs that end in **-ir** (**e → ie** and **i, o → ue** and **u**)

    sentir

    present indicative siento, sientes, siente, sentimos, sentís, sienten
    present subjunctive sienta, sientas, sienta, sintamos, sintáis, sientan

preterite   sentí, sentiste, sintió, sentimos, sentisteis, sintieron
imperfect subjunctive   sintiera, sintieras, sintiera, sintiéramos, sintierais, sintieran
sintiese, sintieses, sintiese, sintiésemos, sintieseis, sintiesen
imperative   siente tú, sentid vosotros
gerund   sintiendo

dormir

present indicative   duermo, duermes, duerme, dormimos, dormís, duermen
present subjunctive   duerma, duermas, duerma, durmamos, durmáis, durerman
preterite   dormí, dormiste, durmió, dormimos, dormisteis, durmieron
imperfect subjunctive   durmiera, durmieras, durmiera, durmiéramos, durmierais, durmieran
durmiese, durmieses, durmiese, durmiésemos, durmieseis, durmiesen
imperative   duerme tú, dormid vosotros
gerund   durmiendo

The following are other verbs in this category.

| advertir | consentir | divertir(se) | hervir | morir(se) | referir(se) |
| arrepentirse | convertir | herir | mentir | preferir | sugerir |

3. Verbs that end in -ir (e → i)

pedir

present indicative   pido, pides, pide, pedimos, pedís, piden
present subjunctive   pida, pidas, pida, pidamos, pidáis, pidan
preterite   pedí, pediste, pidió, pedimos, pedisteis, pidieron
imperfect subjunctive   pidiera, pidieras, pidiera, pidiéramos, pidierais, pidieran
pidiese, pidieses, pidiese, pidiésemos, pidieseis, pidiesen
imperative   pide tú, pedid vosotros
gerund   pidiendo

The following are other verbs in this category.

competir	corregir	impedir	reír(se)	seguir	vestir(se)
concebir	despedir(se)	medir	reñir	servir	
conseguir	elegir	perseguir	repetir	sonreír(se)	

Verbs with Spelling Changes

1. Verbs that end in -car (c → qu before e)

buscar

preterite   busqué, buscaste, buscó, buscamos, buscasteis, buscaron
present subjunctive   busque, busques, busque, busquemos, busquéis, busquen

The following are other verbs in this category.

| acercar(se) | colocar | dedicar | explicar | marcar | secar |
| atacar | comunicar | evocar | indicar | sacar | tocar |

2. Verbs that end in **-gar** (**g → gu** before **e**)

   pagar

   preterite   pagué, pagaste, pagó, pagamos, pagasteis, pagaron
   present subjunctive   pague, pagues, pague, paguemos, paguéis, paguen

   The following are other verbs in this category.

   | colgar | llegar | obligar | rogar |
   | jugar | negar | regar | |

3. Verbs that end in **-zar** (**z → c** before **e**)

   gozar

   preterite   gocé, gozaste, gozó, gozamos, gozasteis, gozaron
   present subjunctive   goce, goces, goce, gocemos, gocéis, gocen

   The following are other verbs in this category.

   | alcanzar | avanzar | comenzar | empezar | rezar |
   | almorzar | cazar | cruzar | forzar | |

4. Verbs that end in **-cer** and **-cir** preceded by a vowel (**c → zc** before **a** and **o**)

   conocer

   present indicative   conozco, conoces, conoce, conocemos, conocéis, conocen
   present subjunctive   conozca, conoscas, conozca, conozcamos, conozcáis, conozcan

   The following are other verbs in this category.

agradecer	conducir	establecer	nacer	ofrecer	pertenecer
aparecer	crecer	merecer	obedecer	parecer	producir
carecer					

   Exceptions: hacer, decir

5. Verbs that end in **-cer** and **-cir** preceded by a consonant (**c → z** before **a** and **o**)

   vencer

   present indicative   venzo, vences, vence, vencemos, vencéis, vencen
   present subjunctive   venza, venzas, venza, venzamos, venzáis, venzan

Other verbs in this category are the following.

convencer   ejercer

6. Verbs that end in **-ger** and **-gir** (**g → j** before **a** and **o**)

    recoger

    present indicative   recojo, recoges, recoge, recogemos, recogéis, recogen
    present subjunctive   recoja, recojas, recoja, recojamos, recojáis, recojan

    The following are other verbs in this category.

coger	escoger
corregir	exigir
dirigir	fingir
elegir	proteger

7. Verbs that end in **-guir** (**gu → g** before **a** and **o**)

    seguir

    present indicative   sigo, sigues, sigue, seguimos, seguís, siguen
    present subjunctive   siga, sigas, siga, sigamos, sigáis, sigan

    The following are other verbs in this category.

    conseguir   distinguir   perseguir

8. Verbs that end in **-uir** (except **-guir** and **-quir**)

    huir

    present indicative   huyo, huyes, huye, huimos, huís, huyen
    preterite   huí, huiste, huyó, huimos, huisteis, huyeron
    present subjunctive   huya, huyas, huya, huyamos, huyáis, huyan
    imperfect subjunctive   huyera, huyeras, huyera, huyéramos, huyerais, huyeran
    huyese, huyeses, huyese, huyésemos, huyeseis, huyesen
    imperative   huye tú, huid vosotros
    gerund   huyendo

    The following are other verbs in this category.

atribuir	construir	destruir	distribuir	incluir	instruir
concluir	contribuir	disminuir	excluir	influir	sustituir
constituir					

9. Verbs that change unaccentuated **i → y**

   leer

   preterite   leí, leíste, leyó, leímos, leísteis, leyeron
   imperfect subjunctive   leyera, leyeras, leyera, leyéramos, leyerais, leyeran
                             leyese, leyeses, leyese, leyésemos, leyeseis, leyesen
   gerund   leyendo
   past participle   leído

   Other verbs in this category are the following.

   caer(se)   creer   oír   poseer

10. Verbs that end in **-iar** and **-uar** (except **-guar**) that have a written accent on the **i** in the singular forms and in the third person plural forms of some tenses

    enviar

    present indicative   envío, envías, envía, enviamos, enviáis, envían
    present subjunctive   envíe, envíes, envíe, enviemos, enviéis, envíen
    imperative   envía tú, enviad vosotros

    The following are other verbs in this category.

    acentuar   ampliar   continuar   espiar   situar
    actuar   confiar   criar   graduar variar

    Exceptions: cambiar, estudiar, limpiar

11. Verbs that end in **-guar** (gu → gü before **e**)

    averiguar

    preterite   averigüé, averiguaste, averiguó, averiguamos, averiguasteis, averiguaron
    present subjunctive   averigüe, averigües, averigüe, averigüemos, averigüéis, averigüen

Apéndice G

Simple Tenses

Hablar, comer, vivir

Infinitive	Gerund Past participle	Imperative	Indicative		
			Present	Imperfect	Preterite
hablar	hablando hablado	habla hablad	hablo hablas habla hablamos habláis hablan	hablaba hablabas hablaba hablábamos hablabais hablaban	hablé hablaste habló hablamos hablasteis hablaron
comer	comiendo comido	come comed	como comes come comemos coméis comen	comía comías comía comíamos comíais comían	comí comiste comió comimos comisteis comieron
vivir	viviendo vivido	vive vivid	vivo vives vive vivimos vivís viven	vivía vivías vivía vivíamos vivíais vivían	viví viviste vivió vivimos vivisteis vivieron

Compound Tenses

Hablar

Compound infinitive	Compound gerund	Indicative			
		Present perfect	Pluperfect	Preterite perfect	Future perfect
haber hablado	habiendo hablado	he hablado has hablado ha hablado hemos hablado habéis hablado han hablado	había hablado habías hablado había hablado habíamos hablado habíais hablado habían hablado	hube hablado hubiste hablado hubo hablado hubimos hablado hubisteis hablado hubieron hablado	habré hablado habrás hablado habrá hablado habremos hablado habréis hablado habrán hablado

	Indicative		Subjunctive		
	Future	Conditional	Present	Imperfect (ra)	Imperfect (se)
	hablaré hablarás hablará hablaremos hablaréis hablarán	hablaría hablarías hablaría hablaríamos hablaríais hablarían	hable hables hable hablemos habléis hablen	hablara hablaras hablara habláramos hablarais hablaran	hablase hablases hablase hablásemos hablaseis hablasen
	comeré comerás comerá comeremos comeréis comerán	comería comerías comería comeríamos comeríais comerían	coma comas coma comamos comáis coman	comiera comieras comiera comiéramos comierais comieran	comiese comieses comiese comiésemos comieseis comiesen
	viviré vivirás vivirá viviremos viviréis vivirán	viviría vivirías viviría viviríamos viviríais vivirían	viva vivas viva vivamos viváis vivan	viviera vivieras viviera viviéramos vivierais vivieran	viviese vivieses viviese viviésemos vivieseis viviesen

	Indicative	Subjunctive		
	Conditional perfect	Present perfect	Pluperfect (ra)	Pluperfect (se)
	habría hablado habrías hablado habría hablado habríamos hablado habríais hablado habrían hablado	haya hablado hayas hablado haya hablado hayamos hablado hayáis hablado hayan hablado	hubiera hablado hubieras hablado hubiera hablado hubiéramos hablado hubierais hablado hubieran hablado	hubiese hablado hubieses hablado hubiese hablado hubiésemos hablado hubieseis hablado hubiesen hablado

Irregular Verbs

Infinitive	Gerund Past participle	Imperative	Indicative		
			Present	Imperfect	Preterite
andar *to walk; to go*	andando andado	anda andad			anduve anduviste anduvo anduvimos anduvisteis anduvieron
caber *to fit; to be contained in*	cabiendo cabido	cabe cabed	quepo cabes cabe cabemos cabéis caben		cupe cupiste cupo cupimos cupisteis cupieron
caer *to fall*	cayendo caído	cae caed	caigo caes cae caemos caéis caen		caí caíste cayó caímos caísteis cayeron
conducir *to lead, to drive*	conduciendo conducido	conduce conducid	conduzco conduces conduce conducimos conducís conducen		conduje condujiste condujo condujimos condujisteis condujeron
dar *to give*	dando dado	da dad	doy das da damos dais dan		di diste dio dimos disteis dieron
decir *to say, to tell*	diciendo dicho	di decid	digo dices dice decimos decís dicen		dije dijiste dijo dijimos dijisteis dijeron
estar *to be*	estando estado	está estad	estoy estás está estamos estáis están		estuve estuviste estuvo estuvimos estuvisteis estuvieron
haber *to have*	habiendo habido	he habed	he has ha hemos habéis han		hube hubiste hubo hubimos hubisteis hubieron

	Indicative		Subjunctive		
	Future	Conditional	Present	Imperfect (ra)	Imperfect (se)
				anduviera anduvieras anduviera anduviéramos anduvierais anduvieran	anduviese anduvieses anduviese anduviésemos anduvieseis anduviesen
	cabré cabrás cabrá cabremos cabréis cabrán	cabría cabrías cabría cabríamos cabríais cabrían	quepa quepas quepa quepamos quepáis quepan	cupiera cupieras cupiera cupiéramos cupierais cupieran	cupiese cupieses cupiese cupiésemos cupieseis cupiesen
			caiga caigas caiga caigamos caigáis caigan	cayera cayeras cayera cayéramos cayerais cayeran	cayese cayeses cayese cayésemos cayeseis cayesen
			conduzca conduzcas conduzca conduzcamos conduzcáis conduzcan	condujera condujeras condujera condujéramos condujerais condujeran	condujese condujeses condujese condujésemos condujeseis condujesen
			dé des dé demos deis den	diera dieras diera diéramos dierais dieran	diese dieses diese diésemos dieseis diesen
	diré dirás dirá diremos diréis dirán	diría dirías diría diríamos diríais dirían	diga digas diga digamos digáis digan	dijera dijeras dijera dijéramos dijerais dijeran	dijese dijeses dijese dijésemos dijeseis dijesen
			esté estés esté estemos estéis estén	estuviera estuvieras estuviera estuviéramos estuvierais estuvieran	estuviese estuvieses estuviese estuviésemos estuvieseis estuviesen
	habré habrás habrá habremos habréis habrán	habría habrías habría habríamos habríais habrían	haya hayas haya hayamos hayáis hayan	hubiera hubieras hubiera hubiéramos hubierais hubieran	hubiese hubieses hubiese hubiésemos hubieseis hubiesen

Irregular Verbs (continued)

Infinitive	Gerund Past participle	Imperative	Indicative		
			Present	Imperfect	Preterite
hacer *to do, to make*	haciendo hecho	haz haced	hago haces hace hacemos hacéis hacen		hice hiciste hizo hicimos hicisteis hicieron
ir *to go*	yendo ido	ve id	voy vas va vamos vais van	iba ibas iba íbamos ibais iban	fui fuiste fue fuimos fuisteis fueron
oír *to hear*	oyendo oído	oye oíd	oigo oyes oye oímos oís oyen		oí oíste oyó oímos oísteis oyeron
oler *to smell*	oliendo olido	huele oled	huelo hueles huele olemos oléis huelen		
poder *to be able*	pudiendo podido		puedo puedes puede podemos podéis pueden		pude pudiste pudo pudimos pudisteis pudieron
poner *to put*	poniendo puesto	pon poned	pongo pones pone ponemos ponéis ponen		puse pusiste puso pusimos pusisteis pusieron
querer *to want*	queriendo querido	quiere quered	quiero quieres quiere queremos queréis quieren		quise quisiste quiso quisimos quisisteis quisieron
reír *to laugh*	riendo reído	ríe reíd	río ríes ríe reímos reís ríen		reí reíste rió reímos reísteis rieron

	Indicative		Subjunctive		
	Future	Conditional	Present	Imperfect (ra)	Imperfect (se)
	haré	haría	haga	hiciera	hiciese
	harás	harías	hagas	hicieras	hicieses
	hará	haría	haga	hiciera	hiciese
	haremos	haríamos	hagamos	hiciéramos	hiciésemos
	haréis	haríais	hagáis	hicierais	hicieseis
	harán	harían	hagan	hicieran	hiciesen
			vaya	fuera	fuese
			vayas	fueras	fueses
			vaya	fuera	fuese
			vayamos	fuéramos	fuésemos
			vayáis	fuerais	fueseis
			vayan	fueran	fuesen
			oiga	oyera	oyese
			oigas	oyeras	oyeses
			oiga	oyera	oyese
			oigamos	oyéramos	oyésemos
			oigáis	oyerais	oyeseis
			oigan	oyeran	oyesen
			huela		
			huelas		
			huela		
			olamos		
			oláis		
			huelan		
	podré	podría	pueda	pudiera	pudiese
	podrás	podrías	puedas	pudieras	pudieses
	podrá	podría	pueda	pudiera	pudiese
	podremos	podríamos	podamos	pudiéramos	pudiésemos
	podréis	podríais	podáis	pudierais	pudieseis
	podrán	podrían	puedan	pudieran	pudiesen
	pondré	pondría	ponga	pusiera	pusiese
	pondrás	pondrías	pongas	pusieras	pusieses
	pondrá	pondría	ponga	pusiera	pusiese
	pondremos	pondríamos	pongamos	pusiéramos	pusiésemos
	pondréis	pondríais	pongáis	pusierais	pusieseis
	pondrán	pondrían	pongan	pusieran	pusiesen
	querré	querría	quiera	quisiera	quisiese
	querrás	querrías	quieras	quisieras	quisieses
	querrá	querría	quiera	quisiera	quisiese
	querremos	querríamos	queramos	quisiéramos	quisiésemos
	querréis	querríais	queráis	quisierais	quisieseis
	querrán	querrían	quieran	quisieran	quisiesen
			ría		
			rías		
			ría		
			riamos		
			riáis		
			rían		

Irregular Verbs (continued)

Infinitive	Gerund Past participle	Imperative	Indicative		
			Present	Imperfect	Preterite
saber *to go out*	sabiendo sabido	sabe sabed	sé sabes sabe sabemos sabéis saben		supe supiste supo supimos supisteis supieron
salir *to go out*	saliendo salido	sal salid	salgo sales sale salimos salís salen		
ser *to be*	siendo sido	sé sed	soy eres es somos sois son	era eras era éramos erais eran	fui fuiste fue fuimos fuisteis fueron
tener *to have*	teniendo tenido	ten tened	tengo tienes tiene tenemos tenéis tienen		tuve tuviste tuvo tuvimos tuvisteis tuvieron
traer *to bring*	trayendo traído	trae traed	traigo traes trae traemos traéis traen		traje trajiste trajo trajimos trajisteis trajeron
valer *to be worth*	valiendo valido	val(e) valed	valgo vales vale valemos valéis valen		
venir *to come*	viniendo venido	ven venid	vengo vienes viene venimos venís vienen		vine viniste vino vinimos vinisteis vinieron
ver *to see*	viendo visto	ve ved	veo ves ve vemos veis ven	veía veías veía veíamos veíais veían	

| | Indicative | | Subjunctive | | |
	Future	Conditional	Present	Imperfect (ra)	Imperfect (se)
	sabré	sabría	sepa	supiera	supiese
	sabrás	sabrías	sepas	supieras	supieses
	sabrá	sabría	sepa	supiera	supiese
	sabremos	sabríamos	sepamos	supiéramos	supiésemos
	sabréis	sabríais	sepáis	supierais	supieseis
	sabrán	sabrían	sepan	supieran	supiesen
	saldré	saldría	salga		
	saldrás	saldrías	salgas		
	saldrá	saldría	salga		
	saldremos	saldríamos	salgamos		
	saldréis	saldríais	salgáis		
	saldrán	saldrían	salgan		
			sea	fuera	fuese
			seas	fueras	fueses
			sea	fuera	fuese
			seamos	fuéramos	fuésemos
			seáis	fuerais	fueseis
			sean	fueran	fuesen
	tendré	tendría	tenga	tuviera	tuviese
	tendrás	tendrías	tengas	tuvieras	tuvieses
	tendrá	tendría	tenga	tuviera	tuviese
	tendremos	tendríamos	tengamos	tuviéramos	tuviésemos
	tendréis	tendríais	tengáis	tuvierais	tuvieseis
	tendrán	tendrían	tengan	tuvieran	tuviesen
			traiga	trajera	trajese
			traigas	trajeras	trajeses
			traiga	trajera	trajese
			traigamos	trajéramos	trajésemos
			traigáis	trajerais	trajeseis
			traigan	trajeran	trajesen
	valdré	valdría	valga		
	valdrás	valdrías	valgas		
	valdrá	valdría	valga		
	valdremos	valdríamos	valgamos		
	valdréis	valdríais	valgáis		
	valdrán	valdrían	valgan		
	vendré	vendría	venga	viniera	viniese
	vendrás	vendrías	vengas	vinieras	vinieses
	vendrá	vendría	venga	viniera	viniese
	vendremos	vendríamos	vengamos	viniéramos	viniésemos
	vendréis	vendríais	vengáis	vinierais	vinieseis
	vendrán	vendrían	vengan	vinieran	viniesen

Vocabulario español—inglés

The **Vocabulario español—inglés** lists all vocabulary items from **Unidad preliminar (0)** through **Unidad 8** compiled from the sections entitled **Expansión de vocabulario**. The number following each entry indicates the unit in which the word or expression is first introduced. If a word is used in the text in more than one sense, each use is given, with an appropriate unit reference for each use. Only the meanings actually used in the text according to context are listed here. To look up other unfamiliar words or variant meanings, please refer to a Spanish-English dictionary of your own choosing.

Nouns are listed in the singular, unless the noun is commonly used only in the plural, and the gender is given in italics. Nouns that refer to people or professions are given in the masculine form but those that can be feminine have an **-a** added either to the stem or to the word to make the feminine form. Invariable noun forms that can be either masculine or feminine are followed by *m/f*. Adjectives are given in the masculine only. Idiomatic expressions are listed under the first substantial word in the phrase (that is, not listed under articles, prepositions, etc.). Parts of speech are listed when necessary to avoid confusion. Stem-changing verbs are indicated by (_→_) showing the appropriate vowel change.

The following abbreviations are used:

adj. adjective, *f* feminine, *inf.* infinitive, *lit.* literally, *m* masculine, *pl.* plural, *pp.* past participle and *sing.* singular

A

abogado(a) lawyer 1
abordar to board 4
abrazar to hug 7
abrigo *m* coat 4
abrochar(se) to fasten 4
abuelo(a) grandfather (grandmother) 2
abusar to abuse 7
acabar to finish 3
acampar to camp 2
accesorios *m pl.* accessories 1
acera *f* sidewalk 3
acertar (e → ie) to be correct 7
acostarse (o → ue) to go to bed 3
acuario *m* aquarium 2
adelantado ahead of schedule 4
adelgazar to lose weight 3
adolescencia *f* adolescence 2
adquirir (i → ie) to acquire 7
aduana *f* customs 4
afeitarse to shave 7
aficionado(a) fan 5
agente de viajes, el (la) travel agent 4
agnóstico(a) agnostic 8
agotarse to run out, to be used up 6
agresivo aggressive 7
agua caliente *m* hot water 4
aguacero *m* downpour 5
aguafiestas *m/f* party pooper 8
ahijado(a) godson (goddaughter) 2
aire acondicionado *m* air-conditioning 4
ajedrez *m* chess 5
Alá Allah 8
alabar to praise 8
alcachofa *f* artichoke 6
alcoba *f* bedroom 2
alegre happy 2
alegría *f* happiness 2
alfombra *f* rug 2
algodón *m* cotton 4
alhajas *f pl.* jewelry 1
alma, el *f* soul 8
almacén *m* department store 3
almeja *f* clam 3
almohada *f* pillow 4
almuerzo *m* lunch 3
alojarse en to lodge, to stay 4
altar *m* altar 8
alternativa *f* alternative 7
alto tall 3
amanecer *m* dawn 5; **amanecer** to dawn 5
ambigüedad *f* ambiguity 6
ambiguo ambiguous 6
amor mío my love 7
amorío *m* love relationship 7
amoroso loving 7
amueblar to furnish 2
analfabetismo *m* illiteracy 6
ancho wide 3
anciano(a) old person 2
anexar to annex 6
anfitrión *m* host 5
anfitriona *f* hostess 5
anillo *m* ring 4
animado exciting 8
aniversario *m* anniversary 8
anochecer *m* nightfall 5; **anochecer** to darken at dusk 5
anotación *f* score 5
antepasado(a) ancestor 2
anunciador(a) disc jockey 1
anunciar to announce, to advertise 5
anuncio *m* advertisement 5; **anuncios clasificados** *m pl.* classified ads 5
apariencia personal *f* personal appearance 7
apasionado passionate 7
apellido *m* last name 0
aplicado studious 1
aprender de memoria to learn by heart 1
aprobar (o → ue) to pass 1
aprovecharse de to take advantage of (*a person or situation*) 7
aquel entonces, en at that time 8
árbitro *m/f* umpire, referee 5
árbol *m* tree 2
arbusto *m* shrub 2
arco iris *m* rainbow 5
arete *m* earring 4
argumento *m* plot 3
armario *m* clothes closet 2
arquitecto(a) architect 1
arrestar to arrest 5
arrodillarse to kneel 8
artista *m/f* artist 1
asado roasted 3
ascenso *m* promotion 7
ascensor *m* elevator 4
asesinato *m* murder 5
asesino(a) murderer 5
asignatura *f* subject 1
asimilarse to assimilate 6

asistencia *f* attendance 1
aspiración *f* goal 7
aspirar a to aspire to 7
asustar to scare 8
atajo *m/f* tackle (*Am. football*) 5
atender (**e → ie**) to wait on, to attend to 4
ateo(a) atheist 8
aterrizaje *m* landing 4
aterrizar to land 4
atestado crowded 4
atún *m* tuna 3
aumentar to increase 6
autonomía *f* autonomy 6
autostop, hacer to hitchhike 2
avalancha *f* avalanche 5
ave *f* fowl, bird 3
avenida *f* avenue 3
ayuntamiento *m* city hall 3
azafata *f* flight attendant, 4
azotea *f* flat roof 2

B

bailarín, bailarina *m/f* dancer 1
bajar del autobús (**coche**) to get off (out of) a bus (car) 3
bajo short (*stature*) 3
bajo cero below zero 5
balcón *m* balcony 4
baloncestista *m/f* basketball player 5
baloncesto *m* basketball 5
banco *m* bank 3; bench 5; pew 8
banquero(a) banker 1
bañar(se) to bathe (oneself) 2
bañera *f* bathtub 2
baño *m* rest room 2
barato inexpensive, cheap 4
barbacoa *f* barbecue 6
barbería *f* barber shop 7
barra *f* bar (*counter*) 3
barrer to sweep 2
barrio *m* neighborhood 2
básquetbol *m* basketball 5
bate *m* bat 5
batear to bat 5
bebé *m* baby 2
bebida *f* drink, beverage 3
béisbol *m* baseball 1
bendecir (**e → i**) to bless 8
bendición *f* blessing 8
beneficiar to benefit 6
beneficio *m* benefit 6
betabel *m* beet (*Mexico*) 6
Biblia *f* Bible 8
bien *m* good 8

bienestar (**social**) *m* well-being (welfare) 6
¡Bienvenido! Welcome! 4
biftec *m* steak 3
billete *m* ticket 4
billetera *f* billfold 1
biología *f* biology 1
bisabuelo(a) great-grandfather (great-grandmother) 2
blusa *f* blouse 4
boda *f* wedding 7
boicoteo *m* boycott 6
boleto *m* ticket 1
bolsa *f* bag, purse 4; stock exchange 5
bombero(a) fire fighter 1
bongó *m* bongo drum 6
boricua *m/f* Puerto Rican (person from the island of Borinquén) 6
borinqueño Puerto Rican (of the island of Borinquén) 6
borrasca *f* storm, tempest 5
bosque *m* forest 2
botas *f* pl. boots 4
botones *m/f* bellhop 4
boxeo *m* boxing 5
bracero(a) day laborer (*Mexican-American*) 6
brindar to toast 3
brindis *m* toast 3
budista *m/f* Buddhist 8
¡Buen provecho! Enjoy the meal! 3
¡Buen viaje! Have a good trip! 4
burguesía *f* bourgeoisie, middle class 6
busca de, en in search of 6
butaca *f* armchair 2; theater seat 3
buzón *m* mailbox 3

C

caballero *m* gentleman 7
cadena *f* channel, network 5
cafetería *f* cafeteria, cafe (*Spain*) 3
caja *f* cash register 4
cajero(a) cashier 1
calcetines *m pl.* socks 4
calefacción *f* heating 2
calentador *m* heater 2
camarero(a) waiter (waitress) 3
camarón *m* shrimp 3
cambiar: cambiar moneda to exchange money 4; **cambiar una llanta** to change a tire 7
camello *m* camel 8
camisa *f* shirt 4
camiseta *f* T-shirt 4

campeón, campeona *m/f* champion 5
campeonato *m* championship 5
campo *m* country 2; **campo deportivo** *m* sports field 1; **campo y pista** *m* track and field 5
canal *m* channel 3; network 5
canasta *f* basket 5
cancha de tenis, la tennis court 5
canoa *f* canoe 2
cantante *m/f* singer 8
capilla *f* chapel 8
caprichoso capricious 7
cárcel *f* jail 5
cariño *m* affection 7
cariñoso affectionate 7
carne *f* meat 3
caro expensive 4
carpintero(a) carpenter 1
carrera *f* race, contest 5
carta *f* menu 3
cartelera *f* entertainment section 5
cartera *f* purse 1
cartero(a) letter carrier 1
casarse con to marry 2
casco *m* helmet 5
castigar to punish 2
catedral *f* cathedral 3
católico(a) Catholic 8
cebolla *f* onion 3
celos *m pl.* jealousy 7
celoso jealous 7
cementerio *m* cemetery 8
cena *f* supper 3
cenar to have supper 3
censura *f* censorship 5
centro *m* center, downtown 3; **centro comercial** *m* shopping mall 1; **centro para niños, el** day-care center 7
cerdo *m* pork 3
cero *m* zero 5
cerveza *f* beer 3
cesta *f* basket 5
ciclismo *m* cycling 5
ciclo *m* cycle 6
ciclón *m* cyclone 5
cielito sweetheart, darling 7
cielo *m* heaven 8
ciencia: ciencias de computadora, las computer sciences 1; **ciencias políticas** *f pl.* political sciences 1; **ciencias sociales** *f pl.* social sciences 1
científico(a) scientist 1
cierta manera, de in a way 7
cine *m* movie theater 3

cinta *f* cassette tape 1
cinturón de seguridad, el seat belt 4
circo *m* circus 2
cirujano(a) surgeon 1
cita *f* date 1
ciudadanía *f* citizenship 6
ciudadano(a) citizen 6
clase alta (media, baja) *f* upper (middle, lower) class 6
cliente *m/f* customer 4
cobertizo *m* dugout 5
cobija *f* blanket 4
cobrar to charge 3
cocina *f* kitchen 2
coco *m* coconut 6
código postal *m* zip code 0
coleccionar to collect 2
columnista *m/f* columnist 5
comadre *f* close family friend, godmother 2
combinar to combine, to blend 6
comedor *m* dining room 2
comentarista *m/f* commentator 5
comerciante *m/f* merchant 1
comida *f* dinner, meal 3
¿Cómo quedamos? How do we stand? 3
cómoda *f* chest of drawers 2
cómodo comfortable 4
compadre *m* close family friend, godfather 2
compartir to share 6
competencia *f* competition 5
complaciente obliging 7
comprobar (o → ue) to prove 7
computadora *f* computer 0
comunismo *m* communism 6
comunista *m/f* Communist 6
condenar to condemn 8
conductor(a) driver 3
confesar (e → ie) to confess 8
confiar en to confide in, to trust 2
conga *f* conga drum 6
congregación *f* congregation 8
conjunto musical *m* band 3
conquistador(a) conqueror 6
conquistar to conquer 6
consejero(a) counselor 1
conservador conservative 6
consolar (o → ue) to console 8
consuelo *m* consolation 8
contabilidad *f* accounting 1
contador(a) accountant 1
contar (o → ue) chistes to tell jokes 3
contemporáneo(a) contemporary 1
contenido contained, moderate 7

contradecir (e → i) to contradict 6
convidar to invite 8
copa *f* wineglass 3
corbata *f* tie 4
coro *m* choir 8
corregir (e → i) to correct 1
correo *m* post office 3
corresponsal extranjero(a) foreign correspondent 5
cortarse las uñas to cut one's fingernails 7
cortina *f* curtain 2
corto short (*distance, measure*) 3
cosas van de mal en peor, las things are going from bad to worse 6
cosecha *f* crop 6
cosechar to harvest 6
costo de vida, el cost of living 6
crecer to grow 2
creencia *f* belief 8
crepúsculo *m* dusk 5
creyente believer 8
criado(a) servant 2
criar to raise 2
crisol *m* melting pot 6
cristiano(a) Christian 8
criticar to criticize 5
crónica: crónicas de modas, las fashion section 5; **crónicas de sociedad, las** society pages 5
crucifijo *m* crucifix 8
cruz *f* cross 8
cuadra *f* block (*distance between streets*) 3
cuadro *m* picture 2
Cuaresma *f* Lent 8
cuarto *m* room 2
cuarto de baño, el bathroom 2
cuarto para almacenar cosas, el storeroom 2
cuatro *m* 4-stringed instrument 6
cubiertos *m pl.* silverware 3
cuchara *f* spoon 3
cuchillo *m* knife 3
cuenta *f* check, bill 3
cuento de hadas, el fairy tale 2
cuero *m* leather 4
cuerpo *m* body 8
cuidar to take care of 7
cuidar de to take care of 2
culebra *f* snake 2
culpable guilty 5
cumpleaños *m sing.* birthday 2
cumplir … años to be … years old 2
cumplir con los requisitos to fulfill the requirements 1

cuñado(a) brother(sister)-in-law 2
cura *m* priest 8
cutis atractivo *m* attractive skin 7

Ch

chaleco *m* vest 4
champaña *f* champagne 8
chaqueta *f* jacket 4
cheque de viajero, el traveler's check 4
chicano(a) Chicano, Mexican-American 6
chismear to gossip 3
chubasco *m* downpour 5

D

dama *f* lady 7
dar: dar a to overlook 4; **dar a luz** to give birth to 7; **dar el pésame** *m* to express one's condolences 8; **dar miedo** to scare 8; **dar un paseo** to go for a walk (ride) 1; **dar una vuelta** to stroll, to take a walk 3; **dar(le) asco (a alguien)** to be loathsome to someone 3
¿De qué se trata …? What is … about? 3
deber *m* duty 7
debido a, es it is because of 7
decir una oración to say a prayer 8
decisión *f* decisión 7
declarar to declare 4
dejar el cuarto to give up the room 4
delegar to delegate 7
democracia *f* democracy 6
demócrata *m/f* Democrat 6
democrático democratic 6
dentista *m/f* dentist 1
dentro de poco shortly, soon 8
dependencia *f* dependence 7
dependiente(a) clerk 1
deportes *m pl.* sports section 5
depresión *f* depression 2
deprimido depressed 2
derecha, a la to the right 3
derecho straight ahead 3; **derecho** *m* right (*to do something*) 7
desayuno *m* breakfast 3
desde luego of course 7
desempeñar to perform 7
desfile *m* parade 8
deshonrar to dishonor 7
desigual unequal 6
desigualdad *f* inequality 6

desilusión f disappointment 2
desilusionado disappointed 2
desilusionarse to become disappointed 7
despedida f farewell, parting 4
despedida de soltero(a), la bachelor party (bridal shower) 8
después de after 3
destierro m exile 6
destino a, con bound for 4
desván m attic 2
determinación f determination 7
diablo m devil 8
diario daily 4
dicho y hecho no sooner said than done 8
dictadura f dictatorship 6
diferenciar to differentiate 6
difunto(a) deceased, dead person 8
dinámico dynamic 7
Dios God 8
disco m record 1
discreción f discretion 7
discriminar to discriminate 6
disfrutar to enjoy 3
disponible available 4
diversión f entertainment 3
divertirse (e → ie, i) to have a good time 3
divorciarse to get divorced 7
doblar to turn (a corner) 3
dolor m grief 8
domar to subdue, to master 7
domicilio m residence 0
dominante domineering 7
dominar to dominate 7
ducha f shower 4
duchar(se) to (take a) shower 2
dulzura f sweetness 7
década f decade 6

E

economía f economics 1
echar una carta to mail a letter 3
editar to edit 5
editoriales m pl. editorials 5
ejecutivo(a) executive 7
electricista m/f electrician 1
elefante m elephant 2
elegir (e → i) to elect, to choose 1
elogiar to eulogize 8
elogio m eulogy 8
embarazo m pregnancy 7
embotellamiento (de tráfico) m (traffic) jam 3

emigrante m/f emigrant 6
emigrar to emigrate, to migrate 6
emisora f television (radio) station 5
¿En qué puedo servirle? How may I help you? 4
enamorado in love 7
encantado, estar to be excited 3
encinta pregnant 7
enérgico energetic 7
enfadarse to become angry 7
enfermarse to get sick 2
enfermero(a) nurse 1
engordar to gain weight 3
enojarse to become angry 7
enojado angry 2
enojo m anger 2
enriquecer to enrich 6
enterrar (e ie) to bury 8
entierro m burial 8
entrada f ticket 3
entregar to hand in 1
entrenador(a) trainer, coach 5
entrenarse to train 5
entretenerse to have a good time 3
entusiasmado con, estar to be excited about 3
envidia f envy 7
envidioso envious 7
epitafio m epitaph 8
equipaje m luggage 4
escala: hacer escala to stop over 4; **sin escala** nonstop 4
escasez f scarcity 6
esclavizar to enslave 6
escoba f broom 2
escritor(a) writer 1
escritorio m student desk 0
espantar to scare 8
espectáculo m show 8
espectador(a) spectator 5
espejo m mirror 2
espíritu m spirit 8
esposa f wife 2
esposas f pl. handcuffs 5
esposo m husband 2
esqueleto m skeleton 8
esquí, esquiar m skiing 5
esquina f corner 3
estabilidad f stability 7
estación f station 0
estacionar (el coche) to park (the car) 3
estadio m stadium 1
estadísticas f pl. statistics 6
estado civil m marital status 7
estado del tiempo, el weather condition 5

estancia f stay 4
estantería f shelves 2
estar: estar a dieta to be on a diet 3; **estar al alcance de** to be within reach 6; **estar de luto** to be in mourning 8; **estar de moda** to be in style 4; **estar de parte de** to be in favor of 5
estereotipar to stereotype 6
estimulante stimulating, exciting 8
estrecho close (*distance*) 2
estrella de cine, el (la) movie star 1
estufa f stove heater 2
étnico ethnic 6
evitar to avoid 7
examen m test 0
exceder to exceed 7
excusado m toilet 2
exención f exemption 6
explotación f exploitation 6
expresivo expressive 7

F

fabricante m/f manufacturer 1
falda f skirt 4
fallar to fail 1
falta f absence 1
falta de comprensión, la lack of understanding 7
faltar to miss 1
fantasma m ghost 8
farmacéutico(a) pharmacist 1
farmacia f pharmacy 3
fastidiar to upset, to irk 7
fe f faith 8
fecha de nacimiento, la birth date 0
felicidad f happiness 2
feliz happy 2
festejar to have a party, to celebrate 8
fiesta, hacer una to have a party 8
firmar to sign 0
física f physics 1
flan m caramel custard 3
flexible flexible 7
flor f flower 2
foca f seal 2
folleto m pamphlet 4
fomentar to encourage 6
formidable terrific 7
fotógrafo(a) photographer 1
fracasar to fail 1
franela f flannel 4
fregadero m (kitchen) sink 2
fregar (e→ie) to scrub, to wash 2
fresa f strawberry 3

fresco fresh 7
frijol *m* bean 6
frito fried 3
frontera *f* border 4
funeral *m* funeral 8
fútbol *m* soccer 1; **fútbol americano** *m* football 5
futbolista *m/f* football player 5

G

galleta (salada) *f* cookie (cracker) 3
gamba *f* shrimp 3
ganador(a) winner 1
ganar(le a uno) to win (to defeat someone) 5
ganar peso to gain weight 7
gaseosa *f* soda 3
gastar to spend, to waste 4
gerente *m/f* manager 1; **gerente del hotel, el** hotel manager 4
gimnasio *m* gymnasium 1
gira *f* tour 4
globo *m* balloon 8
gobernador(a) governor 6
gobernar (e → ie) to govern 6
gobierno *m* government 6
golpe: golpe de estado, el coup d'état 5; **golpe, de un** all at once 7
gozar de to enjoy 3
grabadora *f* tape recorder 8
grado *m* degree 5
graduarse to graduate 1
granizar to hail 5
granizo *m* hail 5
grupo musical *m* band 3
guantes *m pl.* gloves 4
guardar el equipaje to store the luggage 4
guardería infantil *f* day-care center 7
guía turístico(a) tour guide 4

H

habitación *f* room 2
habla hispana, de Spanish-speaking 6
hamaca *f* hammock 2
helada *f* frost 5
helado *m* ice cream 3
helar (e → ie) to freeze 5
heredar to inherit 6
hielo *m* ice 5
hijastro(a) stepson (stepdaughter) 2
hijo(a) único(a) only child 2
himno *m* hymn 8
hindú *m/f* Hindu 8

hispánico Hispanic 6
hispano Hispanic 6; **hispano(a)** person of Spanish ancestry 6
historietas *f pl.* comic strips 5
hogar *m* home, hearth 2
horario *m* schedule 0
hormiga *f* ant 2
horno *m* oven 2; **al horno** baked 3
huelga *f* strike 5
huevo *m* egg 3
huir to flee 6
humedad, hay it's humid 5
huracán *m* hurricane 5
huésped *m/f* guest 4
hígado *m* liver 3

I

idioma (extranjero) *m* (foreign) language 1
iglesia *f* church 8
igual equal 6
igualdad *f* equality 6
ilegal illegal 6
impermeable *m* raincoat 4
impuestos *m pl.* taxes 6
incendio *m* fire 5
incómodo uncomfortable 4
incorporarse to incorporate 6
indecisión *f* indecision 7
independencia *f* independence 7
indígena *m/f* native inhabitant 6
indio(a) Indian 6
indiscreción *f* indiscretion 7
infancia *f* childhood 2
infierno *m* hell 8
ingeniero(a) engineer 1
inmigrante *m/f* immigrant 6
inmigrar to immigrate 6
integrarse to integrate oneself 6
intentar to try 3
íntimo close (*intimate*) 2
invitación *f* invitation 8
invitado(a) guest 8
ir: ir de compras to go shopping 4; **ir por un mandado** to do an errand 7
izquierda, a la to the left 3

J

jabón *m* soap 4
jardín zoológico *m* zoo 2
Jehová Jehovah 8
jonrón *m* home run 5
joven young 2
joyas *f pl.* jewelry 1

judío(a) Jew 8
juego con, hacer to match 4
juez *m/f* judge 1
jugar (u → ue) to play (a game) 2; **jugar a las cartas (a los naipes)** to play cards 3
jugo *m* juice 3
juntarse to get together 8
junto together 2
juvenil young-looking 7
juventud *f* youth 2

L

ladrillo *m* brick 2
lágrima *f* tear 7
lamentar to regret, to mourn 8
lana *f* wool 4
langosta *f* lobster 3
lanzador(a) pitcher
lápiz labial *m* lipstick 7
largo long 3
lavabo *m* washbasin, (bathroom) sink 2
lavadora *f* washing machine 2
lavaplatos *m* dishwasher 2; **de lavaplatos** as a dishwasher 6
lavar(se) to wash (oneself) 2
lectura *f* reading 0
lechuga *f* lettuce 3
legumbre *f* vegetable 3
lema *m* slogan 6
leña *f* firewood 2
levantamiento *m* uprising 6
levantarse to get up 3
ley *f* law 5
liberal liberal 6
libertad de la prensa, la freedom of the press 5
línea aérea *f* airline 4
liquidación *f* sale 4
lista del equipaje, la list of things to take 4
locutor(a) disc jockey 1; announcer 5
lucha libre *f* wrestling 5
lugar *m* place 3
luna, hay the moon is out 5; **luna de miel, la** honeymoon 7
luz *f* traffic light 3

Ll

llegada *f* arrival 4
llevar una vida (alegre, dura) to lead a (happy, hard) life 2
llover (o ue) to rain 5

llueve a cántaros it is pouring 5
lluvia *f* rain 5

M

machista exaggeratedly masculine (male chauvinist) 7
macho exaggeratedly masculine 7
madera *f* wood 2
madrastra *f* stepmother 2
madrina *f* godmother 2
mal *m* evil 8
maleta *f* suitcase 4
maltratar to mistreat, to abuse 6
manchar to stain 3
manifestación *f* demonstration 5
manta *f* blanket 4
mantel *m* tablecloth 3
manzana *f* city block 3
maquillaje *m* makeup 7; **aplicar maquillaje** to apply makeup 7
mar *m* sea, ocean 2
marcador *m* scoreboard 5
margen de, al on the border of 6
marido *m* husband 2
marisco *m* shellfish 3
más allá *m* the beyond, afterlife 8
matemáticas *f pl.* mathematics 1
maternidad *f* maternity 7
materno maternal 7
matricular(se) to register 0
matrimonio *m* matrimony, married couple 7
mayor older, oldest 2
mecedora *f* rocking chair 2
medias *f pl.* stockings 4
médico(a) doctor 1
medio de, por by means of 6
mejorar to improve 7
melancolía *f* melancholy 2
melancólico melancholic 2
menor younger, youngest 2
menú *m* menu 3
merienda *f* snack 3
mesa del centro, la coffee table 2
mesero(a) waiter (waitress) 3
mestizo(a) person of mixed Indian and European ancestry 6
meta *f* goal line, finish line 5
meter en to put (into) 4
mezcla *f* mixture 6
mezclar to mix, to combine 6
mezquita *f* mosque 8
milagro *m* miracle 8
mimado spoiled 2
minifalda *f* miniskirt 1

ministro(a) minister 8
mirar la televisión to watch television 3
misa *f* mass 8
místico(a) mystic 8
mito *m* myth 7
mochila *f* knapsack 2
mojar(se) to wet (to get wet) 2
molestia *f* annoyance 2
molestado annoyed 2
monarca *m/f* monarch 6
monarquía *f* monarchy 6
monja *f* nun 8
monje *m* monk 8
mono *m* monkey 2
moreno dark (*hair, skin, etc.*) 6
morir(se) (**o → ue**) to die 2
mostrador *m* counter 3
movimiento de liberación femenina, el women's liberation movement 7
mozo(a) waiter (waitress) 3
mudarse (**de casa**) to move (*from a residence*) 6
muerte *f* death 2
muerto(a) dead person 8; **muerto, estar** to be dead 8; **muerto, ser** to be killed 8
mujer *f* wife 2; **mujer policía** *f* policewoman 1
mulato(a) person of mixed African and European ancestry 6
multa *f* fine 3
música suave *f* easy listening (music) 1
músico *m/f* musician 1
musulmán, musulmana *m/f* Muslim 8

N

nacer to be born 2
nacimiento *m* birth 2
nada love (*tennis*) 5
nadar to swim 4
natación *f* swimming 5
Navidad *f* Christmas 8
neblina, hay it's misty 5
nevada *f* snowstorm 5
nevar (**e → ie**) to snow 5
niebla *f* fog 5; **hay niebla** it's foggy 5
nieto(a) grandson (granddaughter) 2
nieve *f* snow 5
niñera *f* nursemaid, babysitter 2
niñez *f* childhood 2
niños fresa *m* preppy kids 1
nivel de vida, el standard of living 6
no creyente nonbeliever 8

Noche Vieja *f* New Year's Eve 8
Nochebuena *f* Christmas Eve 8
noticias (**inter**)**nacionales** (**locales**) *f pl.* (inter)national (local) news 5
noticiero *m* news program 5
nuera *f* daughter-in-law 2
nueva ola *f* new wave 1

O

obediente obedient 7
obituarios *m pl.* obituaries 5
obligatorio obligatory 1
ocupado occupied 4
ocupar to occupy 4
olor *m* smell 3
ondular el pelo to curl one's hair 7
orar to pray 8
oro *m* gold 4
oscurecer to grow dark 5
oso *m* bear 2
ostión, ostra *m/f* oyster 3

P

padecer to suffer 8
padrastro *m* stepfather 2
padrino *m* godfather 2
pagar to pay 4; **pagar a plazos** to pay in installments 4; **pagar al contado** to pay cash 4
paisaje *m* countryside, landscape 2
pájaro *m* bird 2
palma *f* palm tree 6
palmera *f* palm tree 6
palomitas de maíz, las popcorn 3
pana *f* corduroy (*Argentina*) 4
pantalones *m pl.* pants 4; **pantalones vaqueros** *m pl.* blue jeans 1
pantalla *f* (movie) screen 1
Papa *m* the Pope 8
papel higiénico *m* toilet paper 4
par *m* pair 4
parada de taxi (**autobús**) *f* taxi stand (bus stop) 3
paraíso *m* paradise 8
parecerse a to resemble 2
pared *f* wall 2
pareja *f* couple 7
pariente *m/f* relative, relation 2
partera *f* midwife 7
partida *f* set (*tennis*) 5
partido *m* game 5; **partido político** *m* political party 6
partir de, a after 3
parto *m* labor 7

pasado mañana the day after tomorrow 8
pasaje *m* ticket 4; **pasaje de ida y vuelta, el** round-trip ticket 4
pasajero(a) passenger 4
pasaporte *m* passport 4
pasar to pass 1; **pasar la aspiradora a** to vacuum 2; **pasar por la aduana** to go through customs 4
pasarlo(la) bien to have a good time 3
Pascua *f* Easter 8
pasear(se) to stroll, to take a walk 3
pasivo passive 7
paso, de *f* incidentally 7
pastor(a) minister 8
patear to kick 5
paternidad *f* paternity 7
paterno paternal 7
patinaje: patinaje sobre el hielo, el ice skating 5; **patinaje sobre ruedas, el** roller skating 5
pato *m* duck 2
patria *f* native country 6
patrocinador *m* sponsor 1
patrón, patrona *m/f* boss 6
pausa *f* (station) break 1
paz *f* peace 8
peatón, peatona *m/f* pedestrian 3
peca *f* freckle 6
pecador *m* sinner 8
pecar to sin 8
peinado *m* hairdo 7
pelear(se) to fight (one another) 2
película *f* movie 3
pelirrojo redhead 6
pelota *f* ball 5
peluquería *f* beauty parlor (*Spain*) 7
pepino *m* cucumber 3
perdedor(a) loser 1
perder (e → ie): perder el avión to miss the plane 4
pérdida *f* loss 6
perdurar to persist, 6
perezoso lazy 1
periodista *m/f* journalist 1; reporter 5
pertenecer to belong, to pertain to 6
pesado, ser to be dull, to be boring 8
pesar to weigh 4
pescado *m* fish 3
pescar to fish 2
pez *m* fish 2
picante spicy (*hot*) 3
picar to snack, to munch 8
piel *f* fur 4
pieza *f* room 2
piloto *m/f* pilot 1

piña *f* pineapple 6
pintor(a) painter 1
pintura *f* painting 2
piso *m* floor, apartment 3
pista *f* track 1; dance floor 3
pizarra *f* chalkboard 0
plancha *f* iron 2
planchar to iron 2
planta *f* floor (*of a building*) 4
plata *f* silver 4
plátano *m* banana (**Spain**) 3
plaza de toros, la bullring 3
plomero(a) plumber 1
poder de la prensa, el power of the press 5
poderío *m* power, authority 7
policía *m* policeman 1; **mujer policía** *f* policewoman 1
pollo *m* chicken 3
poner la mesa to set the table 3
ponerse enfermo(a) to get sick 2
porcentaje *m* percentage 6
portero *m* doorman 4
postre *m* dessert 3
practicar un deporte to participate in a sport 5
precio *m* price 4
precipitación *f* precipitation 5
precipitar to precipitate 5
predicar to preach 8
prejuicio *m* prejudice 6
primera página *f* front page 5
primo(a) cousin 2
prisión *f* prison 5
privilegio *m* privilege 7
probador *m* dressing room 4
probar (o → ue) to try, to taste 3
procedente de coming from 4
procesión *f* parade 8
procurar to try 7
programador(a) programmer 1
proletariado *m* proletariat 6
promedio *m* average 1
pronto early, soon 3
propina *f* tip 3
Próspero Año Nuevo Happy New Year 8
protestante *m/f* Protestant 8
provenir (e → ie) to originate 7
provocar to provoke 7
psicología *f* psychology 1
psicólogo(a) psychologist 1
psiquiatra *m/f* psychiatrist 1
publicar to publish 5
publicidad *f* publicity 5
puente *m* bridge 3

puerta de salida, la gate 4
puesta del sol, la sunset 5
punto *m* point 5
pupitre *m* school desk 0

Q

quedarle bien to fit one well 4
querido(a) mío(a) my dear 7
química *f* chemistry 1
químico *m/f* chemist 1
quinceañera *f* girl's fifteenth-birthday party 8
quiosco *m* newsstand (kiosk) 3

R

rabino *m* rabbi 8
rana *f* frog 2
raptar to kidnap 5
raqueta *f* racket 5
rascacielos *m sing.* skyscraper 3
rayuela *f* hopscotch 2
Raza, la *lit.*, race 6
razonable reasonable 7
reclamar to claim 4
recordar (o → ue) to remember 2
rechazar to reject 6
red *f* net
redactar to write, to edit 5
redactor(a) editor 1
reemplazar replace 6
reflejar to reflect 8
refresco *m* drink, refreshment 3
refugiado(a) refugee 6
regadera *f* shower 4
regañar to scold, to quarrel 2
regar (e → ie) to water (*plants*) 6
regatear to bargain, to haggle 4
regla *f* rule 5; **en regla** in order 4
reír (e → i) to laugh 2
relámpagos, hay there's lightning 5
remordimiento *m* remorse 7
reno *m* reindeer 8
renunciar to give up 7
reñir (e → i) to dispute, to scold 2
repasar to review 1
reportar to report 5
reportero(a) reporter 5
república *f* republic 6
republicano (*adj.*). republican 6; **republicano** *m/f* Republican 6
requerir (e → ie) to require 1
requisito *m* requirement 1
reserva, reservación *f* reservation 4;

hacer reservas (reservaciones) to make reservations 4
resistir(se) a to resist 6
respetar to respect 2
restaurante *m* restaurant 3
retrasado delayed 4
revisar to inspect 4
revolución *f* revolution 6
revolucionario(a) revolutionary 6
revuelta *f* revolt 6
Reyes Magos *m pl.* the Three Wise Men 8
rezar to pray 8
riesgos de, con with possibilities of 5
rígido rigid, inflexible 7
río *m* river 2
robar to rob 5
ropa interior *f* underwear 4
ruidoso noisy 4

S

sábana *f* sheet 4
sabor *m* taste 3
sacar buena (malas) notas to get good (bad) grades 1
sacerdote *m* priest 8
saco de dormir, el sleeping bag 2
sagrado sacred 8
sala *f* den, family room 2; sala de espera, la waiting room 4; sala de estar, la living room 2
salado salty 3
salida *f* departure 4; salida de dos parejas (al cine) double date (to the movies) 1; salida del sol, la sunrise 5
salmo *m* psalm 8
salón *m* living room 2
salvar to save 8
San Nicolás Saint Nick, Santa Claus 8
sano y salvo safe and sound 8
santo holy 8; santo(a) saint 8; santo, día del saint's day 8; santo(a) patrón (patrona) *m/f* patron saint 8
secadora *f* (clothes) dryer 2
secar(se) to dry (oneself) 2
sección (de cocina) (deportiva) (financiera), la (cooking) (sports) (financial) section 5
secretario(a) secretary 1
secuestrar to hijack 5
seda *f* silk 4
seguro social *m* Social Security 6
semáforo *m* traffic light 3

sembrar (e → ie) to sow 6
semestre *m* semester 0
semilla *f* seed 6
señora *f* wife 2
sensible sensitive 7
sentado, estar to be seated 3
sepulcro *m* grave 8
sequía *f* drought 5
sermón *m* sermon 8
serpiente *f* snake 2
servicio sanitario *m* rest room 2
servilleta *f* napkin 3
sigla de identificación, la call letters 1
silla *f* chair 2
sillón *m* armchair 2
sinagoga *f* synagogue 8
sitio *m* place 3
sobornar to bribe 7
sobrecargo *m* flight attendant 4
sobrenatural supernatural 8
sobrepoblado overpopulated 6
sobresaliente outstanding 1
sobresalir to excel 1
sobrio sober 3
sociable sociable 7
socialismo *m* socialism 6
sociología *f* sociology 1
sol: sol, hace it's sunny 5; sol, hay the sun is out 5
soler (o → ue) to be used to, to be in the habit of 3
soltero(a) single person 2
someter to subdue 7
someterse a to submit to 7
soñar (con) to dream (about) 2; soñar despierto to daydream 2
soplar to gust 5
soplo *m* gust 5
sortija *f* ring with a stone 7
sospechoso suspicious 7
sótano *m* basement 2
subir al autobús (coche) to get on (into) a bus (car) 3
subordinado subordinate 7
suegro(a) father(mother)-in-law 2
suelo *m* floor 2
suéter *m* sweater 4
sufrimiento *m* suffering 8
sufrir to suffer 8
sumiso submissive 7
superar to overcome 7
surgir to appear 7

T

tabaquería *f* tobacco stand 4

taíno *m/f* Indian native to Puerto Rico 6
tantear to keep score 5
tanto *m* point 5
taquilla *f* box office 3
tarifa *f* fare 4
tarjeta: tarjeta de crédito, la credit card 4; tarjeta de Navidad, la Christmas card 8
tasa de cambio, la rate of exchange 4
techo *m* ceiling, roof 2
tejado *m* roof 2
tela *f* material 4
televisión y el cine, la (newspaper) entertainment section (*Spain*) 5
tema *m* theme 3
tender (e → ie) to have a tendency 6
tenedor *m* fork 3
tener celos to be jealous 7
tenis *m* tennis 1
tenista *m/f* tennis player 5
terminar to finish 3
ternera *f* veal 3
terraza *f* terrace 2
terremoto *m* earthquake 5
testigo *m/f* witness 5
tiburón *m* shark 2
tienda de campaña, la tent 2
tigre *m* tiger 2
tina *f* bathtub 2
tío(a) uncle (aunt) 2
tiranía *f* tyranny 6
tiránico tyrannical, despotic 6
tiras cómicas *f pl.* comic strips 5
titulares *m pl.* headlines 5
tiza *f* chalk 0
toalla *f* towel 4
tocador *m* dressing table 2
tomar to eat, to drink 3; tomar el sol to sunbathe 4
tormenta *f* storm 5
tormenta de nieve, la snowstorm 5
torta *f* cake 3
trabajador hardworking 1; trabajador(a) worker 1
trago *m* drink, gulp 3
traje *m* suit, outfit 4; traje típico *m* typical costume 8
transitorio transitory 8
transmisión *f* broadcast 1
tratado *m* treaty 6
tratar de to try 3
travieso mischievous 2
trineo *m* sleigh 8
triste sad 2
tristeza *f* sadness 2

tronar (o → ue) to thunder 5
trueno *m* thunder 5
tumba *f* tomb, grave 8
turista *m/f* tourist 4
turrón *m* almond candy (*made usually at Christmas*) 8

U

ultratumba beyond the tomb 8
uniforme *m* uniform 5

V

valiente valiant 7
variado varied 6
vecindad *f* neighborhood 2
vejez *f* old age 2
velorio *m* wake 8
vencer to defeat 5
vendedor(a) salesclerk 1
ventisca *f* blizzard 5
ver la televisión to watch television 3
verbena *f* evening party 8
verter (e → ei, i) to spill 3
vestíbulo *m* lobby 4
vestido *m* dress 4
vestirse (e → i) de luto to dress in mourning 8
viejo old 2
viento, hace it's windy 5
villancico *m* Christmas carol 8
vino *m* wine 3
virtuoso virtuous 7
visar to endorse with a visa 4
vista *f* view 4
viudo(a) widower (widow) 2
volibol *m* volleyball 1
voluntad *f* will 7
votar to vote 6
voto *m* vote 6
vuelo *m* flight 4

W, Y, Z

wáter *m* toilet 2
yerno *m* son-in-law 2
zanahoria *f* carrot 3
zapatillas *f pl.* slippers, sneakers 4
zapatos *m pl.* shoes 4
zumo *m* juice 3

Índice de gramática

a
   a + *infinitive* 324
   al + *infinitive* 431
   personal **a** 53–54, 276
   used after certain infinitives 431
acabar de 27, 88
accentuation 474
adjectival clauses, 278–279
adjectives
   absolute superlative 390
   agreement with noun of 52
   demonstrative 139–140
   gender of 48
   in comparisons of equality 389, 390
   in comparisons of inequality 388–389, 390
   past participles used as 385
   plural of 49
   position of 50–51
   possessive 100–102
   shortened forms of 49–50
   superlative 389–390
   used as nouns 11
   with **ser** and **estar** 39
adverbial clauses and conjunctions, 334–336
adverbs
   formation of, with **-mente** 377
   in comparisons of equality 389, 390
   in comparisons of inequality 388–389, 390
   position of 378
   superlative 389–390
affirmative words and expressions 275
al + *infinitive* 431
articles
   definite 371–374
   indefinite 375
   neuter **lo** in superlative 389
augmentatives 397
be, **ser** and **estar** as equivalents of 35–37
become (concept of), Spanish equivalents of 426
capitalization 474
collective nouns 474
commands 215–217
   placement of pronouns with 218–219
como si 338
comparisons
   of equality 389, 390
   of inequality 388–389, 390
compound tenses. *See* perfect tenses
con, used with certain verbs 324
conditional
   forms of 268
   in *if* clauses 338
   use of, 268–269
conjunctions
   adverbial. *See* adverbial clauses and conjunctions
   e (for **y**) and **u** (for **o**) 170
   pero, sino, sino que 379
conmigo, contigo 328
conocer vs. **saber** 209–210
¿cuál? vs. **¿qué?** 136–137
cualquier and similar expressions 336
¿cuánto? 137
cuyo (relative adjective) 260

de
   expressing *than* in comparisons 388
   in superlatives 389
   replacing **por** in the passive 424
   showing possession with **ser** 36
   with certain verbs 325
deber, in expressions of obligation 444
demonstrative adjectives 139–140
demonstrative pronouns 141–142
desde, desde hace (hacía) 46, 86
diminutives 396–397
direct object pronouns. *See* object pronouns
e (for **y**) 170
el que, el cual (relative pronouns) 258–259
en, used with certain verbs 325
estar
   vs. **ser** 35–37
   with adjectives 39
   with present participle 32–33, 99
fractions 475
future tense
   forms of 265
   use of, 266
gender
   of adjectives 48
   of nouns 10–11
gerund 33, 434
   vs. past participle 386
gustar, and similar verbs 155
haber
   in expressions of obligation
      haber de 444–445
      hay que 444

hay 44, 148
used in compound (perfect) tenses 308–309
hacer
   in expressions of time 46, 77, 86
   in weather expressions 252
   meaning *ago* 77
hay 44, 148
hay que, in expressions of obligation 444
if clauses. *See* conditional
imperative. *See* commands
imperfect subjunctive. *See also* subjunctive
   forms and use of 313
   in conditional (*if*) clauses 338
imperfect tense
   forms of 83–84
   of **acabar de** 88
   of **hacer** and **llevar**, in expressions of time 86
   verbs with different meanings in the imperfect and preterite 94
   vs. preterite 93–94
impersonal expressions, with subjunctive 196–197
impersonal **se** 166–167
indirect object pronouns. *See* object pronouns
infinitives, use of 431
interrogative expressions 136–139
ir a + *infinitive* 27, 266
-ísimo 390
lo (object pronoun) 148
   neuter **lo** 11, 148
lo que, lo cual (relative pronoun) 260, 61
llevar, in expressions of time 46, 86
mas...que 388, 389
menos...que 388, 389
negative words and expressions 275–276
neuter pronouns
   demonstrative pronouns 141
   lo 11, 148
   lo que, lo cual 260
nouns
   adjectives used as 11
   gender and number of 10–11
   plural of 12
object pronouns
   direct 147–149
   indirect 150–151, 153
   position of 148–149, 309
      with commands 218–219

prepositional 328
obligation, verbs expressing 444–445
ojalá 255
para 163–164
participles. *See* past participles; present participles
passive voice
   true passive 423–424
   with **se** 424
past participles
   as adjectives 385
   in perfect tenses 308–309
   vs. gerund in English 386
past progressive tense 99
perfect tenses 308–309, 314
pero, sino, sino que 379
personal **a** 53–54, 276
plural
   of adjectives 49
   of articles 371
   of nouns 12
por 161–163
possessive adjectives and pronouns 100–102
prepositions
   common prepositions 326
   pronouns as objects of 328
   with infinitives 431
   with verbs 324–325
present indicative
   of irregular verbs 25–26
   of regular verbs 7
   use of 8
present participles 32–33
present progressive 32–33
present subjunctive. *See also* subjunctive
   forms of 193–194
   in adjectival clauses 278–279
   in adverbial clauses 334–336
   in noun clauses 253–255
   use of 195
   vs. infinitive 431
   with impersonal expressions 196–197
preterite tense 74–76
   verbs with different meanings in the imperfect and preterite 94
   vs. imperfect tense 93–94
progressive tenses
   past progressive tense 99
   present progressive 32–33
pronouns
   as objects of prepositions 328
   demonstrative 141–142
   direct object 147–149

indirect object 150–151, 153
   placement of, with commands 218–219
possessive 100–102
reciprocal reflexive 436
reflexive 203–204
relative 257–260
se, used for passive voice 424
subject 5–6
que (relative pronoun) 258
¿qué? vs. **¿cuál?** 136–137
¿quién? (interrogative) 137
quien (relative pronoun) 258
reciprocal reflexive constructions 436
reflexive pronouns 203–204, 309
reflexive verbs 203–205
   with commands 219
relative pronouns 257–260
saber vs. **conocer** 209–210
se
   as indirect object pronoun 153
   as reciprocal pronoun 436
   as reflexive pronoun 203–204
   as substitute for passive voice 424
   for unexpected events 207–208
   impersonal **se** 166–167
ser
   with adjectives 39
   with passive voice 423
   vs. **estar** 35–37
sino, pero, sino que 379
spelling changes, verbs with 74
stem-changing verbs 23–24, 74
subject pronouns 5–6
subjunctive. *See also* imperfect subjunctive; present subjunctive
   perfect tenses 308
   review of 398–400, 442–443
   sequence of tenses with 314–315
superlative 389–390
tan...como, tanto...como 389
tener
   expressions with 168
   in expressions of obligation 444
   tener que + infinitive 444
time
   expressing
      with **hacer** 46, 77
      with **llevar** 46
   telling 133
tú vs. **usted** 6
u (for **o**) 170
usted vs. **tú** 6
volver a + *infinitive* 27
weather expressions 252

Art Credits

Susan Jerde: p. 180, 190, 200, 212, 232, 250, 271, 292, 219, 230, 347, 368, 420, 439, 454

Mike Krone: p. 9, 20, 29, 34, 37, 41, 60, 62, 79, 87, 98, 100, 118, 135, 140, 143, 147, 152, 206, 225, 229, 236, 261, 267, 270, 281, 289, 216, 354, 380, 392, 433, 437

Marisa Lobe: p. 111, 428

Photo Credits

Abbreviations used: (t)top; (c)center; (b)bottom; (l)left; (r)right; (i)inset.
INDICE DE MATERIAS: Page iii(t), Chip and Rosa María de la Cueva Peterson; iii(c), iii(b), iv(t), HRW Photo by Russell Dian; iv(c), Carl Purcell/Words and Pictures; iv(b), v(t), HRW Photo by Russell Dian; v(c), Neal and Molly Jansen/Shostal Associates; v(b), Ron Sanford/Mark MacLaren Inc.
UNIDAD PRELIMINAR: Page xii(tl), xii(tr), HRW Photo by Russell Dian; xii(bl), xii(br), Chip and Rosa María de la Cueva Peterson; 1, 7, HRW Photo by Russell Dian; 8, Mike Rangell/The Image Works; 10, HRW Photo by Jan Lukas; 13, Joe Viesti; 14, HRW Photo by Russell Dian; 15, Walter R. Aguiar; 16, HRW Photo by Russell Dian; 17, Joe Viesti.
UNIDAD 1: Page 18(tl), 18(tr), 18(bl), 18(br), HRW Photo by Russell Dian; 19, Janeart Ltd. / The Image Bank; 28, HRW Photo; 33, Mel Di Giacomo / The Image Bank; 39, Cameramann International, Ltd.; 45, Archaeological Site Museum of Anthropology / Photo Source; 50, Cameramann International, Ltd.; 54, J. Ianiszkewski / Art Resource; 55, HRW Photo by Buckley; 59(t), 59(b), Courtesy AT&T; 61, Three Lions; 65, HRW Photo by Russell Dian; 66, Carlos Pérez.
UNIDAD 2: Page 68(tl), 68(tr), 68(bl), HRW Photo by Russell Dian; 69, Robert Frerck/Odyssey Productions; 75, Chip and Rosa María de la Cueva Peterson; 76, 81, HRW Photo by Russell Dian; 84, Chip and Rosa María de la Cueva Peterson; 94, HRW Photo by Russell Dian; 96, Lee Boltin; 99, HRW Photo by Robert Royal; 104, Cameramann International, Ltd.; 106, 108, Robert Frerck/Odyssey Productions; 110, Lee Boltin; 115, Robert Fried; 117, HRW Photo by Greg Schater; 119, Chip and Rosa María de la Cueva Peterson; 120, Giraudon/Art Resource.
GACETA 1: Page 121, F. LeGuen / Sygma; 122(t), Villafuerte / TexaStock; 122(b), Cameramann International, Ltd.; 123, F. LeGuen / Sygma; 124, UPI / Bettmann Newsphotos; 125(t), Moress Nanas Entertainment; 125(b), Nadine Markova Diseño Alberto Reyna.
UNIDAD 3: Page 128(tl), HRW Photo by Robert Royal; 128(tr), The Photo Source; 128(bl), HRW Photo by Russell Dian; 128(br), Carl Purcell / Words and Pictures; 129, HRW Photo by Buckley; 133, Carl Purcell / Words and Pictures; 138, HRW Photo by Helena Kolda; 149, Four by Five; 151, Lee Boltin; 154, HRW Photo by Russell Dian; 157, Gene Dekovic / Gartman Agency; 161, Joe Viesti; 170, HRW Photo by Helena Kolda; 171, HRW Photo by Jan Lukas; 173, 174, HRW Photos by Helena Kolda; 177, Mark Antman / The Image Works; 185, Three Lions; 187, Robert Fried.
UNIDAD 4: Page 188(tl), Robert Fried; 188(tr), Robert Frerck / Odyssey Productions; 188(bl), Walter R. Aguiar; 188(br), Cameramann International, Ltd.; 189, 198, Carl Purcell / Words and Pictures; 203, Robert Fried; 205, Robert Frerck / Odyssey Productions; 210, Mark Antman / The Image Works; 211, Four by Five; 214, D. Donne Bryant; 216, Joe Viesti; 222, HRW Photo by Elizabeth Grivas; 230, The Photo Source; 238, Sygma; 239, Joe Viesti; 240, Scala / Art Resource.
GACETA 2: Page 241, Schmid / Langsfeld / The Image Bank; 242(t), RCA / South America de C.V.; 242(b), Jim Shea; 243, David Phillips; 244(l), The Photo Souce; 244(c), Clive Friend / The Photo Source; 244(r), The Photo Source; 245(bl), Steve Schapiro / Sygma; 245(tc), Bettmann Newsphotos; 245(tr), Barrera / TexaStock; 245(br), Rhino Records.
UNIDAD 5: Page 248(tl), Robert Fried; 248(tr), Joe Viesti; 248(bl), HRW Photo by Russell Dian; 248(br), Joe Viesti; 249, David Phillips; 255, Sarah Putnam/The Picture Cube; 258, The Photo Source; 259, Robert Fried; 263, HRW Photo by Elizabeth Grivas; 268, Chip and Rosa María de la Cueva Peterson; 276, Robert Fried; 279, Walter R. Aguiar; 282, Cameramann International, Ltd.; 284, The Photo Source; 285, Museum of the American Indian; 287, Lee Boltin; 288, Robert Fried; 290, HRW Photo by Russell Dian; 291, Robert Fried; 296, Chip and Rosa María de la Cueva Peterson; 300, Joe Viesti; 301, Susan Van Etten/The Picture Cube.
UNIDAD 6: Page 302(tl), Jeff Smith/The Image Bank; 302(tr), Cameramann International, Ltd.; 302(bl), Levy Konesky; 302(br), 303, HRW Photo by Russell Dian; 311, D. Donne Bryant/Art Resource; 312, Robert Frerck/Odyssey Productions; 314, F. Konesky; 315, Joe Viesti; 318, Chip and Rosa María de la Cueva Peterson; 322, Cameramann International, Ltd.; 323, Chip and Rosa María de la Cueva Peterson; 324, Regene Radniecki/Chip and Rosa María de la Cueva Peterson; 325, Carl Purcell/Words and Pictures; 326, Carlos Quintanilla; 328, HRW Photo by Russell Dian; 334, HRW Photo by Helena Kolda; 337, Three Lions; 339, Museum of the American Indian; 340, Carl Purcell/Words and Pictures; 341, Walter R. Aguiar; 343, Four by Five; 344, HRW Photo by Tor Eigeland; 352, Nicolas Sapieha/Art Resource; 356, Joe Viesti; 357(l), Chip and Rosa María de la Cueva Peterson; 357(r), D. Donne Bryant.
GACETA 3: Page 359, Joe Viesti; 360(t), G. Rose / Gamma-Liaison; 360(b), Helmut Werb / Shooting Star; 362, Financial Times / Gamma-Liaison; 363, Univision.
UNIDAD 7: Page 366(tl), Robert Rathe/FPG; 366(tr), Joe Viesti; 366(bl), Cameramann International, Ltd.; 366(br), Neal and Molly Jansen/Shostal Associates; 367, 372, 373, Robert Fried; 374, Cameramann International, Ltd.; 375, Philippe Gontier/The Image Works; 377, Chip and Rosa María de la Cueva Peterson; 379, David Wells/The Image Works; 384, Cameramann International, Ltd.; 386, Carl Purcell/Words and Pictures; 388, Marita Adair Hidalgo; 391, Robert Fried; 397, Marita Adair Hidalgo; 398, 401, Cameramann International, Ltd.; 402, 404, Lee Boltin; 407, Chip and Rosa María de la Cueva Peterson; 408(l), Collection of Mr. and Mrs. Jacques Gelman, Mexico City/Photo Courtesy of Marta Zamora; 408(r), Collection of Licio Lagos, Mexico City/Photo Courtesy of Marta Zamora; 410, 412, Courtesy of Marta Zamora; 415, Paul Conklin; 416, Herb Smitzer/The Stock Shop; 417(t), Robert Fried; 417(b), J.C. Carton/Bruce Coleman, Inc.
UNIDAD 8: Page 418(tl), Robert Frerck/Odyssey Productions; 418(tc), HRW Photo by Russell Dian; 418(tr), Marita Adair Hidalgo; 418(b), Carlos Quintanilla; 419, Ron Sanford/Mark MacLaren Inc.; 424, Three Lions; 426, HRW Photo by A. Betancourt; 427, Cameramann International, Ltd.; 430, Robert Fried; 434, Joe Viesti; 436, Chip and Rosa María de la Cueva Peterson; 438, HRW Photo by Russell Dian; 442, Marita Adair Hidalgo; 445, Toby Richards/Bruce Coleman, Inc.; 446, Robert Fried; 448, HRW Photo by Russell Dian; 449, Carl Purcell/Words and Pictures; 452, Robert Fried; 462, Carl Purcell/Words and Pictures; 464, HRW Photo by David Phillips; 465, HRW Photo by Russell Dian; 466, Three Lions.
GACETA 4: Page 467, 469, Four by Five; 470, Arlene Zalognik/D. Donne Bryant; 471, (clockwise, from top left) John Bryson/Sygma; Reglain/Gamma; J. Guichard/Gamma-Liaison; Apesteguy/Gamma-Liaison; Eddie Adams/Gamma-Liaison; UPI/Bettmann Newsphotos; Milton C. Toby/D. Donne Bryant; UPI/Bettmann Newsphotos; Ph. Ledru/Sygma; UPI/Bettmann Newsphotos.